Die
Preußischen Kirchengesetze
des Jahres 1873.

Herausgegeben

mit Einleitung und Kommentar

von

Dr. Paul Hinschius,
ord Professor des Kirchenrechts a. d. Universität Berlin.

Berlin, 1873.
Verlag von J. Guttentag (D. Collin).

Inhalts-Verzeichniß.

Einleitung.

I. Die Lage der preußischen Regierung in den Jahren 1870 bis 1872.

Der vielfach für unmöglich gehaltene Beschluß des vatikanischen Koncils vom 18. Juli 1870, die Dogmatisirung der päpstlichen Unfehlbarkeit und des päpstlichen Universal-Episkopates, hatte endlich auch den Kurzsichtigsten die Augen über die Zielpunkte der römischen Politik geöffnet. An die deutschen Staatsregierungen trat, nachdem der gleichzeitig gegen Deutschland in frivolster Weise unternommene Krieg durch die glorreichen Siege der deutschen Heere abgewendet war, die Nothwendigkeit heran, der Kurie gegenüber Stellung zu nehmen. Der Hirtenbrief der vom Koncil zurückgekehrten Bischöfe vom August 1870 (abgedruckt u. A. bei Friedberg, Samml. der Aktenstücke zum ersten vatikan. Koncil. Tübingen 1872. S. 639 und im Archiv für kathol. Kirchenrecht Bd. 24 S. XCVII.) ließ keinen Zweifel aufkommen, daß dieselben trotz des früher von Fulda erlassenen Beruhigungsschreibens (v. 6. September 1869, bei Friedberg a. a. O. S. 276) ihre gehorsame Unterwerfung unter den Ausspruch des Koncils vollzogen hatten, und das in dem vielberufenen Syllabus v. 8. Dezbr. 1864 niedergelegte staatskirchliche Programm der römischen Kurie zu realisiren, bereit sein würden. Auch ohne die, namentlich von hervorragenden katholischen Vertretern der theologischen und kirchenrechtlichen Wissenschaft ausgehenden Proteste und die sich an diese anschließende altkatholische Bewegung hätten Konflikte mit den Regierungen eintreten müssen. Mit der von dem Erzbischof von Köln, dem Fürstbischof von Breslau und dem Bischof von Ermland den katholischen Fakultäten, einzelnen Lehrern und Geistlichen zugemutheten Unterwerfung unter das Dogma, war aber schon im Laufe des Jahres 1870 ein Kampf begonnen, bei welchem die Staatsregierungen unmöglich neutrale Zuschauer bleiben konnten.

Die Lage der meisten deutschen Regierungen war insofern eine nicht ungünstige, als das gesetzlich bestehende Placet ihnen die Möglichkeit gab, die Publikation der Beschlüsse des vatikanischen Koncils von ihrer Genehmigung abhängig zu machen, und nach der gesetzwidrig unternommenen Veröffentlichung derselben durch die Bischöfe die neuen Dogmen als staatlich nichtig zu behandeln. Die Anhänger des vatikanischen Koncils wären damit in die Stellung einer dissidentischen Sekte gedrängt worden, während allein derjenige Theil der Katholiken, welche sich dem Dogma nicht gefügt hatten, als Anhänger der staatlich privilegirten katholischen Kirche hätten betrachtet werden können. Wenn diese vortheilhafte Position nicht benutzt worden ist, so war daran eine gewisse Unentschiedenheit und Scheu vor einschneidenden Maßregeln Schuld, welche theils in der Stellung der leitenden Persönlichkeiten, theils aber in der Annahme des Dogmas durch die Bischöfe und den überwiegenden Theil des Klerus ihre Erklärung findet. Ueberdies mochte man sich auch mit der Hoffnung beruhigen, kraft des in jenen Ländern überall gesetzlich ausgebildeten Aufsichts- und Abwehr-Rechtes des Staates den schädlichsten Uebergriffen des Rom ergebenen Klerus entgegentreten zu können.

Anders war die Sachlage für den größten deutschen Staat, für Preußen. Der Artikel 15 der Verfassungs-Urkunde, welcher der römisch-katholischen Kirche die selbstständige Ordnung und Verwaltung ihrer Angelegenheiten gewährt, hatte zwar gesetzlich das Kirchenhoheitsrecht des Staates nicht beseitigt, thatsächlich war aber die Uebung eines solchen so gut wie ganz aufgegeben worden. Man hatte es nach dem Inkrafttreten der Verfassungs-Urkunde versäumt, den vieldeutigen Artikel durch Spezial-Gesetze auszuführen. Dagegen beeilten sich die Bischöfe, indem sie ihrerseits die der selbstständigen Regelung der Kirche überwiesenen Angelegenheiten feststellten, und die Kirchenhoheit des Staates negirten, eine Kirchenfreiheit praktisch durchzuführen, welche dem römischen Ideal derselben in vielen Beziehungen entsprach. Die Regierung, statt diesen Bestrebungen energisch entgegenzutreten, konnivirte und ein Recht des Staates nach dem andern wurde durch Ministerial-Reskripte aus den Händen gegeben. Insbesondere verzichtete man auf jeden Einfluß hinsichtlich der Bildung und der Erziehung der Geistlichkeit, auf jedes allgemeine Recht der Mitwirkung bei der Besetzung geistlicher Aemter, auf jede Aufsicht über die Handhabung der kirchlichen Straf- und Disciplinar-Gewalt und jede nennenswerthe Kontrole bei der kirchlichen Vermögensverwaltung. Soweit die Regierung noch einzelne Recht übte, geschah dies mehr vom Standpunkte eines der Kirche gehorsamen Dieners, als von dem einer derselben in staatlicher Hinsicht übergeordneten Macht. Dieser Zustand — selbst bei einem mit der Kurie geschlossenen Konkordate hätte er für dieselbe nicht günstiger sein können — dauerte mehr als 20 Jahre. Er macht es nur zu erklärlich, daß es gelungen war, einen jeglichem nationalen Interesse fremden und ultramontan zugerichteten Klerus heranzuziehen, welcher noch abhängiger war von den Bischöfen, als diese ihrerseits von der Kurie.

Um die ultramontanen Anschauungen im ausgedehntesten Maße zu verbreiten, wurde gleichzeitig die Vermehrung der Orden und Kongregationen, und ihrer Niederlassungen, namentlich der der Jesuiten, deren Neubildung, bez. Vermehrung die Staats-Behörden ebenfalls nicht entgegentraten, auf jede Weise von den Bischöfen befördert. Vom Jahre 1855 waren die 69 Niederlassungen mit 976 Mitgliedern, bis zum Jahre 1867 auf 287 mit 6545 Mitgliedern (mit Ausschluß der in den 1866 erworbenen Provinzen) angewachsen, und daß seitdem noch eine sehr starke Zunahme stattgefunden hat, ergiebt sich daraus, daß augenblicklich — abgesehen von den Jesuiten und den ihnen für verwandt erklärten Kongregationen — im ganzen preußischen Staat etwa 1000 Personen in ungefähr 78 Niederlassungen und Stationen männlichen Orden und Kongregationen, und 7600 in ungefähr 816 Niederlassungen und Stationen weiblichen derartigen Genossenschaften angehören. Dieses Heer wurde zum Theil zur Aushülfe in der Seelsorge, zu Missionen, zu Wallfahrts-Gottesdiensten und zur Leitung des Schul-

Unterrichtes verwendet. Namentlich waren es die verschiedenen Kongregationen der Schulschwestern, welche sich bis in die kleinsten Orte ausbreiteten. Wenn daneben allerdings ein anderer Theil dieser Gesellschaften sich christlichen Liebeswerken, vor Allem der Krankenpflege, widmete, und ihre Leistungen in den Kriegen der Jahre 1864 und 1866, später auch in dem von 1870 vielfach die wohlverdiente Anerkennung fanden, so trug diese segensreiche Wirksamkeit andererseits doch dazu bei, über die Gefährlichkeit des katholischen Ordens- und Kongregations-Wesens zu täuschen.

Einerseits ein zum Angriff bereiter hoher Klerus, eine Schaar von niederen Geistlichen, sowie von Orden und Kongregationen zur Verfügung desselben und eine theilweise der Herrschaft dieser Führer ergebene und in einer großen Anzahl von kirchlichen Vereinen und Brüderschaften besonders vorbereitete katholische Bevölkerung, andererseits die Staatsregierung durch die bisherige Praxis jedes wirksamen gesetzlichen Abwehrmittels beraubt, an der Spitze des geistlichen Ministeriums ein Mann, welcher den Ultramontanismus mit hatte großziehen helfen, als Berather ihm zur Seite die katholische Abtheilung, deren Mitglieder fast alle Anhänger des neuen Dogmas waren und also selbst beim redlichsten Willen die Rechte des Staats doch nur von ihrem einseitigen kurialen Standpunkt aus bemessen konnten, — das war die Lage des preußischen Staates, als sich die ersten Symptome des beginnenden Kampfes zeigten. Sie war um so bedenklicher, als auch in der parlamentarischen Vertretung nicht nur des Staates, sondern auch des neu entstandenen Reiches sich inzwischen eine besondere Fraktion gebildet hatte, deren Bestrebungen sich wesentlich mit den kirchenpolitischen Zielen der Kurie und der Bischöfe deckten.

Daß man sich aus dieser Situation befreien mußte, war auch an den maßgebenden Stellen klar geworden. Durch die Kabinets-Order vom 8. Juli 1871 geschah der erste dazu nothwendige Schritt, die Aufhebung der besonderen katholischen Abtheilung des Kultusministeriums. Der bisherige Leiter desselben verblieb zwar zunächst noch in seiner Stellung, ja derselbe sah sich sogar genöthigt, gegenüber dem Bischof Krementz von Ermland in dem Braunsberger Konflikte das Recht des Staates zur alleinigen Absetzung der Religionslehrer an den öffentlichen Schul-Anstalten zur Geltung zu bringen, und im Dezember 1871 während der Landtags-Session den Entwurf eines Gesetzes betreffend die Beaufsichtigung des Unterrichts- und Erziehungswesens vorzulegen, in welchem das staatliche Aufsichtsrecht über alle öffentlichen und Privat-Unterrichts- und Erziehungs-Anstalten klargestellt wurde. Die Vorbereitung einer neuen organischen Gesetzgebung indessen, welcher es zweifellos bedurfte, um aus den verfahrenen Verhältnissen herauszukommen, konnte unmöglich dem bisherigen Leiter des geistlichen Ministeriums anvertraut werden. Derselbe trat noch im Laufe des Januar 1872 zurück, und wurde durch den jetzigen Kultusminister, damaligen Geheimen Ober-Justizrath Dr. Falk, ersetzt. Diesem fiel die Ausführung der schon zu lange verschobenen Aufgaben zu. Es gelang zunächst die Genehmigung der Kammern zu dem Schulaufsichtsgesetz zu erhalten, eine weitere Maßnahme war die durch Ministerial-Erlaß getroffene Bestimmung, welche die Mitglieder der Orden und geistlichen Kongregationen als Lehrer und Lehrerinnen an öffentlichen Volksschulen für die Zukunft ausschloß, und die baldige Lösung der mit solchen bestehenden Verträge wegen Wahrnehmung des Schuldienstes und Besetzung der Schulstellen anordnete. Gleichzeitig wahrte die Regierung ihre, dem Bischof von Ermland gegenüber eingenommene Position auf das Energischste. Nachdem derselbe sich fortgesetzt geweigert, die entgegen dem § 57 Tit. 11 Theil II. A. L. R. verhängten Exkommunikationen aufzuheben, vielmehr nur die volle Souverainität der weltlichen Obrigkeit auf staatlichem Gebiet anzuerkennen sich bereit erklärt hatte, wurde im September 1872 die Zurückhaltung der ihm bisher gewährten Staatsdotation angeordnet.

Alle diese Maßnahmen und ähnliche andere waren zwar durch die augenblickliche Lage gebotene Schritte, aber immer nur Nothbehelfe. Dagegen begannen im August 1872 die ersten Vorbereitungen zu einer neuen das Verhältniß zwischen Staat und Kirche regelnden Gesetzgebung. In zwei, am 3. u. 4. August abgehaltenen Konferenzen, zu denen außer mehreren Mitgliedern des Ministeriums auch einzelne juristische, namentlich Professoren des Kirchenrechts zugezogen worden waren, wurden die Grundprincipien der neuen Gesetzgebung berathen, und demnächst die einzelnen Entwürfe ausgearbeitet. Noch während dieses ersten Stadiums erließen die deutschen Bischöfe am 20. September 1872 eine neue Denkschrift. Sie charakterisirten das bisherige Vorgehen des Kultusministers ebenso wie das reichsgesetzliche Verbot des Jesuiten-Ordens als Beeinträchtigungen der freien Bewegungen des katholisch-religiösen Lebens und als Verletzungen des Wesens der katholischen Kirche, indem sie gleichzeitig die Art. 15—18 der preußischen Verfassungs-Urkunde als die klarste und umfassendste Verbriefung der rechtmäßigen Selbstständigkeit der Kirchen bezeichneten. War die Denkschrift darauf berechnet, durch Einwirkung an der entscheidensten Stelle die Kirchenpolitik der preußischen Regierung von der neu betretenen Bahn abzulenken, so mißlang dieser Versuch völlig.

Ebensowenig Erfolg hatten die auf die Lähmung der Regierung abzielenden, nach dem Zusammentritt der Kammern im Abgeordnetenhause eingebrachten Interpellationen der Centrumspartei, der Antrag Reichensperger (Olpe) betreffend den römisch-katholischen Religions-Unterricht am Gymnasium zu Braunsberg, und der Antrag v. Mallinckrodt betreffend die Ausschließung der Mitglieder geistlicher Kongregationen oder Orden von der Lehrthätigkeit an öffentlichen Volksschulen. Ueber beide ging das Haus der Abgeordneten, über den ersten mit 264 gegen 83 (9. Sitzung v. 27. Novbr. 1872, stenogr. Ber. S. 181) und über den zweiten mit 242 gegen 83 Stimmen und 5 Stimmenthaltungen (10. Sitzung vom 28. November 1872, a. a. O. S. 213), zur Tages-Ordnung über.

II. Die Gesetz-Entwürfe in den Häusern des Landtages.

Noch vor der Einbringung der eben erwähnten Interpellationen hatte der Kultusminister dem Hause der Abgeordneten zufolge der allerhöchsten Ermächtigungs-Order vom 8. November 1872 unterm 18. dess. Monats zugehen lassen:

1) den Entwurf eines Gesetzes über die Grenzen des Rechts zum Gebrauche kirchlicher Straf- und Zuchtmittel (Drucksachen des Hauses der Abgeordneten 11. Legislatur-Periode. III. Session 1872—1873 Nr. 23).

In der Sitzung des Hauses vom 9. Januar 1873 überreichte er sodann unter ausführlicher Darlegung des Standpunktes der Regierung (stenogr. Ber. S. 447) in Gemäßheit der weiteren Ermächtigungs-Orders v. 8. dess. M.

2) den Entwurf eines Gesetzes über die Vorbildung und Anstellung der Geistlichen (angeführte Drucksachen Nr. 95);

3) den Entwurf eines Gesetzes über die kirchliche Disciplinar-Gewalt und die Errichtung des Königlichen Gerichtshofes für kirchliche Angelegenheiten (angeführte Drucksachen, Anlage zu Nr. 95),

und

4) zugleich auch Namens des Justizministers den Entwurf eines Gesetzes betreffend den Austritt aus der Kirche (angeführte Drucksachen Nr. 94).

Der letzte Entwurf war schon unter dem Ministerium v. Mühler zur Erledigung einer auf die Dauer unerträglichen Meinungs-Differenz zwischen der Praxis des obersten Gerichtshofes und der obersten Verwaltungs-Instanz (s. darüber S. 181 des Kommentars) in Angriff genommen worden. Im Zusammenhange mit den übrigen hat er aber eine weitergehende Bedeutung erhalten. Er beseitigt die bisherigen thatsächlichen Fesseln der durch die Verfassungs-Urkunde Art. 12 garantirten Religionsfreiheit und Vereinigung von Religionsgesellschaften, und erleichtert damit den Austritt für den Einzelnen aus der Kirche, wenn die in einer solchen herrschende Richtung dem religiösen Gefühle desselben nicht mehr zusagt oder gar dasselbe verletzt.

In einem engeren Zusammenhang stehen dagegen die drei anderen Gesetze. Der unter 2 gedachte Entwurf will für die Zukunft einen innerlich und äußerlich, seiner Stellung und seiner Bildung nach unabhängigen Klerus schaffen, und dadurch einen Zustand herbeiführen, welcher die sicherste Garantie für den Frieden zwischen Staat und Kirche gewährt. Die beiden andern bezwecken, indem sie die Handhabung der kirchlichen Straf- und Disciplinar-Gewalt regeln, die Mißbräuche und Uebergriffe derselben in die staatliche Sphäre zu verhindern.

Eine vollständige Regelung des Verhältnisses zwischen Staat und Kirche enthalten die Gesetz-Entwürfe demnach nicht. Eine solche war von der Regierung nicht beabsichtigt, da sie unmöglich in der kurzen, dem Leiter des geistlichen Ministeriums gewährten Frist genügend vorbereitet werden konnte. Vielmehr ging die Regierung zunächst an die Erledigung der dringendsten Aufgabe, und als diese erschien ihr die Regelung der Verhältnisse des Klerus.

Die erste Berathung der Gesetze fand, nachdem ihre Nichtabsetzung von der Tagesordnung der betreffenden Sitzungen am 15. Januar 1873 (Sitzung 26) entgegen den Anträgen der Centrumspartei vom Abgeordnetenhause beschlossen war (stenogr. Ber. S. 585), in den Sitzungen vom 16. bis 21. Januar 1873, und zwar die des Gesetz-Entwurfes über die Vorbildung der Geistlichen am 16. und 17. (Sitz. 27 u. 28, stenogr. Ber. S. 587 bis 645), des Gesetz-Entwurfes über die kirchliche Disciplinar-Gewalt am 20. (Sitzung 29, a. a. O. S. 647 bis 666), des Gesetz-Entwurfes über die Straf- und Zuchtmittel am 20. und 21. (Sitzung 29 und 30, a. a. O. S. 666 bis 696) und die des Gesetz-Entwurfes über den Austritt aus der Kirche am 21. (Sitzung 30, S. 696 bis 698), statt.

Sämmtliche Gesetz-Entwürfe wurden an ein und dieselbe (XIV) Kommission aus 21 Mitgliedern bestehend (v. Bennigsen, Vorsitzender, Dr. Gneist, Berichterstatter, Grf. v. Bethusy-Huc, v. Brauchitsch, Grf. v. Limburg-Stirum, v. Mallinckrodt, Dr. Reichensperger-Coblenz, Dr. Brüel, Müller-Berlin, Klotz-Berlin, Prinz Czartoryski, Dr. Hammacher, Kanngießer, v. Langendorff, Dr. Wehrenpfennig, Wagener, Clauswitz, Holtz, Richter-Sangershausen, Grf. v. Schweinitz und Crain und Sack) verwiesen.

Die Kommission legte in ihrem ersten Berichte vom 24. Januar 1873 (Nr. 128 der angeführten Drucksachen)[1]) zur Beseitigung jeglicher Bedenken an der Verfassungsmäßigkeit einzelner Bestimmungen der eingegangenen Gesetz-Entwürfe dem Hause zunächst

den Entwurf eines Gesetzes betreffend die Abänderung der Artikel 15 und 18 der Verfassungs-Urkunde vom 31. Januar 1850

vor. Dieser wurde in den drei ersten Berathungen am 30. und 31. Januar und am 4. Februar 1873 (Sitzung 36 bis 38, stenogr. Ber. S. 841 bis 924) und sodann in den nach Ablauf von 21 Tagen wiederholten drei Berathungen am 27. Februar und 1. März 1873 (Sitzung 52 u. 54, a. a. O. S. 1255 bis 1275 u. S. 1315 bis 1330) und zwar bei der letzten mit 228 gegen 108 Stimmen — ein Mitglied enthielt sich der Abstimmung — angenommen. Das Herrenhaus, welches demnächst diesen Entwurf am 10. 11. und 13. März (Sitzung 15, 16 u. 17, stenogr. Ber. des Herrenh. S. 204 bis 268) und darauf in der Sitzung vom 4. April 1873 (Sitzung 21 a. a. O. S. 328, 329) berieth, trat demselben mit 140 gegen 87 Stimmen bei. Am folgenden Tage erhielt der Entwurf die Allerhöchste Sanktion und wurde demnächst noch, ehe das Schicksal der Regierungs-Vorlagen definitiv entschieden war, in der Gesetz-Sammlung vom 7. April 1873 (S. 143) publicirt.[2])

Nach Erledigung des Zwischenpunktes trat das Abgeordnetenhaus auf Grund des zweiten von der XIV Kommission erstatteten Berichtes vom 3. Februar 1873 (angeführte Drucksachen Nr. 144) in die weitere (zweite) Berathung des Gesetz-Entwurfes über die Vorbildung 2c. der Geistlichen am 7. März 1873 (Sitzung 59, stenogr. Ber. S. 1488) ein, und erledigte dieselbe in den Sitzungen (60—64) vom 8. 10. 11. 13. und 14. März (a. a. O. S. 1488 bis 1645). Die zweite Berathung des Gesetz-Entwurfes über die kirchliche Disciplinargewalt, über welchen die Kommission den Bericht am 12. Februar 1873 (angeführte Drucksachen Nr. 167) vollendet hatte, fand am 14. und 15. März 1873 (Sitzung 64 u. 65, stenogr. Ber. S. 1645 bis 1696), die des Entwurfs betr. die Straf- und Zuchtmittel nach Vorlegung des Kommissions-Berichtes

---

[1]) Dieser, sowie die anderen Berichte auch abgedruckt in v. Holtzendorff, Jahrbuch für Gesetzgebung 2c. des Deutschen Reichs. Jahrg. II (1873) S. 337 ff.

[2]) Das Nähere darüber unten unter IV.

vom 18. Februar 1873 (angeführte Drucksachen Nr. 208) am 18. März (Sitzung 67, stenogr. Ber. S. 1713 bis 1739) und die des Gesetz-Entwurfes über den Austritt aus der Kirche, auf Grund des Kommissions-Berichtes vom 26. Februar 1873 (angeführte Drucksachen Nr. 247) am 19. März 1873 (Sitzung 68, stenogr. Ber. S. 1741 bis 1758) statt.

Bei der schon am folgenden Tage, dem 20. März 1873 (Sitzung 69.) vorgenommenen letzten Berathung der drei erst erwähnten Entwürfe (stenogr. Ber. S. 1767 bis 1802) wurden dieselben definitiv angenommen, der Entwurf betr. die Vorbildung der Geistlichen mit 222 gegen 100 Stimmen (dabei eine Stimmenthaltung), und der Entwurf betr. die Disciplinargewalt mit 205 gegen 119 Stimmen (dabei eine Stimmenthaltung). Ueber den dritten Entwurf und über den Entwurf betr. den Austritt aus der Kirche, welchem das Haus in der (70.) Sitzung vom 21. März 1873 (stenogr. Ber. S. 1803 bis 1805) seine Zustimmung ertheilte, hat eine namentliche Abstimmung nicht stattgefunden.

Das Herrenhaus hatte die vier Gesetz-Entwürfe, schon ehe sie im Abgeordnetenhause durchberathen worden waren, in seiner (10.) Sitzung vom 19. Februar 1873 (stenogr. Ber. S. 123 bis 128) einer Kommission von 20 Mitgliedern überwiesen. Diese geschäftliche Behandlung, welche zur Beschleunigung dienen sollte, führte aber, bei der Zusammensetzung der Kommission aus einer gleichen Anzahl von Anhängern und Gegnern der Entwürfe, gerade das Gegentheil herbei. Im Beginne des Monats April hatte die Kommission noch nicht einmal die Vorberathung eines Gesetz-Entwurfes (betr. die Vorbildung der Geistlichen) erledigt, da in derselben fortwährend sich widersprechende Beschlüsse gefaßt worden waren (vgl. stenogr. Ber. S. 345). Mit Rücksicht hierauf und mit Rücksicht auf das herannahende Ende der Session beschloß das Haus auf den Antrag v. Bernuth u. Genossen in der (22.) Sitzung vom 5. April 1873 (stenogr. Ber. S. 345 bis 355) die Gesetz-Entwürfe im Plenum durchzuberathen. Demzufolge wurde über den ersten Entwurf (betr. die Vorbildung der Geistlichen) in den Sitzungen (25 bis 28) vom 24. 25. 26. u. 28. April (stenogr. Ber. S. 425 bis 529), den zweiten (über die Disciplinargewalt) in der (29.) Sitzung vom 29. April (a. a. O. S. 531 bis 562) und über die beiden andern in der (30.) Sitzung vom 30. April (a. a. O. S. 563 bis 577) verhandelt, und alle in der am 1. Mai 1873 (Sitzung 31, a. a. O. S. 579 bis 586) stattfindenden Schlußberathung angenommen.

Dabei erlitten allein die beiden Gesetz-Entwürfe über die Vorbildung der Geistlichen und über die kirchliche Disciplinargewalt einzelne Aenderungen (vgl. den Kommentar S. 93 Anm. *, S. 122 Anm. * zu § 13, S. 132 Anm. *, S. 153 Anm. *, S. 161 Anm. *). Das Abgeordnetenhaus, an welches in Folge dessen die beiden Gesetz-Entwürfe zurückgingen, ertheilte denselben in der vom Herrenhause beschlossenen Fassung am 9. Mai 1873 (Sitzung 63, stenogr. Ber. S. 1852 bis 1867) seine Zustimmung.

Die Allerhöchste Sanktion wurde sofort ertheilt, und am 15. Mai 1873, dem Tage der Publikation der Gesetze (Nr. 14 der Ges.-Samml. S. 191 ff.), hatte das bedeutsame Gesetzgebungs-Werk seinen vollen Abschluß erreicht.

Eine eingehende Darlegung des Verlaufes der Debatten in den Häusern des Landtages gehört nicht hierher. So interessant sie auch an manchen Zwischenfällen waren und so sehr auch einzelne Reden die allgemeine Aufmerksamkeit erregten, so trat in denselben doch, wie natürlich, stets der fundamentale Gegensatz der Anschauungen über das Verhältniß zwischen Staat und Kirche hervor. Die moderne Auffassung, daß der Staat in rechtlicher Beziehung den Kirchen und Religionsgesellschaften übergeordnet, und daß die letzteren der Gesetzgebung und dem Rechte desselben unterworfene Korporationen sind, wurde von der Staatsregierung und den liberalen Parteien der beiden Häuser vertreten, dagegen fand die mittelalterliche katholische Anschauung, daß der Staat der Kirche untergeben sei und alle auf ein angebliches göttliches Recht derselben gegründete Ansprüche und Einrichtungen derselben ohne weiteres anzuerkennen habe, ihre Hauptvertheidiger in der Centrumsfraktion und unter den Altkonservativen, deren Ideal von Kirchenfreiheit sich unter den bisherigen Zuständen so trefflich in der Praxis hatte ausgestalten lassen.

Schon nach den Niederlagen, welche die Centrumspartei mit ihren Interpellationen im November 1872 erlitten, ließ sich der Sieg der von der Staatsregierung inaugurirten kirchlichen Politik im Abgeordnetenhause mit Sicherheit erwarten, selbst wenn auch nicht die päpstliche Weihnachts-Allokution[1]) einen weiteren handgreiflichen Beweis der Ueberhebung der Römischen Kurie geliefert, und die Nothwendigkeit, den Staat mit den erforderlichen Machtmitteln zur Bekämpfung der Hierarchie auszustatten, von Neuem klargestellt hätte.

Im Herrenhause konnte das Resultat, da aus einem andern Anlaß noch vor der Verhandlung der betreffenden Entwürfe, eine Anzahl neuer Mitglieder ernannt waren, ebenfalls nicht mehr zweifelhaft sein.

---

[1]) Vom 23. Dezember 1872 (abgedruckt u. A. in den Acta sanctae sedis in compendium opportune redacta. Vol. VII, Romae 1873, p. 151 und bei Moy, Arch. f. kath. Kirchenrecht Bd. 29, S. 8). Die bezügliche Stelle lautet: „Verum acerrimus quo perstringimur, dolor ob istas aliasque passim illatas ecclesiae injurias in Italia, non leviter exacerbatur praeterea a saevis, quibus eadem obnoxia est alibi, persequutionibus; maxime vero in novo Germanico Imperio, ubi non occultis tantum machinationibus, sed aperta quoque vi illi funditus subvertendae adlaboratur. Si quidem viri qui non modo non profitentur sanctissimam religionem nostram sed nec ipsam norunt, potestatem sibi vindicant praefiniendi dogmata et jura catholicae ecclesiae. Et dum eam praefracte divexant, impudenter asserere non dubitant, nullum illi a se inferri detrimentum: imo calumniam ac irrisionem addentes injuriae saevientem persequutionem vitio vertere non verentur catholicorum; scilicet, quod eorum Praesules et Clerus una cum fideli populo praeferre renuant civilis Imperii leges et placita sanctissimis Dei et Ecclesiae legibus et a religioso officio suo desciscere idcirco recusent. Utinam publicarum rerum moderatores diuturna docti experientia sibi tandem suadeant, ex eorum subditis neminem accuratius catholicis reddere Caesari quae sunt Caesaris, ideo praesertim quod religiose reddere studeant quae sunt Dei Deo." Der der Regierungspolitik günstige Eindruck dieses Schriftstückes wurde allerdings durch die jedenfalls nicht politisch geschickte Anordnung der polizeilichen Beschlagnahme der Zeitungen, welche die Allokution mittheilten, beeinträchtigt, wiewohl andererseits die maßlose Art und Weise, wie der Abgeordnete v. Mallinckrodt seine Interpellation des Ministers des Innern wegen der erwähnten Maßregel in der Sitzung des Abgeordnetenhauses vom 10. Januar 1873, also einen Tag nach Einbringung der Gesetz-Entwürfe im Hause (s. S. IX), begründete (stenogr. Berichte S. 457), den politischen Fehler der Regierung wieder wettmachte.

Bei dieser Sachlage wendeten die dem Gesetzgebungs-Werk feindlichen Parteien die Taktik an, einzelne Vorschriften der Entwürfe, welche für die Regierung von principieller Wichtigkeit waren, durch Anträge abzuschwächen oder ganz zu beseitigen, um dadurch die Beschlüsse des Hauses für die Staatsregierung unannehmbar zu machen. Indessen wurden alle diese Amendements — so weit sie nicht im Laufe der Debatten zurückgezogen worden sind, habe ich sie zu den einzelnen Paragraphen der Gesetze im Kommentar mitgetheilt — in beiden Häusern verworfen.

Im Allgemeinen (nur wenige Modifikationen abgerechnet) sind daher die Entwürfe in der Gestalt, wie sie aus den Berathungen der (XIV) Kommission des Abgeordnetenhauses hervorgegangen waren, Gesetz geworden.

Principielle Veränderungen, welche die von der Staatsregierung beabsichtigte Wirkung der Gesetze hätten neutralisiren können, oder die derselben beigelegten Rechte gemindert hätten, haben die Entwürfe nicht erfahren. Die erheblichsten von der Kommission herrührenden Modifikationen waren diejenigen, welche die Tendenz hatten, das freie Ermessen der mit der Ausübung des Kirchenhoheitsrechtes betrauten Behörden an möglichst genau spezialisirte Voraussetzungen zu knüpfen (s. S. 122, Anm.* zu § 13; S. 132, Anm.* des Kommentars), eine Kontrole der getroffenen Verwaltungsregeln hinsichtlich der Gesetzmäßigkeit derselben zu schaffen (s. S. 132, Anm.* a. a. O.) und soweit angänglich die Bestrafung der durch die Gesetze zu Vergehen erklärten Handlungen (siehe S. 89, Anm.* a. a. O.) der Kompetenz der ordentlichen Gerichte zu überweisen.

Andere Aenderungen sind durch eine Denkschrift des evangelischen Ober-Kirchenrathes[1]), welche den Häusern des Landtages zuging, veranlaßt worden. Mußte es auch frappiren, daß eine Behörde, welche ihre Vollmachten lediglich kraft Delegation des Landesherrn besitzt, das Verlangen stellte, daß die Anwendung von Gesetz-Entwürfen, welche mit Ermächtigung ihres Deleganten bei der Landesvertretung eingebracht waren, auf die evangelische Kirche principaliter ausgeschlossen werden sollte, so waren doch einzelne Erinnerungen in der Denkschrift gerechtfertigt. Diese hat die Kommission berücksichtigt (s. S. 110, Anm.*; S. 111, Anm. 3; S. 137, Anm.*; S. 139, Anm. 5; S. 146, Anm.*; S. 154, Anm. 7 des Kommentars), vor allem aber soweit dieselben gegen den Gesetz-Entwurf betr. den Austritt aus der Kirche gerichtet waren (S. 175 Anm.*, S. 180 Anm.* a. a. O.), welcher überhaupt die weitgehendste Umgestaltung in der Kommission erhalten hat.

Die weiteren Vorschläge der letzteren waren theils Verbesserungen, theils bloße Klarstellungen der Fassung der Regierungs-Vorlage, wiewohl die Kommission freilich auch in manchen Fällen die letztere nicht nur nicht verbessert, sondern sogar verschlechtert hat (z. B. s. S. 32, Anm. 5; S. 57, Anm. 2 zu § 8; S. 135, Anm. 2 und 3 verbunden mit S. 150, Anm. 2; S. 142, Anm.* und S. 146, Anm. 3 Abs. 1 des Kommentars).

---

[1]) Diese ist abgedruckt bei M. v. Oesfeld, die kirchenpolitischen Reformgesetze Preußens. Breslau 1873, S. 132 ff.; nur beginnt das dem Landtage zugegangene Exemplar mit den Bemerkungen zu dem Gesetz-Entwurf betreffend den Austritt aus der Kirche, während diese bei v. Oesfeld an letzter Stelle stehen. Da die Denkschrift nur vorübergehendes Interesse besitzt, und soweit sie von Einfluß auf die Gestaltung der Gesetze gewesen ist, im Kommentar Berücksichtigung gefunden hat, so habe ich sie nicht vollständig im Zusammenhange abdrucken lassen.

III. Der Inhalt der vier Gesetze.

1. Tragweite der einzelnen Gesetze.

Die vier Gesetze unterscheiden sich in ihrer Tragweite wesentlich nach den Arten der Religionsgesellschaften, auf welche sie Anwendung finden.

Nur eins derselben bezieht sich auf alle Religionsgesellschaften, gleichviel ob sie die Stellung der privilegirten christlichen Kirchen einnehmen, ob sie nur Korporationsrechte besitzen oder ob sie gar lediglich bloße religiöse Vereinigungen, sind, denen auch die letzteren fehlen. Dieses ist das Gesetz über die Grenzen des Rechts zum Gebrauch kirchlicher Straf- und Zuchtmittel vom 13. Mai 1873 (S. 3 des Kommentars).

Dagegen ordnet das Gesetz betreffend den Austritt aus der Kirche vom 14. Mai 1873 (S. 169 a. a. O.) zwar nicht allein den Austritt aus den Kirchen im Sinne der preußischen und deutschen Gesetzessprache (a. a. O. S. 5, Anm. 2 und S. 102, Anm. 2 a. a. O.), sondern auch aus den Religionsgesellschaften, welche mit Korporationsrechten versehen sind, nicht aber den Austritt aus anderen dissidentischen religiösen Gemeinschaften (S. 169 u. 189 a. a. O.).

Die privilegirten Kirchen im eigentlichen Sinne des Wortes, also die protestantischen Landeskirchen der älteren Provinzen und der im Jahre 1866 erworbenen Landestheile und die römisch-katholische Kirche, sowie auch die in ihrer Bildung bis zum Episkopat vorgeschrittene altkatholische ausschließlich, betreffen:

1) das Gesetz über die kirchliche Disciplinargewalt und die Errichtung des königlichen Gerichtshofes für kirchliche Angelegenheiten vom 12. Mai 1873 (S. 39 a. a O.), und
2) das Gesetz über die Vorbildung und Anstellung der Geistlichen vom 11. Mai 1873 (S. 99),

und zwar das letztere die evangelischen Kirchen im Allgemeinen nicht einmal in allen seinen Bestimmungen (vgl. S. 101, 129, 154, 155, Anm. 3).

Maßgebend für diesen Unterschied ist die prinzipielle Wichtigkeit des Gegenstandes der einzelnen Gesetze in seinem Verhältniß zum Staate, und die Stellung der verschiedenen Religions-Gesellschaften an sich, sowie vor Allem die verschiedene Bedeutung derselben für das öffentliche und Volksleben gewesen.

Das ersterwähnte Gesetz mußte nothwendig alle religiösen Gesellschaften begreifen. Keine Religionsgesellschaft ist befugt, durch eine angemaßte Straf- und Zuchtgewalt in die allgemeine Rechtsordnung einzugreifen und die staatlichen Gesetze dadurch in Frage zu stellen. Dieses Prinzip war daher auf alle solche Gemeinschaften gleichmäßig zur praktischen Anwendung zu bringen.

Die Beschränkung des Gesetzes betreffend den Austritt aus der Kirche auf die Kirchen und Religionsgesellschaften mit Korporationsrechten ist erfolgt, weil die Verhältnisse der Mitglieder der anderen religiösen Genossenschaften sich lediglich nach privatrechtlichen Grundsätzen bemessen.

Wenn endlich die beiden anderen Gesetze sich nur auf die privilegirten Kirchen beziehen, so hat dies darin seinen Grund, daß nur diesen allein eine hervorragende Bedeutung im Volksleben zukommt, wie ihnen ja auch der weit überwiegende Theil der Bevölkerung angehört. Sie sind allein als Korporationen mit einer Reihe wichtiger Privilegien vom Staate ausgestattet; nur ihren kirchlichen Amtsträgern sind besondere Vorrechte gewährt, und diese letzteren, nicht die Beamten der dissidentischen Gemeinden, üben als Lehrer und Führer ihrer Gemeinden einen hervorragenden Einfluß auf das Volk aus. Gerade deswegen hat der Staat erhöhte Aufsichtsrechte und erhöhte Garantien gegen eine ihm schädliche Wirksamkeit dieser Korporationen und gegen einen Mißbrauch ihrer bedeutenden Macht in Anspruch genommen.

Die Ausdehnung der beiden letzten Gesetze auf die evangelische Kirche hat der Staatsregierung von Seiten strenggläubiger Protestanten Vorwürfe, zum Theil von seltener Bitterkeit und Maßlosigkeit, eingetragen. Die evangelische Kirche ist namentlich als der unschuldig leidende Theil dargestellt worden, welcher ungerechtfertigter Weise in seinen theuersten Rechten verletzt werde, weil der Staat es für nothwendig erachte, sich gegen die Angriffe der katholischen Hierarchie mit den erforderlichen Schutzwaffen zu versehen. Da ich es nicht als meine Aufgabe betrachten kann, eine Apologie der Gesetze zu geben, so möge hier nur Folgendes bemerkt sein. Allerdings ist es nicht zu leugnen, daß die Maigesetzgebung wesentlich durch die Entwickelung der katholischen Kirche innerhalb des letzten Vierteljahrhunderts hervorgerufen worden ist. Schon um der Parität willen, um den Vorwurf einer reinen Tendenz-Gesetzgebung gegen eine bestimmte Religionspartei abwehren zu können, durfte indessen die Staatsregierung in ihren Entwürfen, soweit die Wahrung des staatlichen Aufsichtsrechtes auch prinzipiell gegenüber der evangelischen Kirche gerechtfertigt war, diese letztere nicht eximiren. Außerdem hatte aber die Regierung zugleich die Gewährung einer größeren Selbstständigkeit an die evangelische Kirche in das Auge gefaßt — ein Schritt dazu ist seitdem mit der Publikation der evangelischen Kirchengemeinde- und Synodal-Ordnung für die sechs östlichen älteren Provinzen vom 10. September 1873 (Ges.-S. S. 417) geschehen —, und dadurch war die gleichzeitige nähere Ausbildung des staatlichen Hoheitsrechtes auch gegenüber der evangelischen Kirche bedingt, welches in früherer Zeit neben dem landesregimentlichen Kirchenregimente kein Bedürfniß war, dessen besondere Entwickelung aber seit der Einführung der konstitutionellen Regierungsform und der allmähligen Lösung der Vereinigung der obersten kirchlichen und politischen Verwaltung zur Nothwendigkeit geworden ist.[1])

Was sodann den Inhalt der einzelnen Gesetze betrifft, so regelt das erste

2. die Handhabung der Straf- und Zuchtgewalt

folgendermaßen:

1. Die Straf- und Zuchtgewalt der Kirchen und Religionsgesellschaften, d. h. die Thätigkeit derselben, welche dazu bestimmt ist, die innerhalb der Gemeinschaft hervor-

[1]) Darüber, daß die Gesetze die evangelische Kirche in ihrer berechtigten Sphäre nicht schädigen, vgl. vor Allem die Ausführungen des streng-lutherischen Erlanger Kirchenrechts-Lehrers v. Scheurl, die preußischen staatskirchenrechtlichen Gesetze in der Zeitschrift für Protestantismus und Kirche. N. Folge. Bd. LXV. S. 177 u. Bd. LXVI. S. 1 (Erlangen 1873), ferner auch Wach, die preuß. Kirchengesetze. Bonn 1873.

tretenden Verletzungen ihrer Ordnungen zu beseitigen und zwar durch Verhängung von Nachtheilen, welche theils den Zweck haben, den Bruch der kirchlichen Ordnung an dem Schuldigen zu vergelten und zu sühnen (Strafmittel), theils aber in ersterer Linie die Besserung des Schuldigen bewirken sollen (Zuchtmittel), hat insoweit Raum für freie Bethätigung, als jene Mittel sich innerhalb des rein religiösen Gebietes halten (z. B in der Auferlegung von Gebeten und Fasten bestehen) oder nur die Minderung und Entziehung der rein innerhalb der Sphäre der Religionsgesellschaft liegenden Rechte, bez. die Mitgliedschaft selbst betreffen. Demnach kann die katholische Kirche z. B. die kleine Exkommunikation, das Interdikt, verhängen und ihre kirchliche Mitwirkung bei Begräbnissen versagen, die evangelische Kirche ebenfalls den Kirchenbann anwenden, von den Sakramenten ausschließen, gewisse kirchliche Auszeichnungen (Brautkranz) und die Betheiligung bei Beerdigungen ablehnen, sowie auch die auf Grund der Gemeinde- und Synodal-Ordnungen hinsichtlich der Verwaltung der kirchlichen Angelegenheiten gewährten Rechte entziehen (§ 1 des Gesetzes).

2. Unstatthaft sind dagegen nach dem citirten § 1 alle Straf- oder Zuchtmittel, welche ihrer beabsichtigten Wirkung nach über das eben charakterisirte Gebiet hinausgehen, namentlich solche, welche gegen Leib, Vermögen, Freiheit oder die bürgerliche Ehre gerichtet sind. Derartige Straf- und Zuchtmittel dürfen weder angedroht (gleichviel ob in einer allgemeinen Anordnung oder aus Anlaß eines besonderen Falles gegen eine bestimmte Person), noch verhängt (d. h. festgesetzt oder auferlegt), noch verkündet (d. h. amtlich publizirt) werden, ohne Unterschied ob das Straf- oder Zuchtmittel schon bedingter Weise ein für alle Mal als sog. censura latae sententiae festgesetzt ist oder nicht. Daher ist vor Allem die Verhängung der großen Exkommunikation, sofern sie unter Nennung des Schuldigen verkündet wird, unerlaubt, weil sie unter dieser Voraussetzung die bürgerliche Verkehrssperre nach sich zieht.

3. Die Anwendung (d. h. die Verhängung oder Verkündigung) von solchen Straf- und Zuchtmitteln, welche an sich gesetzlich erlaubt sind, ist aber ferner unstatthaft, wenn sie verhängt oder verkündet werden, weil Jemand eine durch die Staatsgesetze, durch rechtsgültige Verordnungen oder durch von der Obrigkeit innerhalb ihrer gesetzlichen Zulässigkeit erlassene Anordnungen vorgeschriebene Handlung vorgenommen hat. (§ 2 Nr. 1.) Damit sind einmal geschützt alle Beamten, welche ihre Amtspflichten erfüllen, ferner aber auch alle Privatpersonen, welche absolut und unbedingt gebietenden rechtlichen Vorschriften nachkommen oder um von ihren politischen oder bürgerlichen Rechten Gebrauch machen zu können, den desfallsigen Bestimmungen gemäß handeln (Beispiele dafür siehe S. 20 des Kommentars).

Ebenso unerlaubt ist die Einwirkung durch gesetzlich statthafte Straf- und Zuchtmittel (die Androhung, Verhängung oder Verkündigung derselben), um Beamte zur Unterlassung der ihnen durch ihr Amt auferlegten Amtshandlungen zu bewegen, oder andere Personen von Erfüllung ihrer staatsbürgerlichen Pflichten oder auch nur von solchen Handlungen abzuhalten, welche bedingter Weise, d. h. um den vollen Genuß der vom Staate gewährten Rechte zu erlangen, vorgenommen werden müssen. (§ 3 Nr. 1.)

4. Ferner dürfen die an sich zulässigen Straf- und Zuchtmittel nicht in der zu 3 angegebenen Art benutzt werden, um die öffentlichen (Staats-, Kommunal- und kirch-

lichen) Wahlen zu beeinflussen. Verboten ist einmal die Verhängung und Verkündung von Straf- und Zuchtmitteln, weil Jemand seine Wahl- und Stimmrechte in einer bestimmten Richtung ausgeübt oder gar nicht ausgeübt hat, sodann aber die Androhung, Verhängung und Verkündung, um die Ausübung oder Nichtausübung dieser Rechte in einer bestimmten Richtung zu beeinflussen. (§ 2 Nr. 2 u. § 3 Nr. 2).

5. Eine Bekanntmachung der verhängten, an sich statthaften Straf- und Zuchtmittel, welche über den Kreis der betreffenden Religionsgesellschaft hinausgeht, also namentlich die Kunde davon in die absolute Oeffentlichkeit bringt, ist verboten. (§ 4 Abs. 1 u. 2).

6. Endlich ist auch unerlaubt, die Vollziehung oder Verkündung derartiger Straf- oder Zuchtmittel in beschimpfender Weise, d. h. in einer Weise, welche die Ehre des Betroffenen in erheblicher oder empfindlicher Art verletzt, oder denselben gar als eine der allgemeinen Ehre und Achtung verlustige Persönlichkeit erscheinen läßt. (§ 4 Abs. 3).

7. Jedes Zuwiderhandeln gegen die unter 2 bis 5 zusammengestellten Vorschriften des Gesetzes bildet ein Vergehen, welches mit Geldstrafe bis zu 200 Thalern oder mit Haft oder Gefängniß bis zu einem Jahre, in schwereren Fällen mit Geldstrafen bis zu 500 Thalern oder mit Gefängniß bis zu zwei Jahren bedroht ist. (§ 5).

3. Das Gesetz, betreffend den Austritt aus der Kirche.

1. Der Austritt aus einer privilegirten Kirche oder einer mit Korporationsrechten versehenen Religionsgesellschaft, sofern nicht damit ein Uebertritt zu einer Gesellschaft desselben Charakters verbunden ist, oder wenn dies der Fall, sofern er die Freiheit von den aus der Mitgliedschaft herrührenden Lasten herbeiführen soll, muß durch eine persönlich vor dem Richter des Wohnortes abgegebene Erklärung erfolgen. Die Aufnahme derselben ist vorher schriftlich oder mündlich zu Protokoll mittelst besonderen Antrages nachzusuchen, welcher vom Richter dem Kirchenvorstande der bisherigen kirchlichen Gemeinde des Antragstellers mitgetheilt werden muß. Frühestens nach Ablauf von 4 Wochen, andererseits aber spätestens innerhalb 6 Wochen, d. h. also zwischen dem 29ten und 42sten Tage, vom Tage des Einganges des Antrags an gerechnet, darf die Austritts-Erklärung vom Richter zu Protokoll genommen werden. (§§ 1, 2, 8 des Ges.). Durch diese Bestimmungen wird demnach der Erklärende verpflichtet, eine Deliberationsfrist von 4 Wochen inne zu halten, muß aber umgekehrt auch den Austritt innerhalb der 6wöchentlichen Frist vornehmen, widrigenfalls der vorbereitende Schritt der Beantragung seine Wirksamkeit verliert und eventuell nochmals zu wiederholen ist.

Der stattgehabte Austritt ist vom Richter durch abschriftliche Mittheilung des Protokolls dem Vorstande der betreffenden Kirchengemeinde bekannt zu machen, auch erhält der Austretende auf sein Verlangen eine Bescheinigung darüber (§ 2 Abs. 2 u. 3).

2. Der ordnungsmäßig erfolgte Austritt befreit von allen bürgerlichen Wirkungen der Zugehörigkeit zu der betreffenden Kirche oder Religionsgesellschaft. Die maßgebende Bedeutung der Mitgliedschaft für die Eheschließung, Civilstandsbuchführung, das materielle Eherecht und die Konfession der zu erziehenden Kinder hört damit für den Staat auf.

3. Was dagegen insbesondere die Beitragspflicht zu den kirchlichen Abgaben und Lasten betrifft, so wird diese

a. insoweit prinzipiell beseitigt, als sie auf der persönlichen Kirchen- oder Kirchengemeinde-Angehörigkeit beruht, was im Zweifel hinsichtlich aller derartigen Lasten (Kirchensteuern, Beiträgen zu Bauten, Kirchstuhlgelder, bestimmten wiederkehrenden Leistungen an den Geistlichen und den Küster, z. B. Quartal-Geld, Personal-Dezem, Offertoria, Pröven, Ostereier, Wettergarben) der Fall ist. Jedoch haftet der Austretende vorübergehend noch für alle diese Leistungen, soweit sie in die Zeit bis zum 31. Dezember (einschließlich) desjenigen Kalenderjahres fallen, welches dem Kalenderjahre seines Austrittes folgt — hat er also diesen z. B. am 4. Januar 1874 vollzogen, für alle bis zum 31. Dezember 1875 fällig werdenden Leistungen. Diese Haftung verlängert sich sogar ausnahmsweise in Betreff der Kosten eines außerordentlichen Baues, d. h. eines solchen, der nach den obwaltenden Verhältnissen der Gemeinde für die betreffende Generation derselben etwas Außergewöhnliches ist (Neubauten, Erweiterungsbauten, außerhalb der gewöhnlichen Bauverwaltung liegende Reparaturen), noch auf ein weiteres Kalenderjahr, dauert also bei am 1. März 1874 stattgehabtem Austritt bis zum 31. Dezember 1876, wenn die Nothwendigkeit eines derartigen Baues schon vor Ablauf des Kalenderjahres (1874), in welchem der Austritt erfolgt, von der kompetenten Behörde definitiv festgesetzt worden ist (§ 3, Abs 1 u. 2).

b. Dagegen befreit der Austritt von anderen, als den zu a gedachten Leistungen und Abgaben nicht, namentlich nicht von den dinglichen (z. B. der in der Mark Brandenburg Reallast gewordenen Baulast), und solchen, welche auf besonderen Rechtstiteln (z. B. dem Patronate) beruhen. (Weitere Beispiele s. S. 184 des Kommentars). (§ 3 Abs. 3).

4. Nur für die zu 3b. charakterisirten Leistungen haften auch diejenigen, welche ihren Austritt vor dem Inkrafttreten des gegenwärtigen Gesetzes nach den früher geltenden Vorschriften erklärt haben (§ 4).

5. Stolgebühren dürfen überhaupt, also gleichviel, ob es sich um aus der Kirche ausgetretene Personen oder um Anhänger einer andern Religionsgesellschaft, welche solche bisher an eine bevorrechtigte Kirche zu leisten hatten (s. S. 185. 192. 193. des Kommentars) handelt, von Personen, welche der betreffenden Kirche oder mit Korporationsrechten versehenen Gesellschaft nicht angehören, nur insoweit gefordert werden, als Amtshandlungen auf ihr Verlangen für sie verrichtet worden sind (§ 5).

6. Die Verpflichtung jüdischer Grundbesitzer, zur Erhaltung christlicher Kirchensysteme beizutragen, ist auf diejenigen Leistungen beschränkt, welche nach Nr. 3b. noch von den aus der Kirche ausgetretenen Personen zu tragen sind (§ 9).

Während das Gesetz somit in den unter 5 und 6 erwähnten Bestimmungen über seinen eigentlichen Gegenstand aus praktischen Rücksichten hinausgreift, erschöpft es denselben, die Regelung des Austrittes, nicht zu vollständig. Denn es erhält das bestehende Recht aufrecht, insofern es sich blos handelt:

a. um den Uebertritt von einer privilegirten Kirche oder korporirten Religionsgesellschaft zu einer andern derartigen Gesellschaft, mit welchem nur die Nr. 2, nicht aber die Nr. 3 unter a gedachten Folgen verbunden sein sollen;

b. um den Austritt aus einer dissidentischen Religionsgesellschaft, welche keine Korporationsrechte besitzt.

Mit andern Worten: das Gesetz regelt im vollen Umfange nur folgende Fälle des Austrittes:

1) den Austritt aus einer Kirche oder korporirten Religionsgesellschaft ohne Uebertritt zu irgend einer andern religiösen Gemeinschaft;
2) einen solchen Austritt mit Uebertritt zu einer nicht privilegirten, auch nicht einmal mit Korporationsrechten versehenen Gesellschaft;
3) den Austritt aus einer privilegirten Kirche oder korporirten Religionsgesellschaft mit Uebertritt zu einer Gesellschaft desselben Charakters, wenn er zugleich die Loslösung von den vermögenswerthen Pflichten der bisherigen zur Folge haben soll.

4. Das Gesetz über die Vorbildung und Anstellung der Geistlichen.

a. Das Bildungswesen der Geistlichen der christlichen Kirchen.

Es verlangt von demjenigen, welcher ein geistliches Amt (s. nachher) innerhalb Preußens erwerben will, eine wissenschaftliche Vorbildung, welche darzuthun ist 1) durch Ablegung der Entlassungs-(Abiturienten-)Prüfung auf einem deutschen Gymnasium; 2) durch Zurücklegung eines dreijährigen Studiums auf einer Staatsuniversität oder einer derselben staatlich gleichgestellten Lehranstalt innerhalb des deutschen Reiches, sowie 3) durch Ablegung einer öffentlichen Staatsprüfung, welche nach der Absolvirung des gedachten Studiums zu bestehen und in welcher darzuthun ist, daß der Kandidat sich die für seinen Beruf erforderliche allgemeine wissenschaftliche Bildung insbesondere auf dem Gebiete der Philosophie, der Geschichte und der deutschen Literatur erworben hat[1]) (§§ 1, 4, 8 des Gesetzes).

Mit Rücksicht darauf, daß nach dem Gesetze die Geistlichkeit ihre Bildung auf den allgemeinen Unterrichts-Anstalten des Staates erhalten soll, bestimmt dasselbe ferner:

1) hinsichtlich des erstgedachten Requisites, daß außer den bisher in Preußen vorhandenen Knabenseminaren und Knabenkonvikten, d. h. solchen unter kirchlicher Leitung stehenden Anstalten, in welchen die Zöglinge einen vollständigen, dem der Gymnasien entsprechenden Unterricht behufs ihrer Vorbereitung zum geistlichen Stande erhalten, bez. ohne daß dieser völlig ausreichend ist, doch zu dem gedachten Zwecke während sie andere Bildungsanstalten besuchen, gemeinschaftlich unter geistlicher Leitung erzogen werden, keine neuen gegründet, und auch nicht neue Zöglinge in solche Anstalten aufgenommen werden dürfen (§§ 9, 14);

2) hinsichtlich des zweiten Requisites, daß an den bisherigen kirchlichen Seminaren, welche dem wissenschaftlichen theologischen Studium dienen (den sg. Klerikal-Seminaren), dasselbe noch unter der Voraussetzung zurückgelegt werden kann, daß der Minister der geistlichen

[1]) Diese kann mit der theologischen Prüfung verbunden werden, wenn die Einrichtung dieser und die Bildung der Prüfungs-Kommissionen Behörden zusteht, deren Mitglieder wenigstens theilweise vom Könige ernannt werden (§ 27), eine Vorschrift, die eine solche Verbindung in der Regel für die evangelischen Theologen möglich macht.

Angelegenheiten anerkennt, ein solches Studium sei das Universitätsstudium zu ersetzen geeignet. Dieses Anerkenntniß darf aber nur dann gegeben werden, wenn die Einrichtung den Vorschriften des Gesetzes entspricht (s. nachher) und der Kultusminister den Lehrplan genehmigt hat. Auch können allein ein solches Vorrecht diejenigen Seminare erwerben, welche sich in Orten ohne theologische Fakultät befinden, und zwar nur für diejenigen Studirenden, welche dem Sprengel angehören, für welches das Seminar errichtet ist (§ 6).

Befindet sich ein solches Seminar dagegen an einem Orte, wo eine theologische Fakultät ist, so dürfen die Studirenden während ihres theologischen Studiums nicht einmal dasselbe besuchen, widrigenfalls ihr Studium nicht als ein dem Gesetze entsprechendes gilt (§ 7).

Die praktisch-theologische Vorbildung zu regeln, überläßt das Gesetz dagegen den Kirchen selbst.

3) Setzt das Gesetz bestimmte Bedingungen fest, denen sich alle Anstalten für die Vorbildung der Geistlichen unterwerfen müssen.

Betroffen werden davon 1. die Knaben-Seminare, bez. Knaben-Konvikte; 2. die für das wissenschaftliche theologische Studium bestimmten Anstalten, gleichviel ob ihnen das vorhin gedachte Privilegium ertheilt ist oder nicht; endlich 3. die Anstalten, welche der Vertiefung der Kenntnisse der jungen Theologen und der praktischen Vorbereitung derselben dienen, die Priester- resp. Prediger-Seminare (§ 9).

Alle diese Anstalten unterstehen der Aufsicht des Staates, welche von dem Ober-Präsidenten der Provinz geführt wird.

Dem letzteren müssen die Haus-Ordnungen und die Disciplinar-Reglements sämmtlicher Anstalten, ferner auch die Lehrpläne der Knaben-Seminare, Knaben-Konvikte und der Seminare, welche für das Studium der Theologie staatlicherseits als geeignet erklärt worden sind, eingereicht werden. Hinsichtlich der Haus-Ordnungen und Disciplinar-Reglements ist zu prüfen, ob die Zöglinge nicht etwa einer klösterlich-abgeschlossenen Zucht, mechanischen geistig abtödtenden Gebetsübungen und geistlichen Exercitien, gesetzlich unerlaubten Strafen und Züchtigungen oder einer sonstigen ihre Gesundheit schädigenden Lebensweise unterworfen werden, hinsichtlich der Lehrpläne, ob bei der Ausführung derselben die betreffende Anstalt dieselben Ziele, welche die entsprechende Staats-Anstalt, also das Gymnasium, bez. die Universität, erstrebt, erreichen kann.

Außerdem hat der Ober-Präsident das Recht, beliebig Revisionen aller erwähnten Anstalten anzuordnen und durch Kommissarien vornehmen zu lassen. Diese Revisionen haben sich auf den Personalbestand, die Beschaffenheit der Lokalitäten, die Behandlung und Verpflegung der Zöglinge, sowie auch auf den Unterricht der Zöglinge zu erstrecken.

Endlich müssen die Lehrer und Erzieher an diesen Anstalten, abgesehen davon, daß sie in Bezug auf die übrigen Requisite den Geistlichen gleichgestellt sind (§ 10, 12), eine bestimmte wissenschaftliche Qualifikation nachweisen (§ 10, 11), und zwar ist zur Anstellung an einem Knaben-Seminar oder Knaben-Konvikte dieselbe Befähigung wie zur Anstellung an einem preußischen Gymnasium, d. h. Ablegung des Examens für das Lehramt an höheren Schulen (pro facultate docendi), vgl. S. 121, Anm. 2 des Kommentars, zur Anstellung an einer zum Ersatz des theologischen Fakultätsstudiums bestimmten Anstalt für die Regel der Erwerb der venia legendi für die theologische Fakultät einer Staats-Universität (S. 121, Anm. 4 a. a. O.) erforderlich, endlich zur Anstellung an einer zur praktischen Vorbildung bestimmten Anstalt (Prediger- oder Priesterseminar) die Erfüllung der für den Erwerb eines geistlichen Amtes vorgeschriebenen wissenschaftlichen Qualifikation, sofern die Anzustellenden Kleriker oder Predigtamts-Kandidaten sind (s. oben zu a).

4) Wird eine der erwähnten Anstalten der staatlichen Aufsicht nicht unterworfen, oder die Beobachtung bezw. die Durchführung der in Folge des Aufsichtsrechtes erlassenen Anordnungen verweigert, resp. illusorisch gemacht, oder werden die sonstigen gesetzlichen Vorschriften (z. B. hinsichtlich der Anstellung und Qualifikation der Lehrer und Erzieher) nicht beobachtet, so kann der Kultusminister (§ 13) zur Beseitigung der Renitenz die der Anstalt gewidmeten Staatsmittel, d. h. die pekuniären Subventionen, die zur Disposition gestellten Gebäude und Lehrmittel, einbehalten, bezw. dem bisherigen Gebrauche vorläufig entziehen, oder auch die Anstalt und zwar sowohl provisorisch, wie auch definitiv schließen (S. 123 Anm. 6 des Kommentars). Gleichzeitig mit der ersteren Maßregel, sofern sie gegen Knaben-Seminare und Knaben-Konvikte verfügt wird, dürfen ferner während der Dauer derselben die Zöglinge sowohl von dem gleichzeitigen Besuche der Gymnasien als auch von der Zulassung (als s. g. Extranei) zur Abiturienten-Prüfung ausgeschlossen (§ 13), falls neue Zöglinge aufgenommen werden (s. zu a. 1 a. E.) aber auch die sofortige definitive Aufhebung der Anstalt angeordnet werden (§ 14). Bei der Zurückhaltung der Mittel für die zum Ersatz des theologischen Studiums geeigneten Seminare ist dem Minister der geistlichen Angelegenheiten auch die Zurücknahme der ertheilten Anerkennung gestattet (§ 13).

b. Anstellung im geistlichen Amte und als Lehrer, resp. Erzieher an den S. XX unter 3 gedachten Anstalten.

Das Gesetz beschränkt die von ihm aufgestellten Erfordernisse auf den Erwerb eines geistlichen Amtes, stellt also keine Requisite für den Erwerb der Kirchen-Aemter im Allgemeinen auf. Unter geistlichem Amt versteht es aber (§ 1) im Gegensatz zu den zur äußeren Leitung der Kirche bestimmten, zu den s. g. jurisdiktionellen Aemtern, diejenigen, mit welchen rein geistliche, d. h. gottesdienstliche, seelsorgerische oder lehramtliche Funktionen verbunden sind, also namentlich alle Seelsorge-, vor Allem die Pfarr-Aemter, das Amt der Weihbischöfe, der Kapläne, Pfarr-Vikare, Hülfsprediger, Frühmesser (Primissare), Lokalisten, Expositen. Gleichgültig ist es, ob ein solches Amt dauernd oder widerruflich übertragen werden soll. Ebenso finden die Vorschriften auch Anwendung, wenn nur eine Stellvertretung oder Hülfsleistung in einem geistlichen Amte statt hat, oder wenn einem bereits im Amte stehenden Geistlichen ein anderes Amt übertragen, seine widerrufliche Anstellung in eine dauernde verwandelt oder ein bereits im Amt befindlicher Geistlicher zu einer Stellvertretung oder Hülfsleistung verwendet wird (§§ 2 u. 3).

In Betreff der Lehrer und Erzieher ist das Gesetz nicht nur maßgebend, wenn sie dauernd, sondern auch wenn sie widerruflich angestellt, an eine andere Anstalt versetzt oder nur aushülfeweise oder als Stellvertreter verwendet werden sollen (§ 10).

Für alle derartigen Anstellungen und Verwendungen ist:

1) **abgesehen von der für Geistliche und Lehrer, resp. Erzieher verschieden bemessenen wissenschaftlichen Vorbildung (S. XX) erforderlich:**
2) **daß die betreffende Person die deutsche Reichsangehörigkeit besitzt (§§ 1 u. 10).**,
3) **daß vom Staate kein Einspruch gegen die beabsichtigte Anstellung oder Verwendung erhoben worden ist (§§ 1 u. 10).**

Zur Ermöglichung des Einspruchs hat der geistliche Obere (Bischof, Konsistorium u. s. w., s. S. 128 Anm. 1 des Kommentars), welchem die Anstellung, resp. Verwendung zusteht, oder in dessen Sprengel eine solche stattfindet (s. S. 129 Abs. 3 u. 4 a. a. O.), den in Aussicht genommenen Kandidaten, und zwar unter Angabe der Stellung, in welcher derselbe verwendet werden soll, dem Ober-Präsidenten zu benennen (§ 15 u. § 12).

Der Einspruch ist von dem letzteren binnen 30 Tagen nach dem amtlichen Eingang der Benennung bei dem geistlichen Oberen anzubringen.

Er ist nur statthaft: 1) wenn dem Kandidaten die durch das Gesetz vorgeschriebenen Erfordernisse für das geistliche Amt, bezw. das Amt eines Lehrers oder Erziehers fehlen; 2) wenn derselbe wegen eines Verbrechens oder Vergehens, welches das Reichsstrafgesetzbuch mit Zuchthaus, dem Verluste der bürgerlichen Ehrenrechte, der Unfähigkeit zur Bekleidung öffentlicher Aemter, bezw. Verlust derselben bedroht, verurtheilt worden ist oder sich in Untersuchung befindet; 3) wenn durch bereits vorliegende Thatsachen die Annahme gerechtfertigt wird, daß der Kandidat den Staatsgesetzen oder den innerhalb ihrer Zuständigkeit erlassenen Anordnungen der Obrigkeit entgegenhandeln, oder den öffentlichen Frieden stören werde. Auch sind die Thatsachen, auf welche sich der Einspruch gründet, bei der Erhebung desselben anzugeben. (§ 16).

Die Pflicht, den Einspruch vorher zu ermöglichen, cessirt bei einer wegen Gefahr im Verzuge verfügten Hülfsleistung oder Stellvertretung, in welchem Falle die Benennung erst nach stattgehabter Anordnung erlaubt ist (§ 2).

Gar keine Anwendung finden die Vorschriften des Gesetzes über den Einspruch auf die Anstellung von Geistlichen beim Militair und an öffentlichen Anstalten, ebensowenig in solchen Fällen, wo dem Staate bei der Besetzung der geistlichen Aemter auf Grund des Patronates oder besonderer Rechtstitel, z. B. hinsichtlich der Bischofsstühle, Domherrn- und Domvikarstellen (s. S. 156 des Kommentars) eine anderweitig geregelte Mitwirkung zusteht (§ 29), endlich auch nicht auf solche Fälle, wo die Anstellung erfolgt oder dieselbe genehmigt wird von Behörden, deren Mitglieder sämmtlich vom König ernannt werden (§ 28), womit für die Regel der Einspruch bei der Anstellung der evangelischen Geistlichen (s. aber S. 129 des Kommentars) und der Lehrer an den evangelischen Predigerseminaren ausgeschlossen ist.

Die Anstellung oder Verwendung eines Geistlichen, bezw. Lehrers oder Erziehers ohne Beachtung der Vorschriften des Gesetzes (S. 135 Anm. 2 des Kommentars) gilt für den Staat als nicht geschehen (§ 17), ist also für das ganze staatliche Rechtsgebiet nichtig. Der Geistliche erhält nicht die allgemeinen Standesprivilegien, nicht die mit der Stellung verbundenen Vermögensrechte (das Recht das Beneficialgut zu nutzen oder einen etwaigen Staatszuschuß zu beziehen), ferner nicht die Befugniß, Handlungen, welche für den Civilstand maßgebend sind, mit bürgerlicher Wirksamkeit zu vollziehen, oder desfalsige Eintragungen mit öffentlichem Glauben in die Kirchenbücher vorzunehmen. Ebensowenig ist er berechtigt, Amtshandlungen, welche dem rein geistlichen Gebiete anheimfallen, auszuüben, vielmehr kann er auch daran im Wege der Administrativ-Exekution gehindert werden (das Nähere S. 135 u. 136 des Kommentars).

Abgesehen von der Nichtigkeit der Anstellung oder Verwendung zieht diese letztere aber, so weit es sich um ein geistliches Amt oder eine Hülfsleistung oder Stellvertretung in einem solchen handelt, für den geistlichen Oberen, welcher sie angeordnet oder genehmigt hat, Geldstrafe von 200 bis 1000 Thalern, für den nichtig Angestellten, welcher auf Grund der nichtigen Anstellung geistliche Amtshandlungen vornimmt, Geldstrafe bis zu 100 Thalern nach sich. Die Verletzung des Gesetzes in den beiden erwähnten Beziehungen bildet also ein Kriminal-Vergehen (§ 22 Abs. 1 u. 23 Abs. 1). Hinsichtlich der nichtigen Anstellung von Lehrern und Erziehern an den geistlichen Bildungs-Anstalten gilt dies aber nicht. Diese Verschiedenheit erklärt sich daraus, daß der Staat derartige Verletzungen des Gesetzes durch Schließung der betreffenden Anstalt wirkungslos machen kann.

c. Außer dem Bildungswesen der Geistlichen und der Anstellung derselben, bezüglich der Lehrer und Erzieher an geistlichen Bildungsanstalten regelt, das Gesetz aber noch einige andere damit in Verbindung stehende Punkte.

Um die Geistlichen den kirchlichen Oberen gegenüber in ihrer Existenz unabhängig zu stellen, verordnet es:

1) daß die Pfarr-Aemter, d. h. die Aemter, deren Inhabern kraft derselben die Seelsorge über einen geographisch fest und dauernd abgegränzten Kreis und an einem bestimmten gottesdienstlichen Gebäude zusteht (S. 138 des Kommentars) dauernd, also namentlich nicht ad nutum amovibel zu verleihen sind, indem es die interimistische Verwaltung dieser Aemter nur ein Jahr lang, angerechnet vom Tage der Erledigung oder wo observanzmäßig ein Gnadenjahr besteht, vom Tage des Erlöschens desselben gestattet (§ 18);

2) daß die Sukkursal-Pfarreien im Gebiete des französischen Rechtes (S. 145 des Kommentars) vom 15. Mai 1874 ab den eben gedachten Bestimmungen gleichfalls unterliegen (§ 19 Abs. 2);

3) daß ferner Seelsorge-Aemter, deren Inhaber unbedingt abberufen werden können, namentlich sog. Missions-Pfarreien (S. 140 des Kommentars), nur mit Genehmigung des Kultusministers errichtet werden dürfen (§ 19 Abs. 1);

4) daß Anordnungen der geistlichen Oberen oder Vereinbarungen der Geistlichen mit den letzteren, wodurch die aus dem geistlichen Amtsverhältnisse entspringenden vermögensrechtlichen Ansprüche beschränkt oder aufgehoben werden, nur mit Genehmigung der Staatsbehörde (des Ober-Präsidenten) statthaft, also ohne dieselbe nichtig sind (§ 20).

Die Durchführung der zu 1 und 2 gedachten Anordnungen kann vom Ober-Präsidenten durch eventuell zu wiederholende Geldstrafen bis zu 1000 Thalern, und außerdem vom Minister der geistlichen Angelegenheiten durch Einbehaltung der für die betreffende Stelle oder für den renitenten geistlichen Oberen bestimmten Staatsmittel erzwungen werden (§ 18 Abs. 1 u. 2; § 19 Abs. 2). Ferner wird der Geistliche, welcher das dauernd zu besetzende Amt noch interimistisch weiter verwaltet, nachdem er vom Ober-Präsidenten benachrichtigt worden, daß das Zwangsverfahren zur dauernden Wiederbesetzung der Stelle eingeleitet worden ist, mit Geldstrafe bis zu 100 Thalern bestraft (§ 23 Abs. 2).

Die Beachtung der unter 3 erwähnten Vorschrift ist dadurch gesichert, daß der geistliche Obere, welcher ihr zuwiderhandelt, mit Geldstrafe von 200 bis 1000 Thlr. bedroht ist (§ 22 Abs. 2).

In Verbindung mit den Vorschriften über die Gründe, aus denen das Einspruchsrecht zulässig ist, steht endlich

5) die Bestimmung, daß ein Geistlicher, welcher rechtskräftig zur Zuchthausstrafe, zum Verluste der bürgerlichen Ehrenrechte verurtheilt oder welchem die Fähigkeit zur Bekleidung öffentlicher Aemter aberkannt worden ist, seine geistliche Stelle zugleich mit dem Rechte auf das Amtseinkommen und auf Ausübung des geistlichen Amtes verliert und, falls er nachher noch geistliche Amtshandlungen vornimmt, mit Geldstrafe bis zu 100 Thalern bestraft wird (§§ 21 u. 24).

d. Ein Dispensationsrecht von den Vorschriften des Gesetzes ist abgesehen von den Fällen, welche blos eine transitorische Bedeutung haben (§ 26 Abs. 2) dem Kultusminister insofern beigelegt, als er

1) von dem dreijährigen theologischen Studium an einer deutschen Staatsuniversität mit Rücksicht auf ein anderes Universitätsstudium, auf ein an einer außerdeutschen Staatsuniversität absolvirtes theologisches Studium oder auf einen sonstigen, besonderen Bildungsgang einen angemessenen Zeitraum erlassen (§ 5) und

2) Ausländer, aber nur diese, von den Erfordernissen der Ablegung der Abiturienten-Prüfung an einem deutschen Gymnasium, der Zurücklegung des theologischen Studiums auf einer deutschen Staatsuniversität, sowie der Absolvirung der wissenschaftlichen Staats-Prüfung dispensiren kann (§ 26 Abs. 3).

5. Das Gesetz über die kirchliche Disciplinargewalt und die Errichtung des königlichen Gerichtshofes für kirchliche Angelegenheiten.

Das Gesetz regelt:

a. die Ausübung der den kirchlichen Behörden gegen die kirchlichen Beamten zustehenden Disciplinargewalt, d. h. der Befugniß gegen die letzteren einzuschreiten wegen Handlungen, welche sich nicht als allgemeine Vergehen oder nicht bloß als solche, sondern auch als besondere Verletzungen der Dienstpflichten im weitesten Sinne charakterisiren.

1. Die Disciplinargewalt darf nur ausgeübt werden von kirchlichen Behörden, deren Mitglieder Deutsche sind und welche innerhalb des Gebietes des deutschen Reiches residiren (§ 1), eine Vorschrift, wodurch zwar die auswärtigen kirchlichen Oberen, z. B. dem Papste, zukommende Disciplinargewalt nicht beseitigt, aber deren Uebertragung an deutsche Behörden behufs Ausübung in Stellvertretung bedingt ist.

2. Was die Disciplinar-Strafmittel betrifft, so ist die Anwendung der körperlichen Züchtigung gänzlich ausgeschlossen (§ 3).

Geldstrafen dürfen den Betrag von 30 Thalern oder den Betrag eines etwa höheren einmonatlichen Amtseinkommens nicht übersteigen (§ 4).

Die Strafe der Freiheits-Entziehung darf nur in der Verweisung in eine im deutschen Reiche belegene Demeriten-Anstalt bestehen, auch die Dauer von 3 Monaten unter keinen Umständen übersteigen, endlich ihre Vollstreckung weder wider Willen des Betroffenen begonnen noch fortgesetzt werden (§ 5).

Um die Innehaltung dieser Vorschriften kontroliren zu können, sind die Demeriten-Häuser der staatlichen, durch die Ober-Präsidenten zu übenden Aufsicht unterstellt. Der Ober-Präsident hat ihre Hausordnung zu genehmigen, damit die Demeriten nicht einem Zwang unterworfen werden, welcher mit den Bestimmungen des Gesetzes nicht im Einklang steht oder ihre persönliche Freiheit beeinträchtigt (S. 56 Anm. 5 des Kommentars). Ferner ist der Ober-Präsident ermächtigt, jeder Zeit Visitationen der betreffenden Anstalten anzuordnen und von ihren Einrichtungen Kenntniß zu nehmen. Endlich hat jeder Vorsteher solcher Anstalten ein Verzeichniß über sämmtliche Demeriten, welches deren Namen, die gegen sie erkannten Strafen, sowie die Zeit ihrer Aufnahme und Entlassung enthält, zu führen, und dieses am Schlusse jedes Kalenderjahres dem Ober-Präsidenten einzureichen, auch demselben die Aufnahme jedes neuen Demeriten binnen 24 Stunden unter Angabe der verfügenden Behörde anzuzeigen (§ 6). Die Erfüllung dieser Bestimmungen kann gegen den renitenten Vorsteher und den renitenten geistlichen Oberen durch Geldstrafen bis zum Betrage von 1000 Thalern erzwungen, und äußersten Falls auch die Demeriten-Anstalt aufgehoben werden (§ 8).

3. Hinsichtlich des Verfahrens bei der Verhängung von Disciplinar-Strafen ordnet das Gesetz (§ 5) an,

daß eine Vermögensstrafe oder die Verweisung in eine Demeriten-Anstalt nur nach Anhörung des Angeschuldigten verhängt werden darf,

daß die Entfernung aus dem Amte, worunter jede Entziehung der Amtsrechte für immer oder auf Zeit, z. B. die Amtsentlassung, Strafversetzung, unfreiwillige Emeritirung, die Suspension, die große Exkommunikation, verstanden wird, nicht ohne vorgängiges geordnetes prozessualisches Verfahren statthaft ist, wodurch namentlich die Anwendung der in der katholischen Kirche gebräuchlichen sog. suspensio ex informata conscientia (S. 50 des Kommentars) ausgeschlossen wird, endlich

daß in allen Fällen, wo auf eine der in den vorstehenden Absätzen gedachten Strafen erkannt wird, die Entscheidung schriftlich mit Gründen abzufassen ist.

4. Eine Pflicht zur Vollstreckung kirchlicher Disciplinar-Entscheidungen im Wege der Staatsverwaltung besteht nicht, jedoch kann eine solche erfolgen, wenn der Ober-Präsident die Entscheidung, nach vorgängiger Prüfung vom staatlichen Standpunkte aus, für vollstreckbar erklärt hat (§ 9).

5. Zur Ermöglichung einer Kontrole der Ausübung der kirchlichen Disciplinar-Gewalt ist den kirchlichen Behörden die Verpflichtung auferlegt, von allen Entscheidungen, welche auf Geldstrafen von mehr wie 20 Thalern, auf Verweisung in eine Demeriten-Anstalt und auf Entfernung aus dem Amte (in der vorhin angegebenen Bedeutung)

lauten, dem Ober-Präsidenten, unter Angabe der Entscheidungsgründe, Mittheilung zu machen, widrigenfalls die Erfüllung dieser Verpflichtung durch eventuell zu wiederholende Geldstrafen bis 1000 Thaler von ihm erzwungen werden kann (§§ 7, 8).

6. Als Schutzmittel gegen Uebergriffe der geistlichen Behörden bei Ausübung der Disciplinar-Gewalt gewährt das Gesetz das Rechtsmittel der Berufung an die Staatsbehörde (d. h. den Königlichen Gerichtshof für kirchliche Angelegenheiten).

Diese ist statthaft — aber andererseits auch das einzige Mittel, Verstöße gegen das Gesetz zu rügen und die Nichtigkeitserklärung gesetzwidriger Disciplinar-Entscheidungen herbeizuführen (s. S. 65 des Kommentars):

1) wenn die Entscheidung seitens einer durch die Staatsgesetze ausgeschlossenen Behörde (s. z. B. S. XXIV unter 1) ergangen ist;
2) wenn auf eine gesetzlich unzulässige Strafe (z. B. körperliche Züchtigung, zu hohe Geldstrafe, Strafe gegen die Ehre 2c.) erkannt ist;
3) wenn die Vorschriften über das Verfahren (s. S. XXV unter 3) nicht eingehalten sind;
4) wenn die Strafe verhängt ist a. wegen einer Handlung oder Unterlassung, zu der der Angeschuldigte in Gemäßheit der Staatsgesetze, rechtsgültiger Königlicher Verordnungen oder sonstiger von der Obrigkeit innerhalb ihrer Zuständigkeit erlassener Anordnungen verpflichtet war; b. wegen Ausübung oder Nichtausübung eines öffentlichen Wahl- und Stimmrechts; c. wegen Gebrauchs der Berufung an die Staatsbehörde auf Grund dieses Gesetzes;
5) wenn die Entfernung aus dem kirchlichen Amte (s. a. a. O. unter 3) als Disciplinarstrafe oder auch nur wider Willen des Betroffenen ausgesprochen worden ist, und außerdem in dem einen oder andern Falle die Entscheidung der klaren, thatsächlichen Lage widerspricht oder die Gesetze des Staates oder allgemeine Rechtsgrundsätze verletzt;
6) wenn nach einer vorläufig (als provisorische Maßregel während der Untersuchung) verhängten Suspension vom Amte das weitere, zu einem definitiven Resultate führende Disciplinar-Verfahren ungebührlich verzögert wird.

(§§ 10 u. 11).

Die Berufung steht 1) demjenigen zu, gegen welchen die Entscheidung ergangen ist, ist aber dadurch bedingt, daß er die gesetzlich zulässigen und geeigneten Rechtsmittel bei den vorgesetzten kirchlichen Instanzen, sofern diese deutsche kirchliche Behörden sind, ohne Erfolg geltend gemacht hat; 2) sodann auch im öffentlichen Interesse dem Ober-Präsidenten, sofern der eben gedachte Fall eingetreten ist, oder der Betheiligte die Rechtsmittel nicht rechtzeitig geltend gemacht hat, bez. hat desert werden lassen (§ 12).

Die Frist für die Anmeldung der Berufung beträgt für den Betheiligten in den vorhin unter 1 bis 5 aufgeführten Fällen vier Wochen, angerechnet von der Zustellung einer solchen mit Gründen versehenen Entscheidung, welche er nicht mehr mit einem Rechtsmittel anfechten kann oder braucht. In dem Falle zu 6 ist die Berufung dagegen an keine Frist gebunden.

Die Berufung des Ober-Präsidenten ist nur dann einer Frist, und zwar einer dreimonatlichen, unterworfen, wenn ihm die Entscheidung als eine endgültige amtliche mitgetheilt worden ist (§ 13).

Die Berufung besitzt für die Regel Suspensiv-Effekt (§ 14).

In dem auf die Berufung ergehenden Urtheil kann nur entweder die Verwerfung der Berufung oder die Vernichtung der mit derselben angefochtenen Disciplinar-Entscheidung ausgesprochen werden (§ 21). Im letzteren Fall hat die kirchliche Behörde die etwa begonnene Exekution zu sistiren und rückgängig zu machen, widrigenfalls sie dazu vom Ober-Präsidenten durch Zwangsstrafen bis zu 1000 Thalern angehalten werden kann (§ 23).

b. Ferner führt das Gesetz ein Disciplinar-Verfahren gegen Kirchendiener, nach Analogie des Disciplinar-Verfahrens gegen die Staatsbeamten ein, indem es davon ausgeht, daß der Staat kirchliche Beamte, deren Amtsführung fortwährend die Staatsgesetze in Frage stelle und gegen diese verstoße, unmöglich in ihrer einflußreichen Stellung belassen könne.

Es dürfen Kirchenbeamte auf Antrag der Staatsbehörde durch gerichtliches Urtheil des Königlichen Gerichtshofes für kirchliche Angelegenheiten ihres Amtes entlassen werden, wenn sie die Vorschriften der Staatsgesetze oder die rechtsgültigen Anordnungen der Obrigkeit, welche sich auf ihr Amt oder ihre kirchlichen Amtsverrichtungen beziehen, so schwer verletzen, daß ihr Verbleiben im Amt mit der öffentlichen Ordnung unverträglich erscheint (§ 24).

Diese staatliche Disciplinar-Untersuchung ist ein äußerstes Nothmittel, das dem Staate gewährt wird; sie kann nur dann eröffnet werden, wenn die vorgesetzte kirchliche Behörde auf Aufforderung des Ober-Präsidenten die Eröffnung der kirchlichen Disciplinar-Untersuchung gegen den Angeschuldigten auf Amtsentlassung ablehnt, oder falls die kompetente Disciplinarbehörde nicht innerhalb des Deutschen Reichs ihren Sitz hat, der Angeschuldigte sich auf Verlangen des Ober-Präsidenten weigert, sein Amt niederzulegen (§§ 25, 26).

Im Fall der Verhängung der Amtsentlassung treten dieselben rechtlichen Wirkungen ein, wie wenn der betreffende kirchliche Beamte nichtig angestellt worden wäre (s. oben S. XXII), auch ist die Vornahme weiterer Amtshandlungen mit Geldstrafe bis zu 100 Thalern, im Wiederholungsfalle bis zu 1000 Thalern bedroht (§ 24 Abs. 2 u. § 31).

c. Endlich schafft das Gesetz einen eigenen neuen Gerichtshof, den „Königlichen Gerichtshof für kirchliche Angelegenheiten“ mit dem Sitze in Berlin.

Derselbe besteht aus elf Mitgliedern, von denen der Präsident und mindestens 5 Mitglieder etatsmäßig angestellte Richter sein müssen. Die Mitglieder werden vom König auf Vorschlag des Staatsministeriums ernannt, und zwar die bereits in einem Staatsamte angestellten für die Dauer des Hauptamtes, die andern auf Lebenszeit. Der Gerichtshof als solcher steht dem höchsten Landesgerichte, dem Ober-Tribunal, gleich, und entscheidet endgültig unter Ausschluß jeder Berufung (§§ 32—35).

Zur Kompetenz des Gerichtshofes gehört 1) die Verhandlung und Entscheidung der gegen kirchliche Disciplinar-Verfügungen eingelegten Berufungen (s. S. XXVI) 2) die Untersuchung und Entscheidung der Anklagen auf Amtsentlassung (s. zu b), — vgl. § 32 —, 3) die Entscheidung über die Berufung, mit welcher die kirchlichen Behörden die von dem Minister der geistlichen Angelegenheiten verhängte Einhaltung der Staatsmittel gegen eine geistliche Bildungs-Anstalt, die Schließung einer solchen, den Ausschluß der Zöglinge der Knaben-Seminare und Knaben-Konvikte vom Besuche der Gymnasien und von der Abiturienten-Prüfung sowie die Entziehung der früher den Klerikal-Seminaren ertheilten Anerkennung hinsichtlich ihrer Gesetzmäßigkeit anfechten, und 4) die Entscheidung über die Berufung, welche die geistlichen Oberen gegen einen vom Ober-Präsidenten erhobenen Einspruch hinsichtlich der Anstellung und Verwendung von Geistlichen und Lehrern, bez. Erziehern an geistlichen Bildungs-Anstalten einlegen können (vgl. §§ 13 Abs. 3 u. 16 Abs. 3 des Gesetzes über die Vorbildung ꝛc. der Geistlichen).

Hinsichtlich des Verfahrens in den ersten beiden Fällen stellt das Disciplinargesetz nur die allgemeinen Umrisse fest (§§ 15 bis 23 u. §§ 26 bis 30). Für die beiden letzten ist dies weder in dem Disciplinar-Gesetz noch in dem Gesetze über die Vorbildung der Geistlichen geschehen, nur schreibt das eben erwähnte eine Frist von 30 Tagen für die von ihm gestatteten Berufungen vor.

Dagegen ist dem Gerichtshof die Befugniß gewährt, durch Plenar-Beschlüsse das Verfahren in allen ihm zugewiesenen Angelegenheiten näher auszugestalten (§ 33).

Nothwendig ist, daß bei jeder mündlichen Verhandlung und bei jeder Entscheidung, welche definitiv ist oder für das Endurtheil präjudiciell wirkt, 7 Mitglieder, von denen stets der Vorsitzende und drei Beisitzer den richterlichen Mitgliedern angehören müssen, mitwirken (§ 33).

Das Verfahren ist mündlich und der Gerichtshof nicht an positive Beweisregeln gebunden (§§ 20, 21, 30).

Die Beschlüsse und Entscheidungen des Gerichtshofes sind im Verwaltungswege vollstreckbar, dagegen kann derselbe für Instruktions- und Beweis-Verhandlungen auch die ordentlichen Gerichte requiriren (§§ 17, 27, 36).

Außer den baaren Auslagen werden keine besonderen Kosten in Ansatz gebracht. Ueber die Verpflichtung zur Zahlung der Kosten des Verfahrens, soweit es sich um das Verhältniß der Parteien handelt, entscheidet der Gerichtshof nach freiem Ermessen (§ 37).

IV. Das Gesetz, betr. die Abänderung der Artikel 15 und 18 der Verfassungs-Urkunde v. 31. Januar 1850, v. 5. April 1873.

Das oben S. X bereits gedachte Gesetz, betr. die Abänderung der Artikel 15 u. 18 der Verfassungs-Urkunde v. 31. Januar 1850, vom 5. April 1873 (Nr. 8113, Gesetz-Sammlung S. 143) lautet:

Wir Wilhelm, von Gottes Gnaden König von Preußen ꝛc., verordnen unter Zustimmung beider Häuser des Landtages Unserer Monarchie, was folgt:

Einziger Artikel:

Die Artikel 15 und 18 der Verfassungs-Urkunde vom 31. Januar 1850 sind aufgehoben.

An die Stelle derselben treten folgende Bestimmungen:

Artikel 15.

Die evangelische und die römisch-katholische Kirche, sowie jede andere Religionsgesellschaft ordnet und verwaltet ihre Angelegenheiten selbstständig, bleibt aber den Staats-Gesetzen und der gesetzlich geordneten Aufsicht des Staates unterworfen.

Mit der gleichen Maßgabe[1] bleibt jede Religionsgesellschaft im Besitz und Genuß der für ihre Kultus-, Unterrichts- und Wohlthätigkeits-Zwecke bestimmten Anstalten, Stiftungen und Fonds.

Artikel 18.

Das Ernennungs-, Vorschlags-, Wahl- und Bestätigungs-Recht bei Besetzung kirchlicher Stellen ist, soweit es dem Staat zusteht und nicht auf dem Patronat oder besondern Rechtstiteln beruht, aufgehoben.

Auf Anstellung von Geistlichen beim Militair und an öffentlichen Anstalten findet diese Bestimmung keine Anwendung.

Im Uebrigen regelt das Gesetz die Befugnisse des Staats hinsichtlich der Vorbildung, Anstellung und Entlassung der Geistlichen und Religionsdiener und stellt die Grenzen der kirchlichen Disciplinargwalt fest[1].

Urkundlich unter Unserer Höchsteigenhändigen Unterschrift und beigedrucktem Königlichen Insiegel.

Gegeben Berlin, den 5. April 1873.

(L. S.) **Wilhelm.**

Gr. v. Roon. Fürst v. Bismarck. Gr. v. Itzenplitz.
Gr. zu Eulenburg. Leonhardt. Camphausen. Falk.
v. Kameke. Gr. v. Königsmarck.

Bei der Abfassung und Einbringung der Entwürfe zu den vier Gesetzen war die Staatsregierung zwar von der Auffassung ausgegangen, daß dieselben mit den Vorschriften der Artikel 15 und 18 der Verfassungs-Urkunde nicht unvereinbar seien (vgl. auch Kommissions-Bericht Nr. 128 S. 11), indessen erklärte der Kultusminister am 9. Januar 1873 (stenogr. Berichte des Abgeordnetenhauses S. 448) bei der Vorlegung der drei oben (S. IX) erwähnten Gesetz-Entwürfe:

„Bei diesen Bemühungen konnte sie (die Staatsregierung) nicht umhin, sich des weiteren eine allgemeine Frage zu stellen, das ist die Frage: wie verhalten sich diese Entwürfe gegenüber der Verfassungs-Urkunde? M. H., ich habe bereits darauf hingewiesen, was nach meiner Meinung von den Bestimmungen der Verfassungs-Urkunde zu halten ist: sie sind unbestimmt und vieldeutig und darum ist, namentlich wenn ich mir einzelne Bestimmungen dieser Entwürfe vergegenwärtige, der Zweifel ein unberechtigter nicht, ob überall es sich hier lediglich um Ausführung oder auch vielleicht, insbesondere an jenen Stellen, um eine Modifikation handeln könnte. M. H., es sind diese Bestimmungen solche, auf die die Staatsregierung ein entschiedenes Gewicht legt, sie möchte sie nicht missen, sie möchte aber ebensowenig wollen, daß Männer unter Ihnen, die mit der Staatsregierung einverstanden sind, in ablehnender Weise ihr Votum geben möchten aus Verfassungs-Bedenken, und darum glaubt die Staatsregierung Ihnen empfehlen zu können, diese Gesetz-Entwürfe zu behandeln, als ob es sich dabei um eine Modifikation der Verfassung handle."

Mit Rücksicht darauf, daß bei der ersten Berathung der Gesetz-Entwürfe im Abgeordnetenhause von verschiedenen Seiten (z. B. von Reichensperger, Olpe, stenogr.

[1]) Die gesperrt gedruckten Stellen enthalten die Abweichungen von der früheren Fassung der Artikel 15 und 18 der Verfassungs-Urkunde.

Bericht S. 594; Grf. Bethusy-Huc, S. 615; Strosser, S. 623) die Unvereinbarkeit der Entwürfe mit der Verfassungs-Urkunde behauptet worden war, beschloß die XIV. Kommission zunächst diese Frage zum Gegenstand einer gesonderten Erörterung zu machen, und das Resultat ihrer Verhandlungen war, wie schon oben bemerkt, die Vorlegung eines besonderen Gesetz-Entwurfes, welcher demnächst ohne jede Aenderung zum Gesetze (v. 5. April 1873) erhoben worden ist.

Die von der Mehrheit der Kommission adoptirten Gründe für dieses Verfahren sind in den nachfolgenden Stellen des Kommissionsberichtes (Nr. 128, S. 1 ff.) entwickelt:

„Der hier fragliche Satz ist in dem Zeitraum vom Juli bis Dezember 1848 in sehr ausführlichen Kommissions-Berathungen und Debatten der Versammlungen in Berlin und Frankfurt entstanden, deren Beschlüsse unverkennbar eine gegenseitige Einwirkung auf die Fassung geübt haben. In dem Entwurf zu den deutschen Grundrechten Artikel III. § 14 lautete der Satz:

> Jede Religions-Gesellschaft (Kirche) ordnet und verwaltet ihre Angelegenheiten selbstständig, bleibt aber, wie jede andere Gesellschaft im Staate, den Staatsgesetzen unterworfen.

Der Sinn dieser und der connexen Artikel über die Freiheit der Kirchen und Religions-Gesellschaften ist sodann in ausführlicher Berathung (mit ungefähr 80 Amendements) in der Frankfurter Versammlung zur Debatte gelangt, deren Resultate der Berichterstatter dahin zusammengefaßt hat:

> „Darüber scheint bei keiner Partei irgendwie Zweifel zu sein, daß der Staat seine Autorität selbstständig geltend machen kann, und wenn das bestimmt ausgesprochen wird, so ist es wohl nur als eine Kautel anzusehen, damit nicht von Seiten der Kirche behauptet werden kann, sie sei durch ihre Unabhängigkeit dem Staate entzogen."

Dem entsprechend ist auch der Artikel mit einer geringen Aenderung der Fassung schließlich dahin angenommen worden:

> Jede Religionsgesellschaft verwaltet ihre Angelegenheiten selbst, bleibt aber den allgemeinen Staatsgesetzen unterworfen.

Bei den Berathungen in Berlin erscheint der Artikel in dem Entwurf der Verfassungs-Kommission in folgender Redaktion:

> (Artikel 19.) Jede Religionsgesellschaft ist in Betreff ihrer inneren Angelegenheiten und der Verwaltung ihres Vermögens der Staatsgewalt gegenüber frei und selbstständig.

Bei der Revision dieser Fassung in der Central-Abtheilung fand jedoch (gewiß mit Recht) der Ausdruck „innere Angelegenheiten" Anstoß, da nach den Glaubenslehren der verschiedenen Bekenntnisse die Begrenzung zwischen innern und äußern eine völlig verschiedene ist und stetigen Kontestationen ausgesetzt sein würde. Der Zusatz „innere" wurde deshalb gestrichen; die Fassung kam aber wegen Auflösung der National-Versammlung in dieser selbst nicht zum Austrag.

Dagegen nahm die Königliche Staats-Regierung den Artikel in der so entstandenen Fassung in die oktroyirte Verfassungs-Urkunde vom 5. Dezember 1848 auf, wo er nun (wie noch heute) lautet:

> Die evangelische und die römisch-katholische Kirche, sowie jede andere Religionsgesellschaft ordnet und verwaltet ihre Angelegenheiten selbstständig und bleibt im Besitz und Genuß der für ihre Kultus-, Unterrichts- und Wohlthätigkeitszwecke bestimmten Anstalten, Stiftungen und Fonds.

Die Motive zu diesem und den connexen Artikeln veröffentlichte der Kultusminister v. Ladenberg unterm 15. Dezember 1848 in einer Denkschrift (Berlin 1848, Geheime Oberhof-Buchdruckerei), wie folgt:

> Der Entwurf der Verfassungs-Kommission enthält im Artikel 19 die allgemeine Bestimmung, daß jede Religionsgesellschaft in Betreff ihrer innern Angelegenheiten und der Verwaltung ihres Vermögens der Staatsgewalt gegenüber frei und selbstständig sein solle. Diese Bestimmung ist offenbar eine ungeeignete, weil die Grenze zwischen den äußeren

und inneren Angelegenheiten nirgends fest bestimmt ist und weil es ein negatives Recht giebt, auf welches der Staat gegenüber den Religions-Gesellschaften niemals verzichten kann, wenn er sich nicht selbst gefährden will. Deshalb hat die Verfassungsurkunde in Uebereinstimmung mit dem von der Frankfurter Versammlung gefaßten, auch von der Central-Abtheilung angenommenen Beschluß den praktischen Gesichtspunkt festgehalten und den Religionsgesellschaften das Recht, ihre Angelegenheiten selbstständig zu ordnen und zu verwalten, verheißen, wonach künftig eine positive Theilnahme von Seiten der Staatsgewalt nicht mehr stattfinden wird. Hierbei ist der evangelischen und katholischen Kirchen ausdrücklich gedacht worden, um darzuthun, daß diese Gemeinschaften in der ihnen zustehenden, feierlich verbrieften Stellung nicht beeinträchtigt werden sollen. Die nähere Regulirung der Verhältnisse auf der Grundlage des ausgesprochenen allgemeinen Prinzips wird im geordneten Wege demnächst erfolgen.

Bei der spätern Revision der Verfassungs-Urkunde hat nun zwar die erste Kammer beschlossen, den Artikel dahin zu fassen:

> Die evangelische und die römisch-katholische Kirche, sowie jede andre Religions-Gesellschaft ordnet und verwaltet ihre inneren Angelegenheiten selbstständig, die äußeren unter gesetzlich geordneter Mitwirkung des Staats und der bürgerlichen Gemeinde, und bleibt im Besitz 2c.

Die in der zweiten Kammer gestellten zahlreichen Amendements führten indessen zu keiner Vereinigung, und schließlich ist der Artikel unverändert belassen worden, wie ihn die Staats-Regierung in der Verfassungs-Urkunde vom 5. Dezember 1848 formulirt hatte und wie er noch heute lautet.

Der Referent bemerkte zu diesen Hergängen, daß es überaus schwierig sei, aus dem weitschichtigen Material der Berathungen und aus den Wortfassungen festzustellen, welche Vorstellungen die einzelnen Redner mit dieser Wortfassung verbunden, was danach als gemeinsamer Wille der beschließenden Körperschaft anzusehen und als bestimmend für die Auslegung zu betrachten sei. Trotz weit auseinandergehender Grundvorstellungen gehe jedoch eine negative abwehrende Richtung durch die Verhandlungen aller Kommissionen und Körperschaften; es sei die Abwehr der diskretionären Verwaltungs-Befugnisse, wie sie bisher in dem Gebiet der kirchlichen Verwaltung geübt worden. Man habe allgemein die Maßregeln der Staats-Regierung gegen die Erzbischöfe von Droste und von Dunin gemißbilligt. Man habe ein Bevormundungs-System, wie es in verschiedenen Stellen des Allgemeinen Landrechtes auftrete, und den Staats-Behörden eine „Direktion" und Leitung von inneren, sogar zum Theil eine Entscheidung sakramentaler Fragen, und eine Aufsicht über die Kirchen nach freiem Ermessen der aufsehenden Behörden statuirt, beseitigen wollen. Das eigentliche Ziel des Angriffs seien die Gewalten der Staats-Behörden gewesen, die in den noch geltenden organischen Gesetzen der Preußischen Verwaltung den „Staatszweck", das „Staatswohl", die „Staatssicherheit" als alleinige Richtschnur für die höheren Behörden hinstellen und die unteren Organe zur „Folgeleistung" gegen die höheren verpflichten. Dieses ungemessene Eingreifen der Verwaltung widerstrebe dem Wesen der Kirchengemeinschaft noch mehr wie dem Bestreben der weltlichen Gemeinden nach Selbstständigkeit, und es habe darüber wohl ziemlich eine Uebereinstimmung gewaltet, wie noch heute. Dagegen sei die positive Seite der Frage über das Verhältniß von Kirche und Staat in allen Debatten unverkennbar zurückgetreten. Nach der damals herrschenden Staats-Lehre handle es sich in dem Verhältniß des Staats zur Kirche nicht um eine, sondern vielmehr um drei von einander bestimmt geschiedene und eigenartige Gewalten:

1. die Exekutive des Staates,
2. das Oberaufsichts-Recht des Staates,
3. die Gesetzgebungs-Gewalt des Staates.

Die Frage, welche jetzt nach mannigfaltigem Streit über die Grenzen beider Gewalten zur Entscheidung heranrückt, sei, ob durch Art. 15. die Gesetzgebungs-Gewalt und das Oberaufsichts-Recht des Staates überhaupt beseitigt sein solle in allen Gebieten und über alle

Fragen, welche irgend eine Kirche oder Religions-Gesellschaft nach ihren Glaubenslehren für ihre Angelegenheiten erachten müsse. Die so gestellte Frage sei nun aber nach der gewissenhaften Ueberzeugung des Referenten zu verneinen aus folgenden Gründen:

1. Die Entstehungsgeschichte des Artikels ergebe zunächst, daß in der Frankfurter Versammlung, auf deren Beschlüsse auch die Motive des Ministers von Ladenberg ausdrücklich Bezug nehmen, der Satz: „bleibt aber den allgemeinen Staats-Gesetzen unterworfen“ ausdrücklich und unzweideutig aufgenommen sei. Dasselbe gelte von dem Oberaufsichts-Recht; denn das negative Recht, „auf welches der Staat gegenüber den Religions-Gesellschaften niemals verzichten kann, wenn er sich nicht selbst gefährden will“, sei eben nichts Anderes, als das im Staatsrecht technisch sogenannte Oberaufsichts-Recht. Der leitende Staats-Minister sei in der That berechtigt gewesen, diesen Vorbehalt als selbstverständlich zu bezeichnen. Denn von alter bis zu neuester Zeit habe die herrschende Staatsrechtslehre jenes Hoheitsrecht des Staates für wesentlich, selbstverständlich und unverzichtbar erachtet. Auch enthalte der Art. 12 der Verfassungs-Urkunde bereits den Vorbehalt: „Den bürgerlichen und staatsbürgerlichen Pflichten darf durch die Ausübung der Religionsfreiheit kein Abbruch geschehen“, — worin die Pflicht auch der geordneten Kirchenobern zum Gehorsam gegen die Staatsgesetze unzweifelhaft enthalten sei. Jene Erklärung der Staats-Regierung bei der ersten Einbringung resp. Publikation des Verfassungsartikels sei aber nach dem Gange der Verhandlungen das entscheidende Moment für seine Auslegung. Die Staats-Regierung habe auch bei den Revisions-Verhandlungen diesen Standpunkt nirgends geändert oder etwas davon zurückgenommen. Eben so wenig haben die Kammern durch eine Beschlußfassung irgend einen Protest oder eine Ablehnung jener von der Regierung als selbstverständlich vorausgesetzten Deutung angenommen. Jede bona fide-Interpretation müsse daher den Art. 15 dahin auffassen, daß die Gesetzgebung und das Oberaufsichts-Recht des Staates prinzipiell vorbehalten bleiben sollte.

2. Zu demselben Resultate führe die Wortfassung des Artikels selbst. Die Ausdrücke „ordnen“ und „verwalten“ bezeichnen keine souveräne Gesetzgebungs-Gewalt, sondern nur eine Ordnungsgewalt im eigenen Kreise. Der Ausdruck ihre Angelegenheiten setze eine Auseinandersetzung im streitigen Falle voraus, die nur dem Staat zustehen könne, weil sie keinem andern beigelegt sei (Zöpfl §. 539.). Das Wort „selbstständig“ komme in überaus zahlreichen preußischen Gesetzen und Kommunal-Ordnungen als ein legaler Ausdruck vor, welcher überall unbedenklich ausgesprochen sei, auch wo das Eingreifen der Staatsgesetzgebung und der Staatsoberaufsicht als selbstverständlich folge. Ein anderes Verhältniß sei deshalb unmöglich, weil irgend eine Köperschaft im Staate nicht gleichzeitig von der Exekutive, dem Oberaufsichts-Recht und der Gesetzgebung des Staats eximirt sein könne. Sie würde damit aufhören, zum Staatsverbande zu gehören. Im vorliegenden Falle sei nun aber die verfassungsmäßige Selbstständigkeit nicht nur beiden anerkannten Kirchen, sondern jeder dissidentischen Religions-Gesellschaft nach gleichem Maßstabe und mit gleichem Recht beigelegt. Es könne doch unmöglich eine souveräne Selbstgesetzgebung gemeint sein, welche die gesammte Bevölkerung in gesonderten Gruppen der Gesetzgebung, Oberaufsicht und Exekutive des Staats entziehen, und damit im unausbleiblichen Falle des Streits eine förmliche Anarchie herbeiführen würde. Die Praxis der Behörden und die Verhandlungen des Landtags seien rücksichtlich der Dissidenten niemals zu einer solchen Auffassung gelangt.

3. Zu demselben Resultat führe die übereinstimmende Lehre des deutschen Staatsrechts. In normalen Verhältnissen würde die endliche Entscheidung solcher Streitfragen einer geordneten Rechtsprechung anheimfallen. So lange diese fehle, müsse man die übereinstimmenden Rechtslehren solcher Männer anerkennen, die durch ihren Lebensberuf veranlaßt würden, diese Fragen außerhalb des Parteistreits objektiv zu erwägen. Die Staatsrechtslehre habe aber im Wesentlichen übereinstimmend dem deutschen Territorialstaat die Gesetzgebung und das Oberaufsichtsrecht über die Kirchen als einen selbstverständlichen „unverzichtbaren“ Theil seiner Hoheitsrechte beigelegt, und zwar eben so nach wie vor Erlaß der Verfassungs-Urkunde von 1848. Es werde nicht nöthig sein, die Citate von Pütter und Klüber an bis in die neueste Zeit zu häufen.

Es werde hier genügen, aus neuester Zeit die Rechtslehre eines streng konservativen katholischen Staatsrechtslehrers anzuziehen. Zöpfl in seinen Grundsätzen des Allgemeinen und deutschen Staatsrechts II. 1856 (IV. Auflage), 1863 (V. Auflage) lehre auch nach Erlaß der in Uebereinstimmung mit den deutschen Grundrechten publicirten Verfassungs-Urkunden unverändert wie früher:

§ 526. Kirchenhoheit ist der Inbegriff der Hoheitsrechte, welche dem Staatsbeherrscher über die anerkannten christlichen Kirchen und anderen Religions-Gesellschaften zustehen. Die Kirchenhoheit begreift 1) das Recht der Aufnahme . . . 2) das Recht der Aufsicht (jus supremac inspectionis) und 3) das Schutz- und Schirmrecht (jus advocatiae) über die Kirche.

Schon in dem westphälischen Frieden wurde die Kirchenhoheit als ein in der Landeshoheit liegendes Recht anerkannt. Seit der Auflösung des Reiches erscheint sie als eine mit dem Begriff der Souverainetät für den Staatsbeherrscher unmittelbar, unzertrennlich und unverzichtbar gegebene Befugniß.

Es ist jedoch dieses Hoheitsrecht stets in solcher Weise auszuüben, daß dadurch weder der Gewissensfreiheit der Einzelnen, noch auch den erworbenen und verfassungsmäßig festgestellten Rechten der bestehenden und anerkannten Religions-Parteien zu nahe getreten wird.

§ 534. Das Aufsichtsrecht des Staatsherrschers oder sogenannte Ober-Aufsichtsrecht über die christlichen Kirchen und anderen Religions-Gesellschaften besteht in der Befugniß, von Allem Kenntniß zu nehmen, was in der Kirche vorgeht, und alle nöthigen Maßregeln zu ergreifen, um Uebergriffe der Kirchengewalt in das Bereich der Staatsgewalt zu verhüten oder zurückzuweisen.

§ 528. Die Kirche soll und will nach diesem (neueren) System vom Staate nur nach den Grundsätzen des freien Vereinsrechts beurtheilt sein . . . Hiernach wird für die christliche Kirche und andere Religions-Gesellschaften hinsichtlich ihrer inneren Gesellschaftsverhältnisse, wie Dogma, Symbolum, Ritus, Liturgie u. s. w., so wie hinsichtlich der Verwaltung ihres Kirchen-Vermögens völlige Freiheit und Unabhängigkeit vom Staate in Anspruch genommen; es bleiben jedoch . . . die christlichen Kirchen der Aufsicht des Staates bezüglich der Beobachtung der allgemeinen Staats-Gesetze unterworfen und haben, so lange sie sich diesen gemäß verhalten, den Schutz des Staates anzusprechen. Dieses System hat seinen vollständigsten Ausdruck in den Bestimmungen der Grundrechte des deutschen Volkes und beziehungsweise der Reichs-Verfassung von 1849 gefunden . . . Die gegenwärtig geltenden Gesetzgebungen der Einzelstaaten haben dieses System theils vollständig aufgenommen, theils zeigen sie doch eine große Annäherung an dasselbe.

Referent war aus diesen Gründen der Ansicht, daß es keiner Deklaration der Verfassungs-Urkunde bedürfen würde, sofern die hier streitigen Fragen durch einen anerkannten Gerichtshof entschieden würden. Die Verfassungs-Urkunde sei aber nicht bloß für Rechtsverständige geschrieben und keineswegs auch in diesen Kreisen einer stets unbefangenen Auffassung ausgesetzt. Es lasse sich nicht leugnen, daß die ganz unbestimmte und abgerissene Fassung des Satzes in der Verfassungs-Urkunde ernste Gewissensbedenken hervorrufen könne, namentlich auch bei solchen, welche den Eid auf die Verfassung zu leisten haben. Von Parteistandpunkten aus ergebe eine solche Fassung ein unerschöpfliches Feld der Agitation. Gegen jeden Gesetz-Entwurf über die staatlichen Rechte in Kirchen- und Schulsachen ergebe sich daraus ein Einspruch. Der gegenwärtige Kultus-Minister selbst habe sich außer Stande erklärt, in jedem Punkte der Auslegung und Anwendung dieser Artikel durch seine Vorgänger beizutreten. Bei einer Reihe von Gesetz-Bestimmungen sei ihre fortdauernde Geltung bestritten. Ein solcher Zustand mache eine ausdrückliche Erklärung, Deklaration oder neue Fassung, wenn nicht nothwendig, so doch dringend rathsam. Wie bei allen Verfassungs-Bestimmungen und Verfassungs-Aenderungen werde es sich aber empfehlen, sich auf das Strengste dem einmal sanktionirten Verfassungs-Recht anzuschließen, und daher dem Artikel 15 nur folgende Zusätze zu geben:

aus den deutschen Grundrechten den Zusatz:

„bleiben aber den allgemeinen Staatsgesetzen unterworfen";

aus den Motiven zur Verfassungs-Urkunde:

„den Vorbehalt des selbstverständlichen (negativen) Aufsichtsrechtes der Staatsgewalt";

aus dem Sinn des Artikels 15 den Zusatz:

„einer gesetzlich geordneten Aufsicht."

Es wurde demnach folgende Fassung vorgeschlagen:

„Artikel 15. Die evangelische und die römisch-katholische Kirche, sowie jede andere Religions-Gesellschaft ordnet ihre Angelegenheiten selbstständig, bleibt aber den allgemeinen*) Staats-Gesetzen und einer**) gesetzlich geordneten Aufsicht des Staates unterworfen."

„Mit der gleichen Maßgabe bleibt jede Religions-Gesellschaft im Besitz und Genuß der für ihre Kultus-, Unterrichts- und Wohlthätigkeitszwecke bestimmten Anstalten, Stiftungen und Fonds."

und ferner S. 14 ff.

„Der Artikel 18 in seiner jetzigen Fassung beseitigt jedes Ernennungs-, Vorschlags-, Wahl- und Bestätigungs-Recht bei Besetzung kirchlicher Stellen, soweit es dem Staate zusteht, und nicht auf dem Patronat oder besondern Rechtstiteln beruht.

Wenn auch nach der soeben beschlossenen Fassung des Artikel 15 die Gesetzgebung des Staates und die gesetzliche Regelung des staatlichen Aufsichtsrechts ausdrücklich vorbehalten ist, so kann doch der Zweifel entstehen, ob die spezielle Restriktion, welche der Artikel 18 dem Staate auferlegt, ein solches „Einspruchsrecht" des Staates zuläßt, wie es die vorliegenden Gesetz-Entwürfe einzuführen beabsichtigen. Von Seiten des Referenten wurde zunächst hervorgehoben, daß es sich nicht empfehlen werde, jenen Satz aufzuheben oder abzuändern. Noch heute, wie 1850, werde der Staat sich kein Recht beilegen, die kanonischen Erfordernisse zum geistlichen Amte zu prüfen, in die kirchliche Disziplin und in die Glaubensstreitigkeiten der Kirche sich einzumischen. Es werde auch Seitens der Staats-Regierung die Wiedereinführung eines staatlichen „Bestätigungsrechts" nicht beabsichtigt werden. Das in der Gesetzes-Vorlage eingeführte Einspruchsrecht sei in der That etwas davon völlig Verschiedenes. Es lasse den Charakter des Geistlichen unverändert als Diener der Kirche und gebe der Staats-Gewalt nur ein Veto gegen einzelne Verleihungs-Akte. Das Bestätigungsrecht dagegen verleihe den kirchlichen Beamten eine Autorität der Staatsgewalt, analog wie bei andern „mittelbaren" Staats-Beamten, und würde in die beseitigte Vorstellung zurückführen, als ob die Geistlichen mittelbare Staatsdiener sein sollten.

Immerhin werde indessen das Einspruchsrecht dem Erfolge nach einem Bestätigungsrecht verglichen werden, und es erscheine deshalb rathsam, die darauf bezüglichen Befugnisse des Staats, die in der That unentbehrlich seien, ausdrücklich zu wahren.

Vom Standpunkte des Staats aus habe früher ein Uebermaß von Befugnissen stattgefunden, um gewisse staatliche Rücksichten bei Besetzung der kirchlichen Aemter zu wahren. Die katholischen Geistlichen haben bis 1848 den Beamteneid geleistet und das gesetzlich unbemessene Aufsichts-Recht habe die Ernennung und Amtsthätigkeit mißliebiger Personen in sehr unbestimmtem Maße zu verhindern vermocht. Es handle sich jetzt um bestimmte gesetzliche Normen, durch die der Staat ein Veto beispielsweise gegen die Anstellung von Ausländern zu erheben berechtigt sein müsse; auch um bestimmte staatliche Interessen bei der dauernden Besetzung der Pfarrämter, bei Ueberschreitungen der geistlichen Disciplin in gesetzwidrige Strafarten, vor Allem auch um das Recht zu verhindern, daß diese Disciplinar-Gewalt nicht in fraudem legis, d. h. zur Außerkraftsetzung staatlicher Gesetze verwendet werde; auch um ein Interesse des Staats bei der wissenschaftlichen (nicht

*) Das Wort: „allgemeine" ist in schon in der Kommission gestrichen worden, um Mißverständnisse zu vermeiden, s. Kommissions-Bericht S. 11, 14.

**) Schon in der Kommission in „der" geändert.

theologischen) Bildung des Personals. Die Grenz-Linie zwischen dem, was dem innern Leben der Kirche angehört, und demjenigen, was äußerlich verletzend und schädigend in die bürgerliche Ordnung eingreife, lasse sich in der That einer selbstständigen Kirche gegenüber nur durch eine eingehende Gesetzgebung finden."

Das Gesetz, für dessen Interpretation der vorstehend mitgetheilte Kommissionsbericht das wichtigste Auslegungsmittel bildet, bezeichnet sich als „Gesetz, betreffend die Abänderung der Artikel 15 und 18 der Verfassungs-Urkunde". Daß diese Ueberschrift die auch während der Debatten in den beiden Häusern des Landtages mehrfach ventilirte Frage, ob dasselbe in der That eine materielle Aenderung der Verfassungs-Urkunde oder blos eine Deklaration der betreffenden Artikel derselben enthält, nicht entscheidet, liegt auf der Hand. Formell, in ihrem Wortlaut sind die Artikel 15 und 18 allerdings durch das Gesetz vom 5. April 1873 modificirt, und in sofern ist die Ueberschrift korrekt, indessen gerade deshalb ist sie irrelevant, weil eine formelle nicht nothwendig zugleich eine materielle Aenderung zu sein braucht.

Vielmehr kann eine Lösung der Frage nur durch eine Vergleichung des Artikel 15 und 18 der Verfassungs-Urkunde in ihrer früheren Gestalt mit ihrer jetzigen durch das Gesetz vom 5. April 1873 festgestellten Formulirung gewonnen werden.

Ueber den Sinn des Artikel 15 in dem ursprünglichen Wortlaut ist freilich schon seit Jahren gestritten worden. Die Meinung, daß derselbe die Aufhebung des staatlichen Hoheitsrechtes, des sog. jus circa sacra, ausgesprochen habe, ist, wie schon früher [1]), so auch von Neuem bei der Verhandlung in den Häusern des Landtages wiederholt geltend gemacht worden [2]).

Es ist hier nicht der Ort, ausführlich auf diesen älteren Streit einzugehen, und das weitschichtige Material, welches für die Entstehungsgeschichte des Art. 15 in Betracht kommt, noch einmal anzuführen. Es wird genügen, außer auf den Kommissionsbericht noch auf die früheren Erörterungen zu verweisen, in denen dargethan ist, daß der Artikel 15 die dem Staate zustehende Souveränität, das jus circa sacra, aus welchem das Gesetzgebungs- und das Aufsichtsrecht hinsichtlich der Kirchen fließt, nicht beseitigt hat [3]). Vielmehr hat der Artikel 15 den Kirchen allein die Garantie gewährt, daß sie

---

[1]) Vgl. die Abhandlung, das verfassungsmäßige Recht der Kirchen in Preußen, von einem preußischen Juristen bei Moy, Archiv f. kath. Kirchenrecht Bd. 11 S. 58 ff.; Gerlach, das Verhältniß des Preußischen Staates zu der katholischen Kirche. 2. Aufl. 1. Abth. Paderborn 1867.

[2]) Vgl. namentlich die Reden der Abgeordneten Reichensperger (Olpe) in der Sitzung des Abgeordnetenhauses vom 30. Januar 1873 (stenogr. Ber. S. 849 ff.) und Dr. Windhorst (Meppen) a. a. O. S. 869 ff.

[3]) Richter-Dove, Kirchenrecht § 74 Anm. 14; § 100 Anm. 3.; Friedberg, die evangelische und katholische Kirche der neu einverleibten Länder. Halle 1867 S. 62 ff.; Dove, in der Zeitschrift für Kirchenrecht Bd. 7 S. 307 ff.; v. Rönne, Staatsrecht der preußischen Monarchie § 193: „Dadurch ist anerkannt, daß die frühere Ansicht von der Nothwendigkeit einer starken Beaufsichtigung der Kirche verlassen werden solle, und daß das Oberaufsichtsrecht des Staates auf repressive Maßregeln zu beschränken sei. Somit folgt aus diesen von der Verfassung ausgesprochenen Principien, daß der Staat die direkte anordnende und verwaltende Fürsorge für die Interessen der Kirche dieser selbst und den Organen der Kirchengewalt zu überlassen hat, und die Kirche nicht durch ein System polizeilicher Maßregeln beengen darf, welches überdies seines Zweckes verfehlt. Keineswegs aber folgt aus der den Religionsgesellschaften gewährleisteten selbstständigen Ordnung und Verwaltung ihrer Angelegenheiten ein gänzliches Aufgeben des staatlichen

das ihnen eigenthümliche Lebensgebiet nach ihren eigenen Gesetzen zu verwalten berechtigt sein, und daß sie darin nicht durch polizeiliche, zum Theil in eine direkte Betheiligung am Kirchenregimente übergehende Maßregeln gehindert werden sollen. Wie weit dieses eigenthümliche Gebiet der Kirche reicht, darüber hat sich der Art. 15 nicht ausgesprochen, jedenfalls aber nicht bestimmt, daß die Grenzen desselben nach der Auffassung der einzelnen Kirchen abgesteckt werden sollen. Im Gegentheil ist dem Staate, da die Verfassungs-Urkunde auf einem von demselben ausgegangenen Akt der Gesetzgebung beruht, also das Gebiet der eigenen Angelegenheiten der Kirchen nur von dem Standpunkt des Gesetzgebers aus abgegrenzt werden kann und darf, naturgemäß die Bestimmung darüber für zweifelhafte Fälle vorbehalten geblieben. [1])

Für denjenigen, welcher mit der eben dargelegten Auffassung des Artikel 15 übereinstimmt, kann es in der That kein Zweifel sein, daß die neue Formulirung desselben, wie wiederholt bei den Kammerverhandlungen hervorgehoben worden[2]), lediglich den Charakter einer Deklaration hat. Die neu hinzugefügten Worte: „bleibt aber den Staatsgesetzen unterworfen", stellen nur den früheren Sinn der ihm zu Theil gewordenen irrigen Auslegung gegenüber klar. Sie sprechen es aus, daß die Kirchen der aus der Souveränität des Staates herfließenden Gesetzgebungsgewalt unter-

---

Aufsichtsrechtes, sondern es besteht dies Recht fort als Bestandtheil der Kirchenhoheit des Staates, welcher vermöge desselben befugt ist, da wo seitens einer Religionsgesellschaft verletzend in das Gebiet des Staates oder anderer Religionsgesellschaften übergegriffen wird, oder solche Verletzung zu besorgen steht, beseitigend oder hindernd einzuschreiten."

[1]) Rede des Ministers der geistlichen Angelegenheiten, Dr. Falk in der Sitzung des Abgeordnetenhauses vom 31. Januar 1873 (stenogr. Ber. S. 877): „Die Vieldeutigkeit liegt zunächst in den Worten: ihre Angelegenheiten. Die Kirche soll nach Artikel 15 berechtigt sein, ihre Angelegenheiten selbstständig zu verwalten und zu ordnen. Es ist ja zweifellos, daß es eine ganze Reihe von Angelegenheiten giebt, bei denen ein Verständiger nicht zweifeln wird, daß es in der That Angelegenheiten der Kirche und der Kirche allein sind..... Es giebt nun aber ebenso zweifellos eine Reihe von Gebieten, auf welchen die Sache nicht so klar ist, auf welchen — und recht weitgehend — Seitens der Kirche behauptet wird: „das ist noch unsere Angelegenheit", wo aber das nicht anerkannt wird. Ich meine nun, derselbe Faktor, der die Kirche in die Möglichkeit gesetzt hat, ihre Angelegenheiten selbstständig zu ordnen und zu regeln, derselbe Faktor muß im Streite auch das Recht haben, zu bestimmen: was sind ihre Angelegenheiten? und wo geht die Grenze? und der Faktor ist nichts anders, als die Staatsgesetzgebung. Und, m. H., das ist auch — ich behaupte es ausdrücklich — der Gesichtspunkt gewesen, der bei den Verhandlungen über die Verfassungs-Urkunde von dem so viel genannten Minister v. Ladenberg inne gehalten worden ist. Der Herr Abgeordnete Reichensperger hat gestern eine recht brauchbare Sammlung der in den verschiedenen Versammlungen in Frankfurt und Berlin aus Anlaß jener Artikel gehaltenen Reden gegeben; dieselbe Sammlung steht mir zu Gebote, und man wird dort finden, daß der Minister v. Ladenberg wiederholt hervorgehoben hat, da, wo es sich um Angelegenheiten handle, wo die Kirche allein steht, da habe sie allein zu verwalten und zu ordnen, daß aber da, wo andere Gebiete mitberührt werden — das ist der wiederholt vorkommende Ausdruck — daß da die Staatsgewalt es sei, die darüber zu wachen habe, daß die Berührung nur in der rechten Weise stattfinde, und im Verwaltungswege und Gesetzgebungswege das Nähere zu bestimmen habe." Vgl. dazu die bei Gerlach a. a. O. S. 95, 96, 110, 111 mitgetheilten Stellen aus den Reden v. Ladenberg's.

[2]) Vgl. z. B. stenogr. Ber. des Abgeordnetenhauses S. 875 (Dr. Petri); des Herrenhauses S. 209 (Dr. Tellkampf) S. 215 (Dr. Baumstark) S. 224 (Wever).

worfen sind, und durch die bestehenden Gesetze gebunden werden, daß also eine dem Staate nebengeordnete Souveränität der Kirchen und eine Exemtion derselben von seinem Gesetzgebungsrecht staatlicherseits nicht anerkannt wird.

Der fernere Zusatz: „der gesetzlich geordneten Aufsicht des Staates unterworfen", wahrt dem Staate gleichfalls nur das ihm kraft der Kirchenhoheit zukommende und früher nicht durch Art. 15 der Verfassungs-Urkunde beseitigte Aufsichtsrecht. Das Wort: „Aufsicht" ergiebt aber ferner, daß eine aktive Betheiligung des Staates an der Leitung der kirchlichen Angelegenheiten ausgeschlossen ist, und das Wort: „gesetzlich geordnete", daß die Staatsbehörden die Aufsicht nicht beliebig nach rein willkührlichen und polizeilichen Gesichtspunkten ausüben dürfen, vielmehr nur nach Maßgabe des Gesetzes.

Wenn man dagegen einwendet, daß Staatsgesetze und die durch Gesetze angeordnete oder anzuordnende Aufsicht die selbstständige Verwaltung der Kirchen beseitigen könnten, und somit der neu formulirte Art. 15 der Verf.-Urk. keinen realen Werth mehr habe, so liegt abgesehen davon, daß auch der früheren Fassung desselben seiner richtigen Auffassung nach ein gleicher Vorwurf hätte gemacht werden können, der Werth der Vorschrift darin, daß jedes Gesetz, welches diese selbstständige Verwaltung beeinträchtigt, eine Verletzung der Verfassung enthalten würde, also allein im Wege einer Aenderung derselben gültig erlassen werden kann. „Nur mit völliger Außerachtlassung dieser obersten Auslegungsregel (daß man bei Ermittelung des wahren Gesetzessinnes immer das Gesetz als Ganzes im Auge haben müsse) könnte man behaupten, daß nach dem Artikel 15, wie er jetzt lautet, es dem Staat frei stehe, durch Staatsgesetze beliebig über Angelegenheiten aller Art, welche die Kirchen betreffen, also nicht blos über solche, die ihre äußerliche Existenz (nach Stahls Ausdruck), sondern auch über solche, welche ihr inneres Leben als solches angehen, Verfügungen zu treffen, mithin z. B. die Cölibatpflicht der katholischen Geistlichen aufzuheben, den evangelischen Kirchen eine bestimmte Synodalverfassung aufzudrängen, ihren Symbolen die bindende Kraft für ihre Glieder zu entziehen u. dgl. Denn man würde dabei übersehen, daß nach dem Zusammenhang, in welchem die einzelnen Sätze des Gesetzes mit einander stehen, die Kirchen nur in sofern den Staatsgesetzen und der Staatsaufsicht unterworfen sein sollen, als es mit der ihnen zugesicherten Selbstständigkeit in der Ordnung und Verwaltung ihrer Angelegenheiten vereinbar ist"[1]. Daß bei der Absteckung dieser Gränzen Zweifel und Meinungsverschiedenheiten vorkommen können, das liegt auf der Hand. Diese werden aber von Fall zu Fall bei jedem betreffenden gesetzgeberischen Akt von den Faktoren der Gesetzgebung zu erörtern und zu lösen sein, wie dies auch sonst nothwendig ist, wenn die Frage entsteht, ob eine gesetzgeberische Maßregel mit anderen Artikeln der Verfassung im Einklang steht. Eine andere Garantie kann es nicht geben. Eine Kirche, wie die katholische, erachtet eine solche allerdings nicht für ausreichend. Da sie eine Reihe von Gebieten kraft göttlichen Rechtes beansprucht, welche, wie die Ehegesetzgebung, die Civilgerichts- und Kriminalgerichtsbarkeit über die Geistlichen u. s. w. nach den heute maßgebenden Anschauungen des modernen Staatsrechtes unbedingt der

[1] v. Scheurl, a. a. O. Bd. LXVI, S. 4.

staatlichen Gesetzgebung anheimfallen, so wird sie wie die Vertreter ihres Standpunktes nur dann zu befriedigen sein, wenn sie allein die Sphäre ihrer eigenen Angelegenheiten bestimmt, und der Gesetzgebung des Staates die Gränzen, bis wohin dieselbe sich erstrecken darf, zu setzen befugt ist.

Der Artikel 18 der Verf.-Urk. hat durch das Gesetz den Zusatz erhalten:

„Im Uebrigen regelt das Gesetz die Befugnisse des Staats hinsichtlich der Vorbildung, Anstellung und Entlassung der Geistlichen und Religionsdiener und stellt die Grenzen der kirchlichen Disciplinargewalt fest."

Auch hierin liegt an und für sich weder eine Verletzung des im Artikel 15 der Verfassungs-Urkunde ausgesprochenen allgemeinen Principes noch eine Abänderung des ersten, stehen gebliebenen Absatzes des Artikels 18, welcher das Ernennungs-, Vorschlags-, Wahl- und Bestätigungsrecht des Staates bei der Besetzung kirchlicher Stellen im Allgemeinen aufgehoben hat.

Was zunächst den Vorbehalt bestimmter staatlicher Befugnisse bei der Anstellung der Geistlichen betrifft, so ist durch den Abs. 1 von Art. 18 nur eine positive Mitwirkung des Staates ausgeschlossen, d. h. eine solche Betheiligung, bei welcher die Auswahl der Person des Kandidaten durch die Regierung bestimmt wird und das Amt niemals wider den Willen derselben erlangt werden kann. Negative Befugnisse, kraft deren nur die Uebertragung von Aemtern an gewisse Persönlichkeiten verhindert wird, sind also trotz des Ausschlusses des Ernennungs-, Vorschlags-, Wahl- und Bestätigungsrechtes immerhin zulässig. [1])

Als Angelegenheiten, auf welche dem Staate eine Einwirkung gestattet wird, nennt Art. 18 außerdem die Vorbildung und Entlassung der Geistlichen sowie die kirchliche Disciplinargewalt.

Die frühere Fassung des Art. 18 enthält darüber keine Bestimmung. Es kann sich demnach nur fragen, ob der neue Absatz, welcher die betreffenden Gebiete erwähnt, und damit zu erkennen giebt, daß er sie nicht als der Kirche ausschließliche und eigenthümliche betrachtet, deswegen, sowie weil er ferner, wie eben ausgeführt, bei der Besetzung der Aemter ein negatives Recht des Staates vorbehält, gegen den Art. 15 seiner früheren Bedeutung nach verstößt. Wäre dies der Fall, so würde das Gesetz vom 5. April 1873 insofern eine materielle Verfassungs-Aenderung sein, als der neue Art. 18 bestimmte Angelegenheiten, welche nach dem Art. 15 der freien Disposition der Kirche zu überlassen gewesen wären, dieser ausdrücklich entzogen hätte.

In der That ist aber auch durch die in Rede stehende Bestimmung der Grundsatz des Art. 15 nicht verletzt. Weder die Vorbildung, Anstellung und Entlassung der Geistlichen, noch die Handhabung der kirchlichen Disciplinargewalt sind, sofern es sich um Kirchen handelt, welche die Stellung von öffentlichen Korporationen haben, welche einflußreiche Faktoren im Volksleben sind und eine Reihe von staatlichen Privilegien besitzen, Angelegenheiten, welche in all und jeder Beziehung, namentlich ihrer Bedeutung und ihrer Wirkung nach, sich allein innerhalb der kirchlichen Sphäre halten und keinen Einfluß

[1]) Siehe auch S. 130 Anm. 9 des Kommentars.

über dieselbe hinaus auf das staatliche Gebiet äußern. Soweit diese die Interessen des Staates berühren, ist derselbe also auch der Natur der Sache nach befugt, gesetzliche Anordnungen zu erlassen, welche jene vor Verletzungen durch die einseitige Geltendmachung rein kirchlicher Gesichtspunkte schützen.

So bemerkt auch v. Scheurl[1]): „Wir antworten, soweit alle diese Angelegenheiten, wovon der Zusatz zu Art. 18 redet, Angelegenheiten der Kirche und nur der Kirche sind, insoweit ihre Behandlung derselben zur Erfüllung des ihr von Gott ertheilten Berufs gehört, und sie deshalb dafür Gott verantwortlich ist, darf ihre Freiheit in Behandlung derselben vom Staat in keiner Weise eingeschränkt werden. Wir läugnen jede wirkliche materielle Befugniß des Staats in Beziehung auf die Vorbildung, Anstellung und Entlassung von Kirchendienern, soweit es sich dabei um die Erzielung, Prüfung oder Beurtheilung der persönlichen Tüchtigkeit für die Verwaltung des göttlichen Worts und der Sakramente, überhaupt für gottesdienstliche Verrichtungen, für die Seelsorge, für die Verwaltung des Kirchenregiments als der Fürsorge für die gehörige Ausrichtung aller dieser wesentlichen kirchlichen Thätigkeiten handelt, desgleichen in Beziehung auf die kirchliche Disciplinargewalt, soweit sie in Gemäßheit der feststehenden, dem wahren Wesen der Kirche entsprechenden Rechtsordnung und mit den der Kirche eigenthümlichen Mitteln geübt wird. Auch behaupten wir, daß alle diese Angelegenheiten dann durchweg nur Angelegenheiten der Kirche sind, wenn der Staat diese als einen bloßen Privatverein behandelt, wie eine Aktiengesellschaft. Ebenso aber behaupten wir auch, daß sobald und solange der Staat die Kirchen als Kirchen anerkennt, d. h. als auf göttlicher Stiftung beruhende und insoweit ihm selbst ebenbürtige Anstalten und Lebensordnungen, auf deren freie Handreichung für Erfüllung seiner höchsten Zwecke er angewiesen sei, und die er daher als Anstalten öffentlichen Rechts, als zu einer höchst einflußreichen Einwirkung auf das Volksleben berechtigte Mächte zu behandeln habe, während auch sie ihrerseits diese Stellung zu ihm annehmen, und eben dadurch sich zu jener Handreichung ihm für verpflichtet anerkennen —, wir behaupten, daß sobald und solange das der Fall ist, die Angelegenheiten der Vorbildung, Anstellung und Entlassung der Kirchendiener, wie der Disciplinargewaltübung, nicht blos Angelegenheiten der Kirche, sondern von einer Seite zugleich Angelegenheiten des Staates sind, von eben der Seite nämlich, als sie die berechtigte direkte Einwirkung der Kirchen auf das natürliche Volksleben und dadurch auf die bürgerliche Ordnung betreffen. Zunächst sind dann die Kirchen rechtlich verpflichtet, jene Angelegenheiten auch mit besonderer Rücksicht hierauf zu behandeln, und ist eben deshalb der Staat dann berechtigt, in dieser Richtung bestimmte Anforderungen an sie zu stellen, deren Erfüllung zu überwachen und sie dazu anzuhalten."

Daß gerade in dieser Hinsicht die Innehaltung der richtigen Grenzlinie eine schwierige ist und darüber in einzelnen Fällen gestritten werden kann, das wird freilich nicht in Abrede gestellt werden dürfen. Immerhin ist man aber nicht berechtigt, jede Gesetzgebung in den erwähnten Angelegenheiten, welche sich nicht auf rein repressive Maßregeln beschränkt, sondern auch gewisse vorbeugende Anordnungen trifft, als ver-

---

[1]) A. a. O. S. 9.

fassungswidrig zu bezeichnen. Der Art. 15 in seiner früheren Formulirung hat zwar den Staat auf rein repressive Maßregeln beschränkt, aber nur insoweit, als es sich um die eigenen Angelegenheiten der Kirche handelt. Hier im Art. 18 Abs. 3 stehen aber solche Gebiete in Frage, welche dieser Sphäre nicht ausschließlich angehören.

Als Resultat der vorstehenden Ausführungen ergiebt sich, daß das Gesetz vom 5. April 1873 nicht den Charakter einer materiellen Aenderung der früheren Art. 15 und 18 der Verfassungs-Urkunde, sondern nur den einer Deklaration derselben hat.

Halten sich aber — das ist die weiter noch zu erörternde Frage — die Vorschriften der neuen Gesetze innerhalb der durch die Verfassungs-Urkunde festgesetzten Schranken?

Hinsichtlich des Gesetzes betreffend den Austritt aus der Kirche kann dies zunächst keinem Zweifel unterworfen sein, denn dasselbe regelt diesen Gegenstand nur in Betreff der bürgerlichen Wirkungen, behandelt also nur die Frage, wer auf staatlichem Gebiete als zu einer bestimmten Korporation zugehörig zu betrachten ist.

Das Gesetz über die Grenzen des Rechts zum Gebrauche kirchlicher Straf- und Zuchtmittel verstößt ebenfalls nicht gegen die den Kirchen gewährte, selbstständige Verwaltung ihrer eigenen Angelegenheiten. Es erkennt die Straf- und Zuchtgewalt der Kirchen über ihre Mitglieder im Principe an, und beschränkt dieselbe nur in soweit als es sich 1) um die Einwirkung auf die dem staatlichen Gebiete angehörige Stellung und die aus dieser herfließenden Rechte des Individuums handelt (§ 1) und 2) insoweit als dadurch die Geltung absolut verpflichtender Staatsgesetze oder die Ausübung staatsbürgerlicher Rechte, welche dem Einzelnen ihrem Wesen nach ganz frei bleiben muß, in Frage gestellt werden soll (§§ 2. u. 3). Wenn endlich der § 4 die öffentliche Bekanntmachung von Straf- und Zuchtmitteln über den Kreis der einzelnen Kirche hinaus und die Vollziehung oder Verkündung derselben in beschimpfender Weise verbietet, so liegt darin ebensowenig ein unberechtigter Eingriff in das rein kirchliche Gebiet. Die Benutzung der Kirchenstrafen zu öffentlichen Demüthigungen vor andern, nicht zum Kreise derselben Genossenschaft gehörigen Personen ist jedenfalls durch das Wesen der Kirchenstrafen und Zuchtmittel nicht bedingt, und greift ferner auch in ein der Kirche nicht ausschließlich gehörendes Gebiet, in die bürgerliche Ehre, ein.

Von den Vorschriften der beiden übrigen Gesetze, über die Vorbildung der Geistlichen ꝛc. und über die kirchliche Disciplinargewalt ꝛc. kommen in Frage:

1) die Vorschriften, daß ein geistliches Amt nur einem Deutschen und zwar einem solchen, der die oben S. XIX näher angeführten Erfordernisse über die wissenschaftliche Vorbildung erfüllt hat, verliehen werden darf.

Ganz abgesehen davon, daß die erste Bestimmung fast in allen modernen Staaten in Geltung steht (s. z. B. Richter-Dove K. R. § 181 Anm. 29 u. § 198 Anm. 8 ff.) und daß nach katholischem Kirchenrecht (nach der 20. Kanzleiregel de idiomate) für die Verwaltung des Bischofsamtes und der Seelsorge-Aemter die Kenntniß der Landessprache gefordert wird (a. a. O. § 181 Anm. 24), so ist es jedenfalls ausschließliche Sache des Staates, über die Zulassung von Ausländern zum dauernden Aufenthalt in seinem Territorium zu befinden.

Die weiteren Erfordernisse über die Vorbildung und die damit zusammenhängenden Vorschriften über die geistlichen Bildungsanstalten haben nicht den Zweck, die Kirche in der Auswahl und Anstellung der ihr tüchtig erscheinenden Personen einzuengen, sondern nur den, den Staat vor der Verwendung solcher Individuen zu sichern, die seine Ordnungen gefährden und den bedeutsamen Einfluß, den sie als Lehrer des Volkes und kraft ihrer privilegirten Stellung besitzen, zum Nachtheile des Staates mißbrauchen. Es handelt sich also hier um Erfordernisse und Maßregeln, die nur die Wirksamkeit der Kirche über ihre eigene Sphäre hinaus betreffen und die das Gegengewicht gegen die privilegirte Stellung derselben auf staatlichem Gebiete bilden.

2) Unter denselben Gesichtspunkt fällt das Einspruchsrecht, welches durch die genaue Festsetzung der dasselbe begründenden Momente, sowie die gewährte Möglichkeit einer Berufung innerhalb der Grenzen einer rein negativen Abwehr-Maßregel gehalten ist, und in Folge dieser Kautelen zur Geltendmachung einer positiven Mitwirkung nicht gemißbraucht werden kann.

3) Die dauernde Besetzung der Pfarr-Aemter, die Wiederbesetzung derselben binnen Jahresfrist, die Errichtung von Seelsorge-Aemtern mit Genehmigung des Kultusministers und die Bestimmung des § 20 des Gesetzes über die Vorbildung 2c. in Betreff der Anordnungen und Vereinbarungen über die Klagbarkeit der aus dem Amtsverhältnisse entspringenden Ansprüche berühren ein Gebiet, an welchem die Kirchen allerdings in erster Linie interessirt sind. Aber bei der privilegirten Stellung derselben, bei der Bedeutung der Parochial-Eintheilung für das staatliche Leben, bei dem Interesse des Staates an einer festen und gesicherten Stellung der Pfarrgeistlichkeit, ohne welche dieselbe ihr auch für den Staat einflußreiches Amt nicht gehörig erfüllen kann, steht hier ein Gebiet in Frage, dessen Natur jedenfalls nicht mit Nothwendigkeit die alleinige Bestimmung der kirchlichen Organe unter Ausschluß jeder Mitwirkung des Staates bedingt.

4) Was sodann die Entlassung der kirchlichen Beamten auf dem Wege des staatlichen Disciplinarverfahrens und den Verlust des geistlichen Amtes in Folge der Verurtheilung zu bestimmten Strafen (§ 21 des Gesetzes über die Vorbildung 2c.) betrifft, so greift ein solches Verfahren, wie es der § 24 des Gesetzes über die Disciplinargerichtsbarkeit voraussetzt, direkt in das staatliche Gebiet ein, und dem Staat hiergegen jede Gegenmaßregel abzuschneiden, hieße ihn in seinem eigenen Hause zu völliger Ohnmacht verurtheilen. Ebensowenig kann aber der Staat bei der Bedeutung, welche die Stellung des Geistlichen im öffentlichen Leben hat, diese durch Individuen weiter verwalten lassen, welche wegen entehrender Verbrechen und Vergehen bestraft sind.

5) Hinsichtlich der Verwaltung der kirchlichen Disciplinargerichtsbarkeit ist in dem betreffenden Gesetze nirgends eine materielle Kognition der Staatsbehörden in Anspruch genommen. Die einzelnen Vorschriften des Gesetzes haben nur den Zweck, formale Garantien für das Verfahren zu schaffen, die Anwendung von Disciplinarmitteln, welche die staatsbürgerlichen Rechte beeinträchtigen, auszuschließen und die Handhabung der Disciplinargewalt gegen die Staatsgesetze und zur Bestrafung des Gehorsames gegen dieselben zu verhüten. In den beiden letzten Beziehungen findet dasselbe Anwendung, was vorhin in Betreff des Straf- und Zuchtmittel-Gesetzes bemerkt worden

ist. In erster Hinsicht kommt dagegen in Frage, daß die kirchlichen Beamten als solche nicht jedes staatlichen Rechtsschutzes entbehren können, und daß wenn der Staat die Ausübung der Disciplinargewalt gegen dieselben nicht der Kognition seiner Gerichte vom Standpunkte des Anstellungs-Vertrages und seiner Verletzung aus unterwirft, ihnen vielmehr diesen Schutz, welcher den Beamten anderer Gesellschaften und Korporationen gegen die Ausübung der Disciplin zusteht, entzieht, er andererseits bestimmte Garantien von den Kirchen verlangen und die Kontrole darüber ausüben muß, daß sie dieses weitgehende Privilegium nicht mißbrauchen, und daß sie namentlich bei der Verwaltung des ihnen zur freien Ausübung anheim gegebenen Rechtes wenigstens die Schranken beobachten, an welche jede gesunde Rechtspflege gebunden ist.

V. Die Bedeutung der Gesetze. Stellung der katholischen Kirche zu denselben.

Die neuen Gesetze haben die prinzipielle Grundlage des geschichtlich überlieferten Verhältnisses zwischen Staat und Kirche nicht umgestaltet. Die sog. Trennung von Kirche und Staat, unter welcher vernünftiger Weise nur die Behandlung der Kirchen als Privatkorporationen verstanden werden kann, und welche keineswegs alle Bethätigungen des staatlichen Aufsichtsrechtes ausschließt, haben sie nicht angebahnt. Eine Erörterung, welches System den Vorzug verdient, ist hier nicht am Platze.

Jedenfalls aber ist anzuerkennen, daß die Gesetze unter den verschiedenen Versuchen, das Verhältniß zwischen Staat und Kirche zu regeln, eine hervorragende Stellung einnehmen.

Sie lassen über die bedeutungsvolle Thatsache keinen Zweifel, daß Preußen in die vorderste Linie des Kampfes mit der römischen Kurie und dem Ultramontanismus eingetreten, und seine volle Kraft für die Durchführung desselben einzusetzen bereit ist.

Im Vergleich zu den bisherigen Gesetzgebungen über das Verhältniß zwischen Staat und Kirche enthalten sie, wenngleich sie in den Grundzügen mit dem badischen Gesetze vom 9. Oktober 1860 über die rechtliche Stellung der Kirchen und kirchlichen Vereine im Staat (abgedruckt u. A. bei Spohn, badisches Staatskirchenrecht. Karlsruhe 1868 S. 3ff. und Dove, Zeitschr. für Kirchenrecht, Bd. 1 S. 157) und dem würtembergischen Gesetz vom 30. Januar 1862 betr. die Regelung des Verhältnisses der Staatsgewalt zur katholischen Kirche (Dove a. a. O. Bd. 2 S. 339) zum Theil übereinstimmen, doch einen entschiedenen Fortschritt.

Erstens stellen sie nicht blos Gebote auf, welche leges imperfectae sind und deren Verletzung durch die kirchlichen Behörden der Staat ruhig hinnehmen muß, weil es ihm an genügenden Repressionsmitteln fehlt. Diesen Fehler der gedachten und anderer Gesetzgebungen hat die neue preußische Gesetzgebung vermieden, sie hat in allen Fällen entweder die Staatsbehörden mit den erforderlichen Exekutionsmitteln ausgestattet oder die Verletzung der getroffenen Bestimmungen für Vergehen erklärt und unter Kriminalstrafe gestellt.

Nicht minder bedeutungsvoll als diese Vorschriften, welche den Zweck verfolgen, die Autorität des Staates energisch zu wahren, sind diejenigen, welche das willkührliche Ermessen der Staatsbehörden, soweit irgend möglich, zu beschränken suchen.

Vor Allem gehört hierher die Errichtung des Gerichtshofes für kirchliche Angelegenheiten. Diesem sind eine Anzahl von streitigen Rechtsfragen zur Aburtheilung überwiesen, welche bisher von den Verwaltungsbehörden, namentlich von den nach einander folgenden Kultusministern mit ihren wechselnden Anschauungen entschieden wurden. Allerdings erkennt der Gerichtshof unter Ausschluß jeder Berufung in einziger und letzter Instanz, aber er besteht aus lebenslänglich und ständig angestellten Beamten, diese werden nicht auf Vorschlag des Kultusministers, sondern des gesammten Staats-Ministeriums ernannt, und bei jeder Entscheidung muß die Zahl der aus den fungirenden Richtern des Landes genommenen Mitglieder überwiegen. Wenn der Parteihaß diese Behörde als ein zum Instrumente für die zeitigen Minister geschaffenes Ausnahmegericht bezeichnet hat, so ist doch in Wahrheit in demselben ein Verwaltungsgerichtshof geschaffen, welcher alle an einen solchen zu stellenden Garantien bietet.

Nicht minder ist es ein Fortschritt, daß der vage Begriff des Mißbrauches der geistlichen Amtsgewalt, wofür namentlich das Gesetz über die Straf- und Zuchtmittel und das Gesetz über die kirchliche Disciplinargewalt den schlagendsten Beweis geben, überall genau spezialisirt worden ist.

In diesen Beziehungen enthalten die Kirchengesetze, so energisch sie einerseits das Ansehen der Staatsgewalt zu wahren suchen, andererseits doch ein wahrhaft liberales Element in sich, und unterscheiden sich dadurch vortheilhaft von der früheren preußischen, sowie den in andern Ländern bestehenden Gesetzgebungen.

Eine vollständige Vergleichung mit den letzteren würde hier zu weit führen. Nur auf einzelne Punkte möge hier aufmerksam gemacht werden. Ist es eine größere Beeinträchtigung der freien Bewegung der Kirche, wenn das Gesetz über die Vorbildung der Geistlichen den Einspruch gegen die Verleihung geistlicher Aemter an drei bestimmt formulirte Gründe knüpft, oder wenn das badische Gesetz (§ 9) die Vergebung aller Kirchenämter an solche Personen, „welche von der Staatsregierung als ihr in bürgerlicher oder politischer Beziehung mißfällig erklärt worden sind", verbietet, oder gar die französischen organischen Artikel vom Jahre 1802 (Art. 19) die Regierungsgenehmigung zur Anstellung jedes Pfarrers verlangen? Gewähren die genauen Vorschriften des Gesetzes über die Straf- und Zuchtmittel, die spezialisirten Fälle der Berufung gegen kirchliche Disciplinar-Entscheidungen und die Kognition der ordentlichen preußischen Gerichte, sowie die des neuen Gerichtshofes etwa weniger Garantien als die Regelung des französischen Rekurses wegen Amtsmißbrauchs, welcher an eine Verwaltungsbehörde, den Staatsrath, zu richten ist, und der gestattet wird, wenn vorliegt: l'usurpation ou l'excès de pouvoir, la contravention aux lois et règlements de la république, l'infraction des règles consacrées par les canons reçus en France, l'attentat aux libertés, franchises et coutumes de l'Eglise gallicane et toute entreprise et tout procédé qui dans l'exercice du culte, peut compromettre l'honneur des citoyens, troubler arbitrairement leur conscience, dégénérer contre eux en oppression ou en injure ou en scandale public (art. 6), oder als die Vorschrift des bairischen Religionsedikts vom 26. Mai 1818 (§ 52): „Es steht aber auch den Genossen einer Kirchengesellschaft, welche durch

Handlungen der geistlichen Gewalt gegen die festgesetzte Ordnung beschwert werden, die Befugniß zu, dagegen den Königlichen Landesfürstlichen Schutz anzurufen." (§ 53): „Ein solcher Rekurs gegen einen Mißbrauch der geistlichen Gewalt kann entweder bei der einschlägigen Regierungsbehörde, welche dafür alsbald Bericht an das Königliche Staatsministerium des Innern zu erstatten hat, oder bei Seiner Majestät dem Könige angebracht werden." (§ 54): „Die angebrachten Beschwerden wird das Königliche Staatsministerium des Innern untersuchen lassen, und eilige Fälle ausgenommen, nur nach Vernehmung der betreffenden geistlichen Behörde das Geeignete darauf verfügen"?

Bisher unerhörte Eingriffe des Staates in das kirchliche Gebiet enthalten die Gesetze nicht im Entferntesten. Sie nehmen im Allgemeinen nur die Rechte für denselben in Anspruch, welche den Regierungen nach den Gesetzgebungen der andern deutschen Staaten, in Baiern, Würtemberg und Baden, zustehen.

Wie die katholischen Bischöfe schon eine Denkschrift gegen die Entwürfe sofort nach ihrer Vorlegung an die Häuser des Landtages dem Staatsministerium einreichten, und Adressen an den Kaiser und an die Kammern richteten (s. diese bei **Moy**, Archiv für kath. Kirchenrecht Bd. 29 S. 331 ff.), so erließen sie nach der Publikation der Gesetze eine neue Kollektiv-Eingabe vom 26. Mai 1873 (a. a. O. Bd. 30 S. 139), in welcher sie den Gesetzen den Vorwurf machten, die der Kirche Gottes nach göttlicher Anordnung zustehenden Rechte und Freiheiten zu verletzen, und erklärten: „Die Kirche kann das Princip des heidnischen Staates, daß die Staatsgesetze die letzte Quelle alles Rechtes seien, und die Kirche nur die Rechte besitze, welche die Gesetzgebung und die Verfassung des Staates ihr verleiht, nicht anerkennen, ohne die Gottheit Christi und die Göttlichkeit Seiner Lehre und Stiftung zu leugnen, ohne das Christenthum selbst von der Willkür der Menschen abhängig zu machen. Eine Anerkennung dieser Gesetze wäre daher eine Verwerfung des göttlichen Ursprungs des Christenthums, weil sie das unbedingte Recht des Staates einräumen würde, das ganze Gebiet des christlichen Lebens durch Gesetze zu bestimmen."

Damit war den gültig zu Stande gekommenen Staatsgesetzen der Gehorsam aufgesagt. Dieser Erklärung gemäß hat bisher kein preußischer Bischof sich den Vorschriften der Gesetze gefügt. Den ersten Konflikten, welche in Bezug auf die geistlichen Bildungs-Anstalten entstanden (vgl. die Aktenstücke a. a. O. S. 141 ff.), folgten weitere, namentlich hinsichtlich der Anstellung der Geistlichen, welche sich von Tag zu Tag mehren.

Gefeiert von der gesammten ultramontanen Presse Europa's, beglückwünscht und ermuthigt von den Bischöfen außerdeutscher Länder, geht der preußische Episkopat die einmal betretene Bahn der offenen Auflehnung gegen die Gesetze fort, und rechtfertigt dieselbe durch die angeblich unerhörte Verfolgung der Kirche seitens der preußischen Regierung.

Bald nach Beginn des Kampfes ist auch das Oberhaupt der Kirche persönlich in denselben eingetreten. Der Papst richtete ein anmaßungsvolles Schreiben an den König von Preußen [1]), in welchem als Schreckbild der Sturz des Thrones der Hohenzollern in Aussicht gestellt wurde. Der taktlose Versuch, den König von seinen Räthen zu trennen, und zum Aufgeben der bisherigen Politik zu bewegen, hat eine ebenso würdevolle wie vernichtende Zurückweisung erfahren. Die Kurie ist zu der Einsicht gekommen, daß sie sich nur noch von einem offenen Widerstande Erfolg versprechen kann. Und um diesen zu stärken und zu glorificiren, hat derjenige, welcher „der Wahrheit als seines Paniers" sich rühmt, sogar gewagt, der ganzen Welt zu verkünden:

„Außer den vielen und schweren im verflossenen Jahre der katholischen Kirche zugefügten Unbilden hat die preußische Regierung durch sehr harte und feindselige Gesetzesverordnungen, welche von ihrer früheren Haltung ganz und gar abweichen, die gesammte Heranbildung und Erziehung der Kleriker der Laiengewalt so vollständig unterworfen, daß es dieser zusteht, zu untersuchen und zu bestimmen, wie die Kleriker zu unterrichten und zum Priester- und Hirtenleben zu bilden sind; ja sie ging sogar noch weiter und sprach dieser Gewalt das Recht zu, zu unterscheiden und zu urtheilen über die Verleihung jedweden kirchlichen Amtes und Beneficiums, ja selbst die geweihten Hirten ihres Amtes und ihres Beneficiums verlustig zu erklären. Damit außerdem in kürzerer Zeit und in größerem Umfange die kirchliche Leitung und der von Christo dem Herrn selbst eingesetzte Stand der hierarchischen Unterordnung untergraben werde, so sind durch eben diese Gesetze den Bischöfen viele Hindernisse gelegt worden, durch Censuren und kanonische Strafen für das Heil der Seelen, die Reinheit der Lehre in den katholischen Schulen und rücksichtlich des ihnen von Seite der Geistlichen schuldigen Gehorsams geeignete Vorsorge zu treffen; denn in der That ist es durch jene Gesetze den Bischöfen nicht mehr erlaubt, dies anders zu thun, als nach dem Gutdünken der weltlichen Autorität und nach der von dieser festgesetzten Norm. Damit endlich nichts fehle, wodurch die katholische Kirche ganz und gar unterdrückt würde, so ist ein königlicher Gerichtshof für kirchliche Angelegenheiten bestellt worden, vor welchen die Bischöfe und Hirten des Heiligthums sowohl von Privaten, die ihnen selbst unterstehen, als auch von öffentlichen Obrigkeiten vor Gericht gerufen werden können, um gleich Verbrechern diesem Urtheil unterworfen und in der Ausübung ihres geistlichen Amtes beschränkt zu werden.

So schmachtet denn die heiligste Kirche Christi, trotzdem ihr zu wiederholten Malen durch feierliche Zusage der regierenden Fürsten und durch öffentliche stipulirte Verträge die

[1]) „Maestà, Tutte le disposizioni che si prendono da qualche tempo dal Governo di Vostra Maestà mirano sempre più alla distruzzione del Cattolicismo. E mentre rifletto meco stesso alle cause che possono aver dato luogo a queste durissime misure, confesso di non trovarne nessuna. D'altronde mi si dice che V. M. non approvi la condotta del suo Governo, e non lodi la severità delle misure contro la Religione Cattolica. Ma se è vero che V. M. non approva, e le lettere ch'Ella ha scritto nel tempo passato, proverebbero a sufficenza ch'Ella non può approvare quanto ora si sta facendo; se V. M., dissi, non approva, come poi si prosegue dal suo Governo nel cammino intrapreso che moltiplica le misure di rigore contro la Religione dj G. Cristo, che mentre recano tanto pregiudizio alla medesima, si assecuri Maestà che non fanno altro che minare il Trono della stessa Maestà Vostra? Parlo con franchezza, giacchè la verità è la mia bandiera, e parlo per esaurire un mio dovere il quale m'impone di dire a tutti il vero, e anche a chi non è Cattolico, giacchè chiunque è battezzato appartiene in qualche parte, e in qualche modo che non è qui luogo a spiegare, appartiene, dissi, al Papa. Sono persuaso che la V. M. accoglierà con l'usata sua cortesia le mie riflessioni, e prenderà quelle misure che nel caso si richiedono, mentre con pienezza di osservanza ed ossequio prego Iddio a unirla meco coi vincoli della stessa carità.

Dal Vaticano
7. Agosto 1873. Pio P. M."

nothwendige und volle Religionsfreiheit zugesichert war, nunmehr in diesem Lande in tiefer Trauer, beraubt all ihres Rechtes und ausgesetzt feindlichen Mächten, die ihr gänzliche Vernichtung drohen; denn die neuen Gesetze gehen darauf aus, ihre weitere Existenz unmöglich zu machen. Kein Wunder demnach, daß der religiöse Friede der früheren Zeit in diesem Reiche von Gesetzen dieser Art und anderen der Kirche überaus feindlichen Plänen und Maßnahmen der preußischen Regierung arg gestört wurde. Und wer allerdings wollte ganz ungerechter Weise die Schuld an dieser Verwirrung den Katholiken des deutschen Reiches zuschieben? Denn, wenn es diesen zum Unrechte anzurechnen ist, daß sie sich diesen Gesetzen nicht fügen, denen sie sich mit gutem Gewissen nicht fügen können, so wären aus gleicher Ursache und auf gleiche Weise die Apostel Jesu Christi und die Märtyrer zu beurtheilen, welche es vorzogen, jegliche, auch die grausamsten Strafen, ja den Tod selbst zu leiden, als ihrer Pflicht untreu zu werden und die Rechte ihrer h. Religion zu verletzen, dadurch, daß sie dem gottlosen Befehl der sie verfolgenden Herrscher Gehorsam leisteten." [1])

Kaum jemals hat sich die römische Politik mit so schneller Energie und so ausgesprochener Schroffheit ihr unliebsamen Maßregeln eines Staates entgegengestellt. Wohl niemals hat eine Regierung eine solche Fluth giftiger Schmähungen seitens der Ultramontanen über sich ausströmen sehen.

Zur Erklärung dafür reicht es nicht aus, daß die Gesetze, wie der Abgeordnete v. Mallinckrodt bei den Berathungen derselben bemerkt hat, mit einer großen Sorgfalt und Umsicht gearbeitet sind, „soweit es sich darum handelt, die Netze mit Sicherheit so zu stellen, daß nirgends Lücken bleiben[2])." Mag es auch seitens der Bischöfe als Attentat auf das Christenthum empfunden werden, daß die preußischen Gerichte sie zur strafgerichtlichen Verantwortung ziehen, und den früher gehegten Glauben ihrer Unantastbarkeit vernichtet haben, immerhin hätten sich diese Folgen durch Nachgiebigkeit — wenn eine solche den Zielen der ultramontanen Politik entspräche — vermeiden lassen. Ueberdies haben auch schon einzelne Kreisgerichte nach dem Vorgange der Juristen der „Germania" Lücken in den Maigesetzen entdeckt.

Der 1865 verstorbene Erzbischof von Westminster, Kardinal Wiseman, hat einmal geäußert, daß die Entscheidungsschlacht zwischen Katholicismus (oder richtiger Ultramontanismus) und Protestantismus werde auf märkischem Sande geschlagen werden.

Dies giebt den Schlüssel zum Verständniß der gegenwärtigen Situation.

Nach den bedeutenden, aber früher nicht in ihrer Tragweite erkannten Erfolgen, welche die römische Kurie und der Ultramontanismus zufolge der Politik des Geschehen-Lassens in Preußen errungen hatten, glaubte man offenbar römischerseits schon des Sieges gewiß zu sein, ehe der Gegner auch nur zum Bewußtsein der drohenden Niederlage gekommen sein würde.

Die Wendung der preußischen Kirchenpolitik hat diese Hoffnung zerstört und alles bisher Erreichte in Frage gestellt. Die Enttäuschung darüber ist um so bitterer, als mit dem Sieg des Ultramontanismus in Preußen seine Herrschaft auch im übrigen deutschen Reich und in Oesterreich entschieden gewesen wäre.

Dagegen kann das jetzige Vorgehen Preußens nicht ohne Einfluß auf die andern deutschen Staaten bleiben. Die jüngst erfolgte Aufhebung der das Religionsedikt vom

---

[1]) Päpstliche Encyklika v. 21. November 1873.

[2]) Stenogr. Berichte des Abgeordnetenh. S. 1517.

Jahre 1818 theilweise abschwächenden Allerhöchsten Entschließung vom 8. April 1852 durch den Ministerial-Erlaß vom 20. November 1873 in Baiern, die Vorlegung eines Gesetz-Entwurfes an die badische zweite Kammer, welche das Gesetz vom 9. Oktober 1860 durch entsprechende Strafbestimmungen und einzelne andere den preußischen Gesetzen nachgebildete Vorschriften ergänzt, und die staatliche Anerkennung des altkatholischen Bischofs durch die badische und hessische Regierung sind deutliche Zeichen der sich auch über den Bereich der Monarchie hinaus fühlbar machenden preußischen Kirchenpolitik.

Der Ultramontanismus ist sich bewußt, daß der Entscheidungskampf auf märkischem Sande begonnen hat. Die Taktik der Bischöfe und der Kurie zielt darauf ab, durch die fortgesetzte Auflehnung gegen die Maigesetze einen Zustand der Verwirrung zu schaffen, und die Staatsregierung durch diese Aussicht in dem Fortschreiten auf der betretenen Bahn besorgt und wankend zu machen.

Allerdings kann die weitere Durchführung der Maigesetze, namentlich wenn erst gegen einzelne Bischöfe wegen ihrer andauernden Renitenz die Absetzung nothwendig geworden ist, empfindliche Nachtheile für die Verwaltung der Seelsorge herbeiführen. Diese Folgen haben aber diejenigen zu verantworten, welche sie im hierarchischen Uebermuth herbeigeführt haben, indem sie die preußischen Maigesetze für eine direkte Vernichtung des Christenthums ausgeben, während sie sich in andern Staaten ähnlichen Gesetzen ohne Bedenken fügen. Der Staat kann die Verwirrung allein auf denjenigen Gebieten, welche seiner Sphäre anheimfallen, also durch Einführung der Civil-Ehe und der Civilstandsregister mildern. Sie ganz zu beseitigen steht nicht in seiner Macht. Jedenfalls, mag kommen was da will, zurückreichen kann und darf der Staat nicht. Auch das unbedeutendste Nachgeben wäre ein schwerer Fehler und eine Verletzung der Verpflichtungen, welche die Staatsregierung, als sie in den Kampf eintrat, der Nation gegenüber übernommen hat. Der Kampf kann Jahre dauern, aber er wird nur siegreich mit unbeugsamer Energie, vor welcher Rom noch immer zurückgewichen ist, durchgeführt werden. Wenn auch anfänglich nicht in den vom Ultramontanismus unterwühlten Landestheilen sich die Einsicht darüber Bahn brechen wird, wer die wirklich berechtigten religiösen Bedürfnisse der Bevölkerung in freventlicher Weise als Mittel der Politik benutzt und zu unlauteren Zwecken verwendet, so wird hoffentlich die Zeit dem mißleiteten Volke über die wahren Urheber der ihm zugefügten Schädigung die Klarheit bringen, damit aber diesen und ihren Bestrebungen das vernichtende Urtheil gesprochen sein.

VI. Ausgaben der Gesetze.

Außer den Ausgaben, welche blos Textabdrücke der Gesetze enthalten, sind bisher folgende erschienen:

1) Höinghaus, die neuen Kirchengesetze in Preußen nebst den vollständigen amtlichen Motiven und Kommissionsberichten und darauf bezüglichen Reden der Minister in authentischem Wortlaut. Berlin 1873;

2) Die Preußischen kirchlich-politischen Gesetze . . . herausgegeben und erläutert von einem Mitgliede des Hauses der Abgeordneten. Berlin 1873;

3) M. v. Oesfeld, die kirchenpolitischen Reformgesetze Preußens. Aus den früheren Gesetzesbestimmungen, den amtlichen Motiven und den Landtags-Verhandlungen erläutert und ergänzt. Breslau 1873.

Die erste enthält eine eilfertige Zusammenstellung des auf dem Titel bezeichneten Materials, welche noch vor der Publikation der Gesetze auf den buchhändlerischen Markt geworfen ist, und daher nicht einmal die Daten der letzteren angeben konnte.

In der zweiten Ausgabe sind dem Texte der Gesetze hin und wieder einzelne kurze Anmerkungen hinzugefügt. Sie sind fast alle nur Excerpte der Motive der Regierungs-Vorlagen oder der Kommissionsberichte.

Die dritte giebt das Material gesichteter wie die erste und ferner auch einzelne selbstständige Anmerkungen. Wenn diese zwar, wie der Titel verheißt, auf frühere Gesetzesbestimmungen Rücksicht nehmen, so leisten sie doch für das juristische Verständniß der Gesetze so gut wie nichts.

I.

Gesetz

über die Grenzen des Rechts zum Gebrauche kirchlicher Straf- und Zuchtmittel.

Vom 13. Mai 1873.

(Gesetz-Sammlung 1873. Nr. 8126. S. 205 ff.)

I.

Gesetz

über die Grenzen des Rechts zum Gebrauche kirchlicher Straf- und Zuchtmittel.[1])

Vom 13. Mai 1873.

(Gesetz-Sammlung 1873. Nr. 8126. S. 205 ff.)

Wir **Wilhelm**, von Gottes Gnaden König von Preußen ꝛc. verordnen mit Zustimmung beider Häuser des Landtages der Monarchie für den Umfang der letzteren, einschließlich des Jadegebietes, was folgt:

§. 1.*)

Keine Kirche oder Religionsgesellschaft[2]) ist befugt, andere Straf- oder Zuchtmittel[3]) anzudrohen, zu verhängen oder zu verkünden,[4]) als solche, welche dem rein religiösen Gebiete angehören[5]) oder die Entziehung eines innerhalb der Kirche oder Religionsgesellschaft wirkenden Rechts oder die Ausschließung aus der Kirchen- oder Religionsgesellschaft betreffen.[6])

Straf- oder Zuchtmittel[7]) gegen Leib, Vermögen,[8]) Freiheit[9]) oder bürgerliche Ehre[10]) sind unzulässig.[11])

[1]) **Gegenstand und Anordnung des Gesetzes.** Das Gesetz regelt die Schranken der von den Kirchen und Religionsgesellschaften über ihre Mitglieder in Anspruch genommenen Straf- und Zuchtgewalt in der Weise, wie dies durch das heutige Verhältniß zwischen dem Staate und den religiösen Gesellschaften geboten ist. Die letzteren haben nach Art. 15 der Verfassungs-Urkunde das Recht zur selbstständigen Regelung ihrer Angelegenheiten. Das Verhältniß des einzelnen Individuums zu der Gesellschaft gehört diesem Kreise an. Soweit die Straf- und Zuchtgewalt nur jene Stellung berührt, hält sie sich innerhalb des eigenthümlichen und ausschließlichen Gebietes der Religionsgenossenschaft. Es kann daher einer solchen die Befugniß zur theilweisen und gänzlichen Entziehung von Rechten, welche sich nur innerhalb der erwähnten Sphäre bethätigen können, ferner zur Auferlegung von besonderen Pflichten, welche blos das Verhältniß des Individuums zu Gott und zur Kirche, resp. den Religionsgesellschaften betreffen, endlich auch zur vollen Ausschließung aus derselben nicht entzogen werden. Dagegen beruht die allgemeine Rechtsordnung allein auf dem Staate. Er hat für ihre Aufrechterhaltung zu sorgen. Keine andere, als die Staatsgewalt ist befugt, diejenigen Rechte und Beziehungen des Individuums zu schmälern, welche

demselben kraft dieser allgemeinen Ordnung zustehen. Daraus folgt, daß nur der Staat Strafen, welche diesen Zweck verfolgen, gesetzlich anordnen und durch die von ihm eingesetzten Organe anwenden lassen kann. Die ausdrückliche oder stillschweigende Gewährung derartiger Befugnisse an eine kirchliche Korporation würde nichts anderes bedeuten, als die Duldung einer Strafgewalt, welche der staatlichen gleichartig wäre, d. h. Verzicht auf einen Theil der Souveränität. Der Staat würde damit eine Macht schaffen, welche seine Autorität um so leichter in Frage stellen könnte, als diese sich in der Lage befindet, sowohl mit kirchlichen wie auch mit bürgerlichen Strafen auf die Unterthanen einzuwirken. Allerdings stand der Kirche im Mittelalter eine soweit gehende Strafgewalt zu, aber schon seit dem 14. Jahrhundert haben sich die einzelnen Landesregierungen durch präventive Maßregeln, namentlich durch den Vorbehalt der staatlichen Genehmigung bei der Handhabung der kirchlichen Strafjustiz, gegen Mißbräuche derselben gesichert (vgl. Friedberg, Gränzen zwischen Staat und Kirche S. 61, 103, 104, 233, 483, 737). Auch das preußische Landrecht steht in seinen hierher gehörigen Vorschriften (§§ 50—57, Tit. 11, Th. II) noch auf demselben Standpunkt.

Muß aber dieser gegenüber dem Art. 15 der Verf.-Urk. und der Forderung der Religionsgesellschaften nach selbstständiger Verwaltung ihrer Angelegenheiten heute aufgegeben werden, so bedingt es andererseits die Stellung des Staates, daß die Religionsgesellschaften sich jedes Eingriffes in die allgemeine Rechtsordnung enthalten, also die Strafgewalt derselben auf die ihnen eigenthümlich und ausschließlich gehörige Sphäre eingeschränkt wird. Diesen Gedanken spricht der § 1 des Gesetzes aus. Er verbietet alle Straf- und Zuchtmittel, welche ihrer Natur nach in das staatliche Gebiet hinübergreifen, andererseits erkennt er aber auch indirekt das Prinzip an, daß die Handhabung einer nach den vorstehenden Ausführungen berechtigten Zucht- und Strafgewalt den Religionsgesellschaften freistehen soll.

Dadurch, daß der Staat jede Einwirkung auf die allgemeine Rechtssphäre seiner Unterthanen und demnach gewisse Straf- und Zuchtmittel überhaupt ausschließt, wird indessen die unberechtigte Ausübung der Straf- und Zuchtgewalt allein noch nicht verhindert. Die staatlichen Gesetze binden sowohl die einzelnen Unterthanen, wie auch die innerhalb des Staates bestehenden Kirchen und Religionsgesellschaften. Diese sind nicht berechtigt, von den Unterthanen die Unterlassung solcher Handlung zu verlangen, deren Vornahme der Staat kraft seiner Gesetze fordert. Demgemäß darf auch keine Religionsgesellschaft die Straf- und Zuchtmittel, deren Anwendung ihr an und für sich freisteht, zu dem Zwecke benutzen, um die Beobachtung der Staatsgesetze in Frage zu stellen. Einer derartigen Anmaßung, welche praktisch darauf hinausläuft, die Verbindlichkeit der Staatsgesetze von der Prüfung, bezw. Zustimmung der einzelnen Religionsgesellschaften abhängig zu machen, treten die Vorschriften der §§ 2 und 3 des Gesetzes entgegen, indem sie die Anwendung der nach § 1 zulässigen Straf- und Zuchtmitel für den Fall untersagen, daß die Unterthanen ihren gesetzlichen Verpflichtungen nachkommen oder nachkommen wollen.

Mit dem § 4, welcher die Art der Bekanntmachung und die Form dieser letzteren, sowie die Art der Vollziehung der verhängten Strafen regelt, und die Tendenz hat, jede auf diese Weise herbeizuführende Minderung und Kränkung der Ehre zu verhüten, schließt die von dem Gesetze vorgenommene Absteckung der Grenzen, innerhalb welcher sich die Kirchen und die Religionsgesellschaften bei Handhabung ihrer Zucht- und Strafgewalt zu halten haben.

§ 5 macht die vorhergehenden Bestimmungen dadurch zu leges perfectae, daß er für ihre Verletzung Criminalstrafen androht.

§ 6 endlich stellt es klar, daß die in diesem Gesetze gezogenen Schranken insoweit nicht maßgebend sind, als den Kirchen- und Religionsgesellschaften weitergehende Rechte über ihre Geistlichen und anderen Beamten wegen der eigenthümlichen Stellung derselben gesetzlich eingeräumt sind.

§ 1. *) § 1 lautete in der Regierungsvorlage (Drucksachen des Hauses der Abgeordneten 11. Legislatur-Per. III. Session 1872—1873 Nr. 23, S. 3): „Kein Religionsdiener ist befugt, Straf- oder Zuchtmittel anzudrohen, zu verhängen oder zu verkünden, welche weder dem rein religiösen Gebiete angehören noch lediglich die Entziehung eines innerhalb der Kirche oder

Religionsgesellschaft wirksamen Rechts oder die Ausschließung aus der letzteren betreffen," und der § 6 derselben Vorlage definirte den Begriff des Religionsdieners dahin: „Zu den Religionsdienern im Sinne dieses Gesetzes gehören alle Personen, welche in der evangelischen, der römisch-katholischen Kirche oder in einer andern Religionsgesellschaft als deren Organe, als Geistliche oder als Beamte thätig sind." Da in der (XIV) Kommission des Abgeordnetenhauses (angeführte Drucksachen Nr. 208 S. 5) „rücksichtlich der Fassung von mehreren Seiten anerkannt wurde, daß die durch §§ 1—4 hindurchgehende Stylisirung, welche alle Grundsätze für die Handhabung der kirchlichen Strafmittel lediglich in Form von Strafandrohungen bringe, dem im deutschen Verwaltungsrechte üblichen Sprachgebrauch nicht entspreche, und das Verständniß der Vorlage erschwere," so wählte die Kommission die jetzige Fassung, und diese ist von beiden Häusern des Landtages angenommen worden.

Das Abgeordnetenhaus hat den Abänderungs-Antrag des Abgeordneten v. Saucken (Tarputschen), dem § 1 der Regierungs-Vorlage hinzuzufügen: „In Beziehung auf das Recht der Ausschließung aus einer Kirchen- oder Religions-Gesellschaft bleiben die bisherigen gesetzlichen Bestimmungen in Kraft" (vgl. stenographische Berichte der erwähnten Session S. 1713, 1719, 1723, 1724), und das Herrenhaus das Amendement des Grafen v. Krassow, den § 1 dahin zu fassen: „Kirchen- und Religionsgesellschaften sind nicht befugt, Straf- oder Zuchtmittel, welche das bürgerliche Rechtsgebiet ihrer Angehörigen betreffen, gegen Leib, Vermögen, Freiheit und staatsbürgerliche Ehre anzudrohen oder zu verhängen" (stenogr. Berichte des Herrenhauses S. 570, 572) abgelehnt.

[2]) **Kirche oder Religionsgesellschaft.** Das Gesetz befolgt offenbar den Sprachgebrauch der Verfassungs-Urkunde. Diese begreift (Art. 15 „die evangelische und die römisch-katholische Kirche, sowie jede andere Religionsgeschaft 2c."; vgl. auch Art. 12, 13, 16) zwar im weiteren Sinne jede Vereinigung zur Gottesverehrung, also auch die evangelische und die römisch-katholische Kirche unter dem Ausdruck: Religionsgesellschaften, versteht aber im engeren Sinne darunter alle anderen Religionsgesellschaften außer den genannten Kirchen. Kirche bedeutet nach deutschem Sprachgebrauch nur die Religionsgesellschaften, welche auf dem Boden des Christenthums stehen, und im staats- und kirchenrechtlichen Sinne die historisch in Deutschland anerkannten und mit dem Rechte der öffentlichen Religionsübung sowie sonstigen Privilegien ausgestatteten Vereinigungen der Anhänger der sog. drei Reichskonfessionen, der katholischen, der lutherischen und reformirten Kirche. Für die älteren Provinzen der Monarchie, in denen diese die erwähnte Stellung, nach A. L. R. Th. II. Tit. 11 § 17 die „der mit den Rechten privilegirter Korporationen versehenen, vom Staate ausdrücklich aufgenommenen Kirchengesellschaften" hatten, (s. auch Religions-Edikt v. 9. Juli 1788 § 1, u. A. bei Rabe Samml. preuß. Gesetze, Bd. I. Abth. 7 S. 726 u. Vogt, Kirchen- u. Eherecht Bd. I. S. 54), gilt aber seit der Einführung der Union durch die Kab.-Order v. 27. September 1817 (v. Kamptz, Annalen Bd. 1 S. 64) allein die aus den beiden früher getrennten, der lutherischen und der reformirten, vereinigte evangelische Landeskirche, die allerdings wesentlich eine unirte ist, welcher sich aber auch einzelne Gemeinden unter Festhaltung ihres ausschließlich lutherischen oder reformirten Bekenntnißstandes angeschlossen haben (Richter, Beiträge S. 34, 35), als evangelische Kirche in dem gedachten bevorrechtigten Sinne (Jacobson, evang. K. R. S. 19). Alle anderen Religionsgesellschaften, wenngleich sie, wie z. B. die sog. separirten Altlutheraner, die Mennoniten, die Herrenhuter, auf dem Boden des Christenthums stehen, sind demnach im Sinne des Gesetzes nicht als „Kirchen" zu betrachten; vgl. auch die Aeußerung des Reg.-Kommissars (stenogr. Ber. d. Herrenh. S. 545). Selbst der Besitz von Korporationsrechten, welche z. B. den Herrenhutern, den staatlich genehmigten Gemeinden der Altlutheraner zukommen, — vgl. übrigens über die Stellung dieser Religionsgesellschaften Jacobson a. a. O. S. 123ff.; Jacobson, über die Arten der Religionsgesellschaften und die religiösen Rechtsverhältnisse der Dissidenten in Preußen, (in Dove, Zeitschr. für K. R. Bd. I. S. 392) u. Boche, d. preuß. legale evangelische Pfarrer. S. 42ff., — ändert hieran nicht das Mindeste (s. auch preuß. u. Reichs-Strafgesetzb. § 135, bez. § 166: „eine der christlichen Kirchen oder eine andere mit Korporationsrechten im Staate, bez. innerhalb des Bundesgebietes bestehende Religionsgesellschaft;" u. das Gesetz betr. d. Austritt aus der Kirche [unter IV.] § 8), weil damit noch nicht das volle Maaß der privilegirten Stellung erreicht ist.

Außer der evangelischen Landeskirche der altländischen Theile Preußens sind ferner die evangelischen Kirchen der im J. 1866 erworbenen Länder, also z. B. Hannovers, Schleswig-Holsteins u. s. w. (eine nähere Uebersicht bei Friedberg, die evangel. u. kathol. Kirche der neu einverleibten Länder S. 14 ff.), als Kirchen im Sinne der Verfassungs-Urkunde und des vorliegenden Gesetzes zu betrachten. Ihre selbstständige Organisation und ihre frühere bevorrechtigte Stellung ist bei der Einverleibung in den preußischen Staat nicht beseitigt worden, vielmehr nur die Kirchengewalt der früheren Landesherren auf den König von Preußen übergegangen. Die in den neuen Provinzen eingeführte preußische Verfassungs-Urkunde (vgl. Gesetzsamml. v. 1866 S. 555, 876) spricht allerdings nur von der „evangelischen Kirche", hiermit konnten indessen selbstverständlich in erster Linie nur die in jenen Landestheilen bestehenden evangelischen Kirchen, nicht die der altländischen Provinzen gemeint sein.

Zu der „römisch-katholischen Kirche" der Verfassungs-Urkunde gehören übrigens vom staatsrechtlichen Standpunkt aus auch die Altkatholiken. (Vgl. auch Erk. des Ober-Trib. v. 24. Mai 1873, Justiz-Minist.-Bl. S. 202.) Diese haben sich bisher nicht aus derselben ausgesondert und zu einer besonderen Gemeinschaft zusammengethan. Aber selbst wenn das letztere geschehen sollte, wozu mit der am 4. Juni 1873 erfolgten Wahl eines altkatholischen Bischofs der thatsächliche Anfang gemacht worden ist, würde die Staatsregierung immer in der Lage sein, ihre Vereinigung als bevorrechtigte Kirche zu behandeln, da sie noch dieselben dogmatischen Anschauungen festgehalten haben, welche zur Zeit des Erlasses der Verfassungs-Urkunde in der katholischen Kirche in Geltung standen.

3) **Straf- und Zuchtmittel.** I. Im Allgemeinen. Der Begriff der Straf- und Zuchtmittel muß, weil das Gesetz sich auf alle Kirchen und Religionsgesellschaften bezieht, ein allgemein gültiger sein. Er ist also aus dem Wesen der Kirchenzucht zu entnehmen. Auf die positive Gestaltung des Straf- und Zuchtmittel-Systems der einzelnen Religionsgesellschaft kommt es in dieser Beziehung nicht an. Wenn also auch eine solche etwas nicht für ein Straf- oder Zuchtmittel erklären sollte, was seinem Wesen nach als solches zu betrachten wäre, so würde eine derartige Feststellung dem Gesetze gegenüber gleichgültig sein.

Unter Kirchenzucht im weiteren Sinne kann die gesammte von einer Kirche oder Religionsgesellschaft ausgehende Thätigkeit zur Förderung und Erhaltung des religiösen und christlichen Lebens der Gemeinschaft und der Einzelnen verstanden werden. Da hiermit alle Lebensäußerungen der Religionsgesellschaft begriffen werden, das Gesetz aber nur ein bestimmtes Gebiet derselben treffen will, so ist dieser Begriff der Kirchenzucht nicht anwendbar. Man versteht ferner unter Kirchenzucht (im engeren Sinne) diejenige besondere Thätigkeit, welche dazu bestimmt ist, die innerhalb der Gemeinschaft hervortretenden Verletzungen ihrer Ordnungen zu beseitigen und dieselbe von den dem religiösen Gedeihen hinderlichen Verhältnissen zu reinigen, eine Thätigkeit, welche sich mithin vor Allem gegen schwere sittlich-religiöse Verstöße der einzelnen Glieder, wie Gotteslästerung, Unglauben, wüstes Leben, Unzucht, Meineid, Ehebruch u. s. w. richtet. Der Charakter der Kirchenzucht besteht also darin, daß sie reprimirend und restituirend einzuwirken hat (vgl. Jacobson, evangel. K. R. S. 110 u. v. Scheurl, Wiederherstellung der Kirchenzucht in seinen Abhandlungen, Erlangen 1872 S. 79). Von diesem Begriffe ist hier auszugehen, denn das Gesetz hat gerade diese Thätigkeit im Auge. Demnach sind die Mittel, welche zu dem erwähnten Zwecke angewendet werden, die Zuchtmittel im eigentlichen Sinne. Wenngleich diese in Nachtheilen bestehen, welche dem Schuldigen zugefügt werden, so kann doch diese Benachtheiligung nie der eigentliche Zweck solcher Mittel sein, vielmehr wird dieser dem Wesen der Kirchenzucht gemäß nur auf die Besserung des Schuldigen abzielen dürfen. Mit Erreichung der letzteren ist das Hinderniß, welches der Realisirung des Endzieles der Religionsgesellschaft entgegensteht, beseitigt und somit der Zweck der Kirchenzucht erfüllt. Für die christlichen Kirchen muß dieser Grundsatz um so mehr festgehalten werden, als nach christlicher Anschauung die Kirche den Beruf hat, Anstalt der Liebe zu sein und sich des Sünders zu erbarmen.

Neben den Systemen von Zuchtmitteln, welche die christlichen Kirchen entwickelt haben, haben dieselben aber nicht darauf verzichtet, ebenso wie der Staat, Strafen im eigentlichen Sinne gegen ihre Angehörigen für die Uebertretung und Verletzung gewisser Vorschriften festzusetzen und nöthigenfalls zur Anwendung zu bringen. Das Wesen dieser Strafen besteht ebenso wie auf dem Gebiete des weltlichen Rechtes, in der Vergeltung und der dadurch herbeigeführten Genugthuung für den Bruch der kirchlichen Ordnung. Die Mittel, wodurch dieser Zweck herbeigeführt werden soll, die Nachtheile, welche zu diesem Behufe dem Schuldigen zugefügt werden, sind die Strafmittel in eigentlichem Sinne. Ihr Zweck ist also — und dadurch unterscheiden sie sich von den Zuchtmitteln — die Genugthuung und Vergeltung, nicht die Besserung des Schuldigen, wenngleich die Kirche mit Rücksicht auf ihre Aufgabe bei der Wahl der Strafmittel niemals den Besserungszweck außer Augen lassen sollte.

II. Straf- und Zuchtmittel gegen Laien und Geistliche, bez. Beamte der Kirche und Religionsdiener. Da die Nachtheile, welche als Zucht- und Strafmittel zugefügt werden, wesentlich in der Einwirkung auf die Rechtssphäre der einzelnen Mitglieder der Kirchen- und Religionsgesellschaften bestehen, die Geistlichen und Beamten derselben aber besondere Rechte zufolge ihrer Stellung und ihres Amtes besitzen, so kommen in jeder Kirche und Religionsgesellschaft Straf- und Zuchtmittel vor, deren Anwendung allein gegen die Geistlichen und Beamten, nicht aber gegen die übrigen Mitglieder denkbar ist, während andere gegen beide Klassen angewendet werden können. Das Gesetz macht zwar im Allgemeinen keine Unterscheidung zwischen beiden, d. h. es richtet sich auch gegen solche Fälle, wo von derartigen Straf- und Zuchtmitteln gegen Geistliche und Religionsdiener Gebrauch gemacht wird, indessen stellt der § 6 desselben doch eine Ausnahme auf, deren Tragweite sich durch das Gesetz über die Disciplinargewalt vom 12. Mai 1873 (s. unter Nr. II. Anm. 1 zum Eingang desselb.) bestimmt.

III. Die Straf- und Zuchtmittel

A. der katholischen Kirche, vgl. Nik. München, d. kanon. Gerichtsverfahren u. Strafrecht. Köln u. Neuß 1866 Bd. 2 S. 116ff., v. Schulte, über Kirchenstrafen. Berlin 1872; Richter-Dove, K. R. §§ 213—219; Schulte, kath. K. R. Bd. 2 S. 387ff.; desselb. Lehrbuch d. kath. K. R. S. 319ff.; Phillips, Lehrb. d. K. R. 2. Aufl. S. 381ff.

Den oben dargelegten Unterschied zwischen Zucht- und Strafmitteln hat die katholische Kirche am schärfsten ausgebildet. Sie hat ein besonderes System von sog. censurae oder poenae medicinales, deren Begriff dem oben dargelegten Wesen der Zuchtmittel entspricht, und ferner ein System von poenae vindicativae oder poenae i. eig. Sinne, d. h. von wirklichen Strafmitteln, entwickelt.

a. Censuren oder Zuchtmittel sind:

1. Die excommunicatio, der sog. Kirchenbann (vgl. außer den unter A. citirten Schriften Br. Schilling, der Kirchenbann n. kan. R. Leipzig 1859; Kober, der Kirchenbann. 2. Ausg. Tübingen 1863). Die excommunicatio zerfällt in zwei Arten, die minor und die major, mit welcher letzteren auch der Ausdruck: anathema, wenn er schlechthin gebraucht wird, wie z. B. in den Androhungen des vatikanischen Concils, s. Konstitution Pius' IX: Pastor aeternus v. 18. Juli 1870 c. 1 bis c. 4 (u. A. bei Friedberg, Samml. d. Aktenstücke z. ersten vatikan. Concil. Tübingen 1872 S. 740) identisch ist, während anathema ferner die mit besonderen Feierlichkeiten verhängte excommunicatio major bedeuten kann.

Die excommunicatio minor oder der kleine Kirchenbann begründet die Unfähigkeit, ein kirchliches Amt zu erlangen, und schließt sowohl vom Empfange der Sakramente als auch von der Spendung derselben aus, wiewohl die Ueberschreitung des letzteren Verbotes keine Ungültigkeit des Sakramentes hervorbringt und nur als läßliche Sünde betrachtet wird.

Die Folge der excommunicatio major (vgl. darüber auch Molitor, über die Folgen der excommunicatio major in Moy, Arch. f. kath. K.-R. Bd. 9 S. 1 ff.) ist die Ausschließung von den Gnaden und Rechten der Kirche; sie nimmt dem Exkommunicirten die Befugniß zur Spendung und zum Empfange der Sakramente, zur Theilnahme am Meßopfer und am öffentlichen Gottesdienste, ferner entzieht sie ihm die Wirkungen der sog. suffragia ecclesiae, d. h. der den Gläubigen zu Gute kommenden, aus den heiligen Handlungen und der Thätigkeit der Kirche, z. B. den Gebeten, dem Meßopfer, herfließenden geistigen Gnaden und Vortheile; weiter verliert er das Recht auf christliches Begräbniß; die sog. communicatio forensis, d. h. das Recht als Richter, Kläger, Zeuge, Notar, Advokat und Prokurator zu fungiren; die Fähigkeit, kirchliche Aemter zu erlangen, das kirchliche Wahlrecht, und die ihm zustehenden Jurisdiktionsrechte, sowohl die jurisdictio externa, wie auch die jurisdictio interna, (d. h. die ihm in der Kirche zustehende Leitungs- und Gerichtsgewalt, z. B. die desfallsigen aus dem Bischofsamt herfließenden Befugnisse; dann aber auch für das Gewissensgebiet, das Recht zu binden und zu lösen). Endlich ist es eine Folge des großen Kirchenbannes, daß die übrigen Gläubigen jedweden bürgerlichen Verkehr und Umgang mit dem Excommunicirten abbrechen sollen. Für das ältere Recht ist dies unzweifelhaft; neuerdings ist aber mehrfach behauptet worden, daß dieses Verkehrsverbot in der katholischen Kirche nicht mehr zu Recht bestehe; vgl. das Nähere darüber in Anm. 6 (S. 13).

Aus der vorstehenden Charakterisirung des großen Kirchenbannes ergiebt sich schon, daß es unrichtig ist, denselben als Ausschließung aus der Kirche überhaupt, d. h. als Ausstoßung aus derselben, womit also auch die Mitgliedschaft der katholischen Kirche aufgehoben würde, zu definiren. Allerdings haben die deutschen Bischöfe in ihrer Denkschrift dd. Fulda, den 20. September 1872 (u. A. bei Moy, Arch. für kath. K.-R. Bd. 28 S. CLI) erklärt: „Man hat den Bischöfen das Recht der Exkommunikation der sog. Altkatholiken bestritten, weil mit derselben bürgerliche Nachtheile verknüpft seien ..... Die Kirche selbst verbindet mit dem Ausschluß von der Kirchengemeinschaft keine bürgerlichen Nachtheile und wir verlangen bezüglich der Exkommunicirten nichts anderes vom Staate als die Anerkennung, daß ein Exkommunicirter eben nicht mehr ein Mitglied der katholischen Kirche ist," indessen liefert diese Erklärung entweder nur einen Beweis dafür, daß die deutschen Bischöfe mit den dogmatischen Grundanschauungen ihrer eigenen Kirche nicht vertraut sind oder dafür, daß sie die Folgen der Exkommunikation absichtlich inkorrekt angegeben haben, um die Staatsregierung, welche die Altkatholiken gleichfalls als vollberechtigte Katholiken behandelt, zum Aufgeben dieses Standpunktes zu bewegen. Nach der Anschauung der katholischen Kirche gehört ihr jeder, welcher die christliche Taufe erhalten hat, an, conc. Trident. Sess. VII de baptismo, c. 4, 7, 8, ist mithin allen ihren Gesetzen unterworfen (vgl. Phillips K. R. S. 752; weshalb sich denn auch der Bischof Martin von Paderborn in seiner Schrift: „ein bischöfliches Wort an die Protestanten Deutschlands. Paderborn 1864" von Gottes- und Rechtswegen als den rechten Oberhirten auch der Protestanten seiner Diöcese bezeichnet hat). Da die katholische Kirche nach ihrer Auffassung die allein berechtigte Form des religiösen Lebens ist, und sich Niemand ihrem Gesetz entziehen kann, so ist weder ein freiwilliger Austritt aus ihr noch eine unfreiwillige Beseitigung der Mitgliedschaft denkbar und möglich (Phillips S. 2, 400; Schulte, Lehrb. S. 453). Korrekter Weise kann man daher nicht von einer Ausschließung aus der Kirche, sondern nur aus der kirchlichen Gemeinschaft sprechen, d. h. der Exkommunicirte verliert zwar seine kirchlichen Rechte und nimmt an den Gnaden und Segnungen der Kirche keinen Theil, er bleibt aber Mitglied derselben, und ist als solches verpflichtet, sich allen ihren Geboten und Strafen zu unterwerfen.

2. Das Interdikt (vgl. dazu noch Kober, das Interdikt bei Moy Arch. f. kath. K. R. Bd. 21 S. 3, 291; Bd. 22 S. 3), welches in doppelter Anwendung vorkommt. Das interdictum locale besteht in der Einstellung aller öffentlichen kirchlichen Funktionen (die Spendung der Sakramente mit eingeschlossen) in einem bestimmten Bezirk (in einem ganzen Lande, einer Provinz, einer Diöcese, einem einzelnen Ort) oder auch in einer Kirche, ist also (modern gesprochen) der Strike der Geistlichkeit. Im Mittelalter wurde dasselbe häufig angewendet, um den Widerstand von Fürsten und hohen Herren zu brechen. Die Kirche rechnete darauf, daß diese durch den Eindruck der betreffenden Maßregel auf das Volk und aus Furcht vor entstehenden Unruhen und Empörungen zur Nachgiebigkeit bewogen werden würden. Da das Interdikt Schuldige und Unschuldige in gleichem Maße traf und somit den Grundsätzen sowohl der christlichen Kirchenzucht wie auch den Principien jedes rationellen Strafrechts widersprach, sah sich die Kirche genöthigt, schon im Mittelalter gewisse Milderungen eintreten zu lassen. So wurde im Laufe dieser Zeitperiode die Spendung der Taufe und Firmung, die Administration des Bußsakramentes, die Gewährung des Altarsakramentes an Kranke und Sterbende, die tägliche Feier einer stillen Messe, der Hausgottesdienst in Klöstern, die öffentliche Abhaltung des Gottesdienstes an den Hauptfesten des Jahres und das stille kirchliche Begräbniß von Geistlichen gestattet. Seit dem 16. Jahrh. ist das allgemeine Lokal-Interdikt — der letzte Fall war die Interdicirung der Republik Venedig im J. 1606 durch Paul V (s. Friedberg, Grenzen S. 696 ff.) — außer Gebrauch gekommen. Ob die römische Kurie die

Absicht hat, für den Fall einer Durchführung der hier kommentirten Kirchengesetze, wie in einzelnen Tagesblättern berichtet worden ist, die preußische Monarchie mit dem Interdikt zu belegen, und ob sie diesen Schritt wagen wird, steht dahin. Jedenfalls wird der Staat der Anwendung eines solchen Mittels, welches den heute unter den civilisirten Völkern allgemein anerkannten strafrechtlichen Grundsätzen Hohn spricht, ruhig entgegensehen können. Paul V hat der unerschütterlichen Konsequenz der Republik Venedig gegenüber schon nach einem Jahre sich zu einem sehr nachtheiligen Vergleiche herbeilassen müssen und die Kurie wird dieser und ähnlicher Vorgänge wohl eingedenk sein. Praktisch möglich wäre jetzt nur das besondere Lokal-Interdikt, also die Interdicirung einer bestimmten Kirche oder eines bestimmtes Ortes.

Außer dem interdictum locale kennt die katholische Kirche noch ein interdictum personale, welches ebenfalls ein allgemeines, gewisse Klassen von Personen, den Klerus oder die Einwohner eines Ortes, auch eine Genossenschaft treffendes oder ein besonderes, nur gegen einzelne Personen gerichtetes, sein kann. Die mit dem Personal-Interdikt belegten Personen dürfen die Kirche nicht betreten, keine gottesdienstlichen Handlungen vornehmen, denselben außer an hohen Festtagen nicht beiwohnen, keine Sakramente spenden und empfangen und endlich auch nicht nach kirchlichen Ritus begraben werden. Das Personal-Interdikt ist also eine mildere Form der Exkommunikation. In der heutigen Praxis ist dasselbe nur noch gegen Geistliche (als sog. interdictio ingressus in ecclesiam) gebräuchlich.

3. Die Suspension. Diese findet allein auf Geistliche Anwendung und entzieht nur geistliche Rechte, vgl. daher unten zu § 2 des Gesetzes über die kirchliche Disciplinargewalt vom 12. Mai 1873.

b. Die Strafmittel, welche nach kanonischem Recht gegen Geistliche angewendet werden können, sind die körperliche Züchtigung, die Einsperrung in ein Gefängniß (incarceratio), die Verstoßung in ein Kloster (detrusio in monasterium), Geldstrafen, ferner die Strafversetzung oder Versetzung auf eine schlechtere Pfründe (translocatio), die Entziehung des Beneficiums (privatio beneficii), die Deposition, die Degradation und die Suspension auf bestimmte Zeit. Vgl. über diese die Anmerkungen zu §§ 2 ff. des vorhin gedachten Gesetzes.

Gegen Laien hat die katholische Kirche, weil ihre Gerichtsbarkeit immer mehr und mehr einen weltlichen Charakter angenommen hat, früher auch weltliche Strafen, so namentlich Gefängnißstrafen und Geldbußen verhängt. Diese sind jetzt längst unpraktisch, Richter-Dove K. R. § 219; Schulte, K. R. B. 2 S. 395; Phillips, Lehrb. S. 3918. Dasselbe gilt von der Infamie, welche das kanonische Recht und das Trienter Koncil für gewisse Vergehen, letzteres für die Entführung einer Frauensperson und für das Duell (Sess. XXIV c. 6 de ref. matr. u. Sess. XXV c. 19 de ref.) androht und im Fall der Notorietät oder Verurtheilung eintreten ließ (vgl. München, a. a. O. S. 119 ff. und mein Kirchenrecht Bd. 1 S. 30, 31). Jetzt kommt noch vor: die Versagung des kirchlichen Begräbnisses, denn eine Kirche, welche davon ausgeht, daß die von ihr verwalteten Heilshandlungen, wie die Messe und der Ablaß, selbst den Verstorbenen zu Gute kommen, Trid. Sess. XXII c. 2 und c. 3 de sacrificio missae und Sess. XXV decr. de purgat., kann konsequenter Weise auch noch Strafen gegen Todte insofern verhängen, als sie diesen ihre heilbringende Thätigkeit und Hülfe entzieht (vgl. Jansen in der Zeitschr. für Philosophie und kathol. Theologie. Heft 16 (1835) S. 106 ff.).

In vorstehender Uebersicht sind die üblichen Straf- und Zuchtmittel, welche in der katholischen Kirche vorkommen, kurz charakterisirt. Außer denselben ist aber noch eine Versagung einzelner kirchlicher Handlungen, namentlich einzelner Sakramente denkbar. In der XIV. Kommission wurde von dem Regierungskommissar mitgetheilt (vgl. den citirten Bericht S. 8): „Nach einer der Staats-Regierung zugegangenen Beschwerde sei beispielsweise in der Provinz Posen im J. 1862 der Fall vorgekommen, daß einem kirchlichen Wahlmanne die Osterbeichte verweigert worden, weil er bei der Wahl eines Deputirten zum Abgeordnetenhause sich der Abstimmung enthalten habe. Er habe sich darauf an einen andern Geistlichen gewendet, und sei auch dort als „Judas Ischariot“ abschläglich beschieden worden. In einem andern Falle solle einem höheren Gerichtsbeamten katholischer Konfession die Absolution verweigert worden sein, weil er in pflichtmäßiger Ausübung seines richterlichen Amtes angeblich kirchliche Interessen gefährdet habe" (s. dazu die stenograph. Berichte S. 1716). Daß es sich in solchen Fällen gleichfalls um die Uebung einer Straf- und Zuchtgewalt handelt, kann nicht zweifelhaft sein. Denn auch hier werden einer Person bestimmte Nachtheile zugefügt, theils um ihre in den Augen der Kirche ungerechtfertigte Handlungsweise zu bestrafen, theils aber um sie künftighin von einer solchen abzuhalten. Ueberdies liegt der Unterschied von der Exkommunikation allein darin, daß bei dieser die Berechtigung zur Theilnahme an allen derartigen Gnadenmitteln der Kirche, hier nur zum Empfange des einen oder andern entzogen wird. Es ist indessen zu beachten, daß die Zurückweisung von den Sakramenten nicht stets diesen Charakter trägt. Sind die Bedingungen, unter denen die Kirche das Sakrament spendet, nicht erfüllt, d. h. hat also der Einzelne im gegebenen Falle gar kein Recht auf dasselbe (zeigt er z. B. bei der Buße nicht die erforderliche Reue), so liegt hier nur ein Ausspruch der Kirche vor, daß unter den obwaltenden Voraussetzungen eine Berechtigung der betreffenden Person zum Empfange des Sakramentes nicht besteht, ein Ausspruch, zu welchem die Kirche zweifellos berechtigt ist.

Endlich kommen auch die Bußwerke in Betracht, welche der Beichtvater bei der Verwaltung des Sakramentes der Buße dem Beichtenden als Bedingung der Wirksamkeit der Absolution sowohl zur Heilung seiner sittlichen Schwäche als auch zur Strafe der begangenen Sünden auferlegt und die nach der heutigen Praxis hauptsächlich in Gebeten, Fasten und Almosen bestehen. Diese Bußwerke müssen ebenfalls zu den Zucht- und Strafmitteln im Sinne des Gesetzes gerechnet werden, da sie denselben Zweck, wie die übrigen verfolgen, eine Anschauung, welche auch von den Motiven der Regierungsvorlage (a. a. O. S. 9: „Als an sich zulässige kirchliche Straf- und Zuchtmittel sind hiernach insbesondere anzusehen: die Auferlegung von Bußwerken rein religiösen Charakters") getheilt wird.

B. Straf- und Zuchtmittel der evangelischen Kirche. Die lutherische Kirche hat in ihren Anfängen die Uebung der Kirchenzucht durch Straf- und Zuchtmittel, welche über das kirchliche Gebiet hinaus wirken, verworfen, vgl. Luther in der Vermahnung an die Geistlichen zu Augsburg 1530 (Werke, Ausg. v. Walch Bd. 16 S. 1147): „Da wisset ihr vorerst den großen Raub und Frevel, daß ihr den großen Bann, genannt excommunicatio major, welche doch der weltlichen Obrigkeit zusteht, zu euch gerissen habt, euer Bann soll der kleine heißen, der nicht die Welt, sondern den Himmel zuschleußt und von der Christenheit und Sakrament sondert, wie Christus spricht Matth. 18, 17 und Paulus 1. Corinth. 5, 12; Artic. Smalcaldici v. 1537 P. III. art. 9: „Maiorem illam excommunicationem quam papa ita nominat, non nisi civilem poenam esse ducimus, non pertinentem ad nos ministros ecclesiae. Minor autem, quam nominat, vera et christiana est excommunicatio quae manifestos et obstinatos peccatores non admittit ad sacramentum et communionem ecclesiae, donec emendentur et scelera vitent. Et ministri non debent confundere hanc ecclesiasticam poenam seu excommunicationem cum poenis civilibus" (J. T. Müller, d. symbolischen Bücher d. evang. luther. Kirche. 2. Aufl. Stuttgart 1860 S. 323; über die reformirte Kirche vgl. Richter, Gesch. der evang. Kirchenverfassung i. Deutschland. Leipzig 1851 S. 150, 168 ff. u. Hundeshagen, Beiträge zur Kirchenverfassungsgeschichte. Wiesbaden 1864 S. 212.) Die Kirchenordnungen des 16. Jahrhundert weisen aber schon mehrfach eine Unterscheidung zwischen dem Bann in dem Sinne der Schmalkaldischen Artikel, welcher von der kirchlichen Gemeinschaft gänzlich ausschloß und öffentlich verkündet wurde und dem kleinen Bann, d. h. der Ausschließung von den Sakramenten und gewissen kirchlichen Funktionen, nämlich vom Abendmahl, der Pathenschaft und gewöhnlich der Trauung (Richter K. R. § 227 N. 7), auf und fallen insofern in die katholische Anschauungsweise zurück, als sie mit dem Bann der ersteren Art auch gewisse Wirkungen auf die bürgerlichen Beziehungen eintreten lassen (Richter a. a. O. Note 14). Nachdem noch im Laufe desselben Jahrhunderts die Verhängung des Bannes ausschließlich in die Hände der Konsistorien gelegt und den Pastoren nur die Ertheilung der derselben vorhergehenden Ermahnungen belassen worden war, wurde die Kirchenzucht immer mehr und mehr nach Art der weltlichen Strafgerichtsbarkeit ausgeübt, und außer dem Bann auch Bußübungen, Versagung des kirchlichen Begräbnisses, gewisser Auszeichnungen z. B. des Myrthenkranzes bei Kopulationen u. s. w., Geldbußen, ja auch Leibesstrafen (so droht eine Verordn. des Herzogs Albrecht v. Preußen v. 1543 für hartnäckige Unterlassung des Kirchenbesuches „Halseisen“ an, Jacobson, Gesch. d. Quellen d. evangel. Kirchenrechts in Preußen und Posen, Anhang S. 37) festgesetzt und angewendet (vgl. Jacobson, evangel. K. R. S. 622, 623 u. Richter, a. a. O. S. 713). Dieser Zustand hat sich bis in das 18. Jahrhundert hinein, und namentlich auch in den Ländern, welche die heutige Monarchie bilden, erhalten (über die älteren preuß. Provinzen vgl. Jacobson, evang. K. R. S. 622; über Hannover Schlegel, churhannöversches K. R. Th. I. S. 311; über Kurhessen Büff, kurh. K. R. S. 153; über Schleswig-Holstein Johannsen, Versuch d. kanon. Recht rc. Th. I. S. 116 ff.). Allmählig unterblieb aber die Handhabung des Bannrechtes durch die Konsistorien und da auch die Kirchenbuße durch Geld abgekauft werden konnte, so ist die Kirchenzucht in den evangelischen Kirchen Deutschlands im Allgemeinen außer Uebung gekommen, und es haben sich nur noch vereinzelte Reste derselben erhalten, vgl. die Zusammenstellung bei Moser, allgem. Kirchenblatt für das evangel. Deutschland. 6. Jahrgang 1857 S. 264.

Rechtlich zulässig waren bisher in Preußen nach dem A. L. R. Th. II. Tit. 11 §§ 54, 55—57, 86 ff. (für Rheinland und Westphalen vgl. den durch K. O. vom 20. August 1847 u. 21. Juni 1844 genehmigten Zusatz zu § 120 der Rhein.-westphäl. Kirchen-Ordnung, bei Bluhme, Codex S. 344; Hagens, Kirchen-Ordn. S. 86 und Bramesfeld, Kirchen-Ordn. S. 219) als Zucht- und Strafmittel die Fernhaltung von den Sakramenten und dem Gottesdienste, sowie die gänzliche Ausschließung aus der Kirche oder Religionsgesellschaft; dasselbe gilt für Kurhessen, Büff a. a. O. S. 163, 180 ff., (s. auch die Anlage am Schluß des Gesetzes); für Schleswig-Holstein s. Callisen, Anleitung für Theologie Studirende rc. 2. Auflage S. 89, vgl. auch Instruktion für d. General-Superintendenten vom 14. December 1739 § 14. (Systemat. Samml. der für die Herzogthümer Schleswig und Holstein erlassenen Verordnungen. Bd. 3 S. 132) und Gem.-Ordn. v. 16. August 1869 § 41 (Ges.-Samml. S. 988), für Hannover s. Spangenberg das Territorialkirchenrecht in Hannover bei Lippert, Annalen Hft. 3 S. 26; Versagung des kirchlichen Begräbnisses, d. h. der Grabrede und des Geläutes, s. Jacobson a. a. O. S. 514; Meier, preuß. K. R. S. 32 N. 37; Büff, S. 509, 511, 512; Johannsen Th. 2 S. 45; Spangenberg a. a. O. S. 26; die Entziehung gewisser Auszeichnungen, z. B. des Brautkranzes, s. Jacobson a. a. O. S. 624 N. 16a u. Meier, a. a. O.; Büff S. 262, 645; öffentliche Fürbitte ohne Namensnennung und Ermahnungen, A. L. R. a. a. O. §§ 76 ff., Jacobson und Meier a. a. O. Gegen Geistliche kommen ähnliche ihre Amtsrechte und amtliche Stellung berührende besondere Strafen wie in der katholischen Kirche, also Verweis, Geldstrafen, Suspension, Strafversetzung, unfreiwillige Emeritirung und Amtsentsetzung vor, s. vorläufig Jacobson a. a. O.; Aktenstücke des evangel. Ober-Kirchenraths Bd. 1 Hft. 5 S. 20; Meier a. a. O. S. 244; Büff, S. 369; Spangenberg a. a. O. S. 26; Otto, K. R. im Herzogth. Nassau S. 149 ff. Mit Rücksicht darauf, daß die Verfassungen der evangelischen Kirchen in Preußen jetzt presbyteriale und synodale Elemente enthalten und den Laien einen gewissen Antheil an der kirchlichen Verwaltung gewähren, bestehen endlich auch besondere Strafen, welche sich auf diese Rechte beziehen, so Ausschluß von dem Rechte, die Gemeinde-Kirchenräthe, bez. Kirchenvorsteher und Aeltesten, oder die Mitglieder der größeren Gemeinde-Vertretung, die sog. Repräsentanten oder Gemeinde-Vertreter zu wählen, Unfähigkeit zur Bekleidung der erwähnten kirchlichen Aemter oder zum Amte eines Synodal-Mitgliedes und Entlassung aus den erwähnten Aemtern, vgl. Grundzüge einer Gemeindeordnung für die evangel. Kirchengemeinden der östlichen Provinzen v. 29. Juni 1850 §§ 5, 8 (Ges.-Samml. S. 343 u. Aktenstücke des evangel. Ober-Kirchenraths Bd. 1 Hft. 1 S. 6) und den Erlaß v. 27. Febr. 1860 Nr. 2 (Ges.-Samml. S. 90); rheinisch-westphäl. Kirchenordnung §§ 10, 21, 127, 129; Kirchenvorstands- und Synodal-Ordnung f. die evangel. luther. Kirche Hannovers v. 9. Oktober 1864 §§ 10, 13, 24, 70 (u. A. bei Lohmann, Kirchenges. der evang. luther. Kirche Hannovers Th. I. S. 8 ff.); Gemeinde-Ordn. f. die evangel. luther. Kirchengemeinden in Schleswig-Holstein v. 16. August 1869 §§ 9, 19, 22, 27, 56, 57 (Ges.-Samml. S. 978), Gemeinde-Ordn. f. die evangel. Kirchengemeinden im Bezirk des Konsistor. zu Wiesbaden v. 27. August 1869 §§ 9, 14, 17, 18 (Ges.-Samml. S. 1024).

Von einem Ueberblick über die bei den übrigen Religionsgesellschaften geltenden Straf- und Zuchtmittel-Systemen sehe ich ab, weil die vorstehende Uebersicht schon Material genug ergiebt, um die Tragweite des Gesetzes zu ermessen. Wegen des Judenbannes vgl. unten Anm. 6 zu diesem § S. 15.

[4]) **Anzudrohen, zu verhängen oder zu verkünden.** Die Zusammenstellung dieser drei Worte ist gewählt, um jede von dem Gesetze für unzulässig erachtete Ausübung der Straf- und Zuchtgewalt unmöglich zu machen. Durch den Ausdruck: Androhen wird einmal die allgemeine Festsetzung von Straf- und Zuchtmitteln seitens der Organe der Religionsgesellschaften für die zukünftige Begehung gewisser Handlungen, sodann aber auch die von einer Behörde oder einem Beamten der Religionsgesellschaft für einen besonderen Fall in Aussicht gestellte Verhängung eines Straf- oder Zuchtmittels betroffen.

Das Wort Verhängen bedeutet die Auferlegung oder Festsetzung eines Straf- oder Zuchtmittels, also das Aussprechen des Bannes, der Entziehung der kirchlichen Gemeinderechte u. s. w. Diese Bestimmung richtet sich nicht nur gegen den Hauptfall der Verletzung des Gesetzes, sondern sie verhindert auch, daß künftighin bei gegebener specieller Veranlassung unzulässige Censuren und Strafen angewendet werden, welche schon in früheren kirchlichen Anordnungen, wie solche z. B. das katholische Kirchenrecht im weitesten Umfange aufweist, allgemein angedroht sind.

Der Ausdruck: Verkünden, bedeutet das amtliche Publiciren der Verhängung. Da aber das Gesetz im § 4 von dem Verkünden noch das öffentliche Bekanntmachen unterscheidet, so muß unter dem Verkünden schon jede Publikation verstanden werden, welche blos über die Betheiligten, d. h. die verhängende Behörde und die betroffene Person hinaus geht, ohne daß sie bestimmt ist, in die absolute Oeffentlichkeit zu gelangen, also namentlich eine Kundgebung an die Mitglieder derselben Religionsgesellschaft. Der Ausdruck sieht „die Fälle vor, wo der die Strafe aussprechende Religionsdiener die Publikation nicht selbst vollzieht" (Motive der Regierungsvorlage S. 9). Mit Rücksicht auf § 5 des Gesetzes bildet also die Verkündung ein besonderes Vergehen, während Mangels dieser Vorschrift der Verkünder allein nach § 49 des Reichsstrafgesetzb. als Gehülfe und zwar (vgl. § 44 a. a. O.) nur geringer hätte bestraft werden können. Außerdem ist aber die Fassung noch mit spezieller Rücksicht auf das kanonische Recht gewählt (s. Motive a. a. O.). Dasselbe scheidet nämlich die Censuren in censurae ferendae sententiae und latae sententiae, d. h. solche, welche erst nach stattgehabter Untersuchung durch besonderen Ausspruch des kirchlichen Oberen im gegebenen Falle verhängt werden, und solche, welche ohne Weiteres oder ipso iure durch Begehung der bedrohten Handlung eintreten (Richter-Dove a. a. O. S. 651; Phillips a. a. O. S. 382). Um ihre volle Wirkung zu äußern (vgl. unten Anm. 6), muß der eo ipso erfolgte Eintritt derselben durch ein deklaratorisches Urtheil des kirchlichen Oberen konstatirt und publicirt werden, wie dies z. B. hinsichtlich der durch die Konstitution: Pastor aeternus (s. oben Anmerk. 3 III. A. a. 1) festgesetzten excommunicatio latae sententiae seitens des Bischof Crementz von Ermland in dem Erlaß vom 4. Juli 1871 gegen den Dr. Wollmann und den Dr. Michelis geschehen ist („so sehe ich mich in die Nothwendigkeit versetzt, durch richterliche Sentenz es auszusprechen, daß Sie der Strafe der großen Exkommunikation, welche von der Kirche gegen hartnäckige und bewußte Leugner ihrer Glaubensentscheidungen verhängt und insbesondere auch von dem vatikanischen Konzil bezüglich seiner Dekrete vom 18. Juli v. J. festgesetzt worden ist, verfallen und aus dem Schooße der römisch-katholischen Kirche ausgeschieden sind. — Die amtliche Publikation" — welche übrigens in der Pfarrkirche in Braunsberg am 30. Juli 1871 stattgefunden hat — „behalte ich mir vor"; vgl. Aktenstücke betr. die Stellung des Bischofs von Ermland Dr. Crementz zu den Staatsgesetzen S. 1 und Moy, Archiv Bd. 26 S. LXXXIV). Wäre das Wort: „verkünden" nicht in das Gesetz aufgenommen worden, so hätte dasselbe eine Lücke gehabt, da die katholischen Kirchen-Oberen sich im Falle der Veröffentlichung solcher General-Censuren immer hätten darauf berufen können, daß sie diese nicht verhängen, sondern ihren Eintritt nur deklaratorisch konstatiren.

[5]) **Dem rein religiösen Gebiete angehören.** Als erste Kategorie von Straf- und Zuchtmitteln, deren Anwendung den Kirchen und Religionsgesellschaften gestattet ist, bezeichnet das Gesetz diejenigen, welche dem rein religiösen Gebiete angehören. Da Religion die Auffassung von dem Verhältniß und der Stellung der Menschen zu Gott, namentlich ihrer Abhängigkeit von dem höchsten Wesen ist, so bedeutet religiös alles dasjenige, was diesem Verhältniß gemäß ist und

dasselbe betrifft. Unter religiösem Gebiet kann demnach das Gesetz nur das verstehen, was in den Kreis der Beziehungen des Einzelnen zu Gott gehört. Dasselbe setzt weiter, wie die folgende Worte: „die Entziehung eines innerhalb der Kirche oder Religionsgesellschaft wirkenden Rechts" ergeben, das religiöse dem kirchlichen Gebiet gegenüber. Diesem weist es offenbar — der Natur der Sache entsprechend — alle die Verhältnisse zu, welche daraus entstehen, daß sich die Religion einen äußeren Organismus schafft, d. h. daß diejenigen, welche durch die Gemeinsamkeit religiöser Vorstellungen und Handlungen verbunden sind, auch eine bestimmte, in die äußere Erscheinung tretende Ordnung errichten. Allerdings vermittelt die Kirche und die Religionsgesellschaft die Beziehungen des Einzelnen zur Gottheit, indessen drückt der Zusatz: „rein" zu religiös aus, daß hier nur solche Verhältnisse gemeint sein können, welche auch ohne die Existenz einer organisirten Gemeinschaft denkbar sind. Die Straf- oder Zuchtmittel der bezeichneten Art sind demnach solche, bei welchen es sich nicht um irgend welche Beziehungen des Einzelnen zu der religiösen Genossenschaft, sondern nur um solche zu Gott selbst handelt. Demnach hat das Gesetz, wie auch die Regierungsmotive bestätigen (s. oben S. 10), namentlich die in der katholischen Kirche bei der Handhabung des Bußsakramentes üblichen Bußwerke, also Gebete, Fasten und Almosen, im Auge. Die letztgedachten beiden Arten fallen deshalb unter die in Rede stehende Kategorie, weil es sich hier um die Bezeugung einer bußfertigen und reuigen Gesinnung gegenüber der Gottheit handelt und dies gerade das Wesen dieser Bußwerke bildet.

[6]) **Die Entziehung eines innerhalb der Kirche oder Religionsgesellschaft wirkenden Rechts oder die Ausschließung aus der Kirchen- oder Religionsgesellschaft betreffen.** Die zweite Kategorie von erlaubten Straf- und Zuchtmitteln bilden diejenigen, welche die gänzliche oder theilweise Entziehung kirchlicher Rechte oder den Verlust der Zugehörigkeit zu einer Kirchen- oder Religionsgesellschaft zum Gegenstande haben.

Verhängt werden können demnach von allgemein anwendbaren Zucht- oder Strafmitteln in der katholischen Kirche die excommunicatio minor, das Interdikt und die Fernhaltung von einzelnen Sakramenten (von der Taufe, von der Absolution u. s. w.), in der evangelischen Kirche die letztere, der Bann in dem oben angegebenen Sinne (s. S. 10 u. 11) und der Verlust der kirchlichen Gemeinde-, namentlich Gemeinde-Wahlrechte (s. auch Motive der Regierungsvorlage a. a. O. S. 9), endlich gegen Geistliche die Degradation, die Deposition, Strafversetzung, Straf-Emeritirung, Entziehung des Beneficiums, diese letzteren jedoch nur unter den in dem Gesetze vom 12. Mai 1873 §§ 2 ff., 7 (s. unter II.) vorgeschriebenen Voraussetzungen. Alle diese Zuchtmittel und Strafen gehen nicht über das kirchliche Gebiet hinaus.

Ob die Verhängung der katholischen excommunicatio major durch das Gesetz verboten ist, bedarf besonderer Besprechung, da neuerdings vielfach von katholischer Seite, so in der oben S. 8 erwähnten Denkschrift des preußischen Episkopates, von v. Schrötter, politische und rechtliche Bedenken geg. d. Gesetz-Entwurf betr. die Grenzen 2c. 2. Aufl. Leipzig 1873 S. 30 ff.; bei den Verhandlungen über das Gesetz von dem Abgeordneten Windhorst (Meppen), s. stenogr. Berichte S. 1721, wie auch früher von Koch, Kommentar Note 23 zu § 57 Tit. 11 Th. II. A. L. R. u. Vogt Kirchenr. Bd. 1 S. 90 N. 29, behauptet worden ist, daß mit dem großen Kirchenbann jetzt keine bürgerlichen Nachtheile, bez. keine nachtheiligen Folgen für die bürgerliche Ehre verbunden sind. Dies ist in so weit richtig, als die Staatsgesetzgebung mit dem großen Kirchenbann nicht mehr wie im Mittelalter, wo das längere Verharren in demselben auch die weltliche Acht zur Folge hatte (vgl. Richter-Dove K. R. § 214 N. 14), irgend welche bürgerlichen Wirkungen verknüpft. Indessen kommt es darauf nicht an, denn die Statthaftigkeit des Straf- und Zuchtmittels bemißt das Gesetz nicht danach, welche zufälligen Folgen dasselbe äußert, sondern nach dem Wesen desselben, d. h. danach, welche Folgen die Kirche oder Religionsgesellschaft nach ihren Anordnungen mit dem Zucht- oder Strafmittel verbunden wissen will. Von diesem Standpunkt aus gehört aber die excommunicatio major, wie die Regierungsmotive (a. a. O. S. 8) und auch anscheinend die Majorität der XIV. Kommission angenommen (citirt. Komm. Ber. S. 4, 5), unter einer bestimmten Voraussetzung zu den durch § 1 des Gesetzes für unstatthaft erklärten Censuren. Nach dem kanonischen Rechte war der Exkommunicirte verpflichtet, sich jedes bürgerlichen Verkehrs mit den übrigen Gläubigen und diese sich des Umgangs mit ihm zu enthalten, ja die letzteren verfielen durch die Verletzung dieses Verbotes ohne Weiteres in die excommunicatio minor, c. 29 X. de sent. excomm. V. 39; c. 2. X. de exc. II. 25; Kober, Kirchenbann S. 382; Richter-Dove § 214. Die Folge des großen Bannes war also eine allgemeine bürgerliche Verkehrssperre. Eine Milderung derselben hat allerdings die Konstitution Martins V. v. 1418, welche das c. 7 des deutschen Konstanzer Konkordates ausmacht (s. Hübler, Konstanzer Reformation S. 186, 349), eintreten lassen. Diese beschränkte die Verpflichtung, sich des Verkehrs mit einer in die große Exkommunikation verfallenen Person zu enthalten, 1) auf den Fall, wo es notorisch ist, daß Jemand einem Geistlichen eine Real-Injurie zugefügt und durch diese Handlung eo ipso (nach dem auch noch heute geltenden Kirchenrecht, s. c. 29, C. XVII. qu. 4, mein Kirchenrecht. Bd. 1 S. 121, 634; Richter-Dove § 117) die große Exkommunikation auf sich geladen hat, und 2) auf den Fall, wo die excommunicatio ferendae sententiae durch Richterspruch des kirchlichen Oberen verhängt, die excommunicatio latae sententiae durch einen solchen konstatirt und das betreffende Erkenntniß der einen oder anderen Art veröffentlicht worden ist. Nur unter diesen Voraussetzungen zog also noch die Verletzung der Verkehrssperre die excommunicatio ipso iure nach sich. Wie sich aber aus dem Eingang der Konstanzer Bulle („ad vitanda scandala et multa pericula subveniendumque conscientiis timoratis, omnibus Christi fidelibus indulgemus") ergiebt, wollte dieselbe nur den Gläubigen eine Gnadenbezeigung und Gewissenserleichterung durch Gestattung des Verkehrs mit dem nicht speziell durch ein publizirtes Urtheil gekennzeichneten Exkommunicirten gewähren, keineswegs diesem letzteren aber eine Vergünstigung zu Theil werden lassen. Für diesen ist also die frühere Verpflichtung, sich jeden bürgerlichen Umgangs mit den Gläubigen zu enthalten, bestehen geblieben, d. h. er kann seinerseits die Fortsetzung desselben nicht beanspruchen (s. Hübler a. a. O. S. 187 N. 87; Kober a. a. O. S. 266; Phillips Lehrb. S. 387). Die neueste hierher gehörige Konstitution Pius IX.: Apostolicae sedis v. 12. Oktober 1869 (abgedruckt bei Friedberg, Samml. der Aktenstücke z. erst. vatikan. Concil S. 403; Moy, Archiv Bd. 23 S. 326 und bei Avanzini, constitutio qua censurae latae sententiae limitantur. ed. sec. Romae 1871 S. 7) endlich hat eine Reihe von Censuren latae sententiae und unter diesen auch die für die Verletzung der Verkehrssperre festgesetzte excommunicatio minor beseitigt.

Aus dieser Darstellung ergiebt sich, daß, wenngleich die letzterwähnte Strafe fortgefallen ist, doch die päpstliche Gesetzgebung die Vorschrift, daß die Gläubigen — abgesehen von gewissen Ausnahmefällen — ihrerseits den äußeren Umgang mit dem namentlich Exkommunicirten abbrechen sollen, nicht aufgehoben hat. So sagt auch der römische Curialschriftsteller Avanzini (a. a. O. S. 99): „ecclesia se negat excommunicatis . . . . in civili consortio, prohibens fidelibus communicationem cum iisdem" (vgl. auch Richter-Dove a. a. O. § 214 N. 17). Ferner heißt es in einem Artikel des Pastoralblattes für die Diöcese Ermland, herausgegeben von Prof. Dr. Hipler, Regens des Priesterseminars zu Braunsberg, v. 1. August 1871 Nr. 15, welcher unmittelbar hinter dem die Exkommunikation des Dr. Wollmann verkündenden Hirtenbrief des Bischofs von Ermland abgedruckt ist: „Die Gläubigen sind strenge verpflichtet, mit einem solchen, welcher namentlich aus der Kirche ausgeschlossen ist, auch sonst keinen Verkehr zu pflegen, mag dieser in Besuchen, Grüßen, Unterricht u. s. w. bestehen" (Aktenstücke betr. die Stellung des Bischofs von Ermland &c. S. 14). Wenn der Bischof von Ermland später in seinem Schreiben an den Minister der geistlichen Angelegenheiten vom 30. März 1872 die erwähnte Aeußerung in dem freilich nicht officiellen, aber schon durch seine Stellung in dem gedachten Diöcesenblatt als officiös gekennzeichneten Artikel des Regens Hipler dadurch abzuschwächen gesucht, daß er erklärt: „Aber auch der freiwillige, durch keine rechtliche Verpflichtung hervorgerufene Verkehr ist erlaubt, so oft ein triftiger Grund hierfür vorhanden ist (citirt. Aktenstücke S. 19; Moy, Archiv Bd. 28 S. XLIV), so ist es allerdings richtig, daß schon das frühere kanonische Recht gewisse Ausnahmen von der Verkehrssperre zugelassen hat (z. B. für die Kinder, Ehegatten u. s. w., s. Kober a. a. O. S. 391; Richter-Dove § 214), aber immerhin hat selbst der Ermländer Bischof es nicht in Abrede stellen können, daß das Verkehrsverbot noch heute die Regel bildet, wenngleich er dieses in Folge der Ausnahmen als bedeutungslos hinzustellen sucht. In Preußen hat man ultramontanerseits jetzt das Interesse, den rechtlichen Verhalt möglichst zu verdunkeln, daß aber das Gesagte vollkommen unstreitbar ist, ergiebt das folgende, am 3. Decbr. 1872 erlassene Exkommunikationsdekret des Erzbischofs von Olmütz, dessen Jurisdiktion übrigens auch der preußische Distrikt Katscher untersteht: „Nachdem Wir die Civil-Ehegatten Hugo und Emilie Jerzabek aus Schönberg, welche wegen des kirchlichen Verbrechens des schismatischen Abfalles von der heiligen katholischen Kirche vor Uns angeklagt wurden, den Kirchengesetzen gemäß ermahnt haben, daß sie bußfertig zur Einheit des allein wahren Glaubens zurückkehren und ebenso dieselben durch Unser geistliches Gericht vorgeladen haben, auf daß sie sich wegen des genannten Verbrechens verantworten; sie aber sowohl Unserer Ermahnung als auch der Vorladung keine Folge geleistet und dadurch bewiesen haben, daß sie des kirchlichen Verbrechens des schismatischen Abfalles wirklich schuldig seien, wie dies auch allgemein bekannt ist, so erklären Wir hiermit im Namen des Allmächtigen Gottes des Vaters, des Sohnes und des heiligen Geistes, sowie im Namen der hh. Apostel Paulus und Petrus und aller Heiligen, daß die genannten Hugo und Emilie Jerzabek auf solche Weise in die Kirchenstrafe der Exkommunikation verfallen, daß sie aus der Gemeinschaft der h. katholischen Kirche in der Art ausgeschlossen seien, daß sie nunmehr von allen Rechtgläubigen so lange zu meiden sein werden, bis sie den Gesetzen der h. katholischen Kirche werden Genüge geleistet haben, damit ihre Seele gerettet werde am Tage des Gerichtes" (abgedruckt i. d. protestant. Kirchenzeitung von 1873 Nr. 2 S. 37). Die katholische Kirche verpflichtet also noch heute ihre Mitglieder, den bürgerlichen Verkehr mit dem namentlich Gebannten zu meiden. Unter diesen Umständen sind jedenfalls die Beichtväter nicht nur berechtigt, sondern auch verpflichtet, bei Verwaltung des Bußsakramentes auf die Beobachtung des Verkehrsverbotes hinzuwirken, und es würde sogar nichts entgegenstehen, daß der Bischof in schwereren Fällen und bei hartnäckiger Nichtbeachtung des Verbotes gegen die renitenten Katholiken kraft seiner allgemeinen Disciplinargewalt und seiner Befugniß, arbiträre Strafen zu verhängen (Trid. Sess. XXV. c. 3 de ref.), auch mit Censuren vorgehen könnte. Daß die Verkehrssperre mit diesen Mitteln thatsächlich durchgesetzt werden kann, beweist das in den Motiven der Regierungsvorlage citirte Erkenntniß des Kompetenzgerichtshofes in Sachen des Kaufmanns Sonntag vom 30. Mai 1857 (s. Moy, Archiv Bd. 2 S. 719 und Altmann, Praxis der preuß. Gerichte in Kirchen-, Schul- und Ehesachen S. 446), in dessen Gründen es heißt: „In Folge der wider den Kläger auf Veranlassung des Bischofs von Trier verhängten feierlichen Exkommunikation hat die Verklagte, öffentliche Lehrerin an der konfessionell katholischen Schule zu St. Castor in Koblenz, ihren Schulkindern den Besuch des Verkaufs-Lokals des auch mit Schreibmaterialien handelnden Klägers bei Strafe untersagt, auch Strafe gegen Zuwiderhandelnde verhängt", und die Beweiskraft dieses Falles wird selbstverständlich nicht dadurch geschwächt, daß, wie der Abgeordnete Schorlemer-Alst (stenogr. Bericht S. 1714) behauptet hat, der Exkommunicirte entschiedener Demokrat und Socialist gewesen, in gestörten ehelichen Verhältnissen gelebt und sich später selbst entleibt hat. Wenn es ferner im Jahre 1860 katholischen Geistlichen in der Provinz Posen gelungen ist, durch Androhung von Sakramentsverweigerungen, Katholiken dazu zu bewegen, von ihren jüdischen Wirthen oder ihrer jüdischen Dienstherrschaft fortzuziehen, so wird man füglich nicht bezweifeln können, daß die katholische Kirche sich noch jetzt in der Lage befindet, die mit der großen Exkommunikation verbundene Verkehrssperre thatsächlich zu realisiren.

Aus allen diesen Ausführungen ergiebt sich, daß die excommunicatio major weder blos dem rein religiösen Gebiet angehört, noch blos auf die kirchlichen Rechte einwirkt. Sie ist deshalb nach § 1 des Gesetzes insofern unstatthaft, als sie namentlich verkündet und damit allgemein das Verkehrsverbot zur Wirksamkeit gebracht wird. Auf eine Erörterung darüber, ob etwa die bürgerliche Ehre des Exkommunicirten dadurch beschädigt wird (vgl. übrigens darüber unter Anm. 11), kommt es demnach nicht einmal an. Wäre die ultramontanerseits aufgestellte Behauptung richtig, daß die große Exkommunikation keine bürgerlichen Folgen nach sich zöge, so bedürfte es nur einer deklaratorischen, die bisherigen kanonischen Vorschriften ausdrücklich für aufgehoben erklärenden päpstlichen Constitution. Dann, aber auch nur unter dieser Voraussetzung würde es festgestellt sein, daß der große Kirchenbann allein kirchliche Wirkungen äußert und nicht von dem § 1 betroffen wird.

Ebenso unstatthaft erscheint dem Gesetze gegenüber die Verhängung des jüdischen Bannes, welcher noch in neuerer Zeit mitunter in einzelnen Judengemeinden vorgekommen ist (s. stenogr. Berichte S. 684). Der erste Grad desselben (Nidui, Nidui-Schamta), der kleine Bann, besteht darin, daß der Straffällige für 30 Tage vom Umgange mit andern ausgeschlossen und sich denselben, Weib und Kinder ausgenommen, nur auf 4 Ellen nähern darf. Bei mangelnder Reue und Besserung kann nach Ablauf einer bestimmten Zeit der große Bann (cherem) ausgesprochen werden. Dieser wird unter Verwünschungen verkündet und schließt von jedem Verkehr mit den Glaubensgenossen aus (vgl. Camp. Vitringa, de synagoga veter. Leucopetr. 1726 p. 738 ff.; Joh. Gottl. Carpzov, apparat. antiqu. sacri cod. et gentis Hebraeae. Francof. et Lipr. 1748 p. 554; Winer, bibl. Realwörterbuch 3. Aufl. Bd. 1 S. 135; Kober, a. a. O. S. 4 ff.; Wiesner, der Bann in seiner geschichtl. Entwicklung auf dem Boden des Judenthums. Leipzig 1864 S. 24, 30). In Hannover war die Anwendung des Bannes ausdrücklich gestattet, s. Schlegel, a. a. O. Bd. 2 S. 198; Spangenberg, a. a. O. Hft. 4 S. 93; Grefe, Hannovers Recht Th. I. S. 319, und daran hatte auch das hannoversche Gesetz über die Rechtsverhältnisse der Juden vom 30. September 1842 (hannov. Gesetzsamml. Abth. 1 S. 211) nichts geändert, während dagegen schon das Gesetz betr. die Verhältnisse der Juden im Herzogth. Holstein vom 14. Juli 1863 § 16 (Dove, Zeitschr. f. K. R. Bd. 4 S. 472) bestimmt hat: „Der Gebrauch des Bannes wird gänzlich aufgehoben."

Was die Verweigerung des kirchlichen Begräbnisses betrifft, so ist die Versagung der kirchlichen Exequien, der Begleitung des Geistlichen, der Grabrede, kurz jedweder Mitwirkung eines Geistlichen oder Religionsdieners für statthaft zu erachten; weil es sich hier lediglich um ein innerhalb der Kirche selbst wirksames Recht handelt. Wird ferner die Beerdigung in einem geweihten Grabe seitens der katholischen Kirche oder auf einem der betreffenden Konfessionsgemeinde gehörigen Kirchhof versagt, so liegt darin an und für sich auch nur die Entziehung eines kirchlichen Rechtes. Anders steht freilich die Sache, wenn der Kirchhof Eigenthum der Kommune ist oder wenn nach den bestehenden staatsgesetzlichen Bestimmungen die Leiche auf dem Kirchhof begraben werden muß (vgl. z. B. §§ 183 ff., namentlich §§ 188—190 Tit. 11 Th. II. A. L. R.). Hier wird nicht blos ein kirchliches Recht versagt, sondern auch die Geltung der Staatsgesetze in Frage gestellt, mithin über das rein kirchliche Gebiet in die staatliche und bürgerliche Sphäre hinüber gegriffen. Vgl. übrigens auch Anm. 11 zu diesem § und Anm. 6 zu § 4.

Hinsichtlich der Straf- und Zuchtmittel, welche in der Verweigerung bestimmter Ehrenrechte bestehen, wird es abgesehen von dem nach Abs. 2 dieses § und § 4 in Frage kommenden Gesichtspunkt sich ebenfalls darum handeln, ob rein kirchliche Rechte, wie z. B. das Recht, Kerzen bei einer Prozession zu tragen, entzogen oder gewisse Solennitäten bei Trauungen, z. B. Gesang, Orgelspiel u. s. w. versagt werden. Eine derartige Kirchenzucht ist erlaubt. Dasselbe muß auch von der vielfach vorkommenden Sitte gelten, der geschlechtlich bescholtenen Braut die Tragung des Brautkranzes nicht zu gestatten. Zu den Ordnungen, welche die Kirche und die Religionsgesellschaft festzusetzen hat, gehört die Bestimmung der Aeußerlichkeiten bei den religiösen und kirchlichen Feiern, mithin auch der äußeren Erscheinung und Ehrenzeichen sowohl der Geistlichen und Religionsdiener, wie der übrigen Mitglieder der Kirchengemeinschaft. Wo die erwähnte Sitte sich noch in Uebung erhalten hat, gilt nun der Brautkranz nicht blos als Zeichen der Jungfräulichkeit, sondern auch als ein kirchliches Ehrenzeichen, das bei einer feierlichen Handlung getragen wird. Beschränkt sich die Kirche darauf, die Ablegung desselben während der Funktion ihrer Diener zu verlangen, so geht sie dabei ebensowenig über ihre Gränzen hinaus, wie wenn sie ein gewisses äußerlich anständiges Erscheinen für den Empfang gewisser Sakramente, z. B. des Abendmahles, verlangt. Diese Anschauung ist bei den Verhandlungen des Herrenhauses (stenogr. Berichte S. 566 Kleist-Retzow: „um irgend einem Gliede der Kirche die Möglichkeit zu geben, eine kirchliche Handlung vorzunehmen, dazu bedarf es gewisser Bedingungen; zu diesen Bedingungen gehört nach der kirchlichen Ordnung, daß eine Person, die nicht mehr die Ehre der Jungfräulichkeit hat, keinen Kranz tragen darf und der Geistliche läßt Jemanden, der diese Bedingungen nicht erfüllt, in dieser Form nicht zu") vertreten worden, und auch die Kommission des Abgeordnetenhauses (Bericht S. 5, 9, 10) hat auf diesem Standpunkt gestanden, da sie es (nur unter Widerspruch eines Mitgliedes) mit Rücksicht auf § 4 des Gesetzes als allein unzulässig bezeichnet hat, der Braut den Kranz vor dem Altar abzunehmen oder gar abzureißen.

[7]) **Straf- oder Zuchtmittel gegen Leib u. s. w.** Der betreffende zweite Absatz hat nicht die Bedeutung, ausschließlich und allein die verbotenen Straf- oder Zuchtmittel festzustellen. Das oberste Princip, wonach die Statthaftigkeit, bezw. Unzulässigkeit derselben zu beurtheilen ist, spricht vielmehr der Absatz 1 aus. Die Kommission, welche den Absatz 2 hinzugefügt hat, ist dabei von der Erwägung ausgegangen, daß es sich empfehle, die richtige Anwendung des Princips für einzelne Fälle durch eine besondere gesetzliche Anordnung zu sichern (vgl. Bericht S. 5): „Man müsse vom Standpunkt der bürgerlichen Rechtsordnung darauf bestehen, daß kirchliche Straf- und Zuchtmittel nicht unmittelbar bürgerliche Nachtheile herbeiführen. Gerade, weil die Fortdauer des § 57 Tit. 11 Th. II. A. L. R. bestritten werde, empfehle es sich, dem § 1 einen Zusatz zu geben, der den noch heute berechtigten Inhalt jenes Gesetzes wiedergebe. Strafen an Leib, Vermögen und Freiheit müßten kategorisch ausgeschlossen werden, und man könne sich mit der Versicherung nicht begnügen, daß dergleichen zur Zeit nicht mehr angewendet würden. Dasselbe gelte aber von Strafen, die unmittelbar die bürgerliche Ehre und Anerkennung innerhalb der bürgerlichen Gesellschaft betreffen."

[8]) **Gegen Leib, Vermögen.** Das Verbot der Leibesstrafen, von denen nur die körperliche Züchtigung in Frage kommen kann, ist ausnahmslos, da dieselbe auch durch § 3 des Gesetzes über die kirchliche Disciplinargewalt vom 12. Mai 1873 gegen Kirchendiener ausgeschlossen ist. Was die vom Abgeordneten Windhorst bei den Verhandlungen angeregte Frage betrifft, ob die Auferlegung von Werken der Askese, dem Verbote des Gesetzes zuwider sein würde (stenogr. Berichte S. 1722), so kann es nicht zweifelhaft sein, daß diese zu verneinen ist. Selbst wenn dergleichen Bußwerke (Fasten, Almosen, Selbstgeißelung) unter Mitwirkung eines Geistlichen übernommen werden, so bedingt ihr Wesen doch, daß die betreffende Person sie freiwillig vollzieht. Selbstkasteiungen hat das Gesetz nicht verhindern wollen. Auch hat man diese nie unter die Leibes- und Vermögensstrafen begriffen.

[9]) **Freiheit.** Wegen der Freiheitsstrafen gegen Kirchendiener vgl. §§ 2 und 5 des Anm. 8 citirten Gesetzes.

[10]) **Bürgerliche Ehre.** Bürgerliche Ehre ist der Anspruch der Persönlichkeit auf volle Achtung ihrer Mitbürger, auf volle bürgerliche Geltung. Demgemäß schließt das Gesetz solche Zucht- und Strafmittel aus, welche den Zweck haben, diese Achtung zu zerstören oder zu vermindern. Dagegen sind diejenigen Mittel nicht unstatthaft, welche blos einen solchen Erfolg äußern können. Die äußere Ehre der Person ist von ihrem Verhalten abhängig. Da nun jede unsittliche Handlungsweise das Maaß der Achtung der Andern beeinträchtigen und ferner die Ausübung der Kirchenzucht regelmäßig als Beweis der mangelnden moralischen Integrität des davon Betroffenen aufgefaßt werden wird, so würde bei der zuletzt angedeuteten Auslegung der Worte: „Zucht- und Strafmittel gegen die bürgerliche Ehre" die Kirchenzucht so gut, wie unmöglich gemacht sein, während das Gesetz dieselbe nur in die gehörigen Schranken verweisen will. Ferner ist daran festzuhalten, daß die Grenzen der Zuchtgewalt im Absatz 1 des § 1 gezogen sind (s. Anm. 7), und Abs. 2 nur eine Exemplifikation des allgemeinen Princips bildet. Daher darf die in Frage stehende Vorschrift des Gesetzes nicht so ausgelegt werden, daß sie die Bestimmung des Absatzes 1 theilweise aufhebt, d. h. es kann kein Straf- und Zuchtmittel, welches nach dem Absatz 1 erlaubt ist, allein deshalb für unstatthaft erklärt werden, weil es blos thatsächlich eine Ehrminderung nach sich zieht oder möglicherweise im Gefolge hat; es wird deshalb auch kein Kreisrichter, wie der Abgeordnete Reichensperger (Olpe) befürchtete (stenogr. Berichte S. 668), die Verweigerung der Sakramente unter dem Gesichtspunkt, daß sie die Ehre affizire, mit Recht für strafbar erklären dürfen. Verboten erscheint dagegen die Verhängung der Infamie (s. S. 9), nicht minder aber auch unter diesem Gesichtspunkt die Anwendung der namentlichen excommunicatio major und des jüdischen Bannes. Denn die letzteren beiden Strafarten sollen den Gebannten von jedem bürgerlichen Verkehr abschließen, also ihn als einen Ausgestoßenen, als ein des Umgangs mit andern, d. h. eines Zeichens der allgemeinen Achtung nicht mehr würdiges Glied der Gesellschaft erscheinen lassen.

[11]) **Verhältniß des § 1 zu dem Allgemeinen Landrecht** Th. II. T. 11 §§ 50—57. Der

§ 50, welcher jedes Mitglied der Kirchengesellschaft verpflichtet, sich der eingeführten Kirchenzucht zu unterwerfen, spricht einen selbstverständlichen Satz aus. Was § 51: „Dergleichen Kirchenzucht soll blos zur Abstellung öffentlichen Aergernisses abzielen"; § 52: „Sie darf niemals in Strafen an Leib, Ehre oder Vermögen der Mitglieder ausarten"; § 53: „Sind dergleichen Strafen zur Aufrechterhaltung der Ordnung, der Ruhe und Sicherheit in der Kirchengesellschaft nothwendig, so muß die Verfügung der vom Staate gesetzten Obrigkeit überlassen werden," betrifft, so setzt der § 51 die Vergehen fest, wegen deren die Kirchenzucht ausgeübt werden kann. Er ist schon durch den Art. 15 der Verfassungsurkunde aufgehoben, weil es sich hier um eine ausschließlich dem kirchlichen Gebiete anheimfallende, der selbstständigen Regelung der Kirchen und Religionsgesellschaften unterliegende Angelegenheit handelt. Ueberdies ist er auch mit dem gegenwärtigen Gesetze unvereinbar, denn dasselbe regelt, vgl. §§ 2, 3 diesen Punkt und zwar so, daß es nur bestimmte Handlungen und Unterlassungen bezeichnet, wegen deren die Uebung der Kirchenzucht ausgeschlossen ist. Der § 52 fällt fort, er ist (nur in anderer Fassung) im Abs. 2 des § 1 des Gesetzes reproducirt. Dasselbe gilt von § 54, welcher der Religionsgesellschaft das Recht giebt, wegen gewisser Handlungen, Mitglieder von ihren Versammlungen auszuschließen. Nach Art. 15 der Verf.-Urk. gehört die Festsetzung der Gründe, wegen deren die Kirchenzucht zu üben ist, nicht zur Kompetenz des Staates. Ueberdies ist der § auch durch den § 1 des Gesetzes bedeutungslos geworden. §§ 55, 56, nach denen wegen bloßer, von dem gemeinen Glaubensbekenntniß abweichender Meinungen kein Mitglied ausgeschlossen werden kann und die Entscheidung über die Rechtmäßigkeit der Ausschließung dem Staate gebührt, stehen ebenfalls mit dem Art. 15 der Verf.-Urk. in Widerspruch (vgl. meine Schrift, die Stellung der deutschen Staatsregierungen, gegenüber den Beschlüssen des vatikan. Koncils. Berlin 1871, S. 17, 18), und sind jedenfalls durch das gegenwärtige Gesetz beseitigt. Der § 57: „Soweit mit einer solchen Ausschließung nachtheilige Folgen für die bürgerliche Ehre des Ausgeschlossenen verbunden sind, muß vor deren Veranlassung die Genehmigung des Staates eingeholt werden," dessen Geltung gegenüber dem Art. 15 der Verfassungs-Urkunde von dem Bischof v. Ermland in Frage gestellt, von dem Kultusminister aber mit Recht aufrecht erhalten worden ist (Aktenstücke betr. die Stellung des Bischofs v. Ermland S. 16, 21, 38, vgl. auch Richter-Dove § 214 N. 17; § 222 N. 6) ist ebenfalls durch das Gesetz beseitigt worden, welches gerade u. A. auch die aus Anlaß des Ermländer Falles entstandene Kontroverse hat beseitigen, und Ausschreitungen der Kirchenoberen durch andere Mittel, als durch die in Folge der Verfassungsurkunde unhaltbar gewordenen landrechtlichen Präventiv-Maaßregeln hat verhüten wollen (Regierungsvorlage, Mot. S. 7 und Kommissionsber. S. 2, 4, 5). Das Amendement Saucken-Tarputschen (s. S. 5) bezweckte, die Geltung der landrechtlichen Vorschriften aufrecht zu erhalten und außer Frage zu stellen, ist aber verworfen worden.

Aehnlich wie das preußische Landrecht, wenngleich nicht so detaillirt, regelt die kurhessische Verordn. v. 31. August 1829 über die bischöfliche Gewalt in Strafsachen und an den Unterrichts-Anstalten (u. A. bei Walter, fontes juris ecclesiast. p. 351) die Ausübung der Straf- und Zuchtgewalt in der katholischen Kirche. Der § 2 derselben lautet: „Auch gegen diejenigen Laien, welche durch beharrliche Widersetzlichkeit gegen die Vollziehung einer gesetzmäßigen Anordnung der Kirchenzucht, durch Meineid oder sonst durch gotteslästerliche Reden oder Handlungen, durch grobe Verletzung der den geweiheten Orten gebührenden Ehrfurcht oder durch wiederholte und ausgezeichnete Unzucht oder durch Völlerei der Kirchengemeinde ein öffentliches Aergerniß gegeben haben werden, darf der Bischof, vermöge seines kirchlichen Censur- und Strafrechtes dergestalt einschreiten, daß derselbe, wenn die in den pfarramtlichen Befugnissen liegenden Belehrungen, Ermahnungen und Verweise, und deren ernste Wiederholung von Seiten der kirchlichen Oberbehörde selbst nicht zur Besserung führen, sondern dennoch eine fernere Wiederholung desselben Vergehens eintreten würde, angemessene weitere kirchliche Censuren und selbst die Exkommunikation aussprechen, jedoch bei dieser auf die besonderen Verhältnisse der Personen und auf die daraus etwa entstehenden Wirkungen kluge und schonende Rücksicht nehmen, und sofern es eine gänzliche Ausschließung von der katholischen Kirchengemeinschaft wäre, davon dem landesherrlichen Bevollmächtigten vorgängige Mittheilung machen wird." In wie weit diese Vorschriften durch das vorstehende Gesetz aufgehoben sind, wird sich nach den obigen Ausführungen leicht beurtheilen lassen.

§. 2.*)

Die nach §. 1. zulässigen Straf- oder Zuchtmittel dürfen über ein Mitglied der Kirche oder Religionsgesellschaft [1]) nicht deshalb verhängt oder verkündet werden: [2])

1) weil dasselbe eine Handlung vorgenommen hat, zu welcher die Staatsgesetze [3]) oder die von der Obrigkeit innerhalb ihrer gesetzlichen Zuständigkeit erlassenenen Anordnungen verpflichten; [4])

2) weil dasselbe öffentliche Wahl- oder Stimmrechte in einer bestimmten Richtung ausgeübt oder nicht ausgeübt hat. [5])

---

§ 2. *) Die Regierungsvorlage lautete § 2: „Kein Religionsdiener ist befugt, gesetzlich zulässige Straf- oder Zuchtmittel zu verhängen oder zu verkünden wegen Vornahme einer Handlung, zu welcher die Staats-Gesetze oder die von der Obrigkeit innerhalb ihrer Zuständigkeit erlassenen Anordnungen verpflichten. Ebensowenig ist er befugt, derartige Straf- oder Zuchtmittel anzudrohen, zu verhängen oder zu verkünden, um dadurch zur Unterlassung einer der vorbezeichneten Handlungen zu bestimmen; § 3: „Kein Religionsdiener ist befugt, gesetzlich zulässige Straf- oder Zuchtmittel zu verhängen oder zu verkünden, weil öffentliche Wahl- oder Stimmrechte in einer bestimmten Art ausgeübt, oder weil sie nicht ausgeübt worden sind. Ebensowenig ist er befugt, derartige Straf- oder Zuchtmittel anzudrohen, zu verhängen oder zu verkünden, um dadurch eine bestimmte Art der Ausübung oder die Nichtausübung öffentlicher Wahl- und Stimmrechte herbeizuführen." Der für ihre Anordnung maßgebende Gesichtspunkt war die Unterscheidung der Handlungen, zu deren Vornahme die staatlichen Anordnungen verpflichten, und der der Ausübung, bez. der Nichtausübung öffentlicher Wahl- und Stimmrechte. Die Fassung des Gesetzes, welche der von der Kommission vorgeschlagenen entspricht, sondert dagegen die vergangenen Handlungen resp. die nicht erfolgte oder erfolgte Ausübung der Wahl- und Stimmrechte, und Verhängung von Straf- und Zuchtmitteln dafür (§ 2), von der Einwirkung durch solche auf das zukünftige Verhalten (vgl. Komm.-Ber. S. 6). Ein im Herrenhause zu § 2 der Kommissionsfassung von Graf Krassow gestelltes Amendement, in Abs. 2 hinter: Stimmrechte einzuschalten: „in nicht kirchlichen Angelegenheiten" (stenogr. Bericht des Herrenh. S. 572) ist abgelehnt worden.

[1]) **Ein Mitglied der Kirche oder Religionsgesellschaft.** Diese Worte sind von der Kommission eingeschoben worden. Der Grund ist um so weniger ersichtlich, als sie in dem § 3 nicht wiederholt worden sind, was jedenfalls durch die Konsequenz bedingt gewesen wäre. Eine ausdrückliche Untersagung der Verhängung von Straf- und Zuchtmitteln gegen Nichtmitglieder der Kirchen und Religionsgesellschaften erscheint allerdings im Allgemeinen überflüssig. Gegen diese können sie keine rechtliche Wirkung äußern und sie werden auch deshalb praktisch bedeutungslos sein, weil Nichtmitglieder gar kein Interesse besitzen, diejenigen Rechte, welche ihnen allein nach § 1 entzogen werden dürfen, auszuüben. Ueberdies ist eine Ueberschreitung der Grenzen des § 1 auch hinsichtlich der nicht zur betreffenden Gesellschaft gehörigen Personen unerlaubt und strafbar. Indessen ist doch ein solcher Fall, wie der hier in Rede stehende, nicht ganz unmöglich. Seitens der katholischen Kirchen-Oberen könnten mit Rücksicht auf die nach katholischer Anschauung prätendirte Unmöglichkeit des Austrittes aus der katholischen Kirche (s. oben S. 8) immerhin Zucht- und Strafmittel gegen einen zu einer andern Religionsgesellschaft übergetretenen, früheren Katholiken verhängt werden, und die Kommission hat es durch ihren Zusatz unmöglich gemacht, diesen Uebergriff nach §§ 2 und 5 des Gesetzes zu bestrafen.

[2]) **Verhängt oder verkündet werden,** s. Anm. 4 zu § 1 u. Anm. 1 zu § 3.

[3]) **Eine Handlung vorgenommen hat, zu welcher die Staatsgesetze verpflichten.** Diese Vorschrift richtet sich hauptsächlich gegen die katholische Kirche. Diese beansprucht das Recht, eine Reihe von Verhältnissen zu regeln, welche der moderne Staat seiner gesetzgebenden Kompetenz unterwirft und unterwerfen muß. Sie hat auf die Verletzung ihrer Prätensionen theils schon längst durch allgemeine Anordnungen Censuren und Strafen angedroht, theils aber kann sie diese

deswegen möglicher Weise jeden Augenblick verhängen. So reprobirt der bekannte Syllabus vom 8. December 1864 (u. A. bei Friedberg, Sammlg. d. Aktenstücke S. 898) z. B. (Nr. 19 u. 20) den Satz, daß die Staatsgewalt die Befugniß habe, die Rechte der Kirche und die Schranken für die Ausübung der Kirchengewalt zu bestimmen und (Nr. 28, 41, 49), daß dem Staate das jus circa sacra zustehe, sodann (Nr. 24) daß die Kirche keine Macht habe, Gewaltmittel anzuwenden, (Nr. 31) daß die geistliche Gerichtsbarkeit für die weltlichen Angelegenheiten der Kleriker in Civil- und Criminalsachen und (Nr. 32) daß die persönliche Befreiung der Geistlichen von der Militärpflicht abzuschaffen, ferner (Nr. 67, 68, 71, 73, 74) daß der staatlichen Gesetzgebung die Befugniß zur Ausübung der Gesetzgebung in Ehesachen, zur Einführung der Civilehe, zur Feststellung von Ehescheidungsgründen und zur Uebertragung der Ehe- und Verlöbniß-Streitigkeiten auf die weltlichen Gerichte zukomme. Die Constit. Apostolicae sedis (s. S. 14) belegt unter I Nr. 6 mit der dem Papst besonders zur Absolution vorbehaltenen excommunicatio major latae sententiae alle, welche direkt oder indirekt die Ausübung der kirchlichen Jurisdiktion hindern und ferner diejenigen, welche zu diesem Zwecke sich an die weltlichen Gerichte wenden, Befehle derselben extrahiren, erlassen oder sonst Hülfe, Rath und Begünstigung dabei leisten. Da noch heute das katholische Kirchenrecht den Geistlichen das sog. privilegium fori, d. h. den ausschließlichen Gerichtsstand vor den geistlichen Gerichten sowohl in allen Civil- als auch Strafsachen zuerkennt (Richter-Dove §§ 207, 223), so verfällt, streng genommen, jeder katholische Richter, welcher einen katholischen Geistlichen wegen einer Straf- oder Civilsache verurtheilt, ebenso der katholische Staatsanwalt, welcher gegen einen solchen Anklage erhebt, der erwähnten Censur. Noch im Jahre 1856 hat der Erzbischof von Freiburg, zu dessen Diöcese die Hohenzollernschen Lande gehören, als ein durch den Pfarrverwalter Birkle in Haigerloch von der Kanzel injuriirter Dienstknecht denselben wegen Beleidigung verklagt hatte, darin einen Eingriff in seine bischöfliche Jurisdiktion gefunden und nicht nur den Kläger, sondern auch den betreffenden katholischen Richter mit der excommunicatio major bedroht (Friedberg, Grenzen S. 436). In Baden ist ferner im Jahre 1869 der Bürgermeister Stromeyer von Constanz, welcher sich den gesetzwidrigen Anforderungen der Freiburger Kurie nicht fügen wollte und nach der Auffassung der letzteren dazu mitgewirkt hatte, katholische Stiftungen und Lehranstalten der katholischen Verwaltung und Verwendung zu entziehen, durch den erzbischöflichen Kapitular-Vikar in den Bann gethan worden (Friedberg, der Staat u. die kathol. Kirche i. Großherzogth. Baden seit dem J. 1860. Leipzig 1871 S. 179, 216, 513).

Eine derartige Anwendung der Strafgewalt ist verboten. Zunächst gegen Beamte. Denn alle Handlungen, welche diese zufolge der ihre Kompetenz, sowie ihre Befugnisse und Pflichten regelnden Gesetze vornehmen, sind solche, zu denen sie durch die Gesetze verpflichtet werden.

Nicht minder kommt der Schutz des Gesetzes den Privatpersonen zu statten. Wegen aller Handlungen, welche der Staat von ihnen absolut verlangt, z. B. Genügung der Zeugenpflicht in einer Kriminal-Untersuchung gegen einen Geistlichen vor dem weltlichen Gericht, Erfüllung der den Eltern obliegenden Verpflichtung, ihre Kinder unter gewissen Voraussetzungen in die öffentliche Schule zu schicken, ist die Verhängung von kirchlichen Straf- und Zuchtmitteln jedenfalls ausgeschlossen. Dasselbe muß aber auch von solchen Handlungen gelten, welche der Staat zwar nicht schlechthin absolut, aber unter gewissen Voraussetzungen verlangt, wenn auch die Herbeiführung der letzteren von dem Willen der betreffenden Person abhängt. Niemand ist zum Heirathen verbunden, wenn er aber eine rechtsgültige Ehe eingehen will, so muß er in denjenigen preußischen Landestheilen, in welchen die von der katholischen Kirche reprobirte obligatorische Civilehe, wie z. B. in der Rheinprovinz und Frankfurt a. M. gilt, die Eheschließung vor dem Civilstands-Beamten vornehmen. Ebensowenig zwingt der Staat einen Ehegatten zur Ehescheidung, wenn er aber eine solche rechtsgültig erlangen will, so muß er diese vor den bürgerlichen Gerichten, deren Kompetenz die katholische Kirche gleichfalls verwirft, beantragen. In dergleichen Fällen liegt immer eine Verpflichtung der betreffenden Person vor, wenn sie überhaupt die ihr nach den Staatsgesetzen zustehenden Rechte genießen will. Das Gesetz verlangt seinem Wortlaut nach nicht, daß die Verpflichtung unbedingt sei. Ueberdies entspricht diese Auslegung auch dem Zwecke des Gesetzes, welches gerade die Ausübung aller staatsbürgerlichen Pflichten hat schützen wollen und demnach die Anwendung von Straf- und Zuchtmitteln, um Gesetze absoluter Natur illusorisch zu machen, verbieten mußte. (Vgl.

Motive der Regierungsvorlage S. 9: „Art. 12 der Verfassungsurkunde: „„den bürgerlichen und staatsbürgerlichen Pflichten darf durch die Ausübung der Religionsfreiheit kein Abbruch geschehen.““ In diesen Beziehungen sind die Religions-Gesellschaften den Staatsgesetzen unterworfen und können keinerlei Befugnisse in Anspruch nehmen, welche mit den im Staat bestehenden Ordnungen in Widerspruch treten. Daß letzteres aber hier der Fall, liegt auf der Hand, denn die qu. Verfügungen der Kirchengewalt enthalten nicht nur eine Mißachtung der Staatsgesetze, sondern sind durch den Druck, der von ihnen, über die zunächst Betheiligten hinaus, auf die übrigen Angehörigen der bestehenden Religions-Gesellschaft geübt wird, in besonderem Maaße geeignet, die Wirksamkeit der staatlichen Rechtsordnung in Frage zu stellen“; s. auch d. Bericht der Kommission S. 6, nach welchem die Mehrheit den Gesichtspunkt betont: „Die Strafbarkeit liege in diesen Fällen nicht in der Wahl der Mittel, sondern in ihrer Anwendung zur direkten Bekämpfung staatlicher Gebote, Verbote und Grundrechte.“)

Ueber das Wort: Staatsgesetze vgl. die folgende Anmerkung.

[4]) **Die von der Obrigkeit innerhalb ihrer gesetzlichen Zuständigkeit erlassenen Anordnungen verpflichten.** Mit dieser Vorschrift sollen auch diejenigen Anordnungen, welche nicht als Staatsgesetze i. eig. Sinne bezeichnet werden können, aber sowohl den Beamten wie auch den Privatpersonen Pflichten absoluter Natur auferlegen, geschützt werden. Das Reichsstrafgesetzbuch gebraucht im § 110 den Ausdruck: „zum Ungehorsam gegen die Gesetze oder rechtsgültige Verordnungen oder gegen die von der Obrigkeit innerhalb ihrer Zuständigkeit getroffenen Anordnungen auffordert.“ Die im § 2 des Gesetzes nicht ausdrücklich erwähnten königlichen Verordnungen sind, soweit es sich um sog. Nothverordnungen handelt, welche auf Grund des Art. 63 der Verfassungs-Urkunde ergehen, zu den Staatsgesetzen zu rechnen, denn für solche Fälle ist dem Könige ausdrücklich die alleinige Ausübung der gesetzgebenden Gewalt verfassungsmäßig zugesichert. Dasselbe muß von den in Gemäßheit des Art. 45 der Verfassungsurkunde erlassenen königlichen Ausführungsverordnungen gelten. Allerdings ist das Recht zum Erlaß derselben ein Ausfluß der sog. vollziehenden Gewalt, indessen behandelt sie die Verfassungsurkunde Art. 106 im wesentlichen den Gesetzen gleich, indem sie für ihre Verbindlichkeit denselben Publikations-Modus, wie für Gesetze im eigentlichen Sinne, vorschreibt und die Prüfung ihrer Rechtsgültigkeit den Behörden, namentlich auch den Gerichten, entzieht. Unter die Anordnungen der Obrigkeit können sie schon deshalb nicht subsumirt werden, weil das Gesetz bei diesen durch die Worte: „innerhalb ihrer gesetzlichen Zuständigkeit erlassenen Anordnungen“ die Erörterung der Rechtsgültigkeit hat offen lassen wollen, eine solche aber gerade für die in Rede stehende Art der Verordnungen nach der Verfassungsurkunde ausgeschlossen ist. Auch läßt sich bei der Tendenz des Gesetzes, die Beamten und Staatsbürger in der Ausübung aller von ihnen geforderten Pflichten zu schützen, nicht annehmen, daß die Anwendung von Straf- und Zuchtmitteln erlaubt sei, weil eine solche Pflicht nur durch königliche Ausführungsverordnung geboten ist.

Aus der Absicht des Gesetzes folgt weiter, daß unter: von der Obrigkeit erlassenen Anordnungen jede Anordnung zu verstehen ist, nicht, wie die preußische Praxis diesen Ausdruck in dem dem § 110 des Reichs-Str.-G.-B. entsprechenden § 87 des preuß. Str. G. B. ausgelegt hat (vgl. Oppenhoff, Kommentar zum preuß. Str. G. B. zu § 87 Nr. 1; Rüdorff, Str. G. B. für das deutsche Reich zu § 110 Nr. 4) eine generell verpflichtende Anordnung, welche Ausfluß der gesetzgebenden Gewalt ist. Der Wortsinn des Gesetzes erfordert eine solche restriktive Interpretation nicht. Ferner fehlt in dem Gesetze eine dem § 113 des Str. Ges. B. analoge Bestimmung, welche diese Auslegung für das erstere rechtfertigen könnte. Uebrigens ist auch die erwähnte Auffassung des § 110 des Reichs-Str.-G.-B. nicht einmal allgemein als richtig anerkannt, vgl. Schwarze, Kommentar S. 318; John in v. Holtzendorffs Handbuch des Strafrechts zu § 110, Bd. 3 S. 106.

Die Worte: innerhalb ihrer gesetzmäßigen Zuständigkeit ergeben, daß die Anordnung der Obrigkeit sich innerhalb der Gränzen der ihr zustehenden allgemeinen materiellen Kompetenz gehalten haben und ihre Zuständigkeit für den besonderen Fall begründet gewesen sein muß, weil sonst eine Verpflichtung zur Befolgung der Verfügung oder des Befehles an und für sich nicht besteht. Gesetzmäßig ist die Zuständigkeit nicht nur, wenn sie auf Gesetzen im eigentlichen

§. 3.

Ebensowenig dürfen derartige Straf- oder Zuchtmittel angedroht,[1]) verhängt oder verkündet werden:

Sinne beruht, sondern auch auf allgemeinen Bestimmungen, welche den Gesetzen entsprechen. Die eigenthümliche Interpretation des Abgeordneten Reichensperger (Koblenz) „daß nur dann, wenn die Staatsgesetze innerhalb ihrer Zuständigkeit Etwas verfügen, nicht in der angegebenen Weise gegen diese Anordnungen der Staatsgesetze gehandelt werden darf, mit anderen Worten, daß das Wort: „„ihrer““ sich auf „„Staatsgesetze““ bezieht. Demnach wäre durch den § anerkannt, daß auch die Staatsgesetze einen gewissen Umkreis ihrer Zuständigkeit haben, daß wenn sie diesen Kreis überschreiten, dann die Kirche in ihrem Rechte ist, falls sie nicht gehorcht, und der Staat nicht gegen sie vorgehen darf" (stenogr. Berichte S. 1724) ist keiner ernsthaften Widerlegung werth, sie erinnert lebhaft an die Erklärung des Bischofs von Ermland in seiner Immediateingabe vom 5. September 1872 (Aktenstücke betr. der Stellung des Bischofs rc. S. 41): „daß er die volle Souveränität der weltlichen Obrigkeit auf staatlichem Gebiete anerkenne."

[5]) **Weil dasselbe öffentliche Wahl- und Stimmrechte** rc. Mit Bezug auf diese Anordnung und die des Abs. 2 des § 3 bemerken die Motive der Regierungsvorlage (S. 10): „Der Umstand, daß eine Handlung erlaubt ist, schließt nicht aus, daß ihre Vornahme unter bestimmten Verhältnissen eine Verletzung kirchlicher und religiöser Vorschriften enthalten kann. Bezüglich solcher Handlungen daher eine dem Obigen analoge Einschränkung der kirchlichen Strafgewalt vorzusehen, scheint im Allgemeinen nicht statthaft Sie würde ein Einschreiten der Kirche auf einem Gebiete verkümmern, wo ihre gedeihliche Wirksamkeit sogar im Interesse des Staates liegen kann. Nur nach einer Seite hin wird eine Ausnahme erforderlich. Bei der Bedeutung, welche das öffentliche Wahl- resp. Stimmrecht für das Staats- und Gemeindeleben hat, und da hier erfahrungsmäßig lediglich die unbedingte, vor jedem unberechtigten Einfluß gesicherte Freiheit der Entschließung vor Mißbräuchen schützt, so muß den Religions-Gesellschaften die Möglichkeit genommen werden, die Ausübung jener Gerechtsame unter ihre Kontrole zu stellen."

Unter öffentlichen Wahl- und Stimmrechten sind solche zu verstehen, welche sich auf öffentliche Angelegenheiten (vgl. auch § 108 des Reichs-Str.-G.-B.) beziehen, d. h. diejenigen, die kraft staatsbürgerlichen Rechtes oder innerhalb der mit besonderen staatlichen Privilegien und als Anstalten des staatlichen öffentlichen Rechtes ausgestatteten Korporationen ausgeübt werden. Demnach fallen nicht blos die Wahlen der politischen Gemeinden, sondern auch der Gemeinden der anerkannten christlichen Kirche unter das Gesetz.

Die Gründe, welche in Betreff der ersteren maßgebend sind, treffen für die letzteren ebenfalls vollkommen zu. Auch hier soll die Wahl der Ausdruck der Gesinnungen der Majorität der kirchlichen Wähler sein. Für solche Wahlen ist es ebenso wesentlich, daß diese Gesinnungen sich rein und unverfälscht äußern. (So bemerkte auch der Kultusminister bei der Debatte über § 11 des Gesetzes vom 12. Mai 1873 im Herrenhause, s. stenogr. Berichte dess. S. 553: „Wenn ein Wahlrecht ertheilt wird zur freien Ausübung, beispielsweise zur Wahl von kirchlichen Vorständen und hinterher soll die freie Anwendung dieses Rechts bestraft werden können, dann weiß ich nicht, was das Wahlrecht für eine Bedeutung hat"). Uebrigens ist auch ein Amendement, statt: „öffentliche Wahl- und Stimmrechte" zu setzen: politische „Wahl- und Stimmrechte" in der Kommission (Bericht S. 8) und der die gleiche Tendenz verfolgende Antrag des Grafen Krassow bei den Verhandlungen des Herrenhauses (s. oben S. 19) verworfen worden. Die von einzelnen Kommentatoren des Reichs-Str.-G.-B. zu § 108 aufgestellte Ansicht (s. z. B. Oppenhoff a. a. O. Nr. 1), daß kirchliche Wahlen nicht zu den öffentlichen Angelegenheiten gehören, welche wesentlich durch den § 34 Nr. 4 des Reichs-Str.-G.-B. gerechtfertigt wird, deren Begründetheit aber gewichtigen Bedenken unterliegt, s. John a. a. O. zu § 107 S. 84, erscheint für das vorliegende Gesetz jedenfalls nicht zutreffend. — Dem Mißbrauch dieses Rechts kann durch geeignete Vorschriften über aktive und passive Wählbarkeit vorgebeugt werden. Auch sind Belehrungen und allgemeine tadelnde Aeußerungen der Geistlichen in Fällen, wo die Ausübung des Wahlrechtes vom moralischen Standpunkt aus verwerflich erscheint, nicht ausgeschlossen.

1) um dadurch zur Unterlassung einer Handlung zu bestimmen, zu welcher die Staatsgesetze oder die von der Obrigkeit innerhalb ihrer gesetzlichen Zuständigkeit erlassenen Anordnungen verpflichten;

2) um dadurch die Ausübung oder Nichtausübung öffentlicher Wahl- oder Stimmrechte in bestimmter Richtung herbeizuführen.

§. 4.*)

Die Verhängung [1]) der nach diesem Gesetz zulässigen Straf- und Zuchtmittel darf nicht öffentlich bekannt gemacht [2]) werden.

Eine auf die Gemeinde-Mitglieder [3]) beschränkte Mittheilung [4]) ist nicht ausgeschlossen.

Die Vollziehung oder Verkündung [5]) derartiger Straf- oder Zuchtmittel darf auch nicht in einer beschimpfenden Weise [6]) erfolgen.

---

§ 3. [1]) **Angedroht.** Das Wort fehlt im § 2, weil das bloße Inaussichtstellen von Zucht- oder Strafmitteln für die Vergangenheit keinen Sinn hat, also praktisch nicht vorkommen wird. Daß auch generelle Androhungen (s. oben S. 12) unter den § 3 fallen, ergiebt sich daraus, daß das Gesetz nicht die Einwirkung auf eine bestimmte Person verlangt, sondern ganz allgemein lautet und solche Verfügungen der kirchlichen Oberen nur den Zweck haben können, jedes Mitglied von der mit dem Zucht- oder Strafmittel bedrohten Handlung abzuhalten.

Eine Lücke enthält das Gesetz insofern, als es der Einwirkung auf die Beamten mit Straf- oder Zuchtmitteln behufs Vornahme von Amtshandlungen (vgl. die analogen Vorschriften des Reichs-Str.-G.-B. §§ 114 und 333) nicht erwähnt. Ueber den Grund, weshalb die Aufnahme einer solchen Bestimmung unterlassen worden, ergiebt sich aus den Materialien nichts.

Im Uebrigen vgl. die Anmerkungen 3 ff. zu § 2.

Die hier festgehaltene Zusammenstellung der Worte angedroht, verhängt oder verkündet, welche vom Abgeordneten v. Mallinckrodt als unlogisch bezeichnet worden ist, weil man eine Strafe nicht für etwas Zukünftiges verhängen oder verkünden könne (stenogr. Berichte S. 1728), bezieht sich auf die dem kanonischen Recht eigenthümliche Unterscheidung von censurae latae sententiae und ferendae sententiae (s. oben S. 12). Wenn ein katholisches Kirchengesetz eine Censur der ersteren Art ausspricht, so verhängt es diese dadurch schon bedingter Weise, da nur das Begehen der erlaubten That, aber keine besondere Verhängung des Zuchtmittels durch den kirchlichen Oberen erforderlich ist. Ein derartiges Gesetz kann auch besonders verkündet werden und deshalb ist die sich darauf beziehende Bestimmung ebenfalls gerechtfertigt.

§ 4. *) Die Regierungsvorlage lautete: „Kein Religionsdiener ist befugt, gesetzlich zulässige Straf- oder Zuchtmittel unter Bezeichnung der davon betroffenen Person öffentlich bekannt zu machen." Der § 4 des Gesetzes entspricht der von der Kommission vorgeschlagenen Formulirung. Im Abgeordnetenhause wurden folgende Amendements gestellt: 1) Dr. Brüel: „den Satz 1 und 2 der Kommissionsvorlage zu streichen;" 2) Graf v. Schwerin-Putzar: „Die Vollziehung oder Verkündung der nach diesem Gesetze zulässigen Straf- oder Zuchtmittel darf nicht in einer für den Bestraften beschimpfenden Weise erfolgen;" 3) Dr. Petri, Absatz 2 der Kommissionsvorlage dahin zu fassen: „Für den Fall der Ausschließung aus der Kirche oder Religionsgesellschaft ist eine auf diese Thatsache beschränkte Mittheilung an die Gemeindeglieder gestattet;" 4) v. Saucken-Tarputschen, für den Fall der Ablehnung des Amendements 3, den § 4 zu fassen: „Keine Kirche oder Religionsgesellschaft ist befugt, gesetzlich zulässige Straf- oder Zuchtmittel unter Bezeichnung der davon betroffenen Person öffentlich bekannt zu machen. Die Vollziehung oder Verkündigung derartiger Straf- oder Zuchtmittel darf nicht in einer beschimpfenden Weise erfolgen;" aber sämmtlich verworfen (stenogr. Berichte S. 1735).

Dasselbe Schicksal hatte der vom Grafen v. Krassow im Herrenhause gestellte Antrag, dem § 4 folgende Fassung zu geben: „Eine öffentliche Bekanntmachung der Androhung oder Verhängung kirchlicher Straf- und Zuchtmittel von Seiten der Kirchen oder Religionsdiener darf nur innerhalb der Kirchen oder der zu religiösen Versammlungen der Religionsgesellschaften bestimmten Gebäude stattfinden. Die Vollziehung oder Verkündigung derartiger Straf- und Zuchtmittel darf nicht in einer die bürgerliche Ehre beschimpfenden Weise geschehen" (stenogr. Bericht des Herrenhauses S. 574).

[1]) **Verhängung** bedeutet hier die von dem kirchlichen Oberen oder dem Organe der Religionsgesellschaft ausgehende Belegung einer bestimmten Person mit der Censur oder der Strafe, also das Aussprechen derselben. Die allgemeine Verhängung von zulässigen censurae latae sententiae d. h. die Publikation von Verordnungen, welche solche für die Begehung gewisser Handlungen festsetzen, ist also nicht verboten, sofern nicht etwa der Fall des § 3 (s. S. 23) vorliegt. Es ergiebt sich dies daraus, daß die Regierungsvorlage die Worte: „der davon betroffenen Person" enthielt, und weder die Kommission noch die Mehrheit des Abgeordneten- und Herrenhauses den Grundgedanken des § 3 angefochten, sondern erstere diesen nur näher präcisirt hat. Die Motive der Regierungsvorlage (a. a. O. S. 10) bemerken: „Der § 4 hat die Aufgabe, bezüglich der den Religionsgesellschaften freistehenden Straf- und Zuchtmittel die Anwendung einer Form zu verhindern, welche — wie noch neuerliche Erfahrungen zeigen — abgesehen von der dem Betheiligten damit zugefügten Kränkung in weiteren Kreisen Anstoß erregt und als Aergerniß empfunden wird", und der Bericht der Kommission (a. a. O. S. 8) äußert sich dahin: „Die nach § 1 an sich zulässigen Straf- und Zuchtmittel können durch die Art und Weise ihrer Formulirung, Symbolik oder Veröffentlichung eine Gestalt annehmen, durch welche die Frage äußerst zweifelhaft wird, ob darin nicht ein Eingriff in das Gebiet der bürgerlichen Ehre, eine Hinderung des bürgerlichen Fortkommens, des guten Namens nicht blos innerhalb der Kirchen-Gesellschaft, zu welcher der Betroffene gehört, sondern in dem gesammten Lebens- und Rechtsverkehre auch mit anderen Religionsverwandten liege." Der Zweck des § 4 ist mithin, eine Art der Verhängung auszuschließen, welche die Ehre und den Ruf des Betroffenen unnütz kränkt, und über den Zweck der kirchlichen Strafe oder Censur dadurch hinausgeht, daß ihm Nachtheile zugefügt werden, welche weder dieser Zweck selbst noch ein sonstiges Bedürfniß der Kirche oder der Religionsgesellschaften fordert. Auch dieser Umstand spricht gegen die Statthaftigkeit der oben verworfenen allgemeineren Interpretation des Wortes: Verhängung.

[2]) **Oeffentlich bekannt gemacht werden.** Was der § 4 darunter versteht, ergiebt sich deutlich aus der Verbindung des Abs. 1 mit Abs. 2. Jede Mittheilung von der Verhängung der Censur, welche nicht blos für die Gemeinde-Mitglieder bestimmt ist, soll ausgeschlossen sein, also ist die öffentliche Bekanntmachung eine solche, von welcher Dritte Kunde erhalten müssen oder auch beliebig, wenn sie nur wollen, Kunde erhalten können. Unzulässig ist demnach die Bekanntmachung der Verhängung in Zeitungen, auch selbst kirchlichen (Diöcesan-, Konsistorial-Amts-) Blättern, sofern diese, was regelmäßig der Fall ist, jedem Dritten überlassen werden, ferner durch Anschlag an den Kirchthüren, innerhalb der auch nicht Gemeindegliedern zugänglichen Kirche, in einer öffentlichen Versammlung der kirchlichen Gemeindevertretung u. s. w.

Man hat in dieser Beschränkung der Kirchen- und Religionsgesellschaften sowohl in den Häusern des Landtages (stenograph. Berichte des Abgeordnh. S. 680, 1733 und des Herrenhauses S. 566) wie auch sonst, z. B. v. Schrötter, a. a. O. S. 47 und v. Scheurl, die preußischen staatskirchenrechtlichen Gesetzesvorlagen i. d. Zeitschr. f. Protestantismus u. Kirche. Neue Folge. Bd. 65. (1873) S. 197 u. 209 eine ungerechtfertigte Verletzung der Rechte der Kirchen und Religionsgesellschaften finden wollen. Indessen hat man dabei übersehen, daß Kirchenbußen und Kirchenstrafen ihrem Wesen nach nicht dazu verhängt werden dürfen, um die betreffende Person in ihrer Ehre zu kränken und daß diese ein Recht darauf hat, die mit einer solchen Strafe unvermeidliche Demüthigung nur vor dem Kreise der mit ihr zu derselben Gemeinschaft gehörigen Genossen zu übernehmen. Gerade diejenigen, welche für die Wiederherstellung der Kirchenzucht plaidiren, sollten nicht vergessen, daß sie ihr Ziel desto sicherer erreichen werden, je weniger das Wesen der Kirchenzucht durch ihre Handhabung getrübt wird. Uebrigens heben die Motive zur Regierungsvorlage auch mit Recht hervor, daß die Vorschrift des Gesetzes keine unerhörte Neuerung ist. Schon das kursächs. Generale d. Abschaffung der Kirchenbuße betr. v. 14. Januar

1756 (Schreyer, Codex des im Königr. Sachsen geltend. Kirchen- u. Schulrechts S. 154) verordnet: „hingegen keine Kirchen-Censur oder etwas Anderes, so eine öffentliche in der Kirche zu vollstreckende Strafe involviret, vorzukehren, noch darüber an die ihnen vorgesetzten geistlichen Instanzen Bericht zu erstatten oder von selbigen darüber Verordnung einzuholen und zu erwarten haben solle." Ferner bestimmt der auf die Beschlüsse der VIII. rheinischen Provinzialsynode ergangene Erlaß des evangel. Ober-Kirchenraths v. 27. November 1854 (Bluhme, Codex S. 345; Bramesfeld, Kirchen-Ordnung S. 225): „Die im Falle eines eidlichen Versprechens (d. h. in dem Falle, wo ein evangelisches Gemeindeglied vor oder nach der Trauung ein eidliches Versprechen abgegeben hat, seine Kinder katholisch erziehen zu lassen) „verhängten Kirchenstrafen sind jedoch ohne Nennung des Namens, der Gemeinde öffentlich bekannt zu machen;" und ein weiterer Erlaß derselben Behörde v. 8. November 1870 (Allg. evangel. Kirchenblatt, Jahrg. 20 1871 S. 187) hinsichtlich desselben Gegenstandes: „Wenn es sich nachher herausstellt, daß der Betreffende sich dessen ungeachtet zu dem in Rede stehenden Versprechen dem römisch-katholischen Geistlichen gegenüber hat verleiten lassen und derselbe trotz seelsorgerlicher Ermahnungen und Vorstellungen bei seinem Vorhaben verharrt, so soll dieser Fall nach vorangegangener Besprechung im Gemeindekirchenrath ohne Nennung des Namens der Gemeinde von der Kanzel bekannt gemacht werden."

Mit Rücksicht auf das in Note 1 über den Sinn des Wortes: „Verhängung" bemerkte wird eine öffentliche Bekanntmachung darüber, daß aus Anlaß eines gegebenen Falles von dem Rechte der Kirchenzucht Gebrauch gemacht worden ist, nicht ausgeschlossen sein, sofern der Schuldige nur nicht namentlich oder in einer Weise bezeichnet wird, daß er sofort allgemein kenntlich erscheint.

Ferner ist zu beachten, daß nur die öffentliche Bekanntmachung der Verhängung von Straf- und Zuchtmitteln verboten ist, die Kirchen und Religionsgesellschaften also nicht gehindert sind, bloße Thatsachen, welche die Gemeinde betreffen, öffentlich, sei es von der Kanzel oder sonst, zu publiciren. Eine öffentliche Bekanntmachung, daß ein Gemeinde-Glied zu einer dissidentischen Sekte oder zum Judenthum übergetreten ist, fällt demnach an und für sich nicht unter das Gesetz. Tadelnde Aeußerungen, Ermahnungen und Fürbitten aber, welche sich daran gegen und für die Person des Austretenden knüpfen, sind nicht erlaubt, denn sie gehören in das Gebiet der Kirchenstrafen. Demnach dürfte eine öffentliche Verkündigung nach dem der Bekanntmachung des Konsistoriums der Provinz Brandenburg vom 27. December 1870 beigefügten Formular (s. amtliche Mittheilungen des gedachten Konsistor. v. 1871 Nr. 1 u. protestant. Kirchenztg. v. 1871 Nr. 7 S. 133): „Der christlichen Gemeinde haben wir folgende schmerzliche Mittheilung zu machen: Ein Christ N. N. (Eine Christin N. N.), welcher (welche) durch die h. Taufe dem Herrn Jesu Christo einverleibt war, hat sich durch öffentliche Erklärung dem Judenthum zugewendet. Er (Sie) ist somit abgewichen von dem einigen Grunde des Heils, der gelegt ist. Er (Sie) hat, die Ermahnung des Apostels (Galater 5, 1) nicht beachtet: „„So besteht nun in der Freiheit, damit uns Christus befreiet hat, und laßt euch nicht wiederum in das knechtische Joch fangen."" Wir können über einen solchen Abfall vom Evangelium der Gnade und Wahrheit nur trauern. Das Gericht darüber stellen wir dem anheim, der da recht richtet. Aber die ganze Gemeinde wird aufgefordert zum Gebete, daß Gott sich des (der) Abgefallenen erbarmen wolle und ihn (sie) erkennen lasse den Irrthum seines (ihres) Weges. — Uns mahnt dieser traurige Vorgang, daß wir an dem Kleinod unseres christlichen Glaubens desto treuer halten und allen Ernst daran wenden, unseren Beruf und unsere Erwählung fest zu machen," dem § 4 des Gesetzes gegenüber nicht mehr statthaft sein, und dasselbe muß von dem für die Proklamation gemischter Brautpaare gebrauchten Formular des Inhalts gelten: „da bei Schließung dieser Ehe der evangelische Bräutigam durch das Versprechen resp. den Entschluß, sämmtliche Kinder, welche in derselben geboren werden möchten, der katholischen Kirche zuzuführen, sich der Verletzung der Treue gegen seine Kirche und der Verleugnung des evangelischen Glaubens schuldig gemacht hat, so bitten wir Gott, daß er ihn durch seinen Geist zur reuigen Erkenntniß seiner Schuld und zur aufrichtigen Umkehr von seinem Irrwege führen möge, damit er des dem h. Ehestande verheißenen Segens theilhaftig werde" (vgl. Erlaß des evangel. Ober-Kirchenraths v. 8. Novbr. 1870, s. auch den durch diese Behörde unterm 17. Juli 1868 genehmigten Beschluß 182 d. XI. westfäl. Provinzialsynode, A. K. Bl. Jahrg. 20. 1871. S. 187 u. Jahrg. 18. 1869. S. 672).

Das Gesetz beschränkt das Verbot des § 4 nicht auf eine amtliche Bekanntmachung, demgemäß ist auch eine andere Art derselben, z. B. Einrückenlassen von Mittheilungen, wie z. B. N. N. ist in den kleinen Bann gethan oder von den Sakramenten ausgeschlossen worden, ohne daß sich die kirchliche Behörde als Urheberin der Nachricht öffentlich bezeichnet, nicht statthaft. Da das Gesetz aber allein die Ausübung der kirchlichen Straf- und Zuchtgewalt durch die Kirchen und Religionsgesellschaften, bez. durch die Organe derselben regelt, so trifft das Gesetz auch nur derartige Notizen, welche durch diese letzteren selbst oder auf ihre Anstiftung (§ 48 des Reichsstrafgesetzbuchs) in die öffentlichen Blätter gebracht worden sind. Geht dagegen die Mittheilung von Dritten aus, so ist so ist deren Strafbarkeit nach den allgemeinen Gesetzen zu beurtheilen.

[3]) **Gemeinde-Mitglieder.** Es erscheint fraglich, ob unter diesem Ausdruck, welcher für die katholische Kirche übrigens nicht paßt, blos die Mitglieder der Pfarrei oder Einzelgemeinde, welcher der Schuldige angehört, oder die Mitglieder derselben Kirche oder Religionsgesellschaft oder wenigstens größerer Abtheilungen der letzteren (wie z. B. derselben Diöcese oder Kreissynode) zu verstehen sind. Die Beschränkung auf das erstere dürfte indessen zu eng sein, da auch die übrigen derselben religiösen Gemeinschaft angehörigen Mitglieder ein Recht haben, von derartigen, nicht blos die Einzelgemeinde interessirenden Angelegenheiten Kenntniß zu erhalten. Ferner kann es bei Personen, welche einem berechtigten Akte der Kirchenzucht unterworfen worden, die aber häufig von ihrem Domizil abwesend sind, wichtig sein, der betreffenden Einzelgemeinde, innerhalb welcher sich jene häufig aufhalten, Kenntniß zu geben, damit ihnen die Möglichkeit entzogen wird, die gegen sie verhängten Zucht- oder Strafmittel illusorisch zu machen. Das Wort: „Gemeinde-Mitglieder" nöthigt jedenfalls nicht zu einer restriktiven Interpretation. Ueberdies hat auch der Kultusminister bei den Verhandlungen des Abgeordnetenhauses erklärt (stenograph. Berichte S. 1734): „Die Staatsregierung ist... davon ausgegangen, daß Mittheilungen über derartige zu verhängende Strafen oder angeordnete Zuchtakte innerhalb der Religions-Gesellschaft, der Kirche der betreffenden Gemeinde durchaus das Recht der Kirche, der Religions-Gesellschaft seien, und daß nur diejenigen Mittheilungen, die über diese Linie hinausgingen und vermöge ihrer Natur hinausgehen müßten, solche wären, welche das Gesetz zu untersagen habe", und der Berichterstatter Dr. Gneist (a. a. O.): „Die Kirchenstrafe darf wohl öffentlich sein im Kreise der Glaubensgemeinde, darf aber nicht öffentlich sein im Kreise der bürgerlichen Gesellschaft."

[4]) **die Gemeinde-Mitglieder beschränkte Mittheilung.** Als Beispiel einer solchen erlaubten Veröffentlichung wurde von dem Berichterstatter Dr. Gneist (a. a. O. S. 1735) die Verlesung in einer Dorfkirche, in der nur die Gemeinde-Mitglieder anwesend sind, im Gegensatz zu der Verkündigung in einer Allen offenstehenden hauptstädtischen Kathedrale oder Kirche angeführt.

Ob das Verhalten der Vorschrift des Gesetzes entspricht, wird bei der Mannigfaltigkeit der in Frage kommenden Fälle der thatsächlichen Feststellung unterliegen. Unter allen Umständen aber ist festzuhalten, daß das Gesetz nur dann verletzt ist, wenn die vorgeschriebenen Grenzen der Mittheilung absichtlich überschritten worden sind. Nach dem Reichsstr.-G.-B. ist die Fahrlässigkeit bei Vergehen für die Regel nicht strafbar (Berner, Lehrb. d. deutsch. Strafrechts 6. Aufl. S. 166) und auch der § 5 des vorliegenden Gesetzes macht davon keine Ausnahme. Der Geistliche, welcher die Verkündigung in einer regelmäßig nur von den Parochianen besuchten Dorfkirche vornimmt, ist daher nicht strafbar, sollten sich auch zufällig an dem betreffenden Tage eine Anzahl anderer Personen dort eingefunden haben und sollte er selbst bei Anwendung der gehörigen Aufmerksamkeit vorher davon haben Kunde erlangen können. Wegen der Nichtkenntniß von Thatumständen, welche die Veröffentlichung als eine über die in Abs. 2 des § 4 festgesetzte Schranke hinausgehend erscheinen lassen, vgl. übrigens auch § 59 des Reichs-Str.-G.-B.

Endlich mag noch darauf aufmerksam gemacht werden, daß der § 4 in den beiden erörterten Absätzen ohne die Vorschriften des § 1 des Gesetzes nicht ausreichend gewesen sein würde, um den Eintritt der Verkehrssperre für den mit der excommunicatio major belegten auszuschließen. Diese tritt allerdings erst ein, wenn das Urtheil des Kirchen-Oberen unter Angabe des Namens publizirt worden ist, indessen würde eine auf die Gemeinde-Mitglieder beschränkte Publikation die letzteren stets verpflichten, den bürgerlichen Verkehr mit dem Gebannten abzubrechen. Die in dieser Beziehung immer noch maßgebende Konstitution Martins V. v. 1418 (s. oben S. 14) schreibt keine bestimmte Form der Veröffentlichung vor, und wenngleich diese nach der Lehre der Kanonisten in der Kirche beim öffentlichen Gottesdienste oder in der nach der Ortsgewohnheit für die Publikation richterlicher Erkenntnisse hergebrachten Form geschehen soll (vgl. Kober, a. a. O. S. 258, 259), so hat die Veröffentlichung doch nur den Zweck, den Gläubigen eine sichere und authentische Kunde von dem Eintritt der Exkommunikation zu geben, und dieser wird durch eine dem Abs. 2 des § 4 entsprechende Mittheilung vollkommen erreicht.

[5]) **Vollziehung oder Verkündung.** Der Ausdruck Vollziehung kommt in den bisherigen §§ des Gesetzes nicht vor, da die Vollziehung eines Straf- oder Zuchtmittels, also seine Realisation, ohne vorgängige oder gleichzeitige Verhängung nicht denkbar ist, mithin das Verbot der letzteren auch das der Vollziehung in sich enthält. Dagegen ist neben einer durchaus nicht anstößigen Art der Verhängung wohl eine beschimpfende Art der Vollziehung, z. B. Zurückweisung des Gebannten vom Abendmahl; von der Pathenschaft u. s. w. denkbar. Ebenso kann die Verkündung, das amtliche Kundmachen der Verhängung der Strafe oder Censur, in beschimpfender Weise erfolgen. Damit sind aber alle Fälle gedeckt, denn eine blos dem Betheiligten oder überhaupt nicht kundgethane, in beschimpfender Form erfolgte Verhängung, die also nicht in die Oeffentlichkeit tritt, noch abgesehen von den allgemeinen Strafen (Reichs-Str.-G.-B. §§ 185 ff.) besonders zu bedrohen, lag kein Grund vor.

[6]) **beschimpfenden Weise.** In dem Berichte der Kommission, welche den Abs. 3 des § 4 hinzugefügt hat, wird bemerkt (a. a. O. S. 10): „Als weiterer Gesichtspunkt wurde demnächst hervorgehoben, daß außer der Veröffentlichung auch die Symbole und Formale gewisser Kirchenstrafen eine Gestalt angenommen haben, die dem Geiste des heutigen Strafensystems widerstreiten. Es gelte dies von den Schrecken erregenden Formeln excommunicatio major, nach dem früheren Gebrauch. Die mildere Praxis der Gegenwart beruhe auf keinem die Kirche bindenden Gesetz, und es empfehle sich, in dieser Beziehung eine Grenze zu ziehen, die jede beschimpfende Weise der Strafvollziehung untersage, wie auch die Prügelstrafe und andere beschimpfende Ehrenstrafen im bürgerlichen Strafrecht grundsätzlich getilgt seien. Zu den beschimpfenden Strafen müsse man es beispielsweise auch rechnen, wenn einer Braut vor dem Altar der Brautkranz abgerissen oder von der Kanzel ihre Sünden gegen das sechste Gebot mit Nennung des Namens proklamirt würden. Die Verweisungen auf die allgemeinen Grundsätze von der Ehrenkränkung seien dafür nicht ausreichend; denn bei dem Geistlichen, der in Befolgung von kirchlichen Geboten verfahre, sei doch wohl ein animus injuriandi nicht anzunehmen. Die Ausschließung solcher Strafformen sei vielmehr als positives Gesetz der bürgerlichen Ordnung auszusprechen. Die große Verschiedenheit der Fälle mache es allerdings schwierig, hier eine absolute Grenzregel zu geben. Es sei beispielsweise wohl zulässig, wenn die kirchliche Sitte der Gemeinde den Brautkranz nur der unbescholtenen Braut zugestehe, daß auch der Geistliche die Braut in schicklicher Form darauf verweise. Auch die bürgerliche Sitte des Orts werde dabei in Betracht kommen, und von den Gerichten berücksichtigt werden." Aus diesen Gründen wurde der Schlußabsatz vorgeschlagen. „Es wurde dagegen eingewandt, diese Klausel erscheine überflüssig, da nach dem allgemeinen Strafgesetzbuch die beschimpfende Weise der Vollziehung unter den Thatbestand der Beleidigung falle; dagegen replicirt, daß eine Befolgung kirchlicher Vorschriften doch wohl auch hier die Vermuthung einer Absicht zu beleidigen, ausschließe. Die gewöhnliche Injurien-Praxis der Gerichte habe derartige Fälle zu keiner Zeit wirksam getroffen. Die Verweisung auf die allgemeine Bestimmung (§ 1), daß kirchliche Strafen nicht die bürgerliche Ehre treffen sollen, genüge deshalb nicht, weil kirchlicherseits eben behauptet werde, daß solche Strafen nur die kirchliche Stellung des Exkommunicirten treffen sollen und treffen. Ohne eine Bestimmung dieser Art würden die Reminiscenzen der Achterklärung und eine feierliche Verrufserklärung durch die Gerichte nicht zu treffen sein. Der § 57 A. L. R. II, 11 bestehe seit 80 Jahren ohne diesen Erfolg gehabt zu haben."

Unter den Worten: „beschimpfender Weise" kann sowohl der Bedeutung des Ausdruckes, wie auch den Motiven nach nur eine Weise verstanden werden, welche die Ehre der betreffenden

Person nach der öffentlichen Meinung in erheblicher oder empfindlicher Weise verletzt oder gar wie dies bei den früher üblichen s. g. beschimpfenden Strafen (Pranger, Brandmarken, Strohkranz u. s. w.) der Fall war, den Schuldigen als eine der allgemeinen Ehre und Achtung verlustige Person erklärt, bez. behandelt, ihm also direkt oder indirekt jeden Anspruch auf Ehre abspricht. Verboten ist demnach die Verkündung des Anathema (d. h. der excommunicatio major in feierlicher Form) deren Vornahme das noch heute geltende Pontificale Romanum (das unter päpstlicher Autorität verfaßte, die liturgischen Formeln und Riten der Bischöfe angebende Buch) dem Bischof in folgender Weise vorschreibt (vgl. rubr. ordo excommunicandi et absolvendi). Der Bischof erklärt, umgeben von 12 Priestern, welche ebenso wie er brennende Kerzen in den Händen halten: „Quia N. diabolo suadente, christianam promissionem, quam in baptismo professus est, per apostasiam postponens, ecclesiam dei devastare, ecclesiastica bona diripere ac pauperes Christi violenter opprimere non veretur; idcirco soliciti, ne per negligentiam pastoralem pereat .... monuimus eum canonice, primo, secundo, tertio et etiam quarto, ad ejus malitiam convincendam, ipsum ad emendationem, satisfactionem et poenitentiam invitantes et paterno affectu corripientes. Ipse vero, proh dolor! monita salutaria spernens, ecclesiae dei quam laesit, superbiae spiritu inflatus, satisfacere dedignatur..... Dominica itaque atque apostolica praecepta adimplentes, membrum putridum et insanabile, quod medicinam non recipit, ferro excommunicationis ab ecclesiae corpore abscindamus, ne tam pestifero morbo reliqua corporis membra, veluti veneno, inficiantur. Igitur quia monita nostra crebrasque exhortationes contempsit, quia tertio secundum dominicum praeceptum vocatus, ad emendationem ac poenitentiam venire despexit, quia culpam suam nec cogitavit, nec confessus est, nec missa legatione excusationem aliquam praetendit, nec veniam postulavit, sed diabolo cor ejus indurante, in incoepta malitia perseverat .... idcirco eum ... judicio dei omnipotentis patris et filii et spiritus sancti et beati Petri principis apostolorum et omnium sanctorum nec non et mediocritatis nostrae auctoritate et potestate ligandi et solvendi in coelo et terra nobis divinitus collata, a pretiosi corporis et sanguinis domini perceptione et a societate omnium christianorum separamus et a liminibus sanctae matris ecclesiae in coelo et in terra excludimus et excommunicatum et anathematizatum esse decernimus; et damnatum cum diabolo et angelis ejus et omnibus reprobis in ignem aeternum judicamus; donec a diaboli laqueis resipiscat, et ad emendationem et poenitentiam redeat et ecclesiae dei quam laesit, satisfaciat, tradentes eum satanae in interitum carnis, ut spiritus ejus salvus fiat in die judicii.“ Darauf antworteten die Priester: Fiat, fiat, fiat, und werfen mit dem Bischof die brennenden Kerzen, welche sie bisher in den Händen hielten, auf die Erde.

Dasselbe wird von den von der Kommission in Betreff des Aufgebots, resp. der Trauung geschlechtlich bescholtener Personen angeführten Beispielen gelten. Nicht minder wird eine Vollziehung der Beerdigung an bestimmten Stellen, z. B. an den zur Lagerung von Abfällen bestimmten Theilen des Kirchhofes, ferner Versagung der üblichen Zeichen, welche den Ort überhaupt als Begräbnißstätte kenntlich machen, Beerdigung innerhalb eines absichtlich besonders abgesteckten Platzes, welcher blos für mit Kirchenstrafen oder Censuren belegte Personen oder die ungetauft gestorbenen Kinder bestimmt ist, endlich Verscharren außerhalb des Kirchhofes hierher zu rechnen sein. Dagegen kann die Bestattung in einem Grabe, das nicht geweiht ist, noch nicht als eine in schimpflicher Weise vollzogene Beerdigung angesehen werden.

Mit Rücksicht hierauf wird sich beurtheilen lassen, welche etwaige ältere Bestimmungen über unehrliche Begräbnisse (s. die Citate oben S. 11) noch ohne Strafe angewendet werden dürfen. Was insbesondere den § 188 Tit. 11 Th. II. A. L. R. betrifft: „Ohne Erkenntniß des Staates soll Niemanden das ehrliche Begräbniß auf dem öffentlichen Kirchhofe versagt werden,“ so ist dieser nicht für aufgehoben zu erachten. Derselbe statuirt die aus staatlichen, namentlich polizeilichen Gründen bedingte Regel, daß jedermann auf dem öffentlichen Kirchhofe und zwar ehrlich zu begraben ist, eine Regel, welche sich im Allgemeinen mit dem Inhalte des vorliegenden Gesetzes nicht berührt. Die für den Fall eines Erkenntnisses des Staates, d. h. eines Gerichtes, zugelassene Ausnahme des unehrlichen Begräbnisses kann jetzt nicht mehr vorkommen, da die hierher gehörigen Vorschriften des A. L. R. II. Tit. 20 § 803, betreffend die Beerdigung der Selbstmörder, und der

§. 5.*)

Geistliche,[1]) Diener,[2]) Beamte[3]) oder Beauftragte[4]) einer Kirche oder Religionsgesellschaft, welche den Vorschriften dieses Gesetzes (§§. 1—4.) zuwider, Straf- oder Zuchtmittel androhen, verhängen oder verkünden,[5]) werden mit Geldstrafen bis zu 200 Thalern oder mit Haft oder mit Gefängniß bis zu einem Jahre und in schwereren Fällen mit Geldstrafen bis zu 500 Thalern oder mit Gefängniß bis zu zwei Jahren[6]) bestraft.[7])

---

§§ 550, 551 d. Krimin.-Ordn. wonach der Leichnam eines vor der Hinrichtung gestorbenen Verurtheilten oder eines bereits eines todeswürdigen Verbrechens überführten, aber noch nicht verurtheilten Gefangenen auf der Gerichtsstätte verscharrt werden sollte, schon durch das preuß. Straf-G.-B. § 9 aufgehoben worden sind. (Oppenhoff, Kommentar z. preuß. Str.-G.-B. § 9). Für die Verletzung der noch gültigen Regel des angef. § 188 setzt das L. R. keine Strafe fest. Ob eine solche eintritt, ist nach dem vorliegenden Gesetze zu beurtheilen. Nach diesem ist aber strafbar jede über die bloße Verweigerung der kirchlichen Rechte und Mitwirkung hinausgehende Art der Beerdigung, welche eine Verletzung der Ehre oder eine Beschimpfung enthält. Daß es sich hierbei um einen Verstorbenen handelt, macht keinen Unterschied. Denn selbst das Reichs-Str.-G.B. steht nicht auf dem Standpunkt, daß es die Möglichkeit einer Ehrverletzung gegen Verstorbene ausschließt, ja eine Beschimpfung nimmt es auch in Fällen an, wo es sich nicht einmal um lebende Rechtssubjekte handelt (s. §§ 166, 168, 189). Sodann bezweckt eine Religionsgesellschaft, welche solche Strafen verhängt, mit denselben die Ehre des Verstorbenen zu kränken, und nach diesem Gesichtspunkte bemißt sich die Zulässigkeit der Straf- und Zuchtmittel gegenüber dem in Rede stehenden Gesetz. Endlich ist der § 188 nichts als eine spezielle Anwendung des im § 52 Tit. 11 Th. II. A. L. R. enthaltenen Grundsatzes, welchen man ausdrücklich in das Gesetz als Abs. 2 des § 1 aufgenommen hat (s. oben S. 17).

Verhältniß des § 4 zu Art. 16 der Verf.-Urkunde. Sowohl in der Kommission (s. den Bericht S. 10) als auch bei den Verhandlungen des Abgeordnetenhauses (stenogr. Berichte S. 1733) hat man geltend gemacht, daß der § 4 dem Art. 16 der Verf.-Urk.: „Der Verkehr der Religionsgesellschaften mit ihren Oberen ist ungehindert. Die Bekanntmachung kirchlicher Anordnungen ist nur denjenigen Beschränkungen unterworfen, welche alle übrigen Veröffentlichungen unterliegen," widerspreche. Mit Recht ist aber darauf schon in der Kommission entgegnet, daß der Art. 16 nur das aus dem landrechtlichen Präventiv-System herfließende staatliche Placet (A. L. R. Th. II. Tit. 11 §§ 117, 118, 135, 141, 142) beseitige. Der Artikel hat ferner auch nicht den Zweck, jede Veröffentlichung kirchlicher Anordnungen für straflos zu erklären, und den Staat gegen Uebergriffe der kirchlichen Gewalten durch Entziehung seines Gesetzgebungsrechtes wehrlos zu machen. Ein solches exorbitantes Privilegium hätte klarer ausgesprochen werden müssen.

§ 5. *) Die Regierungsvorlage lautete: „Wer den Vorschriften der §§ 1 bis 4 zuwider handelt, wird mit Geldstrafe bis zu Eintausend Thalern oder mit Gefängniß bis zu zwei Jahren bestraft. Daneben kann auf Verlust der Fähigkeit zur Bekleidung öffentlicher Aemter, einschließlich der Kirchenämter, auf die Dauer von Einem bis zu fünf Jahren erkannt werden. — Der Versuch ist strafbar."

Die jetzige Fassung hat der § 5 zufolge der Kommissionsbeschlüsse erhalten, nachdem das Amendement Dr. Brüel abgelehnt war (stenograph. Ber. S. 1738). Dasselbe ging dahin, statt der Worte der Kommissions-Vorlage: „Dieses Gesetzes (§§ 1—4)" zu setzen: „Die §§ 2—4 dieses Gesetzes." Es nahm einen in der Kommission schon verworfenen Antrag wieder auf, welcher sich darauf stützte, daß die Anwendung gesetzlich unzulässiger Strafmittel bereits unter den Thatbestand der Injurie falle, und gegen welchen eingewendet worden war, daß die bloße Klage wegen Beleidigung sich früher schon als unwirksam erwiesen habe, daß ein Ersatz für den Wegfall der früheren Befugnisse der Staatsgewalt (des Placet) gewährt werden müsse und es sich endlich auch um ein Vergehen gegen die öffentliche Ordnung handle (Komm.-Bericht S. 13, 14). Die jetzige Fassung unterscheidet sich von der Regierungsvorlage 1) dadurch, daß sie die Personen der Zuwiderhandelnden näher bezeichnet, wodurch der § 6 des Regierungs-Entwurfes (s. oben S. 5) überflüssig geworden ist, 2) daß das Gesetz das „zuwiderhandeln" näher spezialisirt, 3) daß das Strafmaß im Vergleich zur Regierungsvorlage gemildert, 4) der Verlust der Fähigkeit zur Bekleidung öffentlicher Aemter als Strafe und 5) endlich die Bestimmung über die Strafbarkeit des Versuches fortgefallen ist.

[1]) **Geistliche.** § 59 Tit. 11 Th. II. A. L. R. definirt den Begriff des Geistlichen dahin: „Diejenigen, welche bei einer christlichen Kirchengemeine zum Unterrichte in der Religion, zur Besorgung des Gottesdienstes und zur Verwaltung der Sakramente bestellt sind, werden Geistliche genannt." Legt man diesen § auch dahin aus, was jedenfalls das Richtige ist (vgl. §§ 75, 541 ff. a. a. O.), daß schon die Bestellung zu der einen oder andern Funktion ausreicht, um die betreffende Person den Geistlichen zuzuzählen, so stimmt diese Definition doch weder zu dem katholischen noch protestantischen Kirchenrecht. Nach dem ersteren ist derjenige Geistlicher, welcher die Ordination, sei es auch nur die niedrigste Weihe, ja sogar derjenige, welcher allein die Tonsur erhalten hat (Richter-Dove K. R. §§ 103, 114; mein Kirchenrecht Bd. 1, 106, 117). Nach letzterem ist die Ertheilung der Ordination ebenfalls das entscheidende, wenngleich dieselbe in der evangelischen Kirche eine andere Bedeutung als in der katholischen hat (Richter-Dove § 203; Eichhorn, K. R. Bd. 1 S. 678 ff., 698; Jacobson, evang. K. R. S. 246). Die Ordination verlangt das A. L. R. auch, wie der § 63 a. a. O.: „Die Befugniß zur Ausübung aller geistlichen Amtshandlungen wird durch die Ordination verliehen," ergiebt; aber außerdem fordert es noch, daß der Betreffende zu den im § 59 gedachten Handlungen bestellt sei. Für das Gesetz, welches für die gesammte Monarchie erlassen ist, also nur ein und denselben Begriff des Geistlichen aufgestellt haben kann, ist die landrechtliche Definition nicht maßgebend. Indessen steht die Sache so, daß die Differenz zwischen der landrechtlichen und der kirchenrechtlichen Anschauung praktisch gleichgültig sein wird. Die evangelische Kirche kennt für die Regel keine absoluten Ordinationen, (d. h. solche, welche nicht auf ein bestimmtes Amt erfolgen), vgl. Jacobson a. a. O. S. 246, 358. Was die katholische Kirche betrifft, so sind in Deutschland und in Preußen die niedrigen Weihen heute blos Durchgangsstufen, welche den katholischen Theologen während ihrer Vorbereitung ertheilt werden. Die Subdiakonats- und Diakonatsweihe erhalten die Kandidaten gewöhnlich bei ihrem Eintritt, resp. während des Aufenthaltes im Priester-Seminar und die Priesterweihe erst, wenn sie zur Seelsorge qualifizirt sind. Dann wird ihnen aber auch zugleich die Approbation für diese gegeben. Demgemäß trifft die landrechtliche Definition allerdings, nach der thatsächlichen Gestaltung insofern zu, als andere Geistliche, wie die im § 59 bezeichneten, für die Regel keine praktischen Funktionen in den Kirchen ausüben, und diejenigen, welche nicht unter den § 59 fallen, für den Kirchendienst noch nicht verwendet werden. Für dies Gesetz ist die Frage übrigens um so bedeutungsloser, als selbst die Pfarrgeistlichen im Allgemeinen nicht einmal das Recht besitzen, die Straf- und Zuchtgewalt auszuüben und ferner die weiteren im § 5 aufgeführten Kategorien alle Personen treffen, welche bei der Handhabung der betreffenden Gewalt betheiligt sein können.

Zweifelhaft kann es dagegen erscheinen, ob die Qualität als Geistlicher durch die Zugehörigkeit zu einer christlichen Kirche überhaupt oder nur durch die Zugehörigkeit zu einer der privilegirten christlichen Kirchen (S. 5) bestimmt wird. Wenn das A. L. R. in der Definition von „christlicher Kirchengemeine" spricht, so meint es damit, wie sich aus dem Religionsedikt ergiebt, wo im § 2 die Herrenhuter, Mennoniten und die böhmischen Brüder nur öffentlich geduldete Sekten genannt werden, blos die drei sog. Hauptkonfessionen. Allerdings sagt es im § 96 a. a. O.: „Die Geistlichen der vom Staate privilegirten Kirchen-Gesellschaften sind als Beamte des Staates, der Regel nach von den persönlichen Lasten und Pflichten des gemeinen Bürgers frei", indessen wäre ein darauf gegründeter Schluß, es kenne auch Geistliche anderer als privilegirter Kirchen-Gesellschaften unrichtig. Denn einmal ergiebt der § 66 a. a. O.: „Die besonderen Rechte und Pflichten eines katholischen Priesters in Ansehung seiner geistlichen Amtsverrichtungen, sind durch die Vorschriften des kanonischen Rechts; der protestantischen Geistlichen aber durch die Konsistorial- und Kirchenordnungen bestimmt," daß es nur an Geistliche der Hauptkonfessionen denkt. Da ferner der erwähnte § 96 die Geistlichen für Beamte des Staats erklärt, andererseits aber § 19 a. a. O. festsetzt: „Die bei solchen" (d. h. ausdrücklich aufgenommenen, mit den Rechten privilegirter Korporationen ausgestatteten) Kirchengesellschaften zur Feier des Gottesdienstes und zum Religionsunterrichte bestellten Personen haben mit anderen Beamten im Staate gleiche Rechte", so ist religiöser Beamter einer privilegirten Korporation und Geistlicher als identisch zu betrachten, und die Hinzufügung der Worte: „der vom Staate privilegirten Kirchen-Gesellschaften" im § 96 nur ein Pleonasmus. Daher können die zur Feier der religiösen Handlungen bestellten Beamten der christlichen Religionsgesellschaften, welche, wie die Herrenhuter, die separirten Altlutheraner, die Niederländischen Reformirten (Kohlbrüggianer, vgl. über diese letzteren Jacobson bei Dove, Ztschr. f. K. R. Bd. 3 S. 358) gewisse Vorrechte, z. B. Korporationsrechte besitzen und im Sinne des A. L. R. a. a. O. §§ 20—26 u. Th. II. Tit. 6 § 22 zu den aufgenommenen, konzessionirten, nicht privilegirten Kirchengesellschaften, im Sinne des Patentes, betreffend die Bildung neuer Religionsgesellschaften vom 30. März 1847 (G. S. S. 125) zu den mit einer der drei Reichskonfessionen in wesentlicher Uebereinstimmung stehenden Religionsgesellschaften gehörten, nicht als Geistliche im eigentlichen Sinne gelten. Wenn die General-Koncession für die sog. Altlutheraner wiederholt, (s. N. 4—7) von „Geistlichen" derselben spricht, so ist dies kein korrekter Ausdruck. Uebrigens ist die hier vertretene Auffassung auch die des Ober-Tribunals, s. Erk. des Ober-Tribunals I (Straf-) S. v. 9. Februar 1859 (Entsch. Bd. 40 S. 11*): „Das Strafgesetzbuch (preuß. § 102, vgl. jetzt Reichs-Str.-G.-B. § 196) verbindet mit der Bezeichnung: „Religionsdiener" offenbar einen weiteren Begriff als der § 59 Tit. 11 Th. II. A. L. R. mit der eines „Geistlichen." Unter dem Letzteren wird nur derjenige verstanden, der in einer christlichen, öffentlich aufgenommenen Kirchengemeinde zum Unterricht in der Religion, zur Besorgung des Gottesdienstes und Verwaltung der Sakramente bestellt ist. Daß das Str. G. B. eines solchen Unterschiedes sich bewußt gewesen, erhellt aus § 5 des Art. 12 des Einführungsgesetzes v. 14. April 1851 (vgl. jetzt § 337 Reichs-Str. G. B.), in welchem „Geistliche" und andere „Religionsdiener" neben einander gestellt werden. Es umfaßt aber die Bezeichnung „Religionsdiener" auch die Prediger und Religionslehrer der von dem Staate blos geduldeten Religionsgesellschaften und es wird unter Religionsdiener derjenige zu verstehen sein, welcher solche wesentliche Handlungen zu vollziehen hat, auf die der Zweck des betreffenden Religionsbekenntnisses gerichtet ist."

Allerdings würde der nach dem Landrecht so zu fassende Begriff: „Geistlicher" nicht ohne Weiteres als der für das vorliegende, in der ganzen Monarchie geltende Gesetz maßgebende anzunehmen sein. Wenn aber selbst einzelne für die nichtlandrechtlichen Theile derselben erlassene frühere Gesetze (vgl. u. A. das Holsteinische Gesetz, betr. die Religionsübung und Gemeindeverhältnisse der Reformirten, Katholiken, Mennoniten, Anglikaner und Baptisten v. 4. Juli 1863 § 5, bei Dove, Ztschr. f. K. R. Bd. 4 S. 265: „Geistliche aller Rangstufen und Klassen, sie mögen für den öffentlichen oder Privatgottesdienst der gedachten Glaubensgenossenschaften im Herzogthum Holstein angestellt werden oder wer sonst nach dem Ritus der betreffenden Sekte zur Administration der Sacra und zur Vornahme anderer geistlicher Amtsverrichtungen eingesetzt ist zc.") die Bezeichnung: „Geistliche" nicht in dem beschränkten Sinne des preußischen Rechtes gebrauchen, so ist dieser doch durch das Reichsstrafgesetzbuch der allgemein gültige geworden. Die Terminologie in § 337: „Ein Geistlicher oder anderer Religionsdiener, welcher zu den religiösen Feierlichkeiten einer Eheschließung schreitet" und in § 130a: „Ein Geistlicher oder anderer Religionsdiener, welcher in Ausübung seines Berufes öffentlich vor einer Menschenmenge oder welcher in einer Kirche oder an einem andern zu religiösen Versammlungen bestimmten Orte zc.", welche der des preußischen Strafgesetzbuches nachgebildet ist, ergiebt deutlich einen Parallelismus mit dem § 166. Wenn Religionsdiener und Religionsgesellschaft im weiteren Sinne auch die Geistlichen (vgl. Reichsstrafgesetz-Buch §§ 196, 338) und die privilegirten christlichen Kirchen umfassen, so kann der engere Begriff von Religionsdiener nur dem der Religionsgesellschaft im eigentlichen Sinne entsprechen, also nur so viel, wie religiöse Beamten einer nicht voll privilegirten Kirche (s. oben S. 5) bedeuten. Dagegen gewährt das Reichsstrafgesetzbuch nicht den mindesten Anhalt, auch solche Beamten der mit Korporationsrechten ausgestatteten Religionsgesellschaften als Geistliche im engeren Sinne zu betrachten. Keinesfalls können aber § 174 („Geistliche, Lehrer und Erzieher, welche mit ihren minderjährigen Schülern oder Zöglingen unzüchtige Handlungen vornehmen") und § 181 („die Kuppelei ist .... mit Zuchthaus zu bestrafen, wenn .... 2) der Schuldige zu den Personen, mit welchen die Unzucht getrieben worden ist, in dem Verhältniß von Geistlichen, Lehrern oder Erziehern zu den von ihnen zu unterrichtenden oder zu erziehenden Personen steht") etwa dafür angeführt werden, daß das Reichsstrafgesetz wie es unter Religionsdienern i. e. S. die Geistlichen mit begreift, unter den Geistlichen auch die Religionsdiener im engeren Sinne versteht. Ganz abgesehen davon, daß bei einer solchen Interpretation die Terminologie des Gesetzbuches als eine völlig principlose erscheinen würde, sind offenbar in den beiden erwähnten Paragraphen absichtlich die Geistlichen allein und nicht die Religionsdiener aufgeführt, weil es nur bei diesen regelmäßig vorkommt, daß sie wegen des Konfirmanden-Unterrichtes oder wegen ihrer Betheiligung am öffentlichen Unterricht in Verhältnissen stehen, deren Mißbrauch eine besonders schwere Strafe bedingt.

Die sich aus den Vorschriften des preußischen Rechts und des Reichsstrafgesetzbuch ergebende Bedeutung des Wortes: „Geistlicher" wird endlich für den § 5 des Gesetzes um so mehr festgehalten werden müssen, als demselben das Wort: „Diener" hinzugefügt ist. In Verbindung mit dem nachfolgenden Worte: Religionsgesellschaft kann das letztere nur so viel heißen, als Religionsdiener. Dieser dem Reichsstrafgesetzbuch entsprechende Ausdruck ist offenbar nur deshalb, weil man Religionsdiener einer Religionsgesellschaft nicht sagen konnte, vermieden worden. An Diener im Sinne eines untergeordneten Beamten, also im Sinne von Kirchendiener, Küster, Kirchenhüter, welche nur Funktionen nebensächlicher oder ganz mechanischer Natur versehen, ist deshalb nicht zu denken, weil solche Personen nach der Verfassung der Religionsgesellschaften nicht zur Androhung, Verhängung und Verkündung von Straf- und Zuchtmitteln kompetent sind, und wenn sie jemals durch besonderen Auftrag die Befugniß dazu erhalten würden, dieser Fall im Gesetze durch das Wort: Beauftragte genügend vorgesehen wäre.

[2]) **Diener** vgl. die vorige Anmerkung.

[3]) **Beamte** der Kirchen oder Religionsgesellschaften sind alle diejenigen, welche irgend welche dem Wirkungskreise der kirchlichen Sphäre angehörigen Funktionen kraft Anstellung oder Auftrags auszuüben oder wahrzunehmen haben. Das Gesetz erwähnt dieselben neben den Geistlichen und Religionsdienern, welche ebenfalls Beamte der gedachten Art sind, weil auch Nichtgeistliche, z. B. in der evangelischen die weltlichen Mitglieder der Konsistorien, bez. der Presbyterien bei der Handhabung der Straf- und Zuchtgewalt betheiligt sind und demgemäß auch gegen das Gesetz verstoßen können.

[4]) **Beauftragte**, d. h. solche Personen, welche, weil sie überhaupt keine amtliche Stellung in der Religionsgesellschaft besitzen oder kraft der ersteren nicht zur Vornahme der betreffenden Handlungen nach der Verfassung der Gesellschaft befugt sind, einen besonderen Auftrag in dieser Richtung erhalten haben.

[5]) **Den Vorschriften dieses Gesetzes (§§ 1—4) zuwider androhen, verhängen oder verkünden.** Die Motive der Kommission (S. 11): „Die §§ 1—4 begrenzen das Gebiet der kirchlichen Strafmittel nach ihrer Weise und Anwendung, deren Innehaltung früher durch die weite Ausdehnung der staatlichen Genehmigung (placet) und durch das Beschwerderecht gegen Mißbräuche der kirchlichen Amtsgewalt aufrecht erhalten wurde. Nach Wegfall dieser Mittel sollen die jetzt festgestellten Grenzen unter den Schutz der ordentlichen Gerichte gegen jede Ausdehnung über ihren Sinn hinaus gesichert werden," ergeben, in Uebereinstimmung mit der Regierungsvorlage (s. deren Motive S. 11), daß man jeglichem Zuwiderhandeln gegen die Verbote des Gesetzes den Charakter eines Kriminalvergehens hat beilegen wollen. Mit Rücksicht darauf wäre es, wenn man einmal eine Spezialisirung statt des allgemeinen Ausdrucks der Regierungsvorlage: „Wer den Vorschriften der §§ 1—4 zuwiderhandelt", vorgezogen hat, korrekt gewesen, zu setzen: den Vorschriften dieses Gesetzes zuwider androhen, verhängen, verkünden o d e r v o l l z i e h e n, und dadurch auch dem Abs. 3 des § 4 gerecht zu werden. Die Straflosigkeit der beschimpfenden Vollziehung von Straf- und Zuchtmitteln hat jedenfalls nicht durch diese Omission, bez. Inkorrektheit ausgesprochen werden sollen. Eine solche Annahme würde der Tendenz des Gesetzes vollkommen widersprechen. Zudem kann unter dem „verhängen" im weiteren Sinne nicht blos das Aussprechen oder die Auferlegung einer Censur oder Strafe, sondern auch die Realisation einer solchen verstanden werden.

[6]) Das im Vergleich zu der Regierungsvorlage geringere Strafmaß ist von der Kommission, welche anerkannt hat, daß in den Ueberschreitungen der Vorschriften des Gesetzes eine Verletzung

der öffentlichen Ordnung, mitunter selbst des öffentlichen Friedens liege, unter Verweisung auf die Strafpositionen der §§ 185, 186, des Reichsstrafgesetzbuchs festgesetzt, da die Vergehen gegen das Gesetz auch stets eine Verletzung des Einzelnen und individueller Rechte involvirten und die meisten derartigen Fälle den gemeinrechtlichen Begriff der injuria ausmachen würden (s. Motive des Komm.-Ber. S. 12).

Für die Beseitigung der weiter in der Regierungs-Vorlage angedrohten Strafe des Verlustes der Fähigkeit zur Bekleidung öffentlicher Kirchenämter durch die Kommission sind folgende Erwägungen maßgebend gewesen (Ber. S. 12): „Der Charakter dieser Ueberschreitungen bringe in der Regel nicht gerade eine Unwürdigkeit zur Bekleidung kirchlicher Aemter mit sich. Insbesondere würde es nicht unbedenklich sein, den Orts- und Provinzial-Gerichten ein Urtheil über die Fähigkeit zur Ausübung „„kirchlicher"" Aemter beizulegen. Dieser Theil der Straf-Androhung erscheine überhaupt nicht nothwendig, da in dem Gesetze über die Ausübung der „„kirchlichen Disziplin"" die Entlassung aus dem kirchlichen Amte vorbehalten sei in allen Fällen, wo das Verhalten eines Geistlichen „„eine so schwere Verletzung der Staatsgesetze enthalte, daß sein Verbleiben im Amte mit der öffentlichen Ordnung unverträglich erscheine"" (vgl. jetzt § 24 des unter II. kommentirten Gesetzes v. 12. Mai 1873). Dieser Vorbehalt treffe wohl die Fälle, wo hier eine temporäre Unfähigkeit zur Bekleidung von kirchlichen Aemtern ausgesprochen werden solle." Die Regierung hat sowohl bei den Berathungen der Kommission als auch des Plenums des Hauses (stenogr. Ber. S. 1738) gegen den Wegfall der betreffenden Bestimmung nichts erinnert.

[7]) **bestraft.** Die nach § 5 zu bestrafenden Handlungen, deren Thatbestand mit genügender Klarheit aus den §§ 1 bis 4 sich ergiebt, sind Vergehen, vgl. § 1 Reichs-Str.-G.-B. Daraus folgt:

a) daß der Versuch nicht strafbar ist (Reichs-Str.-G.-B. § 43 Abs. 2). Die Regierungs-Vorlage, welche den Versuch für strafbar erklärte, weil (Motive S. 12) Vergehen in Frage ständen, welche theils gegen die wichtigsten Rechte der Staatsangehörigen, theils unmittelbar gegen den Bestand der staatlichen Rechts-Ordnung gerichtet seien, ist in der Kommission gefallen, obwohl anerkannt worden ist, daß ihre Festsetzung den analogen Vorschriften des Str.-G.-B. für Amtsvergehen und Vergehen gegen die öffentliche Ordnung entspreche. (Ber. S. 12). Der Grund erhellt nicht, denn daß die Strafbarkeit des Versuches „von einer Seite als unnöthig und zu unabsehbaren Verwickelungen führend bezeichnet worden ist" (a. a. O. S. 13) kann doch kaum das durchschlagende Motiv gewesen sein.

b) Jeder Verstoß gegen eines der Verbote des Gesetzes, z. B. Verhängung der großen Exkommunikation wegen Eingehung der Civilehe und Verkündung derselben in beschimpfender Form, ist als besonderes Vergehen nach § 74 des Reichs-Str.-G.-B. zu bestrafen.

c) Wegen der Theilnahme im weiteren Sinne, also wegen der Mitthäterschaft (die mehreren Mitglieder eines Konsistoriums verhängen durch gemeinschaftlichen Beschluß ein gesetzlich unzulässiges Zuchtmittel), der Anstiftung (der Bischof befiehlt einem Pfarrer die große Exkommunikation namentlich zu verkünden), wegen der Beihülfe (der Bischof droht auf Rath der Mitglieder der Diöcesansynode ein unzulässiges Strafmittel an), kommen die Grundsätze des Reichs-Str.-G.-B. §§ 47 ff zur Anwendung.

d) Zur Verhandlung und Entscheidung der betreffenden Ueberschreitungen im Wege des Strafprozesses sind berufen die ordentlichen Gerichtsbehörden, welche die Kompetenz in Vergehensfällen haben, also in den altpreußischen Landestheilen, in denen die Verordn. v. 3. Januar 1849 üb. die Einführung des mündlichen und öffentlichen Verfahrens (G. S. S. 84) Gesetzeskraft hat, die aus drei Mitgliedern bestehenden Abtheilungen der Stadt, resp. Kreisgerichte, Ges. üb. die Einführung des preuß. Strafgesetzbuches v. 14. April 1851 Art. XIII. (G. S. S. 97); im Bezirke des rheinischen Appellationsgerichtshofes (zu Cöln) die Zuchtpolizei-Kammern der Landgerichte, a. a. O. Art. XIV.; in den i. d. J. 1866 erworbenen neuen Landestheilen die

§. 6.*)

Die besonderen Disziplinarbefugnisse der Kirchen und Religionsgesellschaften über ihre Diener und Beamten und die darauf bezüglichen Rechte des Staates werden durch dieses Gesetz nicht berührt. [1])

Insbesondere findet das dem Staat in solchen Gesetzen vorbehaltene Recht der Entlassung von Kirchendienern wegen Verletzung der öffentlichen Ordnung unabhängig von den in §. 5. enthaltenen Strafbestimmungen statt. [2])

Urkundlich unter Unserer Höchsteigenhändigen Unterschrift und beigedrucktem Königlichen Insiegel.

Gegeben Berlin, den 13. Mai 1873.

(L. S.) **Wilhelm.**

Gr. v. Roon. Fürst v. Bismarck. Gr. v. Itzenplitz. Gr. zu Eulenburg. Leonhardt. Camphausen. Falk. v. Kameke. Gr. v. Königsmarck.

---

aus 3 Mitgliedern bestehenden Strafkammern der Kollegialgerichte erster Instanz, Strafprozeß-Ordn. v. 25. Juni 1867 (G. S. S. 933) § 13, d. h. in Hannover die kleinen Senate der Obergerichte, Verordn. betr. das Strafrecht ꝛc. v. 25. Juni 1867, G. S. S. 921 Art. XV. § 4; in Frankfurt a. M. eine Abtheilung des Stadtgerichts, s. a. a. O. Art. XVII., in Schleswig-Holstein, in Kurhessen nebst den ehemals bairischen Gebietstheilen und in Nassau nebst den vormals großherzogl. hess. Gebietstheilen eine Abtheilung des Kreisgerichtes, s. die drei Verordnungen v. 26. Juni 1867 resp. § 21, § 10 u. § 5 (G. S. S. 1073, 1085, 1094). — Was die Rheinprovinz insbesondere betrifft, so ist der Art. 10 des Ges. v. 20. April 1810: „Lorsque . . . des archévêques, des évêques, des présidens de consistoire . . . seront prévenus de délits de police correctionelle, les cours impériales en connaitront de la manière prescrite par l'article 479 du Code d'instruction criminelle", welcher den genannten geistlichen Beamten einen privilegirten Gerichtsstand vor dem Appellhofe in Vergehensfällen gewährt und auf den sich neuerdings nach den Zeitungen der Erzbischof von Köln berufen haben soll, durch das für die ganze Monarchie erlassene Gesetz betr. die Aufhebung des eximirten Gerichtsstandes in Kriminal- ꝛc. Sachen v. 11. August 1848 (G. S. S. 201) beseitigt (vgl. § 1: „der eximirte Gerichtsstand in Kriminal- und fiskalischen Untersuchungssachen, sowie in Injurienprozessen wird in allen Landestheilen, wo derselbe noch besteht, vom 1. September 1848 ab hiermit aufgehoben." § 4: „Alle diesen Bestimmungen entgegenstehenden Vorschriften werden hiermit aufgehoben").

e) Was das Verhältniß der den Thatbestand der Vergehen ergebenden Bestimmungen des Gesetzes zu den Vorschriften der einzelnen Kirchen oder Religionsgesellschaften über die Befugniß zur Ausübung der Straf- und Zuchtgewalt und die Art der Ausübung der letzteren betrifft, so genügt es zur Strafbarkeit, daß gegen das Gesetz verstoßen worden ist, wenngleich die betreffende Handlung nach den kirchlichen Vorschriften nichtig ist, z. B. weil der Bischof die Exkommunikation ohne die vorgeschriebenen vorgängigen Mahnungen, der General-Vikar sie ohne die erforderliche spezielle Ermächtigung des Bischofs verhängt hat (Kober, a. a. O. S. 156, 74). Es folgt dies aus der Fassung der gesetzlichen Verbote, welche ganz allgemein lauten, sowie daraus, daß derartige Nichtigkeitsgründe gewöhnlich weder für die betheiligte Person noch für Dritte klar am Tage liegen, also auch in derartigen Fällen, man denke z. B. an die beschimpfende Verkündung einer nichtigen Exkommunikationssentenz, ganz derselbe Erfolg eintritt, wie wenn die betreffende Handlung kirchlich gültig und unanfechtbar wäre.

§ 6. *) Dieser Paragraph ist von der Kommission hinzugefügt worden. Das Amendement Dr. Brüel: „den Satz 2 zu streichen" hat im Abgeordnetenhause nicht die Majorität erhalten (stenogr. Ber. S. 1738).

¹) **Die besonderen Disziplinar-Befugnisse u. s. w. werden durch dieses Gesetz nicht berührt.** Der Kommissionsbericht (S. 14) motivirt diese Bestimmung dahin: „es wurde als angemessen betrachtet, durch einen besonderen Zusatz auszudrücken, daß die in dem Gesetze über die kirchlichen Disziplinarstrafen (s. das Gesetz S. 37 ff.) ausgesprochenen Grundsätze unabhängig neben den in diesem Gesetz gegebenen Schranken der kirchlichen Straf- und Zuchtmittel überhaupt stehen." Ueber das nähere Verhältniß der beiden Gesetze zu einander vergl. die Anmerkungen, namentlich S. 39 zu dem unter II. der Ausgabe mitgetheilten Gesetze.

²) **Abs. 2** bestimmt, daß eine Bestrafung nach Maßgabe dieses Gesetzes die im § 24 des Gesetzes über die kirchliche Disziplinargewalt offen gelassene Entfernung aus dem Amte nicht ausschließt, vielmehr außer den von den gewöhnlichen Gerichten verhängten Strafen des § 5 dieses Gesetzes noch von dem königl. Gerichtshof für kirchliche Angelegenheiten ausgesprochen werden kann. Im Uebrigen vgl. die Anmerkungen zu dem eben angeführten § 24.

Nachtrag zu S. 11.

Ein Beispiel einer neuerdings in der evangelischen Kirche Kurhessens verhängten Exkommunikation, welche allerdings einen katholisirenden Charakter aufweist und auch sonst manche Eigenthümlichkeiten enthält, bietet das nachstehende Schriftstück, welches mir während der Korrektur von Herrn Ober-Appellationsgerichtsrath Dr. Bähr gütigst zur Publikation überlassen worden ist:

„Auszug aus dem Protokolle des Superintendenten der Diöcese Kassel.

Kassel, am 18. Februar 1855.

N. 166 S. 90. Der Pfarrer Hoffmann zu Niederruf berichtet das Concubinat der Barbara Sch. daselbst betr. weiter und bittet um Ausspruch des Kirchenbannes.

Beschluß. Die Barbara Sch. zu Niederruf wird nunmehr, nachdem alle in Gottes Wort verordneten Versuche, sie von ihrem sündlichen Leben zu bekehren, vergeblich geblieben sind, wegen hartnäckigen Beharrens in der Sünde der Hurerei und gänzlicher Unbußfertigkeit hiermit von dem Superintendenten kraft der demselben übertragenen Kirchengewalt, nach dem Befehle des Herrn Jesu Christi und seiner h. Apostel, sowie nach den Vorschriften der Kirchen-Ordnung unseres Landes, von der Gemeinschaft der h. evangelischen Kirche ausgeschlossen und aller Gnaden, Rechte und Ehren derselben verlustig erklärt. Sie wird somit ausgeschlossen vom Troste des Wortes Gottes durch den Mund der geordneten Diener am Worte, von der Fürbitte der Gemeinde, von der Theilnahme an den h. Sakramenten und der Gegenwart bei denselben, von der Fähigkeit einen christlichen Eidschwur zu leisten, und falls sie stirbt, während dieser Kirchenbann noch in Kraft besteht, von einem christlichen Begräbniß. Es soll aber dieser Bann in Kraft bestehen bis dahin, daß die genannte Sünderin ihrem Sünderleben ernstlich und gänzlich absagt und von Herzen Buße thut, auch die Wiederversöhnung mit der h. christlichen Kirche, in welcher sie ein Aergerniß angerichtet hat, nach der Ordnung und den Vorschriften dieser Kirche als reuige Sünderin gesucht und vollbracht haben wird. So sie dies nicht thut, und sie in ihrer Unbußfertigkeit stirbt, sollen ihr ihre Sünden behalten werden bis an den jüngsten Tag und bis zur Auferstehung der Todten, also daß wenn der Herr Christus wiederkommen wird zum Gericht über alle Welt der Name dieser Barbara nicht gefunden werden soll im Buche des Lebens, und sie auferstehen soll zum Gericht.

Es ist diese Exkommunikation übrigens mit gleichem Schlusse, wie die unter dem 1. Juli v. J. gegen die A. C. D. aus Römersberg verhängte, am nächsten Sonntag der Gemeinde von der Kanzel zu verkünden. Dem zu erwartenden Kinde der Gebannten ist die heilige Taufe zu ertheilen, wenn dieselbe verlangt wird, indeß darauf zu sehen, daß dem Täufling zuverlässige Sponsoren gegeben werden. Der Taufhandlung darf die Exkommunicirte in keinem Falle beiwohnen und ist deren etwaiges Hinzudrängen zu dieser Sakramentshandlung äußersten Falles durch Requisition der weltlichen Gewalt zu verhindern. Sollte die Exkommunicirte die Taufe über die gesetzliche Zeit verschieben und anzunehmen sein, daß sie dieselbe ihrem Kinde überhaupt nicht wolle angedeihen lassen, so ist seiner Zeit weiter zu berichten. . . . .

Für den Superintendenten
der Consistorialrath
Vilmar."

II.

Gesetz

über die kirchliche Disziplinargewalt und die Errichtung des königlichen Gerichtshofes für kirchliche Angelegenheiten.

Vom 12. Mai 1873.

(Gesetz-Sammlung 1873. Nr. 8125. S. 198).

II.

Gesetz

über die kirchliche Disziplinargewalt und die Errichtung des königlichen Gerichtshofes für kirchliche Angelegenheiten.

Vom 12. Mai 1873. [1])

(Gesetz-Sammlung 1873. Nr. 8125. S. 198).

Wir **Wilhelm**, von Gottes Gnaden König von Preußen ꝛc. verordnen, mit Zustimmung beider Häuser des Landtages, für den Umfang der Monarchie, einschließlich des Jadegebiets, was folgt:

---

[1]) **Gegenstand und Verhältniß des Gesetzes zu dem Gesetze über die Grenzen des Rechts zum Gebrauche kirchlicher Straf- und Zuchtmittel vom 13. Mai** 1873 (s. oben S. 3). Nach den Motiven zur Regierungs-Vorlage (Beilage zu Nr. 95 d. Drucksachen d. Abgeordnetenhauses 11. Legislaturperiode III. Sess. 1872—1873 S. 7) trifft das unter I. mitgetheilte Gesetz die besondere Disciplinargewalt, welche die geistlichen Oberen über die ihnen untergebenen kirchlichen Beamten und Religionsdiener ausüben, nicht. Ihren gesetzlichen Ausdruck hat diese Auffassung in dem § 6 des letzteren gefunden: „Die besonderen Disciplinar-Befugnisse der Kirchen und Religionsgesellschaften über ihre Diener und Beamten und die darauf bezüglichen Rechte des Staates werden durch dieses Gesetz nicht berührt." Der Gegenstand des vorliegenden und die Tragweite des oben erwähnten Gesetzes bestimmt sich demnach durch den Begriff der Disciplinargewalt. Wenn in Betreff desselben seitens des Regierungs-Kommissars in der XIV. Kommission (Bericht Nr. 167 der Drucks. des Abg. H. S. 5) bemerkt worden ist: „Der Staat könne sich nicht an die abweichende Terminologie der verschiedenen Kirchen, sondern nur an seinen eigenen Sprachgebrauch halten, in welchem über den Begriff einer Disciplinargewalt gegen das Beamtenthum kein Zweifel sei," so bedeutet die Disciplinargewalt die Befugniß, gegen diejenigen Handlungen, welche sich nicht als allgemeine Vergehen oder nicht blos als solche, sondern auch als besondere Verletzungen der Dienstpflichten im weitesten Sinne charakterisiren, (mithin auch gegen ein mit dem Amte unverträgliches außerdienstliches Verhalten) strafend einzuschreiten (vgl. die Aufzählungen unten in Anm. 2 zu § 10).

Eine solche Gewalt beanspruchen die Kirchen und Religionsgesellschaften über ihre Beamten. Sie sondert sich aber auf diesem Gebiete der Natur der Sache nach nicht so scharf ab, wie auf dem Gebiete des Staates. Der letztere straft seine Unterthanen nur dann, wenn sie gegen die Gesetze verstoßen, er verlangt von ihnen kein anderes als ein mit diesen im Einklang stehendes, äußeres Handeln. Anders die Religionsgesellschaft, welche die Erfüllung der religiösen und kirchlichen Verpflichtungen von ihren Mitgliedern beansprucht, und gegen diese ihre Straf- und Zucht-gewalt ausübt. Dieselben Anforderungen stellt aber die Religionsgesellschaft auch an ihre Beamten, namentlich an die Geistlichen. Die Strafgewalt über diese gehört also naturgemäß mit der über die sog. Laien zusammen und ist in ihrem Grundgedanken nicht von derselben verschieden. Wenn in der Kommission (Ber. S. 4) bemerkt wurde: „Die kirchliche Disciplinargewalt sei überhaupt nicht in die Grenzen dieses Gesetzes, d. h. willkührlich auf die Kirchendiener einzuschränken, sie sei vielmehr eine allgemeine gleichmäßige Gewalt über Geistliche und Laien in allen Gebieten des kirchlichen Lebens," so ist dies allerdings richtig. Indessen kann nicht verkannt werden, daß die Disciplinargewalt in Anwendung auf die Beamten der Religionsgesellschaften besondere Eigenthümlichkeiten annimmt und auch annehmen muß. Diese werden einmal durch die besondere Stellung der in Frage kommenden Personen bedingt, weil sie kraft ihres Amtes Pflichten zu erfüllen haben, welche den übrigen Mitgliedern der Religionsgesellschaft nicht obliegen, und weil ferner Verletzungen der allgemeinen religiösen und kirchlichen Ordnungen durch diejenigen, welche die Führer und Vorbilder der andern sein sollen, härter zu bestrafen sind. Sodann aber können gegen die Beamten, welche in Folge ihrer Stellung besondere Amtsrechte besitzen auch besondere, diese letzteren betreffenden Strafmittel angewendet werden.

Demnach hat es an sich kein Bedenken, die Disciplinargewalt über die Beamten der Religionsgesellschaften zum Gegenstande einer abgesonderten gesetzgeberischen Behandlung zu machen. Daß dies das vorliegende Gesetz beabsichtigt, erhellt klar aus dem § 1 desselben („Disciplinargewalt über Kirchendiener") und ferner aus dem § 6 des Gesetzes vom 13. Mai 1873 über die Straf- und Zuchtmittel.

Bei der Handhabung der Disciplinargewalt in diesem engeren Sinne gegen ihre Beamten kann aber keine Religionsgesellschaft ebensowenig wie bei der Ausübung ihrer allgemeinen Straf- und Zuchtmittel gegen ihre sonstigen Mitglieder, den Gesichtspunkt der Besserung außer Acht lassen. Sie wird also auch gegen die ersteren nicht bloß Strafen im eigentlichen Sinne verhängen müssen. Ferner sind gewisse Straf- und Zuchtmittel (wie z. B. die Verweigerung des kirchlichen Begräbnisses, der Kirchenbann u. s. w.), sowohl gegen alle Mitglieder der Religionsgesellschaft anwendbar, mögen sie Geistliche und andere Kirchenbeamte sein oder nicht. Mit Rücksicht hierauf entsteht die Frage, wie verhalten sich die Vorschriften des Straf- und Zuchtmittel-Gesetzes über die Unstatthaftigkeit gewisser Straf- und Zuchtmittel zu den Bestimmungen des hier in Rede stehenden Gesetzes? Mit andern Worten: *Kommt das erstgedachte Gesetz gar nicht zur Anwendung, soweit es um die disciplinarische Ahndung gegen Kirchendiener handelt, sind also alle nicht in dem vorliegenden Gesetze verbotenen Straf- und Zuchtmittel gegen diese gestattet oder hat das erstere auch für die Kirchendiener Geltung und bezieht sich das letztere nur auf die in demselben gedachten, in Ausübung der Disciplinargewalt im engeren Sinne gegen die Kirchendiener angewendeten Straf- und Zuchtmittel?*

Die Frage ist bereits im Sinne der ersteren Alternative in der Ausgabe der Kirchengesetze von einem Mitgliede des Hauses der Abgeordneten, Berlin 1873, beantwortet worden, indem der Verfasser S. 32 Anm. a bemerkt: „Während das Gesetz „über die kirchliche Disciplinar-Gewalt" sich mit der kirchlichen Amtsgewalt beschäftigt und die Rechte des Staates hinsichtlich der Disciplin der Kirchengesellschaften über ihre *Geistlichen* zu wahren sucht, hat dieses Gesetz (s. oben unter I). die Straf- und Zuchtmittel zum Gegenstande, welche die Kirchen gegen ihre *Laienmitglieder* im Interesse der kirchlichen Disciplin zu verhängen pflegen."

Ich halte diese Auffassung für falsch. Das Gesetz vom 13. Mai 1873 macht keinen Unterschied zwischen Geistlichen, bez. Kirchendienern und anderen Mitgliedern einer Religionsgesellschaft. Es will die Anwendung von Straf- und Zuchtmitteln, welche in die staatliche Sphäre in irgend einer Beziehung hinübergreifen, hindern, weil nach seiner Auffassung keine Religionsgesellschaft ein Recht besitzt, ihre Strafgewalt über das ihr eigenthümliche Gebiet hinaus auszudehnen. Dieser Grund trifft ebenso gut für die Kirchendiener, wie für die sog. Laien zu. Der Staat hat die bürgerlichen Rechte der ersteren ebenso zu schützen, wie die der letzteren. Umgekehrt liegt aber gerade für den

Staat noch eine besondere Veranlassung vor, nicht eine willkührliche Bedrückung der Kirchendiener durch diejenigen Disciplinar-Mittel zu dulden, welche allein gegen sie anwendbar sind. Das Zucht- und Strafmittelgesetz reicht dazu nicht aus, denn es mußte seinerseits die Strafmittel, welche hier wesentlich in Frage kommen, die Entziehung kirchlicher Rechte (s. S. 3) gestatten. Vielmehr war ein besonderes Gesetz erforderlich, um der mißbräuchlichen Ausübung der Disciplinargewalt, welcher die Kirchendiener allein ausgesetzt sind, entgegen zu treten. „Es ist nicht zweifelhaft," heißt es in den Motiven der Regierungs-Vorlage (nach der oben mitgetheilten Stelle S. 7), „daß diese Gewalt in mindestens ebenso hohem Grade dem Mißbrauche unterliegen und sich mit den staatlichen Einrichtungen und den Landesgesetzen in Widerspruch setzen kann, wie die Mittel der Strafe und Zucht, welche gegen die kirchlichen Glieder im Allgemeinen gebraucht werden. Die Staatsregierung muß sich für verpflichtet erachten, gleichzeitig auf die gesetzliche Regelung der bezeichneten Gewalt Bedacht zu nehmen." Die Ausübung der Disciplinargewalt im engeren Sinne hat also im Allgemeinen nicht besonders privilegirt, sondern mit weiteren Schranken als den durch das Straf- und Zuchtmittelgesetz gezogenen, versehen werden sollen.

Wenn trotzdem das Gesetz nicht blos die auf die Amtsrechte bezüglichen Strafen, wie die Entfernung aus dem Amte u. s. w. (vgl. § 2) berücksichtigt, sondern auch Bestimmungen über Freiheits- und Vermögensstrafen (§§ 2—5), also über solche, welche der § 1 Abs. 2 des Zucht- und Strafmittelgesetzes ebenfalls behandelt, aufweist, so steht dies der hier geltend gemachten Auffassung nicht entgegen. Gerade die eigenthümliche Stellung der Kirchendiener und das Interesse des Staates an der Handhabung einer gerechten Disciplin über dieselben erforderte es, nicht unter allen Umständen, die Anwendung von Vermögensstrafen und von Freiheitsentziehung gegen sie auszuschließen, mithin in dieser Hinsicht der engeren Disciplinargewalt größere Rechte als der allgemeinen Zucht- und Strafgewalt über die sog. Laien zu gewähren. Allerdings wäre das Verbot der körperlichen Züchtigung, das schon in dem Straf- und Zuchtmittelgesetz (§ 1 Abs. 2) ausgesprochen ist, nicht absolut erforderlich gewesen. Man hat dasselbe aber deshalb hier ausdrücklich wiederholt, weil das kanonische Recht die Strafe der körperlichen Züchtigung besonders für Kleriker statuirt und es noch in neuerer Zeit vorgekommen ist, daß Geistliche in den Demeritenanstalten dieser Strafe unterworfen sind. Es sind also auch hier lediglich die Eigenthümlichkeiten der Disciplin über die Kirchendiener bestimmend gewesen.

Der für das Verhältniß der beiden Gesetze maßgebende § 6 des Straf- und Zuchtmittelgesetzes ergiebt ganz dasselbe Resultat, das schon aus der Natur der Sache folgt. Derselbe sagt nicht allgemein, daß die Disciplinarbefugnisse über die Kirchendiener durch das betreffende Gesetz nicht berührt werden, sondern er spricht dies nur aus hinsichtlich „der besonderen Disciplinarbefugnisse" und „der darauf bezüglichen Rechte des Staates." Unter „besonderen Disciplinarbefugnissen" kann er demnach nur solche verstehen, welche nicht in gleicher Weise über Kirchendiener und über andere Angehörige ausgeübt werden und ausgeübt werden können, nur für die ersteren und für die hinsichtlich derselben weiter gehenden Rechte des Staats schließt er die Geltung des Straf- und Zuchtmittelgesetzes aus (vgl. auch die Motive der Kommission S. 35 Anm. 1).

Während sich aber das Gesetz über die Straf- und Zuchtmittel auf alle Religionsgesellschaften bezieht, trifft das vorliegende nur Bestimmungen hinsichtlich der Disciplinargewalt über die Diener der privilegirten christlichen Kirchen. Da das Wort Kirche in der preußischen Gesetzessprache nur diese umfaßt (s. S. 5), so kann auch der Ausdruck: „kirchliche" keine andere Bedeutung haben. Die Bezeichnung „Kirchendiener," ist offenbar absichtlich statt der auf alle Religionsgesellschaften bezüglichen: „Religionsdiener" gewählt. Der Inhalt des Gesetzes paßt ferner nur auf die christlichen Kirchen. Der Bericht der XIV. Kommission des Abgeordnetenhauses bemerkt endlich sogar ausdrücklich (a. a. O. S. 1): „Der Gesetzentwurf habe zum Gegenstande die Ordnungsgewalt der evangelischen und katholischen Kirche über ihre eigenen Geistlichen und Diener" (vgl. auch die Aeußerung des Reg.-Kommissars Dr. Hübler im Herrenhause, stenogr. Berichte der letzteren S. 545). Für die Disciplinargewalt der anderen Religionsgesellschaften über ihre Beamten ist allein das Straf- und Zuchtmittelgesetz maßgebend, und es ist daher ein Versehen der Kommission gewesen, daß sie in dem von ihr formulirten § 6 des Straf- und Zuchtmittelgesetzes das

I. Allgemeine Bestimmungen.

§. 1.*)

Die kirchliche²) Disciplinargewalt³) über Kirchendiener⁴) darf nur von deutschen⁵) kirchlichen Behörden⁶) ausgeübt werden.⁷)

Wort: „Religionsgesellschaft" hinter „Kirchen" eingefügt hat. In Betreff dieser nimmt der Staat weder besondere Rechte in Anspruch, noch hat er denselben besondere Befugnisse zugestanden.

Mit der Regelung der Handhabung der Disciplinargewalt über die Diener der privilegirten christlichen Kirchen ist aber der Inhalt des Gesetzes nicht erschöpft. Dasselbe statuirt auch zugleich eine staatliche Disciplinargewalt (§§ 24 ff.) über die Kirchendiener für den Fall, daß diese durch Ausübung ihres Amtes die öffentliche Ordnung in schwerer Weise verletzen. Endlich schafft das Gesetz einen neuen Gerichtshof, den „königlichen Gerichtshof für kirchliche Angelegenheiten" zu Berlin (§§ 32 ff.), welchem der Schutz der Kirchendiener vor Uebergriffen der kirchlichen, sowie die Ausübung der staatlichen Disciplinargewalt übertragen ist, und regelt zugleich, freilich nur in den Grundzügen, das Verfahren vor demselben (§§ 10 ff. 26 ff).

§ 1. *) Die Fassung des Gesetzes unterscheidet sich von der Regierungsvorlage nur dadurch, daß die Worte: „über Kirchendiener" in der letzteren fehlten. Sie sind von der Kommission eingeschoben worden (Bericht S. 5, 6). Im Abgeordnetenhause ist das Amendement Grf. v. Schweinitz, den § 1 dahin zu fassen: „Die kirchliche Disciplinargewalt über Kirchendiener darf nur unter den Beschränkungen dieses Gesetzes ausgeübt werden" (stenogr. Bericht S. 1652), und im Herrenhause der Antrag des Grf. v. Krassow, statt des § 1 zu setzen: „Die kirchliche Disciplinargewalt über die Bischöfe der römisch-katholischen Kirche wird nach Maßgabe der bestehenden Kirchenverfassung mit der Einschränkung ausgeübt, daß zur Verwaltung desselben (sic) ein vom Staat genehmigter Vikarius innerhalb des Preußischen Staats zu bestellen ist. — Im Uebrigen darf die kirchliche Disciplinargewalt über Kirchendiener der evangelischen und der römisch-katholischen Kirche nur von den innerhalb des Preußischen Staats befindlichen Behörden ausgeübt werden" (stenogr. Ber. des Herrenh. S. 547), abgelehnt worden.

²) **kirchliche,** s. Anm. 1 (S. 41).

³) **Disciplinargewalt,** s. ebendaselbst (S. 39).

⁴) **Kirchendiener** sind im Allgemeinen alle diejenigen, welche kirchliche Dienste leisten. Jedenfalls gehören hierher die Beamten der Kirche (s. auch die Erklärung des Reg.-Kommissars in d. stenogr. Berichte des Herrenhauses S. 545) sowohl diejenigen, welche die gottesdienstlichen und seelsorgerlichen Handlungen ausüben, als auch diejenigen, welche die Leitungs- oder Regierungsgewalt (die sog. jurisdictio) besitzen, demnach in der evangelischen Kirche die Mitglieder der oberen kollegialischen Behörden, des Oberkirchenraths und der Konsistorien, die General-Superintendenten, die Superintendenten (Metropolitane, Pröbste, Dekane), die Pfarrer, in der katholischen Kirche die Erzbischöfe, die Bischöfe, die Kathedral- und sonstigen (Kollegiat)- Stiftsherrn, die Pfarrer und die festangestellten Kapläne.

Wenngleich der Kirchendienst regelmäßig auf Grund eines nur unter bestimmten Voraussetzungen entziehbaren Amtes ausgeübt wird, so werden doch auch diejenigen zu den Kirchendienern zu rechnen sein, deren Amt überhaupt nur auf eine bestimmte Zeit zur Existenz kommt, also die Kapitular-Vikarien, ferner solche, welche von ihren Aemtern durch Widerruf entfernt werden können, mithin die bischöflichen General-Vikare, die Mitglieder der bischöflichen Konsistorien, Ordinariate oder General-Vikariate, die hier und da, z. B. im Eichsfelde, in Schlesien eingesetzten bischöflichen Kommissarien (vgl. über alle diese mein Kirchenrecht Bd. 2 S. 224, 227 N. 4, S. 291), die Landdekane oder Erzpriester, die Missions-Pfarrer und die Kapläne ohne festes Benefizium in der katholischen Kirche. Alle erwähnten Kategorien nehmen an der Verwaltung der der Kirche zustehenden Rechte und Funktionen Theil. Ihre Amtsbefugnisse beruhen freilich nur auf Uebertragung bestimmter, mit anderen Aemtern verbundener Rechte, also auf Mandat oder Delegation, so z. B. bei den General-Vikaren, den bischöflichen Räthen und Kommissarien, den Landdekanen. Indessen hat sich für diese Stellungen ein herkömmlich feststehender Kreis von Befugnissen gebildet. Sie sind ein herkömmlicher Bestandtheil des kirchlichen Organismus geworden und werden daher auch von den Kanonisten (vgl. z. B. Schulte, Lehrb. 2. Aufl. S. 256) zu den Kirchen-Aemtern gerechnet.

a. Ob die sog. niederen Kirchendiener, also z. B. Küster, Kirchner, Meßner, Altaristen u. s. w. Kirchendiener im Sinne dieses Gesetzes sind, erscheint fraglich. Irgend ein nennenswerthes Bedürfniß oder staatliches Interesse, diese Klasse von Angestellten durch besondere gesetzliche Bestimmungen gegen die Uebergriffe der kirchlichen Disciplinargewalt zu schützen, liegt kaum vor. Allerdings werden sie gerade nicht nur in den älteren kirchlichen Ordnungen mit dem von dem Gesetze gebrauchten Ausdruck bezeichnet (s. z. B. Brandenb. Visitations- und Konsistor.-Ordn. v. 1573: „Darnach sollen unsere Visitatores die Pfarrer, Prediger, Caplane, Schulmeister und andere Kirchendiener", „von der Ordination der Pfarre und Kirchendiener", bei Richter, d. evangel. Kirchen-Ordnungen des 16. Jahrh. Bd. 2 S. 360, 361, s. auch S. 362, 370 und öfters, vgl. ferner Büff a. a. O. S. 480, 481; Schlegel a. a. O. Bd. 5 S. 22, 23; Johannsen a. a. O. Bd. 1 S. 122, 266, 284), sondern auch die neuere Gesetzgebung hat diesen Sprachgebrauch festgehalten, s. A. L. R. Th. II. Tit. 11 § 556: „Küster und andere dergleichen niedere Kirchenbediente werden der Regel nach vom Patron bestellt;" Städte-Ordn. f. die 6 östlichen Provinzen v. 30. Mai 1853 (Ges.-Samml. S. 261) § 17: „Stadtverordnete können nicht sein: Geistliche, Kirchendiener und Elementarlehrer", § 30: „Mitglieder des Magistrats können nicht sein: Geistliche, Kirchendiener und Lehrer an öffentlichen Schulen", wörtlich dasselbe in der Städte-Ordn. f. Schleswig-Holstein v. 14. April 1869 §§ 29 und 38 (Ges.-Samml. S. 589); Kreis-Ordn. v. 13. Dez. 1872 (Ges.-Samml. S. 661) § 18: „Dienstgrundstücke der Geistlichen, Kirchendiener und Elementarlehrer", § 131: „Geistliche, Kirchendiener und Elementarlehrer können nicht Mitglieder des Kreisausschusses sein"; rhein.-westphäl. Kirchenordn. § 18: „Gehälter und Gehalts-Zulagen für Kirchenbeamte oder Kirchendiener"; hannoversche Kirchenvorstands- und Synodal-Ordn. von 1864 § 38: „bezüglich der Vokation oder Wahl von Geistlichen und sonstigen Kirchendienern"; Gemeinde-Ordn. für d. Konsistorial-Bezirk Wiesbaden v. 27. August 1869 (Ges.-Samml. S. 1024) § 12: „Zu dem Geschäftskreis des Kirchenvorstandes gehört im Einzelnen . . . 7) die Ernennung, Ueberwachung und Entlassung der niederen Kirchendiener (Kirchenrechner, Organisten, Küster, Kirchendiener, Kalkanten, Läuter 2c.)." Ferner sind dieselben, wenn es auch eine nicht zutreffende Reminiscenz an katholische Einrichtungen gewesen ist, daß man sie früher zu dem sog. clerus minor gerechnet hat, Jacobson a. a. O. S. 255; Schlegel a. a. O., doch selbst noch jetzt in manchen Beziehungen den Geistlichen gleichgestellt, s. die mitgetheilten Gesetzesstellen. Dies gilt vor Allem von der hier in Frage stehenden Disciplinargewalt, welche stets von den kirchlichen Behörden unter analoger Anwendung der für die Geistlichen bestehenden Disciplinarstrafen gehandhabt worden ist (vgl. A. L. R. Th. II. Tit. 11 §§ 567, 530—538, die Bestimmungen über die Ressortverhältnisse der Konsistorien bei Vogt, preuß. K. R. 1, 7; rhein.-westphäl. Kirchen-Ordn. § 142 nebst Zusatz 44 bei Bluhme, Codex S. 172, 235 und Meier, preuß. K. R. S. 251; und wegen der neuen Provinzen Büff a. a. O. S. 309; Spangenberg a. a. O. Hft. 3 S. 27; Otto a. a. O. S. 267). Außerdem könnte man für die Subsumtion dieser Personen unter das Gesetz geltend machen, daß dasselbe die Bezeichnung Kirchendiener wohl für die Klasse von Beamten, welche regelmäßig darunter verstanden werden, gebraucht und schwerlich einen besonderen Begriff des „Kirchendieners" aufgestellt haben dürfte. In der That hat aber das Gesetz das letztere gethan. Unzweifelhaft beabsichtigt dasselbe, vor Allem gerade die wichtigsten geistlichen und kirchlichen Amtsstellungen zu schützen, mindestens aber die Inhaber solcher Aemter, welche der Kirche eigenthümliche und wesentliche Funktionen zu vollziehen haben. Ueber diese hinaus liegt das Bedürfniß eines besonderen Schutzes nicht vor. Zu dieser einschränkenden Interpretation berechtigt der Umstand, daß das Gesetz allein die Handhabung der „kirchlichen" Disciplinargewalt regelt. Diese nimmt einen besonderen Charakter blos gegenüber den Amtsträgern der vorhin gedachten Art an, während sie in Bezug auf diejenigen Personen, welche rein mechanische und untergeordnete Dienste leisten, und für deren außeramtliches Verhalten keine anderen Ansprüche als an jedes andere Mitglied der Gemeinde gemacht werden, keine Eigenthümlichkeit, welche sie zu „einer kirchlichen" im eigentlichen Sinne macht, besitzt. Demnach können bloße Läuter, Bälgetreter

(Kalkanten), Thürhüter, wenngleich sie zu den niederen Kirchendienern gezählt werden, ebensowenig, wie z. B. die Aktenträger, Kanzlisten u. s. w. bei einem bischöflichen oder protestantischen Konsistorium als „Kirchendiener" im Sinne dieses Gesetzes betrachtet werden. Dagegen dürften noch die Küster, diejenigen, welche dem Geistlichen, wenngleich nur in äußerlicher Beziehung beim Gottesdienst assistiren und gewöhnlich auch sonst besondere amtliche kirchliche Funktionen, wie Verlesen von Predigten, Führung der Duplikate der Kirchenbücher versehen, noch unter das Gesetz fallen, da diese wegen der engen Berührung ihrer Verrichtungen mit der Gemeinde und des besonderen Hervortretens in derselben auch die Pflicht besitzen, in ihrem äußeren Verhalten ein besonderes Dekorum zu wahren.

b. Diejenigen Beamten, welche den kirchlichen Behörden mit bestimmten wissenschaftlichen oder technischen Kenntnissen, wie die Syndici, Dombaumeister, Organisten u. s. w. Dienste leisten, werden ebenfalls nicht als „Kirchendiener" im Sinne des Gesetzes anzusehen sein. Diese leisten wohl der Kirche Dienste, aber keineswegs kirchliche Dienste in dem zu a. angegebenen Sinne. Ihr Verhältniß regelt sich nach ihrem, dem Gebiete des Civilrechts anheimfallenden Anstellungsvertrage. Eine Disciplinargewalt räumt das preußische Recht (vgl. §§ 167 ff. Tit. 6 Th. II. A. L. R.) keiner Korporation über derartige Beamte ein. Es liegt also gar kein Bedürfniß vor, denselben einen besonderen Schutz über den civilrechtlichen hinaus zu gewähren. Ueberdies erwähnen nicht einmal die Vorschriften des katholischen Kirchenrechtes Etwas über das Verhältniß derartiger weltlicher Beamten zur Kirchengewalt oder über eine Disciplinargewalt der Kirchenoberen über die ersteren, vielmehr betrachten sie den in die fragliche Klasse gehörenden Syndikus als eine außerhalb des kirchlichen Verbandes stehende Person, welcher zu der ihn anstellenden Behörde in einem civilrechtlichen Kontraktverhältnisse steht (F. Roßhirt bei Moy, Archiv Bd. 8 S. 29). Wenn man nichts desto weniger gesagt hat (s. a. a. O. S. 30): „Der Natur der Sache nach muß wohl der Satz aufgestellt werden, daß jeder Beamte der Kirche, sei er Kleriker, sei er Laie, der Disciplinargewalt der kirchlichen Oberen unterworfen sei, wie überhaupt jeder im öffentlichen Dienste Stehende der Disciplinargewalt seines Vorgesetzten unterworfen ist und unterworfen sein muß. Es ist die Unterordnung in disciplinärer Beziehung eine nothwendige Folge des Bestehens eines jeden, somit auch des kirchlichen Verwaltungsorganismus", so beweist diese Ausführung einmal zu viel, weil sie zu Gunsten jeder Korporation anwendbar wäre. Ferner trifft sie aber deshalb nicht zu, weil es sich hier gar nicht um eigenthümliche, durch das Wesen der Kirche bedingte Dienstleistungen und Verpflichtungen handelt, wie sie von den Geistlichen und den mit der eigentlichen Kirchenleitung betrauten Beamten erfordert werden, ein Verhältniß, welches recht deutlich dadurch hervortritt, daß die hier in Rede stehenden Personen sich gleichzeitig vielfach noch in anderen Stellungen befinden, welche zu der Kirche gar keine Beziehung haben. Auf Art. 15 der Verfassungs-Urkunde wird man sich zur Widerlegung des Gesagten nicht berufen können. Mit der selbstständigen Verwaltung der eigenen Angelegenheiten garantirt derselbe allerdings den Kirchen auch die Ausübung der Disciplinargewalt, aber darüber, wie weit diese in persönlicher Beziehung reicht, bestimmt er nichts. Die Grenzen derselben können nur aus der Natur der Sache entnommen werden und diese führt keineswegs zu einer so weiten Ausdehnung der Disciplinargewalt, wie sie selbst das kanonische Recht nicht einmal kennt. (Weiteres Material über die Frage, soweit sie die Syndici betrifft, in dem Erkenntniß des Ober-Tribunals vom 17. Oktober 1860, Entsch. 44, 194, das aber insofern nicht zu billigen ist, als es diese für mittelbare Staatsbeamte und die Vorschriften des Gesetzes vom 21. Juli 1852 über das Disciplinarverfahren gegen nicht richterliche Beamte auf sie für anwendbar erklärt, und in der Schrift: „Die katholische Kirche in Preußen und dessen höchster Gerichtshof. Danzig 1861.")

c. Zu den Kirchendienern im Sinne des Gesetzes gehören unzweifelhaft die Mitglieder der Gemeinde-Kirchenräthe, Presbyterien und Kirchenvorstände, also die Aeltesten, Kirchenvorsteher u. s. w. Diesen kommt in allen Provinzen ein bald größerer, bald geringerer Antheil an der Verwaltung der kirchlichen, und zwar auch der rein inneren, sich auf die Förderung des christlichen Lebens beziehenden Angelegenheiten zu (vgl. Grundzüge einer evang. Gemeinde-Ordn. für die östl. Provinzen v. 29. Juni 1850 § 12 und Allerh. Erlaß v. 27. Febr. 1860 Nr. 5;

rhein.-westfäl. Kirchen-Ordn. § 14 u. Zus. 9; hannov. Kirchenvorstands-Ordn. §§ 33 ff.; schleswig-holstein. Gem.-Ordn. v. 1869 §§ 40 ff.; Gem.-Ordn. f. d. Konsist.-Bezirk Wiesbaden §§ 12 ff. (s. oben S. 11). Sie haben also eigenthümliche kirchliche Amtsverrichtungen, und besondere, ihnen in Folge dieser obliegende Dienstpflichten. Nennt doch die hannov. Kirchen-Ordn. § 18 und die schleswig-holstein. § 6 diese Aemter ausdrücklich: kirchliche Ehren-Aemter.

Nicht so unzweifelhaft steht die Sache hinsichtlich der landrechtlichen Kirchenvorsteher (§§ 552 ff. 619 ff. Tit. 11 Th. II.), d. h. derjenigen Gemeindemitglieder, welche, wie dies in der katholischen Kirche häufig vorkommt, hauptsächlich bei der Vermögensverwaltung zugezogen werden. Das A. L. R. betrachtet sie als weltliche Beamten der Kirchengemeinden (§§ 550, 218, 555) und schreibt ihnen die Verwaltung „der äußeren Rechte der Kirchengesellschaft" zu. Sie sind mit dem Geistlichen die Vertreter der vermögensrechtlichen Persönlichkeit der Kirchengemeinde, haben also eine nothwendige und feste Stellung in dem kirchlichen Organismus. Wenn sie der Disciplin der Regierungen und der des Ministers der geistlichen Angelegenheiten unterstehen (vgl. Aktenstücke des evangel. Ober-Kirchenraths Bd. 2 S. 83 u. Meier, preuß. K. R. S. 249), so erklärt sich dies daraus, daß diese Behörden mit der Verwaltung des landesherrlichen Kirchenregiments hinsichtlich der Externa betraut sind. Daher hat man denn auch mit Rücksicht auf die Verfassungs-Urk. Art. 15 die Disciplin über die Kirchenvorsteher katholischer Gemeinden den Bischöfen überlassen (s. z. B. die Ober-Präsid. Reskr. vom 25. Mai u. 19. November 1850 Beiträge z. preuß. Kirchenrecht Hft. 1 S. 42, 53).

Aus diesen Gründen dürften sie unter die Kirchendiener im Sinne des Gesetzes zu begreifen sein. Stehen sie auch den unter b. besprochenen, sog. niederen Kirchendienern in sofern gleich, als sie wie diese weltliche Personen, nicht Geistliche sind, so haben sie doch immer der Kirche wesentliche Funktionen zu vollziehen. Letztere betreffen zwar nur die äußere Verwaltung, indessen ist eine solche für jede Gemeinde obsolut nothwendig und es kommen für diese, weil sie den kirchlichen Zwecken dient, eigenthümliche Gesichtspunkte in Frage.

Ganz dasselbe gilt für die Mitglieder der in den Ländern des französischen Rechtes auf Grund des decret impérial concernant les fabriques v. 30. December 1809 (bei Hermens, Hdbch. d. Staatsgesetzgebung über d. christl. Kultur B. 2 S. 412) organisirten conseils de fabrique (Fabrikräthe oder Kirchenfabrikräthe).

Die Mitglieder der in den evangelischen Gemeinden Rheinlands, Westfalens, Schleswig-Holsteins und Nassaus vorkommenden Gemeinde-Repräsentationen, bez. Gemeinde-Vertretungen sind ebenfalls als „Kirchendiener" anzusehen. Ihre Funktion geht im Allgemeinen dahin, neben dem Presbyterium oder Kirchenvorstand bei allen wichtigen, das Gemeinde-Kirchen-Vermögen und allen die kirchliche Besteuerung betreffenden Angelegenheiten mitzuwirken (vgl. rhein. westfäl. Kirchen-Ordn. §§ 18, 30 ff., 64 nebst den entsprechenden Zusätzen; schlesw.-holst. Gem.-Ordn. §§ 50 ff., 19; Gem.-Ordn. f. d. Konsist. Wiesbaden §§ 15 ff.). Ihre Verrichtungen sind also ebenso gut kirchliche, wie die der eben gedachten Kirchenvorsteher. Es kann ihnen auch keineswegs unter Hinweis auf die Analogie der Reichstags- und Landtagsmitglieder und der Stadtverordneten, deshalb die Qualität als Kirchen-Beamte oder Kirchendiener abgesprochen werden, weil sie nur bei gewissen Angelegenheiten mitzuwirken haben, und somit als ein lediglich neben die kirchlichen Organe und diesen gegenüber gestellter Faktor, welcher die Rechte, namentlich Kontrol-Rechte der Gesammtheit auszuüben hätte, zu betrachten wären. Diese Analogie trifft im vorliegenden Falle nicht zu. Nach allen erwähnten Ordnungen ist die Gemeinde-Vertretung kein besonderes neben dem Kirchenvorstand selbstständig fungirendes Organ, vielmehr bildet sie mit demselben ein erweitertes Presbyterium. Sie ist also ebenso gut wie der Kirchenvorstand ein kirchliches zur Verwaltung der Gemeinde-Angelegenheiten bestimmtes Organ und unterscheidet sich nur dadurch von demselben, daß ihre Kompetenz enger ist. Der Grundgedanke der Einrichtung ist also nicht der, daß die Regierungsbehörde einzelne Funktionen mit Repräsentanten der Regierten theilt und von letzteren kontrolirt werden soll, sondern daß das Organ, welches die Gemeinde-Angelegenheiten zu leiten hat, für gewisse Angelegenheiten stärker besetzt sein soll, wie für andere. Wo eine Zusammenwirkung des Kirchenvorstandes und der Gemeinde-Vertretung eintritt, ist der

Grund und Titel der Berechtigung für die Mitglieder beider ganz derselbe. Daher nennt die schlesw.-holstein. Gem.-Ordn. § 6 das Amt der Gemeinde-Vertreter, ebenso wie das der Aeltesten ein: „kirchliches Ehren-Amt," und auch die rhein.-westfäl. Kirchen-Ordn. § 129, Zusatz 39 begreift sie unter dem allgemeinen Ausdruck: „Gemeinde-Beamten."

d. Mönche und Nonnen, sowie die Mitglieder der ordensähnlichen Kongregationen können nicht als Kirchendiener betrachtet werden. Der Zweck der Orden und ordensähnlichen Kongregationen geht dahin, durch die Innehaltung der Gelübde und durch das gemeinschaftliche Leben der religiösen Bestimmung des Menschen in höherem Grade nachzukommen, also nur mit besonderen Mitteln das allgemeine Ziel der Kirche zu erreichen. Der Gottesdienst dieser Genossenschaften ist ein solcher, welchen dieselben für sich abhalten und mit welchem sie nur ihre Pflicht erfüllen, nicht aber über ihren Kreis hinaus wirken noch zu wirken berufen sind. Daher legt den Mitgliedern dieser Gesellschaften die katholische Kirche auch kein Amt bei. Der Disciplinargewalt ihrer Oberen sind sie freilich unterworfen, da sie aber nicht Kirchendiener sind, findet das Gesetz nicht auf sie Anwendung. Vorläufig, so lange nicht ein besonderes Gesetz über ihre Verhältnisse ergangen ist, welches allerdings, abgesehen von allen andern Gründen, bei der Abgeschlossenheit des Lebens und der Unmöglichkeit, eine genaue Kontrole über die Leitung der Klöster auszuüben, ein dringendes Bedürfniß erscheint, können für die Ausübung der Klosterdisciplin über die Mitglieder der betreffenden Genossenschaften allein die Vorschriften des Straf- und Zuchtmittelgesetzes in Anwendung kommen, welche allerdings größeren Schutz gewähren, als die dadurch zum Theil modificirten §§ 1066, 946, 947 Tit. 11 Th. II. A. L. R.

Anders verhält es sich aber a) mit denjenigen Ordensgeistlichen, welche für einzelne Ordensgemeinden mit der Ausübung seelsorgerischer Funktionen betraut sind (vgl. auch §§ 943, 944 a. a. O.), denn diese üben ebenso gut kirchliche Funktionen aus, wie die weltlichen Seelsorger, sind also ebenso wie diese als Kirchendiener zu betrachten; ferner b) mit den Ordens- und Klosteroberen. Die religiösen Genossenschaften sind eine von der katholischen Kirche gebilligte und der obersten Leitung des Papstes unterworfene Institution. Alle diejenigen, welche an der Spitze der einzelnen Genossenschaften oder einzelner Abtheilungen derselben stehen und dieselben regieren, üben daher ein kirchliches Amt der Leitung aus. Nach katholischem Kirchenrecht kommt ihnen über die Mitglieder der Genossenschaft eine potestas dominitiva, gubernativa und oeconomica zu und den Oberen der exemten Mannsklöstern sogar die jurisdictio in foro externo et interno, also eine Stellung, mit welcher wesentlich kirchliche Rechte und Pflichten verbunden sind. Es kann daher kein Bedenken haben, sie im Sinne des Gesetzes zu den Kirchendienern zu rechnen. Dasselbe gilt endlich c) von denjenigen Mitgliedern der Orden und Kongregationen, welche nicht innerhalb ihrer Genossenschaft, sondern außerhalb derselben z. B. von den Bischöfen in den einzelnen Diöcesen zu kirchlichen Funktionen, z. B. zum Pfarrgottesdienste verwendet werden.

e. Die Mitglieder der protestantischen Kapitel, welche in einzelnen Theilen Preußens, in der Provinz Brandenburg und Sachsen bestehen (vgl. Richter-Dove K. R. § 157 und Jacobson, Kirchenrecht S. 196) sind nicht Kirchendiener im Sinne des Gesetzes. Die Kapitel bilden keinen Bestandtheil der evangelischen Kirchenverfassung mehr, sondern sind nur Korporationen, welche gewisse Rechte ausüben und unter kanonischen Formen ihren Mitgliedern bestimmte Einkünfte, aber nicht den mindesten Antheil an der Verwaltung der kirchlichen Angelegenheiten gewähren (vgl. auch §§ 1221, 1222 Tit. 11 Th. II. A. L. R.). Dasselbe muß von den Mitgliedern der in einzelnen der neuen Provinzen (Hannover und Schleswig-Holstein) noch vorhandenen Stifter und Klöster — letztere sind nichts als (und zwar vielfach adlige) Fräuleinstifter, (vgl. Spangenberg a. a. O. Hft. 4 S. 66 ff.; Falck, Hdbch. des schlesw.-holst. Privatrechts. Bd. 3 S. 721) — und den Beamten und Oberinnen dieser Anstalten gelten. Abgesehen davon steht auch den Leitern dieser Korporationen keine kirchliche Disciplinargewalt über die Mitglieder zu, vgl. z. B. die Kloster-Ordnung für die fünf Jungfrauen-Klöster im Fürstenth. Calenberg, vom 9. December 1847 (hannov. Ges.-Samml. 1847 Abth. 1 S. 553), so daß das vorliegende Gesetz auch deshalb auf diese Institute keine Anwendung finden kann.

5) **deutschen,** d. h. solche Behörden, deren Mitglieder Staatsangehörige des deutschen Reichs

sind, und selbst innerhalb des deutschen Reiches residiren. Das erstgedachte Erforderniß ergiebt der konsequente Sprachgebrauch der Reichsgesetze, s. z. B. Verfass. des deutsch. Reichs Art. 3, 57, 59; Reichs-Str.-G.-B. §§ 4, 9, 27 ff.; Militär-Str.-G.-B. § 160. Das zweite folgt daraus, daß eine deutsche Behörde im eigentlichen Sinne nur eine solche ist, welche im Inlande ihren Sitz hat, wie dies für die staatlichen Behörden ebenfalls die Regel bildet. Ueberdies läßt der Zweck des § 1 auch keine andere Auslegung zu. Die Regierungs-Motive bemerken (a. a. O. S. 11): „Die Vorschrift des § 1 entspricht der reichsrechtlichen Observanz, wonach kirchliche Rechtssachen nicht an ein außerdeutsches Gericht gezogen werden dürfen. Denselben Grundsatz, die Konzentration der Diöcesan-Verwaltung innerhalb der Landesgrenzen, hält das A. L. R. Th. II. Tit. 11 §§ 137, 138, sowie das kurhessische und das nassauische Recht fest. Verordn. v. 30. Januar 1830;" vgl. auch den Kommissionsbericht S. 3, stenograph. Berichte des Abgeordn.-Hauses S. 1652 u. des Herrenhauses S. 545. Demgemäß ist die Ausübung der Disciplinargewalt unzulässig seitens des Papstes, seitens der nicht in Deutschland residirenden General-Oberen der Orden und Kongregationen, seitens der päpstlichen Nuntien zu Wien und zu München, weil diese, selbst wenn sie, wie der letztere bei einem deutschen Staate beglaubigt sind, als päpstliche Gesandte das Recht der Exterritorialität besitzen. Dasselbe gilt von den Erzbischöfen von Olmütz und Prag, deren Jurisdiktion der Distrikt Katscher, resp. die Grafschaft Glatz durch die Bulle: De salute animarum vom 16. Juli 1821 unterstellt ist. Dagegen wird das Verhältniß des Erzbischofs von Freiburg zu den zu seiner Diöcese gehörigen hohenzollernschen Fürstenthümern durch das Gesetz nicht berührt.

[6]) Unter **kirchlichen Behörden** sind alle diejenigen Einzelbeamten oder Kollegien zu verstehen, welche die kirchliche Disciplinargewalt über die Kirchendiener auszuüben haben, daher ist z. B. auch der Minister der geistlichen Angelegenheiten, in soweit er für einzelne Landestheile, z. B. Schleswig-Holstein, Kurhessen und Nassau das landesherrliche Kirchenregiment über den Provinzial-Kirchenbehörden ausübt, als kirchliche Behörde anzusehen. Für die katholische Kirche kommen hauptsächlich in Frage die Erzbischöfe und Bischöfe; für die evangelische die Konsistorien in erster Instanz (vgl. dazu Jacobson, das Disciplinarrecht der Konsistorien in Preußen in Dove's Zeitschr. f. K. R. Bd. 2 S. 242 ff. u. Richter-Dove, K. R. § 231 N. 11), ferner als zweite Instanz in den altländischen Provinzen der Ober-Kirchenrath, in Hannover das Landes-Konsistorium.

[7]) **ausgeübt werden.** Die Disciplinargewalt selbst ist also den Behörden, denen sie nach der Verfassung der einzelnen Kirchen zusteht, nicht entzogen. Damit erledigt sich der wiederholt bei den Verhandlungen erhobene Vorwurf (stenogr. Berichte des Abgeordn. Hauses S. 648, 1648, 1650; des Herrenhauses S. 540), daß durch § 1 die katholische Kirche vom Papste losgetrennt werden solle. Die Ausübung der Disciplinargewalt durch deutsche Behörden, welche das Gesetz vorschreibt, ist durch das im kanonischen Recht anerkannte Institut der Delegation der Jurisdiktion, vgl. Richter-Dove K. R. §§ 209, 210; mein Kirchenrecht Bd. I. S. 172, nicht nur ohne jede Schwierigkeit möglich, sondern steht auch im Einklang mit den Forderungen, welche schon vor Jahrhunderten erhoben und kirchlicherseits anerkannt worden sind. Nach dem Vorgange sämmtlicher Konstanzer Konkordate und des Koncils von Basel hat das Trienter Koncil (Sess. XXIV. c. 20 u. Sess. XXV. c. 10 de ref.) bestimmt, daß alle kirchlichen Rechtssachen in erster Instanz vor den Ordinarien und die nach Rom zur Entscheidung gelangenden Sachen nicht dort, sondern an Ort und Stelle durch eigene von Provinzial- oder Diöcesan-Synoden zu bezeichnende sog. judices in partibus, denen der Papst für den einzelnen Fall die Jurisdiktion zu delegiren habe, verhandelt werden sollten (mein K. R. a. a. O. S. 175, 176). Auch die frühere Reichsgesetzgebung hat ähnliche Grundsätze ausgesprochen. Neuerdings ist eine solche Bestimmung nicht nur durch das würtembergische Gesetz betr. d. Regelung des Verh. der Staatsgewalt zur kath. Kirche vom 30. Januar 1862 Art. 10: „Disciplinarstraf- und Ehesachen dürfen auch im Instanzenzuge nicht vor ein außerdeutsches kirchliches Gericht gezogen werden," getroffen worden, sondern der Papst selbst hat gemäß des bei den Konkordatsverhandlungen mit Oesterreich abgegebenen Versprechens i. J. 1858 die erforderlichen Delegationen für Oesterreich vorgenommen (vgl. Schulte, Lehrbuch 2. Aufl. S. 331 u. Moy, Arch. Bd. 10 S. 461, 462). Wenn man weiter erwägt, daß bei den

§. 2.*)

Kirchliche Disciplinarstrafen,[1]) welche gegen die Freiheit[2]) oder das Vermögen[3]) gerichtet sind, dürfen nur nach Anhörung des Beschuldigten[4]) verhängt werden.

Der Entfernung aus dem Amt[5]) (Entlassung,[6]) Versetzung,[7]) Suspension,[8]) unfreiwillige Emeritirung[9]) u. s. w.[10]) muß ein geordnetes prozessualisches Verfahren[11]) vorausgehen.

In allen diesen Fällen[12]) ist die Entscheidung[13]) schriftlich unter Angabe der Gründe zu erlassen.

---

römischen Kurialbehörden in zweifelhaften Fällen angefragt werden kann und der Staat es nicht einmal verhindert, daß die deutsche Disciplinarbehörde die von derselben abgegebene Entscheidung befolgt, so liegt in der Vorschrift des Gesetzes nichts Unerhörtes. Was speciell die preußischen Landestheile betrifft, welche unter den genannten österreichischen Erzbischöfen stehen, so sind diese schon stets durch besondere Kommissariate oder Vikariate derselben verwaltet worden (s. mein Kirchenrecht Bd. 2 S. 227 N. 4 a. E.), es wird also in dieser Beziehung ebenfalls nichts geändert. Der Zweck des § 1 ist nur die im Laufe von Jahrhunderten erprobten Mißstände, die Vertheuerung der Rechtspflege, die Verschleppung der Prozesse und die Auflösung der ordentlichen Jurisdiktionsverhältnisse, welche sich bei der Verhandlung der Rechtssachen in Rom ergeben haben, zu vermeiden, und überdies die Entscheidung in die Hände von Behörden zu legen, welche mit den in Frage kommenden deutschen Verhältnissen vertraut sind, und einer gewissen staatlichen Kontrole, wie sie überall in Deutschland stattfindet (vgl. Richter-Dove § 224 N. 3 und die Zusammenstellung in den Motiven der Regierungsvorlage S. 8), unterstehen. Der Gesichtspunkt, blos solche Behörden entscheiden zu lassen, welche von preußischen Gerichten bestraft werden könnten, ist demnach nicht maßgebend gewesen. Die Staatsregierung hat sich vielmehr ausdrücklich gegen das diesen Gesichtspunkt zum Ausdruck bringende Amendement des Grafen Krassow (s. oben S. 42) erklärt, stenogr. Ber. des Herrenh. S. 545. —

Ueber die juristischen Folgen der Verletzung des Verbots des § 1 vgl. unten Anm. 3 zu § 10.

§ 2. *) Die Fassung des § 2 entspricht der Regierungsvorlage. Die im Herrenhause gestellten Amendements des Grafen v. Krassow, in Al. 2 vor Entfernung einzuschieben: „unfreiwilligen" und ferner das Wort „Suspension" zu streichen, sind verworfen worden (stenogr. Ber. des Herrenh. S. 547, 548).

[1]) **Kirchliche Disciplinarstrafen,** vgl. dazu unten Anm. 2 zu § 10.

[2]) **Freiheit.** Eine Freiheitsentziehung im Wege der Disciplin ist nach Maßgabe der §§ 4 ff. des Gesetzes statthaft. Insoweit ist also für das Gebiet der kirchlichen Disciplinargewalt den Vorschriften des § 1 des Gesetzes I. derogirt (s. oben S. 3).

[3]) **Vermögen,** vgl. § 4 des Gesetzes und oben S. 3 Anm.

[4]) **nach Anhörung des Beschuldigten.** Diese Bestimmung, sowie die Vorschrift in Abs. 2 des § („muß ein geordnetes Verfahren vorausgehen") will den Beschuldigten insofern vor Willkühr schützen, als wenigstens bei erheblicheren Disciplinarstrafen die vorgängige Anhörung desselben und damit die Gewährung der Möglichkeit einer Vertheidigung stattfinden soll. Die Bestimmung richtet sich namentlich gegen die in der katholischen Kirche herrschende Praxis, wonach der Bischof gegen ihm zur Kenntniß gekommene Excesse, und bei der Visitation in causis correctionis et visitationis auf Grund des Tridentinums s. namentlich Sess. XIII. c. 1. XXI. c. 6; XXIV. c. 3. 10 de ref., ohne förmliches Verfahren mit Strafen zur Besserung der Kleriker, sog. Correktionsstrafen, einschreiten kann. Wie weit man seitens der katholischen Kirche in der Beschränkung des Beschuldigten geht, zeigt z. B. die Instruktion für das fürstl. erzbischöfliche Gericht zu Prag von 1869 § 54: „Es bleibt dem Erzbischofe und seinem Konsistorium unbenommen, geringe Vergehen gegen die Kirchengesetze selbst zu untersuchen und zu bestrafen. Ebenso bleibt es dem Erzbischofe freigestellt in einzelnen Fällen zu bestimmen, ob ein Vergehen im Disciplinarwege oder im Wege des ordentlichen Gerichtsverfahrens untersucht und bestraft werden soll"; § 63: „Bei notorischen Verbrechen oder groben Vergehen

oder wenn wenigstens starke Verdachtsgründe zur Annahme eines Verbrechens vorhanden sind, kann das Gericht zur Vermeidung von Aergernissen . . . wenn es die Umstände möglich oder räthlich machen, denselben (den Geistlichen) auch in eine Korrektionsanstalt inhaftiren." (Moy, Archiv Bd. 23 S. 438, 440.) Vgl. übrigens auch Anm. 5. In der evangelischen Kirche werden die geringeren Disciplinarstrafen (Ermahnungen, Verweise und Ordnungsstrafen), ohne daß ein förmliches Verfahren vorhergeht, durch einfaches Dekret festgesetzt.

[5]) **Der Entfernung aus dem Amte.** Der Absatz 2 verlangt bei der Verhängung gewisser Strafen noch größere Garantien als Abs. 1. Er bezeichnet diese Strafen mit dem Ausdruck: Entfernung aus dem Amte, welcher (nach den Motiven S. 12): „alle Fälle umfaßt, in welchen gegen einen Kirchendiener die dauernde oder zeitweise Enthebung von seinen amtlichen Funktionen als Disciplinarstrafe, ohne Unterschied zwischen Censur und eigentlicher Strafe im Sinne des kanonischen Rechts verfügt wird." Da das Gesetz sich nur auf die Disciplinargewalt bezieht, so versteht es sich von selbst, daß es sich hier nicht um Entfernungen aus dem Amte handelt, welche wie die freiwillige Emeritirung, Resignation und Versetzung, mit dem Willen oder auf Wunsch des Amtsinhabers, erfolgen.

A. Nach katholischem Kirchenrecht fallen unter die unfreiwillige Entfernung im Sinne des Gesetzes folgende Disciplinarstrafen:

a. Die Degradation (vgl. Kober, Deposition und Degradation nach den Grundsätzen des kirchlichen Rechts. Tübingen 1867; München, a. a. O. Bd. 2 S. 146 ff.; Richter-Dove K. R. § 217; Schulte, Lehrb. S. 327; Phillips, Lehrb. S. 395 ff.). Sie entzieht dem Geistlichen das Amt und die Pfründe, das Recht, die Funktionen der erlangten Weihe erlaubter Weise auszuüben, die Fähigkeit zu fernerem Erwerbe kirchlicher Aemter und Pfründen, sowie endlich die geistlichen Standesrechte.

b. Die Deposition (vgl. die citirten). Sie hat mit der Ausnahme, daß dem Deponirten die geistlichen Standesrechte verbleiben, dieselben Wirkungen, wie die Degradation.

c. Die privatio beneficii (s. die angeführten) zieht zwar auch den Verlust von Amt und Pfründe nach sich, nicht aber die Fähigkeit zur späteren Erlangung von solchen.

Diese drei Strafarten sind im Gesetze unter dem Ausdruck: „Entlassung" zusammengefaßt.

d. Die Versetzung (translocatio) wider Willen des Amtsinhabers (vgl. Richter-Dove § 205; Schulte S. 287; Phillips S. 166). Eine solche kann nach kanonischem Recht allerdings wegen einer causa necessaria erfolgen, und diese letztere braucht nach der Annahme mancher Kanonisten nicht nothwendiger Weise ein Disciplinarvergehen des betreffenden Geistlichen zu sein. Da indessen das Gesetz die Geistlichen gegen die Willkühr ihrer Oberen schützen will, und es allein bei Vornahme eines geordneten Verfahrens erhellt, ob sich nicht unter einer Versetzung im Interesse des Dienstes eine disciplinarische Maßregel verbirgt, so wird jede Translokation der gedachten Art unter das Gesetz fallen.

e. Die Suspension (Kober, die Suspension der Kirchendiener. Tübingen 1862; Richter-Dove § 216; Phillips S. 393). Die auf bestimmte oder unbestimmte Zeit verhängte Enthebung des Geistlichen von der Verwaltung des Amtes (ab officio), der Ausübung der Weiherechte (ab ordine) und des Genusses der Amtseinkünfte (a beneficio). Sie wird mit allen diesen Wirkungen (sog. suspensio generalis oder plena) oder auch mit der einen oder andern (nur umfaßt die suspensio ab officio stets zugleich die suspensio ab ordine) als sog. partialis ausgesprochen, ja es kann auch eine Suspension nur von einzelnen, z. B. einem bestimmten Weiherechte vorkommen (s. namentlich Kober a. a. O. S. 112 ff.). Die Suspension wird übrigens theils als Strafe, poena vindicativa, theils als Censur (s. darüber oben S. 6 u. 7), im letzteren Falle bis zur erfolgten Besserung verhängt. Endlich dient sie auch als provisorische, für die Dauer einer Untersuchung verhängte Verwaltungsmaßregel.

Von dieser vorläufigen Suspension, welche das Gesetz im § 11 ausdrücklich berücksichtigt, handelt dieser § nicht (vgl. auch die Erklärung des Kultusministers, stenogr. Ber. des Abgeordnetenhauses S. 1653 und des Herrenhauses S. 547). Dagegen trifft er sowohl die Suspension in ihrer Anwendung als Censur, wie auch als Strafe im eigentlichen Sinne. Censur und

Disciplinarstrafe bilden nicht unvereinbare Gegensätze, vielmehr kann die Disciplinarstrafe Censur oder poena vindicativa sein (s. S. 6 u. 7). Auch ist gegen die hiermit übereinstimmende Auffassung der Regierung (s. die zu Anfang dieser Anm. mitgetheilte Stelle der Motive und die eben angeführte Erklärung des Kultusministers) kein Widerspruch erhoben worden.

Während es nicht zweifelhaft sein kann, daß die Suspension von einzelnen Rechten von dem Gesetze nicht unter der Entfernung aus dem Amte begriffen wird, fragt es sich, ob dies auch in Betreff der suspensio partialis in dem oben angegebenen Sinne angenommen werden kann. M. E. ist dies zu verneinen. Die suspensio ab officio entzieht die sowohl aus der Weihe, wie aus der sog. Jurisdiktion herfließenden Rechte, ist also im weiteren Sinne eine Entfernung vom Amte, um so mehr, als der Suspendirte auch aus seinen Amtseinkünften die Kosten seiner Stellvertretung für die Dauer seiner Suspension zu tragen hat (Kober a. a. O. S. 92, 93). Dasselbe gilt auch von der Entziehung der Einkünfte und der suspensio ab ordine, weil in diesen Fällen immer eine wichtige Kategorie der Amtsrechte betroffen wird, und überdies bei denjenigen Aemtern, mit welchen, wie z. B. mit den Pfarr-Aemtern, keine sog. jurisdictio externa, keine äußere Leitungsgewalt, verbunden ist, die suspensio ab ordine faktisch einer totalen Entziehung der Amtsrechte, mit Ausnahme des Rechtes auf die Einkünfte, gleich kommt. Für diese Auslegung des Gesetzes spricht weiter der Umstand, daß dasselbe die Verhängung erheblicherer Disciplinarstrafen, zu denen die partielle Suspension zu rechnen ist, von der besonderen Garantie eines vorgängigen processualischen Verfahrens hat abhängig machen wollen, und daß es die Suspension schlechthin, nicht blos die totale Suspension, unter der Entfernung vom Amte aufzählt. Endlich kommt in Betracht, daß das Gesetz namentlich die sog. suspensio ex informata conscientia hat beseitigen wollen (s. Regierungs-Motive a. a. O. S. 12, Kommissionsber. S. 7). Diese kann der Bischof in Gemäßheit des Tridentinums Sess. XIV. c. 1 de ref. bei geheimen nicht gerichtlich zu erweisenden Vergehen und in Fällen, in welchen ein förmliches Prozeßverfahren zur Vermeidung anderweitiger Mißstände unterlassen worden, nach einer andern, in der Praxis vielfach zur Anwendung gebrachten Ansicht, aber auch in jedem beliebigen Falle ohne jede Procedur und ohne Anhörung des Betroffenen verhängen (vgl. darüber Kober a. a. O. S. 70 ff.; Braun, de suspensione ex informata conscientia Wirceburg. 1868 p. 12 ff. und die dort citirten), aber nur als suspensio ab ordine oder ab officio, nicht als suspensio a beneficio (Kober a. a. O. S. 69). Wollte man also unter dem Worte: „Suspension" des Abs. 2 des § 2 nur die totale Suspension verstehen, so würde damit der Absicht des Gesetzes ein Verfahren, das in reine Willkühr ausartet, zu beseitigen, direkt entgegengetreten.

Bezieht sich die Vorschrift des Abs. 2 auf die Entziehung solcher Stellungen, welche zwar auch als kirchliche Aemter zu betrachten sind, aber widerruflich übertragen werden (s. S. 42)? Ist also z. B. die Enthebung eines General-Vikars, eines Missionspfarrers, eines Landdekanes von seinen Funktionen eine Entfernung aus dem Amte im Sinne des § 2? Daß eine solche als Disciplinarmaßregel erfolgen kann, ist unbestreitbar, und in diesem Falle fällt sie zweifellos unter das Gesetz. Wenn man dagegen einwenden wollte, daß solchen Stellungen die freie Amovibilität inne wohnt, und die Entziehung des Amtes auch ohne allen Grund gestattet ist, so trifft dies deshalb nicht zu, weil die Befugniß zu beliebigem Widerruf nur eine reine formale ist. Materiell ist der letztere nicht unumschränkt statthaft. Die Entlassung des General-Vikars ist nach der Praxis der zuständigen Kurial-Behörde, der Congregatio episcoporum et regularium, im Interesse der Wahrung des Ansehens der Kirche und des Rufes des betreffenden Beamten von dem Vorliegen eines triftigen Grundes abhängig (mein Kirchenrecht Bd. 2 S. 221) und dies muß also auch analogisch auf die sonstigen bischöflichen Kommissare angewendet werden. Dasselbe schreiben neuere Provinzial-Synoden in Betreff der Landdekane vor. (a. a. O. S. 287 N. 11). Hinsichtlich der Entfernung der amoviblen Pfarrer und Verwalter von Seelsorge-Aemtern bestehen zwar unter den Kanonisten vielfache Kontroversen (vgl. Analecta juris pontificii. Rome. Jahrg. 1855 p. 1656 ff. und Bouix, tractatus de parocho. Paris 1855 p. 401 ff.), jedoch wird von allen eine remotio ex odio oder ex malitia für unstatthaft erklärt, von vielen auch eine solche, welche dem removirten oder einem Andern einen erheblichen Schaden zufügt. Eine dieser Stellumgen inhärente Qualität ist es also nicht, daß ihre Inhaber der bloßen Willkühr der kirchlichen Behörden preisgegeben sind. Und wenn die diesen vorgesetzten Kirchen-Oberen das Recht in Anspruch nehmen, den Removirten gegen reine Vergewaltigungen zu schützen, so wird der Staat denselben gleichfalls, ebenso wie den festangestellten Kirchendiener, vor rein willkührlicher Behandlung zu sichern befugt sein.

B. Nach evangelischem Kirchenrecht gehören zu der Entfernung aus dem Amte:

a. Die Amtsentsetzung oder Dienstentlassung (§ 532 Tit. 11 Th. II. A. L. R.), welche den Verlust des Amtes, aller aus demselben herfließenden Rechte, sowie der dem Geistlichen zustehenden Privilegien bedingt.

b. Die Versetzung wider Willen (§ 531 a. a. O.), an deren Stelle jedoch nach der Kab.-Ordre vom 27. April 1830 (Ges.-Samml. S. 81; Vogt, K. R. Bd. 1 S. 408)

c. auch die „unfreiwillige Emeritirung oder Pensionirung mit einem nach dem Grade der Verschuldung abzumessenden geringeren Emeritengehalte oder Pensionsbetrage" treten kann.

d. Nicht in den alten Provinzen, wohl aber in den neuen, z. B. in Kurhessen die suspensio ab officio et salario auf Zeit, während dieselbe in den erstgedachten Landestheilen nur als Administrativ-Maßregel für die Dauer der Untersuchung vorkommt (vgl. dazu Richter-Dove K. R. § 230; Jacobson, evangel. K. R. S. 425; Meier, preuß. K. R. S. 244; Aktenstücke des evangelischen Ober-Kirchenraths Bd. 1 Heft 5 S. 20; Spangenberg a. a. O. Heft 3 S. 27; Schlegel a. a. O. Bd. 1 S. 374 ff.; Büff a. a. O. S. 330 ff.; Otto a. a. O. S. 150; in Schleswig-Holstein, vgl. Johannsen a. a. O. Bd. 1 S. 311 ff., hält sich die Praxis an die Strafmittel des altländischen Rechtes).

6) S. vorige Anm. A. a. — c. u. B. a.

7) S. Anm. 5 A. d. u. B. b.

8) S. a. a. O. A. e. u. B. d.

9) S. a. a. O. B. c.

10) **Emeritirung u. s. w.** Unter dem „u. s. w." sind solche Disziplinarstrafen zu verstehen, welche hinsichtlich ihrer Wirkung auf die Amtsrechte den im § 2 aufgezählten gleichstehen. Da aber sämmtliche gegen Geistliche ausschließlich anwendbare Strafmittel erwähnt sind, so kann das Gesetz unter seiner clausula generalis nur solche verstehen, welche auch gegen Laien vorkommen, welche aber, wenn sie gegen Geistliche verhängt werden, wie die Exkommunikation und die interdictio ingressus ecclesiae in der katholischen Kirche (s. S. 7 u. 8) ähnliche juristische Folgen, wie die Suspension äußern. Es ergiebt sich hieraus übrigens eine weitere Bestätigung dafür, daß das vorliegende Gesetz dem unter I. erörterten nur ergänzend und modifizirend zur Seite tritt, und nicht blos auf die in ihm selbst besonders erwähnten Straf- und Zuchtmittel gegen Kirchendiener beschränkt werden kann.

11) **geordnetes prozessualisches Verfahren.** Die Vorschrift soll eine Schranke gegen die willkührliche Bestrafung der Geistlichen bilden, wie sie nach den oben S. 48 u. 50 besprochenen Vorschriften des katholischen Kirchenrechts statthaft ist, und auch in der Praxis vorkommt — (vgl. Kommiss.-Ber. S. 7): „In Posen beispielsweise sei ein Geistlicher wegen eines patriotischen Aktes durch einfache Verfügung des früheren Erzbischofs außer Amt und Brod gesetzt worden. Der Fall sei damals durch den Patron angezeigt, vom Landrath festgestellt und durch Berichte der Regierung und des Ober-Präsidenten an das Ministerium gelangt. Alle Staatsbehörden hätten die Ueberzeugung gewonnen, daß ohne jeden kirchlichen Grund, nur wegen eines patriotischen Aktes, die Absetzung erfolgt sei. Die erzbischöfliche Verfügung aber habe gar keinen Grund angegeben." Namentlich ist suspensio ex informata conscientia durch den Abs. 2 für unzulässig erklärt.

Die Worte selbst, welche mit Unrecht beanstandet worden sind, (Kommiss.-Ber. S. 7 und stenogr. Ber. des Abgeord. H. S. 1653), bedeuten ein Verfahren, bei welchem die Grundbedingungen jeder strafgerichtlichen Procedur, also die substantialia oder essentialia processus beobachtet worden sind, demnach ist nöthig: die Formulirung bestimmter Anschuldigungen, die Anhörung des

§. 3.*)

Die körperliche Züchtigung [1]) ist als kirchliche Disciplinarstrafe oder Zuchtmittel [2]) unzulässig.

Angeschuldigten darüber, die Erhebung des Be- und Entlastungs-Beweises, die Gewährung einer Vertheidigung nach geführtem Beweise unter Mittheilung der Resultate desselben und die schriftliche Feststellung der geführten Verhandlungen. Ein bestimmtes Verfahren ist, wenngleich die Regierungsmotive S. 12 u. der Kommiss. Ber. S. 7 wiederholt auf den Accusationsproceß (vgl. über diesen Permaneder, Kirchenrecht S. 604, Molitor, üb. kanonisches Gerichtsverfahren gegen Kleriker, Mainz 1856 S. 32, 137 ff.) hinweisen, nicht vorgeschrieben, es wird also auch das zur Regel gewordene Inquisitionsverfahren genügen, da dasselbe in seiner reinen, nicht durch die besonderen Grundsätze für die Ketzer-Inquisition depravirten Gestalt keineswegs der Garantieen eines geordneten processualischen Verfahrens entbehrt. Vgl. c. 24. (conc. Lateran. IV. a. 1215) X. de accusat. V. 1.: „Debet igitur esse praesens is, contra quem facienda est inquisitio, nisi se per contumaciam absentaverit et exponenda sunt ei illa capitula, de quibus fuerit inquirendum et facultatem habeat defendendi se ipsum. Et non solum dicta, sed etiam nomina ipsa testium sunt ei, ut quid et a quo dictum sit, appareat, publicanda nec non exceptiones et replicationes legitimae admittendae ne per supressionem nominum infamandi, per exceptionum vero exclusionem deponendi falsum audacia praebeatur," eine Stelle, welche ebenso wie die oben erwähnte Prager Instruktion §§ 61 ff. (Moy, Arch. 23, 440) und der Aufsatz von Molitor, über das strafgerichtliche Procedere bei den bischöflichen Officialaten nebst dem beigefügten Entwurf eines ordo judiciarius (Moy, Arch. 5 S. 344, 363) zeigt, daß der Begriff eines geordneten processualischen Verfahrens, weder dem katholischen Kirchenrecht fremd, noch damit an die Bischöfe, wenn sie sich überhaupt der Willkühr entschlagen wollen, eine unrealisirbare Forderung gestellt ist.

In der evangelischen Kirche beruht das Disciplinarverfahren ebenfalls auf dem Inquisitionsprincip, vgl. die Zusammenstellung in den Aktenstücken des Ob.-Kirch.-R. Bd. 1 Hft. 5 S. 20 u. bei Meier K. R. S. 244.

[12]) **In allen diesen Fällen.** Diese Worte beziehen sich, wie das „allen" und die Stellung in einem besonderen Absatze ergiebt, sowohl auf die Verhängung der im Abs. 1, wie auch im Abs. 2 erwähnten Strafen.

[13]) **Entscheidung.** Durch dieses Wort wird hier, wie in den §§ 7, 9, 10—14, 21, 23 angedeutet, „daß es nicht darauf ankomme, ob die Disciplinarstrafe in Form eines Erkenntnisses oder einer einfachen Verfügung ergeht, und diese als Erlaß oder Resolution oder Beschluß oder sonst wie bezeichnet wird" (Motive d. Reg.-Vorl. S. 12).

§ 3. *) Die Fassung des Gesetzes weicht von der Regierungsvorlage nur dadurch ab, daß die Worte: „oder Zuchtmittel" hinzugefügt sind. Die Kommission des Abg.-Hauses, welche diesen Zusatz gemacht hat, motivirt denselben folgendermaßen (S. 10): „Da von allen Seiten die Ausschließung der körperlichen Züchtigung unter jedem Namen gebilligt worden, so wurde der Vorschlag gemacht, daß man zur Vermeidung feinerer Unterscheidungen zwischen Disciplinarstrafe und Zuchtmittel der Hausordnung der Demeriten-Anstalten die (se) Fassung wählen möge."

[1]) **Züchtigung.** Vgl. oben S. 17 u. 41. Die Bestimmungen des kanonischen Rechtes, welche die Strafe der körperlichen Züchtigung und zwar bei Klerikern geringeren Grades auf Grund von 5. Mos. XXV. 3. u. 2. Korinth. XI. 24 die Zahl von 39 Hieben, vorschreiben, sind c. 6, C. XI. qu. 1; c. 1, C. XXIII. qu. 5; c. 8, Dict. XLV.

[2]) **Zuchtmittel.** Bei den Verhandlungen im Abgeordnetenhause bemerkte der Abgeordnete v. Mallinckrodt (stenogr. Ber. S. 1654), daß die körperliche Züchtigung als Strafe nicht mehr vorkomme, und daß in den von der Regierung konstatirten Fällen, wo eine solche Züchtigung vorgekommen sei (vgl. Kommissionsber. S. 41 ff. — den einen der amtlichen Berichte S. 44 a. a. O. habe ich hinter dem Kommentar zu diesem Gesetze abdrucken lassen —), es sich nur um Zuchtmittel zur Aufrechterhaltung der Ordnung gehandelt habe. „Geholfen," fuhr er fort, „ist damit auch noch nicht, denn als Zuchtmittel existirt eine körperliche Züchtigung in keiner kirchlichen Anstalt in zu-

§. 4.*)

Geldstrafen dürfen den Betrag von 30 Thalern oder, wenn das einmonatliche Amtseinkommen [1]) höher ist, den Betrag des letzteren nicht übersteigen.

§. 5.*)

Die Strafe der Freiheitsentziehung (§. 2) darf nur in der Verweisung in eine Demeriten-Anstalt [1]) bestehen.

Die Verweisung darf die Dauer von drei Monaten [2]) nicht übersteigen und die Vollstreckung derselben wider den Willen des Betroffenen weder begonnen noch fortgesetzt werden. [3]) Die Verweisung in eine außerdeutsche [4]) Demeriten-Anstalt ist unzulässig.

---

lässiger Weise, sie ist nirgend erlaubt, es ist keine Hausordnung, worin ein solches Zuchtmittel sanktionirt wäre." Wenn das richtig ist, dann ist das Verbot der Züchtigung seitens des Staates, das der § ausspricht, sicher nicht ungerechtfertigt. Und ebenso war die Antwort des Reg.-Kommissars Dr. Hübler (a. a. O. S. 1657) vollkommen zutreffend: „wer giebt denn diese Hausordnung? . . . Der Inspektor einer Detentions- oder Demeriten-Anstalt wird überall von dem Bischof instruirt. Von dem Bischof erhält er die Zuchtgewalt über die Detinirten und die Weisungen, wie gegen sie zu verfahren. Gerade in dem Falle . . . aus dem Jahre 1845" (vgl. Kommissions-Ber. S. 42) heißt es in dem Berichte des bischöflichen Kommissarius, der eine Revision der Demeriten-Anstalt in Rehwalde vornahm, dem Hausvater sei seitens des bischöflichen Vikariatsamtes eine Instruktion dahin zugegangen: „„Wir geben Ihnen auf, die Frevelnden zuerst durch väterliche Ermahnung, wenn aber solche erfolglos sein sollte, durch Einsperrung bei Wasser und Brod oder durch strengere körperliche Strafen, ohne erst deshalb anzufragen, gemäß der Ihnen in den Statuten beigelegten Vollmacht zur Ordnung und zum pünktlichen Gehorsam anzuhalten."" Nun, m. H., Hausordnungen, welche zu derartigen Körperstrafen berechtigen, sind nur Ausflüsse des Disciplinarrechtes des Bischofs, die Befugnisse des Hausvaters sind nur aus der Disciplinargewalt des Bischofs delegirte Absplisse."

§ 4. *) Der Kommissionsbericht bemerkt hierzu (S. 10): „Das angenommene Maaß der Geldbuße entspricht den Bestimmungen des Landrechts und der neueren deutschen Gesetze. Die Geldstrafe als Mittel der kirchlichen Beamtendisciplin wird von der Mehrheit für angemessen erachtet und der Paragraph (der Regierungsvorlage) unverändert mit allen gegen 3 Stimmen angenommen." Das A. L. R. Th. II. Tit. 11 § 125 gewährt dem Bischof das Recht, 20 Thlr. nicht übersteigende Geldbußen zu verhängen; nach dem würtemberg. Gesetz v. 30. Januar 1862 (s. S. 47) Art. 6 sind solche bis zu 40 fl. gestattet.

[1]) **Betrag des letzteren.** Dieser ist zu bemessen nicht allein nach den festen Amtseinkünften (dem Gehalte), sondern auch mit Hinzurechnung etwaiger sonstiger Kraft des Amtes zu beziehender Einnahmen, also an Meßstipendien, Stolgebühren u. s. w., welche schon gewöhnlich nach einem bestimmten Durchschnittsertrage berechnet, eventuell in dieser Weise zu veranschlagen sind.

§ 5.*) Die jetzige Fassung rührt von der Kommission her, welche in die Regierungsvorlage Abs. 1 die Verweisung auf § 2 eingeschaltet und die ursprünglichen Worte derselben: „nicht wider den Willen des Betroffenen vollstreckt werden" in der aus dem Text ersichtlichen Weise abgeändert hat. Im Abgeordnetenhause ist das Amendement des Grf. v. Schweinitz den Abs. 2 dahin zu fassen: „Die Vollstreckung derselben darf wider den Willen des Betroffenen weder begonnen noch fortgesetzt werden. Die Verweisung in eine außerdeutsche Demeriten-Anstalt ist unzulässig" (sten. Ber. S. 1661), und im Herrenhause sind die Anträge des Grf. v. Krassow: 1) statt: „die" zu setzen: „diese" und 2) die Worte: „und die Vollstreckung derselben wider den Willen des Betroffenen weder begonnen noch fortgesetzt werden" zu streichen (sten. Ber. des Herrenh. S. 549) verworfen worden.

[1]) **Verweisung in eine Demeriten-Anstalt.** Die nur der katholischen Kirche eigenthümlichen Demeriten-Anstalten, Demeriten-, Korrektions- oder Pönitenz- (auch Priester-) Häuser sind solche

Anstalten, in welche die katholischen Geistlichen zum Zweck von Bußübungen (recollectiones) und zum Zweck ihrer Besserung wegen begangener Vergehen, wie auch wegen Obdachs- und Mittellosigkeit, verwiesen werden. Wegen des unauslöschlichen Charakters, welchen nach der katholischen Lehre die Priesterweihe verleiht, kann die katholische Kirche diese Anstalten nicht gut entbehren. Daher hat auch der Staat in der Bulle: De salute animarum v. 16. Juli 1821 die Verpflichtung übernommen, derartige Häuser zu errichten, bez. genügend zu dotiren. Solche Anstalten befinden sich z. B. zu Marienthal (Erzdiöcese Köln), zu St. Thomas a. d. Kyll (Diöcese Trier), zu Rietberg (Paderborn), zu Dorsten (Diöcese Münster), auf dem Kapellenberg bei Neustadt a/S. (Diöcese Breslau), zu Storchnest (Erzdiöcese Gnesen-Posen), zu Rehwalde (Culm) und zu Springborn (Diöcese Ermland).

[2]) **die Dauer von drei Monaten.** Die Frist bildet die Schranke für die Ausübung der kirchlichen Disciplinargewalt. Demnach ist eine Entscheidung, welche von vornherein die Verweisung auf längere Zeit festsetzt, eine im Sinne des § 10 Nr. 3 unzulässige Strafe. Daß ein in die Demeritenanstalt verwiesener Geistlicher dort freiwillig länger verweilt, ist ebenfalls ausgeschlossen. Das Gesetz gestattet im öffentlichen Interesse eine Beschränkung der Freiheit nur auf bestimmte Zeit. Mithin müssen alle Demeriten, welche sich schon seit länger als 3 Monaten in den Demeritenhäusern befinden, entlassen werden, und es kann auch für die Folgezeit der Einzelne diese Vorschrift nicht durch freiwillige längere Unterwerfung unter die Ordnung der Demeritenanstalt beseitigen. So lange er sich in derselben befindet, ist er Demerit und dies soll er niemals länger als 3 Monate sein. Die gegentheilige Annahme würde übrigens auch das Gesetz so gut wie illusorisch machen, ferner zu dem Resultat führen, daß die vom Staat zur Unterhaltung dieser Anstalten gewährten Mittel für Personen verwendet werden, welche gar kein Recht besitzen, aus letzteren ernährt zu werden. Diejenigen, deren Verweisung in die Anstalt nicht aus Gründen der Disciplin, sondern als eine Art Versorgungsmaßregel erfolgt ist, sind dagegen als Emeriten, sofern die Anstalt gleichzeitig für solche bestimmt ist und benutzt wird, anzusehen. Ihrem freiwilligen Verbleiben steht also nichts entgegen. Wenn aber, wie dies praktisch vorgekommen, einen dienstuntauglichen Geistlichen nach erfolgter Amovirung der Unterhalt durch Verweisung in eine Demeritenanstalt vom Bischofe gewährt ist, so muß der erstere, so lange er sich in die Anstalt befindet und der Hausordnung unterworfen wird, immer als Demerit betrachtet werden. Es finden also alle Bestimmungen des Gesetzes auf ihn Anwendung. Denn zur bloßen Gewährung des Unterhaltes an dienstuntaugliche Geistliche sind die Anstalten nicht bestimmt, und daher sind die Bischöfe nicht berechtigt, die Versorgung solcher durch lebenslängliche Verweisung in diese Anstalten zu beschaffen.

[3]) **wider den Willen des Betroffenen weder begonnen noch fortgesetzt werden.** Da die Verweisung in eine Demeritenanstalt nicht den Charakter der Freiheitsstrafe haben soll, vielmehr nur die Bedeutung „einer dienstlichen Anweisung des Aufenthaltsortes" (Reg.-Motive S. 13) zu den schon gedachten Zwecken (s. Anm. 1 zu dies. §), so erscheint es auch nicht principwidrig, das Verlassen der Anstalt in den Willen des Detenirten zu stellen.

[4]) **außerdeutsche Demeriten-Anstalt.** Das Verbot ist im Interesse des Schutzes der persönlichen Freiheit gegeben. Wenngleich in den übrigen deutschen Staaten, in welchen nur vereinzelt besondere Demeritenanstalten vorkommen, keine den Vorschriften des kommentirten Gesetzes ähnliche Bestimmungen vorhanden sind, so giebt doch die Gesetzgebung der gedachten Länder überall in der fraglichen Hinsicht bestimmte Garantien. Für Baiern vgl. Edict, die äußeren Religions-Verhältnisse betr. v. 26. Mai 1818 § 76: „Unter Gegenständen gemischter Natur werden diejenigen verstanden, welche zwar geistlich sind, aber die Religion nicht wesentlich betreffen und zugleich irgend eine Beziehung auf den Staat und das weltliche Wohl der Einwohner desselben haben. Dahin gehören . . . d. organische Bestimmungen über geistliche . . . Strafanstalten;" § 77: „Bei diesen Gegenständen dürfen von der Kirchengewalt ohne Mitwirkung der weltlichen Obrigkeit keine einseitigen Anordnungen geschehen." § 78: „Der Staatsgewalt steht die Befugniß zu, nicht nur von allen Anordnungen über diese Gegenstände Einsicht zu nehmen, sondern auch durch eigene Verordnungen dabei alles dasjenige zu hindern, was dem öffentlichen Wohl nachtheilig sein könnte;" Erlaß v. 8 April 1852 Nr. 6: „Jedem Kirchenmitglied steht gemäß § 52 des Religions-Edikts die

§. 6.*)

Die Demeriten-Anstalten [1]) sind der staatlichen Aufsicht [2]) unterworfen. Ihre Hausordnung [3]) ist dem Ober-Präsidenten der Provinz [4]) zur Genehmigung einzureichen. [5])

Er ist befugt, Visitationen der Demeriten-Anstalten anzuordnen und von ihren Einrichtungen Kenntniß zu nehmen. [6])

Von der Aufnahme eines Demeriten hat der Vorsteher [6a]) der Anstalt unter Angabe der Behörde, welche sie verfügt, binnen 24 Stunden [7]) dem Ober-Präsidenten Anzeige zu machen. Ueber sämmtliche Demeriten ist von dem Vorsteher ein Verzeichniß zu führen, welches den Namen derselben, die gegen sie erkannten Strafen [8]) und die Zeit der Aufnahme und Entlassung enthält. Am Schluß jedes Jahres [9]) ist das Verzeichniß dem Ober-Präsidenten einzureichen.

Befugniß zu, wegen Handlungen der geistlichen Gewalt gegen die festgesetzte Ordnung jederzeit den landesfürstlichen Schutz anzurufen. Als Handlungen gegen die vorgesetzte Ordnung sind aber vornämlich zu betrachten: . . . c) wenn dieselbe (die Kirchenbehörde) behufs des Vollzugs ihrer Erkenntnisse sich äußerer Zwangsmittel bedient;" für Würtemberg, citirtes Ges. v. 30. Januar 1862 (s. S. 47) Art. 7: „Verfügungen und Erkenntnisse der Kirchengewalt können gegen die Person und das Vermögen eines Angehörigen der katholischen Kirche wider dessen Willen nur von der Staatsgewalt vollzogen werden;" für Baden Ges., d. rechtl. Stellung der Kirchen ꝛc. betr., vom 9. Oktober 1860 § 16: „Verfügungen und Erkenntnisse der Kirchengewalt können gegen die Freiheit oder das Vermögen einer Person wider deren Willen nur von der Staatsgewalt und nur unter der Voraussehung vollzogen werden, daß sie von der zuständigen Staatsbehörde für vollzugreif erklärt worden sind." Ueberdies genießt in allen deutschen Staaten der widerrechtlich, also auch den eben mitgetheilten Vorschriften zuwider, der Freiheit Beraubte den kriminalrechtlichen Schutz des § 239 des Reichs-Str.-G.-B.

§ 6. *) Unverändert aus der Regierungs-Vorlage in das Gesetz übergegangen.

[1]) **Demeriten-Anstalten**, d. h. jede Anstalt, welche zu dem oben (S. 53) gedachten Zwecke dient, selbst wenn sie eigentlich eine andere Bestimmung hat. Demgemäß unterstehen auch die Knaben-Seminare und die sogen. Emeriten-Häuser, in denen altersschwache und dienstunfähige Geistliche für den Rest ihrer Lebensdauer Aufnahme und Versorgung finden, soweit sie zugleich als Demeritenhäuser verwendet werden, ferner Klöster, welche die Bischöfe in Ermangelung besonderer derartiger Anstalten zu demselben Zwecke benutzen, — wie dies z. B. mit dem Franciskaner-Kloster Rietberg in der Diöcese Paderborn geschieht — den Vorschriften der §§ 5 u. 6 (vgl. auch die Motive zur Reg.-Vorl. S. 13 u. die Erklärungen der Regierung, sten. Ber. des Herrenh. S. 549). Die staatliche Kontrole geht in solchen Fällen soweit, als erforderlich ist, um Sicherheit darüber gewinnen zu können, ob und wie viel Detinirte in der Anstalt sich befinden und ob die gesetzlichen Vorschriften beobachtet werden. Sie kann nicht etwa auf bestimmte, von den kirchlichen Behörden bezeichnete Räume eingeengt oder gar, wenn das Kloster oder die Emeriten-Anstalt eine Zeit lang als Demeritenhaus benutzt worden, durch das Vorgeben ganz zurückgewiesen werden, daß sich augenblicklich kein Detinirter in der Anstalt befinde. Daß dadurch auch die Kenntnißnahme von anderen, als den ausschließlich hier in Rede stehenden Zwecken dienenden Einrichtungen, also z. B. von den Einrichtungen der Klöster überhaupt bedingt ist, läßt sich nicht vermeiden. Werden Demeriten einem andern Geistlichen überwiesen, um die Demeritenzeit hindurch bei diesem zu verbleiben und unter dessen Leitung ihre Bußübungen abzuhalten, so kann dadurch auch, wenn sich eine solche Zuweisung nicht auf einen einzigen beschränkt, eine Demeritenanstalt entstehen. Das Gesetz findet daher auch auf solche Fälle Anwendung.

[2]) **staatlichen Aufsicht.** Diese Aufsicht haben die Ober-Präsidenten zu üben, da ihnen nach der Dienst-Instruktion für die Provinzial-Konsistorien v. 23. Oktober 1817 § 4 (G. S. S. 237)

§. 7.*)

Von jeder kirchlichen Disciplinar-Entscheidung,[1]) welche auf eine Geldstrafe von mehr als 20 Thalern, auf Verweisung in eine Demeriten-Anstalt für mehr als 14 Tage oder auf Entfernung aus dem Amte[2]) (§. 2) lautet, ist dem Ober-Präsidenten gleichzeitig mit der Zustellung[3]) an den Betroffenen, Mittheilung zu machen.

Die Mittheilung muß die Entscheidungsgründe enthalten.

---

und der Dienst-Instruktion für die Ober-Präsidenten v. 31. December 1825 § 2 (G. S. v. 1872 S. 1) die Wahrnehmung des jus circa sacra catholicorum zusteht; über denselben selbstverständlich der Minister der geistlichen Angelegenheiten, Verordnung über die veränderte Verfassung aller obersten Staatsbehörden rc. v. 27. Oktober 1810 (G. S. S. 3) u. Kab.-Order v. 3. Novbr. 1817 (G. S. S. 290). An letzteren kann über alle vom Ober-Präsidenten getroffenen Verfügungen Beschwerde erhoben werden.

[3]) **Hausordnung.** Damit ist zugleich die Pflicht für die geistlichen Behörden statuirt, eine solche zu entwerfen und dafür zu sorgen, daß keine andere als die vom Ober-Präsidenten genehmigte gehandhabt wird. Nachträge und Zusätze zu einer genehmigten Hausordnung müssen ebenfalls genehmigt sein, ehe sie zur Anwendung gebracht werden dürfen. Die bei Erlaß des Gesetzes vorhandenen Hausordnungen sind, selbst dann, wenn sie regierungsseitig früher genehmigt waren, nochmals zu diesem Zwecke einzureichen. Denn das Gesetz bezieht sich auch auf die bestehenden Demeriten-Anstalten, und bei der in älterer Zeit ertheilten Genehmigung sind die jetzt dafür in Frage kommenden Gesichtspunkte nicht maßgebend gewesen.

[4]) **Ober-Präsidenten der Provinz,** s. Anm. 2 zu dies. §.

[5]) **zur Genehmigung einzureichen.** Die Genehmigung wird dann zu verweigern sein, wenn die Hausordnung Bestimmungen enthält, welche mit den Vorschriften des Gesetzes in Widerspruch stehen oder den Zweck des Gesetzes, die Wahrung der persönlichen Freiheit der Detinirten, beeinträchtigen, also z. B. wenn die Hausordnung die körperliche Züchtigung, Einsperrung in eine besondere Zelle, ungewöhnliche Fasten, ferner die Kontrole und Eröffnung der brieflichen Korrespondenz des Detinirten mit der Außenwelt, namentlich mit den staatlichen Behörden, durch den Vorsteher, oder die gänzliche Absperrung von Besuchen dritter Personen anordnet. Da die Anstalten unter fortlaufender Kontrole stehen, so kann die ertheilte Genehmigung jeder Zeit widerrufen werden.

[6]) **Kenntniß zu nehmen.** Die Visitationen können beliebig als ordentliche und außerordentliche und zwar auch durch Delegirte des Ober-Präsidenten, welche sich durch ihr Kommissorium zu legitimiren haben, abgehalten werden. Vor Allem werden sie sich auf den Personalbestand der Anstalt, die Beschaffenheit der Lokalitäten, sowie die Behandlung und Verpflegung der Demeriten, welche der Visitator ebenfalls zu vernehmen befugt ist, zu richten haben. Eine vorherige Anzeige an den Vorsteher oder den Bischof ist nicht nöthig. Daß der Eintritt nöthigenfalls erzwungen werden kann, ebenso daß der Ober-Präsident berechtigt ist, die Abstellung der wahrgenommenen Mißbräuche und Ungehörigkeiten zu verlangen und nöthigenfalls selbst, die Freilassung eines wider Willen festgehaltenen Detinirten zu erzwingen, versteht sich von selbst.

[6a]) **Vorsteher,** d. h. jeder, der die Anstalt thatsächlich leitet und die Aufsicht über die Demeriten führt, gleichviel ob er festangestellt ist oder noch sonstige Aemter, wie der Abt, Guardian rc. eines als Demeriten-Anstalt benutzten Klosters, versieht.

[7]) **24 Stunden.** Nach dem Wortlaut ist eine computatio a momento ad momentum anzunehmen. Die rechtzeitige Absendung einer schriftlichen Anzeige auf dem üblichen Korrespondenzwege genügt.

[8]) **Strafen.** Darunter ist offenbar die Dauer der gegen den Einzelnen festgesetzten Verweisung in die Anstalt zu verstehen. Denn nur darauf kommt es für die Uebung der Kontrole an. Auch setzt der § 7 das Erforderliche wegen anderweitiger solcher Anzeigen fest.

§. 8.*)

Der Ober-Präsident [1]) ist befugt, die Befolgung der in den §§. 5—7 enthaltenen Vorschriften [2]) und der auf Grund derselben [3]) von ihm erlassenen Verfügungen [4]) durch Geldstrafen [5]) bis zum Betrage von 1000 Thalern zu erzwingen. [6])

Die Androhung und Festsetzung der Strafe kann wiederholt werden, [7]) bis dem Gesetze genügt ist.

Außerdem kann die Demeriten-Anstalt geschlossen werden. [8])

---

[9]) **jedes Jahres,** d. h. Kalenderjahres.

§ 7. *) Unverändert aus der Regierungsvorlage, nur hat die Kommission das Citat des § 2 eingefügt.

[1]) **jeder kirchlichen Disziplinar-Entscheidung;** vgl. Reg.-Motive S. 13: „Das Interesse des Staates, von den gegen die Kirchendiener verhängten schwereren Disziplinarstrafen Kenntniß zu erhalten, ergiebt sich aus den Pflichten seines Aufsichtsrechts. In Betreff der Pfarrgeistlichen wird es außerdem durch die Stellung begründet, welche Jene als öffentliche Beamte, resp. als Träger von staatlichen Funktionen einnehmen;" s. auch Kommiss.-Ber. S. 12. Ueber das Wort: Entscheidung, vgl. S. 52 Anm. 13.

[2]) **Entfernung aus dem Amte,** s. S. 49 Anm. 5.

[3]) **gleichzeitig mit der Zustellung** oder wenn eine solche nicht erfolgt, weil die Entscheidung dem Betroffenen mündlich eröffnet wird, gleich nach der Publikation. Die Mittheilungspflicht ist eine absolute.

§ 8. *) Die Fassung des Paragraphen rührt von der Kommission her, welche den Absatz 3 hinzugefügt und statt des ursprünglichen Citates „§§ 6 und 7" das jetzige gesetzt hat. Das Amendement Grf. v. Schweinitz, den Absatz 3 zu streichen, ist im Abgeordnetenhause verworfen worden (stenogr. Ber. S. 1661, 1662).

[1]) **Ober-Präsident,** also kann die Androhung und Festsetzung der Geldstrafen nicht durch eine andere Provinzialbehörde erfolgen.

[2]) **Befolgung der in den §§ 5—7 enthaltenen Vorschriften.** Demgemäß können Geldstrafen angedroht werden namentlich: 1) für die Verhängung einer anderen Freiheitsstrafe, als der Verweisung in eine Demeriten-Anstalt; 2) einer solchen Verweisung auf länger als drei Monate hinaus; 3) für die Einbringung und Festhaltung des Betroffenen wider seinen Willen; 4) für die Verweisung in eine außerdeutsche Demeriten-Anstalt; 5) für die Hinderung der Ausübung des staatlichen Aufsichtsrechtes innerhalb der Grenzen des Gesetzes; 6) für die Unterlassung der Aufstellung oder der Einreichung der Hausordnung; 7) für die Nichtbefolgung einer genehmigten oder die Befolgung einer nicht genehmigten Hausordnung; 8) für die Unterlassung, nicht rechtzeitige oder nicht vollständige Einreichung der Anzeige der Aufnahme von Demeriten, sowie 9) des Jahresverzeichnisses; 10) für die Nichtführung oder nicht ordnungsmäßige Führung des letzteren; 11) für die gar nicht erfolgte oder nicht rechtzeitig oder nicht ausreichend erfolgte Mittheilung der im § 7 gedachten Entscheidungen. Der Grundgedanke des Gesetzes ist dadurch, daß die Kommission durch Aenderung des Citates die vier ersten Fälle mit den übrigen auf eine Linie gestellt hat, zerstört. Als Schutzmittel gegen die Ueberschreitung der Grenzen der kirchlichen Disziplinargewalt gewährt dasselbe die Berufung an den Staat, es setzt aber für die Ueberschreitung keine Kriminalstrafen fest und schließt ferner vor Erledigung der Berufung ein exekutivisches Vorgehen aus. Das Recht zur Verhängung von Strafen war dem Ober-Präsidenten in der Regierungsvorlage nur zur Erzwingung der Kontrolmaßregeln gewährt. Es ist somit über seinen naturgemäßen Kreis ausgedehnt worden, und zwar auf Fälle, wo dasselbe nicht paßt. Bei widerrechtlicher Festhaltung des Detinirten oder Transportirung desselben wider seinen Willen in das Ausland ist der allgemeine polizeiliche und strafrichterliche Schutz, wodurch der Person ihre Freiheit wiedergegeben wird, das angemessene und auch ausreichende Mittel. Ferner hat die bloße Androhung von Geldstrafen im

Administrativwege für etwaige zukünftige Verletzungen des § 5, deren Zulässigkeit übrigens sehr fraglich erscheint (Anm. 4), gar keinen Sinn. Wollte man in derartigen Ueberschreitungen eine schwere und eigenthümlich gestaltete Verletzung der Rechtsordnung finden, so wäre, wie beim Straf- und Zuchtmittelgesetz, die Festsetzung einer Kriminalstrafe, dann aber auch zugleich für die Uebertretung der §§ 1 und 3 gerechtfertigt gewesen.

[3]) **auf Grund derselben**, also innerhalb der durch die §§ 5—7 gewährten materiellen Zuständigkeit.

[4]) **Verfügungen.** Daß der Ober-Präsident befugt ist, allgemeine Anordnungen zu erlassen und in diesen für ihre Verletzung Strafen anzudrohen, wird deshalb verneint werden müssen, weil das Gesetz, indem es eine solche allgemeine Strafandrohung selbst unterlassen hat, damit andeutet, daß es sich hier nur um Exekutivmaßregeln handelt, d. h. solche, die erst im Falle einer Renitenz angewendet werden dürfen. Dies bestätigt der Ausdruck: „Die Befolgung der Vorschriften durch Geldstrafen zu erzwingen." Es wird also in jedem besonderen Falle erst die Androhung der Strafe innerhalb der vorgeschriebenen Grenzen erfolgen müssen, dann die Festsetzung und schließlich die Exekution. Für diese Auffassung spricht auch der Abs. 2 des §.

Für die Beitreibung der Geldstrafen sind maßgebend die Verordnungen wegen exekutivischer Beitreibung der direkten und indirekten Steuern vom 30. Juli 1853 in den 6 östlichen Provinzen mit Ausschluß von Neuvorpommern (G. S. S. 909), v. 24. November 1843 für die Rheinprovinz (G. S. S. 351), v. 30. Juni 1845 für Westphalen (G. S. S. 444), v. 1. Februar 1858 für Neu-Vorpommern und Rügen (G. S. S. 85) und v. 22. September 1867 für die 1866 erworbenen Landestheile (G. S. S. 1553).

[5]) **Geldstrafen.** Eine Umwandlung in Haft oder Gefängnißstrafe ist nach den allgemeinen Grundsätzen über die von Administrativ-Behörden verhängten Strafen zulässig, vgl. Verordn. v. 26. December 1808 wegen verbess. Einrichtung. d. Provinzial- rc. Behörden § 48 (G. S. S. 464), die Umwandlung hat aber durch die Gerichte zu erfolgen nach Maßgabe der Vorschriften der §§ 28 ff. des Reichs-Str.-G.-B., vgl. Ges. v. 3. Mai 1852 Art. 137, 132, 133; Oppenhoff, die preuß. Gesetze über die Ressortverhältnisse. Berlin 1863 S. 163 u. 478.

[6]) **erzwingen.** Gegen wen der Zwang stattfinden, d. h. gegen wen die Geldstrafe angedroht und von wem sie eingezogen werden soll, sagt das Gesetz nicht. Es ist aber selbstverständlich, daß gegen Jeden, welcher kraft seiner Stellung die Pflicht und die Möglichkeit hat, die Kontrol-Vorschriften zu erfüllen und dies verweigert, vorgegangen werden kann, also namentlich gegen den Vorsteher der Anstalt und gegen den Bischof, wenn dieser den letzteren anweist, sich den staatlichen Aufsichtsmaßregeln zu widersetzen und auf erfolgte Androhung der Strafe seinen Befehl nicht zurücknimmt. Auch ist die Androhung resp. Festsetzung der Strafen gegen beide durch das Gesetz nicht ausgeschlossen, selbst wenn der Leiter der Anstalt sich auf den Befehl des Bischofs berufen kann. Ein bloßer Protest, wie ihn der Bischof von Paderborn unterm 17. Juni 1873 an den Ober-Präsidenten von Westphalen gerichtet hat („daß insofern das erwähnte Gesetz die Demeriten-Anstalt meiner Diöcese der staatlichen Aufsicht unterwirft, ich zu dessen Ausführung nicht mitwirken kann, vielmehr gegen eine Beschränkung der freien Ausübung meiner desfallsigen bischöflichen Jurisdiktion mich verwahren muß. Andererseits werde ich aber den Pater Guardian des Franciscanerklosters zu Rietberg, worin die Demeriten-Anstalt für die ganze Diöcese sich befindet, sehr gern veranlassen, daß er die Hausordnung Ew. Excellenz zur Kenntnißnahme mittheile," Moy, Arch. für kath. K. R. Bd. 30 S. 152) genügt natürlich nicht, um die Anwendung von Geldstrafen zu rechtfertigen.

Eine aktive Betheiligung der kirchlichen Leitungsbehörden bei der Ausübung der staatlichen Kontrole, namentlich der Bischöfe, verlangt das Gesetz nicht, also kann der Ober-Präsident auch eine solche nicht erzwingen. Nur dem Vorsteher der Anstalt sind die im § 6 erwähnten, positiven Pflichten auferlegt.

Die Exekution selbst kann nur in das eigenthümliche Vermögen der betreffenden Personen, also allerdings auch in ihr Amtseinkommen vollstreckt werden.

[7]) **wiederholt werden**, auch für denselben Fall der Renitenz, wenn diese durch die zuerst

§. 9.*)

Eine Vollstreckung kirchlicher Disciplinarentscheidungen [1]) im Wege der Staatsverwaltung [2]) findet nur dann statt, wenn dieselben von dem Ober-Präsidenten [3]) nach erfolgter Prüfung der Sache [4]) für vollstreckbar erklärt worden sind.

---

festgesetzte Geldstrafe nicht gebrochen worden ist. Eine Steigerung der Strafe wird unter diesen Umständen das Angemessenste sein.

[8]) **die Demeriten-Anstalt geschlossen werden,** d. h. es kann verhindert werden, daß die Anstalt fernerhin zu einem solchen Zwecke benutzt wird. Die Voraussetzungen der Schließung sind nicht näher angegeben. Da sie aber die härteste und empfindlichste Maßregel ist, so wird sie allein bei besonders hartnäckiger und fortgesetzter Renitenz auszusprechen sein. Eine selbstverständliche Folge der Schließung ist die, daß der Staat die bisher für die Anstalt gezahlten Fonds nicht weiter zu leisten braucht. Etwaige anderweit für dieselbe zu zahlenden Beiträge können nicht eingeklagt werden. Die Anstalt gilt staatlich als nicht existent und ihr Zweck als ein gesetzlich verbotener. Das Gebäude und die etwaigen besonderen Fonds verbleiben allerdings dem bisherigen Eigenthümer und können nicht als bonum vacans eingezogen werden. Wo eine Emeriten-Anstalt oder ein Kloster zugleich als Demeriten-Anstalt benutzt wird, kann natürlich blos diese letztere Verwendung gehindert, nicht aber das Emeriten-Haus oder das Kloster ganz geschlossen werden.

Die Schließung muß im Wege der administrativen Exekution erfolgen. Eine Visitation des früher als Demeriten-Anstalt benutzten Gebäudes, also auch eines Klosters oder eines Emeriten-Hauses, um Sicherheit zu gewinnen, daß dasselbe wirklich seiner früheren Bestimmung entzogen worden, ist gestattet, weil eine solche Maßregel mit zur Durchführung der Schließung gehört.

Mit der letzteren ist dem kirchlichen Oberen nicht die Befugniß genommen, überhaupt im Disciplinarwege auf Verweisung in eine Demeriten-Anstalt zu erkennen. Der Zweck des Gesetzes geht nur dahin, eine Ueberwachung der Anstalten durchzuführen, und es steht also nichts entgegen daß der Detinirte sich in die Anstalt einer andern Diöcese, wo die Kontrole des Staates nicht unmöglich gemacht wird, begiebt.

Macht endlich das Gesetz die Errichtung neuer Demeriten-Anstalten auch nicht von der Zustimmung der Staatsbehörden abhängig, so wird doch die Eröffnung einer solchen oder Benutzung eines anderweitigen Institutes (z. B. eines Klosters) für die betreffende Diöcese, deren Anstalt geschlossen ist, inhibirt werden dürfen. Das Gesetz will es verhindern, daß solche Anstalten, welche der staatlichen Aufsicht nicht unterworfen werden, überhaupt existiren, und den kirchlichen Oberen, unter dessen Leitung dieselben stehen und welche ihrerseits in der Lage sind, den gesetzlichen Vorschriften nachzukommen, die Möglichkeit entziehen, diese illusorisch zu machen. Dieser Erfolg würde aber, wenn nach der Schließung des Demeritenhauses die sofortige Eröffnung eines andern oder, was finanziell leichter möglich ist, die Verwendung eines Klosters als Demeriten-Anstalt zulässig wäre, vereitelt werden.

§ 9. *) Diese Fassung ist durch die Kommission an Stelle der Regier.-Vorl. § 9. „Eine Mitwirkung des Staats bei Vollstreckung kirchlicher Disciplinar-Entscheidungen findet nur dann statt, wenn dieselben von dem Ober-Präsidenten nach erfolgter Prüfung der Sache für vollstreckbar erklärt worden sind. Die Vollstreckung erfolgt im Verwaltungswege," gesetzt worden.

[1]) **Eine Vollstreckung kirchlicher Disciplinar-Entscheidungen.** Die Regier.-Motive S. 14 bemerken dazu: „Indem der Staat die kirchliche Disciplinargewalt anerkennt, erscheint es bei den Beziehungen, in welchen die evangelische und katholische Kirche zu seinen Einrichtungen stehen, aus Gründen nicht blos des allgemeinen Rechtsschutzes, sondern auch der öffentlichen Ordnung erforderlich, mit seiner Exekutive einzutreten, wenn ein Kirchendiener im Wege der Disciplin zur Erfüllung der ihm obliegenden Amtspflichten zwangsweise angehalten werden muß"; und in der Kommission bemerkte der Regier.-Kommissar Dr. Hübler (Komm.-Ber. S. 13): „Die Staats-Regierung halte die Konservirung des bisherigen Zustandes im Interesse nicht nur der Kirche, sondern auch des Staates für erforderlich. In Belgien nehme die Staatsverwaltung der kirchlichen Disciplinargewalt gegenüber eine rein passive Stellung ein; daraus erwüchsen aber erhebliche Miß-

stände. Er wolle nur beispielsweise anführen, daß es dort, um die Entfernung eines Geistlichen aus der Pfründe wider seinen Willen herbeizuführen, stets einer gerichtlichen Entscheidung bedürfe, welche unter Umständen erst nach Jahren endgültig ergehe. Was solle während eines solchen Interimistikums in der diesseitigen Monarchie mit den Civilstands-Registern werden? Schon deshalb sei ein eventuelles Einschreiten der Staatsverwaltung mindestens wünschenswerth." In der Kommission wurde noch bemerkt (a. a. O.): „Vor Allem aber fordere es das Interesse der Pfarren und Gemeinden, daß in evidenten Fällen ein Pfarrer summarisch entfernt werden könne, während die Verweisung auf ein Gerichtsverfahren Jahre lange Prozeß-Weitläufigkeiten mit sich führe." Nach dem bisherigen Recht war eine solche administrative Beihülfe des Staates weder ausgeschlossen noch geboten. Im Wesentlichen ist es also bei dem früheren Zustande geblieben, nur sind die Voraussetzungen der staatlichen Hülfe näher geregelt.

²) **im Wege der Staatsverwaltung**, d. h. im Wege der Administrativ-Exekution. Die Kommission hat ebenso wie der Ober-Kirchenrath in seiner Denkschrift über die Gesetzentwürfe (jetzt abgedruckt bei v. Oesfeld, d. kirchenpolitischen Reformgesetze Preußens. Breslau, 1873 S. 136) daran Anstoß genommen, daß die Fassung der Regierungs-Vorlage dahin interpretirt werden könne, daß jede Anrufung des Richters ausgeschlossen sein soll, und deshalb die jetzige Formulirung des § gewählt. Die kirchlichen Oberen sind also nicht gehindert, den Rechtsweg zu beschreiten, d. h. Disciplinar-Geldstrafen, welche sie festgesetzt haben, einzuklagen und im Wege des Prozesses die Entlassung aus dem Amte zu verlangen. Selbstverständlich müssen aber die Gerichte bei der Entscheidung von dergleichen Prozessen die Vorschriften dieses Gesetzes beachten und zur Anwendung bringen.

³) **von dem Ober-Präsidenten** (vgl. oben S. 55 Anm. 2). Die Vollstreckbarkeits-Erklärung des Ober-Präsidenten ist in allen Fällen nöthig. Bei der Entlassung oder Strafversetzung derjenigen evangelischen Kirchenbeamten, deren Ernennung den König vorbehalten ist (hierher gehören z. B. die Superintendenten der 6 östlichen alten Provinzen), vgl. d. Kab.-Order v. 12. April 1822 (G. S. S. 105, auch bei Vogt, K. R. Bd. 1 S. 403) ist die Bestätigung des Erkenntnisses durch den König erforderlich; ebenso ist in Hannover, vgl. Verordn. die Errichtung eines evang.-lutherischen Landeskonsistor. betr., v. 17. April 1866 § 7, u. A. bei Lohmann S. 184, u. § 74 des Landesverfassungsgesetzes v. 6. August 1846 („die Entlassung der Kirchendiener von ihrem Amte, wie auch deren Suspension von ihrem Amte, verbunden mit der vom Gehalte, kann im Disciplinar-Verfahren nicht anders stattfinden, als nachdem die Kirchenbehörde eine gehörige Untersuchung angestellt und die Kirchendiener mit ihrer Vertheidigung hinreichend gehört hat. In Hinsicht der Prediger oder Pfarrer und der übrigen höheren Geistlichen, ist in solchen Fällen die Bestätigung des zuständigen Departements-Ministers oder des Königs erforderlich") eine solche Konfirmation für die Entlassung wie für die suspensio ab officio et salario vorgeschrieben. In der Praxis sind diese Rechte des Regenten bisher als Ausflüsse des landesherrlichen Kirchenregiments aufgefaßt worden (wiewohl freilich darüber gestritten wird, Richter-Dove K. R. § 231 N. 11, dagegen Lohmann, a. a. O. S. 184). Wenn jene Ansicht auch haltbar wäre (s. darüber unten zu § 38 des Gesetzes), so würde die Vollstreckbarkeitserklärung des Oberpräsidenten selbst in diesen Fällen erforderlich sein, da das Gesetz keine Ausnahmen macht und man auf den Vorschlag des Ober-Kirchenraths (vgl. die citirte Denkschrift), die Vorschrift des § für unanwendbar zu erklären, wenn die Disciplinar-Entscheidung von einer Behörde abgegeben worden sei, deren Mitglieder vom Könige ernannt worden, nicht eingegangen ist. Uebrigens erklärte auch der Kultusminister bei den Berathungen im Herrenhause, stenogr. Ber. S. 550: „Was den § 38 (des Gesetzes) betrifft, so ist zweifellos, daß hier alle diejenigen Rechte, die der höchsten Staatsgewalt zustehen, in ihrer Eigenschaft als höchster Kirchengewalt, gar nicht berührt werden, daß vielmehr nur diejenigen getroffen werden, welche sie als Staatsgewalt hat. Derartige giebt es allerdings wohl wenige in unseren östlichen Provinzen, aber mehr anderswo, z. B. in der Provinz Hannover, wo Disciplinar-Erkenntnisse gegen reformirte Geistliche bestätigt werden müssen, und wo in Bezug auf die Stellung der lutherischen Geistlichen in diesem Punkt noch Streit besteht. Was nun den § 9 betrifft, so ist . . . zu bemerken, daß, weil die betreffende Persönlichkeit die Allerhöchste Genehmigung zu ihrer Anstellung

erhalten hat, diese auch zu ihrer Entlassung eintreten muß. Diese hat nur formelle Bedeutung. So liegt die Sache auch jetzt schon. Denken Sie sich einmal den Fall, es handelt sich um Entlassung eines Superintendenten und es wollte der betreffende Superintendent nicht aus dem Hause herausgehen; da ist der weltliche Arm erforderlich, und es geht jetzt das Konsistorium mit seinem Schreiben an die Regierung, weil es nicht den weltlichen Arm hat. . . Die Regierung schickt einen Exekutor hin, um den Superintendenten herauszuwerfen. Nach dem Entwurfe soll dabei der Ober-Präsident mitwirken. Das ist für diesen Fall die einzige Aenderung der ganzen Sache; denn Sie werden doch wohl nicht glauben, daß, wenn Se. Majestät als Allerhöchster Bischof ein Urtheil bestätigt, dann von Staatswegen durch den Ober-Präsidenten ein Bedenken dagegen zu erheben sein wird." — In einem Fall, dem des § 5, ist die Vollstreckbarkeits-erklärung unstatthaft, weil die in diesem zugelassene Verweisung in die Demeritenanstalt oder das Verbleiben in derselben niemals erzwungen werden darf, vgl. auch stenogr. Bericht des Herrenh. S. 549.

[4]) **nach erfolgter Prüfung der Sache**, vgl. Regier.-Motive S. 14: „Die Mitwirkung des Staates, also die Vollstreckbarkeits-Erklärung durch den Ober-Präsidenten, hängt hiernach von der Prüfung ab, ob die zu vollstreckende Disciplinar-Entscheidung von der zuständigen Behörde ergangen, ob ein ordnungsmäßiges Verfahren eingehalten worden ist, in materieller Hinsicht keine Verletzung allgemeiner Rechtsgrundsätze oder positiver Staatsgesetze stattgefunden hat, ob kein Mißbrauch der geistlichen Amtsgewalt vorliegt u. dergl.", kurz, der Ober-Präsident ist nur ermächtigt, eine Prüfung vom staatlichen, nicht aber vom kirchlichen Standpunkt aus vorzunehmen.

Anm. zu §§ 1—9. Verhältniß zu dem bisherigen Recht. Die §§ 1—9 treten jetzt (vgl. auch unten § 38) an Stelle der § 125—127 Tit. 11 Th. II. A. L. R., welche insofern mit dem vorliegenden Gesetz übereinstimmten, als sie körperliche Strafen verboten, darin aber abwichen, daß sie Gefängniß bis zu 4 Wochen und Geldbuße bis zu 20 Thlr. zuließen. Ueberdies sind ferner die §§ 136, 137 a. a. O.: „Auch darf er (der auswärtige Bischof oder sonstige geistliche Obere) irgend einige andere Gewalt, Direktion oder Gerichtsbarkeit in solchen Sachen ohne ausdrückliche Einwilligung des Staates nicht ausüben." — „Kein Unterthan des Staats, geistlichen oder weltlichen Standes kann unter irgend einem Vorwande zu der Gerichtsbarkeit auswärtiger geistlicher Oberen zugezogen werden" insofern modificirt, als außerpreußische, aber deutsche geistliche Gerichte ohne die staatliche Erlaubniß die kirchliche Disciplinargerichtsbarkeit ausüben können. Thatsächlich führen die Vorschriften des Gesetzes eine erhebliche Beschränkung der katholischen Kirche ein, weil nach der Praxis seit Erlaß der Verf.-Urk., s. Cirkular-Reskr. v. 16. April 1849 (Vogt, K. R. Bd. 1 S. 186ff.) eine Einwirkung des Staates auf die Ausübung der Disciplinargewalt überhaupt nicht mehr stattfand.

Ebenso ist durch das Gesetz die kurheff. Verordnung v. 31. August 1829 (f. oben S. 18) beseitigt, welche im § 1 bestimmt: . . . „In denen Fällen, wo gegen Geistliche wegen schwerer Versäumung oder Verletzung ihrer Dienstpflichten oder wegen eines unsittlichen Lebenswandels die Suspension vom Amte auf längere Zeit als drei Monate oder eine diese Zeit überschreitende Versetzung an einen Korrektionsort, die Entlassung oder Absetzung vom Amte oder bei erwiesener Unwürdigkeit oder Untauglichkeit zum geistlichen Stande gänzliche Entfernung aus demselben nöthig befunden werden sollte, hat der Bischof sich vor einem deshalbigen Anspruch mit Unserm landesherrlichen Bevollmächtigten bei dem Bisthum zu benehmen. Sobald die gänzliche Unwürdigkeit eines Geistlichen zur Fortführung des kirchlichen Berufes oder eine durch grobes Verschulden herbeigeführte Untauglichkeit desselben hierzu ausgemittelt sein würde, soll er neben den übrigen ihm aufgelegten Strafen noch den Verlust des ihm ertheilten Tischtitels erleiden. Uebrigens wird den zu einer der oben genannten schweren Strafen verurtheilten Geistlichen der Rekurs an Uns freibleiben, nach dessen Ergreifung Unser Ministerium des Innern mit dem Bischof Rücksprache nehmen lassen, auch wo immer thunlich, in völligem Einverständnisse mit demselben und sorgfältiger Bedachtnahme auf Erhaltung seines oberhirtlichen Ansehens das Weitere verfügen oder bei Uns in Antrag bringen wird."

Fraglich ist es, ob den Bestimmungen des Gesetzes gegenüber der Circular-Erlaß v. 30. April

II. Berufung an den Staat.

§. 10.*)

Gegen Entscheidungen [1]) der kirchlichen Behörden, welche eine Disciplinarstrafe [2]) verhängen, steht die Berufung [3]) an die Staatsbehörde [4]) (§. 32) offen:

1) wenn die Entscheidung von einer durch die Staatsgesetze ausgeschlossenen Behörde [5]) ergangen ist;

2) wenn die Vorschriften des §. 2 nicht befolgt worden [6]) sind;

3) wenn die Strafe gesetzlich unzulässig ist; [7])

4) wenn die Strafe verhängt ist:

a) wegen einer Handlung oder Unterlassung, [8]) zu welcher die Staatsgesetze oder die von der Obrigkeit innerhalb ihrer Zuständigkeit erlassenen Anordnungen [9]) verpflichten,

b) wegen Ausübung oder Nichtausübung eines öffentlichen Wahl- und Stimmrechtes, [10])

c) wegen Gebrauchs der Berufung an die Staatsbehörde (§. 32) auf Grund dieses Gesetzes. [11])

1851 (Min.-Bl. f. d. innere Verw. v. 1851 S. 83, auch bei Vogt, a. a. O. S. 186), wonach die bürgerlichen Gerichte die Requisitionen der katholisch-geistlichen Gerichte um eidliche Vernehmung von Zeugen und Einziehung von Kosten in kirchlichen Disciplinarsachen zu erledigen haben, noch einen rechtlichen Anhalt hat, wie denn auch vom Regierungskommissar in der Kommission (Kommiss.-Ber. S. 13) erklärt worden ist, daß die Staatsregierung bereits in Erwägung genommen habe, ob und in weit dasselbe aufrecht zu erhalten, daß es aber zu einer abschließenden Entscheidung noch nicht gekommen sei. Soweit es sich um die Einziehung von Kosten handelt, welche durch eine kirchliche Disciplinar-Entscheidung auferlegt sind, gewährt jetzt der § 9 ausreichende Hülfe. Es kann also die Mitwirkung der Gerichte entbehrt werden. Im Uebrigen ist davon auszugehen, daß der Staat zwar der Kirche das Recht der kirchlichen Disciplinargewalt zugesteht, daß er aber keine Pflicht zur Vollstreckung oder zur Beihülfe bei der Ausübung derselben übernommen hat. Das Erkenntniß des geistlichen Disciplinargerichtes ist für die staatlichen Gerichte kein gültiger Exekutionstitel; sie sind nicht befugt, dasselbe zu vollstrecken, dürfen also auch die durch ein solches Urtheil festgesetzten Kosten nicht einziehen. Die Vernehmung von Zeugen kann ebenfalls nur auf Requisition von Behörden, welche mit einer vom Staate anerkannten und für das Gebiet desselben ohne Weiteres maßgebenden Gerichtsbarkeit versehen sind, erfolgen. Eine solche ist aber die Disciplinargerichtsbarkeit der Kirchen nur in bedingter Weise und demgemäß ist es jedenfalls nicht statthaft, eine unbedingte Pflicht der Gerichte zur Erledigung von Requisitionen zu statuiren. Andererseits besteht aber unleugbar unter Umständen das Bedürfniß, den kirchlichen Organen in Untersuchungsstrafen die Beweiserhebung zu erleichtern, und da die staatliche Mitwirkung nicht unbedingt ausgeschlossen ist, so wird Nichts entgegenstehen, die Gerichte im Allgemeinen zur Erledigung solcher Requisitionen anzuweisen. Andererseits muß ihnen aber stets das Recht offen gelassen werden, diese Hülfe zu verweigern, wenn sich vom staatlichen Standpunkte aus Bedenken entgegen stellen. Zur Prüfung in dieser Beziehung gewährt der § 10 genügenden Anhalt; so wird z. B. die Requisition zurückzuweisen sein, wenn die Untersuchung wegen einer der dort Nr. 4 lit. a. u. b. bezeichneten Handlungen eingeleitet worden ist. Ferner werden unter allen Umständen die entstandenen gerichtlichen Kosten stets von der requirirenden Behörde, nicht von den Parteien einzuziehen sein.

§ 10. *) Die von der Kommission herrührende Fassung des § weicht nur darin von der Regierungsvorlage ab, daß in letzterer Abs. 1 das Citat: (§ 32) und in Nr. 4 lit. a. die Worte: „oder Unterlassung" fehlten. Verworfen ist im Abgeordnetenhause das Amendement Gr. v. Schweinitz: „§ 10 Abs. 1 zu streichen; als nunmehrigen Absatz 4 hier § 11 Abs. 2 hinzuzufügen," stenogr. Ber. S. 1662, und im Herrenhause der Antrag des Gr. v. Krassow: „§ 10 Nr. 4 b. a. E. hinzuzufügen: „in nicht kirchlichen Angelegenheiten", stenogr. Ber. des Herrenh. S. 554.

[1]) **Entscheidungen,** s. S. 52 Anm. 13.

[2]) **Disciplinarstrafe.** Darunter ist zu verstehen eine Strafe oder Censur, welche für ein Disciplinarvergehen in dem oben S. 39 erwähnten Sinn auferlegt worden ist. Zur Beurtheilung, welche Handlungen ein Disciplinarvergehen konstituiren, gewährt hinsichtlich der katholischen Kirche einen Anhalt die oben S. 48 erwähnte Prager Instruktion § 92 (Moy, Arch. 23, 445): „Als Verbrechen, welche das Gericht zu untersuchen und zu bestrafen hat, werden bezeichnet I. bei Geistlichen und Laien 1) Apostasie, Ketzerei, Abfall vom christlichen oder katholischen Glauben und Schisma. 2) Sacrilegium als Schändung geweihter Orte, Sachen und Personen; gewaltsame Handanlegung an einen Geistlichen, Mönch oder Nonne. 3) Gotteslästerung. 4) Kirchenraub, sowie auch widerrechtliche Beeinträchtigung der Kirche an ihren Rechten und Gütern. 5) Falscher Eid, abgelegt bei einer kirchlichen Behörde. 6) Simonie. 7) Selbstmord. 8) Hartnäckiges Concubinat, namentlich mit verwandten oder verschwägerten Personen . . . II. Blos bei Geistlichen 1) Apostasie vom geistlichen Stande. 2) Trunkenheit und Aergerniß gebendes excessives Benehmen, gar zu häufiger Besuch der Wirthshäuser. 3) Grobe, öfters wiederholte oder mit öffentlichem Aergerniß verbundene Vergehen wider die Keuschheit. 4) Grobe Verletzung des priesterlichen Decorums. 5) Concubinat der Geistlichen. 6) Offener Ungehorsam wider die Anordnungen des Erzbischofs und der kirchlichen Behörden. 7) Jede grobe Vernachlässigung der durch das Beneficium oder Amt übernommenen Pflichten. 9) Ausübung der geistlichen Funktionen gegen die von der Kirche bestimmte Ordnung und Vorschrift. 10) Verletzung des Beichtgeheimnisses. 11) Sollicitatio ad turpia in confessione juxta constitutionem Benedicti XIV: Sacramentum poenitentiae (v. 1. Juni 1741, d. h. Mißbrauch der Beichte seitens des Priesters zur Verführung zur Unzucht). 12) Jedes von einem Geistlichen begangene, in dem weltlichen Strafgesetzbuche bezeichnete gemeine Verbrechen, mit welchem eine öffentliche Diffamation verbunden ist"; für die evangelische Kirche die auf Grund der Ressortbestimmungen der altländischen Kirchenbehörden und der Praxis des evangel. Ober-Kirchenraths angefertigte Zusammenstellung bei Meier K. R. S. 243: „1) amtliche Ordnungswidrigkeiten und Verstöße gegen die liturgischen und rein kirchlichen Handlungen, 2) Ungehorsam gegen die Anordnungen der Königl. Regierung, 3) unsittlicher Lebenswandel, 4) Verletzung des evangelischen Bekenntnisses, die mit der ferneren Führung des geistlichen Lehramts in der Kirche nicht vereinbar sein würde, desgl. pflichtwidrige Umtriebe gegen das Bekenntniß und die Verfassung der evangelischen Kirche, 5) Bruch des Amtseides, 6) ungeziemende, gegen die Obrigkeit gerichtete politische Thätigkeit, 7) bürgerliche Verbrechen oder Vergehen, gleichviel ob eine gerichtliche Untersuchung dieserhalb eingeleitet, ob der Angeklagte in derselben freigesprochen oder bestraft worden, sofern dadurch ein kirchliches Aergerniß hervorgerufen worden ist". Daß die Disciplinarstrafe ein Zuchtmittel (Censur) im eigentlichen Sinne ist, wie z. B. die Exkommunikation (s. S. 7), ist gleichgültig, wie dies die früheren allgemeinen Ausführungen (S. 39) und ferner die Subsumtion der Exkommunikation unter den Begriff: Entfernung aus dem Amte (s. S. 51) zeigt. Ferner findet der § auch dann Anwendung, wenn eine Disciplinarstrafe festgesetzt ist, welche nicht in diesem Gesetze besonders erwähnt ist, also z. B. ein Verweis.

[3]) **Berufung;** über das frühere preußische Recht bemerken die Motive der Regierungsvorlage S. 14: „Ein Rekurs an die Staatsgewalt ist gegen Entscheidungen der geistlichen Gerichte schon in der älteren preußischen Gesetzgebung zugelassen worden. Die Constitution über die Verfassung der geistlichen Gerichte in Süd-Preußen vom 25. August 1769 (Rabe, Sammlung XIII. 311) verordnet, daß die Regierungen, welchen die Aufsicht vermöge des jus circa sacra in Ansehung aller Justizsachen übertragen war, Beschwerden über das Verfahren der geistlichen Gerichte annehmen, Berichte darüber erfordern, Acta avociren, mandata de administranda justitia erlassen und Justiz-Visitationen anstellen können, sich aber auf Verfügungen, die auf Form und Verfahrungsart Bezug haben, beschränken sollen. Wenn sie hingegen in ma-

terialibus erhebliche Fehler, Mängel oder gar Ungerechtigkeiten wahrnehmen, ist an das Ministerium zu berichten, von dem die Verfügung zur Abstellung solcher Mißbräuche auszugehen hat. Dieselbe Vorschrift wird in einem an die Westpreußische Regierung gerichteten landesherrlichen Rescript vom 13. Juli 1800 (Rabe a. a. O. VI. 203) genauer dahin gefaßt: „„In Fällen aber, wo Verhältnisse mit dem päpstlichen Stuhl, hierarchische Mißbräuche und überhaupt Dinge vorkommen, welche auf landesherrliche Majestätsrechte circa sacra Einfluß haben, reserviren Wir das Ressort Unseres Staats-Ministerii, an welches zu berichten.““ Das Allgemeine Landrecht hat über die Fälle eines Mißbrauchs der geistlichen Disciplinargewalt und die Rechte, welche dem Staat dagegen gebühren, keine nähere Bestimmung getroffen. Daß ihm indeß der Begriff des recursus ab abusu nicht fremd, zeigen die Vorschriften des § 56 II. 11, in welchem bei einem Streit über die Rechtmäßigkeit der Ausschließung vom Gottesdienst und den Sakramenten die Entscheidung dem Staate zugesprochen ist, und des § 1175 ibid., wonach, wenn dem Antrage auf Annullation eines nichtigen Klostergelübdes rechtliches Gehör vom Bischof versagt wird, der Staat berechtigt ist, die Sache zu untersuchen und die Nichtigkeits-Erklärung zu erkennen. Als eine eigentliche appellatio tamquam ab abusu ist dagegen bezüglich der katholischen Kirche der Rekurs behandelt worden, welchen die Kabinets-Ordre vom 12. April 1822 (Gesetz-Samml. S. 105) den Geistlichen bei einer im Wege des Disciplinarverfahrens erfolgten Amts-Entsetzung an den Minister der geistlichen 2c. Angelegenheiten eröffnet. Das Kultus-Ministerium hat sich bei derartigen Rekursen den katholischen Bischöfen gegenüber nicht als eigentliche Instanz betrachtet und die eingehenden Beschwerden niemals der Art geprüft, daß ihm gleichsam als höherem Richter die Bestätigung oder Abänderung der angefochtenen Entscheidung gebühre. Vielmehr ist die Untersuchung überall darauf beschränkt geblieben, ob der Bischof mißbräuchlich über seine vom Staat ihm eingeräumte Befugniß hinausgegangen sei und hierdurch Rechtsverletzungen in formeller oder materieller Hinsicht herbeigeführt habe, eventuell aber die Vollstreckung des Disciplinar-Beschlusses versagt, d. h. der betroffene Geistliche in seinem Recht, soweit dasselbe die Temporalien angeht, geschützt worden. Die Bestimmungen der genannten Kabinets-Ordre sind als Vorschriften des inneren Staatsrechts auch in der Rheinprovinz zur Anwendung gekommen. Ein gleiches Rechtsmittel giebt, wie oben erwähnt, die hannöversche, hessische und nassau'sche Gesetzgebung zur Hand. Der Rekurs an den Staat wegen Mißbrauchs der kirchlichen Disciplinargewalt, kann hiernach für das Gebiet der preußischen Monarchie als gemeinen Rechtes bezeichnet werden.

„Thatsächlich fehlt dem qu. Institut indeß heute jede praktische Bedeutung. In den neueren Landestheilen ist der Rekurs wegen Mangels an festen Vorschriften für das Verfahren überhaupt nicht anwendbares Recht geworden. In den älteren Provinzen hat die ablehnende Haltung, welche die Staatsbehörden der kirchlichen Disciplinargewalt gegenüber seit dem Jahre 1849 eingenommen, den durch die Kabinets-Ordre vom 12. April 1822 begründeten Rechtszustand verdunkelt.“ —

Vgl. dazu für die neueren Provinzen das oben S. 18 und 61 angeführte kurhessische Regulativ von 1829 und die kurhessische Verfassungsurkunde vom 31. August 1831 § 135: „e) in allen Fällen, wo ein Mißbrauch der geistlichen Gewalt stattfindet, bleibt die Beschwerde oder der Rekurs ebenso wohl an die Landesbehörden offen, jedoch was das geistliche Personal in seinem Beruf anlangt, erst alsdann, wenn ein bei der zuständigen oberen Kirchenbehörde geschehener Versuch zur gebührenden Abhülfe als erfolglos dargethan oder insofern etwa Gefahr im Verzuge ist“; s. ferner für Kurhessen und Nassau das gemeinsame Edikt der Regierungen der oberrhein. Kirchenprovinz v. 30. Januar 1830 § 36: „den Geistlichen, sowie den Weltlichen bleibt, wo immer ein Mißbrauch gegen sie stattfindet, der Rekurs an die Landesbehörden“; für Hannover Landesverfassungs-Gesetz vom 6. August 1840 § 71, in der durch § 25 des Gesetzes vom 5. September 1848 modificirten Gestalt: „Beschwerden über Mißbrauch der Kirchengewalt können zur Entscheidung auch bis an den König gebracht werden. Sind diese Beschwerden von der Beschaffenheit, daß sie verfassungsmäßig an die Kirchen-Oberen gelangen können, so sind sie zunächst an diese und erst alsdann, wenn hier keine Abhülfe erfolgt, an die weltliche Regierungbehörde und zuletzt an den König zu bringen.“

Was das Rechtsmittel betrifft, so ist die Bezeichnung desselben: Berufung an die Staatsbehörde, eine deutsche Uebersetzung des herkömmlichen Ausdruckes: appellatio ab abusu oder recursus ab abusu. Nach den Bestimmungen des Gesetzes ist dasselbe aber trotz dieser Bezeichnung kein Rechtsmittel zur Reformirung der kirchlichen Entscheidung aus materiellen Gründen, wegen Iniquität, sondern nur zur Beseitigung einer solchen wegen Verletzung wesentlicher Formvorschriften und des staatlichen Rechts, es hat also die Natur einer Kassationsklage. Das ergeben einmal die Fälle, in denen die Berufung zulässig ist (§§ 10 u. 11), ferner die Vorschrift, daß die angefochtene Entscheidung entweder nur vernichtet oder das Rechtsmittel zurückgewiesen werden kann. Damit ist zugleich anerkannt, daß die kirchlichen Entscheidungen auf Grund des kanonischen Rechts, der kirchlichen Verfassung, der Glaubenslehren und des Kultus keiner materiellen Prüfung durch den Staat in Bezug auf ihre materielle Richtigkeit im Sinne der kirchlichen Ordnung unterliegen, vielmehr klargestellt, daß das Rechtsmittel lediglich auf das Recht des Staates basirt ist, Eingriffe der Kirchen in sein Gebiet abzuwehren, vgl. übrigens auch den Kommiss.-Ber. S. 15, 16. Damit hängt es ferner zusammen, daß die Einlegung auch dem Ober-Präsidenten, als dem mit der Ausübung des jus circa sacra betrauten Organe (§ 12) gestattet ist, und dieselbe Suspensiv-Effekt hat (§ 14).

Das Gesetz hat keine ausdrückliche Vorschrift darüber, ob eine Disziplinar-Entscheidung, welche gegen die Staatsgesetze, namentlich gegen die Bestimmungen des vorliegenden Gesetzes verstößt, nur im Wege der durch § 10 eingeführten Berufung und des sich an dieselbe anschließenden Verfahrens für nichtig erklärt oder ob sie auch ohne ein solches von den Staatsbehörden als nichtig behandelt werden kann. Ist also z. B. die Regierung befugt, einen katholischen Geistlichen, welcher durch ein außerdeutsches geistliches Gericht seines Pfarramtes entsetzt worden, im Besitze desselben zu schützen, wenn weder er selbst noch der Ober-Präsident die Berufung eingelegt hat? Der Zweck des Gesetzes bedingt es, sich im Sinne der ersten der vorhin aufgestellten Alternativen zu entscheiden, mithin die eben aufgeworfene Frage zu verneinen. Durch die Errichtung eines besonderen Gerichtshofes hat gerade eine Garantie dafür gegeben werden sollen, daß das Oberhoheitsrecht des Staates in gesetzlicher und unparteiischer Weise ausgeübt wird. Die Motive der Reg.-Vorlage zu §§ 32—34 (S. 18) bemerken: „die Fragen: 1) ob die kirchliche Disziplinargewalt in einem einzelnen Falle das Gebiet, innerhalb dessen ihr freie Bewegung zusteht, überschritten, insbesondere ob die getroffene Entscheidung für eine willkürliche zu erachten (§ 10), 2) ob die fernere Amtsthätigkeit eines Kirchendieners mit der öffentlichen Ordnung unverträglich ist (§ 24), sind nur bei einer unbefangenen Würdigung der richtigen Grenzen zwischen den Rechten des Staats und denen der Kirche sachgemäß zu entscheiden. Die Entscheidungen müssen daher von einer Behörde erfolgen, deren Mitglieder durch ihre Vorbildung, Erfahrung und Sachkenntniß, sowie Stellung, die Gewähr einer gründlichen, sachgemäßen und unparteiischen Entscheidung bieten. Demgemäß überweisen die §§ 32ff. die Entscheidung der hier in Rede stehenden Fragen einem besonderen, kollegialisch zusammengesetzten aus dauernd ernannten Mitgliedern bestehenden, den obersten Gerichtshöfen des Landes gleichstehenden Gerichtshofe, dessen Majorität aus fest angestellten Richtern bestehen muß." Zwar trifft diese Motivirung nicht für alle Fälle zu, denn die Verletzungen des § 1, 3, 4 des Gesetzes werden für die Regel leicht erkennbar sein, während es allerdings sehr fraglich sein kann, ob den Bestimmungen des § 2 über die Anhörung des Beschuldigten und die Erörterung der Anschuldigung in einem geordneten processualischen Verfahren genügt worden ist. Indessen bleibt die Möglichkeit von Zweifeln in den erstgedachten Fällen nicht ausgeschlossen, so kann z. B. die Bundesangehörigkeit der Mitglieder der Disziplinarbehörde einer besonderen Feststellung bedürfen. Ferner aber giebt das Gesetz selbst gar keinen Anhalt zur Unterscheidung. Abgesehen davon bestätigt auch die Konstruktion des Rechtsmittels die hier vertheidigte Ansicht. Hätte das Gesetz an die Möglichkeit gedacht, die kirchlichen Disziplinar-Entscheidungen ohne Weiteres im Verwaltungswege als nichtig zu behandeln, so würde dasselbe auch der kirchlichen Behörde, welche sich dadurch verletzt geglaubt hätte, im Interesse der Rechtsgleichheit die Berufung an den Gerichtshof auf Gültigkeitserklärung ihres Erkenntnisses haben gestatten müssen. Da aber eine solche Befugniß nicht gewährt ist, so hat das Gesetz offenbar garnicht die Möglichkeit, vorausgesetzt, daß die betreffende Behörde in eine solche Lage gebracht werden kann. Endlich wäre die Berufung des Ober-Präsidenten im öffentlichen Interesse, welche der § 12 gestattet, vollkommen überflüssig, wenn jeder Staatsbehörde das Recht hätte beigelegt werden sollen, die kirchlichen Disziplinar-Entscheidungen auf Grund ihrer eigenen Prüfung als nichtig anzusehen. Ein praktisches Bedürfniß, eine derartige Befugniß der Staatsbehörde zu statuiren, liegt überdies auch nicht vor. Das Interesse des Staates ist genügend durch die Vorschrift der §§ 9 u. 12 Abs. 2, und das des einzelnen Kirchendieners durch die Möglichkeit der Berufung gewahrt, um so mehr als diese Suspensiv-Effekt hat und der letztere nöthigenfalls erzwungen werden kann.

Schließt die Einlegung der Berufung die Einleitung einer Kriminaluntersuchung auf Grund des § 5 des Straf- und Zuchtmittelgesetzes oder umgekehrt diese letztere das Recht der Berufung aus? Es ist z. B. gegen einen Geistlichen im Wege der Disziplinaruntersuchung, weil er sich geweigert hat, den großen Kirchenbann mit namentlicher Nennung des Betroffenen öffentlich bekannt zu machen, von der Disziplinarbehörde die Suspension verhängt worden. Die Weigerung ist in einem solchen Falle eine durch das Straf- und Zuchtmittelgesetz §§ 1, 4 vorgeschriebene Handlung. Der Geistliche ist also befugt nach § 10 Nr. 4a. dieses Gesetzes die Berufung einzulegen, andererseits ist aber auch eine Bestrafung der Mitglieder des Disziplinargerichtes nach § 2 Nr. 1 und § 5 des oben gedachten Gesetzes statthaft. Nach dem bereits (S. 39) dargelegten Verhältniß der beiden Gesetze schließt das eine Verfahren das andere nicht aus. Es folgt dies übrigens auch aus dem Zweck beider Gesetze. Durch das Kriminalverfahren wird nur die Bestrafung der Richter erreicht, welche in diesem Falle in die staatliche Sphäre übergegriffen haben. Damit ist der Geistliche aber noch nicht in seinen Amtsfunktionen geschützt, welche ihm durch die Censur entzogen sind. Dazu bedarf es erst der Nichtigkeitserklärung durch den Gerichtshof für kirchliche Angelegenheiten. Jedes Verfahren hat also seinen selbstständigen Zweck und keins wird durch das andere überflüssig gemacht.

Darüber, ob in solchen Fällen die thatsächliche Feststellung des Gerichtshofes für kirchliche Angelegenheiten das ordentliche Kriminalgericht und umgekehrt die des letzteren den ersteren bindet, bestimmt das Gesetz nichts. Irgend welche Analogien über das Verhältniß des Kriminal- und Civil-Urtheils lassen sich hier, selbst wenn diese Frage nicht eine sehr kontroverse wäre, (vgl. darüber die Abhdlg. in Gruchots Beiträgen, Jahrg. 8, S. 233 und Goltdammers Arch. Bd. 5, S. 344) nicht heranziehen. In dem Kommissionsberichte über das Straf- und Zuchtmittelgesetz ist zwar mit Rücksicht auf die Frage nach der Entlassung eines Kirchendieners auf Grund des § 24 dieses Gesetzes bemerkt worden (S. 14): „Von anderer Seite wurde es für selbstverständlich erachtet, daß nach allgemeinen Rechtsgrundsätzen der von den ordentlichen Gerichten festgestellte Thatbestand auch von dem Gerichtshofe für kirchliche Angelegenheiten als feststehend anzunehmen sein werde; der letztere sei jedenfalls auf die Analogie der Grundsätze des gemeinen Strafrechts und Strafverfahrens gewiesen", indessen hat diese Ansicht nirgends einen gesetzlichen Ausdruck gefunden. Gerade für das preußische Recht ist ferner die erwähnte Frage äußerst bestritten und im entgegengesetzten Sinne vom Ober-Tribunal (Plenar-Beschluß v. 15. December 1856 Pr. 2676, Entschdgn. Bd. 34 S. 19) entschieden worden. Mangels einer positiven Vorschrift wird man daher eine präjudicielle Bedeutung des Erkenntnisses des einen Gerichtshofes für das des andern nicht annehmen können, umsoweniger als das Gesetz das Verfahren in den beiden Fällen nicht im Entferntesten in Beziehung setzt, namentlich in solchen Fällen dem Gerichtshof für kirchliche Angelegenheiten eine Aussetzung der Verhandlung über die Berufung bis dahin, wo im Kriminalverfahren rechtskräftig entschieden ist, nicht zur Pflicht macht. Differirende Urtheile können also vorkommen; aber sie sind selbst dann, wenn man der Kommission zustimmen wollte, nicht zu vermeiden, weil möglicher Weise der neue Gerichtshof vor dem Kriminalrichter sein Urtheil über die Berufung abgeben kann und der letztere an die Entscheidung des ersteren auch nach der Ansicht der Kommission nicht gebunden wäre.

[4]) **Staatsbehörde,** d. h. „den königl. Gerichtshof für kirchliche Angelegenheiten", s. § 32.

[5]) **von einer durch die Staatsgesetze ausgeschlossenen Behörde,** also jedenfalls einer nach

§ 1 ausgeschlossenen Behörde. Damit ist aber der Inhalt der Vorschrift nicht erschöpft. Ein auf Grund des § 24 abgesetzter Kirchendiener, ferner ein solcher, welcher sein Amt den gesetzlichen Vorschriften zuwider erhalten hat, z. B. ein vom Papste ohne Wahl des Domkapitels kreirter, nicht landesherrlich anerkannter Bischof, resp. die Delegaten eines solchen, welche Disciplinar-Erkenntnisse fällen, sind ebenfalls durch die Staatsgesetze ausgeschlossene Behörden.

[6]) **die Vorschriften des § 2 nicht befolgt worden sind.** Hierunter ist begriffen: der Mangel schriftlicher Entscheidung und schriftlicher Entscheidungsgründe bei Festsetzung einer Vermögensstrafe, der Verweisung in eine Demeritenanstalt und der Entfernung aus dem Amte; der Mangel des vorgängigen Gehörs bei einem Erkenntniß auf die erstgedachten Strafen und der Mangel eines ordentlichen prozessualischen Verfahrens (s. S. 51 Anm. 11) bei Aussprechung der zuletzt erwähnten. Wegen Disciplinar-Verfügungen, welche auf geringere Strafen, wie z. B. Verweis oder Suspension von einzelnen kirchlichen Rechten lauten, und ohne Beobachtung der Vorschriften des § 2 erlassen sind, kann also die Berufung auf Grund der Nr. 2 nicht eingelegt werden. In Bezug auf diese ist das Gesetz offenbar von der Anschauung ausgegangen, daß es sich hier um Fälle von geringerer praktischer Bedeutsamkeit handelt.

[7]) **wenn die Strafe gesetzlich unzulässig ist,** also überhaupt nicht blos nach den Bestimmungen dieses Gesetzes. Demgemäß findet z. B. eine Berufung statt, wenn auf eine durch das Straf- und Zuchtmittelgesetz verbotene Strafe erkannt worden ist, welche nicht etwa in Folge der besonderen Bestimmungen des ersteren, wie die Vermögensstrafe innerhalb bestimmter Gränzen, zulässig erscheint. Die Frage, ob eine Festsetzung in dem Erkenntniß dahin, daß ein an sich zulässiges Straf- und Zuchtmittel öffentlich bekannt gemacht, oder in einer Weise, welche eine Beschimpfung enthält vollzogen oder verkündet werden soll, einen Grund zur Berufung abgiebt, muß bejaht werden. In diesen Fällen liegt stets eine die Ehrminderung des Verurtheilten herbeiführende Strafe vor, wie sich das aus den Gesichtspunkten ergiebt, welche für die Vorschrift des § 4 des Straf- und Zuchtmittelgesetzes geltend gemacht worden sind (s. S. 24). Abgesehen davon folgt auch aus dem Verbote des angeführten § 4 von selbst, daß ein Erkenntniß, welches die betreffenden Handlungen anordnet, wenngleich es nicht kriminalrechtlich strafbar ist, doch mindestens unzulässig ist.

Als unstatthaft muß auch eine Strafe angesehen werden, welche zwar an sich erlaubt ist, aber eine unzulässige Strafe zur Ausführung zu bringen beabsichtigt. Dies ergiebt sich daraus, daß das Verbot bestimmter Strafarten selbstverständlich deren Realisirung in sich schließt. Demnach wird die Verhängung der Exkommunikation oder der Suspension deshalb, weil der in die Demeritenanstalt verwiesene Kirchendiener sich nicht in dieselbe begeben oder sie vor der festgesetzten Zeit wieder verlassen hat, gleichfalls im Wege der Berufung angefochten werden dürfen. Vgl. übrigens auch Anm. 3 zu § 11.

[8]) **Handlung oder Unterlassung.** Die Worte „oder Unterlassung" sind der Deutlichkeit wegen von der Kommission eingeschaltet worden (Komm. Ber. S. 18). Wenn dadurch auch die Kongruenz im Ausdrucke mit §§ 2 u. 3 des Straf- und Zuchtmittelgesetzes gestört worden, so ist dieser Unterschied doch noch nur ein formeller. Denn unter dem Worte: „Handlung" des § 2 wird auch im weiteren Sinne eine Unterlassung, namentlich eine Weigerung (s. den in Anm. 3 zu dies. § erwähnten Fall) zu verstehen sein. Mit dieser Vorschrift sind die Kirchendiener vor Allem dagegen geschützt, daß Disciplinarstrafen gegen sie deshalb ausgesprochen werden, weil sie sich den Vorschriften dieses und des Straf- und Zuchtmittelgesetzes fügen, also z. B. der Vorsteher einer Demeritenanstalt, wenn er die vorgeschriebenen Anzeigen macht oder sich der Visitation des Oberpräsidenten fügt, der Geistliche, welcher sich weigert bei der Verhängung oder Verkündung von nach diesem Gesetze und dem Straf- und Zuchtmittelgesetze unzulässigen Strafen mitzuwirken. Im Uebrigen vgl. oben S. 19 u. 20. Mit Bezug auf das dort über die nur unter bestimmten Voraussetzungen vorzunehmenden Handlungen Bemerkte ist aber noch hervorzuheben, daß der Kirchendiener diese Voraussetzungen nicht herbeiführen darf, wenn er damit gegen seine amtlichen Verpflichtungen verstößt, also deswegen auch disciplinarisch bestraft werden kann. Für die Eingehung der Ehe vor dem Civilstandsbeamten dürfen, wenn sie die nothwendige Eheschließungsform ist, keine Censuren

§. 11.*)

Die Berufung findet außerdem statt, wenn

1) die Entfernung aus dem kirchlichen Amte (§. 2 Abs. 2) als Disciplinarstrafe oder sonst wider den Willen des davon Betroffenen [1]) ausgesprochen worden ist, und die Entscheidung der klaren thatsächlichen Lage widerspricht [2]) oder die Gesetze des Staates [3]) oder allgemeine Rechtsgrundsätze [4]) verletzt; [5])

2) nach erfolgter vorläufiger Suspension vom Amte [6]) das weitere Verfahren ungebührlich verzögert wird. [7])

---

oder Strafmittel verhängt werden. Der katholische Geistliche der höheren Weihegrade hat aber die Pflicht des Cölibates. Geht er dem zuwider eine Ehe in der erwähnten Form ein, so ist eine Disciplinarbestrafung nicht wegen der letztgedachten Handlung, wohl aber, weil er das Cölibatsgesetz verletzt hat, gestattet.

[9]) **erlassenen Anordnungen,** vgl. S. 21 Anm. 4.

[10]) **öffentlichen Wahl- und Stimmrechtes,** s. S. 22 Anm. 5.

[11]) **wegen Gebrauchs der Berufung an die Staatsbehörde (§ 32) auf Grund dieses Gesetzes.** Hier handelt es sich um eine in das Belieben der Betreffenden gestellte Handlung. Eine Einwirkung auf die Vornahme von solchen Handlungen in einer bestimmten Richtung oder auf ihre Unterlassung durch die kirchliche Straf- und Zuchtgewalt gestattet im Allgemeinen sowohl das Straf- und Zuchtmittelgesetz, wie auch das vorliegende. Zu der einen Ausnahme, welche für die öffentlichen Wahl- und Stimmrechte gemacht worden ist, tritt die in Nr. 4 c. festgesetzte hinzu. Dieselbe war nöthig, weil nach katholischem Kirchenrechte für die Berufung an die weltliche Gewalt die ipso jure eintretende, dem Papste speciell zur Absolution vorbehaltene, große Exkommunikation angedroht ist, const. Pii IX. Apostolicae sedis v. 12. Oktober 1869 (oben S. 14): „Impedientes directe vel indirecte exercitium jurisdictionis ecclesiasticae sive interni sive externi fori et ad hoc recurrentes ad forum saeculare eiusque mandata procurantes, edentes aut auxilium, consilium vel favorem praestantes," also den katholischen Kirchendienern gegen die Anwendung dieser Censur, sowie anderer Disciplinarstrafen, welche noch außerdem verhängt werden könnten, der staatliche Schutz gewährt werden mußte.

§ 11. *) Die Regierungsvorlage enthielt statt der von der Kommission gewählten Worte: „der klaren" bis „Rechtsgrundsätze verletzt" die Fassung: „Für eine willkührliche erachtet wird." Im Abgeordnetenhause stellte Dr. Brüel den Antrag, die Worte: „Der klaren thatsächlichen Lage widerspricht oder" zu streichen. Dieser ist abgelehnt worden (stenogr. Berichte S. 1666 — wegen des Amendements Grf. v. Schweinitz, vgl. zu § 10 S. 63 —), ebenso im Herrenhause das Amendement des Grf. v. Krassow, den Abs. 1 dahin zu fassen: „Die Entfernung aus dem kirchlichen Amte (§ 2 Abs. 2) als Disciplinarstrafe ausgesprochen worden ist und die Entscheidung die Gesetze des Staates oder allgemeine Rechtsgrundsätze verletzt. Entscheidungen über Lehre und Kultus sind von der Berufung ausgeschlossen" (stenogr. Ber. des Herrenh. S. 554). Vgl. ferner Anm. 2 zu diesem §.

[1]) **oder sonst wider den Willen des davon Betroffenen.** Diese Vorschrift hat die oben S. 42 gedachten Stellungen im Auge, welche nur widerruflich verliehen werden. Bei diesen ist es sehr leicht möglich, daß die Disciplinarmaßregel sich äußerlich unter der formal freigestellten Remotion ohne Gründe oder einer vorgeblich im Interesse des Dienstes ausgesprochenen Abberufung verbirgt. Nothwendig ist aber in einem solchen Falle, daß das eine oder andere der weiter in Nr. 1 angegebenen Momente damit konkurrirt. So würde z. B. die Entfernung eines Erzpriesters, welcher zufolge seiner Anstellung ad nutum amovibel ist, mit der Berufung angefochten werden können, wenn die Amotion deshalb erfolgt ist, weil er sich nicht freiwillig der Verweisung in eine Demeritenanstalt unterzogen hat. Hier ist das Staatsgesetz insofern verletzt, als dasselbe eine

solche Verweisung nur mit Willen des Betroffenen gestatten will, und also derjenige, welcher von diesem Rechte Gebrauch gemacht, auch keine Nachtheile deshalb erleiden darf.

[2]) **der klaren thatsächlichen Lage widerspricht u. s. w.** Die Regierungsvorlage wollte mit dem Abs. 1 des § 2 alle diejenigen Fälle treffen, in welchen die Entscheidung „die natürlichen Grenzen der geistlichen Amtsgewalt dadurch verletzt, daß sie in willkührliche Bedrückung ausartet." Die Fassung des Regierungs-Entwurfes wurde in der Kommission aber als zu unbestimmt bemängelt und namentlich hervorgehoben, daß der Ausdruck: „willkührlich" ebensowohl eine eigenmächtige Abweichung von den Landesgesetzen, wie eine eigenmächtige Abweichung von den kirchlichen Ordnungen bezeichnen und eine volle Appellations-Instanz in facto et jure einführen könne (Komm. Ber. S. 18). Indem man der Tendenz des Regierungs-Entwurfes, außer den speciell im § 10 aufgezählten Fällen der Berufung noch eine clausula generalis zu statuiren beistimmte, wurde nach vielfachen Formulirungs-Versuchen die jetzige Fassung gewählt, welche dann auch in das Gesetz übergegangen ist. Wesentlich bestimmend auf die Aenderung der Regierungsvorlage hat auch die schon erwähnte Denkschrift des Ober-Kirchenraths eingewirkt, in welcher bemerkt wird (bei v. Oesfeld a. a. O. S. 137): „so knüpft sich daran von sonstigen durch die Fassung nahe gelegten Zweifeln über die Tragweite der Bestimmung abgesehen, die nicht abzuweisende Besorgniß, es werde mit der Prüfung der Willkührlichkeit der kirchlichen Entscheidung dem staatlichen Gerichtshofe eine Urtheilskompetenz auch in den innersten kirchlichen Angelegenheiten beigelegt, deren Uebergang an eine staatliche Instanz für unmöglich erachtet werden muß. Besteht insbesondere die von der kirchlichen Instanz angenommene Strafwürdigkeit der Handlung eines Geistlichen, welche die Entscheidung auf Entfernung aus dem Amte herbeigeführt hat, in Verletzung seiner Amtspflicht durch Verkündigung von Irrlehren, so wird nach dem Wortlaut des Entwurfes auch ein solcher Verurtheilter des Rekurses an den Königl. Gerichtshof sich bedienen und der letztere sich für berufen halten können, über die an der kirchlichen Lehrnorm zu bemessende Richtigkeit oder Willkührlichkeit des angefochtenen Erkenntnisses ohne Einschränkung zu entscheiden. Damit wäre der Staat zum obersten Richter über die Frage der Kirchenlehre gemacht: er entschiede über die der kirchlichen Lehrfreiheit durch die kirchliche Lehrordnung gezogene Grenze und schwerlich könnte dann noch von einer Kirche die Rede sein, welche nicht Staatsanstalt wäre."

Was die mit den Worten: „der klaren thatsächlichen Lage widerspricht" bezeichnete Voraussetzung betrifft, so handelt es sich dabei um eine Vorschrift, welche durch die altpreußische Gesetzgebung über die Rechtsmittel in Civilprocessen in der Praxis hinlänglich bekannt ist. Das Ges. betr. einige Abänderungen der Vorschriften über das Civilproceßverf. v. 20. März 1854 (G. S. S. 115) bestimmt § 6: „Der Rekurs ist zulässig 1) wenn gegen die klare Lage der Sache erkannt ist", und die Verordn. über d. Rechtsmittel d. Revision ꝛc. v. 14. Decbr. 1833 (G. S. S. 302) § 5: „Als Verletzungen wesentlicher Prozeßvorschriften werden nur folgende Fälle betrachtet: ... 10) wenn nach den von dem Richter angegebenen Gründen wider den klaren Inhalt der Akten erkannt worden ist. Dieser Fall tritt ein: a) wenn eine in den Prozeßschriften enthaltene oder zu Protokoll erklärte und mit Angabe der Beweismittel unterstützte Thatsache, welche eine entgegengesetzte Entscheidung begründen würde, in den Urtheilsgründen gar nicht erwähnt ist; b) wenn der aus einer bestimmten Erklärung einer Partei entnommene Entscheidungsgrund dem wörtlichen Inhalte dieser Erklärung entgegen ist, oder wenn eine Thatsache, im Falle eine Beweisaufnahme stattfand, gegen den wörtlichen Inhalt der beigebrachten oder aufgenommenen Beweismittel festgestellt worden ist; c) wenn zur Begründung der Richtigkeit einer solchen Thatsache den beigebrachten oder aufgenommenen Beweismitteln, welchen nach den Gesetzen die Beweiskraft völlig mangelt, dennoch Beweiskraft beigelegt worden ist." In analogischer Weise können diese letzteren Bestimmungen freilich nur in beschränkter Weise benutzt werden, denn die Verordnung und das vorliegende Gesetz decken sich mit ihren verschiedenen Ausdrücken: „wider den klaren Inhalt der Akten" und „der klaren thatsächlichen Lage widerspricht," nur zum Theil. Der preußische Nichtigkeitsrichter ist an das Aktenmaterial gebunden, und hat dasselbe auch stets zu seiner Verfügung. Dagegen kann nicht mit Sicherheit darauf gerechnet werden, daß dem neuen Gerichtshof in allen Fällen die Akten der kirchlichen Disciplinarbehörden zur Hand sein werden. Es können solche überhaupt nicht oder nicht vollständig geführt oder, wenn dies auch der Fall gewesen, bei Seite geschafft sein, um sie dem Gerichtshof unzugänglich zu machen. Auf die Akten allein konnte der letztere also nicht verwiesen werden, sondern es war auch der Umstand in Rechnung zu ziehen, daß der Thatbestand anderweitig ermittelt werden mußte. Führt diese Feststellung durch den Gerichtshof zu einem klaren und positiven Ergebniß, welches dem dem Schuldigen zur Last gelegten Vergehen direkt widerspricht, so ist der in dem Gesetze vorgesehene Fall vorhanden. Es findet hier nicht eine Vergleichung des schon anderweit gewürdigten Thatbestandes mit dem Resultate dieser Würdigung statt, sondern gewissermaßen ein nochmaliges, nachträglich den Thatbestand schaffendes Beweisverfahren, und eine Prüfung des Resultates derselben, um danach das Facit, welches der kirchliche Disciplinar-Richter durch Verhängung der Strafe gezogen hat, zu bemessen. Läugnen läßt es sich nicht, daß in einem solchen Fall die Grenzen des Ermessens sehr weite und flüssige sein können. Indessen durfte eine solche freie Bewegung dem Gerichtshof nicht verschlossen werden, ohne den kirchlichen Behörden die Möglichkeit zu gewähren, die Berufung durch schnelles Ueberseitebringen der Akten und durch eine rein mündliche Procedur illusorisch zu machen. Ganz abgesehen davon, daß die kirchlichen Behörden es in der Hand haben, durch Führung ordentlicher Akten und Einreichung derselben solche Fälle zu verhindern, kommt hinzu, daß sie äußerst selten eintreten werden. Denn für die Regel wird in solchen schon der Berufungsgrund des § 10 Nr. 2 u. § 2 vorliegen, und es nicht nöthig sein, auf den ex clausula generali des § 11 Nr. 1 zurückzugehen. Das letztere wird vielmehr nur erforderlich werden, wenn die Entfernung aus dem Amte nicht als Disciplinarstrafe, sondern sonst wider Willen des Berechtigten ausgesprochen worden oder wenn bei der Verhängung einer derartigen Disciplinarstrafe trotz erfolgter Beiseiteschaffung der Akten doch festgestellt werden kann, daß ein geordnetes processualisches Verfahren innegehalten worden ist, aber die dem Verurtheilten in Gemäßheit des § 2 Abs. 3 mitgetheilten Entscheidungsgründe wegen ihrer Dürftigkeit die Sachlage nicht genau erkennen lassen.

Der Hauptfall der Anwendbarkeit der Bestimmung, d. h. der, wo das vom Disciplinarrichter gezogene Facit des Beweises dem Inhalte desselben klar widerspricht, schließt den in der citirten Verordnung unter b. aufgeführten Fall in sich. Der dort unter a. gedachte ist analogisch nicht anwendbar, denn derselbe hängt damit zusammen, daß als Voraussetzung der Nichtigkeitsbeschwerde das Erkennen gegen den klaren Inhalt der Akten, hier aber als Bedingung der Berufung das Erkennen gegen die klare thatsächliche Lage hingestellt ist. Die Uebergehung einer vom Angeschuldigten angeführten, mit Beweismitteln unterstützten Thatsache kann sehr wohl deshalb geschehen sein, weil sie für irrelevant erachtet worden, und aus ihrer bloßen Uebergehung in den Urtheilsgründen folgt noch nicht, daß sie überhaupt unberücksichtigt geblieben ist. Ueberdies ist die betreffende Thatsache durch ihre Behauptung noch nicht festgestellt, sie gehört also nicht zu dem Komplex von Thatsachen, welche die klare thatsächliche Lage konstituiren. Ein Bedürfniß, diesen Fall unter den § 11 Nr. 1 zu subsumiren, liegt übrigens nicht vor. Nach § 10 Nr. 2 und § 2 bildet der Mangel eines geordneten processualischen Verfahrens, also auch die nicht gewährte ausreichende Vertheidigung, ebenfalls einen Berufungsgrund. Ein Zuwiderhandeln gegen § 2 kann sehr wohl in der Beschränkung des Entlastungsbeweises über relevante Thatsachen gefunden werden, und somit ist für solche Verletzungen schon durch die eben angeführten Vorschriften des Gesetzes ein genügender Schutz gewährt. Ebensowenig läßt sich der Fall c. der Verordn. hier heranziehen. Die Gesetze, nach denen die Prüfung des Beweises vorzunehmen ist, sind Prozeßgrundsätze, also Rechtsgrundsätze im weiteren Sinne, und die Verordn. erwähnt diesen Fall, weil der angeführte § 5 überhaupt eine Exemplifikation der allgemeinen Kategorie: Verletzung wesentlicher Prozeßvorschriften aufstellt. Das vorliegende Gesetz stellt aber die Verletzung aller Rechtsgrundsätze, gleichviel ob sie materielle oder processuale sind, dem Erkennen gegen die klare thatsächliche Lage gegenüber.

[3]) **die Gesetze des Staates,** d. h. solche, welche vom Staat erlassen sind. Demnach gehören hierher auch die Rechtsnormen, welche die Beziehungen des Staates zur Kirche regeln, selbst wenn eine Kirche, wie die katholische, das betreffende Gebiet, z. B. das persönliche Eherecht, Gerichtsbarkeit über die Kleriker u. s. w. als der staatlichen Gesetzgebung entzogen betrachtet. Den Gegensatz zu den Gesetzen des Staates bilden im Sinne des Gesetzes die von der Kirche innerhalb der ihr staatlich zugewiesenen Sphäre erlassenen Bestimmungen und Ordnungen. Das gilt sowohl für die

katholische, wie auch für die protestantische Kirche. Als kirchliche Normen der letzteren sind diejenigen anzusehen, welche von dem Landesherrn kraft der Kirchengewalt, des sog. jus in sacra, gegeben sind. Für die Zeit vor Erlaß der Verfassungs-Urkunde ist die Frage, ob eine landesherrliche Anordnung in die eine oder andere Kategorie gehört, für jede in Betracht kommende durch besondere thatsächliche Feststellung zu erledigen. Die Vorschriften des A. L. R. Th. II. Tit. 11 sind jedenfalls als Staatsgesetze zu betrachten, da das allgemeine Landrecht wegen seines Charakters als eines staatlichen Gesetzbuches nur als Emanation der staatlichen Gesetzgebungs-Gewalt des Landesherrn betrachtet werden kann, und überdies die Redaktoren des Landrechts das jus episcopale des Landesherrn in Zweifel gezogen haben (Jacobson, K. R. S. 110).

Eine Verletzung der Staatsgesetze, welche Voraussetzung der Berufung ist, liegt dann vor, wenn die Entscheidung solche Vorschriften, welche eine absolute Bedeutung haben, nicht berücksichtigt, und dem Verurtheilten eine Handlung oder Unterlassung als strafbar anrechnet, welche der Staat entweder verlangt oder deren Vornahme dem Angeschuldigten unter allen Umständen frei bleiben soll. Die erstere Kategorie von Fällen deckt sich mit der im § 10 Nr. 4 a. gedachten. So gehören hierher z. B. die in den Debatten des Herrenhauses (stenogr. Ber. S. 553) angeführten Beispiele der Amtsentsetzung eines Geistlichen, welcher entgegen dem Befehle des Bischofs eine von der Polizei auf Grund des § 10 des Vereinsgesetzes vom 11. März 1850 verbotene Prozession abzuhalten oder einen Hirtenbrief von der Kanzel mit Rücksicht auf § 130 a. des Reichs-Str.-G.-B. zu verlesen sich geweigert hat; denn in diesen beiden Fällen liegt eine durch die Anordnung der Obrigkeit, resp. das Gesetz gebotene Unterlassung vor. Bedeutsam ist die Bestimmung dagegen wegen der zweiten Kategorie. Zu dieser würde eine Amtsentsetzung, weil der Geistliche sich der unzulässigen körperlichen Züchtigung oder der Verweisung in eine Demeriten-Anstalt nicht gefügt hat, kurz die ganze Gruppe der Anm. 7 a. E. zu § 10 charakterisirten Fälle gehören.

[4]) **allgemeine Rechtsgrundsätze** sind nach der Erklärung des Kultusministers (s. stenogr. Ber. des Herrenh. S. 552) solche, „die auf allen Rechtsgebieten ohne Ausnahme, nicht blos auf dem Gebiete des kirchlichen Rechts gelten", hinzuzusetzen ist: auch solche, welche für jede rechtliche Ordnung eines bestimmten Verhältnisses wegen ihrer Fundamentalität maßgebend sind, bez. sein müssen, also z. B. der Grundsatz, daß der Angeklagte nicht den Beweis seiner Nichtschuld zu führen hat, daß ein suspektes Gericht nicht erkennen darf, daß erzwungene Geständnisse keine Beweiskraft besitzen, daß Handlungen, welche erzwungen sind, nicht bestraft werden können u. s. w.

[5]) **verletzt.** Die Verletzung von Gesetzen des Staates oder von allgemeinen Rechtsgrundsätzen bildet allein die Voraussetzung der Berufung. Sie ist nicht etwa dadurch beschränkt, daß das Dogma oder die Kultusordnung einer Kirche dem Staatsgesetze entgegensteht. Das folgt aus dem Wortlaut der Bestimmung und namentlich daraus, daß das Amendement des Grf. v. Krassow im Herrenhause (S. 68) und ein ähnliches in der Kommission des Abgeordnetenhauses (Kommiss.-Ber. S. 20, 21 u. 23) verworfen worden ist, hier mit der vollkommen richtigen Motivirung: „Unzweifelhaft stehen die Lehren der einen oder andern Religionsgesellschaft in Widerspruch mit der Unterrichts-Gesetzgebung, dem Eherecht, der Gerichtsverfassung des Staates und sehr vielen anderen Gesetzen. In solchem Falle könne der betreffende Religionstheil dem Dogma, unbeschadet seines Gewissens, keine äußere Folge geben, so weit dasselbe in Widerspruch mit Landesgesetz und den Rechten anderer Konfessionen trete." Die Befürchtung, daß der Gerichtshof in das innerste Gebiet der Kirche übergreifen, ja zum obersten Richter über die Kirchenlehre gemacht werden könnte, ist bei der jetzigen Fassung des § eine völlig unbegründete. Der Gerichtshof kann mit seinen Entscheidungen nur insoweit Dogma und Kultus treffen, als schon bisher der Staat durch seine sonstigen Organe jede unter Hinweis auf Dogma und Kultus begangene Gesetzverletzung zurückzuweisen berechtigt war. Dagegen ist es nicht möglich, daß er in die Lage kommt, eine Entscheidung abzugeben, was Dogma oder Kultusakt einer Kirche ist oder nicht, weil darüber weder die Staatsgesetze noch die allgemeinen Rechtsgrundsätze irgend eine Bestimmung enthalten.

[6]) **nach erfolgter vorläufiger Suspension vom Amte,** d. h. wenn die Suspension bei Eröffnung oder während der Untersuchung als provisorische Maßregel, also nicht als Disciplinarstrafe (vgl. S. 49), verhängt ist.

§. 12.*)

Die Berufung steht Jedem zu, gegen welchen die Entscheidung ergangen ist,[1]) sobald er die dagegen zulässigen Rechtsmittel[2]) bei der vorgesetzten kirchlichen Instanz[3]) ohne Erfolg geltend gemacht hat.[4])

Liegt ein öffentliches Interesse vor, so steht die Berufung auch dem Ober-Präsidenten zu,[5]) jedoch erst dann, wenn die bei den kirchlichen Behörden angebrachten Rechtsmittel[6]) ohne Erfolg geblieben sind oder die Frist zur Einlegung derselben versäumt ist.[7])

---

[7]) **das weitere Verfahren ungebührlich verzögert wird.** Damit wird die Möglichkeit eines Schutzes gegen Verschleppungen der Untersuchung gewährt; namentlich gegen Umgehung des Gesetzes dadurch, daß die blos vorübergehenden Zwecken dienende Suspension faktisch in eine wirkliche Strafe verwandelt wird. Der in der Kommission hervorgetretene Gedanke, für diesen Fall statt der Berufung blos eine Beschwerde zu gewähren, ist mit Recht aufgegeben worden, „weil ein Staatsgerichtshof in seiner nebengeordneten Stellung den kirchlichen Behörden gegenüber wohl nicht im Wege der „„Beschwerde"" eingreifen könne, welche eine verfassungsmäßige Subordination der gegenüberstehenden Gerichte voraussetze" (Kommissions-Bericht S. 23). Ist die Berufung begründet, so wird die vorläufige Suspension von dem Gerichtshofe für nichtig erklärt (§ 21).

§ 12. *) Die Fassung entspricht der Regierungsvorlage. Die Amendements Dr. Brüel und Grf. v. Schweinitz, den Absatz 2 zu streichen, sind im Abgeordnetenhause verworfen worden, stenogr. Ber. S. 1668.

[1]) **gegen welchen die Entscheidung ergangen ist**, d. h. seitens des disciplinarisch Verurtheilten oder wider seinen Willen aus dem Amte Entfernten (§ 11 Nr. 1).

[2]) **dagegen zulässigen Rechtsmittel.** Die Zulässigkeit der Rechtsmittel bestimmt sich nach dem Rechte jeder Kirche. In der katholischen Kirche sind die gemeinrechtlichen Rechtsmittel der Appellation, der Nichtigkeitsbeschwerde, der außergerichtlichen, einfachen Beschwerde und der Wiedereinsetzung in den vorigen Stand anerkannt, vgl. München, kanon. Gerichtsverfahren und Strafrecht. Bd. 1 S. 529 ff. Bestimmungen, welche die gemeinrechtlichen Vorschriften ergänzen, finden sich in den für einzelne Diöcesen erlassenen Verordnungen (vgl. z. B. die erwähnte Prager Instruktion §§ 7—10, 48—52 u. 82—84; auch die erzbischöflich-kölnische Bekanntmachung v. 26. Dezbr. 1848 die Konstituirung der geistl. Gerichte betr. bei Walter, fontes jur. eccles. p. 532 verheißt im § 15 den Erlaß einer solchen Instruktion), jedoch ist von diesen so gut, wie Nichts, an die Oeffentlichkeit gelangt.

In der evangelischen Kirche Altpreußens steht dem Angeschuldigten gegen die Disciplinar-Urtheile der Konsistorien der binnen 4wöchentlicher, von der Publikation an laufender Frist einzulegende Rekurs an den Ober-Kirchenrath zu (Aktenstücke des Ober-Kirchenraths Bd. 1 Heft 5 S. 21), gegen die durch bloßes Dekret festgesetzten Strafen eine Beschwerde zu. Der Rekurs von den Konsistorien zu Kiel, Wiesbaden und Kassel geht dagegen an den Kultusminister, in Hannover findet Berufung an das Landeskonsistorium statt, citirte Verordn. vom 17. April 1866 (S. 60,) welchem nach § 66 Nr. 2 der Kirchenvorstands- und Synodal-Ordnung von 1864 der Ausschluß der Landessynode hinzutritt, falls wider einen im geistlichen Amte Angestellten wegen Mangels der Rechtgläubigkeit oder wegen falscher Lehre auf Entlassung oder Disciplinarstrafe zu erkennen ist.

Selbstverständlich muß auch das in dem betreffenden Falle geeignete Rechtsmittel geltend gemacht sein.

[3]) **der vorgesetzten kirchlichen Instanz**; diese ist in der katholischen Kirche der Erzbischof, in den exemten Diöcesen (z. B. Breslau, Ermland) findet sich ein vom Bischof bestelltes zweitinstanzliches Gericht, ebenso in einzelnen Erzdiöcesen (so z. B. in Köln), während mitunter auch ein anderes

geistliches Gericht vom Papste zum Appellationsgericht bestellt ist (so die geistlichen Gerichte in Posen und Gnesen wechselseitig für einander).

An eine außerdeutsche Instanz, also bis nach Rom, braucht der Berufende die Sache nicht zu verfolgen. Eine solche ist nach § 1 des Gesetzes nicht zur Ausübung der Disciplinargewalt berechtigt, existirt also für den Staat nicht. Nur dann, wenn eine besondere dritte deutsche Instanz bestellt ist, muß diese gegen ein ungünstiges Erkenntniß zweiter Instanz noch beschritten werden.

[4]) **geltend gemacht hat,** d. h. nicht blos eingelegt, sondern auch gehörig verfolgt hat.

[5]) **steht die Berufung auch dem Ober-Präsidenten zu.** Die Motive der Regierungs-Vorlage S. 16 bemerken hierzu: „Das im § 12 Abs. 2 vorgesehene Verfahren von Amtswegen findet seine Rechtfertigung darin, daß es sich bei dem Mißbrauch der geistlichen Amtsgewalt nicht blos um die Schädigung von Privatrechten, sondern zugleich um eine Verletzung der öffentlichen Rechtsordnung handelt, welche unter Umständen die staatlichen Interessen zu gefährden vermag. Die Wahrung dieser Interessen kann aber um so weniger von einer Beschwerde des verletzten Privaten abhängig gemacht werden, als die katholische Kirche ihren Angehörigen die Berufung an den Staat gegen Entscheidungen der geistlichen Oberen grundsätzlich verbietet, Syllabus v. 8. Dezember 1864, Nr. 41" (u. A. bei Friedberg, Samml. d. Aktenstücke z. erst. vatikan. Koncile S. 902; übrigens auch bestraft, s. S. 68), „das Rechtsmittel daher ohne Möglichkeit des amtlichen Einschreitens gerade in den dringendsten Fällen versagen dürfte."

[6]) **wenn die bei den kirchlichen Behörden angebrachten Rechtsmittel,** welche der Betroffene eingelegt hat. Der Ober-Präsident selbst hat sich nicht an diese Behörden zu wenden. Er ist dazu gar nicht legitimirt, weil er nicht der Beschwerte ist.

[7]) **die Frist zur Einlegung derselben versäumt ist.** Durch diese Bestimmung wird ausgesprochen, daß die Geltendmachung des staatlichen Interesses zwar erst dann, wenn der betheiligte Kirchendiener nicht selbst bei seinen kirchlichen Behörden Abhülfe gesucht hat, erfolgen, aber nicht allein vom Willen desselben abhängig sein soll. Demgemäß muß die Vorschrift auch analogisch auf den Fall angewendet werden, wenn der Betheiligte zwar das Rechtsmittel eingelegt, es aber nicht weiter verfolgt hat.

Hat der Betheiligte dagegen erfolglos die höheren kirchlichen Instanzen angerufen, so ist die Einlegung und Verfolgung der Berufung sowohl seinerseits, wie auch gleichzeitig durch den Ober-Präsidenten möglich.

Was den Erfolg der einseitig von dem letzteren ergriffenen Berufung betrifft, so ist es irrig zu behaupten (so v. Oesfeld a. a. O. S. 94 N. 32), daß dieser dem Betheiligten nicht zu Gute kommt. Das hier in Rede stehende Rechtsmittel steht, wenn es im öffentlichen Interesse geltend gemacht wird, nicht dem französischen Kassationsrekurs im Interesse des Gesetzes gleich. Es ist dies deshalb unmöglich, weil es für den Staat das einzige Mittel ist, ihn berührende Rechtsverletzungen der kirchlichen Behörden zu beseitigen (S. 65.) Allerdings ist es richtig, daß, wie seitens des Regierungs-Kommissars in der Kommission bemerkt wurde (Kommiss.-Ber. S. 23), der Erfolg dem betheiligten Geistlichen nur zu statten kommen werde, wenn er es selbst wolle. Indessen hat dies lediglich seinen Grund darin, daß der Geistliche auf seine Amtsrechte verzichten kann. Weiter, als eine solche Renunciation möglich ist, können daher auch die Wirkungen der durch den Gerichtshof ausgesprochenen Vernichtung einer Disciplinar-Entscheidung nicht beseitigt werden. Für den Staat tritt z. B. die Vakanz des Amtes, wenn der den Vorschriften dieses Gesetzes zuwider entsetzte Geistliche sich auch bei der Entscheidung des kirchlichen Gerichtes beruhigt, der Ober-Präsident aber die Berufung eingelegt hat, nicht in dem Momente der Rechtskraft der Entscheidung ein, sondern erst in dem Augenblick, wo es feststeht, daß der Geistliche trotz der Vernichtung der Entscheidung nicht im Amte verbleiben will. Eine anderweitige Besetzung des Amtes durch den Bischof in der Zwischenzeit kann also seitens des Staates verhindert werden, und der inzwischen neu ernannte Amtsträger wird keine auf staatlichem Gebiete wirksamen Rechte ausüben können.

§. 13.*)

Die Berufung ist bei dem Königlichen Gerichtshofe für kirchliche Angelegenheiten [1]) schriftlich anzumelden.

Die Frist zur Anmeldung beträgt in den Fällen des §. 10 und §. 11 Absatz 1 für den durch die Entscheidung Betroffenen vier Wochen. Sie beginnt mit Ablauf des Tages, an welchem die Entscheidung mit Gründen ihm zugestellt ist. [2])

In den Fällen des §. 11 Absatz 2 [3]) ist die Berufung an keine Frist gebunden.

Für den Ober-Präsidenten beträgt die Frist, wenn ihm die Entscheidung als endgültige amtlich mitgetheilt [4]) ist, drei Monate, andernfalls ist derselbe an keine Frist gebunden. [5])

---

§ 13. *) Die Fassung rührt von der Kommission her. Die Regierungsvorlage lautete: „Die Berufung ist bei dem Königlichen Gerichtshof für kirchliche Angelegenheiten schriftlich anzumelden. Die Frist zur Anmeldung beträgt in den Fällen des §. 10. für den durch die Entscheidung Betroffenen, vier Wochen. Sie beginnt mit Ablauf des Tages, an welchem die Entscheidung amtlich zu seiner Kenntniß gelangt ist. In den Fällen des §. 11 und für den Ober-Präsidenten (§. 12 Absatz 2) ist die Berufung an keine Frist gebunden." — Abgelehnt sind im Abgeordnetenhause die Amendements des Grf. v. Schweinitz: 1) § 13 Abs. 2 Zeile 2 die Worte: „und § 11 Absatz 1" zu streichen und statt ihrer hinzuzufügen: „Absatz 1—3"; — 2) § 13 Abs. 3 Zeile 1 die Worte: „§ 11 Abs. 2" zu streichen und statt ihrer zu setzen: „§ 10 Absatz 4" (vgl. zu § 10 *); — 3) „§ 13 Abs. 4 zu streichen" (stenogr. Ber. S. 1670.)

[1]) **Gerichtshofe für kirchliche Angelegenheiten,** vgl. § 32.

[2]) **die Entscheidung mit Gründen ihm zugestellt ist.** So lange die Entscheidung blos dem Betheiligten publicirt oder ihm schriftlich ohne Gründe mitgetheilt ist, beginnt also der Fristablauf nicht. Hier kann die Publikation nicht, wie im § 7, der Zustellung gleichgestellt werden, weil der Betroffene das vollständige Material in Händen haben muß, um sich über die Einlegung der Berufung schlüssig zu machen. Da er zunächst die kirchlichen Instanzen zu beschreiten hat, so läuft die Frist erst von der Zustellung der Entscheidung der obersten Instanz ab. Dagegen ist er befugt, sofort nach der Publikation und vor der ordnungsmäßigen Zustellung einer solchen Entscheidung die Berufung einzulegen, weil er schon dann beschwert ist und die kirchliche Behörde unter Beiseitesetzung der Vorschriften des Gesetzes möglicher Weise mit der Exekution der Entscheidung beginnen kann.

[3]) **in den Fällen des § 11 Absatz 2;** d. h. wenn nach der vorläufigen Suspension das weitere Verfahren ungebührlich verzögert wird, weil es hier naturgemäß keinen festen dies a quo geben kann.

[4]) **als endgültige amtlich mitgetheilt.** Der Lauf der vorgesehenen dreimonatlichen Frist setzt also voraus: 1) eine amtliche Mittheilung seitens der kirchlichen Disciplinar- oder einer von dieser beauftragten Behörde, 2) Beifügung der Entscheidung, sowie 3) der Entscheidungsgründe, vgl. § 7 Abs. 2, endlich 4) die Erklärung der betreffenden Behörde, daß die Entscheidung eine endgültige ist.

[5]) **an keine Frist gebunden.** Mit Bezug auf die gegen diese Bestimmung bei den Berathungen des Abgeordnetenhauses erhobenen Angriffe (stenogr. Ber. S. 1669) bemerkte der Berichterstatter Dr. Gneist (a. a. O. S. 1670) mit vollem Recht: „Sie können doch eine Frist demjenigen, der Rechte zu wahren hat, nicht eher stellen, ehe er Kenntniß hat von der Verletzung des Interesses. Das ist der Grund, warum man den Ober-Präsidenten nicht an die Frist von 4 Wochen binden kann; das würde voraussetzen, daß sämmtliche geistliche Behörden erst verpflichtet würden, ihm amtlich Kenntniß zu geben von jeder Entscheidung, Kenntniß davon, welchen Verlauf jede Entscheidung genommen hat, und ob sie rechtskräftig geworden ist. — Wenn Sie behaupten, das sei etwas Unerhörtes, so ist es nicht mehr als der bisherige Zustand. War denn bisher der Ober-Präsident, der eine solche Sache selbst entschied, an irgend eine Frist gebunden? Das Verhältniß

§. 14.*)

Durch Einlegung der Berufung wird die Vollstreckung der angefochtenen Entscheidung aufgehalten.[1]) Der Gerichtshof ist jedoch befugt, die vorläufige Vollstreckung zu gestatten.[2]) Andernfalls kann die Einstellung der Vollstreckung[3]) von dem Gerichtshofe durch Geldstrafen bis zum Betrage von 1000 Thalern erzwungen werden (§. 8 Absatz 2).[4])

§. 15.*)

Die Berufung ist innerhalb 14 Tagen nach der Anmeldung[1]) schriftlich zu rechtfertigen.[2]) Diese Frist kann auf Antrag verlängert werden.

---

war dasselbe, seitdem es Ober-Präsidenten giebt, seitdem es ein jus circa sacra giebt. Die öffentlichen Rechte des Staates verjähren überhaupt nicht. Wenn die Herren endlich von pyramidalen Bildungen sprechen, dann bitte ich um Antwort: sollen wir etwa ihrem Muster folgen, wie es in der kirchlichen Jurisdiktion stand? Da gab man wegen jedes kleinen ausgedachten Defektes im Civil- oder Naturalrecht eine „Nullitätsquerel", die 30 Jahre dauerte und jedes rechtskräftige Urtheil 30 Jahre in der Schwebe hielt."

§ 14. *) Entspricht der Regierungsvorlage. Im Abgeordnetenhause ist der Antrag des Grf. v. Schweinitz, den § 14 zu fassen: „Durch Einlegung der Berufung wird die Vollstreckung der angefochtenen Entscheidung nicht aufgehalten. Der Gerichtshof ist jedoch befugt, die Vollstreckung zu untersagen. In diesem Falle kann die Einstellung der Vollstreckung von dem Gerichtshofe durch Geldstrafen bis zum Betrage von 1000 Thaler erzwungen werden (§ 8 Abs. 2)," sten. Ber. S. 1672, 1673, und im Herrenhause der Antrag des Grf. v. Krassow, welcher dem § 14 dieselbe Fassung, wie die eben mitgetheilte, mit der unerheblichen Abweichung, daß der dritte Satz beginnen sollte: „Es kann in diesem Falle," zu geben bezweckte, abgelehnt, sten. Ber. des Herrenh S. 555.

[1]) **aufgehalten.** Der Suspensiv-Effekt ist die Regel, weil es sich hier um die Zurückweisung von Angriffen gegen die Staatsgesetze handelt.

[2]) **die vorläufige Vollstreckung zu gestatten.** Bei der Verschiedenheit der möglichen Fälle ließen sich die Gründe nicht im Gesetze angeben. Der Gerichtshof wird aber stets von dieser Befugniß Gebrauch zu machen haben, wo die Einlegung der Berufung nach den eigenen, vollständig vorliegenden Angaben des Beschwerdeführers ungerechtfertigt erscheint, da ihm das Gesetz keine Befugniß giebt, das Rechtsmittel durch einfaches Decret zurückzuweisen, dasselbe aber andererseits nicht bezweckt, die Ausübung der Disciplinargerichtsbarkeit innerhalb der gesetzlichen Schranken zu hindern.

[3]) **Einstellung der Vollstreckung;** darunter ist auch die Rückgängigmachung der bereits begonnenen Vollstreckung zu verstehen, weil das Gesetz Suspensiv-Effekt hat und die Vorschrift nur den Zweck verfolgt, diesen zu sichern.

[4]) **Geldstrafen bis zum Betrage von 1000 Thalern erzwungen werden.** (Abs. 8 Abs. 2.) Das Citat bedeutet, daß die Geldstrafe auch wiederholt werden kann. Die Vollstreckungsorgane bilden nach § 36 des Ges. die Verwaltungsbehörden. Für die Geldstrafen gilt daher das S. 58 Anm. 4 u. 5. Bemerkte. Da das Gesetz einen anderen Exekutions-Modus nicht verbietet, vielmehr mit seiner Bestimmung nur ein besonderes Mittel, um den Suspensiv-Effekt zur Geltung zu bringen, gewährt, so ist die Anwendung anderer Zwangsmittel, z. B. Wiedereinsetzung des entfernten Geistlichen und Entfernung des trotz des Suspensiv-Effektes neu angestellten aus dem Dienstgebäude, Oeffnung der Kirche für den ersteren u. s. w. durch die Behörden nicht ausgeschlossen. — A. M. das Mitglied des Abgeordnetenhauses in seiner Ausgabe S. 25. Der dort angegebene Grund, daß kein verfassungsmäßiges Subordinationsverhältniß der kirchlichen Behörden vorliegt, trifft nicht zu, weil dieser auch die Anwendung von Geldstrafen ausschließen würde. Diese letzteren sind deshalb ausdrücklich hervorgehoben, weil eine direkte Exekution nicht in allen Fällen zum Ziele führt.

§ 15. *) Unverändert nach der Regierungs-Vorlage.

[1]) **nach der Anmeldung.** Das kann nicht heißen nach dem Ablauf der Anmeldungsfrist,

§. 16.*)

Die Anmeldung und die Rechtfertigungsschrift[1]) wird der kirchlichen Behörde zur Abgabe einer schriftlichen Erklärung[2]) und Einreichung der Akten innerhalb 4 Wochen zugefertigt. Die Einreichung der Akten kann erzwungen werden,[3]) geeignetenfalls durch Geldstrafen bis zum Betrage von 1000 Thalern (§. 8 Absatz 2).[4])

§. 17.*)

Der Gerichtshof trifft die zur Aufklärung der Sache erforderlichen Verfügungen.[1]) Die Beweisverhandlungen[2]) sind unter Zuziehung eines vereideten Protokollführers[3]) aufzunehmen.

---

weil eine solche nicht für alle Fälle besteht, vgl. § 13 u. § 11 Abs. 2. Der Tag des Eingangs der Anmeldung bei dem Gerichtshofe ist der dies a quo. Da dieser aber dem Betheiligten nicht mitgetheilt wird, so muß derselbe, um die Frist nicht zu versäumen, letztere von dem Tage der Absendung ab berechnen.

[2]) **rechtfertigen** nach Maßgabe der Vorschriften dieses Gesetzes, d. h. unter Angabe der Thatsachen, welche einen der nach §§ 10 u. 11 zulässigen Berufungsgründe bilden. Eine spätere Ergänzung der Thatsachen oder die Substitution eines anderen Berufungsgrundes im Laufe der weiteren Verhandlung ist nicht ausgeschlossen. Das Gesetz hat die Eventual-Maxime nicht adoptirt, weil diese für derartige Verhandlungen, wo nicht lediglich Partei-, sondern auch öffentliche Rechte in Frage stehen, also die Feststellung der materiellen Wahrheit möglichst erstrebt werden muß, unpassend ist. Ebensowenig ist eine Desertion des Rechtsmittels für den Fall ausgesprochen, daß die Rechtfertigung nicht innerhalb der gesetzlichen oder verlängerten Frist eingegangen ist. In einem solchen Fall hat die Vorschrift des § 15 nur die Bedeutung, den Zeitraum zu bestimmen, mit dessen Ablauf der Gerichtshof in Gemäßheit der §§ 16 ff. weiter verfahren kann.

§ 16. *) Nach der Fassung der Kommission, welche von der Regierungsvorlage allein dadurch abweicht, daß sie die in der letzteren am Schlusse des § stehenden Worte: „erzwungen werden" vor: „geeignetenfalls" eingeschoben hat.

[1]) **und die Rechtfertigungsschrift,** sofern eine solche eingegangen ist.

[2]) **schriftlichen Erklärung.** Geht eine solche nicht innerhalb der Frist ein, so kann der Gerichtshof der Sache Fortgang geben. Ueber die Ergänzung und Aenderung der schriftlichen Erklärung gilt das zu § 15 Anm. 2 über die Rechtfertigungsschrift Bemerkte. Eine Verlängerung der Frist ist nicht ausgeschlossen.

[3]) **Die Einreichung der Akten kann erzwungen werden,** durch direkte Wegnahme im Wege der Administrativ-Exekution. Insoweit als diese nach Ablauf der Frist verfügt werden kann, besteht also ein Präjudiz für den Ungehorsam. Durch seine Fassung stellt der § dieses Zwangsmittel als das regelmäßige hin. Es führt am schnellsten zum Ziele und ist ferner auch insofern das angemessenste, als dadurch das erforderliche Material am leichtesten und auf das Vollständigste beschafft wird.

[4]) **geeignetenfalls durch Geldstrafen bis zum Betrage von 1000 Thlrn.** (§ 8 Abs. 2). Von diesem Mittel wird namentlich da Anwendung zu machen sein, wo die direkte Exekution sich als fruchtlos erweist, weil die kirchliche Behörde die Akten über Seite gebracht hat. Im übrigen vgl. S. 75 Anm. 4 u. S. 58 Anm. 4 u. 5.

§ 17. *) Unverändert nach der Regierungsvorlage.

[1]) **die zur Aufklärung der Sache erforderlichen Verfügungen,** darunter sind sowohl informatorische Verfügungen nach Eingang der Schriftsätze als auch nach Erlaß des Beweisresolutes verstanden. Namentlich wird sich das Bedürfniß von präparatorischen Verfügungen dann geltend machen, wenn der Schriftenwechsel nicht vollständig ist. Da unter allen Umständen eine mündliche Verhandlung der Definitiv-Entscheidung vorangehen muß, so sind dadurch die

§. 18.*)

Die Entscheidung erfolgt auf Grund mündlicher Verhandlung [1]) in öffentlicher Sitzung. [2])

Die Oeffentlichkeit kann durch Beschluß des Gerichtshofes ausgeschlossen [3]) oder auf bestimmte Personen beschränkt [4]) werden.

§. 19.*)

Zu den Verhandlungen (§§. 17 und 18) [1]) sind der Berufende und die kirchliche Behörde zu zuziehen. Dieselben können sich durch einen Advokaten oder Rechtsanwalt vertreten [2]) lassen. Im Fall ihres Ausbleibens wird nach der Lage der Verhandlungen erkannt. [3])

Außerdem ist der Minister der geistlichen Angelegenheiten [4]) zu benachrichtigen, [5]) welcher einen Beamten [6]) mit seiner Vertretung beauftragen kann. Hat der Ober-Präsident [7]) die Berufung eingelegt, so übernimmt der von dem Minister bezeichnete Beamte die Vertretung des Berufenden.

Parteien in ihren Rechten gewahrt. In derselben haben sie Gelegenheit, etwaige Unvollständigkeiten, Unzuverlässigkeiten u. s. w. in den angestellten Ermittelungen zu rügen.

[2]) **Beweisverhandlungen**, also alle, sowohl die, welche vor dem Gerichtshofe selbst, als auch vor einem beauftragten Mitgliede desselben und auf Ersuchen vor andern Behörden stattfinden.

[3]) **vereideten Protokollführers.** Da ein solcher bei jeder mündlichen Verhandlung von dem Gerichtshofe zugezogen werden muß (§ 22), so hat diese Vorschrift ihre eigentliche praktische Bedeutung für die übrigen in der vorigen Anm. erwähnten Fälle. Mit Rücksicht darauf, daß bei den Gerichten überall solche Personen vorhanden sind, werden diese für die Regel um die Aufnahme von Beweisverhandlungen zu ersuchen sein.

§ 18. *) Unverändert nach der Regierungsvorlage.

[1]) **auf Grund mündlicher Verhandlung.** Die Unterlage für die Entscheidung bilden nicht die Schriftsätze, sondern die mündlichen Erklärungen der Parteien, es gilt also für das Verfahren vor dem Gerichtshof das Prinzip der Unmittelbarkeit. Vgl. ferner Anm. 1 zu § 21.

[2]) **in öffentlicher Sitzung.** Das Verfahren, d. h. die Verhandlung und die Publikation der Entscheidung ist öffentlich.

[3]) **durch Beschluß des Gerichtes ausgeschlossen.** Dies kann auf Antrag einer der betheiligten Personen oder von Amtswegen erfolgen. Die Verhandlung darüber muß der Natur der Sache nach und nach Analogie der sonstigen gesetzlichen Vorschriften (vgl. Verf.-Urk. Art. 93. Ges. v. 3. Mai 1852 betr. die Zusätze zu der Verordn. v. 3. Januar 1849, Art. 18, 19 (G.-S. S. 409), Strafproceß-Ordnung für die neuen Provinzen vom 25. Juni 1867 §§ 234, 235 (G.-S. S. 987) in nicht öffentlicher Sitzung erfolgen, während der Beschluß selbst öffentlich zu verkünden ist. Auch hinsichtlich der Gründe für die Ausschließung werden die erwähnten Bestimmungen, welche dieselbe gestatten, wenn der Ordnung und den guten Sitten Gefahr droht, als maßgebend erachtet werden können.

[4]) **auf bestimmte Personen beschränkt**; giebt in anderer Fassung die Vorschrift der Anm. 3 citirten Gesetze wieder, daß gewissen unbetheiligten Personen auch bei Ausschluß der Oeffentlichkeit der Zutritt gewährt werden kann.

§ 19. *) Unverändert nach der Regierungsvorlage. Das Amendement des Grf. v. Schweinitz: in Abs. 2 Z. 3 u. ff. die Worte: „Hat der Ober-Präsident u. s. w." zu streichen, ist im Abgeordnetenhause abgelehnt worden, stenogr. Ber. S. 1677.

[1]) **Zu den Verhandlungen** (§§ 17 u. 18), d. h. sowohl zu den Plenar- als auch den kommissarischen Verhandlungen, namentlich zu etwaigen kommissarischen Beweisaufnahmen (s. auch Reg.-Motive S. 16).

§. 20.*)

In dem Termin zur mündlichen Verhandlung giebt ein von dem Vorsitzenden des Gerichtshofs aus der Zahl seiner Mitglieder ernannter Referent eine Darstellung der Sache, wie sie aus den bisherigen Verhandlungen hervorgeht. Hierauf wird der Berufende oder dessen Vertreter, sowie der Vertreter der kirchlichen Behörde und des Ministers der geistlichen Angelegenheiten mit ihren Vor- und Anträgen gehört.

§. 21.*)

Bei der Entscheidung hat der Gerichtshof, ohne an positive Beweisregeln gebunden zu sein, nach seiner freien, aus dem ganzen Inbegriff der Verhandlungen und Beweise geschöpften Ueberzeugung zu entscheiden.[1]) In dem Urtheil ist entweder die Verwerfung der Berufung oder die Vernichtung der angefochtenen Entscheidung[2]) auszusprechen.

Das mit Gründen versehene Urtheil wird in der Sitzung, in welcher die mündliche Verhandlung beendet worden ist oder in einer der nächsten Sitzungen verkündet und eine Ausfertigung desselben dem Berufenden oder dessen Vertreter,[3]) sowie der kirchlichen Behörde und dem Minister der geistlichen Angelegenheiten zugestellt.

---

[2]) **durch einen Advokaten oder Rechtsanwalt vertreten lassen.** Zur Praxis beim Gerichtshofe ist also jeder bei einem preußischen Gerichte angestellte Advokat oder Rechtsanwalt befugt. Die Vertretung der Behörde durch eines ihrer Mitglieder (z. B. des bischöflichen Gerichts durch einen Officialatsrath oder den bischöflichen Syndikus) ist zulässig. Das Auftreten eines solchen Mitgliedes steht dem persönlichen Erscheinen der Partei gleich, da das Gesetz nicht verlangt, daß die ganze Behörde in corpore ihre Rechte wahrnimmt (vgl. die Worte: „der Vertreter der kirchlichen Behörde" im § 20).

[3]) **nach Lage der Verhandlungen erkannt.** Da die Sachlage in den einzelnen Fällen sich sehr verschiedenartig gestalten kann und die Natur der vor dem Gerichtshof zur Verhandlung gelangenden Angelegenheiten nicht eine rein formale Behandlung, nicht einen rein formalen Beweis gestattet, konnte eine allgemeine Kontumazialfolge nicht festgesetzt werden. Die freie Beweistheorie, welche das Gesetz ebenfalls adoptirt (§ 21), gewährt gerade die Möglichkeit, die Bedeutung der Kontumaz der Sachlage jedes einzelnen Falles gemäß zu würdigen.

[4]) **Minister der geistlichen Angelegenheiten.** Dieser ist als Vertreter der staatlichen Interessen zum Verfahren zuzuziehen, da es sich stets neben den besonderen Rechten des Geistlichen auch um diese handelt (vgl. auch Erklärung des Reg.-Kommiss. Dr. Hübler bei den Verhandlungen des Abgeordnetenhauses, stenogr. Ber. S. 1677).

[5]) **zu benachrichtigen,** d. h. von jeder nach dem Schriftwechsel vom Gerichtshof angeordneten, auch kommissarischen Verhandlung.

[6]) **einen Beamten,** gemeint ist wohl ein Staatsbeamter; die Qualifikation ist nicht näher bestimmt, für die Regel wird wohl ein Verwaltungs- oder Justizbeamter ausgewählt werden. Auch ist es nicht erforderlich, daß ein und derselbe Beamte den Minister vertritt, es kann also ein anderer den kommissarischen und ein anderer den Plenar-Verhandlungen beiwohnen.

[7]) **Ober-Präsident;** nicht dieser bestellt sich den Vertreter, sondern der Minister und zwar auch schon für die präparatorischen Verhandlungen.

§ 20. *) Nach der Fassung der Kommission. In der Regierungsvorlage lautete der letzte Satz: „Hierauf werden die Vertreter der kirchlichen Behörde und des Ministers 2c."

§ 21. *) Nach der Fassung der Kommission, welche in die Regierungsvorlage Abs. 2 die Worte: „dem Berufenden oder dessen Vertreter, sowie" eingeschoben hat.

[1]) **nach seiner freien, aus dem ganzen Inbegriff der Verhandlungen und Beweise geschöpften Ueberzeugung zu entscheiden.** Das Gesetz befreit den Gerichtshof bei der Beurtheilung der Thatfrage von jeglichen Fesseln, und geht dabei so weit, daß es nicht einmal hinsichtlich einzelner Beweismittel irgend welche Schranken aufstellt. Man hat dies für bedenklich erklärt und namentlich hervorgehoben, daß das kanonische Recht eine bestimmte formale Beweistheorie kenne, welche für die katholischen geistlichen Gerichte maßgebend sei, und also der Gerichtshof nach einer anderen Beweistheorie urtheile wie die Gerichte, über deren Erkenntnisse er zu entscheiden habe, sten. Ber. des Abgeordnetenhauses S. 1679. Indessen ist dabei übersehen, daß die Frage, über welche der erstere zu befinden hat, eine wesentlich andere ist, als die, welche vor den geistlichen Gerichten verhandelt wird. Die Schuldfrage, welche für diese in erster Linie steht, kommt für den Gerichtshof als solche nicht in Betracht, sondern nur die, ob die Entscheidung gegen die Gesetze verstößt. In den Fällen des § 10 Nr. 1 bis 3 geben die Akten, bez. in den Fällen Nr. 1 u. 3 schon das Erkenntniß selbst den erforderlichen Anhalt. Was die Fälle der Nr. 4 betrifft, so liegt für den Gerichtshof gar keine Veranlassung vor die Frage zu prüfen, ob die Feststellung des Thatbestandes, in welchem das geistliche Gericht das Diciplinar-Vergehen gefunden hat, objektiv richtig ist. Vielmehr fragt es sich nur, ob die thatsächliche Feststellung eine der unter lit. a bis c erwähnten Handlungen oder Unterlassungen enthält. Liegen dem Gerichtshofe die Disciplinar-Akten nicht vor, so muß allerdings die durch diese gegebene Unterlage anderweit beschafft werden, aber dann tritt nur die freie Beweiswürdigung in Bezug auf die Frage ein, ob eine Disciplinar-Maßregel des angegebenen Inhalts ergangen ist, also wieder hinsichtlich eines ganz anderen Objektes, als desjenigen, welches den Gegenstand der Beweisprüfung im Disciplinar-Verfahren gebildet hat. Alles dies gilt auch für die zweite Alternative der Nr. 1 des § 11. Allein bei der ersten, wenn gegen die „klare thatsächliche Lage" erkannt ist, wird die Nachprüfung durch den Gerichtshof erforderlich. Hier bezieht sich aber diese wesentlich auf den Inhalt der Beweismittel und der sonst in Frage kommenden Thatumstände. Für die Würdigung dieser giebt es aber nach kanonischem Rechte gleichfalls keine bestimmten Beweisregeln.

Bei dem Fehlen jeglicher Vorschrift über die Zulässigkeit der Beweismittel entsteht die Frage, ob der Schiedseid und der nothwendige Eid in dem Verfahren vor dem Gerichtshof zugelassen werden können. Der erstere ist m. E. unter allen Umständen ausgeschlossen. Bei dem Verfahren handelt es sich niemals blos um Rechte, welche der freien Privatdisposition der Parteien unterliegen. Ueberdies kommt es stets darauf und allein darauf an, ob die kirchliche Behörde in Wahrheit das Gesetz verletzt hat, und dies kann nimmermehr durch ein rein formales Beweismittel festgestellt werden. Dieser letztere Gesichtspunkt spricht auch für die Ausschließung eines Notheides, weil dieser ebenfalls die Beweisfrage, wenn auch nicht in demselben Maße, wie der Schiedseid, auf formelle Weise erledigt.

Die gleichfalls vom Gesetze unerledigt gelassene Frage nach der Beweislast beantwortet sich durch die Natur des eigenthümlichen Verfahrens, welches in Folge der Berufung eintritt. Dasselbe ist dazu bestimmt, festzustellen, ob eine Gesetzes-Verletzung durch die kirchliche Disciplinarbehörde erfolgt ist. Insofern hat das Verfahren eine Verwandtschaft mit dem Kriminalproceß. Der Berufende nimmt in gewisser Hinsicht die Stellung des Anklägers ein, welcher die Behörde einer Gesetzesverletzung und der dadurch erfolgten Beeinträchtigung seiner speciellen Rechte beschuldigt. Da aber auch zugleich stets das öffentliche Interesse in Frage kommt, so kann der Minister der geistlichen Angelegenheiten sich gleichfalls bei dem Verfahren betheiligen. Deshalb kann man aber nicht annehmen, daß dem Berufenden, bez. dem Vertreter des Ministers eine Beweislast im eigentlichen Sinne obliegt. Denn die kirchlichen Behörden haben ihrerseits ebenfalls die Pflicht, sich innerhalb der ihnen gezogenen Gränzen zu halten, und da sie der Aufsicht des Staates unterstehen und diesem über ihre Maßnahmen Aufklärung zu geben verpflichtet sind, so haben sie gleichfalls die Verbindlichkeit, zwar nicht ihre Unschuld zu beweisen, aber ihre Amtshandlungen darzulegen. Alle Betheiligten sind also sowohl berechtigt, wie verpflichtet, dem Gerichtshof das erforderliche Material herbeizuschaffen. Ja dieser selbst ist ebenfalls befugt, seinerseits die geeigneten Schritte zu thun, um die materielle Wahrheit festzustellen (vgl. § 17), und ist also nicht an die

Anträge der vor ihm verhandelnden Personen gebunden. Von einer Beweislast im eigentlichen Sinne läßt sich demnach bei dem Verfahren vor dem Gerichtshofe gar nicht sprechen.

[2]) **die Verwerfung der Berufung oder die Vernichtung der angefochtenen Entscheidung.** Daß nur diese Alternative statthaft ist, folgt aus der Natur des Rechtsmittels. Der Staat kann seinerseits, wenn die Ueberschreitung des Gesetzes konstatirt ist, nichts Anderes thun, als diese für staatlich nichtig und unwirksam erklären.

Unter Entscheidung ist hier auch die verhängte Entfernung aus dem Amte wider Willen des Berechtigten und die verfügte provisorische Suspension (s. § 11) zu verstehen, vgl. S. 68 u. 71.

Die Entscheidung einer nicht preußischen Disciplinarbehörde unterliegt ebenso gut der Vernichtung, wie die einer preußischen. Damit maßt sich der preußische Staat keine Jurisdiktion über fremde Unterthanen an, sondern er läßt nur die Unwirksamkeit ihrer Verfügungen für das preußische Staatsgebiet feststellen.

In wie fern das vernichtende Erkenntniß res judicata macht, ist nach der Verschiedenheit der Fälle zu beurtheilen. Wo die Vernichtung wegen eines nicht aus dem Thatbestand selbst entnommenen Grundes, also wegen der Fälle des § 10 Nr. 1—3 erfolgt, ist eine nochmalige Disciplinar-Untersuchung, welche sich innerhalb der Gränzen der Gesetze hält, unbedenklich zulässig; das Umgekehrte gilt in den Fällen des § 10 Nr. 4, weil die Handlung überhaupt nicht mit Strafe belegt werden soll. Dasselbe findet statt, wenn die Entfernung aus dem kirchlichen Amte als Disciplinarstrafe oder sonst wider den Willen des davon Betroffenen ausgesprochen worden und die Gesetze des Staates verletzt sind. Auch hier ist derselbe Gesichtspunkt maßgebend, nur wird in solchen Fällen auf eine geringere Disciplinarstrafe erkannt werden können, sofern der Verhängung dieser der § 10 nicht entgegensteht. Widerspricht dagegen die Entfernung der klaren thatsächlichen Lage oder allgemeinen Rechtsgrundsätzen, so ist die Unzulässigkeit oder die Statthaftigkeit einer nochmaligen Untersuchung davon abhängig, ob im ersten Fall die betreffende Handlung überhaupt nicht bewiesen ist und Freisprechung hätte erfolgen müssen oder ob blos die Strafe zu schwer bemessen ist, im zweiten davon, ob trotz der Verletzung des allgemeinen Rechtsgrundsatzes das Verfahren als materiell gültig bestehen bleibt, und nur die Bestrafung nicht hätte erfolgen dürfen, oder ob das Verfahren selbst wegen des betreffenden Verstoßes nichtig ist. Die Vernichtung aus § 11 Nr. 2 wird die nochmalige Verhängung der vorläufigen Suspension in der anhängigen Untersuchung hindern, weil die Aufhebung derselben das Mittel sein soll, das Verfahren zu beschleunigen.

Besondere Mittel, die Wirkung der res judicata zu sichern, giebt das Gesetz nicht an die Hand; insbesondere bildet die nochmalige Eröffnung der Untersuchung in denjenigen Fällen, in welchen eine solche nach dem eben Bemerkten unzulässig ist, keinen Grund für die Einlegung der Berufung. Diese würde nur dann zulässig sein, wenn in der neueröffneten Untersuchung die Entfernung aus dem Amte ausgesprochen wäre, weil letztere gegen die Staatsgesetze, d. h. gegen dieses Gesetz, welches die Beachtung der Entscheidung des Gerichtshofes fordert, verstoßen würde, und abgesehen von diesem Fall nur aus dem früheren Berufungsgrunde, wegen dessen zuerst vernichtet worden, wenn die geistliche Behörde von Neuem ein dem vernichteten gleiches Erkenntniß gefällt hat. Einen indirekten Schutz gewährt dagegen der § 23 insofern, als der verurtheilte Kirchendiener auch während der neuen Untersuchung in seinen Rechten staatlich geschützt wird, und ferner der § 24, welcher es ermöglicht, einen kirchlichen Beamten, der den Entscheidungen des Gerichtshofes fort und fort zuwiderhandelt, aus seinem Amte zu entfernen.

Uebrigens werden die hier besprochenen Fragen, was die katholische Kirche betrifft, kaum jemals praktisch werden, denn da die letztere die Jurisdiktion des Gerichtshofes principiell nicht anerkennen wird, so werden auch die kirchlichen Behörden die Vernichtung ihrer Erkenntnisse als nicht erfolgt ansehen, mithin niemals neue Disciplinar-Untersuchungen aus Anlaß einer solchen Vernichtung eröffnen, vielmehr ihre Entscheidungen aufrecht zu erhalten suchen, eine Renitenz, gegen welche aber der § 23 die genügenden Repressionsmittel an die Hand giebt.

[3]) **dem Berufenden oder dessen Vertreter.** Diese Vorschrift hat nur dann einen Sinn, wenn man sie so auffaßt, daß der Gerichtshof nach seinem Ermessen die Zustellung an den einen oder andern anordnen kann. Wollte man sie dahin auslegen, daß die Insinuation nur an den

§. 22.*)

Ueber die mündliche Verhandlung wird ein Protokoll aufgenommen, welches die Namen der Anwesenden[1]) und die wesentlichen Momente der Verhandlung enthalten muß.[2])

Das Protokoll wird von dem Vorsitzenden und dem vereideten Protokollführer unterzeichnet.

§. 23.*)

Wird die angefochtene Entscheidung vernichtet, so hat die kirchliche Behörde die Aufhebung der Vollstreckung zu veranlassen und die Wirkung der bereits getroffenen Maßregeln zu beseitigen.

Der Ober-Präsident[1]) ist befugt,[2]) die Befolgung der von ihm deshalb erlassenen Verfügungen durch Geldstrafen[3]) bis zum Betrage von 1000 Thalern zu erzwingen[4]) (§. 8. Abs. 2).

Gegen diese Verfügungen[5]) steht der kirchlichen Behörde die Beschwerde[6]) bei dem Gerichtshofe für die kirchlichen Angelegenheiten offen.

Vertreter erfolgen kann, wenn dieser mit Vollmacht zur Empfangnahme des Erkenntnisses versehen ist, so wäre sie völlig überflüssig gewesen.

§ 22. *) Entspricht der Regierungsvorlage, nur das Wort: „vereideten" ist von der Kommission der Kongruenz mit § 17 wegen hinzugesetzt.

[1]) **die Namen der Anwesenden,** d. h. der Betheiligten, also der Mitglieder des Gerichtshofes, des Protokollführers, des Berufenden, bez. seines Stellvertreters, der Vertreter des Ministers und der kirchlichen Behörde.

[2]) **enthalten muß.** Das Nähere hat die Geschäftsordnung (s. § 33 Abs. 2) zu bestimmen. Das Protokoll wird außer den Namen der Betheiligten enthalten müssen: 1. Ort und Tag der Verhandlung, 2. die Bezeichnung der zur Verhandlung gekommenen Angelegenheit, 3. die Angabe, ob öffentlich verhandelt oder die Oeffentlichkeit ausgeschlossen worden ist, 4. die Darstellung des Ganges der Verhandlung, 5. die wesentlichen Erklärungen und die Anträge der Betheiligten, 6. das Ergebniß der etwa vor dem Gerichtshofe stattgehabten Beweisaufnahme, 7. den Beschluß des Gerichtshofes und 8. den Vermerk über die Publikation desselben.

§ 23. *) Der Abs. 3 ist der im übrigen unverändert gebliebenen Regierungsvorlage durch die Kommission hinzugefügt.

[1]) **Ober-Präsident;** die Leitung und Ueberwachung der Exekution steht nicht dem Gerichtshofe zu. Diese ist vielmehr dem Ober-Präsidenten überwiesen. Ihm wird daher von jeder vernichtenden Entscheidung durch das Ministerium der geistlichen Angelegenheiten unter Mittheilung einer Abschrift derselben Nachricht gegeben werden müssen.

[2]) **befugt.** Vgl. dazu Kommiss.-Ber. S. 28: „Ebenso kann sich die Kommission nicht überzeugen, daß das von einer Seite erhobene Monitum, der Ober-Präsident müsse nicht nur für befugt, sondern für **verpflichtet** erachtet werden, die Befolgung des Urtheils zu erzwingen, nach Lage der Sache begründet sei. Es werde unter Umständen eine gütliche Beilegung der Sache und weitere Verhandlung mit den kirchlichen Behörden ebenso zulässig, wie rathsam sein." Jedoch wird diese Befugniß nie dahin ausgeübt werden dürfen, daß der Ober-Präsident wider Willen und zum Nachtheil des betheiligten Kirchendieners über dessen Kopf hinweg sich mit der kirchlichen Behörde vergleicht, weil der letztere ein Recht darauf hat, daß die ungesetzliche Disciplinar-Entscheidung nicht gegen ihn vollstreckt werde. Jedenfalls steht ihm die Beschwerde an den Minister der geistlichen Angelegenheiten offen, wenn ihm der Ober-Präsident den staatlichen Schutz verweigert.

[3]) **Geldstrafen,** s. oben S. 58 u. 75.

[4]) **erzwingen.** Auch hier sind andere Exekutionsmaßregeln nicht ausgeschlossen, denn diese

III. Einschreiten des Staates ohne Berufung.

§. 24.*)

Kirchendiener,[1]) welche die auf ihr Amt oder ihre geistlichen Amtsverrichtungen[2]) bezüglichen Vorschriften der Staatsgesetze oder die in dieser Hinsicht von der Obrigkeit innerhalb ihrer gesetzlichen Zuständigkeit getroffenen Anordnungen[3]) so schwer verletzen, daß ihr Verbleiben im Amte mit der öffentlichen Ordnung unverträglich erscheint,[4]) können auf Antrag der Staatsbehörde[5]) durch gerichtliches Urtheil[6]) aus ihrem Amte entlassen werden.

Die Entlassung aus dem Amte[7]) hat die rechtliche Unfähigkeit zur Ausübung des Amtes, den Verlust des Amtseinkommens und die Erledigung der Stelle zur Folge.

---

sind unter den Worten: „von ihm deshalb erlassenen Verfügungen" mit verstanden, wie auch die Reg.-Motive S. 17 ausdrücklich hervorheben, daß der weitere Vollzug der vernichteten Entscheidung mit den Mitteln der staatlichen Exekution zu verhindern sei. Die Geldstrafe ist hier nur wieder, wie in den §§ 8 und 14, besonders hervorgehoben, um ausdrücklich auch die Statthaftigkeit dieses Exekutionsmittels auszusprechen.

[5]) **gegen diese Verfügungen**, d. h. alle behufs der Vollstreckung der Exekution vom Ober-Präsidenten erlassenen Anordnungen und Festsetzungen.

[6]) **Beschwerde.** Die Kommission hat es durch diese ermöglichen wollen, daß etwaige Streitpunkte, welche sich bei der Vollstreckung der Exekution ergeben, nach Analogie des ordentlichen Gerichtsverfahrens vor den erkennenden Gerichtshof zur Entscheidung gebracht werden können. Suspensiv-Effekt hat die Beschwerde nicht.

§ **24.** *) Die Fassung rührt von der Kommission her. In der Regierungsvorlage lautete der Paragraph: „Kirchendiener, welche die auf ihr Amt oder ihre geistlichen Amtsverrichtungen bezüglichen Vorschriften der Staatsgesetze oder die in dieser Hinsicht von der Obrigkeit innerhalb ihrer Zuständigkeit getroffenen Anordnungen verletzen, können auf Antrag der Staatsbehörde durch gerichtliches Urtheil aus ihrem Amt entlassen werden, wenn ihr Verbleiben in demselben mit der öffentlichen Ordnung unverträglich ist."

[1]) **Kirchendiener.** Die Motive der Regierungsvorlage bemerken zu diesem und dem § 25 S. 17: „Nach Artikel 12 der Verfassungs-Urkunde darf den bürgerlichen und staatsbürgerlichen Pflichten durch die Ausübung der Religionsfreiheit kein Abbruch geschehen. Auch die Religionsdiener sind daher der weltlichen Obrigkeit unterworfen, und keine Kirche kann aus ihrer Verfassung Befugnisse ableiten, welche mit den Landesgesetzen in Widerspruch stehen. Daß dieser Grundsatz, welcher sich aus der Hoheit des Staats von selbst ergiebt, durch das in neuerer Zeit vielfach aufgestellte Prinzip negirt wird, wonach bei einer Kollision zwischen staatlichen und kirchlichen Verordnungen den letzteren der Vorzug vor den ersteren gebühre, Syllabus vom 8. Dezember 1864 Nr. 42, liegt auf der Hand. Ebensowenig bedarf es für die Thatsache eines Beweises, daß von jenem Standpunkt aus die Verbindlichkeit unzweifelhafter Staatsgesetze bestritten, ihre Befolgung verweigert und seitens einzelner Geistlichen eine Haltung eingenommen worden ist, welche die Achtung vor den Gesetzen und Anordnungen des Staates schmälert, seine Autorität gefährdet, den religiösen Frieden stört und damit die Grundlagen der öffentlichen Ordnung in Frage stellt. Um solchen Kollisionen wirksam zu begegnen, reichen die vorhandenen Schutzmittel nicht aus. Die Repression des Strafrechts bietet nur insoweit eine Hülfe, als die inkriminirte Handlung die gesetzlichen Merkmale eines bestimmten Vergehens an sich trägt, und die Anrufung der kirchlichen Disciplinarbehörde wird als eine wirksame nicht immer mit Sicherheit in Aussicht genommen werden können. Die §§ 24 ff. behalten daher dem Staat das Recht vor, in Fällen, wo ein Kirchendiener seine staatsbürgerlichen Pflichten der Art verletzt, daß seine fernere Amtsthätigkeit mit der öffentlichen Ordnung unverträglich wird, die Entlassung des Schuldigen aus dem Kirchen-

Amt durch richterliches Urtheil herbeizuführen, sofern die vorgesetzte kirchliche Instanz zu diesem Behuf ohne Erfolg angegangen worden ist." Uebrigens ist der hervorgehobene Gesichtspunkt schon gelegentlich vor mehr als 30 Jahren aus Anlaß der Kölner Wirren geltend gemacht worden. In der Schrift: „Der gegenwärtige Grenzstreit zwischen Staats- und Kirchengewalt. Von einem norddeutschen Publicisten (Heffter), Halle 1839" S. 137 heißt es: „Es kann sogar der Staatsgewalt nicht blos ein eigentliches Strafrecht zugeschrieben werden, es muß ihr auch eine eigenthümliche Disciplin über die Geistlichen aller Confessionen vindicirt werden. Zwar ist nicht zu behaupten, daß die Kirchenbeamten der einzelnen Religionsparteien an sich Staatsdiener seien; jedoch sind ihnen zum Theil, wenn auch nur in unwesentlichen Dingen, gewisse öffentliche Funktionen übertragen, jedenfalls sind sie öffentliche Korporations-Beamte, die einen bedeutenden Einfluß auf die Moralität des Staates haben. Sofern also diese durch einzelne Mitglieder eines Clerus gefährdet wird, wie z. B. durch ein öffentliches unsittliches Verhalten, durch Verbreitung staatsgefährlicher Lehren, so muß auch der Staatsgewalt ein Einschreiten zustehen, obwohl sie es mit Schonung und nur als ein subsidiarisches Recht ausüben mag, wenn nämlich nicht schon die kirchlichen Oberen gegen dergleichen Individuen mit gebührender Strenge verfahren wollen."

Der Kommissionsbericht (S. 28) hebt richtig hervor, daß die früheren gesetzlichen Bestimmungen in Preußen über die Entlassung der Kirchendiener unverkennbar von der Grundidee beherrscht würden, die Geistlichen als mittelbare Staatsdiener anzusehen und das Disciplinar-Verfahren nach Analogie des Entlassungsrechtes der Verwaltungs-Beamten des Staates zu behandeln. Wenn er aber weiter die seit der Zeit Friedrichs des Großen ergangenen gesetzlichen Vorschriften kurz analysirt (vgl. dieselben vollständiger bei Jacobson, das Disciplinarrecht der Konsistorien in Preußen in Dove's Zeitschr. f. K. R. Bd. 2 S. 243), so ist dem gegenüber hervorzuheben, daß in diesen bis auf die Kabinetsordre v. 12. April 1822 (G. S. S. 105) der dem § 24 zu Grunde liegende Gedanke nirgends ausgesprochen ist. Die erwähnte Kabinetsordre stempelte allerdings in Hinblick auf die sog. demagogischen Umtriebe („zu Meinem Leidwesen hat sich hierbei ergeben, daß auch in Meinem Staate mehrere öffentliche Lehrer" — die Dispositive der Ordre handelt übrigens ebenfalls von den Geistlichen — „sich namentlich auf Angelegenheiten der Staats-Verfassung und Verwaltung eine nähere oder entferntere Einwirkung anmaßen, welche mit der pflichtmäßigen Führung eines Lehramtes unverträglich ist") bestimmte politische Richtungen als Disciplinarvergehen. Sie kann aber ebenfalls nicht als ein Vorläufer des § 24 angesehen werden. Ganz abgesehen davon, daß sie nur einen ganz besonderen Fall im Auge hat, basirt sie das Entlassungsrecht nicht, wie das vorliegende Gesetz, auf die Verletzung der Staatsgesetze. Nur so viel ist richtig, daß so lange in Preußen die Staatsbehörde die Entfernung der Geistlichen aus dem Amte in bestimmten Fällen verfügen konnte, die Möglichkeit geboten war, auch solche Uebertretungen, wie sie § 24 im Auge hat, zu ahnden, daß aber seit der Publikation der Verfassungs-Urkunde v. 5. December 1848 das berechtigte Bedenken entstanden ist, ob die Kabinetsordre mit der „Selbstständigkeit" der Kirche vereinbar scheine. — Ebenso richtig ist es ferner, wenn der Bericht weiter bemerkt: „Durch die (nicht publicirte und nicht kontrasignirte) Allerhöchste Ordre v. 24. August 1849" (vgl. Aktenstücke a. d. Verwaltung d. Abth. des Min. d. geistl. Angel. f. d. inneren evang. Kirchensachen S. 45 u. Vogt, K. R. Bd. 1 S. 409) „sei demnächst ausgesprochen, daß bei evangelischen Geistlichen auch ferner nach den Ordres v. 17. December 1805 und 12. April 1822 verfahren werden solle: doch habe sich dieser bedenkliche Punkt bald nachher durch Einsetzung des Ober-Kirchenrathes erledigt. Für die Geistlichen der katholischen Kirche dagegen sei, so viel bekannt, keine allgemeine Bestimmung seitens der Staatsbehörde getroffen. Es würde sich aber nach Analogie des Oberkirchenraths der Schluß rechtfertigen, daß hier wie dort den kirchlichen Behörden nunmehr die ausschließliche und endgültige Entscheidung über die Entlassung eines Geistlichen zustehe. Wenigstens seien spätere Fälle der Anwendung der Allg. Kab. O. v. 1822 auf katholische Geistliche nicht bekannt, und auch die Motive dieses Gesetz-Entwurfes deuten an, daß in diesem Punkte die älteren Gewalten des Staates, insbesondere das Recht des Königs und des geistlichen Ministers zur Entlassung eines Geistlichen der katholischen Kirche als ruhende Gewalten angesehen worden seien."

Ueber den Begriff: Kirchendiener vgl. S. 42 Anm. 4.

[2]) **ihr Amt oder ihre geistlichen Amtsverrichtungen.** Mit dem ersteren Wort sollen offenbar die staatlichen Vorschriften bezeichnet werden, welche die Stellung des Amtes auf dem staatlichen Gebiete überhaupt, mit dem andern Ausdruck diejenigen, welche die Ausübung der Amtsthätigkeit insbesondere, also z. B. die Vorschriften dieses und des Straf- und Zuchtmittel-Gesetzes wegen der Handhabung der kirchlichen Strafgewalt betreffen. Der Zweck und der Zusammenhang der Bestimmung verbietet das Wort: geistlich im engeren Sinne zu fassen, also nur solche Amtsverrichtungen, welche sich auf die Besorgung des Gottesdienstes, die Verwaltung der Sakramente und die Lehrthätigkeit, beziehen, darunter zu verstehen. Es bedeutet dem Zusammenhang nach soviel wie „kirchlich."

[3]) **getroffenen Anordnungen,** s. S. 21 Anm. 4.

[4]) **mit der öffentlichen Ordnung unverträglich erscheint.** Die Voraussetzung der Entlassung ist also eine so schwere, eklatante Verletzung der erwähnten Gesetze, daß eine gegründete Gefahr für die öffentliche Ordnung, für die Aufrechterhaltung des normalen Zustandes des öffentlichen Lebens, obwaltet. Eine solche wird dann vorliegen, wenn die Handlung des Kirchendieners den öffentlichen Frieden in empfindlicher Weise stört oder zu stören geeignet ist, also z. B. wenn derselbe wiederholt trotz erfolgter Bestrafung, dem § 130 a des Reichs-Str.-G.-B. entgegen aufreizende Kanzelreden gehalten, ferner wenn er die Gesetze so oft und schwer verletzt, daß seine Handlungsweise die Achtung vor denselben gefährdet oder die Annahme rechtfertigt, daß er principiell und absichtlich ihnen entgegen handelt, also wenn er mehrfach gegen das Straf- und Zuchtgesetz oder gegen dieses Gesetz verstoßen oder sich den auf Grund desselben vom Ober-Präsidenten erlassenen Anordnungen gegenüber fortdauernd renitent erwiesen hat. Unter allen Umständen sind positive Handlungen oder ein faktischer Widerstand erforderlich; bloße zur Wahrung des principiellen Standpunktes abgegebene Proteste genügen nicht, um den Thatbestand zu konstituiren. Ob ein einzelner Fall der Verletzung der Gesetze ausreicht, ist eine quaestio facti. Für die Regel wird das nicht anzunehmen sein.

Nach § 6 Abs. 2 des Straf- und Zuchtmittelgesetzes (s. S. 34) schließt die Bestrafung auf Grund des § 5 desselben durch die gewöhnlichen Gerichte die Entlassung nach § 24 nicht aus. Ob die letztere aber wegen derselben Thatsache stattfinden kann, wegen deren eine Freisprechung vor den ordentlichen Gerichten erfolgt ist, bestimmt das Gesetz nicht. Das Erkenntniß des ordentlichen Strafgerichts präjudicirt zwar auch in diesem Falle nicht dem des kirchlichen Gerichtshofes (s. S. 66), indessen wird es bei vorheriger Freisprechung durch den Kriminalrichter gewöhnlich an dem erforderlichen Thatbestand des § 24 fehlen. Denn eine solche wird, selbst wenn sie zu Unrecht erfolgt ist, in der Regel für den Gerichtshof die Möglichkeit ausschließen, entweder eine schwere Verletzung oder die Unverträglichkeit des Verbleibens mit der öffentlichen Ordnung festzustellen.

[5]) **Staatsbehörde;** die erforderlichen Anträge stellt zwar der Ober-Präsident (§ 26), indessen hindert das Gesetz nicht, daß sich der Minister der geistlichen Angelegenheiten die Bestimmung über die Beantragung der Untersuchung vorbehält, also das Vorgehen des Ober-Präsidenten von seiner Genehmigung abhängig macht.

[6]) **gerichtliches Urtheil,** d. h. des Königl. Gerichtshofes für kirchliche Angelegenheiten.

[7]) **die Entlassung aus dem Amte.** Durch das verurtheilende Erkenntniß tritt für den Staat die Vakanz des Amtes ein, und damit verliert der Entlassene für das Gebiet des Staates alle seine aus der Anstellung hervorgegangenen Rechte. Die Verurtheilung eines katholischen Bischofs würde die Folge haben, daß derselbe nöthigenfalls im Wege der Exekution aus dem Besitze des Amtes gesetzt werden könnte, daß er seinen Anspruch auf das aus Staatsmitteln gezahlte Gehalt verliert und hinsichtlich der kraft seines Amtes etwa auf Grund von besonderen Rechtstiteln bezogenen Einkünfte rechtlich nicht mehr als Gläubiger gilt, also vor den staatlichen Gerichten deswegen nicht klagen kann und alle Verfügungen und Verhandlungen über solche Forderungen sowohl Dritten wie auch dem Schuldner gegenüber nichtig sind. Für die Diöcesan-Verwaltung ergeben sich folgende Konsequenzen: Der Abgesetzte gilt staatlich nicht mehr als Bischof der Diöcese, er kann also die Disciplinar-Gewalt nicht mehr gültig ausüben (s. S. 66 Anm. 5),

§. 25.*)

Dem Antrage muß eine Aufforderung an die vorgesetzte kirchliche Behörde[1]) vorausgehen, gegen den Angeschuldigten die kirchliche Untersuchung auf Entlassung aus dem Amte einzuleiten. Steht der Angeschuldigte unter keiner kirchlichen Behörde innerhalb des Deutschen Reichs,[2]) so ist derselbe zur Niederlegung seines Amtes aufzufordern.

Die Aufforderung erfolgt schriftlich unter Angabe des Grundes von dem Ober-Präsidenten der Provinz.

§. 26.*)

Wird der Aufforderung nicht binnen gesetzter Frist[1]) Folge gegeben[2]) oder führt die kirchliche Untersuchung nicht binnen gesetzter Frist[1]) zur Entlassung des Angeschuldigten aus dem Amt, so stellt der Ober-Präsident bei dem Gerichtshofe für kirchliche Angelegenheiten den Antrag auf Einleitung des Verfahrens.[3])

---

keinen gültigen Konsens zur Veräußerung von Kirchengut und zur Prozeßführung ertheilen, keine der bischöflichen Kollatur unterliegenden Pfründen verleihen, weshalb die von ihm zu diesen ernannten Geistlichen weder die persönlichen Privilegien der Geistlichen, noch den Anspruch auf etwaiges staatliches Gehalt, noch das Recht der Führung der Kirchenbücher mit publica fides für den Staat erlangen. Das letztere findet auch Anwendung für die etwa auf neu neuerrichteten Pfarren angestellten Geistlichen. Endlich ist auch die staatliche Hülfe für die Beitreibung von Abgaben an den Bischof oder die bischöfliche Kirche, sowie die Einklagung von Gebühren der Geistlichen auf Grund neu eingeführter oder abgeänderter Stoltaxen ausgeschlossen. Der Eintritt der Vakanz würde auch die Wiederbesetzung der Stelle bedingen. Die katholische Kirche wird indessen derartige Entlassungen nicht anerkennen, und da die Mitwirkung der kirchlichen Behörden bei jeder Neubesetzung erforderlich ist, so läßt sich diese staatlicherseits freilich nicht erzwingen.

§ 25. *) Unverändert nach der Regierungs-Vorlage. Im Abgeordnetenhause ist das Amendement des Grf. v. Schweinitz, Abs. 1 Zeile 4 u. ff. die Worte: „Steht der Angeschuldigte u. s. w." bis zum Ende des Absatzes zu streichen, abgelehnt, stenogr. Ber. S. 1689; ebenso im Herrenhause der Antrag des Grf. v. Krassow, statt der Worte: „Deutschen Reichs" zu setzen: „Preußischen Staats," stenogr. Ber. S. 555.

[1]) **vorgesetzte kirchliche Behörde**, d. h. diejenige Behörde, welche kompetent ist, die Entlassung auszusprechen.

[2]) **innerhalb des deutschen Reichs.** Mit Rücksicht auf das in Anm. 1 Bemerkte wird diese Aufforderung immer zu erlassen sein, wenn es sich um die Amtsentsetzung eines katholischen Bischofs handelt. Denn alle Bischöfe, gleichviel ob sie Erzbischöfe, exemte Bischöfe oder auch nur Suffraganbischöfe eines Erzbischofs sind, können allein vom Papst ihres Amtes enthoben werden, c. 2 X. de translat. I. 7; Trident. Sess. XIII. c. 8, Sess. XXIV. c. 5 de ref., Kober, Deposition und Degradation S. 464 ff., Richter-Dove K. R. § 225. Ferner kann die Vorschrift den Inhabern der oben S. 48 gedachten Kommissariate gegenüber zur Anwendung kommen.

§ 26. *) Unverändert nach der Regierungs-Vorlage.

[1]) **gesetzter Frist.** Die Frist hat der Ober-Präsident zu stellen und zwar gleich beim Erlaß der Aufforderung. Eine Verlängerung, welche dann zu bewilligen sein wird, wenn sie nicht blos zum Verschleif der Sache dient, ist nicht ausgeschlossen, ebenso wenig eine Beschwerde über die Bewilligung unangemessener Fristen oder Verweigerung der Prolongation derselben seitens des Ober-Präsidenten beim Minister der geistlichen Angelegenheiten.

[2]) **Folge gegeben.** Bedingung der Einleitung des Verfahrens ist nur die Stellung der Frist und die nicht erfolgte Niederlegung des Amtes. Daß der Angeschuldigte die Erlaubniß seiner kirchlichen Oberen dazu — diese ist sowohl nach katholischem, wie nach protestantischem Kirchenrecht nöthig, vgl. Richter-Dove, K. R. § 204; A. L. R. II. 11 §§ 104—106, 523—525; Jacobson,

§. 27.*)

Auf das Ersuchen des Gerichtshofes hat das Gericht höherer Instanz,[1]) in dessen Bezirk der Angeschuldigte seinen amtlichen Wohnsitz hat, einen etatsmäßigen Richter mit Führung der Voruntersuchung zu beauftragen. Bei der Voruntersuchung kommen die entsprechenden Bestimmungen der Strafproceß-Gesetze[2]) zur Anwendung.

Die Verrichtungen der Staatsanwaltschaft[3]) werden durch einen von dem Minister der geistlichen Angelegenheiten ernannten Beamten wahrgenommen.

§. 28.*)

Der Gerichtshof kann mit Rücksicht auf den Ausfall der Voruntersuchung das Verfahren einstellen. In diesem Falle erhält der Angeschuldigte Ausfertigung des darauf bezüglichen, mit Gründen auszufertigenden Beschlusses.

§. 29.*)

Wird das Verfahren nicht eingestellt, so ist der Angeschuldigte unter Mittheilung der von dem Beamten der Staatsanwaltschaft anzufertigenden Anschuldigungsschrift zur mündlichen Verhandlung vorzuladen. Derselbe kann sich des Beistandes eines Advokaten oder Rechtsanwaltes[1]) als Vertheidigers bedienen.[2])

Außerdem ist der Minister der geistlichen Angelegenheiten[3]) zu benachrichtigen.

---

a. a. O. S. 416 ff. — nicht erlangt hat, ist gleichgültig. Es ist seine Sache, diese einzuholen. So auch der Kommiss.-Ber. S. 33.

[3]) **Verfahrens.** Dasselbe bildet ein Analogon zu dem allgemeinen Straf-, bez. Disciplinar-Verfahren gegen Staatsbeamte.

§ 27. *) Unverändert nach der Regierungs-Vorlage.

[1]) **das Gericht höherer Instanz.** Die Voruntersuchung führt der Gerichtshof nicht selbst. Das Gericht höherer Instanz ist das Appellationsgericht; das gilt auch für die neuerworbenen Provinzen, s. die S. 33 unt. d citirten Verordnungen. In der Provinz Hannover ist das Gericht höherer Instanz das Appellationsgericht zu Celle, da die Obergerichte, namentlich auch in Strafsachen, nicht ausschließlich Gerichte zweiter Instanz sind, Art. XV. § 4 der Verordn. v. 25. Juni 1867 (G. S. S. 930).

[2]) **Strafproceßgesetze.** In den alten Provinzen, also die Kriminal-Ordnung nebst den ergänzenden Bestimmungen, in der Rheinprovinz die Vorschriften des code d'instruction criminelle und in den neuen Provinzen die der Strafproceß-Ordnung v. 25. Juni 1867 (G. S. S. 933).

[3]) **Staatsanwaltschaft,** s. S. 78 Anm. 6.

§ 28. *) Unverändert nach der Regierungs-Vorlage.

§ 29. *) Ebenso. Das Amendement des Grf. v. Krassow, dem Abs. 1 folgende Worte hinzuzufügen: „und sich durch einen solchen vertreten zu lassen" ist im Herrenhause abgelehnt worden, stenogr. Ber. S. 556.

[1]) **Advokaten oder Rechtsanwaltes,** s. S. 78 Anm. 2.

[2]) **bedienen.** Die Befugniß, sich vertreten zu lassen, räumt der § 29 dem Angeschuldigten im Gegensatz zu § 19 nicht ein. Der Gerichtshof ist nicht gehindert, dies zu gestatten, hat aber darüber nach seinem Ermessen zu befinden; so auch der Kultusminister, s. stenogr. Ber. des Herrenhauses S. 556.

[3]) **Minister der geistlichen Angelegenheiten,** durch dessen Ministerium dem als Staatsanwalt fungirenden Beamten Nachricht von dem Termine zu geben ist.

§. 30.*)

Für das Verfahren finden die Bestimmungen der §§. 17. 18. 20. 21. 22. sinnentsprechende Anwendung.[1]

In dem Urtheil ist entweder die Freisprechung oder die Entlassung[2] des Angeschuldigten aus den von ihm bekleideten kirchlichen Aemtern auszusprechen.

§. 31.*)

Kirchendiener,[1] welche Amtshandlungen vornehmen,[2] nachdem sie in Gemäßheit des §. 30. aus ihrem Amte entlassen worden sind,[3] werden mit Geldbuße[4] bis zu 100 Thalern, im Wiederholungsfalle bis zu 1000 Thalern[5] bestraft.

---

§ 30. *) Unverändert nach der Regierungs-Vorlage. Das Herrenhaus hat den Antrag des Grf. v. Krassow, dem Al. 2 des § folgende Fassung zu geben: „Der Gerichtshof hat auf Freisprechung, Verwarnung oder auf die rechtliche Unfähigkeit des Angeschuldigten zur Ausübung des von ihm bekleideten kirchlichen Amtes zu erkennen," verworfen, stenogr. Ber. S. 557.

[1] **Bestimmungen der §§ 17, 18, 20, 21, 22 sinnentsprechende Anwendung.** Auch in diesen Angelegenheiten ist das Verfahren vor dem Gerichtshof mündlich und öffentlich (§ 18), die Entscheidung erfolgt ebenfalls auf Grund der freien Ueberzeugung des Gerichtshofes (§ 21 Abs. 1). Das Urtheil ist mit Gründen zu publiciren und dem Angeschuldigten, sowie dem Minister der geistlichen Angelegenheiten zuzustellen (§ 21 Abs. 2). Ueber jede mündliche Verhandlung vor dem Gerichtshof ist ein Protokoll von dem vereideten Protokollführer aufzunehmen, welches den S. 81 Anm. 1 u. 2 angegebenen Inhalt haben muß. Daraus, daß blos auf § 17, nicht auf § 19 verwiesen ist, ergiebt sich in Verbindung mit § 27 Abs. 1, daß der Angeschuldigte kein Recht darauf hat, zu den Beweisverhandlungen in der Voruntersuchung zugezogen zu werden. Was die sinnentsprechende Anwendung des § 20 betrifft, so fragt es sich, ob dieser § nur insoweit maßgebend ist, als er die dort vorgeschriebene Anhörung des Ministers der geistlichen Angelegenheiten und des Angeschuldigten mit ihren Vor- und Anträgen betrifft, oder auch insoweit, als er die Verhandlung durch das Referat eines Gerichtsmitgliedes eingeleitet wissen will. Da das Ergebniß der Vorverhandlungen, d. h. der Voruntersuchung in der Anschuldigungsschrift niedergelegt ist, so könnte man mit Rücksicht auf die Analogie des Strafverfahrens geneigt sein, die Frage im Sinne der ersten Alternative zu entscheiden. Das Entgegengesetzte dürfte aber richtiger sein. (Dafür auch die Regierungs-Motive S. 18). Der § 30 zieht den § 20 im allgemeinen an und das Eröffnungsreferat ist keineswegs unmöglich oder gesetzwidrig, wie es denn auch ausdrücklich in den beiden preußischen Gesetzen, betr. die Disziplinarvergehen der nichtrichterlichen Beamten v. 21. Juli 1852 (G. S. S. 465) § 35 und betr. die Disziplinarvergehen der Richter v. 7. Mai 1851 (G. S. S. 218) § 30 vorgeschrieben ist. Immerhin dürfte aber nichts entgegenstehen, das Verfahren nach § 104 des Reichsgesetzes betr. die Rechtsverhältnisse der Reichsbeamten v. 31. März 1873 (Reichs-G.-Bl. S. 61) zu gestalten, d. h. zuerst den Vortrag der wesentlichen Momente der Anschuldigungsschrift durch den Staatsanwalt zu hören, und das Referat nur dann vortragen zu lassen, wenn der Angeschuldigte kein Geständniß abgelegt oder das letztere hinsichtlich seiner Glaubwürdigkeit Zweifel erregt. Auch hierin würde noch eine sinnentsprechende, d. h. der Eigenthümlichkeit des hier in Rede stehenden Verfahrens angepaßte Anwendung des § 20 vorliegen.

Daß in derartigen Sachen dem Vertreter der Staatsanwaltschaft die Beweislast für die Anschuldigung obliegt, ergiebt sich sowohl aus der Analogie des gewöhnlichen Straf-, wie auch der des Disziplinar-Verfahrens gegen Staatsbeamte. Aus demselben Grunde ist die Frage nach der Statthaftigkeit eines Notheides, noch mehr nach der Zulässigkeit eines Schiedseides für das in Frage stehende Verfahren ausgeschlossen.

[2] **die Freisprechung oder die Entlassung.** Ein Drittes ist nicht möglich. Gerade darin liegt eine Garantie gegen den Mißbrauch des § 24 zu rein politischen Zwecken, weil die Freisprechung des Angeschuldigten in den meisten Fällen eine moralische Niederlage der Regierung bilden wird.

§ 31. *) Nach der Fassung der Kommission, welche in die Regierungs-Vorlage die Worte: „im Wiederholungsfalle bis zu 1000 Thalern" eingefügt und das Wort „Geldstrafe" in „Geldbuße" verändert hat. Das Amendement des Grf. v. Schweinitz, die gedachte Einschaltung zu streichen, ist vom Abgeordnetenhause verworfen worden, stenogr. Ber. S. 1690.

¹) **Kirchendiener,** f. S. 42 Anm. 4.

²) **Amtshandlungen,** d. h. alle Amtshandlungen, welche kraft des nach § 30 Abs. 2 aberkannten Amtes vorgenommen werden können. Dabei ist es gleichgültig, ob die Handlung nur an das betreffende Amt geknüpft ist, oder auch kraft eines anderen vorgenommen werden kann. Die Ausübung der Seelsorge durch einen entlassenen Bischof ist strafbar, wenngleich diese auch an sich durch einen katholischen Pfarrer wahrgenommen werden kann. Denn der Bischof hatte die Befugniß zur Zeit seiner Entsetzung nur kraft seines bischöflichen Amtes.

³) **entlassen worden sind,** und zwar muß es bei der Entlassung verblieben, d. h. die Wirkung des in Gemäßheit des § 30 ergangenen Erkenntnisses nicht durch Begnadigung, welche auch hier nach Art. 49 der Verf.-Urk. statthaft ist (vgl. stenogr. Ber. d. Abgeordn.-Hauf. S. 1695), beseitigt worden sein.

⁴) **Geldbuße.** Der Ausdruck: Geldstrafe in der Regierungs-Vorlage war korrekter, da er dem Sprachgebrauch des Reichs-Str.-G.-B. §§ 27 ff. korrespondirt, während unter „Buße" oder Geldbuße in demselben nicht eine öffentliche, sondern eine Privat-Strafe (§§ 188, 231) verstanden wird.

⁵) **bis zu 1000 Thalern.** Das Zuwiderhandeln gegen die Bestimmung des § 31 ist nach § 1 des Reichs-Str.-G.-B. ein Vergehen, für welches nach § 32 dieses Gesetzes nicht der Gerichtshof für kirchliche Angelegenheiten, sondern die gewöhnlichen Gerichte (f. S. 33 unt. d, in den neuen Provinzen die Polizeigerichte, Straf-Proc.-O. v. 1867. §. 11) kompetent sind. Das Maximum von 1000 Thalern (vgl. oben Anm. *), welches für Wiederholungsfälle, d. h. für die wiederholte Vornahme wenn auch verschiedener Amtshandlungen angedroht ist, hat den Zweck, „Fälle dieser Art, in denen es sich regelmäßig um einen ernsten und weitgehenden Konflikt zwischen den Staats- und kirchlichen Behörden handelt, einer strengeren Repression zu unterwerfen" (Komm.-Ber. S. 34). Die nicht beizutreibende Geldstrafe ist gemäß den Vorschriften des § 28 des Reichs-Str.-G.-B. in Haft oder Gefängniß umzuwandeln. Die Aufnahme einer ausdrücklich darauf lautenden Bestimmung ist als selbstverständlich von der Kommission abgelehnt worden (f. a. a. O. S. 34).

Hinsichtlich des Verhältnisses dieses § zu § 132 des Reichs-Str.-G.B. — letzterer bedroht mit Gefängniß bis zu Einem Jahre oder mit Geldstrafe bis zu Einhundert Thalern denjenigen, welcher unbefugt sich mit Ausübung eines öffentlichen Amtes befaßt oder eine Handlung vornimmt, welche nur kraft öffentlichen Amtes vorgenommen werden darf — kommt es zunächst darauf an, ob Kirchen-Aemter im Sinne des Reichs-Str.-G.B. als öffentliche Aemter anzusehen sind, mit anderen Worten, ob der § 31 Abs. 2 desselb. („unter öffentlichen Aemtern im Sinne dieses Strafgesetzes") eine allgemeine sich auf das ganze Gesetzbuch beziehende terminologische Bedeutung hat. Dies muß mit Rücksicht auf die gleiche Bedeutung des Ausdruckes „dieses Strafgesetzes" in §§ 52 u. 359 bejaht werden, vgl. Berner, Strafrecht, 6. Aufl. S. 370; Oppenhoff zu § 31 N. 8 u. 9. Demnach enthält der § 31 dieses Gesetzes eine selbstständige Strafbestimmung neben dem § 132 des Reichs-Str.-G.-B. Allerdings ist auch die Ansicht aufgestellt worden, daß der Begriff des „öffentlichen Amtes" im § 132 sich nach der Gesetzgebung der einzelnen Staaten bestimme, f. z. B. John in v. Holtzendorff, Handbuch des Strafrechts, Bd. 3 S. 179; Rüdorff, Kommentar zu § 132 N. 2. Für die Anhänger dieser Meinung ergiebt sich aber das gleiche Resultat unter der Voraussetzung, daß sie den Kirchen-Aemtern mit Rücksicht auf die preußische Landesgesetzgebung die Qualität als öffentlicher Aemter absprechen (so z. B. Oppenhoff zu § 31 des Reichs-Str.-G.-B. N. 15; § 132 Nr. 13, auch zu § 359 Nr. 31). Im umgekehrten Falle, d. h. wenn man die Kirchen-Aemter als öffentliche Aemter (dafür Richter-Dove, K.-R. § 223 N. 8 und die Motive des Entwurfes zu dem Straf- und Zuchtmittel-Gesetz S. 12) unter den § 132 des Reichs-Str.-G.-B. subsumirt, deckt sich der letztere theilweise mit dem § 31 dieses Gesetzes. § 31 würde dann nur für solche Kirchendiener, deren Amt nicht als öffentliches zu betrachten wäre, z. B. für die Ordens- und Kloster-Oberen eine Bedeutung haben. Eine derartige verschiedene Bestrafung der nach §§ 24 u. 30 entlassenen Kirchendiener hat aber das Gesetz offenbar nicht beabsichtigt, weil

IV. Königlicher Gerichtshof für kirchliche Angelegenheiten.

§. 32.*)

Zur Entscheidung der in den §§. 10.—23. und §§. 24.—30. bezeichneten,[1]) sowie der anderweitig durch Gesetz zugewiesenen Angelegenheiten[2]) wird eine Behörde[3]) errichtet,[4]) welche den Namen: „Königlicher Gerichtshof für kirchliche Angelegenheiten" führt und ihren Sitz in Berlin hat.

---

es nicht auf den § 132 des Reichs-Str.-G.-B. verwiesen hat. Ueberdies bemerken auch die Motive der Regierungs-Vorlage zu dies. Ges. S. 18: „Nach erfolgter Entlassung ist eine weitere Amtsthätigkeit verboten. Die Verletzung dieser Vorschrift wird, entsprechend dem § 132 des Reichs-Str.-G.-B. mit Geldstrafe geahndet," und lassen daraus erkennen, daß sie den § 31 ohne Unterschied auf alle Fälle angewendet wissen wollen. Demgemäß kann mit Rücksicht darauf, daß die Regierung selbst in den Motiven der Entwürfe der Gesetze unter I. u. III. die Kirchen-Aemter für öffentliche Aemter erklärt hat, nur angenommen werden, daß die Aufnahme des § 31 in das Gesetz deshalb erfolgt ist, weil der Gesetzgeber die oben für richtig erklärte Auslegung des § 132 des Reichs-Str.-G.-B. ebenfalls getheilt hat.

Die Schutzmittel gegen die Wiederanstellung entlassener Kirchendiener bilden das Einspruchsrecht der §§ 15, 16 des Gesetzes v. 11. Mai 1873 über die Vorbildung und Anstellung der Geistlichen (s. unter III.) und die auf besonderem Rechtstitel beruhenden Mitwirkungsrechte des Staates bei der Besetzung gewisser Aemter, z. B. des Bischofs-Amtes und der Domherrnstellen (vgl. § 29 dess. Ges.)

§ 32. *) In der Regierungsvorlage lautete das zweite Citat: §§ 24—31, womit auch die Bestrafung nach § 31 dem Gerichtshofe für kirchl. Angelegenheiten zugewiesen war; durch Umänderung des Citates in: § 24—30 seitens der Kommission ist die Kompetenz in der S. 88 gedachten Weise geändert (vgl. Komm.-Ber. S. 33, 35). Die Worte: „sowie der anderweit durch Gesetz zugewiesenen" sind ebenfalls von der Kommission in die Regierungsvorlage eingefügt (vgl. Komm.-Ber. S. 34).

[1]) **bezeichneten,** d. h. der Berufungen wegen Mißbrauchs der Disciplinargewalt nach §§ 10 u. 11, und der Anschuldigungen auf Grund des § 24.

[2]) **durch Gesetz zugewiesenen Angelegenheiten,** bis jetzt der Berufung in den in § 13 Abs. 3 und § 16 Abs. 3 des Ges. v. 11. Mai 1873 (unter III.) bezeichneten Angelegenheiten.

[3]) **Behörde.** Die Motive der Regierungsvorlage bemerken S. 18: „Die Fragen: 1) ob die kirchliche Disciplinargewalt in einem einzelnen Falle das Gebiet, innerhalb dessen ihr freie Bewegung zusteht, überschritten, insbesondere, ob die getroffene Entscheidung für eine willkührliche zu erachten (§ 10) und 2) ob die fernere Amtsthätigkeit eines Kirchendieners mit der öffentlichen Ordnung unverträglich ist (24), sind nur bei unbefangener Würdigung der richtigen Grenzen zwischen den Rechten des Staats und denen der Kirche sachgemäß zu entscheiden. Demgemäß überweisen die §§ 32 ff. die Entscheidung der hier in Rede stehenden Fragen einem besonderen, kollegialisch zusammmengesetzten, aus dauernd ernannten Mitgliedern bestehenden, den obersten Gerichtshöfen des Landes gleichstehenden Gerichtshofe, dessen Majorität aus festangestellten Richtern bestehen muß."

[4]) **errichtet.** Die Errichtung ist erfolgt. Durch Allerh. Ordre vom 23. Juni 1873 sind zu Mitgliedern des Gerichtshofes ernannt: der Präsident des Ober-Tribunals Heineccius (Präsident des Gerichtshofes), der Ober-Appellationsgerichts-Rath Eggeling zu Berlin, der Ober-Tribunals-Rath Frhr. v. Diepenbroick-Grüter, der vortragende Rath im Justizministerium, Geheimer Ober-Justizrath Dr. v. Schelling, die Ober-Tribunals-Räthe Hartmann und Rappold, der Ober-Bürgermeister v. Forckenbeck zu Breslau, der Präses der Rheinischen Provinzial-Synode, Pfarrer Dr. Nieden in Koblenz, der Appellationsgerichts-Rath Kanngießer zu Magdeburg, der Appellationsgerichts-Rath a. D., Geheimer Justizrath Bürgers zu Köln, der Professor der Rechte an der Universität zu Göttingen Dr. Dove.

§. 33.*)

Der Gerichtshof besteht aus eilf Mitgliedern. Der Präsident und wenigstens fünf andere Mitglieder müssen etatsmäßig angestellte Richter [1]) sein. Die mündliche Verhandlung und Entscheidung in den einzelnen Sachen [2]) erfolgt durch sieben Mitglieder. Der Vorsitzende und wenigstens drei Beisitzer müssen zu den richterlichen Mitgliedern gehören. [3])

Die Geschäftsordnung, insbesondere die Befugnisse des Präsidenten und die Reihenfolge, in welcher die Mitglieder an den einzelnen Sitzungen Theil zu nehmen haben, wird durch ein Regulativ [4]) angeordnet, welches der Gerichtshof zu entwerfen und dem Staatsministerium zur Bestätigung einzureichen hat.

Durch Plenarbeschlüsse des Gerichtshofes können auch die in diesem Gesetz gegebenen Vorschriften des Verfahrens ergänzt [5]) und deren sinngemäße Anwendung auf andere durch Gesetz dem Gerichtshofe überwiesene Angelegenheiten [6]) geregelt werden.

---

§ 33. *) Abs. 1 u. 2 unverändert nach der Regierungsvorlage. Abs 3 ist von der Kommission hinzugefügt. Das Abgeordnetenhaus hat das Amendement des Grf. v. Schweinitz: § 33 Zeile 3 zwischen die Worte: „Richter" und „sein" einzufügen: „des höchsten Gerichtshofes" verworfen, stenogr. Ber. S. 1694; das Herrenhaus das Amendement des Grf. v. Krassow, dem § 33 folgende Fassung zu geben: „Der Gerichtshof besteht aus dreizehn Mitgliedern, welche der evangelischen oder römisch-katholischen Kirche angehören müssen. — Der Präsident und 6 Mitglieder müssen etatsmäßig angestellte Richter des höchsten Preußischen Gerichtshofes sein. — Die Anwesenheit von neun Mitgliedern genügt bei der mündlichen Verhandlung und Entscheidung der einzelnen Sachen. — Der Vorsitzende und wenigstens fünf Beisitzer müssen zu den richterlichen Mitgliedern gehören. — Von den gemäß § 34 Abs. 2 präsentirten Mitgliedern haben in Sachen, welche die evangelische Kirche betreffen, nur die von dieser, in Sachen, welche die römisch-katholische Kirche betreffen, nur die von letzterer präsentirten Mitglieder Sitz und Stimmrecht. — Die Geschäfts-Ordnung wird durch ein von dem Gerichtshofe selbst entworfenes Regulativ geordnet. — Durch Plenarbeschlüsse des Gerichtshofes können auch die in diesem Gesetze gegebenen Vorschriften des Verfahrens ergänzt und deren sinngemäße Anwendung auf andere durch das Gesetz dem Gerichtshofe zugewiesenen Angelegenheiten geregelt werden", stenogr. Ber. S. 559, 560. Dieses Amendement stand mit einem demnächst zurückgezogenen Antrage zu § 34 in Verbindung, wonach die obersten evangelischen Kirchenbehörden 6 und die beiden preußischen Erzbischöfe nebst dem Fürstbischof von Breslau ebenfalls 6 Geistliche präsentiren und der König aus diesen je 2 zu Mitgliedern des Gerichtshofes auswählen sollte, Drucks. des Herrenh. Nr. 143, stenogr. Ber. S. 560.

[1]) **etatsmäßig angestellte Richter.** „Bei der überaus schwierigen Auswahl geeigneter Personen für die Entscheidung der staatskirchlichen Fragen erschien es bedenklich, die Staats-Regierung an das Personal eines oder zweier Gerichtshöfe (des Ober-Tribunals oder Ober-Appellations-Gerichtes) unbedingt zu binden" (Kommiss.-Ber. S. 35). Für die Qualifikation der übrigen 5 Mitglieder „sind, um außer der Zuziehung von höheren Verwaltungs-Beamten auch die Berufung angesehener Rechtslehrer und hervorragender Geistlichen zu ermöglichen, bestimmte Kriterien nicht vorgeschrieben", (Motive der Regier.-Vorlage S. 18). Die Vorschriften dieses und des zweiten Absatzes des § sind den §§ 91, 92 des Reichsges. üb. d. Rechtsverhältn. des Reichsbeamten v. 31. März 1873 (Reichs-Ges.-Bl. S. 78) nachgebildet.

[2]) **Entscheidung in den einzelnen Sachen.** Da der Gerichtshof ein Kollegium bildet und kollegialisch zu entscheiden hat, so ist diese Vorschrift nicht blos in Betreff der Definitiv-Entscheidungen, sondern auch in Betreff aller Beschlüsse, welche für diese letzteren präjudiciell sind, maßgebend, mithin selbst für die Anordnung des informatorischen Verfahrens vor der mündlichen Verhandlung (§ 17); nicht minder für einen die vorläufige Vollstreckung gestattenden Beschluß (§ 14).

§. 34.*)

Die Mitglieder des Gerichtshofes werden vom Könige auf den Vorschlag des Staatsministeriums und zwar die bereits in einem Staats-Amte angestellten für die Dauer ihres Hauptamts,[1]) die anderen Mitglieder auf Lebenszeit ernannt.

Für die Rechte und Pflichten der Mitglieder des Gerichtshofes sind die für Mitglieder des Ober-Tribunals[2]) bestehenden Vorschriften maßgebend.

Nur diejenigen Verfügungen, welche in das Gebiet der Prozeßleitung fallen, können allein von dem Präsidenten oder einem Mitgliede des Gerichtshofes erlassen werden. Ob dem Beschluß eine mündliche Verhandlung vorgehen muß, richtet sich nach den Vorschriften des Gesetzes. Sie ist in den Fällen der §§ 14, 17 u. 28 nicht erforderlich.

³) **zu den richterlichen Mitgliedern gehören.** Es soll also das richterliche Element bei allen Beschlüssen überwiegen.

⁴) **Regulativ.** Dasselbe ist in der ersten Sitzung des Gerichtshofes v. 3. September d. J. berathen; bisher aber noch nicht genehmigt und publicirt worden.

⁵) **ergänzt.** Diese Befugniß des Gerichtshofes, die Prozeß-Ordnung durch Plenarbeschlüsse im Einzelnen auszugestalten, ist damit von der Kommission motivirt worden, daß sich erst aus der Praxis ergeben werde, welche Bestimmungen in dieser Hinsicht angemessen seien. „Auch für die Verwaltungs-Jurisdiktion in Friedensbruchs-, Polizei-, kirchlichen und anderen Sachen der ehemaligen deutschen Reichs-Gerichte, sowohl des Reichs-Hofraths wie des Reichs-Kammergerichts sei niemals eine vollständige Prozeß-Ordnung zu geben versucht worden. Eine Thätigkeit der Gerichtshöfe auf diesem Gebiete werde nie anders in Gang zu bringen sein, als durch knapp gehaltene positive Bestimmungen für die Nothfristen und einige Grundprincipien des Verfahrens, welche dann durch die Analogie der Grundsätze des ordentlichen Prozesses und durch ergänzende Beschlüsse des Gerichtshofes in pleno auszufüllen seien. Dieselbe Maxime habe auch in der Verwaltungs-Jurisdiktion der englischen Gerichtshöfe und bei ihren Nachbildungen in der nordamerikanischen Union Anwendung gefunden." (Kommiss.-Ber. S. 36.) Festzuhalten ist aber dabei, daß die desfallsige Thätigkeit nur eine suppletorische, keine korrektorische sein darf, daß also nicht Vorschriften getroffen werden können, welche den Grundprincipien des Gesetzes oder den sich aus ihnen ergebenden Konsequenzen widerstreiten, wohin z. B. die Anordnung zu rechnen wäre, daß nur auf die in der Berufungs-Rechtfertigungsschrift enthaltenen, nicht auf die in der mündlichen Verhandlung später vorgebrachten Thatsachen Rücksicht zu nehmen sei.

⁶) **überwiesene Angelegenheiten,** s. S. 89 Anm. 2.

§ 34. *) Unverändert nach der Regierungs-Vorlage.

¹) **Dauer ihres Hauptamtes,** mit der Niederlegung des letzteren erlischt demnach auch das Amt als Mitglied des Gerichtshofes von selbst. Diese Vorschrift war namentlich deshalb erforderlich, um stets die vorgeschriebene Anzahl etatsmäßiger Richter im Gerichtshofe voll zu erhalten.

²) **Mitglieder des Ober-Tribunals.** Aus dieser Bestimmung und dem § 35 ergiebt sich daß der Gerichtshof den beiden höchsten Gerichtshöfen der Monarchie gleichsteht. Im Uebrigen ordnet der § an, daß hinsichtlich der internen dienstlichen Stellung der Mitglieder, namentlich also der des Präsidenten zu den Mitgliedern und dieser zu einander die für das Ober-Tribunal bestehenden Vorschriften analogisch zur Anwendung kommen sollen. Dagegen ist der Abs. 2 nicht dahin auszulegen, daß den Mitgliedern des Gerichtshofes alle Prärogativen der Ober-Tribunalsräthe, also der Rang eines Rathes II. Klasse, der höhere Wohnungsgeldzuschuß, das gleiche Gehalt u. s. w. zukommen sollen. Das letztere ist sicher nicht gemeint, da der Kultusminister nach Annahme des Gesetzes keinen Nachtrags-Etat, welcher andernfalls erforderlich gewesen wäre, den Häusern des Landtages vorgelegt hat. Schon dieser Umstand muß es bedenklich erscheinen lassen, den Abs. auf etwas anderes als die oben gedachte Stellung der Mitglieder zu beziehen. Dazu kommt weiter, daß den Mitgliedern anderer Specialgerichtshöfe, z. B. des Kompetenzgerichtshofes, des Bundes-

§. 35.*)

Der Gerichtshof entscheidet endgültig mit Ausschluß jeder weiteren Berufung. [1])

§. 36.*)

Die Justiz- [1]) und Verwaltungsbehörden haben den an sie ergehenden Ersuchen des Gerichtshofs Folge zu geben. Die Beschlüsse und Entscheidungen des Gerichtshofs sind im Verwaltungswege vollstreckbar.

§. 37.*)

Ueber die Verpflichtung zur Zahlung der Kosten des Verfahrens entscheidet der Gerichtshof nach freiem Ermessen. [1]) Als Kosten werden nur baare Auslagen [2]) in Ansatz gebracht.

Heimaths-Amtes, keineswegs besondere und ähnliche Privilegien, wie den Mitgliedern der höchsten Landesgerichtshöfe, beigelegt worden sind.

§ 35. *) Unverändert nach der Regierungs-Vorlage.

[1]) **mit Ausschluß jeder weiteren Berufung**, d. h. auch jedes weiteren Rechtsmittels, da es keine höhere Instanz giebt. Eine bei dem Gerichtshof selbst anzubringende Nullitätsklage wäre an sich nicht undenkbar, ist aber kein Bedürfniß, da durch die Zusammensetzung des Gerichtshofes die Garantie gegeben ist, daß derselbe nicht solche Verstöße begehen wird, welche allein mit diesem Rechtsmittel gerügt werden könnten.

§ 36. *) Im ersten Absatz unverändert nach der Regierungs-Vorlage. Der zweite Absatz, welchen dieselbe enthielt: „Behändigungen erfolgen nach den für das Verfahren bei dem Ober-Tribunal bestehenden Bestimmungen," ist als überflüssig, namentlich mit Rücksicht auf § 33 Abs. 3, von der Kommission gestrichen worden.

[1]) **Justiz-Behörden.** Der Vermittlung dieser wird sich der Gerichtshof hauptsächlich bei Zustellungen von Vorladungen und Beschlüssen, sowie zu Beweis-Erhebungen bedienen. Behufs Vollstreckung der Exekution dürfen sie dagegen nicht requirirt werden.

§ 37. *) Nach der Fassung der Kommission. Die Regierungs-Vorlage lautete: „Für das Verfahren werden nur baare Auslagen in Ansatz gebracht."

[1]) **nach freiem Ermessen.** Im Zweifel werden diese nach Analogie der sonst geltenden Regel der unterliegenden Partei zur Last fallen. Vgl. Kommiss.-Ber. S. 38: „Die Majorität der Kommission war der Meinung, daß es sich überhaupt empfehlen würde, in das Gesetz selbst eine Verpflichtung des unterliegenden Theils zur Tragung der Kosten auszusprechen (wohl: aufzunehmen) und dabei auf das freie Ermessen des Gerichtshofes zu verweisen, damit der gemeinrechtliche Grundsatz zur Geltung komme, und die Tragung oder Niederschlagung der Kosten von einer anzunehmenden culpa der Privatpartei abhängig werde. Eine Pflicht zur Tragung der Kosten, wenn auch in beschränktem Maße, müsse immerhin anerkannt werden, um einige Garantie gegen frivole Einlegung des Rechtsmittels zu gewinnen."

[2]) **baare Auslagen.** Für das Verfahren vor dem Gerichtshof selbst werden keine Kosten berechnet, dasselbe ist mithin sportelfrei. Unter baaren Auslagen können nur solche verstanden werden, welche dem Staat entstanden sind, z. B. Gebühren, Diäten und Reisekosten für Zeugen, nur diese sind vom Gerichtshof zu berechnen und von der unterliegenden Partei nöthigenfalls durch Administrativ-Exekution einzuziehen (§ 36). Das ergeben die Worte: „in Ansatz bringen," welche allein von der Verpflichtung der Partei gegenüber dem Gerichte zur Zahlung der Kosten handeln können. Für das Verhältniß der Parteien unter einander, also für die Frage, was die unterliegende der obsiegenden an Reisekosten, Anwaltsgebühren, Diäten u. s. w. zu erstatten hat, ist die Vorschrift des ersten Satzes des § maßgebend. Der Gerichtshof hat also auch in dieser Beziehung nach freiem Ermessen das Erforderliche festzusetzen, nur darf er dabei niemals andere Unkosten in Berücksichtigung ziehen darf, als solche, welche unter die baaren Auslagen gerechnet werden können.

V. Schlußbestimmung.

§. 38.*)

Das Erforderniß staatlicher Bestätigung kirchlicher Disciplinar-Entscheidungen [1]) und der Rekurs wegen Mißbrauchs der kirchlichen Disciplinar-Strafgewalt [2]) an den Staat treten, soweit solche im bisherigen Rechte begründet sind, außer Kraft.

---

§ 38. *) Dieser § ist von der Kommission im Einverständniß der Regierung dem Gesetze hinzugefügt worden, Kommiss.-Ber. S. 38. — Das Amendement des Grf. v. Krassow, hinter dem § 38 einen neuen § des Inhalts hinzuzufügen: „Die Vorschriften dieses Gesetzes über die Mittheilung von Disciplinar-Entscheidungen an den Ober-Präsidenten (§ 7), über die Berufung an den Staat (§§ 10—23), über das Einschreiten des Staates ohne Berufung (§§ 24—31) und über den Königlichen Gerichtshof für kirchliche Angelegenheiten (§§ 32—37) finden keine Anwendung, wenn die kirchliche Disciplinargewalt in letzter Instanz durch Organe geübt wird, deren Mitglieder vom Könige ernannt, beziehungsweise bestätigt werden," — hat das Herrenhaus verworfen, stenogr. Ber. S. 561. — Im Abgeordnetenhause wurde der Antrag des Abgeordneten Kanngießer: als § 39 hinzuzufügen: „Das gegenwärtige Gesetz tritt nicht vor dem Gesetz betreffend die Abänderung der Art. 15 und 18 der Verfassungsurkunde vom 30. Januar 1850 in Kraft," angenommen, stenogr. Ber. S. 1696. Im Herrenhause stand aber der Gesetz-Entwurf erst am 29. April 1873 zur Verhandlung, als das Verfassungs-Aenderungsgesetz (v. 5. April 1873, G. S. S. 143) bereits publicirt war. Mit Rücksicht darauf wurde der Zusatz-§ im Herrenhause gestrichen, stenogr. Ber. S. 561, und der Gesetz-Entwurf, nachdem er in Folge dieser Veränderung an das Abgeordnetenhaus zurückgegangen war, von demselben in der modificirten Gestalt in der Sitzung v. 9. Mai 1873 angenommen, stenogr. Ber. S. 1863, 1866.

[1]) **staatlicher Bestätigung kirchlicher Disciplinar-Entscheidungen.** Vgl. S. 61 Anm. zu §§ 1—9. Was die S. 60 erwähnte Kontroverse über die Gültigkeit des § 74 des hannov. Verfass.-Ges. betrifft, so ist die in demselben vorbehaltene königliche Genehmigung zur Entlassung gewisser Arten von Kirchendienern lediglich ein Ausfluß der staatlichen Stellung des Souveräns, und mithin durch die vorliegende Bestimmung aufgehoben. Das erstere ergiebt sich daraus, daß der betreffende Abschnitt des Verfassungsgesetzes von § 64 ab von dem Ober-Aufsichtsrecht und Schutzrechts des Königs über die evangelische und katholische Kirche handelt und somit das in Rede stehende Recht, welches auch der letzteren gegenüber festgesetzt wird, als eine der in dem jus circa sacra enthaltenen Befugnisse betrachtet. Mit dieser Auffassung stimmt die Verordn. betr. d. Errichtung d. Landes-Konsistor., vollkommen überein. § 7 ders. bestimmt: „In Disciplinarstrafsachen der Geistlichen insbesondere, hat das Ministerium, vorbehältlich der übrigens in § 74 des Landesverfassungsgesetzes vom 6. August 1840 erforderlichen Bestätigung als höhere Instanz nicht ferner zu entscheiden;" § 8: „In den Fällen Unserer Allerhöchsteigenen Beschlußfassung (vgl. §§ 5 u. 7) werden Wir bei dem Uns zu erstattenden Vortrage je nach Umständen den Präsidenten oder andere Mitglieder des Landesconsistoriums zuziehen." Die in dem landesherrlichen Regiment liegende Disciplinar-Gewalt wird in höherer Instanz auf die kirchliche Behörde, das Landes-Konsistorium zur Ausübung übertragen, daneben aber jenes Recht auf Grund seines früheren Titels, des jus circa sacra, vorbehalten, und überdies die Berichterstattung in diesen Angelegenheiten nicht der kirchlichen Behörde, sondern der staatlichen zugewiesen.

Ebenso ist auch die in den alten Provinzen durch die Kab.-Ordre v. 12. April 1822 (S. 60) angeordnete königliche Bestätigung nunmehr beseitigt. Sie bezieht sich gleichfalls auf die Geistlichen der evangelischen und katholischen Kirche, kann also auch nur auf das staatliche Oberaufsichtsrecht, nicht auf das landesherrliche Kirchenregiment zurückgeführt werden.

Urkundlich unter Unserer Höchsteigenhändigen Unterschrift und beigedrucktem Königlichen Insiegel.

Gegeben Berlin, den 12. Mai 1873.

(L. S.) **Wilhelm.**

Gr. v. Roon. Fürst v. Bismarck. Gr. v. Itzenplitz. Gr. zu Eulenburg. Leonhardt. Camphausen. Falk. v. Kameke. Gr. v. Königsmarck.

---

2) **wegen Mißbrauchs der kirchlichen Disciplinar-Strafgewalt.** Die betreffenden Vorschriften sind S. 61 u. 64 mitgetheilt.

Anlage zu S. 52 Anm. 2.

„Durch Erkenntniß des Gerichts zu Neustadt vom Oktober 1864 wurde der Weltpriester H., der in der Strafanstalt auf dem Kapellenberge detinirt war, für blödsinnig erklärt. In dem Verfahren darüber hatte der dem H. zugetheilte Kurator, der in Neustadt allgemein geachtete Kaufmann Constantin Sch. (katholischen Glaubens) die Ueberzeugung gewonnen, daß H. von dem die Strafanstalt leitenden Erzpriester Sp. häufig gemißhandelt worden sei, so zwar, daß dadurch der krankhafte Gemüthszustand des Detinirten, über welchen Sp. füglich nicht in Zweifel sein konnte, sich möglicherweise wesentlich verschlimmert haben könnte.

H. ist am 30. April 1863 schon krank mit Medizin vom Sanitätsrath K. in Breslau versehen, in die Strafanstalt auf den Kapellenberg geschickt worden, wurde zeitweilig — vom 23. Mai bis 8. Juni 1863 — in das Kloster der Barmherzigen Brüder zu Neustadt aufgenommen, aus demselben aber, weil er geisteskrank sei, wieder entlassen. Dessenungeachtet detinirte man ihn noch weiter in der Strafanstalt, konsultirte aber erst im Herbst 1863 den Anstaltsarzt über seinen Zustand Behufs Ausstellung eines Krankheitsattestes für ihn. H. klagte damals nach Angabe des Arztes Dr. B. über Sausen und Pfeifen im Kopf, war höchst unreinlich, hatte einen krankhaften unersättlichen Hunger und war außer Stande, seinen geistlichen Funktionen Rechnung zu tragen. — Nach Verlauf vieler Monate, am 1. August 1864 erst ward B. zum zweiten Male zu H. gerufen, um ein Attest Behufs Einleitung des Blödsinnigkeitsverfahrens auszustellen. Er traf den Kranken in einem bedauernswürdigen Zustand. Seine Kleidung war ganz defekt und hing in Lumpen um ihn, da er sie zerriß und die Zeugstücke verschlang und auffraß. Seinen Exkrementen ließ er freien Lauf. Daß er jetzt vollständig zerrütteten Geistes war, darüber konnte kein Zweifel mehr obwalten.

Während dieses Zustandes ist nun H. nach Aussage des gerichtlich vernommenen Zeugen, des Haushälters auf dem Kapellenberge A., welcher seiner Behauptung nach vor seiner Vernehmung von der Nichte des Erzpriesters Sp. angegangen worden war, von den Mißhandlungen, die H. erlitten, bei Ablegung seines Zeugnisses zu schweigen, oftmals geschlagen und übel behandelt worden. Der Zeuge hat insbesondere bekundet: Weil H. einmal in seinen Teller gebrochen, habe er in seiner Zelle allein essen müssen, habe oft kein Frühstück und des Mittags nur halbe Portionen erhalten, sei von Sp. aus dem Bett geprügelt worden, weil er es verunreinigt hatte, und es habe ihm Sp., während die Knechte — A. selbst auch — ihn halten mußten, mit einem Kantschuh Hiebe ertheilt. Auch er A. und die anderen Knechte hatten den H. geschlagen.

Diese Angaben des A. sind anderweit bestätigt worden. Der Kurator des H. hatte nämlich zuvörderst Anzeige bei dem Fürstbischof in Breslau gemacht. Auf dessen Veranlassung wurden von seinem Kommissar, dem Domherrn H. aus Ratibor, eine Anzahl — fünf oder sechs — auf dem Kapellenberge gleichfalls detinirte Priester über die Vorgänge als Zeugen gehört und mehrere derselben bezeugten, daß Sp. den H. wiederholt gemißhandelt, daß er insbesondere einmal im Februar 1864 das abgebrochene Querholz einer Stuhllehne ergriffen und damit dem H. der Art auf den Kopf und den Rücken geschlagen habe, daß das Holz zersprang; hiermit noch nicht zufrieden, schüttelte er ihn an den Haaren und an beiden Ohren. Oefters auch habe Sp. dem H. die Kost entzogen, ihm des Morgens nichts, des Mittags nur Suppe und Brod, des Abends wieder nichts verabreicht. In Folge davon, wie die Zeugen annehmen, habe H. dann alles verschlungen, Papier, unreifes Obst, Blätterknospen, habe dem Kettenhunde aus dessen Schüssel das Fressen genommen und endlich seine Kleider gefressen.

Dies haben nach des Kurators Aussage die erwähnten Priester dem Domherrn gegenüber als Zeugen ausgesagt und in einzelnen Punkten haben gleiches die Knechte P. und R. bei eidlicher Vernehmung, bekundet.

Daß der Fürstbischof zu Breslau darauf, wie er dem Kurator anzeigte, über diese Vorgänge seine Mißbilligung aussprach, erschien diesem keine genügende Sühne des Verhaltens des Sp. . . . er machte deshalb Anzeige bei der Staatsanwaltschaft. Das Seitens dieser eingeleitete Skrutinial-Verfahren aber blieb resultatlos.

Sp. erklärte der auf den Kapellenberg gesandten Gerichts-Kommission: er gestatte die Vernehmung der detinirten Priester als Zeugen durch den weltlichen Richter nicht, zumal dieselben, wenn sie sich ohne Erlaubniß des Fürstbischofs von einem weltlichen Gericht vernehmen ließen, sofort exkommunizirt werden würden, (— „unter diesen Umständen, registrirt der Untersuchungs-Richter, mußte die Gerichts-Kommission sich entfernen —"). Der Fürstbischof zeigte an, daß er bereits im Disciplinarwege die nöthigen Erhebungen veranlaßt und die Ueberzeugung gewonnen habe, daß dem Erzpriester Sp. eine zur gerichtlichen Verfolgung geeignete Ueberschreitung seiner Amtsbefugnisse nicht zur Last falle, er daher den Kompetenzkonflikt erhebe, und der Staatsanwalt wurde Seitens des Oberstaats-Anwalts, da dem Fürstbischof bei Lage der Gesetzgebung die Befugniß zur Konfliktserhebung zustehe, angewiesen, von weiteren Recherchen Abstand zu nehmen und davon dem Fürstbischof Nachricht zu geben." —

Mit Bezug auf dieses Aktenstück erklärte der Abgeordnete v. Mallinckrodt in der Sitzung des Abgeordnetenhauses v. 14. März 1873 (stenogr. Ber. S. 1655):

„Ich nehme gar keinen Anstand meinerseits anzuerkennen, daß der Fall, welcher aus der Diöcese Breslau aus dem Jahre 1864 angeführt worden ist, einen schweren Mißbrauch der Disciplinarstellung seitens des damaligen Inhabers des Demeritenhauses konstatirt. . . . . Der Fürstbischof von Breslau schreibt an mich: „„Der beklagenswerthe Fall, daß im Jahre 1864 in dem geistlichen Strafhause meiner Diöcese die körperliche Züchtigung eines Priesters durch den damaligen Direktor vorgekommen ist, ist leider wahr. Ich sende Euer 2c. das betreffende traurige Aktenstück, obwohl mit Erröthen darüber, daß es in meiner Diöcese einen solchen Priester gegeben hat, der nicht ohne Talente und nicht ohne Leistung zuletzt bis unter das Thier herabgesunken und nachdem er die Geduld seines Vorgesetzten überspannt, ihn zu einem so groben Mißgriffe hingerissen hat."" (Also erröthet der Fürstbischof darüber, daß es einen geisteskranken Priester in seiner Diöcese giebt, und dieser den Vorsteher der Demeriten-Anstalt zu einem Mißgriff hinreißt, nicht aber darüber, daß der letztere einen Geisteskranken unbarmherzig mißhandelt; der nichtgeisteskranke Obere wird vielmehr von dem Geisteskranken zu Mißgriffen hingerissen!)

III.

Gesetz

über die Vorbildung und Anstellung der Geistlichen.

Vom 11. Mai 1873.

(Gesetz-Sammlung 1873. Nr. 8124. S. 191 ff.)

III.

Gesetz

über die Vorbildung und Anstellung der Geistlichen.[1])

Vom 11. Mai 1863.

(Gesetz-Sammlung 1873. Nr. 8124. S. 191 ff.)

Wir **Wilhelm**, von Gottes Gnaden König von Preußen ꝛc. verordnen mit Zustimmung beider Häuser des Landtages, für den Umfang der Monarchie, einschließlich des Jadegebietes, was folgt:

I. Allgemeine Bestimmungen.

§. 1.*)

Ein geistliches Amt[1]) darf in einer der christlichen Kirchen[2]) nur einem Deutschen[3]) übertragen werden,[4]) welcher seine wissenschaftliche Vorbildung nach den Vorschriften dieses Gesetzes[5]) dargethan hat, und gegen dessen Anstellung kein Einspruch von der Staatsregierung[6]) erhoben worden ist.

---

[1]) **Gegenstand und Anordnung des Gesetzes.** Das Gesetz regelt vom staatlichen Standpunkte aus die Bedingungen für den Erwerb der geistlichen Aemter in den privilegirten christlichen Kirchen. Bei dem hervorragenden Einfluß, welchen die Geistlichen als Lehrer und Führer ihrer Gemeinden üben, will es dem Staat die Garantien dafür gewähren, daß nicht Männer, welche sein eigenes Leben gefährden, in solche, auch mit staatlichen Vorrechten ausgestatteten Stellen berufen werden. Da bloße Repressiomaßregeln der vielfach der öffentlichen Kontrole entzogenen Thätigkeit der Geistlichen gegenüber unzureichend sind, so trifft das Gesetz vorbeugende Bestimmungen, um den eben erwähnten Zweck zu erreichen. Die erforderlichen Bürgschaften findet es in den im § 1 allgemein ausgesprochenen Momenten: 1) in dem Besitz der Eigenschaft als Deutscher, 2) in dem Nachweis einer genügenden allgemeinen wissenschaftlichen und einer wissenschaftlich-theologischen Bildung, welche den Geistlichen nicht von dem Leben der Nation absondert und ihn mit einseitigen hierarchischen Tendenzen erfüllt, 3) in dem Rechte des Staates, Personen, welche nicht die erforderlichen Bedingungen erfüllen, einen Mangel an Ehre erlitten haben oder die Staatszwecke in empfindlicher Weise gefährden können, vom Erwerbe der geistlichen Ämter fern zu halten. Mit Rücksicht darauf ist das Gesetz disponirt. Nachdem es in den §§ 2 und 3 die Fälle, in welchen die Erlangung des Rechtes auf geistliche Amtsthätigkeit seinen Vorschriften unterworfen sein soll, spezialisirt, setzt es in den §§ 4—14 das Nähere über die Vorbildung der zukünftigen Geistlichen fest, wobei es zugleich die erforderlichen Anordnungen über die Einrichtungen, die Qualifikation und die Anstellung des Lehrer-Personals, die staatliche Kontrole der kirchlichen Bildungs-

Anstalten, und endlich über die Durchführung dieser letzteren macht. Die §§ 15 bis 16, 17, 21 gestalten das dritte der im § 1 hervorgehobenen Momente näher aus. Dagegen enthalten die §§ 18—20 ein weiteres, nicht im § 1 angedeutetes Moment, nämlich die Sicherstellung der bereits im Amte befindlichen und künftig anzustellenden Geistlichen vor einseitigen und willkührlichen Zumuthungen ihrer Oberen, um es zu verhüten, daß sie als willenlose zur Bekämpfung der staatlichen Zwecke geeignete Werkzeuge seitens der letzteren gebraucht werden. Die §§ 22—24 treffen die erforderlichen Strafbestimmungen wegen der Verletzung der Vorschriften des Gesetzes durch die kirchlichen Oberen und die von ihnen rechtswidrig angestellten Geistlichen, während endlich die §§ 25—30 eine Reihe von Festsetzungen aufweisen, welche einmal die Härten des Uebergangsstadiums mildern (§§ 25, 26) und andererseits das Verhältniß des Gesetzes sowohl zu der wegen ihrer Verbindung mit dem Staate eine besondere Stellung einnehmenden evangelischen Kirche (§§ 27, 28) als auch zu der kraft besonderer Rechte dem Staate zukommenden Mitwirkung bei der Besetzung geistlicher Stellen (§ 29) regeln sollen.

§ 1. *) Unverändert nach der Regierungsvorlage. (Drucks. d. Haus. d. Abg. 11. Leg.-Per. III. Sess. 1872—1873. Nr. 95). Abgelehnt ist im Abgeordnetenhause der Antrag Dr. Virchow, statt: „in einer der christlichen Kirchen" zu setzen: „in der evangelischen und römisch-katholischen Kirche" (stenogr. Ber. S. 1516); im Herrenhause ein dieselbe Tendenz bezweckendes Amendement des Grf. York v. Wartenberg, zu setzen: „in der evangelischen oder in der römisch-katholischen Kirche", (stenogr. Ber. des Herrenh. S. 466), ferner der Antrag des Grafen Krassow, statt des Wortes: „deutschen" zu setzen: „Angehörigen des deutschen Reichs" (a. a. O. S. 466), endlich ein Antrag desselben, dem § 1 nachstehenden Zusatz hinzuzufügen: „Ausländer, welche zu einem geistlichen Amt berufen werden, haben innerhalb 4 Wochen die Reichsangehörigkeit zu beantragen. Der Minister der geistlichen Angelegenheiten kann mit Rücksicht auf besondere Beüdrfnisse des einzelnen Falles diesen Zeitraum verlängern" (a. a. O. S. 465).

[1]) **geistliches Amt.** Die Motive des Regierungs-Entwurfes bemerken S. 17: „Der Gesetz-Entwurf hat nur das geistliche Amt zum Gegenstande, bezieht sich mithin nicht auf alle kirchlichen Aemter. Unter dem Ausdruck: „geistliches Amt" ist der Terminologie des Allg. Landrechts und dem neueren Sprachgebrauch entsprechend jedes Amt verstanden, dessen Inhaber die Seelsorge über einen bestimmten Kreis von Personen zusteht. A. L. R. Th. II. Tit. 11 §§ 59 und 60; Richters Lehrb. d. K. R. 6. Aufl. § 118 i. f. — Der Ausschluß der jurisdiktionellen Aemter beruht auf der Erwägung, daß einerseits die Kurat-Geistlichen es sind, welche durch die Seelsorge und den Beichtstuhl auf das Volk einen unmittelbaren Einfluß üben, der unter Umständen zu einer Gefährdung des Staatswohles führen kann, und andererseits einem Mißbrauch der Amtsgewalt auf dem Gebiete der Jurisdiktion vorzubeugen, die Aufgabe besonderer gesetzlicher Regelung ist."

Unter „Amt" versteht das Gesetz einen fest bestimmten, größeren oder geringeren Kreis von (geistlichen) Befugnissen oder Funktionen, deren Verwaltung einer Person übertragen wird, also Amt i. weit. Sinne, nicht beneficium im Sinne des kanon. Rechtes, d. h. das mit einem Kirchenamte verbundene, aus kirchlichem Vermögen fließende, fest radicirte Einkommen für den Inhaber desselben oder ein Kirchen-Amt, welches mit einem solchen Einkommen verbunden ist (Schulte, Syst. d. K. R. S. 238 ff.; dess. Lehrb. d. K. R. S. 217; Phillips, Lehrb. d. K. R. 2. Auflage S. 129). Dies ergiebt sich aus Folgendem: Das Benefizium i. eig. S. setzt ein mit dem Amte fest verbundenes Einkommen, eine feste Fundation, auf welcher es ruht, voraus. Es darf ferner nur dauernd übertragen und allein aus bestimmten Gründen entzogen werden (Phillips a. a. O. S. 130; Schulte, Syst. S. 307). Das Gesetz bezieht sich dagegen auch auf Aemter, welche nur widerruflich verliehen werden (s. §§ 2, 19), z. B. auf die sog. Missions-Pfarreien (vgl. Anm. 5 zu § 18), die keine Benefizien sind, und hebt diejenigen Aemter, welche diese letztgedachte Natur besitzen, ausdrücklich im § 18 („der Erledigung der Pfründe") besonders hervor.

Die mitgetheilten Motive fassen „geistliches Amt" als gleichbedeutend mit: „Seelsorge-Amt" auf. Obschon das Gesetz das letztere vorzüglich im Auge hat, so rechtfertigt doch weder das A. L. R. noch der Sprachgebrauch diese absolute Identificirung. Nach § 59 Tit. 11 Th. II. A. L. R. ist Geistlicher derjenige, welcher bei einer christlichen Kirchengemeine zum Unterricht in der Religion oder zur Besorgung des Gottesdienstes oder zur Verwaltung der Sakramente bestellt ist (s. oben S. 30 Anm. 1). Wenn der § 60 a. a. O demnächst fortfährt: „Niemand darf ohne Vorwissen und Genehmigung derjenigen, deren Einwilligung zur Wahl einer Lebensart erfordert wird, zu einem geistlichen Amt sich bestimmen", so versteht er unter „geistlichem Amt" das Amt eines jeden, welcher die erwähnten Funktionen, sei es sämmtlich, sei es blos einzelne Arten derselben, auszuüben hat. Demgemäß muß auch das Amt eines katholischen Kaplans, welcher ein festes Beneficium besitzt und nur die Verpflichtung hat, dem Pfarrer Aushülfe beim Gottesdienst zu leisten, ferner ein Primissar- (Frühmesser-) Beneficium (s. mein Kirchenrecht Bd. 2 S. 322 N. 1) für ein geistliches Amt erachtet werden. Zu einem andern Resultat nöthigt auch nicht die sprachliche Bedeutung der Worte. „Geistliches Amt" ist im Gegensatz zu dem weiteren Ausdruck: „Kirchen-Amt" ein solches, mit dem rein geistliche, also gottesdienstliche, seelsorgerische und lehramtliche Funktionen verbunden sind, und wenn auch die gesammte Seelsorge darunter fällt, so genügen doch schon einzelne derselben, welche nicht seelsorgerlicher Natur zu sein brauchen (s. die eben angeführten Beispiele), um den Begriff des geistlichen Amtes zu konstituiren. Dieser allgemeinen sprachlichen und landrechtlichen Bedeutung desselben gegenüber kann die restringirende Auffassung der Motive, welche keine Gesetzeskraft haben, nicht maßgebend sein. Das um so weniger, als der angeführte Grund nicht blos für die Kurat-Aemter, sondern auch für diejenigen Aemter, welche ihrem Wesen nach zur Aushülfe neben einem Seelsorge-Amt bestimmt sind, zutrifft. Wenn endlich § 2 alle diejenigen, welche eine Stellvertretung oder Hülfsleistung in einem geistlichen Amt leisten, dem Erwerber eines solchen gleich behandelt, so muß namentlich mit Rücksicht auf die Motive des § 2 angenommen werden, daß das Gesetz dieselben Anforderungen auch an solche Personen hat stellen wollen, welche Hülfe und Stellvertretung kraft eines darauf hingehenden festen Amtes leisten. Dieser Fall ist aber im § 2 nicht vorgesehen (s. zu § 2), und er würde auch bei der restringirenden Auslegung der Motive nicht von dem § 1 gedeckt werden.

Gemäß vorstehenden Ausführungen ist in der evangelischen Kirche ein geistliches Amt im Sinne des § 1 das Pfarr-Amt, nach protestantischer Auffassung das geistliche Amt κατ' ἐξοχήν (vgl. Richter-Dove K. R. § 158), gleichviel, ob dasselbe in einer Gemeinde von einem Amtsträger allein wahrgenommen wird, oder, ob mehrere Geistliche kraft eines besonderen für jeden derselben bestehenden Amtes in verschiedenen Stellungen (als pastor primarius, Oberpfarrer, resp. zweiter Pfarrer oder Prediger oder Archidiakon u. s. w., vgl. Jacobson, K. R. S. 246; §§ 539 ff. Tit. 11, Th. II. A. L. R.) gemeinschaftlich nach einer bestimmten Vertheilung der Geschäfte die Pfarrseelsorge versehen. Ferner fällt unter den § 1 das Amt der festangestellten Hülfsgeistlichen oder Hülfsprediger. Dagegen können die Aemter der Superintendenten, Metropolitane (in Kurhessen), der Pröbste (in Schleswig-Holstein), der Dekane (in Nassau), sowie der General-Superintendenten (bez. des Landesbischofs in Nassau) nicht für geistliche Aemter im Sinne des § 1 erachtet werden. Sind diese Stellen auch fast überall mit Pfarrämtern kombinirt, bei deren Uebertragung der § 1 zur Anwendung kommt, soweit diese nicht durch § 28 ausgeschlossen ist, so besteht ihr Wesen doch in der Wahrnehmung bestimmter Befugnisse des landesherrlichen Kirchenregimentes, ihr Amt ist also ein Amt regimentlicher Natur, von dessen Verwaltung ein Laie nicht einmal absolut ausgeschlossen sein würde, vgl. für Altpreußen Jacobson K. R. S. 186, 190; Richter, Beiträge S. 63, 67 und die Instruktion für die General-Superintendenten v. 14. Mai 1829 u. A. bei Vogt, a. a. O. Bd. 1 S. 191; für Hannover Spangenberg a. a. O. Hft. 3 S. 46; Schlegel, a. a. O. Bd. 1 S. 92; Bd. 2 S. 430; Ruperti, Kirchen- und Schulgesetzgebung d. Herzogthümer Bremen und Verden. Verden 1844 Th. 1 S. 20; für Kurhessen Büff a. a. O. S. 382, 397; für Schleswig-Holstein Callisen a. a. O. S. 6 ff. u. die oben S. 11 citirte Instr. v. 1739; für Nassau Otto, a. a. O. S. 33, 38. In dieser ihrer Stellung haben die gedachten Amtsträger keine geistlichen Funktionen im eigentlichen Sinne wahrzunehmen. Allerdings ist ihnen mehrfach (so z. B. den General-Superintendenten in den 6 östlichen, alten Provinzen, in Schleswig-Holstein, dem Landesbischof in Nassau, den Superintendenten in Rheinland und Westfalen) die Ordination der Geistlichen vorbehalten, diese ist aber ebenfalls kein rein gottesdienstlicher, rein geistlicher Akt, vielmehr liegt in ihr zugleich eine regimentliche Thätigkeit, nämlich die Berufung zum geistlichen Amt.

Was die katholische Kirche betrifft, so ist zunächst an und für sich das Bischofs-Amt ein geistliches Amt im Sinne des § 1. Dem Bischof steht allerdings auch die äußere Leitung seiner Diöcese zu und insoweit ist sein Amt ein regimentliches oder jurisdiktionelles. Andererseits ist derselbe aber auch der allgemeine Seelsorger seines Sprengels, welcher für denselben alle Rechte des ordo und des magisterium wahrzunehmen hat, mein Kirchenrecht Bd. 2 S. 40, 261, 308. Indessen wird die Anwendbarkeit des § 1 auf die Aemter sämmtlicher preußischen Diöcesanbischöfe durch den § 29 Abs 1 des Ges. modificirt (vgl. Anm. 4 u. 5 dazu). Die Weihbischöfe, welche in allen altpreußischen Diöcesen vorkommen, und bei deren Ernennung durch den Papst der Staat auf Grund eines besonderen Rechtstitels nicht mitzuwirken hat, haben gleichfalls ein geistliches Amt im Sinne des § 1. Daß ihre Stellung als Amt anzusehen ist, kann keinem Zweifel unterliegen. Zwar üben sie nur im Auftrage und statt des Diöcesan-Bischofs die Weiherechte desselben aus, aber immerhin hat sich der Kreis der ihnen übertragenen Befugnisse fest fixirt und sie sind ferner in Preußen eine herkömmliche Institution geworden, deren fortdauernde Unterhaltung nach der Bulle: De salute animarum v. 16. Juli 1821 (vgl. s. v. „inspectis autem“ u. „super publicis regni sylvis“) vom Staate übernommen ist. Mit demselben Recht, wie die Stellung des bischöflichen Vertreters in der Jurisdiktion, des General-Vikars (s. oben S. 42 Anm. 4), muß daher auch die des Weihbischofs als Amt betrachtet werden. Aber auch die Qualität: „geistlich“ wird dem letzteren beizulegen sein, da die dem Weihbischof zukommende Ausübung der Weiherechte, z. B. die Ertheilung der Ordination, der Firmung, der Konsekration der Kirchen, ferner die Spendung des Bußsakramentes und die Absolution von den dem Bischof vorbehaltenen Reservatfällen, die Feier der Pontifikalhandlungen für den Bischof und die Ausübung der Predigt statt des letzteren, vgl. mein Kirchenrecht, a. a. O. S. 178, 40, zweifellos dem Gebiet der geistlichen Funktionen angehören. Ueber die Schwierigkeit, welche bei der Anwendung der Vorschriften des Gesetzes auf die Weihbischöfe entsteht, vgl. zu § 15 Anm. 1.

Desgleichen trifft für die Kanonikate der bischöflichen Kirchen und des Kollegiatstiftes zu Aachen, soweit für diese nicht der § 29 Abs. 1 des Ges. mit in Frage kommt, d. h. soweit sie der bischöflichen Besetzung unterliegen — und dies sind alle in den sog. gleichen Monaten (Februar, April, Juni, August, Oktober und Dezember) zur Erledigung kommenden Stellen und die Stelle des Dechanten, vgl. die citirte Bulle „v. Futuro autem tempore ac successivis“ — der § 1 gleichfalls zu. Den Kanonikern liegt kraft ihres Amtes die Verpflichtung zur täglichen Verrichtung des Gottesdienstes, zur Abhaltung der sog. Konventual-Messe und ferner zur Assistenz bei dem die Pontifikalien celebrirenden Bischofs ob (mein Kirchenrecht a. a. O. S. 88, 141, vgl. auch die Statuten des Kölner Metropolitan-Kapitels §§ 2 ff. bei Hüffer, Forschungen auf d. Gebiete des franz. u. rhein. K. R. Münster 1863 S. 350). Ihr Amt ist also ein geistliches (s. übrigens auch §§ 1125 ff., 1139 Tit. 11 Th. II. A. L. R.). Nicht minder gilt dies von den an den einzelnen Domkirchen festangestellten Vikarien (den mitunter sog. Domkaplänen), welche neben den Domherrn die Pflicht zum Chordienst und zur Aushülfe in der Seelsorge, z. B. zum Beichthören und Predigen haben (mein Kirchenrecht a. a. O. S. 84), sodann von den Pfarrern, mögen sie eine rein geographische oder personal bestimmte Parochie (s. z. B. S. 46 lit. d — vgl. aber auch § 29 Abs. 2 —) leiten, sowie endlich von den Aemtern, deren Inhaber zur Hülfsleistung bei den den Pfarrern obliegenden Geschäften verpflichtet sind, also der Kapläne, Vikare, Sacellane, Primissare, und der außerhalb des Pfarrsitzes residirenden Vikare, Expositen, Lokalisten, Lokal-Kapläne (s. mein Kirchenrecht a. a. O. S. 321 u. 323). Dagegen sind die Aemter des General-Vikars und des Kapitelsverwesers, welche nur zur Ausübung der bischöflichen Jurisdiktionsbefugnisse berechtigen (s. mein Kirchenrecht Bd. 2 S. 213, 240), nicht geistliche Aemter im Sinne des Gesetzes.

[2]) **in einer der christlichen Kirchen.** Christliche Kirche bedeutet nicht jede Religionsgesellschaft, welche auf dem Boden des Christenthums steht, sondern nur ebenso wie im Reichs-Str.-G.-B. § 166, die oben S. 5 Anm. 2 gedachten privilegirten Kirchen. Das Wort: „christlich“ heißt also soviel, wie: „die evangelische und die römisch-katholische Kirche“ in Art. 15 der Verf.-Urk. Vgl. Motive des Regier.-Entw. S. 12: „Dagegen war der Entwurf auf die christlichen Kirchen zu beschränken, da einerseits in Betreff der übrigen Religions-Gesellschaften, mögen sie auch wie die Juden u. A. mit Korporationsrechten ausgestattet sein, jedes praktische Bedürfniß fehlt und anderer-

seits bei Regelung der vom Staate über die Religions-Gesellschaften zu übenden Aufsichtsrechte die Stellung nicht unberücksichtigt bleiben kann, welche die verschiedenen Religions-Gesellschaften und deren Religionsdiener im Staatsleben einnehmen. Gerade aber die bevorzugte und bedeutsame Stellung, welche das geistliche Amt der christlichen Kirchen im Leben des Staates und des Volkes genießt, begründet ebenso das Bedürfniß wie die Berechtigung der gesetzlichen Regelung. Das geistliche Amt in den christlichen Kirchen trägt vermöge der Privilegien und des besondern Rechtsschutzes, mit welchen der Staat dasselbe ausgestattet hat, den Charakter eines öffentlichen Amts. Die Geistlichen genießen die Rechte der Beamten des Staats; die publica fides der von ihnen geführten Kirchenbücher und der daraus ausgestellten Zeugnisse, dauert fort; ihre Amtshandlungen stehen unter besonderem strafrechtlichen Schutz und Privatklagen gegen dieselben aus ihrem Amtsverhältniß finden nur wie gegen Staatsdiener statt. Sie besitzen endlich eine Reihe persönlicher Privilegien in Bezug auf das Abgabewesen und die Militairpflicht," (vgl. aber jetzt Anlage 1 zu diesem Gesetz) „und zur Einziehung ihres Diensteinkommens wird ihnen theils die administrative Exekution, theils ein abgekürztes Rechtsverfahren (Mandatsprozeß) gewährt. Ja der Staat bethätigt seine Fürsorge für das geistliche Amt selbst soweit, daß er, auch ohne rechtliche Verpflichtung, da mit seinen Mitteln helfend eintritt, wo die Gemeinden die congrua nicht aufzubringen vermögen," und den Kommissionsbericht, citirte Drucksachen (§ 1 Anm. *) Nr. 144, S. 6: „Erläuternd wurde im Laufe der Debatte noch hervorgehoben, daß der Gesetz-Entwurf sich nur auf die im Art. 15 der Verf.-Urk. benannte evangelische und katholische Kirche beziehe. Andere Religionsgesellschaften, auch wenn sie Korporationsrechte besitzen, fallen nicht unter das Gesetz, welches sich nur auf die geistlichen Aemter beziehe, also auf solche Kleriker, die auf Grund der Verfassung der anerkannten Kirchen Amtsrechte üben." Die sowohl im Abgeordnetenhause als auch im Herrenhause gestellten, S. 100 Anm.* mitgetheilten Amendements sind verworfen worden, nachdem im ersteren vom Berichterstatter Dr. Gneist darauf hingewiesen war, daß sachlich mit der Aenderung nichts gewonnen sei, weil wenn ein Zweifel darüber bestände, ob die nicht privilegirten christlichen Religionsgesellschaften Kirchen im Sinne des Gesetzes seien, dieser nicht gehoben werde (stenogr. Ber. S. 1515), und der Kultusminister im Herrenhause bemerkt hatte (stenogr. Ber. d. Herrenhauses S. 459): „Ich bin nun auch der Meinung, daß nachdem die Verfassung das weitergehende Gebiet erlangt hat, dies sich auch erstreckt auf die nach den Ereignissen von 1866 erworbenen Landestheile, daß damit auch der Ausdruck: „evangelische Kirche" einen weiteren Sinn bekommen hat, als er ursprünglich besaß ... Man hat gesagt, eben so gut sei es statthaft, diese kirchlichen Gestaltungen" (die evangelischen Landeskirchen der neuerworbenen Provinzen) „unter dem Ausdruck: „andere Religionsgesellschaften" (vgl. Art. 15 d. V.-U.)" zu bringen. Bei solchen sachlichen Bedenken scheint es doch um so mehr empfehlenswerth, den Ausdruck „christliche Kirchen" beizubehalten, da sich derselbe ebenfalls in unserer Gesetzgebung findet" (s. § 166 d. Reichs-Str.-G.-B.).

Uebrigens gehören die Reformirten der Konföderation in Niedersachsen, der Gemeinden zu Braunschweig, Celle, Hannover, Göttingen, Münden und Bückeburg, welche nicht dem landesherrlichen Kirchenregimente unterstehen, sondern einen eigenen, sich selbst regierenden Synodal-Verband bilden, s. die jetzt geltende Kirchenordnung v. 14. September 1839, abgedruckt bei Dove, Sammlung d. wichtigeren neuen Kirchenordnungen, Tübingen 1865, S. 312, und Hugues, die Konföderation der reformirten Kirchen in Niedersachsen, Celle 1873, S. 101, gleichfalls zu den christlichen Kirchen im Sinne des Gesetzes. (Vgl. außer der citirten Schrift von Hugues noch Schlegel a. a. O. Bd. 2, S. 140 ff.; Grefe, Hannovers Recht, Th. I. S. 248.)

3) **einem Deutschen**, d. h. Demjenigen, welcher die deutsche Reichsangehörigkeit besitzt (s. oben S. 46 Anm. 5), gleichviel ob der Betreffende von einer nicht deutschen (von polnischer, dänischer, wallonischer u. s. w.) Nationalität ist, oder als Fremder erst die Reichsangehörigkeit durch Naturalisation erlangt hat. Vgl. übrigens über den Erwerb und Verlust der Reichsangehörigkeit das Ges. v. 1. Juni 1870 (Bundes-Ges.-Bl. S. 355, s. a. a. O. S. 648 u. 657, sowie Ges. v. 22. April 1871 § 9, Reichs-Ges.-Bl. S. 89.)

Nach dieser Vorschrift ist also die Nothwendigkeit einer Naturalisation in Preußen, welche durch die Kab.-Ordres v. 17. Oktober 1847 u. 27. Januar 1862 (bei Vogt, a. a. O. Bd. I. S. 283, resp. Aktenstücke d. evang. Ob.-Kirchenraths Bd. 5, S. 245) vorgeschrieben war, fortgefallen. Jeder Unterthan eines deutschen Bundesstaates, mag er auch als Ausländer erst in einem solchen

§. 2.*)

Die Vorschriften des § 1 [1]) kommen zur Anwendung, gleichviel, ob das Amt dauernd oder widerruflich übertragen [2]) werden oder nur eine Stellvertretung oder Hülfsleistung [3]) in demselben statthaben soll. Ist Gefahr im Verzuge, [4]) so kann eine Stellvertretung oder Hülfsleistung einstweilen und vorbehaltlich des Einspruchs [5]) der Staatsregierung angeordnet werden.

---

die Naturalisation erlangt haben, kann nunmehr in Preußen ein geistliches Amt erwerben. Das Minist.-Reskr. v. 25. Februar 1851 (Beiträge z. preuß. K.-R. Heft 1, S. 56) ist ebenfalls beseitigt. Wenn dasselbe die dauernde Berufung von ausländischen Geistlichen auf katholische Kirchenämter des Inlandes zwar für statthaft, aber andererseits die Ausweisung derselben, sofern sie nicht die Aufnahme in den preußischen Unterthanen-Verband nachgesucht haben, für zulässig erklärt, so ist die letztere Befugniß jetzt gegenüber den Angehörigen des deutschen Reiches aufgehoben, dagegen trifft das erstere für Ausländer (Nichtdeutsche) nicht mehr zu, weil diese überhaupt vom Erwerbe geistlicher Aemter ausgeschlossen sind.

[4]) **übertragen werden**, d. h. das Amt soll weder ohne die im Gesetze vorgeschriebenen Voraussetzungen erworben werden können (s. auch § 17), noch dürfen die geistlichen Oberen die ihnen bei der Uebertragung zukommenden Befugnisse, gleichviel ob ihnen die freie Verleihung des Amtes zusteht oder die letztere durch Patronatrechte, Wahlrechte der Gemeinden u. s. w. beschränkt ist, den Vorschriften des § 1 zuwider ausüben.

Die Gewährung des sog. landesherrlichen Tischtitels, d. h. des für die Erlangung der höheren Weihen erforderlichen, sicheren Unterhaltes seitens des Staates (mein Kirchenrecht Bd. 1, S. 72), welche in einzelnen Diöcesen, z. B. Limburg, Fulda, vorkommt, ist allerdings nicht Uebertragung eines Amtes. Der Tischtitel bereitet aber die Anstellung in einem solchen vor. Er ermöglicht dem Kandidaten die Erlangung der dafür nöthigen Ordination und sichert diesem die Sustentation bis zur Anstellung und bis zum Genuß eines Amtseinkommens. Deshalb kann er nicht an Personen, welche überhaupt kein Amt und Beneficium erwerben können, verliehen werden, und es kommen daher für seine Gewährung die Vorschriften des § 1 zur Anwendung.

[5]) **wissenschaftliche Vorbildung nach den Vorschriften dieses Gesetzes**, s. §§ 4 bis 14; vgl. aber auch §§ 26 u. 27.

[6]) **kein Einspruch von der Staatsregierung.** Diesen regeln §§ 15 bis 17, 28.

§ 2. *) Unverändert nach der Reg.-Vorlage. Das Herrenhaus hat das Amendement des Grf. Udo zu Stolberg, hinter den Worten: „oder widerruflich" die Worte: „oder als eine Stellvertretung oder Hülfsleistung übertragen werden soll" einzuschalten und die Worte: „übertragen werden" bis „statthaben soll" zu streichen, verworfen, stenogr. Ber. S. 467, 468.

[1]) **Die Vorschriften des § 1.** Daß die betreffende Person die Reichsangehörigkeit, ferner die vorgeschriebene wissenschaftliche Bildung besitzen und kein Einspruch erhoben sein muß, wird (s. Regier.-Motive S. 17) „verlangt für jede Thätigkeit im geistlichen Amt, nicht nur für die definitive Anstellung... Es ist dies nothwendig, um die Umgehung des Gesetzes zu verhüten. Der Mangel einer gleichen Vorschrift in dem oben citirten badischen Gesetze hat sich dort empfindlich geltend gemacht." Der § 9 dess. (s. oben S. 55 Anm. 4 zu § 5) verordnet: „Die Kirchenämter können nur an solche vergabt werden, welche das badische Staatsbürgerrecht besitzen oder erlangen und nicht von der Staatsregierung unter Angabe des Grundes als ihr in bürgerlicher oder politischer Beziehung mißfällig erklärt werden. Die Zulassung zu einem Kirchenamt ist regelmäßig durch den Nachweis einer allgemeinen wissenschaftlichen Vorbildung bedingt," trifft also nur die dauernde Verleihung der Kirchenämter, und gewährt damit den geistlichen Behörden die in Baden praktisch benutzte Handhabe, das Gesetz durch blos provisorische Anstellungen zu umgehen (vgl. stenogr. Ber. d. Herrenh. S. 470, 472).

[2]) **das Amt dauernd oder widerruflich übertragen.** Darunter sind alle denkbaren Arten der Uebertragung begriffen, nämlich die dauernde Uebertragung eines festen Amtes, eines Beneficiums (s. oben S. 100), der regelmäßige Fall, ferner die nur widerrufliche Uebertragung eines

Amtes der letzteren Art, welche in neuerer Zeit trotz der entgegenstehenden Vorschriften des kanonischen Rechtes in einzelnen preußischen Diöcesen beinahe zur Regel geworden ist, endlich die widerrufliche Uebertragung eines solchen Amtes, welches, wie die Sukkursal- und Missions-Pfarreien seinem kirchlichen Charakter nach nur in dieser Weise vergeben werden kann.

3) **Stellvertretung oder Hülfsleistung.** Hier handelt es sich im Gegensatze zu den Fällen der Anm. 2 um die Vornahme geistlicher Handlungen kraft einer provisorischen, aushülfeweisen Stellung, also nicht um ein Amt, dessen Träger derartige Dienste zu leisten hat (s. oben S. 101 Anm. 1). Das ergiebt namentlich der letzte Satz des §.

Unter Stellvertretung ist die Ausübung der Rechte des Amtes für den Amtsinhaber in vollem Umfange gemeint; sie kommt namentlich bei Pfarr-Aemtern vor, solange die erledigte Stelle noch nicht wieder besetzt oder wenn der Pfarrer abwesend oder zur Fortführung seines Amtes physisch unfähig geworden ist. Die Hülfsleistung bedingt ihrem Begriffe nach, daß der eigentliche Amtsträger selbst fungirt und dabei nur die unterstützende Thätigkeit eines Anderen konkurrirt. Es handelt sich also hier um Geistliche, welche, wie die Hülfspriester, Hülfsprediger, gewisse Geschäfte neben dem Amtsträger und unter dessen Leitung vollziehen. Daß diese bei der Amtshandlung, welche sie vornehmen, den letzteren gleichfalls vertreten, liegt auf der Hand. Dennoch läßt sich die Stellvertretung von der Hülfsleistung deshalb sondern, weil die erstere in dem vorhin dargelegten Sinne niemals eine Hülfsleistung ist. Ihre hauptsächlichste praktische Anwendung findet die Bestimmung des Gesetzes auf die Anstellung von Pfarr-Vikaren, Pfarr-Verwesern, Pfarr-Administratoren, Koadjutoren, ferner von Adjunkten, Kaplänen, Pfarrgehülfen, Cooperatoren (vgl. über diese Richter-Dove K. R. §§ 143, 160; mein Kirchenrecht a. a. O. S. 318).

§ 2 bezieht sich auch auf solche Fälle, wo die Stellvertretung oder Hülfsleistung nur eine einmalige oder von kurzer Dauer sein soll (z. B. auf die Vertretung eines plötzlich verhinderten oder auf wenige Tage verreisten Geistlichen). Das Amendement Stolberg (Anm. *) wollte diese Fälle ausnehmen, ist aber abgelehnt.

4) **Gefahr im Verzuge,** d. h. wenn die Nothwendigkeit einer Stellvertretung oder Hülfsleistung nicht vorherzusehen war und mit der geistlichen Handlung nicht gewartet werden kann (z. B. Ertheilung des von einem Schwerkranken begehrten Abendmahls, Vornahme der Trauung, wenn alles für die Hochzeitsfeier angeordnet ist und für den Geistlichen ein Hinderungsgrund so plötzlich eintritt, daß die Hochzeitsfeier ohne Gefährdung der Interessen der Betheiligten nicht mehr verschoben werden kann). In solchen Ausnahmefällen cessirt die Pflicht, die für die Erhebung des Einspruchs vorgeschriebene Frist (vgl. §§ 15, 17) mit der Uebertragung der Stellvertretung oder Hülfsleistung zu warten; es darf aber mit einer solchen nur ein Geistlicher, welcher nach den sonstigen Bestimmungen des § 1 fähig ist, betraut werden. Ferner ist die Anzeige einer solchen Deputirung an den Ober-Präsidenten erforderlich, weil das Einspruchsrecht immer vorbehalten ist, und der letztere daher behufs Ausübung desselben Kenntniß von derartigen Fällen erhalten muß (vgl. auch die folgende Anm.).

Etwaige Weiterungen, welche aus dieser zur Verhütung von Umgehungen des § 1 nothwendigen Vorschrift hervorgehen, werden sich sehr einfach dadurch vermeiden lassen, daß solchen Geistlichen, neben denen nicht dauernd Hülfsgeistliche fungiren, ein für alle Mal auf eine bestimmte längere Zeitperiode ein oder mehrere benachbarte Amtsbrüder für Verhinderungsfälle unter Beobachtung der Anforderungen des Gesetzes substituirt werden.

5) **vorbehaltlich des Einspruchs.** Vgl. vorige Anm. Der Einspruch, welcher in einem solchen Fall unter analoger Anwendung der Vorschriften des § 15 Abs. 3 innerhalb 30 Tagen nach dem Eingange der amtlichen Anzeige geltend zu machen ist, kann nur die Wirkung haben, die Vornahme von geistlichen Funktionen für die Folgezeit auszuschließen, bez. strafbar zu machen. Von praktischer Bedeutung ist dies nur dann, wenn die angeordnete Stellvertretung, z. B. die beim Absterben des Amtsinhabers wegen Gefahr im Verzuge stattgehabte Bestellung des Vikars, für eine längere zukünftige Zeit Folgen äußert, nicht aber, wenn es sich um die Deputirung zu einem einmaligen oder auch mehreren Geschäften handelt, welche bereits erledigt sind. Mit Rücksicht darauf entsteht die Frage, ob der Ober-Präsident, welcher gegen die beauftragte Person Einspruch zu erheben berechtigt war, letzteren hinterher in der Weise geltend machen darf, daß er die Depu-

§. 3.*)

Die Vorschriften des § 1 kommen, vorbehaltlich der Bestimmungen des § 26,[1]) auch zur Anwendung, wenn einem bereits im Amte (§ 2) stehenden Geistlichen[2]) ein anderes geistliches Amt übertragen[3]) oder eine widerrufliche Anstellung in eine dauernde verwandelt[4]) werden soll.

---

tirung dieser Person für alle zukünftige Fälle untersagen kann. Dies muß verneint werden. Denn das Gesetz kennt keinen allgemein, für die Zukunft wirkenden Einspruch, vielmehr nur einen solchen, welcher in einem gewissen gegebenen Fall die Uebertragung eines bestimmten Amtes oder bestimmter geistlicher Funktionen hindert (s. §§ 1, 15, 17). Die Gewähr gegen dolose Benutzungen der in Rede stehenden Ausnahmebestimmung zur Umgehung des § 2 liegt in den Worten: „Ist Gefahr im Verzuge". Von dem Vorhandensein einer solchen kann dann nicht die Rede sein, wenn die Nothwendigkeit einer Stellvertretung längst hervorgetreten ist. Wird z. B. einem altersschwachen gebrechlichen Pfarrer deshalb kein dauernder Gehülfe bestellt, weil der geistliche Obere Einspruch gegen die von ihm in Aussicht genommene, dem Domicil des Pfarrers nahe wohnende Persönlichkeit fürchtet, und diese für alle plötzlich verlangten geistlichen Funktionen (letzte Oelung, Kranken-Kommunion u. s. w.) stets für einzelne Fälle deputirt, so findet hier die Ausnahme des Schlußsatzes des § 2 keine Anwendung.

§ 3. *) Die Worte: „**vorbehaltlich der Bestimmungen des § 26**" sind von der Kommission eingeschaltet worden (Kommiss.-Ber. S. 7).

[1]) **vorbehaltlich der Bestimmungen des § 26**, vgl. die Anmerkungen zu diesem §.

[2]) **einem bereits im Amte (§ 2) stehenden Geistlichen**, gleichviel ob diesem sein bisheriges Amt dauernd oder widerruflich übertragen worden ist. Dies ergiebt das Citat § 2 zu „Amt."

[3]) **ein anderes geistliches Amt übertragen**, also bei jeder Versetzung in ein anderes Amt im Sinne des § 1 (s. S. 100 Anm. 1) oder bei widerruflicher Uebertragung eines andern statt des bisherigen, mag dieses letztere dauernd oder auf Widerruf verliehen gewesen sein.

Für die Regel wird in diesen Fällen von den im § 1 enthaltenen Bestimmungen nur die Vorschrift über das Einspruchsrecht praktisch werden, denn die Reichsangehörigkeit und die erforderliche wissenschaftliche Vorbildung des schon in der einen oder andern Art in Preußen angestellten Geistlichen muß bereits bei der ersten Anstellung vorhanden gewesen und festgestellt sein. In vollem Umfange kommt aber der § 1 dann zur Anwendung, wenn der betreffende Geistliche bisher ein Amt außerhalb Preußens verwaltet hat.

[4]) **eine widerrufliche Anstellung in eine dauernde verwandelt werden soll.** Hier handelt es sich um die dauernde Uebertragung des bisher von dem Geistlichen widerruflich innegehabten Amtes, während in den Fällen der Anm. 3 entweder eine Versetzung oder beim Verbleiben des Geistlichen an demselben Orte doch die Uebertragung eines andern Amtes vorausgesetzt wird.

Eine ausdrückliche Bestimmung darüber, ob der § 1 auch Anwendung findet, wenn ein schon angestellter Geistlicher mit einer Stellvertretung betraut werden soll, enthält der § 3 nicht. Daraus kann aber nicht hergeleitet werden, daß für diesen Fall der § 1 cessirt. Derselbe enthält in Verbindung mit § 2 den allgemeinen Grundsatz, daß bei jeder Uebertragung von geistlichen Funktionen, sei diese eine dauernde, oder eine widerrufliche oder nur eine stellvertretende oder aushelfende, bestimmte Erfordernisse vorliegen müssen, namentlich auch das Einspruchsrecht der Staatsregierung zu wahren ist. Der § 3 exemplificirt dieses Princip — um einem etwaigen Zweifel vorzubeugen — auf die in Anm. 3 besprochenen Fälle. Hinsichtlich der Stellvertretung und Hülfsleistung war dies aber bei der ganz generell lautenden Vorschrift des § 2 nicht erforderlich. Ihre Fassung gestattet eine Restriktion auf die bisher noch nicht angestellten, bez. noch nicht zu Stellvertretungen oder Hülfsleistungen verwendeten Geistlichen nicht. Wenn ferner das Einspruchsrecht für jeden einzelnen Fall, gleichviel ob es sich schon um eine früher in Frage gekommene Persönlichkeit handelt oder nicht, gewährt ist, so beruht dies offenbar darauf, daß bei einer späteren anderweitigen Verwendung Gründe zum Einspruche vorhanden sein können, welche

II. Vorbildung zum geistlichen Amte.[1]

§. 4.*)

Zur Bekleidung eines geistlichen Amts[1]) ist die Ablegung der Entlassungsprüfung[2]) auf einem Deutschen Gymnasium,[3]) die Zurücklegung eines dreijährigen theologischen Studiums auf einer Deutschen Staatsuniversität,[4]) sowie die Ablegung einer wissenschaftlichen Staatsprüfung[5]) erforderlich.[6])

---

erst in der Zwischenzeit entstanden sind. Dies trifft aber sowohl für die Anstellung im Amte wie auch für die bloße Vertretung und Hilfsleistung in demselben gleichmäßig zu. Von der entgegengesetzten Auffassung ist offenbar der Regierungskommissar (Kommiss.-Ber. S. 35 u. stenogr. Ber. des Abgeordnetenh. S. 1626) ausgegangen, wenn er erklärt hat, daß das Gesetz nicht auf solche Fälle Anwendung findet, wenn ein Pfarrer oder Kaplan desselben aushülfeweise einzelne Handlungen mit Erlaubniß des kompetenten Pfarrers im Bezirke des letzteren vornehme. M. E. ist dies nur gestattet für den Fall, daß Gefahr im Verzuge vorliegt.

[1]) **II. Vorbildung zum geistlichen Amte.** Die Reg.-Motive bemerken zu diesem Abschnitt (S. 17): „In der Forderung einer gründlichen und umfassenden Bildung für die Kandidaten des geistlichen Amts stimmen Staat und Kirche im Allgemeinen überein. Gleichwohl hat der Staat unter allen Umständen diejenige Fürsorge zu treffen, die von seinem Standpunkte aus, wie oben dargelegt worden, als dringend geboten sich darstellt. Der Staat hat daher einerseits sein Augenmerk darauf zu richten, daß die Geistlichen eine genügende allgemeine wissenschaftliche Bildung erhalten, die am besten gegen eine einseitige und befangene Richtung bewahrt, und andererseits hat er dafür zu sorgen, daß ihnen nicht eine Erziehung gegeben werde, die eine selbstständige Charakter-Entwickelung unmöglich macht oder gar zur Folge hat, daß ihnen die Aufgaben und Interessen des Staats, dem sie angehören, gleichgültig, vielleicht sogar als zu bekämpfende erscheinen. — Bluntschli, Allgemeines Staatsrecht S. 561. — Diesen wichtigen Interessen des Staates suchen die Bestimmungen des Abschnitts II. zu genügen, indem sie: 1) die Ablegung des Abiturienten-Examens bei einem deutschen Gymnasium unbedingt (§ 4), und 2) ein dreijähriges theologisches Studium auf einer Staats-Universität der Regel nach fordern, 3) ein Studium an den bestehenden kirchlichen Seminarien aber nur dann als Ersatz gelten lassen, wenn sie nach ihren Einrichtungen und ihren Lehrkräften den Anforderungen der entsprechenden Staatsanstalten genügen (§§ 4, 6, 11), 4) die sämmtlichen kirchlichen Anstalten, welche der Vorbildung der Geistlichen auf den verschiedenen Stufen dienen, der geordneten Staatsaufsicht unterstellen (§ 9), die Neuerrichtung von Knaben-Seminarien und Knaben-Konvikten aber, sowie die Aufnahme neuer Zöglinge in die bestehenden Anstalten dieser Art untersagen (§ 14), und 5) endlich die Ablegung einer wissenschaftlichen Staatsprüfung anordnen (§§ 4 u. 8)."

§ 4. *) Unverändert nach der Regier.-Vorlage. Verworfen sind im Abgeordnetenhause 1) das Amendement Dr. Brüel, die Worte: „sowie die Ablegung einer wissenschaftlichen Staatsprüfung" zu streichen (stenogr. Ber. S. 1530), 2) der Antrag Dr. Glaser, dem § 4 folgenden Zusatz zu geben: „Als Professoren in den theologischen Fakultäten der preußischen Staats-Universitäten sollen je nach der Konfession, für welche die Fakultät bestimmt ist, nur Mitglieder der evangelischen, beziehungsweise der evangelisch-lutherischen, der evangelisch-reformirten oder römisch-katholischen Kirche angestellt werden, und gegen deren Anstellung von der zuständigen kirchlichen Stelle kein Einspruch erhoben worden ist. Als zuständige kirchliche Stelle gilt für die evangelischen Fakultäten der Universitäten Königsberg, Berlin, Greifswald, Breslau, Halle und Bonn der Oberkirchenrath zu Berlin, für die evangelisch-lutherische Fakultät der Universität Kiel das Konsistorium zu Kiel, für die evangelisch-lutherische Fakultät der Universität Göttingen das vereinigte Kollegium des Landes-Konsistoriums und Landes-Synodal-Ausschusses zu Hannover, für die evangelische Fakultät der Universität Marburg das Konsistorium des Regierungs-Bezirkes Kassel, für die katholischen Fakultäten der römisch-katholische Bischof der Diöcese" (a. a. O. S. 1530), endlich 3) der Antrag Dr. Brüel, nach dem § 4 einen neuen § 4a einzuschalten, folgenden Inhalts: „Als Professoren in preußischen theologischen Fakultäten sollen je nach der Konfession, für welche die Fakultät bestimmt ist, nur Mitglieder der evangelischen, beziehungsweise evangelisch-lutherischen oder römisch-katholischen Kirche angestellt werden. Auch soll vor jeder Anstellung die zuständige kirchliche Stelle darüber gehört werden, ob aus kirchlichen Gründen Bedenken gegen die Anstellung zu erheben sind, und die Anstellung soll unterbleiben, wenn die kirchliche Stelle erklärt, daß sie den zu Berufenden aus kirchlichen Gründen für einen geeigneten Universitätslehrer der Theologie ihrer Konfession nicht erachtet" (a. a. O. S. 1530). Im Herrenhause sind gefallen 1) das den erstgedachten Brüel'schen Antrag wiederholende Amendement des Grafen v. Krassow, 2) der Antrag des letzteren, dem § 4 folgenden Zusatz zu geben: „Die Staatsregierung kann zu den theologischen Examen der Kandidaten einen der betreffenden Konfession angehörenden Kommissarius kommittiren, welcher berechtigt ist, sich an der Prüfung zu betheiligen. Die Prüfung ist öffentlich"; 3) ein weiteres Amendement desselben, dem § 4 einen neuen § (4a) hinzuzufügen: „An den theologischen Fakultäten der Landes-Universitäten sind Professoren für die in der Fakultät zu lehrenden Fächer in genügender Anzahl anzustellen. Vor jeder Anstellung ist die zuständige kirchliche Behörde darüber zu hören, ob aus kirchlichen Gründen Bedenken gegen den Anzustellenden obwalten, und unterbleibt die Anstellung, wenn die kirchliche Behörde erklärt, daß sie den zu Berufenden aus kirchlichen Gründen für einen geeigneten Universitäts-Lehrer der Theologie ihrer Konfession nicht erachtet. — Wenn Professoren der theologischen Fakultäten während ihrer Amtsführung aufhören Mitglieder der betreffenden Kirche zu sein, so sind andere, welche derselben angehören, für die entsprechenden Fächer zu berufen. Dasselbe gilt, wenn die zuständige Kirchen-Behörde einen Professor der theologischen Fakultät, nachdem sie demselben vollständiges Gehör gewährt, aus kirchlichen, nach der Anstellung eintretenden Gründen für nicht mehr geeignet zum Universitäts-Lehrer der Theologie ihrer Konfession erklärt. — Als zuständige Kirchen-Behörde gilt für die evangelischen Fakultäten das Konsistorium der Provinz, in welcher die Universität liegt, welches zu dem Zweck durch einen Ausschuß der Provinzial-Synode, sofern eine solche besteht, verstärkt wird, für die katholischen Fakultäten der römisch-katholische Bischof der Diöcese. — Ein gleiches Recht steht den gedachten kirchlichen Behörden rücksichtlich der Berufung der Religionslehrer an denjenigen Gymnasien zu, welche einen konfessionellen Charakter haben" (stenogr. Ber. d. Herrenh. S. 476, 480 u. Drucks. des Herrenh. Nr. 137).

[1]) **Zur Bekleidung eines geistlichen Amtes.** Darunter ist auch die Stellvertretung und Hülfsleistung in einem solchem zwar nicht dem Wortlaute aber der Struktur des Gesetzes nach begriffen. § 1 stellt die wissenschaftliche Vorbildung als nothwendiges Erforderniß hin, welches in §§ 4 ff. näher specialisirt wird. Da § 2 die Vorschriften des § 1 auf die eben gedachten Stellungen für anwendbar erklärt, so ist damit folgeweise auch die Geltung der §§ 4 ff. ausgesprochen.

[2]) **Entlassungsprüfung,** d. h. die die Reife für Universitätsstudien feststellende Prüfung, für welche selbstverständlich die geltenden Vorschriften des betreffenden Bundesstaates, dem das Gymnasium angehört, maßgebend sind. Für Preußen kommt in Frage die Kab.-Ordre v. 25. Juni 1834 nebst Reglement für die Prüfung der zur Universität abgehenden Schüler v. 4. Juni 1834 v. Kamptz, Annalen d. preuß. inner. Staatsverwalt. Bd. 18, S. 375, mit den späteren Ergänzungen und Abänderungen abgedruckt in der Schrift: Das preuß. Abiturienten-Prüfungs-Reglement v. 4. Juni 1834. 2. Aufl. Berlin 1869.

[3]) **deutschen Gymnasium,** auf einer die allgemeine Vorbildung für die Universitätsstudien gewährenden Anstalt, welche sich in einem deutschen Bundesstaate befindet und unter staatlicher Ober-Leitung und Kontrole steht. Rein private Anstalten, wenn sie auch dieselben Ziele, wie die Gymnasien verfolgen sollten, sind keine Gymnasien im Sinne des Gesetzes, wie sie denn auch nicht das Recht haben, daß bei ihnen die vorgeschriebene Entlassungs-Prüfung abgehalten werden kann.

[4]) **deutschen Staatsuniversität.** Der Ausdruck ist nicht identisch mit dem im § 1 des Ges. über d. jur. Prüfungen rc. v. 6. Mai 1869 (G. S. S. 656: „Universität, an welcher in deutscher Sprache gelehrt wird.") Es sind hier nur die Hochschulen der einzelnen Bundesstaaten gemeint. (Vgl. Erkläung des Reg.-Kommissars in der Kommission, Kommiss.-Ber. S. 22: „daß wo in diesem Gesetz von deutschen Einrichtungen die Rede, das Gebiet des heutigen deutschen Reichs im politischen Sinne gemeint sei"; s. auch stenogr. Ber. des Abgeordnetenh. S. 1555.) Mithin bleibt für die evangelischen Theologen ein Studium auf den Schweizer Universitäten, Bern, Basel und Zürich,

für die katholischen auf den österreichischen Universitäten, z. B. Wien, Innsbruck, Prag, an welchen allen in deutscher Sprache gelehrt wird, für die Erfüllung des Trienniums außer Betracht.

Der Staatsuniversität steht gleich jede andere Universitäts-Anstalt, welcher, wenngleich sie nicht Universität im eigentlichen Sinne ist, doch hinsichtlich des theologischen Studiums dieselben Rechte vom Staate beigelegt worden sind, so z. B. die theologisch-philosophische Akademie zu Münster.

Die Anm. *) mitgetheilten Amendements Glaser, Brüel (3) und Grf. Krassow (3) bezweckten den Kirchenbehörden einen weitgehenden Einfluß auf die Anstellung der theologischen Professoren zu geben. Den berechtigten Gedanken, welcher diesen Anträgen zu Grunde liegt, hat der Kultusminister (stenogr. Ber. des Herrenh. S. 479) dahin zum Ausdruck gebracht: „Anzuerkennen bleibt allerdings, daß wenn der Staat genöthigt ist, ein Universitätsstudium vorzuschreiben, und nur in gewissen Fällen, wie es der § 6 beispielsweise zeigt, dieses Universitätsstudium durch ein anderes Studium ersetzen läßt, er demjenigen, den er dazu nöthigt, auch die Möglichkeit gewähren muß, die Lehre seiner Kirche in der Weise entgegenzunehmen, wie sie das Organ der Kirche vorschreibt. Aber, m. H., der Modus, wie das geschehen soll, und in welchem Maße, ob er neben einer derartigen Lehre, namentlich was die evangelische Kirche betrifft, in der verschiedene Richtungen neben einander bestehen, im Interesse der Wissenschaft berechtigt sei, auch andere Gesichtspunkte entsprechend zur Geltung bringen zu dürfen, ist eine Frage, die einer detaillirten Erörterung bedarf und sich nicht mit ein paar allgemeinen Sätzen abthun läßt", indem er überdies hervorhob (a. a. O. S. 478), daß die bezüglichen Bestimmungen in das Unterrichtsgesetz und in die Statuten der einzelnen Universitäten gehörten.

Was den gegenwärtigen Stand dieser Frage betrifft, so hat in Betreff der theologischen Fakultäten der sechs altpreußischen Universitäten der Ober-Kirchenrath ein Recht der gutachtlichen Aeußerung vor der Anstellung der ordentlichen und außerordentlichen Professoren, so weit es sich um Lehre und Bekenntniß derselben handelt, Kab.-Ord. vom 5. Februar 1855 u. Ressort-Reglement für die evangel. Kirchen-Verwaltung v. 1857 i. d. Aktenstücken d. evang. Ob. Kirchenraths Bd. 2 S. 138, und wenn auch hinsichtlich der übrigen preußischen Universitäten ein solches Recht kirchlicher Behörden nicht besteht, so liegt doch bei der Verschiedenartigkeit der Richtungen, welche in der Gesammtheit der deutschen protestantischen Fakultäten vertreten sind, nicht die mindeste Gefahr vor, welche Anträge, wie die verworfenen, rechtfertigen könnte.

In den katholisch-theologischen Fakultäten Preußens (also Bonn, Breslau und Münster) darf „Niemand angestellt und zur Ausübung des Lehramtes zugelassen werden ohne vorhergegangene Rückfrage bei dem bischöflichen Stuhle" und dieser soll berechtigt sein, „wegen erheblicher die Lehre oder den Lebenswandel des in Vorschlag Gebrachten betreffenden Bedenken die Anstellung oder Zulassung desselben abzulehnen" (Bonner u. Breslauer Statuten, s. Darlegung des Verf. d. preuß. Regier. geg. d. Erzbisch. v. Köln. Berlin 1838. Beilag. S. 27 u. Friedberg, Joh. Bapt. Baltzer. Leipzig 1873 S. 30). Außerdem stehen auch den katholischen Theologen noch die Universitäten zu München, Würzburg, Tübingen und Freiburg i. B. offen.

[5]) **wissenschaftlichen Staatsprüfung,** vgl. § 8. Uebrigens ist die K. O. vom 30. Juni 1841 (G. S. S. 139), wonach 3 Semester auf einer preußischen Universität zugebracht werden müssen, jetzt beseitigt.

[6]) **erforderlich.** Was die Einwirkung dieses § auf den bisherigen Zustand betrifft, so führt derselbe hinsichtlich der evangelischen Theologen, welche bisher schon das Abiturienten-Examen ablegen und das Triennium auf der Universität absolviren mußten (Jacobson, K. R. S. 352; für Hannover V. betr. d. theol. Prüfgn. ꝛc. vom 4. Mai 1868. § 2, G. S. S. 473; für Kurhessen, Büff a. a. O. S. 244 ꝛc.; für d. Konsistor.-Bez. Wiesbaden Verfüg. v. 27. April 1869. § 3, Allgem. Kirchenbl. Jahrgang 1869. S. 313; für Schleswig-Holstein Bekanntm. d. Konsist. vom 7. August 1869. § 3; a. a. O. S. 684), als etwas Neues die wissenschaftliche Staatsprüfung ein. Mit Rücksicht auf die Vorschrift des § 27 (s. Anm. 1 dazu) wird aber diese Neuerung von geringem Belang sein.

In Betreff der katholischen Kirche galt früher der § 61 Tit. 11 Th. II A. L. R., daß Niemand ohne vorhergegangene genaue Prüfung seiner Kenntnisse zu einem geistlichen Amte gelassen werden

§. 5.*)

Der Minister der geistlichen Angelegenheiten [1]) ist ermächtigt, mit Rücksicht auf ein vorangegangenes anderes Universitätsstudium,[2]) als das der Theologie, oder mit Rücksicht auf ein an einer außerdeutschen Staatsuniversität [3]) zurückgelegtes Studium, oder mit Rücksicht auf einen sonstigen, besonderen Bildungsgang [4]) von dem vorgeschriebenen dreijährigen Studium [5]) an einer deutschen Staatsuniversität einen angemessenen Zeitraum zu erlassen. [6])

---

sollte, in Verbindung mit der Dienstinstruktion für die Konsistorien v. 23. Oktober 1817. § 4 Nr. 5 (G. S. S. 237), wonach dem Ober-Präsidenten die Beaufsichtigung der von den geistlichen Behörden abgehaltenen Prüfungen übertragen war. In der oberrheinischen Kirchenprovinz, soweit die dazu gehörigen Länder 1866 an Preußen gekommen sind, kam in Frage und zwar für Kurhessen das gemeinsame Edikt v. 30. Januar 1830 § 25: „Ein jeder der vereinten Staaten wird, wo dieses nicht bereits stattfindet, für die zweckmäßige Bildung der Kandidaten des katholischen geistlichen Standes dadurch sorgen, daß entweder eine katholisch-theologische Lehranstalt errichtet und als Fakultät mit der Landesuniversität vereinigt werde, oder daß die Kandidaten nöthigenfalls aus dem allgemeinen katholischen Kirchenfond der Diöcese unterstützt werden, um eine auf diese Art eingerichtete Universität der Provinz besuchen zu können"; § 29: „In jeder Diöcese wird jährlich von einer durch die Staats- und bischöflichen Behörden gemeinschaftlich anzuordnenden Kommission eine Konkursprüfung mit denjenigen Geistlichen vorgenommen, welche zu einer Pfarrei oder sonst einer Kirchenpfründe befördert werden", in den übrigen Theilen aber der das erwähnte Edikt modificirende Erlaß vom 1. März 1853 § 7: „In jedem der vereinten Staaten wird die Einrichtung getroffen werden, daß die Kandidaten des katholischen geistlichen Standes entweder ihre theologische Bildung an einer mit der Landesuniversität zu vereinigenden katholisch-theologischen Fakultät, in Verbindung mit einer Anstalt für die gemeinsame Verpflegung und Erziehung der Zöglinge erhalten oder durch Stipendien in den Stand gesetzt werden, eine Universität in der Kirchenprovinz zu besuchen. So lange dieses in einzelnen Staaten nicht ausführbar ist, wird daselbst für die zweckmäßige Bildung der Kandidaten in anderer angemessener Weise Fürsorge getroffen werden"; § 8: „Vor der Aufnahme in das Priesterseminar müssen die Kandidaten in einer von der bischöflichen Behörde anzuordnenden und zu leitenden Prüfung gut bestanden sein. Dieser Prüfung wohnt ein landesherrlicher Kommissar bei, welcher sich die Ueberzeugung zu verschaffen hat, daß die Kandidaten den Gesetzen und Vorschriften des Staats Genüge geleistet haben, und nach Betragen und Kenntnissen der Aufnahme würdig sind. Die Aufnahme geschieht durch die bischöfliche Behörde. Sie darf nach etwa erhobener Einsprache des landesherrlicher Kommissars in so lange, als dieselbe nicht durch die zuständige Staatsbehörde beseitigt ist, nicht erfolgen". Seit Erlaß, resp. seit Einführung der preuß. Verf.-Urk. hat aber der Staat auf jede Kontrole über die Vorbildung und das Prüfungswesen der katholischen Geistlichen verzichtet. Dem bisherigen faktischen Zusatz gegenüber macht also das Gesetz, dessen Vorschriften die älteren Bestimmungen, soweit sie durch die Verf.-Urk. nicht aufgehoben waren, beseitigen, eine einschneidende und erhebliche Neuerung. Selbstverständlich ist die Minist. Verf. vom 25. Februar 1851 (Beiträge zur preuß. K. R. Hft. 1 S. 56), wonach es nicht in den Befugnissen der Staatsgewalt liegt, einen im Besitz des preußischen Staatsbürgerrechtes befindlichen Geistlichen von der Berufung zu geistlichen Aemtern auszuschließen, weil derselbe ausländische Bildungs-Anstalten besucht hat, beseitigt. Andererseits ist aber auch das Verbot der Anstellung von preußischen Geistlichen, die sich im Auslande haben weihen lassen, K. O. v. 23. December 1845 (G. S. 1846 S. 21), wenn nicht schon durch die Verf. Urk. Art. 15 u. 18, jedenfalls durch das vorliegende Gesetz fortgefallen.

§ 5. *) Die Worte: „oder mit Rücksicht auf einen sonstigen besonderen Bildungsgang" sind von der Kommission eingeschaltet, Kommiss. Ber. S. 12.

[1]) **Der Minister der geistlichen Angelegenheiten.** Die Dispensationsbefugniß von dem Triennium ist demselben gewährt „als eine zur Erleichterung des theologischen Studiums dienende Ausnahme der Billigkeit" (Komm. Ber. S. 12).

§. 6.*)

Das theologische Studium kann in den bei Verkündigung dieses Gesetzes in Preußen bestehenden, zur wissenschaftlichen Vorbildung der Theologen bestimmten kirchlichen Seminaren [1]) zurückgelegt werden, wenn der Minister der geistlichen Angelegenheiten anerkennt,[2]) daß dieses Studium das Universitätsstudium zu ersetzen geeignet sei.

Diese Vorschrift findet jedoch nur auf die Seminare an denjenigen Orten Anwendung, an welchen sich keine theologische Fakultät befindet,[3]) und gilt nur für diejenigen Studirenden, welche dem Sprengel [4]) angehören,[5]) für den das Seminar errichtet ist.

Die im ersten Absatze erwähnte Anerkennung darf nicht verweigert werden,[6]) wenn die Einrichtung der Anstalt den Bestimmungen dieses Gesetzes [7]) entspricht und der Minister der geistlichen Angelegenheiten den Lehrplan derselben genehmigt.[8])

---

[2]) **anderes Universitätsstudium,** also z. B. der Philosophie, der Geschichte, der Jurisprudenz.

[3]) **außerdeutschen Staatsuniversität,** vgl. S. 108 Anm. 4. Vor Allem praktisch wird diese Bestimmung hinsichtlich der französisch-reformirten und überhaupt der reformirten Gemeinden im Staate werden, da diese ihre Pfarrstellen vielfach mit Kandidaten aus dem Auslande, namentlich aus Frankreich und der Schweiz, besetzen müssen.

[4]) **besonderen Bildungsgang,** d. h. wenn die Ueberzeugung gewonnen wird, daß der Betreffende sich auch ohne das vorschriftsmäßige Studium der Theologie die nöthigen Kenntnisse erworben hat, wenn also z. B. ein Lehrer nur Philologie studirt, sich aber nach Absolvirung der Universität eingehend mit der Theologie beschäftigt und seine Qualification durch theologische Arbeiten dargethan hat.

Die Gränzen für die dem Minister übertragene Dispensationsgewalt, bei deren Ueberschreitung er sich materiell verantwortlich machen würde, ergeben sich aus dem Zweck der hier in Rede stehenden Bestimmungen. Derselbe geht dahin, einen Klerus zu erhalten, welcher eine gegen einseitige und befangene Richtungen bewahrende wissenschaftliche Bildung besitzt, und eine die selbstständige Charakter-Entwicklung fördernde Erziehung genossen hat. Giebt der Bildungsgang, welcher im Wege der Dispensation ausnahmsweise für genügend erachtet werden soll, in den erwähnten Beziehungen nicht die erforderlichen Garantien, so ist die Dispensation zu verweigern. Keinesfalls darf sie ertheilt werden, wenn die theologischen Studien in einer ausschließlich unter Aufsicht der geistlichen Oberen stehenden Lehr-Anstalt absolvirt sind. Geistliche mit dieser Vorbildung will das Gesetz gerade vom Kirchendienst ausschließen; ihre Zulassung im Wege der Dispensation würde daher direkt gegen dasselbe verstoßen.

[5]) **dreijährigen Studium;** nur auf den Erlaß dieses, nicht der beiden andern im § 4 festgesetzten Erfordernisse erstreckt sich die Dispensationsbefugniß.

[6]) **einen angemessenen Zeitraum erlassen.** Der Erlaß des ganzen Trienniums ist nach dem Wortlaut des § dem Minister nicht freigestellt; mindestens wird also immer das Studium während eines Semesters zu verlangen sein, was freilich in Fällen, wie dem zu Anm. 4 Abs. 1 gedachten, unnöthig ist und zu Härten führen kann.

§ 6. *) Unverändert nach der Regierungs-Vorlage. Das Abgeordnetenhaus hat die Anträge der Abgeordneten Dr. Brüel, Holtz und Sack: 1) im Abs. 1 die Worte: „bei Verkündigung dieses Gesetzes in Preußen bestehenden" und 2) den Abs. 2 zu streichen, abgelehnt (stenogr. Ber. S. 1559); ebenso das Herrenhaus die Anträge des Grf. v. Krassow: 1) im Abs. 1 die Worte: „bei Verkündigung dieses Gesetzes in Preußen bestehenden", 2, im Abs. 3 die Worte: „im ersten Absatz erwähnte", 3) im Abs. 3 die Worte: „und der Minister der geistlichen Angelegenheiten den Lehrplan derselben genehmigt" zu streichen (stenogr. Ber. S. 481).

[1]) **Seminaren.** Für die katholische Kirche hat das Tridentium (Sess. XXIII c. 18 de

ref.) verordnet: „ut singulae cathedrales, metropolitanae atque his majores ecclesiae pro modo facultatum et dioecesis amplitudine certum puerorum ipsius civitatis et dioecesis vel eius provinciae, si ibi non reperiantur, numerum in collegio ad hoc prope ipsas ecclesias vel alio in loco convenienti ab episcopo eligendo alere ac religiose educare et ecclesiasticis disciplinis instituere teneantur. In hoc vero collegio recipiantur qui ad mininum duodecim annos et ex legitimo matrimonio nati sint, ac legere et scribere competenter noverint et quorum indoles et voluntas spem afferat, eos ecclesiasticis ministeriis perpetuo inservituros. Pauperum autem filios praecipue eligi vult; nec tamen ditiorum excludit, modo suo sumptu alantur, et studium prae se ferant deo et ecclesiae inserviendi. Hos pueros episcopus in tot classes quot ei videbitur, divisos juxta eorum numerum, aetatem ac in disciplina ecclesiastica progressum, partim quum ei opportunum videbitur, ecclesiarum ministerio addicet, partim in collegio erudiendos retinebit; aliosque in locum eductorum sufficiet, ita ut hoc collegium dei ministrorum perpetuum seminarium sit.“ Die von dem Koncil geforderten Seminare sollten Anstalten sein, in denen die aufgenommenen Knaben erzogen werden und sowohl die nöthige allgemeine, wie auch die speziell wissenschaftlich und praktisch theologische Vorbildung erhalten (vgl. Walter K. R. § 202; Schulte Lehrb. S. 545). In Deutschland sind die Anordnungen des Tridentinums indessen fast gar nicht zur praktischen Ausführung gelangt. Der bisherige Zustand in Preußen ist der gewesen, daß diejenigen, welche sich dem geistlichen Stande widmen, an einer besonderen Anstalt die Gymnasial-Bildung erhielten, dann vielfach an einer Universität, mitunter auch an einer eigens dafür bestimmten, unter geistlicher Leitung stehenden Anstalt (von Manchen Klerikal-Seminar genannt — so auch in den Motiven der Reg.-Vorlage S. 19 und der derselben beigegebenen Uebersicht —) ihre theologischen Studien absolvirten, und demnächst in dem sog. Priester- (oder auch Klerikal-) Seminar noch einen Kursus zur unmittelbaren praktischen Vorbildung für das geistliche Amt absolvirten. Anstalten, welche gleichzeitig allen eben gedachten Bildungszwecken, wie die Seminarien des Tridentinums dienten, existirten nicht. Eine weitere Verschiedenheit wird dadurch bedingt, ob ein den Tridentinischen Seminarien wesentliches Moment bei den einzelnen vorhin charakterisirten Anstalten oder wenigstens während der einen oder andern Bildungsstufe, nämlich das gemeinschaftliche Zusammenwohnen und die gemeinschaftliche Erziehung unter geistlicher Aufsicht und Leitung, obwaltet. Unter Festhaltung dieser verschiedenen Gesichtspunkte wird die Terminologie im § 6 und in den weiteren §§ 7, 9, 11, 14 leicht verständlich sein.

Der § 6 versteht, wie sein Inhalt ergiebt, unter einem „zur wissenschaftlichen Vorbildung der Theologen bestimmten kirchlichen Seminar“ eine Anstalt, „welche das Universitätsstudium ganz oder theilweise ersetzen solle“ (s. Erkl. des damal. Unterstaats-Sekretärs Dr. Achenbach in der Kommission, Kommiss.-Ber. S. 14 u. in den Verhandlungen des Abgeordnetenh., stenogr. Berichte S. 1554): „In den folgenden Paragraphen, nicht aber im § 6, ist von den Knabenseminarien .... die Rede. Der § 6 betrifft ferner nicht die Priesterseminarien, in welche man eintritt, nachdem man die akademischen Studien beendigt hat, es ist weiter in diesen Paragraphen nicht die Rede von Konvikten .... denn es ist in dem Gesetz ausgesprochen, daß der Minister unter bestimmten Voraussetzungen solche Seminare anzuerkennen habe, welche bestimmt seien, das Universitätsstudium zu ersetzen. Der Paragraph enthält demnach eine ganz genaue Definition des Charakters dieser Seminare. Wo blos Konvikte vorhanden sind, das heißt Anstalten, welche sich darauf beschränken, die jungen Leute zu einem gemeinschaftlichen Leben zusammenzuführen und in denen höchstens Repetitionen über gehaltene Vorlesungen abgehalten werden, da kann nicht wohl die Rede davon sein, daß es sich um Anstalten handle, welche bestimmt seien, die Universität zu ersetzen. Ebenso verhält es sich mit den Priesterseminarien, welche sich an den Universitäts-Unterricht oder den ihm gleichstehenden Unterricht anschließen.“

Derartige sind, bez. waren die philosophisch-theologische Lehranstalt zu Paderborn (Academia Paderbornensis, Seminarium Theodorianum, vgl. über dieselbe Gerlach, Paderborner Diöcesanrecht. 2. Aufl. Paderborn 1864 S. 6), das Priesterseminar zu Trier, die Seminarien zu Posen, zu Pelplin (Diöcese Culm), zu Braunsberg (Diöcese Ermland) und zu Fulda.

[2]) **wenn der Minister der geistlichen Angelegenheiten anerkennt.** Diese dem Kultus-

Minister gewährte Befugniß, bez. ihm auferlegte Pflicht (s. Abs. 3 des §) enthält einen **Bruch des** im § 4 ausgesprochenen Principes. „Die Forderung einer Gymnasial-Bildung und eines dreijährigen Universitäts-Studiums würde in strenger Konsequenz zur Nichtanerkennung der jetzt bestehenden kirchlichen Seminare führen, welche zur Ersetzung der Universitätsstudien eingerichtet worden sind. Es ist die Absicht der königlichen Staatsregierung, diese Konsequenz nicht zu ziehen, um den in diesen Seminaren aufgenommenen Zöglingen ihre Studien nicht zu erschweren und die etwaigen ökonomischen Vortheile, durch welche dem ärmeren Theil der Bevölkerung das Studium in einem Seminare leichter wird, als an den Fakultäten der Universitäten, nicht unmöglich zu machen" (Kommiss.-Ber. S. 12).

Die Anerkennung, daß das Studium an diesen Seminaren das Universitäts-Studium zu ersetzen geeignet sei, liegt nicht in der Aufrechterhaltung der Seminare durch das Gesetz, sondern sie muß besonders vom Minister der geistlichen Angelegenheiten ertheilt werden. Erst dadurch tritt die vom Gesetz offen gelassene Vergünstigung ein. Diese kann aber nur Seminaren an solchen Orten gewährt werden, an denen sich keine theologische Fakultät einer Staatsuniversität oder einer derselben gleichstehenden Anstalt befindet. Trifft auch diese letztere Voraussetzung für alle Anm. 1 a. E. aufgezählten Seminare zu, so hat nicht nur keiner derselben die fragliche Anerkennung gewährt werden können, sondern es ist bereits im Laufe des Sommers und Herbstes des J. 1873 in Bezug auf die zu Paderborn, Posen, Trier und Fulda ausgesprochen worden, daß das Studium an denselben das Universitäts-Studium zu ersetzen nicht geeignet sei.

[3]) **sich keine theologische Fakultät befindet,** s. Anm. 2 a. E.

[4]) **dem Sprengel,** d. h. dem Amtsbezirke, der Diöcese, bez. dem etwa von dem Bischof verwalteten Delegaturbezirke, da einzelne preußische Landestheile, wie z. B. die Provinz Brandenburg, Theile der Provinz Sachsen, nicht zu einer bestimmten Diöcese gehören, sondern als sog. Missionsland von den Bischöfen kraft päpstlicher Delegation verwaltet werden (Laspeyres, Gesch. und Verf. d. kath. Kirche Preußens. Halle 1840. S. 809 N. 40, S. 801).

[5]) **angehören.** Da Abs. 2 es zu verhindern bezweckt, daß die Vorschrift des § 4 durch allgemeine Zulassung der Theologie Studirenden zu den anerkannten Seminaren illusorisch wird, so kann das Wort: „angehören" nur soviel bedeuten als: „durch die Lebensverhältnisse an den betreffenden Sprengel gebunden sein." Die Beschränkung des Wortes auf die durch eigenen Wohnsitz, Wohnsitz der Eltern oder der Vormundschaft bewirkte Zugehörigkeit würde zu eng sein. „Angehören" ist kein fester juristischer Begriff. Demnach würde also derjenige, welcher sein gesetzliches Domicil in der Diöcese A. hat, aber bei Verwandten in der Diöcese B. erzogen wird, auch das Seminar derselben besuchen können, denn er gehört der Diöcese B. durch seine Lebensverhältnisse an.

[6]) **darf nicht verweigert werden.** Die Anerkennung ist also nicht in das Belieben des Ministers gestellt, sie muß gewährt werden, wenn die beiden Voraussetzungen des Abs. 3 vorliegen. Vgl. auch Anm. 8.

[7]) **den Bestimmungen dieses Gesetzes** s. §§ 9, 10—12. Es muß also der Lehrplan, und wenn mit dem Seminare ein Konvikt verbunden ist, die Hausordnung und das Reglement der Anstalt, dem Ober-Präsidenten vorgelegt, die Revision der Anstalt gestattet werden, und die Qualifikation der Lehrer den Vorschriften der §§ 11 u. 12 entsprechen.

[8]) **Lehrplan derselben genehmigt.** Derselbe muß mit Rücksicht darauf, daß das Studium an diesen Anstalten das Studium an einer Universität ersetzen soll, so angelegt sein, daß er ein wissenschaftliches Studium der Theologie und ihrer Hülfswissenschaften ermöglicht. Ist dies der Fall, so wird mit Rücksicht auf den Zweck des Gesetzes (s. Anm. 2) die Genehmigung nicht versagt werden dürfen. Es ist also nicht richtig, daß (wie bei den Verhandlungen im Abgeordnetenhause vom Abg. v. Mallinckrodt behauptet wurde, stenogr. Ber. S. 1550) durch dieses letzte Erforderniß die im Abs. 3 statuirte Pflicht des Ministers illusorisch gemacht werde.

Jedenfalls ist der Minister aber andererseits nicht berechtigt, beliebig die Anerkennung zu ertheilen, vielmehr ist diese gleichfalls dadurch bedingt, daß die Anstalt den vorhin (s. auch Anm. 7) gedachten Erfordernissen entspricht, weil diese in den citirten §§ allgemein für alle geistlichen Bildungs- und Erziehungs-Anstalten aufgestellt sind. Diese Auffassung ist auch bei den Schritten, welche bereits auf Grund des Gesetzes hinsichtlich der Anm. 2 erwähnten Anstalten haben getroffen werden

§. 7.*)

Während des vorgeschriebenen Universitätsstudiums[1]) dürfen die Studirenden einem kirchlichen Seminare[2]) nicht angehören.

---

müssen, maßgebend gewesen, vgl. z. B. das hinsichtlich das Seminarium Theodorianum zu Paderborn erlassene Ober-Präsidial-Reskript vom 18. Juni 1873: „Nachdem Ew. Bischöfliche Hochwürden in dem Schreiben vom 5. d. M. die in meiner Mittheilung vom 24. v. M. mit Beziehung auf § 6 des Gesetzes über die Vorbildung und Anstellung der Geistlichen vom 11. Mai d. J. nachgesuchte Auskunft in Betreff des Seminarium Theodorianum daselbst nicht ertheilen zu können erklärt und insbesondere bestimmt abgelehnt haben, den Lehrplan der gedachten Anstalt sowie diejenigen Nachweisungen vorzulegen, ohne welche die königliche Staatsregierung außer Stande ist, sich eine Ueberzeugung davon zu verschaffen, ob die Anstalt den in dem Gesetze vorgeschriebenen Erfordernissen genügt, und es mithin dortigerseits unmöglich gemacht ist, daß der Anstalt die § 6 a. a. O. vorgesehene Anerkennung staatlicherseits ertheilt werden könnte, hat der Herr Minister der geistlichen rc. Angelegenheiten nach Kenntnißnahme von Ew. Bischöflichen Hochwürden Erklärung mittelst Erlasses vom 17. d. M. bestimmt, daß fortan das Studium auf dem Seminarium Theodorianum zu Paderborn das in § 4 des citirten Gesetzes vorgeschriebene Studium auf einer deutschen Staats-Universität zu ersetzen für geeignet nicht zu erachten sei" — sowie das Ministerial-Reskript vom 12. August 1873: „Ew. Bischöflichen Hochwürden erwidere ich auf das gefällige Schreiben vom 15. v. M. ergebenst, daß die bezüglich des Seminarium Theodorianum diesseits getroffenen Verfügungen lediglich die durch das Gesetz selbst vorgezeichneten nothwendigen Consequenzen derjenigen Haltung sind, welche Ew. Bischöfliche Hochwürden der Ausführung des Gesetzes vom 11. Mai c. gegenüber eingenommen haben. Insonderheit war es unmöglich, der Anstalt die im § 6 l. c. vorgesehene Anerkennung zu Theil werden zu lassen, nachdem Sie erklärt haben, keinerlei Mitwirkung zu diesem Behuf eintreten lassen zu wollen. Denn es handelt sich hierbei nicht etwa um die lediglich im Wege der Verwaltung ohne zwingenden Grund erfolgende Entziehung von Berechtigungen, welche die Anstalt bisher besessen, sondern um den Erwerb einer Anerkennung, die das Gesetz für erforderlich erklärt hat, und die deshalb auch erst verliehen werden kann, wenn den in diesem Gesetze aufgestellten Erfordernissen genügt ist. Im Uebrigen kann ich nicht unbemerkt lassen, daß jene Anerkennung dem Seminarium Theodorianum in keinem Fall ohne Weiteres würde haben ertheilt werden können, da schon die stattgehabte, wenngleich nur unvollständige Revision der Anstalt in Beziehung auf die Qualification der Lehrer und die Vollständigkeit des Lehrplans Mängel dargethan hat, welche eine vorgängige Ergänzung, nach beiden Richtungen hin, erfordert haben würden. Wenn Ew. Bischöfliche Hochwürden ferner dadurch sich beschwert finden, daß die Einbehaltung der Zuschüsse für die Anstalt aus dem Paderborner Studienfond und dem Hans Büren'schen Fond angeordnet ist, so darf ich auf die Bestimmung des letzten Absatzes im § 13 des Gesetzes vom 11. Mai c. ergebenst Bezug nehmen, welche den Weg bezeichnen, um die Gesetzmäßigkeit der diesseitigen Verfügung der Prüfung und Entscheidung des competenten Gerichtshofes zu unterbreiten." — Wird die Anerkennung verweigert, so ist dies zweckmäßiger Weise auch zur Kenntniß aller Betheiligten, der Lehrer und Zöglinge, sowie des großen Publikums durch öffentliche Bekanntmachung zu bringen, ein Verfahren, das übrigens in der Praxis beobachtet worden ist.

Staatszuschüsse, welche einer derartigen Anstalt bisher gezahlt worden sind, müssen unter der eben angegebenen Voraussetzung gleichfalls zurückgezogen werden. Eine solche Anstalt dient nicht mehr dem Zweck, zu welchem sie vom Staat bisher unterstützt ist, vielmehr ist ihr Zweck ein gesetzmäßig nicht mehr anerkannter und erfüllbarer, welchen der Staat weder befördern kann noch darf.

Für die evangelische Kirche ist der § 6 bedeutungslos. Für dieselbe giebt es keine Bildungsanstalten, welche den Zweck verfolgen, das Universitätsstudium zu ersetzen. Wegen der evangelischen Predigerseminare vgl. Anm. 4 zu § 9.

§ 7. *) Unverändert nach der Regier.-Vorlage. Das fallen gelassene, von Grf. v. d. Schulen-

§. 8.*)

Die Staatsprüfung[1]) hat nach zurückgelegtem theologischen Studium statt. Zu derselben darf nur zugelassen werden, wer den Vorschriften dieses Gesetzes[2]) über die Gymnasialbildung und theologische Vorbildung[3]) vollständig genügt hat.

Die Prüfung ist öffentlich[4]) und wird darauf gerichtet, ob der Kandidat sich die für seinen Beruf erforderliche allgemeine wissenschaftliche Bildung,[5]) insbesondere auf dem Gebiete der Philosophie, der Geschichte und der Deutschen Literatur[6]) erworben habe.

Der Minister der geistlichen Angelegenheiten trifft die näheren Anordnungen über die Prüfung.[7])

---

burg aufgenommene Amendement v. Voß, hinter dem Wort „Seminar" einzuschalten: „(§ 6)" ist im Herrenhause abgelehnt, stenogr. Ber. S. 482.

[1]) **vorgeschriebenen Universitätsstudiums.** „Der Zweck dieser Bestimmung ist, die theologischen Fakultäten nicht durch konkurrirende Seminare, welche zur Ersetzung der Universitätsstudien eingerichtet werden, zu verdrängen" (Kommiss.=Ber. S. 15).

[2]) **kirchlichen Seminare.** Dem Zusammenhang und dem Zweck des Gesetzes nach sind darunter die S. 112 Anm. 1 gedachten Anstalten verstanden, welche das Universitätsstudium ersetzen sollen. Vgl. die Erklärung des Reg.=Kommiss. Geh. R. Lucanus (stenogr. Ber. d. Herrenh. S. 482): „Diese beiden Paragraphen (6 u. 7) handeln, wie das Al. 1 des § 6 ausdrücklich sagt, von kirchlichen Seminaren, die zur wissenschaftlichen Vorbildung der Theologen bestimmt sind; von ganz denselben spricht § 7. Es sind also Anstalten, die erstens kirchlicher Natur sind, und zweitens, deren Bestimmung es ist, das theologische Studium zu ersetzen, in denen also Unterricht ertheilt wird in den theologischen Lehrfächern. Daraus folgt zunächst, daß nicht eingeschlossen sind die Konvikte, also diejenigen Anstalten, in welchen junge Theologen, die der Universität angehören, nur zum gemeinsamen Leben vereinigt sind; es folgt weiter, daß nicht diejenigen Seminarien betroffen sein können, welche die Universität selbst einrichtet bei den einzelnen Fakultäten, also auch bei der theologischen Fakultät, welche praktische Uebungen betreiben, die historischen und literarischen Studien für die Fächer der Theologie fördern u. s. w.; es folgt endlich daraus, daß diejenigen evangelischen Institute, deren Herr Graf Krassow und Baron Senfft gedacht haben," — die Seminare der evangelisch=theologischen Fakultäten und die von dem ehemaligen Breslauer Fürstbischof v. Sedlnitzki gestiftete Anstalt für evangelische Theologen, a. a. O. S. 481 — „gar nicht darunter fallen können, denn es giebt in der evangelischen Kirche kein kirchliches Seminar, welches das Universitätsstudium zu ersetzen bestimmt wäre. Es giebt nur Seminarien, welche nach Vollendung des Universitätsstudiums die jungen Theologen aufnehmen, um unter Vertiefung des auf der Universität Erlernten die praktische Vorbildung zum Zweck des Eintritts in das Amt zu vermitteln. Daraus folgt denn auch, daß weder das Paulinum" — eine dem Central-Ausschuß für die innere Mission der evangelischen Kirche übergebene Erziehungs=Anstalt in Berlin zur Aufnahme von besonders befähigten Gymnasial=Schülern und zur Vorbildung derselben vornehmlich zu dem Berufe des Geistlichen oder Lehrers — „noch die sonstigen hier erwähnten Anstalten hierher gehören"; und die Aeußerung des Kultusministers (a. a. O.): „Es sind die Worte ins Auge zu fassen „Seminare" und „kirchlich". Konvikt ist kein Seminar, und kirchlich ist, was von der Kirche errichtet ist und ihr gehört. Dahin gehören nicht Stiftungen, die von den Privatkorporationen getragen werden; dahin gehören am allerwenigsten die Seminare, die mit den Universitäten verbunden sind."

§ 8. *) Von der Regierungs=Vorlage weicht die Fassung des § dadurch ab, 1) daß in derselben, Abs. 1 die Worte: „dieses Gesetzes," 2) im Abs. 2 die Worte: „ist öffentlich und" fehlten, und 3) daß die Regierungs=Vorlage im Abs. 3 statt der jetzigen Fassung: „der Geschichte und der deutschen Literatur" lautete: „der Geschichte, der deutschen Literatur und der klassischen Sprachen." Die Aenderungen unter 1 u. 3 rühren von der Kommission her; die unter 2 gedachte

§. 9.*)

Alle kirchlichen Anstalten, welche der Vorbildung der Geistlichen dienen,[1]) (Knabenseminare,[2]) Klerikalseminare,[3]) Prediger- und Priesterseminare,[4]) Konvikte[5]) ꝛc.), stehen unter Aufsicht des Staats.[6])

Die Hausordnung und das Reglement über die Disciplin in diesen Anstalten,[7]) der Lehrplan[8]) der Knabenseminare und Knabenkonvikte, sowie derjenigen Seminare, für welche die im § 6 bezeichnete Anerkennung ertheilt ist, sind dem Oberpräsidenten[9]) der Provinz von dem Vorsteher der Anstalten[10]) vorzulegen.

Die Anstalten unterliegen der Revision[11]) durch Kommissarien,[12]) welche der Oberpräsident ernennt.

Aenderung ist durch die Annahme des darauf gerichteten Amendements Dr. Glaser im Abgeordnetenhause (stenogr. Ber. S. 1569) herbeigeführt worden. Dagegen hat dasselbe Haus verworfen: 1) den Antrag Dr. Virchow, im Abs. 2 statt: auf dem Gebiete der Philosophie, der Geschichte und der deutschen Literatur" zu setzen: „auf dem Gebiete der Philosophie, der Naturwissenschaften, der Geschichte und der deutschen Literatur," 2) den Antrag Dr. Brüel im Abs. 2 das Wort: „insbesondere" zu streichen. Im Herrenhause sind die Anträge 1) v. Witzleben, im Abs. 1 die Worte: „ist öffentlich und" und 2) Grf. Brühl, im Abs. 2 die Worte: „die für seinen Beruf erforderliche" zu streichen, gefallen, stenogr. Ber. d. Herrenh. S. 489.

[1]) **Staatsprüfung,** vgl. dazu die Erklärung des Berichterstatters der Kommiss. Dr. Gneist, stenogr. Ber. S. 1529: „Was der Staat von den Geistlichen verlangt . . . . ist materiell und formell dasselbe, was der Staat von allen Berufszweigen verlangt. Es ist nur die nothwendige Folge der Absonderung der Kirche: sobald der Staat verzichtet auf die bisherige gemeinschaftliche Verwaltung, die in evangelischen Dingen stattfindet. Sowie er nicht mehr gemeinschaftlich mit der Kirche die Prüfung veranstaltet, muß er seinerseits Staatsprüfungen veranstalten, wenn er nicht überhaupt verzichten soll auf die bisher gestellte Forderung an eine allgemeine wissenschaftliche Bildung," und das Reglement f. d. Prüfungen der Kandidaten des höheren Schulamtes v. 12. December 1866 §§ 9, 10, wonach die Prüfung sich auch auf die allgemeine Vorbildung des Kandidaten erstreckt und dieser den Forderungen allgemeiner Bildung in der Religionslehre seiner Konfession, in der Philosophie und Pädagogik, in der Geschichte, Geographie und in Sprachkenntnissen genügen muß.

[2]) **dieses Gesetzes,** s. §§ 4—7. Die Worte sind von der Kommission eingeschoben, „um klarer festzustellen, daß die Regierung nicht mehr fordern dürfe, als im Gesetz steht" (Kommiss.-Ber. S. 16).

[3]) **theologische Vorbildung.** Mit Rücksicht auf den § 5 ist für die Zulassung nicht unbedingt die Ablegung des Universitäts-Trienniums nöthig, vielmehr genügt auch ein kürzeres Studium in Verbindung mit einer gemäß § 5. ertheilten Dispensation des Ministers.

[4]) **öffentlich,** s. Anm. *). Es soll dies eine Garantie dafür gewähren, daß bei der Prüfung nicht tendenziös verfahren wird.

[5]) **die für seinen Beruf erforderliche allgemeine wissenschaftliche Vorbildung,** d. h. die Prüfung soll sich erstrecken auf diejenigen allgemeinen wissenschaftlichen Fächer, welche im unmittelbaren Zusammenhange mit dem theologischen Studium stehen. Die wichtigsten sind in den folgenden Worten: „insbesondere ꝛc." spezialisirt. Absolut ausgeschlossen ist die Prüfung in andern Fächern (also z. B. in der Pädagogik, in den klassischen Sprachen) nicht, jedoch dürfen diese nur eine nebensächliche Stellung neben den ausdrücklich hervorgehobenen einnehmen. Die Instruktion (s. unten Anm. 7) hat sich indessen darauf beschränkt, im § 2 als Gegenstände der Prüfung nur die im Gesetz ausdrücklich genannten drei Fächer zu bezeichnen, verlangt aber im § 7 A. „Bekanntschaft mit denjenigen Systemen wissenschaftlicher Pädagogik, welche in den letzten zwei Jahrhunderten einen nachhaltigen Einfluß auf Erziehung und Unterricht gehabt haben."

[6]) **deutschen Literatur.** Die in der Regierungs-Vorlage sich findende Gleichstellung der klas-

sischen Sprachen mit den übrigen Fächern hat die Kommission gestrichen, weil „deren Pflege durch die vorausgesetzte Gymnasialbildung für genügend erachtet wurde," Kommiss. Ber. S. 16.

⁷) **Anordnungen über die Prüfung.** Dies ist geschehen durch die „Instruktion für die durch das Gesetz vom 11. Mai 1873 (Ges. Samml. S. 191) angeordnete wissenschaftliche Staats-Prüfung der Kandidaten des geistlichen Amtes v. 26. Juli 1873." Diese ist am Schlusse des Kommentars dieses Gesetzes als Beilage 2 abgedruckt.

§ 9. *) Unverändert nach der Regier.-Vorlage. Im Herrenhause ist der Antrag Grf. v. Krassow, dem § 9 folgende Fassung zu geben: „Alle kirchlichen Anstalten, welche der Vorbildung der Geistlichen dienen, stehen unter Aufsicht des Staates. — Die Hausordnung, das Reglement und der Lehrplan sind dem Oberpräsidenten der Provinz von dem Vorsteher vorzulegen. — Die Anstalten unterliegen der Revision durch Kommissarien, welche der Oberpräsident ernennt", abgelehnt (stenogr. Ber. S. 490).

¹) **Alle kirchlichen Anstalten, welche der Vorbildung der Geistlichen dienen,** d. h. alle von der Kirche gestifteten, ihr gehörenden, ihr überwiesenen oder von ihr geleiteten Anstalten, welche den Zweck haben, für den geistlichen Beruf durch Unterricht und Erziehung vorzubereiten und auszubilden, gleichviel, ob auch einzelne Individuen, welche sich nicht bestimmt dem geistlichen Stande widmen wollen, aufgenommen werden. Den Gegensatz dazu bilden, es fallen also nicht unter das Gesetz: 1) Bildungs- und Erziehungsanstalten, welche nicht kirchliche in dem oben gedachten Sinne sind, ebensowenig 2) Anstalten, welche nur den Schülern eines Gymnasiums (ohne Rücksicht auf deren künftigen Beruf) Pension gewähren und ihr Leben außer der Schule unter geregelte Aufsicht stellen, also z. B. Gymnasial-Konvikte oder Alumnate, vgl. Komm.-Ber. S. 19, 20.

²) **Knabenseminare.** Mit diesem Worte beginnt die Aufzählung der für die in Anm. 1 näher charakterisirten Anstalten üblichen Bezeichnungen. Der § hat diese in der Parenthese aufgeführt, weil die Bedeutung der einzelnen Ausdrücke eine verschiedene ist, und daher eine Spezialisirung zur Beseitigung von Zweifeln erforderlich erschien. Namentlich war dies geboten mit Rücksicht auf diejenigen Anstalten, welche dazu bestimmt sind, die Gymnasien zu ersetzen (Knaben-Seminare, -Konvikte). Letztere haben in Preußen bisher nicht vollkommen nach dem Muster des Tridentinums (s. S. 111 Anm. 1) organisirt werden können, und es tritt daher ihr Charakter vielfach nicht klar hervor. Wenn man unter Knabenseminaren diejenigen Anstalten, welche ein vollständiges Unterrichts-System haben, unter Konvikten aber solche, in denen die Zöglinge gemeinsam wohnen, und, ohne daß das Institut völlig ausreichenden Unterricht gewährt, erzogen werden, zu verstehen hat (vgl. auch die Erklärung des Reg.-Kommissars Geh. R. Lucanus in den Verhandl. d. Abgeordnetenh. stenogr. Ber. S. 1585), so gehören allerdings fast alle in Preußen bestehenden Anstalten zu den Konvikten in diesem Sinne. So sind z. B. das Seminarium Liborianum zu Paderborn, das Seminarium Bonifacianum zu Heiligenstadt, das Collegium Ludgerianum zu Münster, die erzbischoflichen Knaben-Konvikte zu Neuß, Münstereifel und Opladen (Erzdiöcese Köln), das Knaben-Konvikt zu Trier, das bischöfliche Konviktorium zu Hildesheim Anstalten, deren Zöglinge die Gymnasien besuchen. Ein reines, nicht unter das Gesetz fallendes bloßes Gymnasial-Konvikt oder Alumnat dürfte indessen keine einzige dieser Anstalten sein. Ihr Hauptzweck, wenn nicht ihr einziger Zweck ist, soweit sich nach dem vorliegenden Material übersehen läßt, der, Aspiranten des geistlichen Standes zu erziehen, wie dies schon die Aufnahme aller dieser Anstalten in die Diöcesan-Schematismen und der Umstand ergiebt, daß die Leitung derselben Geistlichen anvertraut ist. Sie sollen offenbar einen Ersatz für die bisher fehlenden, vollkommen nach Stand des Tridentinums errichteten seminaria puerorum bilden. In einzelnen Statuten ist dies auch deutlich ausgesprochen, so in den Statuten des Paderborner Seminarium Liborianum v. 1847 § 1: „Das Concilium von Trient schreibt in seiner 23. Sitzung, Hauptstück 18, die Errichtung von Seminarien zur Heranbildung der für die Diöcese nothwendigen Priester in dem Geiste und nach der Anordnung der h. Kirche vor. Um dieser Vorschrift zu genügen, zugleich auch um talentvollen Knaben unbemittelter braver Eltern, die Neigung zum geistlichen Stande verrathen, eine diesem Stande und den Zeitbedürfnissen entsprechende sittliche religiöse Erziehung und Bildung zu verschaffen, wird in der Stadt Paderborn ein Konvikt ins Leben treten, das eine angemessene Anzahl von Knaben und Jünglingen, welche die erforderlichen Eigenschaften haben, aus dem Umfange der Diöcese aufzunehmen

bestimmt ist"; § 6: „In Bezug auf den Unterricht sollen die Zöglinge dem Gymnasium zu Paderborn als Schüler angehören, dagegen ihre sittliche, religiöse Bildung und Erziehung unter Oberaufsicht des Bischofs von dem Vorsteher des Instituts im Geiste unserer h. Kirche und dem Zwecke der Anstalt gemäß erhalten"; § 9: „Jedem Zöglinge bleibt es frei mit Einwilligung der Eltern und Vormünder zu jeder Zeit aus dem Institute zu treten. Sollte jedoch einer derselben, der entweder selbst erklärte, daß er zu dem geistlichen Stande keinen Beruf habe oder von dem Vorstande ohne Beruf erfunden würde, noch länger im Seminar verbleiben wollen, so kann ihm dieses nur ausnahmsweise, mit Erlaubniß des Bischofs gestattet werden; jedoch nur gegen Bezahlung, welche vom Tage seiner oder der ihm gemachten Erklärung an zu berechnen ist" (abgedruckt in Mittheilungen a. d. Verwaltung der geistl., Unterrichts- u. Medizinal-Angelegenheiten, Berlin 1847, S. 255 u. bei Gerlach, Paderborner Diöcesanrecht, 2. Aufl., S. 32). Es wird fast auf alle diese Anstalten zutreffen, was seitens des Reg.-Kommissars Geh. R. Lucanus bemerkt wurde: „Bei diesen Anstalten kommt es vornehmlich auf das Prinzip der Erziehung an, auf den Zweck, die jungen Leute, die Geistliche werden wollen, in einer solchen Weise zu erziehen, wie sie sich der geistliche Obere zugerichtet wissen will, und in dieser Beziehung wirkt das Konvikt genau ebenso, wie das Seminar. Es ist auch gar nicht zu verkennen, daß, wenn ein Konvikt 100, 150—200 Zöglinge hat und diese kompakt in das Gymnasium sendet, nicht das Gymnasium das Konvikt, sondern das Konvikt das Gymnasium beherrscht" (stenogr. Ber. d. Herrenh. S. 503).

Den Knaben-Seminarien in dem oben gedachten Sinn stehen näher das bischöfliche Knaben-Seminar (Collegium Augustinianum) zu Gaesdonck (Diöcese Münster), welches einem Gymnasium vollkommen parallel geht, dessen Schüler aber die Abiturienten-Prüfung beim Gymnasium in Münster ablegen, und ferner das Knaben-Seminar (Collegium Marianum) in Pelplin (Diöcese Kulm), in welchem der Unterricht bis Sekunda ertheilt wird. Wenn nun auch die Anstalt zu Gaesdonck nicht ausschließlich für zukünftige Theologen bestimmt ist, — von 1854 bis 1872 haben 140 Schüler die Anstalt verlassen, welche Theologie studirt, 99, welche sich andern Berufszweigen gewidmet haben, stenogr. Ber. d. Herrenh. S. 500 —, so kommt es darauf doch nicht an, weil die Anstalt vom Bischof als eine rein kirchliche zur Ausbildung von Geistlichen bezeichnet worden ist (a. a. O. S. 503), und dieser Zweck selbstverständlich den Unterricht und die Erziehung sämmtlicher Schüler, auch der nicht dem geistlichen Stande sich widmenden, beherrschen muß.

Die hier hervorgehobenen Gesichtspunkte sind behufs der Feststellung, welche der in Rede stehenden Anstalten von dem § 9 betroffen werden, von der Verwaltung ebenfalls festgehalten worden, wie das nachfolgende Schema der im Laufe des Juni 1873 seitens der Ober-Präsidenten an die Bischöfe der Monarchie ergangenen, gleichlautenden Schreiben ergiebt: „Der § 9 des Gesetzes vom 11. v. M. über die Vorbildung und Anstellung der Geistlichen unterstellt alle kirchlichen Anstalten, welche der Vorbildung der Geistlichen dienen, insbesondere auch die Knabenseminare und Konvikte, der Aufsicht des Staates. Unter Knabenseminaren und Konvikten sind solche kirchlichen Anstalten zu verstehen, welche dazu bestimmt sind, in Gemäßheit der Vorschriften des Tridentiner Concils, Knaben mit Rücksicht auf ihren künftigen Beruf als Geistliche vorzubilden, sei es durch Unterrichtung und Erziehung (eigentliche Knaben-Seminare), sei es nur durch Erziehung, so daß die Knaben den Unterricht außerhalb der Anstalten erhalten (Knaben-Konvikte). Diese Eigenschaft wird auch durch den Umstand nicht ausgeschlossen, daß auch Knaben, welche nicht ausgesprochener Maßen dem geistlichen Stande sich widmen wollen, Aufnahme finden, da es auf den Charakter der Anstalten im Ganzen ankommt. Da die Aufsicht des Staates über die bezeichneten Anstalten nach Maßgabe der näheren Bestimmungen des genannten Gesetzes in erster Linie von mir zu üben ist, so beehre ich mich zu dem Ende, Ew. . . . ganz ergebenst zu ersuchen, 1) mir mitzutheilen, welche Anstalten der in Rede stehenden Art in der dortigen Diöcese vorhanden sind; 2) mir darzulegen, wie dieselben historisch entstanden und sich bisher entwickelt haben, insbesondere, woher sie die Mittel zu ihrer Unterhaltung nehmen; 3) mir die Statuten der Anstalten zuzustellen, und damit eine gefällige Aeußerung darüber zu verbinden, ob die dermalen bestehende Einrichtung den statutenmäßigen Bestimmungen noch entspricht; 4) den Zweck der einzelnen Anstalten mir im Näheren darzulegen, insbesondere, inwieweit die Aufnahme von Knaben, welche sich nicht dem geistlichen Stande widmen wollen, zulässig ist, und in den letzten fünf Jahren stattgefunden hat, sowie welchen Lebensberuf die aus den Anstalten entlassenen Zöglinge gewählt haben; 5) mir die Hausordnung, das Disciplinarreglement und den Lehrplan dieser Anstalten vorzulegen, und 6) mir eine Nachweisung über den Personalbestand der als Lehrer oder zur Wahrnehmung der Disciplin an diesen Anstalten fungirenden Personen zuzustellen. Ew. . . . . ersuche ich zugleich ganz ergebenst, in diese Nachweisung die persönlichen Verhältnisse der Genannten (Alter, Herkunft, Indigenatsverhältnisse) als auch die Art ihrer Anstellung und Beschäftigung, sowie unter Berücksichtigung der §§ 10 und 11 des obengenannten Gesetzes eine Darlegung über ihre Vorbilduug und Qualification aufnehmen zu wollen."

³) **Klerikal-Seminare.** Darunter versteht das Gesetz die Anstalten, welche das Universitätsstudium zu ersetzen bestimmt sind, s. S. 112.

⁴) **Prediger- und Priester-Seminare.** Die Prediger-Seminare der evangelischen Kirche dienen dem Zwecke der prakischen Vorbereitung auf das geistliche Amt und der Erweiterung und Vertiefung der theologischen Kenntnisse, so z. B. das Prediger-Seminar in Wittenberg, das Domkandidaten-Stift in Berlin, (Aktenstücke d. evang. Ob.-Kirchenraths. Bd. 2 S. 101), das Prediger-Seminar in Fraudorf bei Stettin (a. a. O. Bd. 6. S. 154), das Hospiz zu Loccum (Hannover), das Prediger-Seminar zu Hannover, das theologische Seminar zu Herborn (Nassau), Otto, a. a. O. §§ 123 ff; das Prediger-Seminar zu Hadersleben hat nur den Zweck, Kandidaten soweit in der dänischen Sprache auszubilden, daß sie in Gemeinden, wo diese die Kirchen- und Schulsprache ist, ein geistliches Amt verwalten können. Diese Seminare nehmen daher nur solche Theologen auf, welche mindestens das Universitätsstudium vollendet oder bereits das erste theologische Examen (so das Domkandidaten-Stift in Berlin und Fraudorf), mitunter auch für die Regel allein diejenigen, welche das zweite Examen bestanden haben (so Wittenberg, Aktenstücke des Ob.-K.-R. Bd. 2 S. 100). Einzelne derselben vereinigen auch die Kandidaten zur Hausgenossenschaft, bilden also gleichzeitig Konvikte (so Berlin, Wittenberg, Fraudorf und Loccum). Uebrigens übte der Staat über dieselben bisher schon eine gewisse Aufsicht aus.

Unter Priester-Seminaren versteht das Gesetz die Anstalten der katholischen Kirche, welche ebenso wie die evangelischen Priester-Seminare, den Theologen die letzte abschließende Bildung, namentlich in praktischer Beziehung, zu geben bezwecken.

⁵) **Konvikte** sind im Allgemeinen Anstalten, in welchen die Zugehörigen derselben ein gemeinschaftliches, bestimmt geordnetes Leben führen. Sie fallen unter das Gesetz, wenn sie dem Zwecke des Unterrichts und der Erziehung künftiger Geistlichen dienen. Sie kommen für die verschiedenen Anstalten und für die verschiedenen Bildungs- und Altersstufen vor, so für Knaben, welche erst die allgemeine wissenschaftliche Vorbildung erhalten (s. S. 117 Anm. 2), ferner für Theologie-Studirende, so z. B. das Theologen-Konvikt für katholische Theologen in Paderborn (Gerlach, a. a. O. S. 36), das schlesische Konvikt für Studirende der evangel. Theologie zu Halle a. S. (Allg. Kirchenblatt, Jahrg. 1870, S. 151), endlich auch für solche, welche das theologische Studium bereits vollendet haben, so das Priester-Seminar zu Paderborn (Gerlach, a. a. O. S. 26) und die Anm. 4 erwähnten evangelischen Prediger-Seminare.

⁶) **unter Aufsicht des Staats.** Diese normiren die folgenden Absätze und die §§ 10 bis 12 des Gesetzes des Näheren.

⁷) **in diesen Anstalten.** Es müssen also an den Ober-Präsidenten eingereicht werden: die Hausordnung uud das Reglement über die Disciplin aller in Abs. 1 aufgeführten Anstalten. Wenn dagegen nur die Vorlegung der Lehrpläne der Knabenseminare und Knaben-Konvikte, sowie derjenigen Anstalten, welche das Universitätsstudium zu ersetzen geeignet sind, verlangt wird, so erklärt sich dies aus der Tendenz des Gesetzes, die spezifisch praktische theologische Vorbildung der Kirche frei zu überlassen.

⁸) **Lehrplan,** s. die vorige Anm.

⁹) **dem Ober-Präsidenten,** als der Behörde, welche das jus circa sacra auszuüben hat, s. S. 55 Anm. 2.

¹⁰) **Vorsteher der Anstalten,** d. h. jedem, welcher die Anstalt thatsächlich leitet, s. auch S. 56 Anm. 6a.

¹¹) **der Revision.** Diese kann beliebig von dem Ober-Präsidenten angeordnet werden. Die

§. 10.*)

An den im vorstehenden Paragraphen gedachten Anstalten [1]) darf als Lehrer oder zur Wahrnehmung der Disciplin [2]) nur ein Deutscher [3]) angestellt werden, welcher seine wissenschaftliche Befähigung nach Vorschrift des § 11 dargethan hat und gegen dessen Anstellung kein Einspruch [4]) von der Staatsregierung erhoben worden ist.

Die Vorschriften der §§ 2 und 3 finden entsprechende Anwendung. [5])

§. 11.*)

Zur Anstellung an einem Knabenseminare oder Knabenkonvikte [1]) ist die Befähigung zur entsprechenden Anstellung an einem Preußischen Gymnasium, [2]) zur Anstellung an einer für die theologische wissenschaftliche Vorbildung bestimmten Anstalt [3]) die Befähigung erforderlich [4]), an einer Deutschen Staatsuniversität in der Disciplin zu lehren, für welche die Anstellung erfolgt.

Kleriker [5]) und Predigtamts-Kandidaten [6]) müssen die für Geistliche vorgeschriebene Vorbildung [7]) besitzen.

Dieselbe genügt zur Anstellung an den zur theologisch-praktischen Vorbildung bestimmten Anstalten. [8])

Revision wird sich auf den Personalbestand der Anstalt, die Beschaffenheit der Lokalitäten, die Behandlung und Verpflegung der Zöglinge, sowie den Unterricht in den Anstalten zu erstrecken haben. Die Kommissarien sind also berechtigt, den Unterrichtsstunden beizuwohnen, selbst auch in denjenigen Anstalten, deren Lehrplan nicht vorgelegt zu werden braucht (s. Anm. 7), weil die Staatsbehörden sich davon Ueberzeugung verschaffen müssen, daß diese sich innerhalb der ihnen gestatteten Gränzen halten, und daß die Vorschriften des Gesetzes (§ 6, 7) nicht etwa durch Anstalten, welche eine auf eine andere Bestimmung deutende Bezeichnung führen, umgangen werden.

[12]) **Kommissarien.** Da dem Ober-Präsidenten die Wahrnehmung des jus circa sacra zusteht und die von ihm zur Ausübung der fraglichen Befugnisse ernannten Kommissarien ihre Berechtigung von ihm ableiten, so ist er auch selbst berechtigt, die Revision vorzunehmen. Das Gesetz giebt ihm nur das Recht sich vertreten zu lassen, verpflichtet ihn aber nicht dazu.

§ 10. *) Unverändert nach der Reg.-Vorlage. Vom Herrenhause ist das Amendement Graf v. Krassow, in Abs. 1 hinter dem Worte: „wissenschaftliche" die Worte: „sittliche und technische" einzufügen, abgelehnt worden (stenogr. Ber. des Herrenh. S. 493).

[1]) **Anstalten.** „Die hier gestellten Bedingungen haben die Absicht, die gesetzlichen Anforderungen an den wissenschaftlich gebildeten Geistlichen auch auf die Lehrer und Leiter der Disciplin in den gedachten Anstalten auszudehnen" (Kommiss. Ber. S. 21). Ueber die hier gemeinten Anstalten vgl. S. 117. Anm. 1 bis 5.

[2]) **zur Wahrnehmung der Disciplin.** Damit sind diejenigen gemeint, welche, ohne Unterricht zu ertheilen, die disciplinarischen Befugnisse als Erzieher auszuüben haben.

[3]) **Deutscher,** s. S. 46 Anm. 5 u. S. 103. Anm. 3.

[4]) **Einspruch,** s. §§ 12, 15—17.

[5]) **entsprechende Anwendung.** Die Erfordernisse für die Anstellung als Lehrer oder Erzieher an den gedachten Anstalten, welche die §§ 10—11, 4—8, 15—17 vorschreiben, müssen nicht blos behufs dauernder Anstellung, sondern auch behufs widerruflicher Anstellung, Ausübung einer Stellvertretung oder Hülfsleistung in den erwähnten Funktionen, sowie ferner selbst dann, wenn die Anstellung eines schon fest angestellten Lehrers oder Erziehers an einer anderen Anstalt erfolgen oder die widerrufliche in eine feste an derselben verwandelt werden soll, vorhanden sein.

§ 11. *) Unverändert nach der Reg.-Vorlage. Das Amendement Graf v. Krassow, Abs. 3 dahin zu fassen: „Diese genügt, so weit es sich um eine theologisch-praktische Vorbildung, um Nachhülfe oder Repetiren, sowie um Hülfsleistung in der Aufsichtsführung handelt", ist vom Herrenhaus verworfen worden, stenogr. Ber. des Herrenh. S. 493.

[1]) **Knabenseminare oder Knabenkonvikte,** s. S. 117. Anm. 2.

[2]) **entsprechenden Anstellung an einem preußischen Gymnasium.** Erforderlich ist also die Ablegung der Prüfung für das Lehramt an höheren Schulen (pro facultate docendi) nach dem Reglement vom 12. December 1866 (Minister. Bl. für die innere Verwaltung v. 1867 S. 11) und die Absolvirung des praktischen Probejahres an einem Gymnasium oder einer Realschule in Gemäßheit des Circular-Erlasses vom 30. März 1867 (a. a. O. S. 110). Wegen der 1866 erworbenen Landestheile vgl. d. Verord. v. 13. März 1867 (G. S. S. 395). Die betreffenden Bestimmungen nebst den ergänzenden Ministerial-Reskripten sind zusammengestellt in der Schrift: „Reglement für die Prüfungen der Kandidaten des höheren Schulamts rc. 2. Aufl. Berlin 1872."

Mit Rücksicht auf das Wort: „entsprechenden", sowie darauf, daß nach dem Reglement vom 12. December 1866 § 20 die Grade der facultas docendi, für die oberen (Prima und Ober-Sekunda), für die mittleren (Unter-Sekunda, Ober- und Unter-Tertia) und für die unteren Klassen (Quarta, Quinta und Sexta) ertheilt werden, darf die Anstellung an den erwähnten geistlichen Bildungs-Anstalten nur nach Maßgabe des erworbenen Grades der facultas erfolgen. Für die Anstellung als Erzieher wird der geringste Grad ausreichen, da dieser immerhin zur Anstellung am Gymnasium befähigt.

Die Erwerbung der Qualification zur Anstellung an einem nicht preußischen Gymnasium, selbst wenn dasselbe ein deutsches ist, reicht nicht aus.

[3]) **für die theologische wissenschaftliche Vorbildung bestimmten Anstalt,** d. h. einer solchen, welche geeignet ist, das Universitätsstudium zu ersetzen, s. S. 111 Anm. 1.

[4]) **Befähigung erforderlich.** Die Bedingung der Lehrthätigkeit ist demnach die vorgängige Habilitation an einer deutschen Staatsuniversität als Privatdozent und zwar für diejenigen Fächer, in welchen der Betreffende nachher an der Anstalt Vorlesungen halten will. Ueber die Bedingungen der Habilitation bestimmen die Fakultätsstatuten der Universitäten das Nähere. Für die Regel verlangen diese akademisches Triennium, den Doktor- oder Licentiaten-Grad, Vorlegung einer wissenschaftlichen Arbeit aus dem gewählten Fach (Habilitationsschrift) und Abhaltung eines mündlichen Kolloquiums mit dem Kandidaten vor versammelter Fakultät. Da aber in Ausnahmefällen auch andere Gelehrte, welche ihre Qualification sonst, z. B. durch literarische Thätigkeit, nachgewiesen haben, in akademische Lehrämter befördert werden können, so ist die Habilitation nicht unter allen Umständen nothwendig. Gegen Umgehung der Vorschrift durch Berufung ungeeigneter Individuen ist der Staat durch das Einspruchsrecht geschützt.

[5]) **Kleriker.** In der Kommission hat der Regier.-Kommissar die Erklärung abgegeben: „Unter der Bezeichnung Kleriker seien die Personen begriffen, welche die unterste der höheren Weihen erhalten haben" (Kommiss.-Ber. S. 22), d. h. also diejenigen, die zu Subdiakonen geweiht sind. Mit der gewöhnlichen Bedeutung des Wortes: Kleriker, welches ebenso wie Geistlicher, in der katholischen Kirche schon jeden Tonsurirten bedeutet (s. S. 30 Anm. 1), stimmt diese Erklärung nicht überein. Irgend ein Moment, die Interpretation des Kommissars als die legale Definition anzusehen, fehlt. Bei den schon oben (s. a. a. O.) dargelegten Verhältnissen in Deutschland wird die hervorgehobene Differenz allerdings praktisch ohne Einfluß sein. Blos Tonsurirte werden seitens der katholischen Kirche nicht an den Abs. 3 des § erwähnten Anstalten verwendet werden.

[6]) **Predigamtskandidaten** sind diejenigen evangelischen Theologen, welche das erste theologische Examen (tentamen pro venia, licentia concionandi) abgelegt haben (vgl. Richter-Dove, K.-R. § 198 u. Aktenstücke d. evang. Ob.-K.-R. Bd. 1 Heft 6, S. 30 ff., S. 50).

[7]) **die für Geistliche vorgeschriebene Bildung,** d. h. sie müssen die Erfordernisse erfüllt haben, welche für den Erwerb eines geistlichen Amtes nach §§ 4—8 verlangt werden.

[8]) **zur theologisch-praktischen Vorbildung bestimmten Anstalten.** Nur an diesen Anstalten (s. S. 119 Anm. 4) können die im Abs. 2 gedachten Personen angestellt werden, zu ihrer Anstellung an den Abs. 1 genannten Anstalten bedarf es der in diesem geforderten Qualifikation.

§. 12.*)

Für die Erhebung des Einspruchs gegen die Anstellung finden die Bestimmungen entsprechende Anwendung, welche die Erhebung des Einspruchs gegen die Anstellung von Geistlichen regeln[1]) (§§ 15—17).

§. 13.*)

Werden die in den §§ 9—11 enthaltenen Vorschriften[1]) oder die getroffenen Anordnungen der Staatsbehörden[2]) nicht befolgt, so ist der Minister der geistlichen Angelegenheiten[3]) ermächtigt,[4]) bis zur Befolgung die der Anstalt gewidmeten Staatsmittel einzubehalten[5]) oder die Anstalt zu schließen.[6])

Unter der angegebenen Voraussetzung und bis zu dem bezeichneten Zeitpunkte[7]) können Zöglinge der Knabenseminare und Knabenkonvikte von dem Besuche der Gymnasien und von der Entlassungsprüfung ausgeschlossen und den im § 6 erwähnten Anstalten die ertheilte Anerkennung entzogen werden.[8]) Diese Anordnungen stehen dem Minister der geistlichen Angelegenheiten[9]) zu.

Nach Errichtung eines Königlichen Gerichtshofes für die kirchlichen Angelegenheiten[10]) kann über die Gesetzmäßigkeit der nach diesem Paragraphen getroffenen Anordnungen und Verfügungen[11]) innerhalb 30 Tagen[12]) bei dem gedachten Gerichtshofe Berufung[13]) eingelegt werden.[14]) Durch Einlegung derselben wird die Vollstreckung der angefochtenen Anordnung oder Verfügung nicht aufgehalten.[15]) Der Gerichtshof kann jedoch bestimmen, daß bis zur endgültigen Entscheidung die Vollstreckung unterbleibe.[16])

---

§ 12. *) Die Kommission hat der im Uebrigen unverändert gebliebenen Regierungs-Vorlage nur am Schlusse das Citat: „(§§ 15—17)" hinzugefügt.

[1]) **des Einspruchs gegen die Anstellung von Geistlichen regeln.** „Es rechtfertigt sich dies durch die Erwägung, daß dieselben Gründe, welche den Staat zwingen von dem geistlichen Amte Persönlichkeiten fern zu halten, von denen er Gefahr für sich selbst zu besorgen hat, in gleichem, wenn nicht in noch höherem Maaße in Betreff der Personen zutreffen, denen die Ausbildung und Erziehung der künftigen Geistlichen anvertraut werden soll" (Motive d. Reg.-Vorl. S. 20).

§ 13. *) Der Abs. 1 der Reg.-Vorlage enthielt statt der jetzigen Stelle: „die getroffenen Anordnungen" die Worte: „die von Aufsichtswegen getroffenen Anordnungen". Das Abgeordnetenhaus nahm dagegen die von der Kommission in Vorschlag gebrachte Aenderung: „die innerhalb ihrer gesetzlichen Zuständigkeit getroffenen Anordnungen der Staatsbehörden" an. Die Worte: „innerhalb der gesetzmäßigen Zuständigkeit" sind aber im Herrenh. zufolge des Amendements Gobbin gestrichen worden (stenogr. Ber. d. Herrenh. S. 499), nachdem auf Antrag desselben der jetzige in der Reg.-Vorl. fehlende Abs. 3 hinzugefügt war (a. a. O. S. 498). — Die sonst gestellten Anträge, im Abgeordnetenhause 1) das Amendement Holz u. Sack, den Abs. 2 abzulehnen und 2) das Amendement Grf. Schweinitz, dem Abs. 2 folgende Fassung zu geben: „Unter der angegebenen Voraussetzung und bis zu dem bezeichneten Zeitpunkte kann den im § 6 erwähnten Anstalten die ertheilte Anerkennung entzogen werden. Diese Anordnung steht dem Minister der geistlichen Angelegenheiten zu" (stenogr. Ber. d. Abgeordn. S. 1579, 1580), im Herrenhause die Anträge des Grf. v. Krassow: 1) Abs. 1 a. Schl. die Worte: „oder die Anstalt zu schließen" zu streichen und 2) Abs. 2 statt des Wortes: „und" (hinter: ausgeschlossen) zu setzen: „beziehungsweise", sind abgelehnt worden (stenogr. Ber. d. Herrenh. S. 499).

[1]) **die in den §§ 9—11 enthaltenen Vorschriften.** Demnach bilden die Verhinderung der Staatsaufsicht, namentlich der Revision (S. 119 Anm. 11), die Nichteinreichung der Hausordnungen, der Disciplinar-Reglements und der Lehrpläne (a. a. O. Anm. 7 u. 11), die Anstellung von nicht qualificirten Lehrern und Erziehern, sowie die Nichtwahrung oder Nichtbeachtung des staatlichen Ein-

spruchrechtes die Fälle, in welchen die Staatsbehörde mit den in diesem § vorgesehenen Maßregeln einzuschreiten befugt ist.

[2]) **die getroffenen Anordnungen.** Damit kann nichts Anderes gemeint sein, als, was in der Regierungs-Vorlage klarer ausgedrückt war, die von Aufsichtswegen getroffenen Anordnungen. Aus der dem Staat beigelegten Aufsicht (§ 9) und dem in diesem § vorausgesetzten Recht, zur Ausübung der Aufsicht Anordnungen zu erlassen, in Verbindung mit dem hier gebrauchten Worte: „Befolgung", ergiebt sich mit Nothwendigkeit die Befugniß der Staatsbehörden, Erinnerungen gegen die vorgelegten Hausordnungen, Reglements und Lehrpläne zu machen und die Abänderung derselben zu verlangen. Diese werden, was die Lehrpläne betrifft, darauf gerichtet werden dürfen und müssen, daß letztere zur Erreichung derselben Ziele, welche die betreffenden Staats-Anstalten (Gymnasien und theologischen Fakultäten) erstreben, geeignet sind. Hinsichtlich der Hausordnungen und Disciplinar-Reglements wird darauf zu sehen sein, daß die Zöglinge keiner klösterlichen oder abgeschlossenen Zucht, keinen mechanischen und geistig abtödtenden Gebets-Uebungen und geistlichen Exercitien, keinen gesetzlich unerlaubten Strafen und Züchtigungen, keiner sonstigen ihre Gesundheit schädigenden Lebensweise unterworfen werden.

[3]) **Minister der geistlichen Angelegenheiten.** Hierin liegt eine Ausnahme von der sonstigen Regel (s. S. 55 Anm. 2), welche sich aus der einschneidenden Natur der betreffenden Maßregeln erklärt.

[4]) **ermächtigt,** aber auch materiell verpflichtet, da er die Gesetze gegen Verletzungen innerhalb seines Ressorts zu schützen hat.

[5]) **die der Anstalt gewidmeten Staatsmittel einzubehalten.** Diese Zurückhaltung bis zur Beseitigung der Renitenz ist das eine Mittel, welches zur Durchführung des Gesetzes offen steht. Davon ist schon mehrfach, so in Bezug auf die Priesterseminare zu Köln, Trier, Paderborn und Gnesen, das erzbischöfliche geistliche Seminar zu Posen Gebrauch gemacht worden. Die in Betreff des ersteren an den Präses des Seminars ergangene Ober-Präsidial-Verfügung v. 29. August 1873 lautet:

„Als am 11. Juli d. J. zur Revision des erzbischöflichen Priesterseminars zu Köln durch von hier aus bestellte Kommissarien gemäß § 9 des Gesetzes über die Vorbildung und Anstellung der Geistlichen vom 11. Mai d. J. geschritten werden sollte, haben Ew. Hochwürden Ihre Mitwirkung zu dieser Revision abgelehnt, die Beantwortung der auf die Anstalt bezüglichen Fragen der Kommissarien verweigert und nicht gestattet, daß die Letzteren dem Unterrichte beiwohnten. In Folge dessen ist, wie ich Ew. Hochwürden hierdurch mittheile, von dem Herrn Minister der geistlichen Angelegenheiten auf Grund des § 13 des genannten Gesetzes die Verfügung getroffen worden, daß bis zur Befolgung der gesetzlichen Vorschriften die dem Priester-Seminar gewidmeten Staatsmittel einzuhalten seien. Es hat demnach die Anordnung stattgefunden, daß das Seminar den ihm bisher vom Staate gewährten Geldzuschuß zum Betrage von 3470 Thlr. nicht weiter empfange. Die letztere Summe berechnet sich, wie folgt: In der Gesammt-Dotation des Erzbisthums Köln ist ein Zuschuß von 7470 Thlr. enthalten, aus welchen Mitteln das Konviktorium für die katholischen Studirenden der Theologie zu Bonn die Summe von 4000 Thlr. erhält. Während nun der letztere Beitrag in Zukunft direct an das Konviktorium abgeführt werden soll, wird die Zahlung von 7470 Thlr. an die erzbischöfliche Kasse unterbleiben."

Unter den „Staatsmitteln" sind nicht blos die baaren Zuschüsse, sondern auch sonstige Gegenstände, die Lehrmittel, Gebäude zu Unterrichtszwecke und zu Wohnungen, welche der Staat gewährt, zu verstehen.

Die einbehaltenen Staatsmittel brauchen nicht bis zur Befolgung der getroffenen Anordnungen für die Anstalt reservirt werden, weil die letztere während der gedachten Zeit nicht den vom Staate gewollten Zweck in der vorgeschriebenen gesetzlichen Weise gedient hat.

[6]) **die Anstalt zu schließen.** Es ist dies das zweite Exekutiv-Mittel, welches dem Minister gegeben wird. Daß dasselbe nicht durch die Innebehaltung des Staatszuschusses ausgeschlossen wird, d h. also, daß die Wahl mit der Verhängung dieser Maßregel nicht konsumirt und die nachträgliche Schließung dadurch nicht unzulässig wird, ergiebt sich schon daraus, daß beide Maßregeln nicht unvereinbar sind, weil der geschlossenen Anstalt selbstverständlich keine Staatsmittel mehr

gezahlt zu werden brauchen. Es kann also, wenn die bloße Einbehaltung keinen Erfolg äußert, auch nachträglich die Schließung angeordnet werden. Dies ist auch die Auffassung der Regierungs-Motive S. 20: „daß nach fruchtloser Erschöpfung aller anderen Mittel die Schließung der Anstalt anzuordnen ist, erscheint gerechtfertigt, da dem Gesetze unter allen Umständen Achtung verschafft werden muß"; und so ist auch bereits in einzelnen Fällen, z. B. in Betreff des Seminars zu Posen, verfahren worden.

Ist vor den Worten (diese Frage entsteht weiter): „die Anstalt zu schließen" hinzuzudenken: „bis zur Befolgung" oder will die Vorschrift sagen: „es können die Staatsmittel bis zur Befolgung einbehalten werden oder die Anstalt definitiv geschlossen werden?" Mit andern Worten: Denkt sich das Gesetz die Schließung der Anstalt als eine provisorische Maßregel, welche das Institut als solches, also auch mit der ihm etwa zukommenden juristischen Persönlichkeit, existent läßt, und nur die Funktionen der Anstalt vorläufig suspendirt oder als eine definitive Maßregel, welche die Anstalt vernichtet? Nimmt man das letztere an, so ist die etwaige juristische Persönlichkeit der Anstalt beseitigt, sie kann also weder unter Lebenden noch von Todeswegen etwas erwerben, und jedenfalls gilt der Zweck der Anstalt als ein gesetzlich verbotener. Die bisher erfolgten Schließungen sind nur provisorisch verhängt worden, vgl. z. B. das Ober-Präsidialschreiben betr. die Schließung des erzbischöfl. Seminars zu Posen v. 21. Aug. 1873: „Mit Rücksicht darauf, daß Ew. Erzbischöfliche Gnaden in dem geehrten Schreiben vom 10. Juni c. erklärt haben, daß Sie die Oberaufsicht des Staats über das hiesige geistliche Seminar in Gemäßheit der Vorschriften des Gesetzes vom 11. Mai c. — betreffend die Vorbildung und Anstellung der Geistlichen — nicht anerkennen wollen, ferner mit Rücksicht darauf, daß der Regens dieser Anstalt in Folge erhaltener Instruktion die seitens des Staats nach § 9 des Gesetzes am 25. und 26. Juni c. vorgeschriebene Revision derselben unmöglich machte, schließlich mit Rücksicht darauf, daß Ew. Erzbischöfliche Gnaden auf die Aufforderung, durch gemeinschaftliches Einvernehmen die Umänderung der Bestimmungen des Seminars vorzubereiten — welche den Bestimmungen des genannten Gesetzes direkt entgegenstehen — unterm 8. d. M. abschläglich geantwortet haben, hat der Minister der geistlichen Angelegenheiten auf Grund des § 13 des allegirten Gesetzes die Schließung des genannten Seminars vom 23. d. M. ab bis so lange angeordnet, bis Ew. Erzbischöfliche Gnaden und der Seminarregens sich bedingungslos den Bestimmungen des Gesetzes vom 11. Mai c. und den auf Grund dieses Gesetzes von den Staatsbehörden erlassenen Verfügungen unterwerfen werden. Ich erlaube mir, Ew. Erzbischöfliche Gnaden hiervon mit dem ergebensten Bemerken in Kenntniß zu setzen, daß der Regens des Seminars Vincenz Likowski von dieser Verfügung in Kenntniß gesetzt worden ist und der Kontrole in Betreff der Ausführung derselben unterliegen wird."

M. E. ist die mildere Auslegung der Vorschrift bedenklich. Das Wort: „schließen" drückt an und für sich kein Provisorium, sondern ein Definitivum aus. In diesem Sinne ist es im § 8 des Gesetzes über die kirchliche Disciplinargewalt (S. 57, 59 Anm. 8), ferner auch im § 14 dieses Gesetzes gebraucht. Wenn der letztere die bestehenden Knaben-Seminare und Konvikte dadurch allmählig eingehen lassen will, daß er die Aufnahme neuer Zöglinge verbietet und für den Fall des Zuwiderhandels die Schließung androht, so kann damit nur gemeint sein, daß das in Aussicht genommene Resultat, die Beseitigung dieser Anstalten, unter den angegebenen Voraussetzungen sofort eintreten soll. Ferner stellen die §§ 9—14 eine Reihe von Ausnahmen zu Gunsten des bisherigen Zustandes auf, und machen den Anschauungen und Forderungen der Kirche eine Reihe von Koncessionen. Diese sind an gewisse Bedingungen, die Beachtung der gesetzlichen Anordnungen und der auf Grund der letzteren erlassenen Verfügungen, geknüpft. Das Naturgemäße ist also, daß das Gesetz die nahe liegende Konsequenz hat ziehen wollen und gezogen hat, daß Anstalten, welche die für ihre Fortdauer vorgeschriebenen Erfordernisse nicht erfüllen, überhaupt und definitiv beseitigt werden. Wie die oben mitgetheilte Stelle der Motive, ferner einzelne Aeußerungen in der Kommission (s. Anm. 7), bei den Verhandlungen im Abgeordnetenhause (stenogr. Ber. S. 1579) und im Herrenhause (stenogr. Ber. S. 496) ergeben, ist die Schließung der Anstalt als das äußerste Zwangsmittel aufgefaßt worden. Unter einem solchen wird man aber wohl eher die definitive Beseitigung der Anstalt, als die blos provisorische Suspendirung ihrer Thätigkeit, welche der Bischof jeden Augenblick durch Unterwerfung unter das Gesetz wieder beseitigen kann, zu verstehen haben. Demgemäß giebt das Gesetz dem Minister das Recht zur definitiven Schließung. Da ihm aber eine solche weitgehende Befugniß zusteht, wird er freilich immerhin auch befugt sein, das Minus, die provisorische Schließung, anzuordnen.

Zur Durchführung der Schließung gehört die Benachrichtigung der Zöglinge und Lehrer von der desfalls getroffenen Anordnung und die öffentliche Bekanntmachung, nöthigenfalls auch die Anwendung von Administrativ-Exekutions-Maßregeln, also die Entfernung der gedachten Personen wenn diese zu gemeinschaftlichem Unterricht zusammen kommen oder das frühere gemeinsame Leben fortzusetzen versuchen. Das den Lehrern von dem Bischof etwa eingeräumte Recht auf eine Dienstwohnung hindert die etwaige Exmission nicht. Dieses Recht ist mit dem Inkrafttreten des Gesetzes ohne Weiteres dadurch beschränkt worden, daß die Anstalt die vorgeschriebenen Anforderungen erfüllt. Civilrechtliche, namentlich auch Besitzstörungs-Klagen wegen solcher Verfügungen der Staatsbehörden sind unstatthaft, da diese in Ausübung des staatlichen Kirchenhoheitsrechtes erlassen werden, vgl. Verordn. v. 26. December 1808 weg. verbesserter Einrichtungen der Provinzial- rc. Behörden § 36 ff, (G. S. v. 1806/10. S. 464), u. für die neuen Provinzen Verord. betr. die Zulässigkeit des Rechtsweges rc. v. 16. September 1867 § 1 (G. S. S. 1515); nur die Berufung an den Kgl. Gerichtshof für kirchliche Angelegenheiten ist nach Abs. 3 offen gelassen.

[7]) **Unter der angegebenen Voraussetzung und bis zu dem bezeichneten Zeitpunkte,** d. h. wenn die Abs. 1 gedachte erste Maßregel, die Einbehaltung der Staatsmittel verhängt worden ist, bis zur Befolgung der Vorschriften des Gesetzes und der auf Grund desselben erlassenen Anordnungen der Staatsbehörden, können den Zöglingen der Knabenseminare und Knabenkonvikte die Gymnasien verschlossen, und auch, um jede Umgehung des Gesetzes zu vermeiden, ihre Zulassung zur Abiturienten-Prüfung als sg. Extranei verweigert werden. Vgl. auch die Erklärung des damaligen Unterstaatssekretairs Dr. Achenbach in der Kommission (Komm. Ber. S. 22): „Die Staatsregierung könne Untersagungsmittel dieser Art nicht entbehren, wenn überhaupt ein Druck auf die geistlichen Behörden zur Herstellung des in diesem Gesetze beabsichtigten Zustandes wirksam werden solle. Es sei weniger hart, die Schüler in der Zwischenzeit von dem Besuche des Gymnasiums auszuschließen, als ein derartiges Konvikt überhaupt zu schließen. Eine solche Schließung sei ein äußerstes Mittel, zu welchem man sich nur zögernd verstehen könne, und gerade zur Abwehr jener äußersten Zwangsmaßregel sei dieser Weg einer indirekten Nöthigung gewählt. Ein Zwang auf Eltern und Schüler müsse in solchem Falle geübt werden, damit diese ein renitentes Konvikt zu verlassen genöthigt würden." Daß im Falle der Schließung, in welchem das Seminar oder das Konvikt faktisch aufgelöst wird, diese Maßregeln nicht erforderlich sind, liegt auf der Hand.

[8]) **die ertheilte Anerkennung entzogen werden.** Diese Entziehung ist an dieselben Voraussetzungen geknüpft, wie die in Anm. 7 gedachten Anordnungen. Hinsichtlich der Seminare, welche das Universitätsstudium zu ersetzen bestimmt sind, giebt das Gesetz also folgende Maßregeln an die Hand. Ist die staatliche Anerkennung nicht nachgesucht worden, so können die Staatsmittel einbehalten werden, und die Anstalten unterliegen den in §§ 10—12 gedachten Bestimmungen. Werden diese nicht beachtet, so tritt, sofern dies nicht schon erfolgt ist, die Einbehaltung der Staatsmittel und eventuell auch die Schließung ein. Wenn ihnen die staatliche Anerkennung gewährt worden ist, aber gegen §§ 10—12 verstoßen wird, so kann diese und die staatliche Subvention entzogen, auch nöthigenfalls die Anstalt geschlossen werden. Es müssen also Seminare, welche der Staat nicht anerkannt hat, geduldet werden, sofern sie sich den Vorschriften der §§ 10—12 unterwerfen, aber das Studium an ihnen ersetzt nicht das in §§ 4, 5 vorgeschriebene Universitätsstudium. Befindet sich ein solches Seminar an einem Universitätsorte — ein solches kann nie die staatliche Anerkennung erlangen, s. § 6 Abs. 2 — so kann das Verbot des § 7 einmal durch Anwendung der Mittel der akademischen Disciplin, durch Relegation der demselben entgegenhandelnden Studenten, zur Ausführung gebracht werden. Ferner ist aber die Staatsbehörde auf Grund ihres Aufsichtsrechtes (§ 9) befugt, die Aufnahme von Studenten zu untersagen, und erforderlichenfalls auf Grund des § 13 Abs. 1 vorzugehen.

[9]) **Minister der geistlichen Angelegenheiten,** s. S. 123 Anm. 3.

[10]) **Gerichtshofes für die kirchlichen Angelegenheiten,** s. S. 89 Anm. 4.

[11]) **Gesetzmäßigkeit der nach diesem Paragraphen getroffenen Anordnungen und Verfügungen.** Korrekter hätte es heißen müssen der „nach §§ 9—11 und nach diesem § getroffenen Anordnungen", denn die nach § 13 erlassenen sind nur die Innehaltung der Staatsmittel, die Schließung der Anstalt und die in Abs. 2 gedachten Maßregeln. Soll aber der Gerichtshof über die Rechtmäßigkeit dieser entscheiden, so muß er auch ihre Voraussetzungen zwar nicht nach ihrer Zweckmäßigkeit, aber ihrer rechtlichen Statthaftigkeit prüfen, und diese Voraussetzungen sind eben die nach §§ 9—11 getroffenen Anordnungen. Daß diese Auffassung die richtige ist, ergiebt die Streichung des Zusatzes der Kommission im Herrenhause (S. 122 Anm. *) in Verbindung mit der Motivirung des den Abs. 3 einfügenden Amendements (s. a. a. O.) durch den Antragsteller (stenogr. Ber. d. Herrenh. S. 494, 495): „Aus dieser Erwägung ist das Amendement hervorgegangen, anzufügen, daß über die in Gemäßheit der in den §§ 9—11 getroffenen Anordnungen und Verfügungen der Rechtsweg bei dem Gerichtshof für kirchliche Angelegenheiten gestattet sein soll.... Nach näherer Prüfung ... bin ich indessen dahin gekommen, in meinem Amendement diese Entscheidung des Gerichtshofes auf die Gesetzmäßigkeit der getroffenen Maßregel und Verfügung zu beschränken. In der Konsequenz dieses Gedankens mußte ich dann den Zusatz, den das Abgeordnetenhaus in den § 13 Al. 1 hineingebracht hat: „innerhalb der gesetzlichen Zuständigkeit" streichen; denn wenn der Gerichtshof nach meinem Amendement über die Gesetzmäßigkeit der Anordnung, resp. Verfügung zu entscheiden befugt sein soll, so liegt in der Einfügung des Wortes „Gesetzmäßigkeit" bereits das, was in der Fassung des Abgeordnetenhauses im 1. Alinea ausgedrückt sein soll."

[12]) **innerhalb 30 Tagen,** die Frist weicht von der im § 13 des Gesetzes über die kirchliche Disciplinargewalt vorgeschriebenen (vier Wochen, s. S. 74) ab und ist wohl mit Rücksicht auf die Fristbestimmung im § 15 gewählt. Sie läuft vom Tage der Zustellung der anzufechtenden Entscheidung, s. auch angef. Ges. § 13 Abs. 2.

[13]) **Berufung.** Dieselbe hat ebenso wie in den Fällen des § 10 des Disciplinargesetzes (S. 62) die Natur der Kassationsklage (S. 65). Es soll damit eine angeblich dem Recht nicht entsprechende Maßregel der Verwaltungsbehörden beseitigt werden. Der Gerichtshof kann daher auch auf diese Berufung hin nur die Vernichtung der angefochtenen Verfügung oder Verwerfung der Berufung aussprechen, § 21 des citirten Ges. Für das weitere Verfahren kommt die Bestimmung des § 33 Abs. 2 ebendaselbst in Betracht, nach welcher die Vorschriften über das Verfahren durch Plenarbeschlüsse des Gerichtshofes auch auf die hier in Rede stehende Berufung sinngemäß anzuwenden sind. Die §§ 13, 15, 17, 18, 20 (Satz 1), 21 Abs. 1, 22, 37 des Disciplinargesetzes treffen hier vollkommen zu. Dagegen bedingt der Umstand, daß der Minister der geistlichen Angelegenheiten, welcher sich auch bei diesen Angelegenheiten durch einen Beamten wird vertreten lassen können (§ 19), die Partei ist, gegen welche die Berufung geht, eine etwas modificirte Anwendung der §§ 19, 20 (Satz 2), 21 Abs. 2. Einer Anordnung, daß der Minister den Verfügungen des Gerichtshofes Folge leistet, also z. B. die Akten einreicht (§ 16), bedarf es selbstverständlich nicht, da diese Pflicht aus der Stelluug, welche das Gesetz dem Gerichtshof anweist, ohne Weiteres folgt (vgl. auch § 36 des Disciplinargesetzes).

[14]) **eingelegt werden.** Hier bleibt die Frage offen, wer zur Einlegung der Berufung berechtigt ist. Diese wird sich dahin beantworten, daß dies nicht derjenige ist, welchem die beschwerende Verfügung insinuirt worden, sondern derjenige, welcher die Anstalt nach außen und namentlich in den juristischen Beziehungen zu vertreten hat, also hinsichtlich der Anstalten der katholischen Kirche in den meisten Fällen der Bischof, weil diese als Diöcesan-Institute unter seiner Leitung stehen, nicht der Regens, welcher nur kraft bischöflischen Auftrags die Anstalt leitet. Mit Rücksicht darauf, daß die 30tägige Berufungsfrist erst von dem Zeitpunkt ab läuft, wo die betreffende Maßregel dem zur Berufung berechtigten insinuirt ist, dürfte es sich daher empfehlen, derartige Verfügungen nicht blos dem Leiter der Anstalt, sondern stets gleichzeitig dem Bischof mitzutheilen.

[15]) **nicht aufgehalten.** In diesen Fällen hat also die Berufung im Gegensatz zu der der §§ 10 u. 11 des Disciplinargesetzes (s. auch § 14 ebendaselbst) keinen Suspensiv-Effekt.

[16]) **die Vollstreckung unterbleibe.** Wegen der Beschlußfassung darüber s. S. 90 Anm. 2.

In der Ermächtigung, die Vollstreckung zu suspendiren, liegt auch die Befugniß, die Rückgängigmachung der bereits getroffenen Maßregeln anzuordnen, denn andernfalls würde durch schnelles Eingreifen der Verwaltungsbehörden das durch das Gesetz für eklatante Fälle der Gesetzverletzung gewährte Mittel illusorisch gemacht werden.

§. 14.*)

Knabenseminare und Knabenkonvikte[1]) (§ 9) dürfen nicht mehr errichtet und in die bestehenden Anstalten dieser Art neue Zöglinge nicht mehr aufgenommen werden.[2])

Im Falle der Aufnahme neuer Zöglinge ist der Minister der geistlichen Angelegenheiten[3]) zur Schließung der betreffenden Anstalt[4]) befugt.

---

§ 14. *) Abs. 1 mit der einzigen Abweichung, daß die Kommission das Citat: „(§ 9)" eingeschoben hat, nach der Regierungs-Vorlage. Der Abs. 2 ist durch die Kommission hinzugefügt worden. Verworfen sind im Abgeordnetenhause 1) das Amendement Holtz u. Sack, hinter „Knabenconvicte" einzuschalten: „welche ausschließlich der Vorbildung der Geistlichen dienen und zu dem geistlichen Berufe verpflichten," 2) der Antrag Clauswitz, im Abs. 1 die Worte: „und in die bestehenden Anstalten dieser Art neue Zöglinge nicht mehr aufgenommen" und Alinea 2 zu streichen (stenogr. Ber. S. 1594).

[1]) **Knabenseminare und Knabenkonvikte,** damit sind, wie namentlich das Citat § 9 zeigt, die S. 117 Anm. 2 näher charakterisirten Anstalten gemeint.

[2]) **nicht mehr aufgenommen werden.** Die Regierungs-Motive bemerken zu diesem Absatz (S. 20): „Wenn § 14 für die Zukunft die Errichtung von Knabenseminaren und Knabenkonvikten verbietet, so ist zur Begründung dieses Verbots einerseits auf die Ausführungen zurückzuverweisen, welche zu § 6 in Betreff des kirchlichen Unterrichts- und Erziehungswesens gegeben sind, und welche die Nothwendigkeit erkennen lassen, der weiteren Ausdehnung von kirchlichen Anstalten, welche zur Vorbildung der Geistlichen bestimmt sind, gewisse Schranken zu setzen, andererseits aber zu berücksichtigen, daß gerade die Einrichtung der Knabenseminare und Knabenkonvikte zu den ernstesten Besorgnissen Anlaß geben muß. Knaben in einem Alter, in welchem sie eine eigene Entschließung über ihren künftigen Lebenslauf noch nicht zu fassen vermögen, behufs ihrer Heranbildung zu Geistlichen einer völlig klösterlichen Zucht zu übergeben, sie von dem Verkehr mit der Jugend der Nation abzuschließen und dadurch mindestens die Besorgniß zu erwecken, daß schon im Keime jede freie und selbstständige Entwickelung des Charakters der Zöglinge unterdrückt werde, das sind Erscheinungen, welchen der Staat seine volle Aufmerksamkeit und Sorge widmen muß. Die bloße Aufsicht des Staats, welche immer nur ihre Thätigkeit auf Einrichtungen und Veranstaltungen richten kann, deren Folgen äußerlich zur Wahrnehmung gelangen, bietet daher hier keine volle Garantie. Wenn demnach auch zur Schonung bestehender Verhältnisse davon abzusehen sein mag, auch die bereits vorhandenen Knabenseminare und Konvikte sofort aufzulösen, so erscheint es doch völlig gerechtfertigt, sowohl die Errichtung neuer Anstalten dieser Art nicht zu gestatten, als auch die Aufnahme neuer Zöglinge in die bestehenden Anstalten dieser Art zu untersagen."

[3]) **Minister der geistlichen Angelegenheiten,** s. S. 123. Anm. 3.

[4]) **Schließung der betreffenden Anstalt,** s. S. 123. Anm. 6.

Anm. zu §§ 9 u. 14. Verhältniß der §§ 9 u. 14 zur Bulle: De salute animarum und zu Art. 15 der Verf.-Urk. Schon in der Kommission (s. Komm.-Ber. S. 18), dann auch bei den Verhandlungen im Abgeordnetenhause (stenogr. Ber. S. 1553, 1589, 1779) und im Herrenhause (stenogr. Ber. S. 502 u. 505) ist die Unverträglichkeit der in den §§ 9 u. 14 enthaltenen Vorschriften mit den Festsetzungen der Bulle und der Verf.-Urk. behauptet worden. Die erstere bestimmt: „In singulis praeterea civitatibus tam archiepiscopalibus quam episcopalibus unum clericorum seminarium vel conservandum vel de novo quamprimum erigendum esse statuimus, in quo is clericorum numerus ali atque ad formam decretorum sacri concilii Tridentini institui ac educari debeat qui respectivarum dioecesium amplitudini et necessitati respondeat." Ganz abgesehen davon, ob die Bulle in Verbindung mit der Bestätigungs-Ordre vom

III. Anstellung der Geistlichen.

§. 15.*)

Die geistlichen Oberen [1]) sind verpflichtet, [2]) denjenigen Kandidaten, dem ein geistliches Amt übertragen werden soll, dem Oberpräsidenten [3]) unter Bezeichnung des Amtes [4]) zu benennen. [5])

Dasselbe gilt [6]) bei Versetzung eines Geistlichen in ein anderes geistliches Amt oder bei Umwandlung einer widerruflichen Anstellung in eine dauernde.

Innerhalb dreißig Tagen [7]) nach der Benennung [8]) kann Einspruch gegen die Anstellung [9]) erhoben werden. [10])

Die Erhebung des Einspruchs steht dem Oberpräsidenten [11]) zu.

---

23. August 1821 den Charakter eines bindenden internationalen Vertrages hat, was der richtigeren Ansicht nach zu verneinen ist, s. meine S. 18 citirte Schrift: Die Stellung ꝛc. S. 26; Wasserschleben, die deutschen Staatsregierungen und die kath. Kirche. Berlin 1872. S. 19; Sohm in Dove u. Friedberg, Ztschr. für K. R. Bd. 11 S. 183), so handelt dieselbe nur von solchen Seminaren, welche zur Aufnahme angehender Kleriker, also von Theologie Studirenden bestimmt sind. „Nur solche Seminare haben jener Zeit existirt und anders habe die Kgl. Preußische Staatsregierung die Worte niemals verstanden. In diesem Sinne sei auch jener Zeit der Gesandte in Rom instruirt gewesen, in diesem Sinne sei der Bulle ausgeführt, indem jede Diöcese ein Klerikal-Seminar erhalten hat" (Erklär. des Regier.-Kommissars, s. Kommiss.-Ber. S. 19). Bei Erlaß der Verfassungs-Urkunde bestanden fast nur derartige, keineswegs aber Knaben-Seminare und Konvikte. Diese sind zum größten Theil erst später entstanden und die Verfassungs-Urkunde kann sie daher nicht garantirt haben. Die Begründung einzelner dieser Anstalten, so des Liberi-Seminars zu Paderborn (s. S. 117) und des Konvikts zu Trier (stenogr. Ber. des Herrenh. S. 502) fällt allerdings vor die Verfassungs-Urkunde, aber über diese ist damals ebenso wie hinsichtlich der auf Grund der Bulle: De salute errichteten Seminarien die Staatsaufsicht geübt werden. Daß dieses Aufsichtsrecht durch Art. 15 der Verf. Urk. rechtlich beseitigt worden ist, — thatsächlich hat man es allerdings nicht mehr ausgeübt — ließ sich schon mit Rücksicht auf die frühere Fassung des Artikels nicht behaupten, da die allgemeine wissenschaftliche Vorbildung der Geistlichen nicht eine ausschließlich und allein die Kirche berührende Angelegenheit ist.

Durch die Umgestaltung des Art. 15 ist aber jeder Zweifel an der Verfassungsmäßigkeit der betreffenden §§ des Gesetzes beseitigt. Nach demselben besitzt die Kirche ihre Unterrichts-Anstalt nur mit der Maßgabe, daß sie auch in dieser Beziehung den Staatsgesetzen und der gesetzlich geordneten Aufsicht des Staates unterworfen ist. Kraft dieser Vorschrift war der Erlaß eines Gesetzes, welches die Bedingungen der Zulassung derartiger Anstalten, sowie die Folgen der Nichtbeachtung der betreffenden Vorschriften normirte, unzweifelhaft statthaft.

§ 15. *) Nach den Vorschlägen der Kommission. Diese hat die Absätze 2, 3 und 4 der Regierungsvorlage übernommen, den Abs. 1, welcher in der letzteren lautete: „Die geistlichen Oberen sind verpflichtet, diejenigen Kandidaten, denen ein geistliches Amt übertragen werden soll, dem Ober-Präsidenten zu benennen", aber in der aus dem Text ersichtlichen Weise geändert, und einen weiteren (fünften Absatz) der Vorlage („Gegen die Einspruchserklärung kann innerhalb 30 Tagen bei dem Minister der geistlichen Angelegenheiten Beschwerde erhoben werden, bei dessen Entscheidung es bewendet") ausgeschieden und in veränderter Fassung mit dem § 16 verbunden.

[1]) **geistliche Oberen.** Dem Zwecke des Gesetzes gemäß können darunter nur diejenigen kirchlichen Beamten oder Behörden verstanden sein, welchen die Verleihung des Amtes, bez. die Konfirmation oder Approbation der seitens eines Andern stattgehabten Präsentation, Nomination, Vokation oder Wahl zusteht. Dies sind in der evangelischen Kirche für die Regel die Konsistorien, in der katholischen die Bischöfe (vgl. auch A. L. R. Th. II Tit. 11 §§ 113, 115 ff, 143), also diejenigen Aemter und Behörden, mit denen die sg. Leitungsgewalt (jurisdictio) verbunden ist. Wo solche Behörden nicht vorkommen oder die leitenden Organe mit der Besetzung der geistlichen

Aemter nichts zu thun haben, z. B. bei den konföderirten niedersächsischen Gemeinden (vgl. oben S. 103 Anm. 2), welche ihre Geistlichen unter Leitung des Presbyteriums wählen, s. Kirchen-Ordn. vom 14. September 1839, §§ 36 ff, wird dasjenige Organ, dem die Leitung und Konstatirung des die Anstellung ersetzenden Aktes obliegt, die Benennung vornehmen müssen. Denn in den hier in Rede stehenden Beziehungen nimmt dieses die Stellung des geistlichen Oberen ein. Für die konföderirten Gemeinden muß dies um so mehr zur Geltung kommen, als das ihre Kirchenordnung genehmigende Reskript vom 15. August 1842 (bei Hugues a. a. O. S. 116) die Presbyterien zur Anzeige der gewählten Kandidaten behufs Erwirkung der landesherrlichen Bestätigung verpflichtet, mithin diese letzteren für das dem Staate verantwortliche Organ erklärt hat.

Ob dagegen die Landdechanten und Pfarrer, soweit sie, wie z. B. theilweise in der katholischen Kirche, berechtigt sind, interimistisch Stellvertretungen anzuordnen oder Hülfsgeistliche anzunehmen, unter den geistlichen Oberen zu verstehen sind, erscheint sehr fraglich. Die allgemeine Bedeutung des Ausdrucks spricht dagegen. Ebenso die ratio legis, weil es hier nicht an einem andern verantwortlichen Organ fehlt (s. a. Schl. d. Anm.).

Die evangelische Kirche wird im Allgemeinen von der Vorschrift des § 15 nicht berührt (s. § 28), weil die Mitglieder der Konsistorien durch den König ernannt werden (Ressort-Reglement des Ober-Kirchenraths C. I No. 3 in den Aktenstücken des Ob. Kirch. R. B. 2 S. 137; Spangenberg a. a. O. Hft. 3 S. 14 ff; Büff a. a. O. § 148.) Einzelne Ausnahmen kommen allerdings vor; so wird das Einspruchsrecht auf die Anstellung der Prediger der vorhin erwähnten reformirten Gemeinden Anwendung finden (während die durch das ehemalige hannöversche Landes-Verfassungsgesetz v. 6. August 1840 § 72 und das angeführte Reskript vorgeschriebene Bestätigung der Prediger als Ausfluß des allgemeinen jus circa sacra durch Art. 18 der Verf. Urk. beseitigt ist). Ferner kommt das Einspruchsrecht zur Geltung gegenüber einzelnen Mediatkonsistorien, die nicht vom König besetzt werden und das Anstellungsrecht zu geistlichen Aemtern bewahrt haben, so gegenüber dem Stadtkonsistorium der Stadt Stralsund, s. Ziemssen, Eigenthümlichkeit der Kirchenverfassung der Stadt Stralsund. Stralsund 1856 S. 17, 18 u. Protestant. Kirchenzeitung v. 1868. S. 386, und gegenüber den gräflich Stolbergischen Konsistorien (Jacobson K. R. S. 181).

Auf die Anstellung der Weihbischöfe paßt die Vorschrift des § 15 nicht vollkommen. Die Ernennung derselben erfolgt durch den Papst. Da dieser persönlich den preußischen Gesetzen nicht unterworfen ist, so kann er auch nicht angehalten werden, den Kandidaten vor der Promotion zum Bischof einer preußischen Behörde zu benennen. Andererseits bindet aber das preußische Gesetz alle diejenigen, welche geistliche Aemter in Preußen erwerben und ausüben wollen. Ist also die Präconisation des Weihbischofs ohne Wahrung des Einspruchsrechts erfolgt, so tritt die Nichtigkeit der Verleihung nach § 17 ein. Die Möglichkeit dem Gesetze nachzukommen liegt übrigens vor. Da die Bischöfe dem Papst die Person des Weihbischofs vorzuschlagen haben (Bulle: De salute animarum s. v. Inspectis autem dioecesium Borussici, mein Kirchenrecht Bd. 2 S. 179, 180), so sind sie in der Lage, die vorgeschriebene Benennung vor der Promotion des Weihbischofs durch den Papst vorzunehmen, während eine etwaige Anzeige nach der Ernennung und vor der Bevollmächtigung des Weihbischofes die kategorisch ausgesprochene Folge des § 17 nicht beseitigen würde. Daß der Bischof nicht selbst die Verleihung des Amtes vornimmt, steht nicht entgegen, denn der § 15 lautet nicht dahin, daß die geistlichen Oberen, diejenigen Kandidaten, welchen von ihnen ein Amt übertragen werden soll, sondern diejenigen, denen ein Amt übertragen werden soll, zu benennen haben; er bezieht sich also auf alle geistlichen Aemter innerhalb des Amtssprengels des betreffenden geistlichen Oberen, gleichviel, ob dieser die Uebertragung selbst vorzunehmen berechtigt ist oder nicht.

Aus demselben Grunde ist der geistliche Obere auch dafür verantwortlich, daß da, wo einem andern Geistlichen, z. B. einem Pfarrer oder einem Dekan, die Uebertragung von Stellvertretungsbefugnissen zusteht, die Vorschriften des Gesetzes inne gehalten werden, also die Benennung an den Ober-Präsidenten geschieht. Vgl. übrigens auch § 22 Anm. 2.

[2]) **verpflichtet.** Verpflichtet ist der geistliche Obere. Daraus folgt mit Rücksicht auf das am Schl. der vorstehenden Anmerkung Ausgeführte, daß bei Aemtern, zu denen ein Patron zu präsentiren hat oder hinsichtlich deren aus anderen Gründen keine freie Verleihung stattfindet, die Benennung durch den Patron u. s. w. nicht ausreicht, dem Gesetze vielmehr nur dann Genüge

geschieht, wenn sie durch die kirchliche Behörde erfolgt. Bei den katholischen Stellen königlichen Patronates, zu welchen für die Regel die Ober-Präsidenten präsentiren, s. Verordn. betreffend die Ressort-Verhältnisse der Prov.-Behörden in kath. kirchl. Angel. v. 27. Juni 1845 § 2 (G. S. S. 443) ist aber die Benennung nach § 29 Abs. 1 nicht erforderlich.

³) **Ober-Präsidenten**, s. S. 55 Anm. 2. Die Motive der Reg.-Vorlage bemerken dazu (S. 21): „Da die Ober-Präsidenten schon jetzt mit der Ausübung des jus circa sacra in den Angelegenheiten der katholischen Kirche beauftragt sind, Instrukt. f. d. Ob.-Präsid. vom 31. December 1825 § 2 No. 6; Verord. v. 27. Juni 1845 (G. S. S. 443), so erscheint es angemessen, ihnen auch die Erhebung des Einspruchs in dem vorliegenden Falle zu überlassen, zumal die Bestimmungen über das Einspruchsrecht im Hinblick auf § 28 des Entwurfs vorerst auf die evangelische Kirche noch keine Anwendung finden werden."

⁴) **Bezeichnung des Amtes.** Diese ist erforderlich, weil bei Abwägung der Gründe für die Geltendmachung des Einspruchsrechtes die Qualität und Bedeutung, sowie die sonstigen Verhältnisse des bestimmten Amtes, in Frage kommen.

⁵) **benennen**, d. h. in amtlicher Form kund zu thun. — Um die Durchführung der Bestimmungen des Gesetzes für den Fall zu sichern, daß die geistlichen Oberen, wie dies die katholischen Bischöfe bisher allgemein gethan haben, die vakanten Aemter ohne die vorgängige Benennung besetzen, sind unterm 30. Mai 1873 die Ober-Präsidenten veranlaßt worden, sich in ihren Bezirken durch Vermittelung der Landräthe und Amtshauptmänner (Polizei-Directionen und Magistrate) über die vorhandenen und vorkommenden Vakanzen und über jeden Personenwechsel in den geistlichen Aemtern fortdauernd in Kenntniß zu erhalten.

⁶) **Dasselbe gilt** nicht nur in den in diesem Absatz erwähnten Fällen (s. dazu S. 104. Anm. 2), sondern nach § 2 auch bei Uebertragung einer Stellvertretung oder Hülfsleistung in einem geistlichen Amte, sofern keine Gefahr im Verzuge vorliegt. Der Abs. 2 hat diese Fälle deshalb hier nicht aufgeführt, weil der eben gedachte Ausnahmefall eine vorgängige Benennung nicht gestattet. Daß bei der Stellvertretung und Hülfsleistung das Einspruchsrecht für die Regel nicht hat fortfallen sollen, ergiebt § 2 auf das Deutlichste, und deshalb müssen die näheren Vorschriften des § 15 über die Behandlung des Einspruchsrechtes auch in Betreff der provisorischen Stellungen analogische Anwendung finden.

⁷) **Innerhalb dreißig Tagen.** Die Frist ist eine absolute, welche unter keinen Umständen verlängert werden kann.

⁸) **der Benennung**, d. h. nach Zustellung derselben in dem Geschäftslokal des Ober-Präsidiums.

⁹) **Einspruch gegen die Anstellung.** Das Einspruchsrecht schließt keine positive Mitwirkung des Staates bei Anstellung der Geistlichen in sich, es ist nur ein negatives Recht, ein Recht der Abwehr. „Daß für den praktischen Mann derjenige das Anstellungsrecht hat, welcher die schließliche Entscheidung darüber fällt, ob ein Mann eine Stelle haben soll oder nicht", so der Abgeordnete Dr. Windhorst (Meppen) (stenogr. Ber. des Abgeordn. S. 1597), dürfte nur dann richtig sein, wenn Jemand entweder den faktischen und juristischen Unterschied zwischen Anstellung und Einspruch nicht einzusehen fähig oder dazu nicht Willens ist. Derjenige, welcher das Einspruchsrecht besitzt, hat nie die Initiative der Auswahl des anzustellenden Kandidaten; dieser positive und entscheidende Einfluß auf die Besetzung der Stelle ist ihm entzogen. Wenn man dagegen einwendet, durch fortgesetzte Geltendmachung des Einspruches und durch die in Folge dessen immer enger werdende Zahl der möglichen Kandidaten könne die negative Wirkung in eine positive umgewandelt, und die Anstellung des Kandidaten, welchem der Ober-Präsident die Stelle verliehen wissen wolle, erzwungen werden, so ist dabei übersehen, daß der § 16 den Einspruch allein aus drei bestimmten Gründen zuläßt. Der dritte ist allerdings, wie es nicht anders möglich war, etwas weit gefaßt, aber doch nicht so unbestimmt, daß jede Willkühr des Ober-Präsidenten sich mit demselben decken könnte. Gegen zuweitgehende und unberechtigte Interpretationen gewährt überdies die Berufung an den Gerichtshof für kirchliche Angelegenheiten eine besondere Garantie.

¹⁰) **erhoben werden** bei demjenigen geistlichen Oberen, innerhalb dessen Sprengel die Anstellung erfolgt (s. Anm. 1); dabei macht es keinen Unterschied, ob der Obere in Preußen selbst residirt

§. 16.*)

Der Einspruch ist zulässig:

1) wenn dem Anzustellenden die gesetzlichen Erfordernisse zur Bekleidung des geistlichen Amtes fehlen;[1])
2) wenn der Anzustellende wegen eines Verbrechens oder Vergehens,[2]) welches das deutsche Strafgesetzbuch mit Zuchthaus[3]) oder mit dem Verluste der bürgerlichen Ehrenrechte[4]) oder dem der öffentlichen Aemter[5]) bedroht,[6]) verurtheilt[7]) ist oder sich in Untersuchung befindet;[8])
3) wenn gegen den Anzustellenden Thatsachen[9]) vorliegen, welche die Annahme rechtfertigen,[10]) daß derselbe den Staatsgesetzen oder den innerhalb ihrer gesetzlichen Zuständigkeit erlassenen Anordnungen der Obrigkeit[11]) entgegenwirken oder den öffentlichen Frieden stören werde.[12])

Die Thatsachen, welche den Einspruch begründen,[13]) sind anzugeben.[14])

Gegen die Einspruchserklärung kann innerhalb 30 Tagen[15]) bei dem Königlichen Gerichtshofe für die kirchlichen Angelegenheiten und, so lange dessen Einsetzung nicht erfolgt ist,[16]) bei dem Minister der geistlichen Angelegenheiten Berufung[17]) eingelegt werden.

Die Entscheidung ist endgiltig.[18])

---

oder nicht, wie letzteres in Betreff der Hohenzollernschen Fürstenthümer und einzelner Distrikte Schlesiens der Fall ist, s. S. 46 Anm. 5 a. E. Die in Preußen stattfindenden Anstellungen sind darum, weil der Obere außerhalb des Staatsgebietes wohnt, nichts desto weniger, in Uebereinstimmung mit den preußischen Gesetzen vorzunehmen.

In dem umgekehrten Falle, wo inländische Gemeinden durch Geistliche, welche in einem nicht preußischen Staate angestellt sind und ihr Amtsdomicil haben, pastorirt werden, wie dies z. B. hinsichtlich einzelner evangelischen Gemeinden an der mecklenburgischen Grenze vorkommt, sind gleichfalls die Erfordernisse des Gesetzes zu beobachten, der von nicht preußischen Behörden angestellte Geistliche muß also, um gültig funktioniren zu können und die Strafen des § 23 zu vermeiden, die Bedingungen des Gesetzes erfüllt haben (vgl. auch §§ 254, 257 Tit. 11 Th. II A. L. R.)

Ob der Einspruch, welcher nicht bei dem geistlichen Oberen, also z. B. dem Bischof selbst, sondern bei seinem General-Vikar resp. General-Vikariate, oder bei seinen Kommissären (s. die S. 46 Anm. 5 a. E. und S. 48, Note 7 von S. 47 angeführten Beispiele) eingelegt ist, die im Gesetze vorgesehene Wirkung hat, hängt davon ab, wie weit der Vertreter des Bischofs zu Anstellungen berechtigt ist oder nicht. Besitzt der General-Vikar z. B. die zur Verleihung der Aemter freier bischöflicher Kollation erforderliche Spezial-Vollmacht (s. mein Kirchenrecht B. 2 S. 214), so genügt es, wenn der Einspruch bei ihm geltend gemacht wird. Er ist dann in dieser Hinsicht der volle Repräsentant des Bischofs.

Das Einspruchsrecht findet Anwendung auch auf Anstellungen in solchen Aemtern, welche schon vor dem Inkrafttreten des Gesetzes vakant gewesen sind. Die Wiederbesetzung ist ein selbstständiger Akt, und kann also nur nach den Gesetzen, welche zur Zeit ihrer Vornahme gelten, erfolgen.

Da ein Einspruch, welcher dem geistlichen Oberen nicht auf dem ordentlichen Geschäftswege kund gegeben ist, nicht im vollsten Sinne des Wortes erhoben worden ist, so genügt zur Wahrung der Frist nicht der bloße Abgang der bezüglichen Erklärung aus dem Bureau des Ober-Präsidenten, sondern es ist auch der Eingang derselben beim Bischof erforderlich. Diese Auffassung bestätigt der § 17, welcher den Bischof nur zur Abwartung der 30tägigen Frist verpflichtet.

Wegen der Erhebung des Einspruches in dem Fall, daß wegen Gefahr im Verzuge schleunig eine Stellvertretung oder Hülfsleistung angeordnet werden muß, vgl. S. 105 Anm. 4 u. 5.

[11]) **Ober-Präsidenten**, s. S. 55 Anm. 2 u. S. 130 Anm. 3.

§ 16. *) Der § entspricht im wesentlichen der von der Kommission vorgeschlagenen Fassung. Sie wich darin ab, daß sie am Schluß des vorletzten Absatzes die Worte: „Beschwerde erhoben werden" enthielt. Diese sind im Herrenhause zufolge des Antrages Gobbin durch die Worte: „Berufung eingelegt werden" ersetzt, stenogr. Ber. d. Herrenh. S. 516. Die Reg.-Vorlage lautete: „Der Einspruch findet statt, wenn dafür erachtet wird, daß der Anzustellende aus einem Grunde, welcher dem bürgerlichen oder staatsbürgerlichen Gebiete angehört, für die Stelle nicht geeignet sei, insbesondere, wenn seine Vorbildung den Vorschriften dieses Gesetzes nicht entspricht. Die Gründe für den Einspruch sind anzugeben." — Abgelehnt sind vom Abgeordnetenhause die Amendements 1) Graf v. Schweinitz, die Nr. 2 dahin zu fassen: „Wenn der Anzustellende wegen eines Verbrechens oder Vergehens mit Zuchthaus oder mit dem Verluste der bürgerlichen Ehrenrechte oder mit dem Verluste der Fähigkeit zur Bekleidung öffentlicher Aemter bestraft worden ist oder wegen eines Verbrechens oder Vergehens, welches das deutsche Strafgesetzbuch mit den gedachten Strafen bedroht, sich in Untersuchung befindet"; 2) Holtz und Sack, der Nr. 3 folgende Fassung zu geben: „Wenn der Anzustellende den Staatsgesetzen oder den innerhalb ihrer gesetzlichen Zuständigkeit erlassenen Anordnungen der Obrigkeit entgegengewirkt oder den öffentlichen Frieden gestört hat", 3) Dr. Brüel, die Nr. 3 zu streichen, stenogr. Ber. S. 1602. Das Herrenhaus hat den Antrag Graf v. Krassow, die Nr. 3 zu fassen: „Wenn der Anzustellende durch seinen bisherigen äußeren Lebenswandel Veranlassung zu der Annahme gegeben hat, daß derselbe den Staatsgesetzen oder den innerhalb ihrer gesetzlichen Zuständigkeit erlassenen Anordnungen der Obrigkeit entgegenwirken werde", so wie ferner das vom Graf York v. Wartenberg fallen gelassene, vom Baron v. Senfft wiederaufgenommene Amendement, statt der Nr. 3 folgende Fassung zu setzen: „Wenn gegen den Anzustellenden Thatsachen vorliegen, welche die Annahme rechtfertigen, daß derselbe den Staatsgesetzen oder den innerhalb ihrer gesetzlichen Zuständigkeit erlassenen Anordnungen der Obrigkeit entgegenwirken werde, oder welche als Störungen des öffentlichen Friedens anzusehen sind", abgelehnt, stenogr. Ber. d. Herrenh. S. 516.

¹) **die gesetzlichen Erfordernisse zur Bekleidung des geistlichen Amtes fehlen.** Die allgemeinen Erfordernisse normirt das vorliegende Gesetz. Sind aber auch andere durch sonstige Gesetze direkt oder indirekt aufgestellte oder anderweitig gesetzlich anerkannte Erfordernisse damit gemeint? Den Jesuiten und den ihnen für verwandt erachteten Redemptoristen, Lazaristen und Priestern v. h. Geiste ist auf Grund des Reichsgesetzes vom 4. Juli 1872 (Reichs.-G.-Bl. S. 253) durch Bundesraths-Beschluß vom 5. Juli dess. Jahres (a. a. O. S. 254) und vom 20. Mai 1873 (Reichs.-G.-Bl. S. 109) jede Ordensthätigkeit in Kirche und Schule untersagt worden. Innerhalb der Ziele aller dieser Genossenschaften liegt die Ausübung der Seelsorge. Diese fällt mithin unter die verbotene Ordensthätigkeit, und daraus ergiebt sich weiter, daß die Mitglieder der erwähnten geistlichen Gesellschaften auf Grund reichsgesetzlicher Vorschriften zur Verwendung in geistlichen Aemtern unfähig sind. Kann und muß demnach diese Unfähigkeit im Wege des Einspruchs geltend gemacht werden? Ist derselbe ferner zuläßig, wenn der Bischof ein Beneficium, welches stiftungsgemäß den Mitgliedern einer bestimmten Familie verliehen werden muß, unter Uebergehung derselben einem Andern oder eine patronatpflichtige Pfründe ohne Beachtung des Präsentationsrechtes des Patrons übertragen hat?

M. E. hat das Gesetz in Nr. 1 nur die von ihm aufgestellten allgemeinen Erfordernisse im Auge. Diese regelt es allein. Es hatte demnach nur Veranlassung, die Beobachtung der in dieser Hinsicht erlassenen Vorschriften zu sichern, nicht aber ein allgemeines Mittel zur Geltendmachung jeder beliebigen rechtlichen Nichtigkeit der Verleihung von geistlichen Aemtern an die Hand zu geben. Was speciell den § 16 betrifft, so sollte derselbe schon nach der Regierungsvorlage die in den Gesetzgebungen anderer Länder sich findenden, in verschiedener Weise formulirten Vorschriften ersetzen, welche die Uebertragung von Kirchen-Aemtern an personae minus gratae verbieten (s. z. B. das S. 104 angeführte badische Gesetz vom 9. Oktober 1860 § 9 und das würtemb. Ges. v. 30. Januar 1862 Art. 4). Die Reg.-Vorlage (s. Anm. *) wurde aber in der Kommission zu vage befunden und nach mannigfachen Aenderungsversuchen ihr die jetzt vorliegende Fassung gegeben (Kommissions-Ber. S. 28). Diese soll die einzelnen Einspruchsgründe specialisiren. Nothwendiger Weise mußte unter diesen zuerst die Nichtigkeit der Verleihung aufgeführt werden, aber, weil es sich bei der Erhebung des Einspruches allein um das öffentliche Interesse handelt, nur eine solche, deren Geltendmachung durch das letztere gefordert wird. Nichtigkeiten, welche auf Sonderrechten einzelner Personen beruhen, durch die Organe des Staates rügen zu lassen, lag keine Veranlassung vor, um so weniger, als in derartigen Fällen auch dem etwaigen Rechtsweg in Folge des Einspruchs des Ober-Präsidenten hätte vorgegriffen werden können.

Die Unfähigkeit der Jesuiten und der Mitglieder der ihnen verwandten Genossenschaften ist allerdings im öffentlichen Interesse gesetzlich festgestellt worden. Für diesen Fall trifft indessen das über die allgemeine Tendenz des Gesetzes Bemerkte zu. Außerdem kommt aber noch besonders in Betracht, daß die Subsumirung des Falles unter Nr. 1 des § eine Verletzung der der preußischen vorgehenden Reichsgesetzgebung enthalten würde. Die Anstellung eines Jesuiten ist zwar nichtig, aber nicht nach § 1 des vorliegenden Gesetzes. Wollte man den § 16 Nr. 1 auf eine solche anwenden, so wäre bei vorschriftsmäßiger Benennung, aber nicht rechtzeitig erhobenem Widerspruch die Anstellung gemäß des vorliegenden Gesetzes erfolgt, und nicht mehr anfechtbar. Das widerspricht dem absoluten Verbot der reichsgesetzlichen Bestimmungen, nach denen eine Ordensthätigkeit der Mitglieder der erwähnten Genossenschaft unter allen Umständen und zu allen Zeiten verhindert werden muß und kann.

²) **Verbrechens oder Vergehens,** s. Reichs-Str.-G.-B. § 1.

³) **Zuchthaus** vgl. a. a. O. §§ 14, 15, 20, 22, 31, 32, 44, 49, Abs. 2.

⁴) **Verluste der bürgerlichen Ehrenrechte,** vgl. a. a. O §§ 32—37.

⁵) **Verluste der öffentlichen Aemter.** In dem allgemeinen Theile des Reichs-Str.-G.-B wird nur der Strafe der „Unfähigkeit zur Bekleidung öffentlicher Aemter" gedacht, und bestimmt (§ 35), daß diese den dauernden Verlust der bekleideten Aemter zur Folge hat. Mit Rücksicht darauf begreift die Vorschrift des Gesetzes auch außer den Fällen der § 81, 83, 84, 87—91, 94, 95 Reichs-Str.-G.-B. die erstgedachte Strafe, welche die nothwendige Folge der Zuchthausstrafe ist, und ferner statt der Aberkennung der bürgerlichen Ehrenrechte ausgesprochen werden kann (§§ 31, 35), während sie selbstständig allein bei gewissen Vergehen der Beamten (§§ 128, 129, 358) angedroht ist. — Die im Einführungsgesetz des Reichs-Str.-G.-B. der Landesgesetzgebung offen gelassene Entziehung öffentlicher Aemter fällt nicht unter das Gesetz, weil dieses nur solche Verbrechen und Vergehen im Auge hat, die durch das *deutsche Strafgesetzbuch* bedroht sind.

⁶) **bedroht.** Es kommt also ebenso wie dies für die Unterscheidung der Kategorien: „Verbrechen, Vergehen und Uebertretungen" der Fall ist, nur darauf an, daß das Verbrechen oder Vergehen mit einer der gedachten Strafen bedroht ist, nicht aber darauf, ob der Betreffende auch wirklich zu einer solchen verurtheilt ist.

⁷) **verurtheilt,** selbstverständlich: „rechtskräftig". Gleichgültig ist es, ob die Strafvollstreckung stattgefunden hat oder durch die Verjährung (s. § 70 Reichs-Str.-G.-B.) ausgeschlossen worden ist, nur die Begnadigung kann die betreffende Folge der Verurtheilung beseitigen.

⁸) **in Untersuchung befindet.** Es muß gegen die betreffende Person die Untersuchung im eigentlichen Sinne, bez. die Versetzung in den Anklagestand, durch Beschluß der Rathskammer, resp. des Anklagesenates erfolgt, s. Verordn. v. 3. Januar 1849 über die Einführung des mündlichen Verfahrens 2c. §§ 11, 40, 47, 48, 76—78; Zusatz-Ges. vom 3. Mai 1852 Art. 63; oder nach dem Sprachgebrauch der Strafprozeß-Ordnung v. 25. Juni 1867 für die neuen Provinzen §§ 75, 81. „das Hauptverfahren eröffnet sein". Ein bloßes Skrutinial- oder Voruntersuchungsverfahren, berechtigt nicht zur Erhebung des Einspruches auf Grund der Nr. 2. Da dasselbe einen rein informatorischen Charakter hat und jeden Augenblick wieder eingestellt werden kann, so folgt aus seiner Eröffnung an und für sich noch nicht, daß der gegründete Verdacht einer strafbaren Handlung vorliegt.

Um die Ober-Präsidenten leichter in den Stand zu setzen, auf Grund der Nr. 2 Einspruch erheben zu können, ist die als Beilage 3 zu diesem Gesetze abgedruckte allgemeine Verfügung des Justizministers v. 12. Juni 1873 ergangen.

⁹) **Thatsachen,** d. h. bestimmte objective Vorgänge.

¹⁰) **Annahme rechtfertigen.** Nach vernünftigem Ermessen muß auf Grund objectiver Vorgänge die Annahme begründet sein, daß die betreffende Person in der erwähnten Weise wirken

werde, z. B. wenn ein Hülfsgeistlicher wiederholt die vorliegenden Kirchengesetze für die katholische Kirche für unverbindlich erklärt hat und wegen Zuwiderhandeln gegen das Straf- und Zuchtmittelgesetz oder nach § 130a des Reichs-Str.-G.-B. verurtheilt worden ist.

[11]) **Anordnungen der Obrigkeit,** s. S. 21 Anm. 4.

[12]) **öffentlichen Frieden stören werde,** also den normalen Zustand des öffentlichen und kirchlichen Lebens in der betreffenden Pfarrei durch Aufreizen der einen Konfession gegen die andere, durch aufrührerische Predigten, durch ungeschicktes und taktloses Benehmen u. s. w. verwirren oder ganz in Frage stellen werde. Uebrigens ist es nicht nöthig, daß bei dem Anzustellenden eine absichtliche Störung des Friedens zu vermuthen ist, die Nr. 3 trifft auch dann zu, wenn derselbe wegen seines ganzen früheren Benehmens und wegen seines heftigen Charakters als eine Persönlichkeit erscheint, welche, wenngleich nicht doloser Weise, Zwistigkeiten und Störungen hervorruft. Ferner wird die bestimmte, zu übertragende Stellung mit in Rücksicht zu ziehen sein, also z. B. ob es sich um ein Amt in einem Ort mit gemischter oder nicht gemischter Bevölkerung handelt. Wenn bei den Verhandlungen im Herrenhause (stenogr. Ber. S. 515) darauf hingewiesen ist, daß Friedensstörungen auch durch ernstes Auftreten eines gewissenhaften Geistlichen in einer Parochie hervorgerufen werden können, so wird dieser Fall, insofern der Geistliche sich nur innerhalb der gesetzlichen Gränzen seines Amtes und eines durch dasselbe gebotenen angemessenen Benehmens gehalten hat, nicht von dem Gesetze betroffen, weil in einem solchen nicht der Geistliche, sondern die Gemeindeglieder die Störer des öffentlichen Friedens sind.

Ob ein Einspruch auf Grund der Nr. 3 erhoben werden soll, wird unter Prüfung aller konkreten Umstände, sowie unter Berücksichtigung der Frage, ob überwiegende Gründe des Staatsinteresses oder des öffentlichen Wohles diese Maßregel bedingen, zu erwägen sein. In den Fällen der Nr. 1 u. Nr. 2 ist dagegen der Einspruch stets geltend zu machen, denn hier handelt es sich entweder um eine nichtige Anstellung oder um die Anstellung einer Person, welche im staatlichen Interesse und im Interesse der Würde des geistlichen Standes nicht im Amte geduldet werden kann.

[13]) **Thatsachen, welche den Einspruch begründen.** Die Stellung dieser Vorschrift in einem besonderen Absatz ergiebt, daß die Thatsachen in allen 3 Fällen, nicht blos im Falle der Nr. 3 anzugeben sind.

[14]) **anzugeben,** s. Anm. 17 Abs. 2.

[15]) **innerhalb 30 Tagen** von dem Tage an gerechnet, an welchem die Einspruchserklärung dem geistlichen Oberen zugestellt worden ist. Im übrigen s. S. 126 Anm. 12.

[16]) **Einsetzung nicht erfolgt ist.** Diese Bestimmung ist mit Rücksicht auf die stattgehabte Errichtung des Gerichtshofes, s. S. 89 Anm. 4 gegenstandslos geworden.

[17]) **Berufung.** Auch hier handelt es sich gleichfalls nur um die Verwerfung der Berufung oder um den Ausspruch, daß der Einspruch nicht aus einem gesetzlichen Grunde erhoben worden ist. Die Berufung ist von dem geistlichen Oberen, an welchen der Einspruch gerichtet worden, zu erheben. Im übrigen vgl. S. 126 Anm. 13. Die Vertretung des Ober-Präsidenten wird auch in diesem Falle nach Analogie der a. a. O. citirten Vorschriften dem Minister, bez. dem von diesem ernannten Vertreter obliegen.

Was die Beweislast für die nach Abs. 2 anzugebenden Thatsachen betrifft, so fällt diese in den Fällen der Nr. 2 und 3 der Staatsbehörde zur Last. Ohne den erforderlichen Beweis würde die vom Gesetz vorgeschriebene Angabe der Thatsachen und die richterliche Entscheidung über den Einspruch gar keinen Sinn haben und den beabsichtigten Zweck der Garantie gegen willkührliche Einspruchs-Erklärungen nicht erfüllen. (Vgl. auch Kommiss.-Ber. S. 25: „Es soll damit verhütet werden, daß ohne wirklich triftige und erweisbare Thatsachen ein Einspruch erhoben werde, daß nicht unter dem Namen von Gründen allgemeine Behauptungen und bloße Wiederholungen der Gesetzesworte gegeben werden.") Im Falle des Einspruches aus Nr. 1 handelt es sich dagegen nicht um einen Einspruch, dessen Erhebung erst die Anstellung ausschließt, sondern um einen solchen, durch dessen Unterlassung, weil er sich auf das Nichtvorhandensein der gesetzlichen Qualifikation gründet, die Anstellung niemals gültig werden kann. Für die Beobachtung der gesetzlichen Bedingungen bei der Anstellung ist der geistliche Obere selbst verantwortlich, und hat auch in dieser Beziehung seinerseits die nöthigen Aufklärungen zu geben. Daher enthält ein Einspruch aus Nr. 1,

§. 17.*)

Die Uebertragung eines geistlichen Amtes,[1]) welche der Vorschrift des § 1 zuwiderläuft,[2]) oder welche vor Ablauf der im § 15 für die Erhebung des Einspruchs gewährten Frist erfolgt,[3]) gilt als nicht geschehen.[4])

---

im Gegensatz zu dem aus Nr. 2 u. 3, zugleich immer die Beschuldigung, daß der geistliche Obere den § 1 des Gesetzes verletzt habe. Hier kann also ebenso wenig wie in den S. 79 Anm. 1 Abs. 3 besprochenen Fällen von einer Beweislast im eigentlichen Sinne die Rede sein.

[18]) **Die Entscheidung ist endgültig.** Es versteht sich das nach der Stellung des Gerichtshofes von selbst, s. S. 92.

§ 17. *) Der Satz: „oder welche" bis „Frist erfolgt" ist von der Kommission in die Reg.-Vorlage eingeschoben worden.

[1]) **Uebertragung eines geistlichen Amtes.** Dasselbe, was für diesen Fall im § 17 vorgeschrieben ist, gilt auch von der widerruflichen Uebertragung des Amtes oder Uebertragung einer Stellvertretung oder Hülfsleistung (§ 2), ferner von der Uebertragung eines Amtes an einen schon in einem andern Amt befindlichen Geistlichen, oder der Verwandlung einer widerruflichen Anstellung in eine dauernde (§ 3), denn §§ 2 und 3 sind von § 17 indirekt dadurch angezogen, daß sie auf den § 1 verweisen.

[2]) **der Vorschrift des § 1 zuwider läuft,** d. h. 1) wenn der Angestellte kein Deutscher ist, 2) wenn er nicht die im Gesetze vorgeschriebene wissenschaftliche Vorbildung sich erworben hat, 3) wenn der nach dem Gesetze statthafte Einspruch durch Unterlassung der ordnungsmäßigen Benennung nicht möglich gewesen oder 4) im umgekehrten Falle nicht beachtet, bez. 5) durch Nichtabwartung der vorgeschriebenen Frist illusorisch gemacht worden ist. Die Worte: „kein Einspruch erhoben worden ist" nehmen das ganze in §§ 15, 16 geregelte Einspruchsverfahren in Bezug, und können nicht blos dahin interpretirt werden: „gegen den thatsächlich kein Einspruch erhoben worden ist, gleichviel ob dieser der Staatsregierung möglich war oder nicht". Daraus folgt, daß die von der Kommission eingeschobenen Worte (s. Anm. *):

[3]) **vor Ablauf der im § 15 für die Erhebung des Einspruchs gewährten Frist erfolgt,** welche „zum vollständigeren Ausdruck des Gemeinten" dienen sollten (Kommiss.-Ber. S. 29), überflüssig sind.

[4]) **gilt als nicht geschehen,** d. h. ist für den Staat nichtig, bez. erkennt der Staat ihre rechtliche Wirkung nicht an. Der widerrechtlich angestellte Geistliche erhält zunächst nicht die allgemeinen Standesprivilegien, z. B. Freiheit von persönlichen Gemeindebediensten (s. Vogt K. R. 1, 173), von der Uebernahme von Gemeinde-Aemtern, dem Amte des Schiedsmannes und des Geschworenen (s. mein Kirchenrecht Bd. 1, S. 126), nicht das Recht einer bestimmten Gehaltskompetenz bei Exekutionen (a. a. O. S. 128) u. s. w., ferner nicht die Befugniß das Pfründenvermögen, soweit ihm dies zusteht, rechtlich zu vertreten, ebensowenig die mit dem Amte etwa verbundene Vorstandschaft oder Mitgliedschaft im Kirchenvorstand, Kirchenfabrikrath oder wie das Organ der Pfarrei sonst heißen mag. (Vgl. auch Beilage 6.)

Ebensowenig steht ihm ein Recht auf den der Stelle gewährten Staatszuschuß, das Recht zur Forderung und Einklagung von Stolgebühren, und das Recht auf Benutzung der Amtswohnung zu; aus der letzteren kann er vielmehr im Wege der Verwaltungs-Exekution entfernt werden. Alle von ihm vorgenommenen Akte, welche sonst für die bürgerlichen Verhältnisse von rechtlicher Wirkung sind, entbehren derselben; die von ihm eingesegneten Ehen sind nichtig, die Eintragungen derselben in die Kirchenbücher, sowie die Eintragung von Geburten und Todesfällen haben keinen öffentlichen Glauben. Daß ein solcher Geistlicher sich nicht durch einen früher ordnungsgemäß angestellten Vikar oder Hülfsgeistlichen vertreten lassen kann, liegt auf der Hand, denn der Auftrag, welchen er diesem zu derartigen Handlungen giebt, ist, weil er selbst nicht gültig angestellt ist, von einer dazu nicht befugten Person gegeben, also ebenfalls nichtig. Umgekehrt kann aber auch der ordnungsmäßig angestellte Pfarrer diese Handlungen nicht durch einen den Vorschriften des Gesetzes zuwider mit der Stellvertretung beauftragten Geistlichen vollziehen lassen. Denn ein solcher Auftrag ist gleichfalls nichtig, berechtigt also den Vertreter nicht zum Vornehmen der gedachten Handlungen. Mit Rücksicht auf A. L. R. Th. II Tit. 1 § 169, wonach eine von einem inkompetenten Pfarrer vollzogene Trauung die Ehe nicht ungültig macht, eine Vorschrift, welche mit dem protestantischen Eherecht übereinstimmt und also z. B. mit diesem auch in Hannover für Protestanten gilt, entsteht bei solchen Stellvertretungen aber die Folge, daß wenn ein mit pfarramtlichen Rechten überhaupt versehener Geistlicher, also ein benachbarter Pfarrer von dem nichtig angestellten Pfarrer delegirt ist, eine Nichtigkeit der Ehe nicht eintritt. Die Ehe ist hier gültig nicht deshalb, weil die Delegation rechtlich wirksam wäre, sondern weil der Delegirte an und für sich auch wenn er ohne Dimissoriale getraut hätte, wegen seiner Pfarr-Qualität die Ehe zwar als inkompetenter Pfarrer, aber immerhin mit rechtlicher Wirkung eingesegnet hätte. Es ist aber darauf hinzuweisen, daß diese Konsequenz nur da entstehen kann, wo der Beauftragte Pfarr-Rechte hat. Denn die Trauung ist nach A. L. R. Th. II Tit. 1 §§ 139 ff. 146 ff. 168; Tit. 11 § 435 ein pfarramtliches, nicht aber ein jedem beliebigen Priester kraft seiner Ordination zustehendes Recht. Dieses Recht muß der inkompetente Geistliche immer an und für sich, wenngleich auch nicht für die in Frage kommende Brautleute, besitzen. Ein nichtig angestellter Geistlicher, oder gar ein bloßer Priester, welcher nicht etwa für einen Spezial-Fall das pfarramtliche Recht durch Dimissoriale übertragen erhalten hat, kann daher nicht gültig trauen und die Rechtmäßigkeit der Ehe auch nicht unter Hinweis auf §§ 77 u. 78 Tit. 10 Th. II A. L. R. begründet werden.

Bei den schweren Nachtheilen, welche die Ausübung des Amtes durch einen widerrechtlich angestellten Geistlichen, für die Parochianen haben kann, ist es durchaus zweckmäßig, daß die Staatsbehörden (die Landräthe und Polizeibehörden) in jedem Falle der Uebertretung des Gesetzes durch öffentliche Bekanntmachung auf die Folgen aufmerksam gemacht haben. Ebenso ist es ferner gerechtfertigt, daß einem solchen Geistlichen die Kirchenbücher und das Kirchensiegel abgenommen werden, damit er nicht in der Lage ist, ungültige und beweisunkräftige Eintragungen in die Kirchenbücher zu machen und dergleichen Atteste auf Grund der letzteren auszustellen. (Vgl. auch Beilage 4 zu diesem Gesetze.) Kraft des § 30 des Gesetzes ist der Kultusminister mit der Ausführung des Gesetzes beauftragt und schon aus diesem Grunde zur Anordnung solcher Maßregeln befugt, welche die Nichtigkeit der Amtsübertragung zur Wirksamkeit bringen sollen. Ferner sind die Kirchenbücher, welche jedenfalls nicht dem Pfarrer, sondern der Pfarrei, resp. der Kirchengemeinde gehören und auf deren Besitz der widerrechtlich angestellte Geistliche aus seiner nichtigen Anstellung kein Recht herleiten kann, auch zugleich staatliche Civilstandsregister (s. mein Kirchenrecht Bd. 2 S. 309, 310 u. Vogt K. R. 1 361 ff.). Ihre Führung steht unter der Aufsicht der Staatsbehörden und diese haben nicht nur das Recht, sondern auch die Pflicht, einen etwaigen Mißbrauch durch unbefugte Personen zu verhindern. Klagen auf Herausgabe der mit Beschlag belegten Kirchenbücher seitens der Bischöfe, der Pfarrer oder auch selbst der Gemeinde-Organe sind aus dem schon S. 125 Anm. 6 zu S. 123 hervorgehobenen Grunde unstatthaft.

Die vom § 17 ausgesprochene Folge, daß die Uebertragung des Amtes als nicht geschehen gilt, hat aber nicht blos Bedeutung für diejenigen Handlungen, welche wie die vorhin besprochene, das bürgerliche Gebiet berühren (vgl. auch unten Anm. 1 zu § 23). Der nichtig angestellte Geistliche ist auch nicht befugt, Amtshandlungen vorzunehmen, welche sich innerhalb des rein geistlichen Gebietes halten; z. B. wird er im Wege der Administrativ-Execution (durch Zuschließen der Kirche) an der Abhaltung des Pfarrgottesdienstes, ebensogut wie eine andere unberufene Person verhindert werden können. Wenn von ultramontaner Seite behauptet worden ist, daß nach §§ 17 und 23 nur die Vornahme der aus dem bestimmten Amte herfließenden Handlungen, nicht aber die Ausübung der allgemeinen priesterlichen Thätigkeit verboten sei, weil der Priester als solcher zu gewissen Handlungen, wie bestimmten Gebeten, Messelesen und Beichthören verpflichtet sei, so ist nur soviel richtig, daß der Priester durch die Weihe allerdings die Fähigkeit zur Vornahme dieser Handlungen erhält, daß ihm aber das katholische Kirchenrecht abgesehen von der privaten Verrichtung des täglichen Gebetes (s. mein Kirchenrecht Bd. 1 S. 142) nicht das Messelesen, Beichthören u. s. w. als allgemeine Standespflicht auferlegt. Die Weihe, also die Fähigkeit, priesterliche Funktionen auszuüben, giebt dem Geistlichen noch nicht das Recht dazu, vielmehr bedarf es dafür immer noch eines besonderen Auftrages (missio) des Bischofes (mein Kirchenrecht a. a. O. S. 166;

§. 18.*)

Jedes Pfarramt [1]) ist innerhalb eines Jahres [2]) vom Tage der Erledigung, [3]) wo gesetzlich oder observanzmäßig ein Gnadenjahr besteht [4]), vom Tage der Erledigung der Pfründe [5]) an gerechnet, dauernd [6]) zu besetzen. [7]) Die Frist ist [8]) vom Oberpräsidenten [9]) im Falle des Bedürfnisses [10]) auf Antrag angemessen zu verlängern.

Nach Ablauf der Frist ist der Oberpräsident befugt, die Wiederbesetzung der Stelle durch Geldstrafen [11]) bis zum Betrage von 1000 Thalern zu erzwingen. [12]) Die Androhung und Festsetzung der Strafe darf wiederholt werden, bis dem Gesetze genügt ist.

Außerdem ist der Minister der geistlichen Angelegenheiten ermächtigt, bis dahin Staatsmittel einzubehalten, [13]) welche zur Unterhaltung der Stelle [14]) oder desjenigen geistlichen Oberen [15]) dienen, der das Pfarramt zu besetzen oder die Besetzung zu genehmigen hat. [16])

Schulte, kathol. K.-R. Bd. 2 S. 103). Dieser liegt in der Anstellung auf ein geistliches Amt im Sinne des Gesetzes, und somit ist der Priester, welcher als Pfarrer angestellt wird, nur kraft dieser Anstellung berechtigt, Beichte zu hören, zu predigen, die Pfarrmesse zu lesen u. s. w., nicht aber blos kraft seiner Priesterweihe. Ist eine solche Anstellung dem Staate gegenüber nichtig, so fällt auch ihm gegenüber die Berechtigung, priesterliche Handlungen vorzunehmen, welche eben nur kraft jenes Amtes ausgeübt werden können, fort, gleichviel, ob der betreffenden Person nach der dogmatischen Anschauung ihrer Kirche die Fähigkeit dazu verblieben ist, gleichviel, ob die Kirche – was für den Staat völlig gleichgültig erscheint — dem Gesetze zuwider stattgehabte geistliche Funktionen dogmatisch für gültig erklärt. Vgl. übrigens auch S. 88 Anm. 2.

§ 18. *) Die Worte: „wo gesetzlich" bis „der Pfründe angerechnet" sind von der Kommission der Regierungsvorlage hinzugefügt. Verworfen worden sind im Abgeordnetenhause: 1) das Amendement Dr. Brüel, dem § 18 folgende Fassung zu geben: „Wird die dauernde Besetzung eines Pfarramtes länger als ein Jahr, vom Tage des Freiwerdens der Pfründe gerechnet, ohne einen nach Erachten des Ober-Präsidenten ausreichenden Grund verzögert, so steht demselben zu, die dauernde Besetzung binnen einer zu bestimmenden Frist zu fordern und nach deren vergeblichem Ablauf das Einkommen bis zur dauernden Besetzung des Amts mit Beschlag zu belegen und über das mit Beschlag belegte Einkommen zu kirchlichen Zwecken zu verfügen"; 2) der Antrag Sack, in dem Abs. 1 zu setzen: „Gnadenzeit" statt: „Gnadenjahr", 3) der Antrag Holtz-Sack, für Abs. 2 und 3 einen Abs. 2 anzunehmen, welcher dem Amendement Brüel, das seinerseits auch den Abs. 1 ersetzen wollte, wörtlich entsprach (stenogr. Ber. S. 1613); im Herrenhause 1) der Antrag des Grf. v. Krassow, dem § 18 folgende Fassung zu geben: „Wird die dauernde Besetzung eines Pfarramtes länger als ein Jahr vom Tage des Freiwerdens der Pfründe gerechnet, ohne einen nach Erachten des Ober-Präsidenten ausreichenden Grund verzögert, so steht demselben zu, die dauernde Besetzung binnen einer zu bestimmenden Frist zu fordern und nach deren vergeblichem Ablauf das Einkommen bis zur dauernden Besetzung des Amts mit Beschlag zu belegen und über dasselbe zu kirchlichen Zwecken der betreffenden Konfession zu verfügen. Gegen diese Anordnung ist binnen 30 Tagen die Berufung an den Königlichen Gerichtshof für kirchliche Angelegenheiten zulässig"; und 2) ein eventueller Antrag desselben, dem § 18 folgenden Zusatz hinzuzufügen: „Gegen derartige Anordnungen steht die Berufung an den Gerichtshof für kirchliche Angelegenheiten nach Maßgabe der Bestimmungen des § 13 frei" (stenogr. Ber. S. 519).

[1]) **Pfarramt.** Der Kommissionsbericht bemerkt hierzu S. 29: „Die nunmehr folgende Reihe von Paragraphen verfolgt die Absicht eine dauernde Besetzung der Pfarren und eine gesicherte Lebensstellung des Pfarrgeistlichen auch vom Standpunkte des Staats-Interesses aus zu fördern. Es wurde zur Rechtfertigung dieses Gesichtspunktes hervorgehoben, eine Reihe von Mißbräuchen, welche in der kirchlichen Verwaltung in älterer wie in neuerer Zeit in willkührlicher Centralisation

die Pfarreinkünfte zu anderen Zwecken verwendet und die der örtlichen Seelsorge gewidmeten Stellen mit dürftig besoldeten, widerruflich ernannten Hülfsgeistlichen zu besetzen geneigt sei. Auch der Staat habe ein Recht zu fordern, daß der von ihm anerkannte Pfarrgeistliche im Stande sei, den Beruf seines Amtes zu erfüllen, und daß nicht die Masse der niederen Geistlichkeit auch in ihrer Lebensexistenz willenlos ihren Oberen gegenüberstehe."

Mit Rücksicht darauf, daß der § 18 Bestimmungen über das Pfarr-Amt, § 19 aber über das Seelsorge-Amt trifft, ist das Verhältniß dieser beiden Ausdrücke näher zu erörtern.

Nach dem Sprachgebrauch des heutigen katholischen Kirchenrechts werden unter Seelsorge-Aemter, Curat-Benefizien, beneficia curata, b. quae curam animarum habent annexa diejenigen verstanden, deren Inhaber das Recht auf die Verwaltung der Seelsorge, d. h. die Verwaltung der Sakramente, namentlich der Binde- und Lösegewalt, sowie auf die Leitung des Gottesdienstes und die Ausübung des kirchlichen Lehramtes für einen bestimmten Kreis von Personen haben (Ferraris, prompta biblioth. canonica, s. v. beneficium art. I. n. 23; Phillips K. R. S. 132), es gehören dahin das Amt des Bischofs, des Pfarrers, ferner das Amt der Vikare, welche statt einer mit Pfarr-Rechten über einen bestimmten Bezirk versehenen juristischen Person, z. B. eines Klosters, eines Domkapitels, das Amt der Kapläne, welche für einen bestimmten Theil einer Parochie in Unterordnung unter dem Pfarrer, das Amt der Mönche, welche für die Ordensgemeinde eines bestimmten Klosters die Seelsorge ausüben. Das Pfarramt, welches nach dem oben Bemerkten nur eine Art der Seelsorge-Aemter, aber auch zugleich das Prototyp derselben bildet, ist dagegen dasjenige Seelsorge-Amt, dessen Inhaber die Seelsorge über einen bestimmten geographisch abgegränzten Kreis und an einem bestimmten gottesdienstlichen Gebäude in Unterordnung unter dem Bischof zu verwalten hat, also das regelmäßig für den in Rede stehenden Zweck eingerichtete Amt (s. auch §§ 318, 237 Tit. 11 Th. II. A. L. R.). Daß die Zugehörigkeit der Parochieen nicht rein nach geographischen Gesichtspunkten, sondern sich auch mit Rücksicht auf eine persönliche Qualifikation, z. B. bei den Garnison-Gemeinden, bei den Anstalts-Parochien (s. §§ 77, 78 Tit. 19 Th. II. A. L. R.) bestimmt, macht keinen Unterschied, jedoch kommt für diese Pfarrämter der § 29 Abs. 2 des Gesetzes (s. unten) in Frage. Charakteristisch für das Pfarramt ist aber jedenfalls das Moment, daß der Inhaber desselben die betreffenden Befugnisse kraft eigenen Rechtes, in Folge des ihm zustehenden Amtes, nicht blos in Stellvertretung eines Andern, auszuüben hat. Nach kanonischem Recht gehört es ferner zum Wesen des Pfarramtes, daß dasselbe zugleich ein fest fundirtes Benefizium bildet, welches dem Pfarrer dauernd übertragen wird (s. mein Kirchenrecht Bd. 2 S. 293, 294). Die neuere Entwicklung hat aber dieses Prinzip, wie z. B. die Entstehung der im § 19 Abs. 2 erwähnten Sukkursal-Pfarreien in Frankreich und in den Rheinlanden (vgl. dazu § 19 Anm. 3) und die Errichtung vieler sog. Missions-Pfarreien (s. nachher) zeigt, in der Weise durchbrochen, daß in der neueren kanonistischen Doktrin sogar mit Rücksicht auf diese Anomalieen die Kontroverse entstanden ist, ob die gedachte Eigenschaft zum Wesen des Amtes gehört (mein Kirchenrecht a. a. O.).

Das Gesetz erachtet sie zum Begriff des Pfarramtes in seinem Sinne unzweifelhaft nicht für erforderlich. Es will durch seine Vorschrift, wie namentlich auch die Vorschrift des § 19 Abs. 2 zeigt, jene Unregelmäßigkeiten beseitigen, und mußte daher gerade vor Allem solche Pfarrämter treffen, bei denen diese obwalten.

In der evangelischen Kirche, welche einen viel einfacheren Aemter-Organismus, wie die katholische Kirche ausgebildet hat, und in der das Pfarramt das regelmäßige einzige Amt der Seelsorge ist, kann zwar auch begriffmäßig ein Unterschied zwischen Seelsorge-Aemtern im Allgemeinen und dem Pfarr-Amte insbesondere gemacht werden, eine große praktische Bedeutung hat derselbe aber nicht. Exceptionelle Gestaltungen sind, weil das Pfarr-Amt in seiner Reinheit erhalten und nicht zu ihm fremden Zwecken verwendet worden ist (s. z. B. mein Kirchenrecht a. a. O. S. 283, 284), weil ferner bei der einfachen Verfassung der evangelischen Kirche Exemtionen vom Pfarrverbande viel seltener waren, fast nur da vorgekommen und möglich, wo die äußeren Verhältnisse noch nicht die Einrichtung einer festen Pfarrei gestatten, aber das Bedürfniß nach einer Seelsorge vorhanden ist. So würden z. B. Pfarr-Vikariate, mit denen in großen Parochien, so lange deren Dismembration noch nicht ausführbar erscheint, die volle Seelsorge für einen Theil derselben verbunden ist, Seelsorge-Aemter, aber keine Pfarr-Aemter sein.

[2]) **innerhalb eines Jahres**, d. h. eines nach dem Gebrauch des gewöhnlichen Lebens kalendermäßig zu berechnenden Jahres. Die Frist reicht vollkommen aus. Nach kanonischem Recht und nach A. L. R. Th. II. Tit. 11 §§ 402, 398 sind die geistlichen Oberen der Regel nach verpflichtet, die erledigten Aemter binnen 6 Monaten wieder zu besetzen. Konkurriren bei der Besetzung andere Berechtigte, z. B. ein Patron, welcher zu präsentiren hat, so ergeben sich daraus keine Schwierigkeiten, weil die Präsentationsfrist weniger als 1 Jahr beträgt (so nach Pr. L. R. II. a. a. O. § 398 nur 6 Monate, nach ostpreuß. Provinzialrecht Zus. 178 3 beim weltlichen evangelischen, 4 bei weltlichen katholischen, 6 bei geistlichem Patronatrecht, im Herzogthum Magdeburg 4 [Jacobson K. R. S. 433], in Kurhessen 2 [Büff a. a. O. S. 305], in Hannover bald 3, bald 6 [Schlegel a. a. O. Bd. 4 S. 351], in Schleswig-Holstein 4 Monate), und bei schuldvoller Verzögerung der Präsentation die Besetzung an den geistlichen Oberen devolvirt. Wo die Gemeinde zu wählen hat, bestehen für die Ausübung des Wahlrechtes zum Theil ebenfalls bestimmte Fristen (so nach der rhein.-westfäl. Kirchen-Ordn. § 58 3 Monate für Stellen ohne Nachjahr, d. h. Gnadenjahr, 9 Monate für Stellen mit einem solchen), oder es hat die Kirchenbehörde das Recht, angemessene Fristen zur Vornahme der Wahl bei Strafe des Eintrittes der Devolution festzusetzen, s. z. B. § 18 des Kirchengesetzes betr. die Wahlen der Pfarrer i. d. evang.-luther. Kirche der Provinz Hannover v. 22. Dezbr. 1870 (Ges.-Samml. v. 1871 S. 1).

Für Fälle, in denen durch unvorhergesehene Hindernisse die rechtzeitige Wiederbesetzung verzögert wird, oder wo eine solche aus genügenden Gründen — z. B. zur Aufsammlung eines dringend nothwendigen Baufonds aus dem Gehalte der Stelle bei vorhandener Möglichkeit, dieselbe interimistisch vertreten zu lassen — gerechtfertigt erscheint, gewährt der Schluß des Abs. 1 das erforderliche Mittel, um etwaige Härten zu beseitigen.

[3]) **vom Tage der Erledigung**, bez. der amtlichen Kenntniß von der Erledigung, da sonst dem geistlichen Oberen das volle Jahr, welches ihm das Gesetz offenbar hat bewilligen wollen, nicht frei bleibt.

[4]) **ein Gnadenjahr besteht.** Unter Gnadenjahr oder dem gleichbedeutenden Ausdruck Gnadenzeit versteht man die Berechtigung der Erben oder gewisser Angehöriger (namentlich der Wittwe und Kinder, auch mitunter der Enkel) des verstorbenen Inhabers eines geistlichen Amtes, gewöhnlich eines Pfarr-Amtes, als persönliches Benefizium, noch auf eine gewisse Zeit, für die Regel ein Jahr oder 6 Monate, die vollen Einkünfte der Stelle oder einen Theil derselben zu beziehen (vgl. Richter-Dove K. R. § 317). Während ein derartiges Recht in der katholischen Kirche seltener vorkommt (vgl. aber Verordn. v. 3. Juli 1843 betr. d. Vertheilung des Einkommens erledigter kathol. Kuratstellen im Bisthum Paderborn rc., G. S. S. 289), findet sich dasselbe sehr häufig, freilich mit mannigfachen Verschiedenheiten hinsichtlich der Fristen (so beträgt die Zeit z. B. nach der rhein.-westfäl. Kirchen-Ordn. § 65 ein Jahr und 6 Wochen), und hinsichtlich der Person der Berechtigten in der evangelischen Kirche (A. L. R. Th. II. Tit. 11 §§ 838 ff., wegen der einzelnen älteren Provinzen Meier K. R. S. 365; Jacobson K. R. S. 407; wegen Kurhessen Büff, a. a. O. S. 878, 889; wegen Hannover das Kirchengesetz betr. die Gnadenzeit in der evang.-luth. Kirche, vom 16. Juli 1873, G. S. S. 393; wegen Schlesw.-Holst. Callisen a. a. O. §§ 62, 64). Das Gnadenjahr ist nicht zu verwechseln mit dem Sterbe-Monat oder Sterbe-Quartal (vgl. z. B. A. L. R. a. a. O. §§ 833 ff.), d. h. dem Recht der Hinterbliebenen auf die Amtseinkünfte des Monats oder Quartals, in welchem der Tod des Inhabers erfolgt ist, und von dessen Ablauf erst die Gnadenzeit beginnt. Das Sterbequartal ist verdienter Lohn und gehört zur Erbschaft, bildet aber nicht ein persönliches Benefizium der Hinterbliebenen. Die Bestimmungen des § 18 Abs. 1 über die Stellen mit Gnadenjahr finden also keine Anwendungen auf diejenigen, von welchen blos das Sterbequartal zu entrichten ist.

[5]) **Erledigung der Pfründe.** Die Festsetzung dieses Termines ist auf ein desfalls in der Denkschrift des Ober-Kirchenraths gestelltes Verlangen (s. v. Oesfeld a. a. O. S. 134, 135) erfolgt (stenogr. Ber. des Abgeordn. S. 1612), welche hervorhob, daß bei dem gesetzlich bestehenden Anspruch auf das Gnadenjahr „eine die Wiederbesetzung gestattende Erledigung der Stelle erst mit dem Ablauf des Beneficiums der Gnadenzeit eintritt, als dem Termine, welcher die Verfügung über das Stellen-Einkommen erst wieder freigiebt." Der Ausdruck: Erledigung der Pfründe, wel-

cher ebenfalls in der erwähnten Denkschrift gebraucht wird, ist nicht korrekt. Die Pfründe, das Beneficium, d. h. das für den geistlichen Amtsträger bestimmte, fest mit seiner Stelle verbundene Einkommen wird als Bestandtheil des Amtes gleichzeitig mit demselben erledigt. Der Wittwe, resp. den Kindern wird nicht die Pfründe übertragen, sondern sie erhalten nur das Recht auf alle oder bestimmte Einkünfte der Pfründe, in welchem letzteren Fall nach der Ansicht des Ober-Kirchenrathes die Pfründe theilweise besetzt, theilweise vakant sein müßte. Was gemeint ist, ist allerdings klar: die Frist soll erst von dem Tage ab, wo die Berechtigung auf das Gnadenjahr erlischt, also der Nachfolger in den vollen Genuß aller Einkünfte der Stelle gelangen kann, berechnet werden.

[6]) **dauernd.** Der Reg.-Kommissar erklärte mit Rücksicht auf diese Bestimmung (Kommiss.-Ber. S. 31): „das Gesetz wolle die Ernennung der ad nutum absetzbaren Geistlichen verhindern. Der Schwerpunkt liege daher in dem Worte: dauernd. In der evangelischen Kirche würden die Stellen oft vor Ablauf des Gnadenjahres verliehen und von dem Neuernannten noch nicht definitiv angetreten, wogegen von dem Gesichtspunkte dieses Gesetzes aus nichts einzuwenden sei. Die Rücksicht auf wirklich vorhandene Gründe eines Hindernisses liege schon in der Fassung des Gesetzes. Mache die schlechte Dotirung der Hilfsgeistlichen die dauernde Besetzung gewisser Stellen schwierig, so habe die Regierung eben deshalb nur von Pfarr-Aemtern, nicht von „Hilfspfarr-Aemtern" gesprochen. Uebrigens beabsichtige die Regierung ernstlich, dem Nothstand der ganz unzureichend dotirten Pfründen durch Staats-Beihülfe abzuhelfen (cf. Etats-Position von 50,000 Thlr. pro 1873)."

Die dauernde Besetzung bedingt die Verleihung der Stellen auf Lebenslang und definitiv, und schließt somit eine jede Beseitigung des Amtsinhabers wider dessen Wissen ohne regelmäßige Disciplinar-Untersuchung aus. Durch die Vorschrift des § 18 Abs. 1 sind die geistlichen Oberen gehindert:

a. Pfarreien, welche im Sinne des kanonischen Rechtes feste Beneficien sind, mithin nach den Vorschriften desselben dauernd verliehen werden sollen, blos auf Widerruf (ad nutum) zu verleihen, eine Praxis, welche von manchen preußischen Bischöfen, zum Theil auch im Einverständniß mit den Patronen, mehrfach geübt worden ist. Wenn in einzelnen Erlassen der Verwaltungs-Behörden diese provisorische Uebertragung als eine in forma commendae geschehene bezeichnet worden ist, so bedeutet commenda in älterer Zeit allerdings die interimistische Verwaltung eines erledigten Amtes durch einen Geistlichen ohne irgend ein Recht zur Verwendung der Einkünfte im eigenen Nutzen. Aber nach dem später festgestellten, gewöhnlichen Sprachgebrauch heißt commenda soviel wie die Uebertragung der zu einem Amte gehörigen Pfründe zum Genuß an den sg. Commendatarius, ohne daß dieser das Amt zu verwalten hat (Eichhorn K. R. Bd. 2 S. 660). Deshalb wird dieser Ausdruck für die in Frage stehenden Verhältnisse besser vermieden und der viel zutreffendere ad nutum amovibel gebraucht.

b. Ob die Vorschrift des Gesetzes die bisher übliche Verleihungsweise der sg. Missionspfarreien beseitigt, ist fraglich. Die katholische Kirche scheidet ihr Gebiet in sg. provinciae sedis apostolicae und sg. terrae missionis. Erstere sind diejenigen Länder, in denen der Katholicismus eine alt und fest begründete und gesicherte Stätte hat, und in denen die regelmäßige Verfassung der katholischen Kirche, namentlich die bischöfliche Organisation besteht; letztere diejenigen, in denen der Katholicismus überhaupt noch nicht festen Fuß gefaßt oder das von ihm früher verlorene Terrain wieder zu erobern sucht. Für die Leitung dieser Länder besteht ein beweglicher Organismus, dessen charakterische Eigenthümlichkeiten darin liegen, daß hier jegliche Gewalt auf direkter oder indirekter päpstlicher Uebertragung beruht, also die Leitung statt durch Bischöfe durch apostolische Vikare oder Delegaten geführt wird, und daß ferner alle kirchlichen Stellungen nur widerruflich übertragen werden und ihre geographischen Distrikte jederzeit beliebig wieder verändert werden können. Von den preußischen Landestheilen gehören zu dem Missionsgebiet die Mark Brandenburg, Pommern, ferner die altprotestantischen Lande links der Elbe und endlich Schleswig-Holstein, Landestheile, welche bezüglich von den Bischöfen von Breslau, Paderborn und Osnabrück als päpstlichen Delegaten bez. Provikaren geleitet werden. Missions-Pfarreien im eigentlichen Sinne sind demnach Seelsorge-Stationen für einen bestimmten Distrikt in einem Missionslande, denen mit Rücksicht auf das Bemerkte einmal eine fest fundirte Unterlage, die Pfründe, und ein dauernd abgegränzter Amtsbezirk, die objective Perpetuität, fehlt, und dann ferner auch die den eigentlichen Pfarr-Aemtern zukommende subjective Perpetuität abgeht, weil die betreffenden Geistlichen niemals fest, sondern nur ad nutum amovibel angestellt werden. Da die Organisation der Missionsländer den Zweck hat, durch allmählige Uebergangsstufen die Einführung der ordentlichen Verfassung der katholischen Kirche vorzubereiten, so bildet ihr Organismus keinen absoluten Gegensatz gegen die ordentliche Verfassung, d. h. es können gewisse Elemente der letzteren auch in den Missionsländern, andererseits aber auch Missions-Einrichtungen in den Ländern der regelmäßigen Verfassung vorkommen. In den vorhin genannten preußischen Landestheilen sind zwar die meisten Pfarreien Missions-Pfarren, indessen giebt es andererseits in ihnen auch feste Pfarreien mit nicht beliebig absetzbaren Geistlichen (so z. B. die zu Berlin, Potsdam, Stettin und Stralsund), ferner kommen aber Missions-Pfarreien ebenfalls in Westfalen, Preußen, mithin in Provinzen, für welche die ordentliche Bisthumsverfassung besteht, vor. Hier sind sie errichtet worden, um die Pastoration der zerstreut wohnenden Katholiken in sicherer und regelmäßiger Art und Weise zu ermöglichen, wenn die nach kanonischem Rechte für die Errichtung einer festen Pfarre erforderliche Dotation nicht in ausreichendem Maße hat beschafft werden können, außerdem hat ihre Errichtung aber in allen Landestheilen — wie dies die Entstehung einer sehr großen Anzahl solcher Pfarreien seit etwa 25 Jahren zeigt, — als Mittel für die katholische Propaganda gedient.

Für die Subsumtion der eben näher charakterisirten Pfarreien unter das Gesetz, scheint zu sprechen, daß sie nach der neueren katholischen Doktrin immer eigentliche Pfarreien sind und daß sie auch vielfach (s. § 19 Anm. 1) die staatlichen Rechte derselben erhalten haben. Da das Gesetz aber keine rückwirkende Kraft hat und auch nicht einmal die Errichtung von derartigen Pfarreien unter allen Umständen verbietet, so wird man eine dauernde Besetzung derselben, soweit sie schon bei Erlaß des Gesetzes bestanden haben, um so weniger verlangen dürfen, als das letztere selbst darauf hindeutet, daß es die Missionspfarreien nicht hat treffen wollen. Für die denselben ähnlichen Sukkursal-Pfarreien (s. § 19 Anm. 3) ist eine besondere, ihre Umwandlung in feste Pfarreien betreffende Bestimmung gegeben, obwohl eine solche, wenn das Gesetz diesen die Missions-Pfarreien hätte gleichstellen wollen, auch für diese nahe gelegen hätte. (Vgl. auch S. 143. Anm. 1).

[7]) **besetzen.** Da nach dem Gesetze die Pfarr-Aemter nicht länger als ein Jahr interimistisch verwaltet werden sollen, so bedeutet: „besetzen" soviel als denjenigen Akt vornehmen, wodurch der betreffende Geistliche, das Recht und die Pflicht zur Verwaltung des Amtes erlangt, gleichviel ob dieser Akt freie Verleihung, Konfirmation oder Approbation des geistlichen Oberen ist. Die Besitzeinweisung in das Amt (od. sg. institutio corporalis, installatio, investitura) kann dem gewöhnlichen Sprachgebrauche nach nicht darunter verstanden werden. Ein praktisches Bedürfniß, diese auch noch innerhalb der Frist anzuordnen, lag übrigens für das Gesetz nicht vor, weil schon mit der Anstellung, ohne die hinzutretende Besitzeinweisung, das Recht des Ernannten ein festes und unentziehbares wird.

Um die Ausführung dieser Vorschrift des Gesetzes überwachen zu können, sind gleichfalls in Veranlassung einer allgemeinen Anordnung des Ministers der geistlichen Angelegenheiten die Landräthe und die mit ähnlichen Funktionen betrauten Beamten durch die Ober-Präsidenten angewiesen worden, die Letzteren in fortlaufender Kenntniß über die eingetretenen Vakanzen und deren Zeitdauer zu erhalten.

Daß der Ober-Präsident in Folge des ihm in der in Rede stehenden Hinsicht zukommenden Aufsichts- und Exekutions-Rechtes befugt ist, vor Ablauf der Frist die geistlichen Behörden um Auskunft über die Lage des Wiederbesetzungs-Verfahrens zu ersuchen, kann nicht zweifelhaft sein.

Was die bereits beim Inkrafttreten des Gesetzes vorhandenen Vakanzen betrifft, so ist die einjährige Frist nicht von diesem Zeitpunkt abzurechnen, vielmehr von dem Zeitpunkt der vorher eingetretenen Vakanz. Sofern bei dieser Berechnungsweise die Besetzung wegen der Kürze der Frist nicht möglich ist, wird der Ober-Präsident (s. folgende Anmerkung) die Frist angemessen zu verlängern haben. Daß das Gesetz in dieser Beziehung rückwirkende Kraft hat äußern wollen, ergiebt sich daraus, daß seine Bestimmung absoluten Charakter hat und für den hier in Rede

§. 19.*)

Die Errichtung von Seelsorgeämtern,[1]) deren Inhaber unbedingt abberufen werden dürfen,[2]) ist nur mit Genehmigung des Ministers der geistlichen Angelegenheiten zulässig.

Die Bestimmungen des § 18 beziehen sich auf die sogenannten Sukkursal-Pfarreien des Französischen Rechts[3]) mit der Maaßgabe, daß die in Absatz 1 des § 18 vorgeschriebene Frist vom Tage der Publikation dieses Gesetzes[4]) an zu laufen beginnt.

stehenden Fall, nicht wie für den des § 19 Abs. 2, eine ausdrückliche Ausnahme gemacht worden ist. Diese Ansicht ist übrigens auch die in der Verwaltungspraxis herrschende.

[8]) **die Frist ist.** S. Erklärung des damal. Unterstaatssekretairs Dr. Achenbach (stenogr. Ber. des Abgeordn. S. 1611): „Es ist ausdrücklich im § 18 dem Ober-Präsidenten die Pflicht auferlegt, die Frist nach Maßgabe des Bedürfnisses zu verlängern oder im Falle des Bedürfnisses auf Antrag angemessen zu verlängern. Es ist ihm dies nicht auferlegt, als eine Angelegenheit, über die er zu ermessen hat, sondern das Gesetz spricht positiv aus: die Frist ist zu verlängern im Falle des Bedürfnisses."

[9]) **Ober-Präsidenten,** s. S. 55 Anm. 2.

[10]) **im Falle des Bedürfnisses.** Ein Beispiel in Anm. 2 Abs. 2; ein weiteres bietet der Mangel an geeigneten Kandidaten; Erklärung des Kultus-Ministers (stenogr. Ber. des Herrenh. S. 518): „Es wird nun gesagt, die Bischöfe seien nicht im Stande dies zu thun, denn sie hätten häufig keine Kandidaten für die Aemter. Ich möchte die Behauptung, daß in der katholischen Kirche die Zahl der Kandidaten für das geistliche Amt sich vermindert habe, nicht für richtig anerkennen. Außerdem ist für einen solchen Fall das Remedium gegeben, indem der Ober-Präsident die Frist verlängern muß, bis er eine geeignete Persönlichkeit gefunden hat."

[11]) **Geldstrafen,** s. S. 58 Anm. 4 Abs. 2 u. Anm. 5.

[12]) **erzwingen,** d. h. gegen den geistlichen Oberen, welcher das seiner freien Verleihung unterliegende Amt nicht besetzt oder anderenfalls bei Zögerung dritter Personen von seinem Devolutions-Recht (s. Anm. 2) keinen Gebrauch macht.

Werden die Funktionen des geistlichen Oberen durch ein Kollegium, z. B. ein Konsistorium versehen, so kann die Geldstrafe nur gegen den Präsidenten, welcher die Erledigung der Wiederbesetzung nicht zum Vortrag bringt, oder gegen die eine solche durch ihre Abstimmung verhindernden Mitglieder verhängt werden.

[13]) **Staatsmittel einzubehalten,** d. h. vorläufig. Ist die Renitenz gebrochen, so müssen die Beträge nachträglich herausgezahlt werden.

[14]) **zur Unterhaltung der Stelle.** Da das Gesetz nicht sagt: zur Unterhaltung des Amtsinhabers, so können nicht blos solche Zuschüsse, sondern auch Zuschüsse für die Zwecke der Pfarrei selbst, also für die Bestreitung der sachlichen Ausgaben des Gottesdienstes, der baulichen Unterhaltung der Kirche u. s. w. einbehalten werden.

[15]) **desjenigen geistlichen Oberen.** Zu den diesen zukommenden Staatsmitteln gehören sowohl die besonders z. B. in der Bulle: De salute animarum übernommenen Dotationen, wie auch die vom Staate zu zahlenden Gehälter. Zwischen der Einbehaltung dieser und der in Anm. 13 gedachten Mittel hat der Minister die Wahl, auch wird er sowohl den Zuschuß der einen, wie auch der andern Art gleichzeitig sistiren können.

[16]) **zu genehmigen hat.** Hierunter sind alle Fälle begriffen, wo eine dritte Person bei der Besetzung mitkonkurrirt (s. Anm. 2).

§ 19. *) Abs. 1 entspricht der Regierungsvorlage, dagegen ist der Abs. 2 derselben, welcher lautete: „Die Sukkursal-Pfarreien im Bereiche des Französischen Rechts gelten mit dem Ablauf von sechs Monaten nach Verkündigung dieses Gesetzes den Inhabern als dauernd verliehen", seitens der Kommission durch die jetzige Fassung ersetzt. Das Abgeordnetenhaus hat das

Amendement Holtz-Sack, den Abs. 1 zu streichen (stenogr. Ber. S. 1617) und das Herrenhaus den Antrag des Grf. v. Krassow, am Schlusse des Abs. 2 statt: „vom Tage der Publikation dieses Gesetzes an zu laufen beginnt", zu setzen: „von dem Zeitpunkt an beginnt, wo die Staatsgehalte angemessen erhöht sein werden", abgelehnt (stenogr. Ber. S. 520).

[1]) **Seelsorge-Aemter**, s. S. 138. Die Motive der Regierungsvorlage bemerken hierzu S. 22: „Die Einrichtung neuer Pfarrämter bedarf der Genehmigung des Staats (§ 238, Tit. 11 Th. II. A. L. R.). Es ist nothwendig, diese Genehmigung auch für die Errichtung solcher Seelsorge-Aemter, denen noch nicht die pfarramtlichen Rechte verliehen werden und deren Inhaber deshalb unbedingt wieder abberufen werden können, vorzubehalten, theils um einer übermäßigen Vermehrung solcher Stellen vorzubeugen, theils, weil diese Aemter in die vom Staat festgesetzten Parochialeinrichtungen, zumal mit Hülfe der Dimissorialien, vielfach eingreifen und deshalb der staatlichen Kognition zu unterwerfen sind. Die sogenannten Sukkursal-Pfarreien auf der linken Rheinseite bilden die weit überwiegende Mehrzahl unter den geistlichen Aemtern dieses Gebietstheils. Ihre Inhaber sind jederzeit amovibel und in Folge dessen befinden sie sich auch in ihrer äußeren Existenz völlig abhängig von den geistlichen Obern. Es erscheint daher nothwendig, den Grundsatz der festen Anstellung für die Benefiziaten auch hier durchzuführen."

Die Errichtung jedes Seelsorge-Amtes, sofern dasselbe nicht dauernd verliehen werden soll, ist nur mit Genehmigung des Ministers der geistlichen Angelegenheiten zulässig. Die S. 140 Anm. 6 unter b gedachten Missions-Pfarreien fallen ebenfalls unter die hier in Rede stehende Vorschrift, denn sie weisen alle charakteristischen Merkmale des Pfarramtes, welches das Prototyp des Seelsorge-Amtes ist, auf. Vgl. auch Erklärung des damaligen Unterstaats-Sekretärs Dr. Achenbach i. d. stenogr. Ber. des Abgeordnetenh. S. 1615: „Es giebt . . . außer dem ordentlichen Pfarr-Amte, wie sich wenigstens die Sache bei uns in Deutschland entwickelt hat, andere Seelsorger-Stellen, welche nicht die Stabilität und die Dauer des ordentlichen Pfarr-Amtes besitzen. Dazu gehören die sog. Kaplaneien. . . . Ganz derselbe Gesichtspunkt ist bei denjenigen Einrichtungen durchschlagend . . . bei den sog. Missionspfarreien. Es unterliegt keinem Zweifel, daß es sich hier um Stellen handelt, welche vollständige Seelsorge-Aemter sind, und daß daher dasjenige, was von dem ordentlichen Pfarramte gilt, auch bezüglich der anderen Arten des Amtes gelten muß." — Sonit ist die Errichtung von Missions-Pfarreien, also von Pfarr-Aemtern, welche nicht dauernd besetzt werden, nicht ganz ausgeschlossen. Man hat diese Ausnahmen zulassen müssen, um nicht die Befriedigung der seelsorgerischen Bedürfnisse von Katholiken und Evangelischen, welche in der Diaspora leben, unmöglich zu machen.

Was das Verhältniß der Vorschrift des § 19 Abs. 1 und des § 18 zu der früheren, in Betreff der Errichtung katholischer Seelsorge-Aemter geübten Praxis der Verwaltungsbehörden betrifft, so ist darüber Folgendes zu bemerken:

Nach A. L. R. Th. II. Tit. 11 §§ 238, 239 steht die Errichtung und Veränderung von Pfarreien der Staatsregierung unter Zuziehung der geistlichen Oberen zu. Genehmigung der Staatsregierung schreiben ferner vor die in den Gebieten des französischen Rechtes zur Anwendung kommen Articles organiques von 1802, Art. 62 und das holsteinische Gesetz v. 4. Juli 1863, betr. die Religionsübung 2c. der Reformirten, Katholiken u. s. w. § 1 (bei Dove, Ztschr. f. K. R. Bd. 4 S. 265). In Hannover und der oberrheinischen Kirchenprovinz, an welcher letzterer Preußen seit 1866 mit Limburg und Fulda partizipirt, bestanden keine besondern gesetzlichen Normen, da aber die einzelnen Pfarreien in den Circumscriptionsbullen festgesetzt sind, so bedarf es auch hier bei den gedachten Akten der kirchlichen Oberen der Genehmigung der Regierung. Mit Rücksicht auf den Art. 15 der Verf.-Urk. wurde für die landrechtlichen Provinzen den geistlichen Oberen nicht nur die Initiative bei Errichtung von Pfarreien überlassen, sondern man räumte denselben auch für das Gebiet der ganzen Monarchie das Recht ein, selbstständig Pfarreien zu kreiren. Die Einholung der staatlichen Genehmigung, welche bei der Errichtung neuer Parochien durch den Landesherrn, bei blos stattfindender Veränderung bestehender, sowie bei der Errichtung von Seelsorger-Stationen (Missions-Pfarreien) durch den Minister der geistlichen Angelegenheiten ertheilt wurde, erfolgte allerdings, aber nur behufs Nachsuchung der staatlichen Rechte, d. h. der juristischen Persönlichkeit, des Rechts der administrativen Beitreibung der Pfarr-Abgaben, der publica fides der

Kirchenbücher u. s. w., vgl. Reskript v. 8. Mai 1852 (Beiträge z. preuß. K. R. Hft. 2 S. 8 und 9 und Richter in Dove, Zeitschr. f. K. R. Bd. 1 S. 116). Die Gewährung dieser Rechte wurde dann in der Form einer sog. „staatlichen Anerkennung", also nicht einmal in einer Form ausgesprochen, welche es klar stellte, daß diese Rechte allein vom Staate ausgingen. Ebensowenig beachtete man, daß das A. L. R. Pfarreien, welche in ihrer Umgränzung jeder beliebigen Aenderung des Bischofs unterliegen, deren vermögensrechtliche Unterlage eine durchaus unsichere ist und deren Geistliche ad nutum amovibel sind, d. h. die Missions-Pfarreien nicht kennt, und daß durch die § 176 („Neue Kirchen können nur unter ausdrücklicher Genehmigung des Staates erbaut werden"), § 177 („Eine Kirchengesellschaft kann auf diese Erlaubniß nur alsdann Anspruch machen, wenn sie erhebliche Gründe der Nothwendigkeit und des Nutzens und zugleich hinlängliche Mittel zum Baue und zur Unterhaltung eines solchen neuen Kirchensystems" [d. h. also auch einer neuen Pfarrei] „ohne besorglichen Ruin der gegenwärtigen Mitglieder nachweisen kann") Tit. 11 Th. II. die Möglichkeit der Errichtung, jedenfalls der Verleihung der staatlichen Rechte an die Missions-Pfarreien, ausgeschlossen war.

Die Errichtung von Missions-Pfarreien kann allerdings der Minister der geistlichen Angelegenheiten jetzt gestatten. Da aber das A. L. R. nur feste Pfarreien als Unterlage für die staatlichen Rechte, namentlich der Kirchenbuchführung mit publica fides kennt, so wird die Zuertheilung dieser in den landrechtlichen Gebieten nicht statthaft sein.

Ueber die Errichtung von festen Pfarreien trifft das vorliegende Gesetz keine Bestimmung. Es reprobirt aber mindestens indirekt die frühere Praxis der ehemaligen katholischen Abtheilung des Kultusministeriums. Diese beruhte auf der Trennung der geistlichen und staatlichen Seite der Pfarrei, und es wäre nach der dieser Scheidung zu Grunde liegenden Anschauung möglich gewesen, — praktisch ist dieser Fall allerdings, soweit ich weiß, nicht vorgekommen, — daß der Bischof unter Abtrennung einzelner Distrikte von einer bestehenden, staatlich genehmigten Parochie eine neue ohne Nachsuchung der Staatserlaubniß als reine kirchliche Pfarrei hätte errichten können, die staatlichen Rechte dagegen der früheren Stamm-Pfarre und dem Pfarrer derselben verblieben wären. Diese ganze Unterscheidung, welche dem Angeführten zufolge zu einer völligen Verwirrung der Parochial-Verhältnisse hätte führen können, war aber schon dem Art. 15 der Verf.-Urk. in seinem ursprünglichen Wortlaut gegenüber nicht haltbar, wie sie denn auch in dem Erkenntniß des Krim.-Senats des Kgl. Obertribunals vom 31. Mai 1861 (Entscheidungen, Bd. 46 S. 31*) verworfen worden ist. Die Parochial-Eintheilung einer öffentlich privilegirten Kirche hat sowohl Bedeutung und Wirkung für das kirchliche, wie auch für das staatliche Leben. Die kirchliche und die staatliche Seite der Pfarreien lassen sich nicht trennen. Es kann keine blos staatlichen, nicht kirchlichen Pfarrer geben, welche eine nur staatlicherseits anzuerkennende Vermögens-Verwaltung zu leiten, die Kirchenbuchführung, soweit sie für die bürgerlichen Verhältnisse maßgebend ist, zu besorgen, und die Ehen mit bürgerlicher Wirksamkeit einzusegnen, befugt wären. Die Unterlage für alle diese Funktionen und Befugnisse bildet das kirchliche, das Pfarr-Amt, ohne dieses sind sie eben nicht denkbar. Andererseits sind aber rein kirchliche Pfarrer bei einem derartigen Verhältnisse von Staat und Kirche ebensowenig möglich. Mit der öffentlich privilegirten Stellung der Kirche ist ohne weiteres auch die Pflicht derselben verbunden, für die Ausübung der staatlichen Rechte, welche ihr gewährt sind, die geeigneten kirchlichen Organe dem Staate zur Disposition zu halten. D. h. hat der Staat einmal bestimmte Rechte an ein geistliches Amt bei der Regelung seines Verhältnisses zur Kirche geknüpft und acceptirt dieselbe alle ihr kraft ihrer privilegirten Stellung gewährten Rechte, so ist sie hinterher nicht befugt, derartige Kirchen-Aemter unter Loslösung der staatlichen Seite derselben zu errichten. Die staatliche und die kirchliche Seite sind der Art verbunden, daß die eine nicht von der andern getrennt werden kann. Es handelt sich also hierbei nicht um ausschließliche, dem kirchlichen Gebiet angehörige Angelegenheiten. Da der Art. 15 der Verf.-Urk. in seiner früheren Gestalt nur die letzteren der selbstständigen Regelung der Kirche überwiesen hat, so ist das frühere in Preußen geltende Recht, daß Pfarreien überhaupt nicht ohne Staatsgenehmigung errichtet werden dürfen, gesetzlich niemals beseitigt gewesen, und den Bischöfen nicht das Recht gewährt worden, blos kirchliche Pfarreien unter Verzichtleistung auf die staatlichen Rechte ohne Zustimmung der Staats-Regierung zu errichten. Vollends unzweifelhaft ist dies aber jetzt nach der neuen Fassung des

Art. 15 der Verfassungs-Urkunde und nach dem vorliegenden Gesetz. Der Zusatz zu Satz 1 des Art. 15: „bleibt aber den Staatsgesetzen und der gesetzlich geordneten Aufsicht des Staates unterworfen" giebt dem Staate das Recht, die Angelegenheiten, welche der Kirche zur alleinigen selbstständigen Verwaltung überlassen werden, zu bestimmen, und daß dahin nicht die Einrichtung der Seelsorge gehört, ergeben § 18 und § 19 Abs. 1 dieses Gesetzes, welche wie die S. 143 Anm. 1 mitgetheilten Motive zeigen, auch im Interesse des bei den Parochial-Einrichtungen betheiligten Staates gegeben sind, und die Errichtung jedes Seelsorge-Amtes als eine gleichfalls den Staat berührende Angelegenheit bezeichnen.

²) **unbedingt abberufen werden dürfen**, d. h. welche nicht dauernd besetzt werden. Statthaft ist dagegen ohne Genehmigung des Ministers die blos widerrufliche Anordnung von Stellvertretungen und Hülfsleistungen, welche sich dadurch von der Errichtung von Seelsorge-Aemtern unterscheidet, daß in solchen Fällen der Vikar oder Stellvertreter nicht einen ein für alle Mal fest bestimmten Kreis von seelsorgerischen Funktionen zugewiesen erhält, sondern daß das Gebiet seiner Wirksamkeit stets veränderlich ist und er selbst für die Ausübung seiner Thätigkeit immer, sei es eines besonderen, sei es eines generellen Auftrages bedarf.

³) **Sukkursal-Pfarreien des französischen Rechts**. Die Entstehung der Sukkursal-Pfarreien, welche sich außer in der preußischen Rheinprovinz (im Erzbisthum Köln auf dem linken Rheinufer 582 auf 47 feste Pfarreien, im Bisthum Trier 657 auf 69 ordentliche Pfarreien, Kommissions-Ber. S. 32) auch in Frankreich, Belgien und Holland finden, hängt mit der in der französischen Revolution hervorgetretenen Tendenz der Verminderung der Pfarrkirchen zusammen, einer Tendenz, welche auch die in Anm. 1 gedachten organischen Artikel adoptirt haben; s. Art. 60: „Il y aura au moins une paroisse dans chaque justice de paix. Il sera en outre établi autant de succursales que le besoin pourra l'exiger"; art. 61: „Chaque évêque de concert avec le préfet réglera le nombre et l'étendue de ces succursales. Les plans arrêtés seront soumis au gouvernement et ne pourront être mis à exécution sans son autorisation"; art. 62: „Aucune partie du territoire français ne pourra être érigée en cure ou en succursale sans l'autorisation expresse du gouvernement"; art. 63: „Les prêtres desservants les succursales sont nommés par les évêques"; art. 31: „Les vicaires et desservants exercent leur ministère sous la surveillance et la direction des curés. Ils seront approuvés par l'évêque et récovables par lui." Danach erscheinen zwar die desservants, die Verwalter der Sukkursal-Pfarreien, lediglich als Gehülfen der Pfarrer, indessen ist die surveillance et direction der letzteren nicht praktisch geworden, da man die betreffende Vorschrift dahin aufgefaßt hat, daß sie die Bischöfe berechtigt, den eigentlichen Pfarrern die sonst den Dekanen zukommenden Aufsichtsrechte zu übertragen. So hat sich die Stellung der desservants oder Sukkursal-Pfarrer dahin entwickelt, daß sie Geistliche sind, welche für einen bestimmten Bezirk die Parochial-Rechte, ebenso wie die eigentlichen Pfarrer, aber in Abhängigkeit von dem Bischof ausüben, und von ihm jeden Augenblick amovirt werden können (vgl. über die Sukkursal-Pfarreien Jakobson in Herzogs, Real-Encyklopädie für protestant. Kirche und Theologie Bd. 3 S. 330; Bouix, tractatus de parocho. Paris 1855 S. 233; Raimund in Moy, Archiv f. kath. K. R. Bd. 21 S. 423; Pricotte a. a. O. Bd. 22 S. 54). Von den Missions-Pfarreien (s. S. 140) unterscheiden sich die Sukkursalen dadurch, daß sie nicht in ihrem Bestande beliebig verändert werden können, von den eigentlichen Pfarreien in den Ländern des französischen Rechts nur dadurch, daß das Gehalt der Inhaber der letzteren, der ordentlichen Pfarrer, größer und daß diese nicht ad nutum entfernt werden können. Es ist allerdings richtig, daß nicht das Streben der Bischöfe nach Machterweiterung und nach Unterdrückung der Unabhängigkeit des niederen Klerus diese Einrichtungen hervorgehoben hat, vielmehr ist dies, worauf bei den Verhandlungen des Abgeordnetenhauses auch hingewiesen worden ist (stenogr. Ber. S. 1492), die Sparsamkeit der französischen Regierung gewesen. Während die eigentlichen Pfarrer 1000 oder 1500 Franc Gehalt bekamen, wurden den Desservants nur 500 Franc bewilligt. Indessen darf andererseits nicht außer Acht gelassen werden, daß in Frankreich die aus dem Kreise der Sukkursal-Geistlichen hervorgegangenen Agitationen auf Beseitigung ihrer prekären Lage bis jetzt von keinem Erfolg gewesen, daß sich vielmehr einzelne französische Bischöfe und Provinzialsynoden (i. J. 1849 u. 1850) für die Aufrecht-

§. 20.*)

Anordnungen oder Vereinbarungen,[1]) welche die durch das Gesetz begründete Klagbarkeit[2]) der aus dem geistlichen Amtsverhältnisse entspringenden vermögensrechtlichen Ansprüche ausschließen oder beschränken, sind nur mit Genehmigung der Staatsbehörde[3]) zulässig.

---

erhaltung des bestehenden Zustandes erklärt haben, daß ferner auch einzelne preußische Bischöfe ähnlichen Bestrebungen in Preußen entgegen getreten sind, und nicht minder die römische Kurie, welche mit der gedachten Frage wiederholt befaßt gewesen ist, jeden Schritt zur Aenderung der Lage der betreffenden Geistlichen unterlassen hat (s. Pricotte a. a. O. S. 58, 61, 74). Demnach wird es sich kaum leugnen lassen, daß der höhere Klerus den bisherigen Zustand in seinem Interesse nicht ungern aufrecht erhalten wissen will.

Das Gesetz stellt nunmehr die Sukkursal-Pfarreien den festen Parochien gleich, und beseitigt damit die bisherige abhängige Stellung der Desservants, indem es den geistlichen Oberen die dauernde Anstellung zur Pflicht macht. Die Regierungsvorlage, welche in ihrem beseitigten Absatz (s. S. 142 Anm. *) die bisherigen Inhaber nach Ablauf von 6 Monaten von der Verkündigung des Gesetzes ab für definitiv angestellt erklärte, ist von der Kommission beseitigt worden, um (Kommiss.-Ber. S. 33) „den beweglicheren Spielraum für eine Verständigung zwischen den Staatsbehörden und den kirchlichen Oberen über die dauernden Besetzungen auch auf die Sukkursal-Pfarreien anwendbar zu machen, insbesondere auch das Einspruchsrecht des Staates in diesen Fällen zu wahren und eine geräumigere Frist für die nothwendig werdende Umgestaltung zu schaffen." Den Vorzug hatte aber jedenfalls die Regierungsvorlage, daß sie die Wohlthat des Gesetzes nicht von dem guten oder bösen Willen der geistlichen Oberen abhängig machte. Denn zufolge der Aenderung ist behufs dauernder Besetzung bei Renitenz der Bischöfe das Zwangsverfahren in Gemäßheit des § 18 Abs. 2 u. 3 nach Ablauf der Frist einzuleiten.

Wird eine Sukkursal-Pfarrei durch Abberufung in der Zwischenzeit von der Publikation des Gesetzes bis zum Ablauf der Frist (s. Anm. 4) erledigt, so unterliegt die Anstellung des neuen Sukkursal-Pfarrers unzweifelhaft allen Vorschriften dieses Gesetzes. Der Bischof darf also auch eine solche nicht widerruflich vornehmen. Das ergiebt die Bezugnahme auf den § 18 Abs. 1. Nur ist ihm gestattet, vorläufig, d. h. bis zum Ablauf der Frist die Sukkursal-Pfarrei interimistisch durch einen bloßen Verweser, ebenso wie im Falle der Vakanz eines festen Pfarr-Amtes, verwalten zu zu lassen. Das Gesetz hat den Bischöfen nur einen angemessenen Zeitraum für die Umwandlung der Sukkursal-Pfarreien in feste Pfarrstellen gewähren, nicht aber die fernere Anstellung von Pfarrern ad nutum erlauben wollen. Die im Momente des Ablaufs der Frist noch auf Sukkursal-Pfarreien fungirenden Desservants, welche in früherer Zeit ad nutum amovibel eingesetzt sind, gelten selbstverständlich nicht in Folge des Zeitablaufs als ihrer Stellen enthoben. Im Gegentheil kann der Bischof vielmehr gezwungen werden, ihnen die dauernde Anstellung zu ertheilen, vorbehaltlich ihrer Beseitigung durch den Staat, falls sie die vorgeschriebene Qualifikation nicht haben und vorbehaltlich ihrer Bestrafung nach § 23 Abs. 2, s. S. 152 Anm. 4.

[4]) **Publikation dieses Gesetzes**, d. h. dem 15. Mai 1873. Bis zum 15. Mai 1874 müssen also die Sukkursal-Pfarreien, sofern nicht der Ober-Präsident in einem einzelnen Fall eine weitere Frist gewährt hat, definitiv besetzt werden.

§ **20.** *) Nach der Regierungsvorlage jedoch mit der von der Kommission vorgeschlagenen Aenderung, daß die letzten Worte der ersteren: „sind unverbindlich" durch den jetzigen Schluß: „sind nur mit u. s. w." ersetzt worden sind. Veranlassung dazu hat ein Monitum des Ober-Kirchenraths in seiner Denkschrift (s. v. Oesfeld a. a. O. S. 137) gegeben, dahin gehend: „Es kommt nicht selten vor, daß Geistliche bei ihrer Anstellung zu einer bestimmten jährlichen Abgabe von dem Pfarreinkommen behufs Verwendung für eine dringend nothwendige, auf anderem Wege nicht erreichbare kirchliche Einrichtung in der Parochie vokationsmäßig verpflichtet werden, wie namentlich zur Aufsammlung eines Fonds für einen Pfarrhausbau. Die vokationsmäßige Uebernahme einer solchen Verpflichtung hat den Charakter einer vertragsmäßigen Vereinbarung, und würde, wenn

§. 21.*)

Die Verurtheilung [1]) zur Zuchthausstrafe, die Aberkennung der bürgerlichen Ehrenrechte und der Fähigkeit zur Bekleidung öffentlicher Aemter [2]) hat die Erledigung der Stelle [3]), die Unfähigkeit zur Ausübung des geistlichen Amtes und den Verlust des Amtseinkommens zur Folge. [4])

---

sie unter die Vorschrift des § 20 subsumirt und demzufolge als unverbindlich angesehen werden müßte, ein Verfahren verhindert werden, dessen Zulässigkeit im kirchlichen Interesse aufrecht erhalten werden muß."

[1]) **Anordnungen oder Vereinbarungen.** Kommiss.-Ber. S. 33: „Die Absicht dieser Bestimmung ist, die vom Gesetze gewollte dauernde Besetzung der Pfründe und den womöglich gesicherten Anspruch des Geistlichen auf ein festes Amtseinkommen nicht durch die Ausstellung von Reversen oder durch willkührliche Anordnungen der kirchlichen Behörde illusorisch werden zu lassen, denen sich der Geistliche nach Lage des Verhältnisses in der Regel nicht entziehen kann." Der Reg.-Kommiss. Dr. Achenbach erklärte (a. a. O.): „Jene Bestimmung treffe nicht eine Vereinbarung oder eine Bestimmung, welche von den gesetzlich berufenen Organen vor der Besetzung der Stelle über das Vermögen derselben etwa getroffen würde, also auch nicht das vom Ober-Kirchenrath erhobene Bedenken (s. Anm. *). Es treffe die Fälle, wo z. B. nach der Besetzung durch einen Druck des geistlichen Obern der Inhaber der Stelle etwa verpflichtet werden solle, Theile der ihm zukommenden klagbaren Vermögensansprüche zu Gunsten anderer, wenn auch kirchlicher Zwecke, aufzugeben. Wenn also vor der Anstellung des Geistlichen etwa Arrangements mit der gesetzlich geordneten Vertretung des Pfarrvermögens getroffen würden, um über Theile der Pfarreinkünfte, in gesetzlich gestatteter Weise zu verfügen, so sei dies nicht untersagt, beispielsweise in dem Falle, wenn die durch zufällige Steigerung der Bodenpreise vervielfältigten Einkünfte einer Pfründe zwar nicht zur Verkürzung des jetzigen Inhabers, wohl aber für den Fall der nächsten Vakanz zu andern kirchlichen Dotationen bestimmt würden."

Diese Interpretation ist richtig. Der § betrifft Anordnungen oder Vereinbarungen über die aus dem geistlichen Amtsverhältnisse entspringenden Ansprüche. Von solchen kann aber nur dann die Rede sein, wenn dem Geistlichen bereits das Amt übertragen ist. Erst dann ist er rechtlich befugt, allein über die ihm zustehenden Einkünfte zu verfügen.

[2]) **die durch das Gesetz begründete Klagbarkeit.** Die Regierungs-Motive bemerken hierzu (S. 22), daß durch den § 20 verhindert werden soll, daß dem Geistlichen „der gesetzliche Rechtsschutz durch besondere Abmachungen entzogen werde." Unter der Ausschließung und Beschränkung der Klagbarkeit kann demnach nicht blos eine auf Beseitigung oder Hinausschiebung der letzteren abzielende Uebereinkunft, nicht nur ein Abkommen verstanden werden, welches allein die Klagbarkeit, die rechtliche Geltungmachung des Anspruchs betrifft, sondern es fällt unter das Gesetz jedes Abkommen oder jede Anordnung, welche den Anspruch selbst beseitigt oder beschränkt, weil eine solche stets indirekt die Klagbarkeit berührt. Jedes derartige Abkommen ist nichtig, und kann nur durch die Genehmigung der Staatsbehörde gültig werden. Wird diese ertheilt, so ist es aber als von Anfang an rechtsverbindlich zu betrachten.

[3]) **Staatsbehörde.** Da das der Staatsbehörde beigelegte Recht zur Genehmigung ein Ausfluß des allgemeinen Ober-Aufsichtsrechtes über die Kirchen ist, so wird diese der allgemeinen Regel nach beim Ober-Präsidenten nachzusuchen sein, s. S. 55 Anm. 2.

§ 21. *) Nach der Abänderung der Kommission, welche die jetzt vorliegende Fassung von den Worten: „die Erledigung" bis „zur Folge" statt des Schlusses der Regierungs-Vorlage: „den Verlust des geistlichen Amtes zur Folge," gewählt hat, weil der Ausdruck: „Verlust des geistlichen Amtes" insofern Anstoß erregte, als er den Schein erwecken könnte, als wollte der Staat durch staatliche Autorität eine Beendigung des kirchlichen Amtes aussprechen, welches doch nur von der Kirche verliehen sei" (Kommiss.-Ber. S. 34). Das Amendement Dr. Brüel, vor „Unfähigkeit" das Wort „rechtliche" einzuschalten, ist vom Abgeordnetenhause verworfen worden (stenogr. Ber. S. 1620).

[1]) **Verurtheilung**, d. h. rechtskräftige Verurtheilung.

[2]) **und der Fähigkeit zur Bekleidung öffentlicher Aemter**, vgl. S. 133 Anm. 5.

[3]) **Erledigung der Stelle.** Die Regierungs-Motive bemerken hierzu S. 22: „Das geistliche Amt in den öffentlich anerkannten Kirchen hat, wie in dem allgemeinen Theil der Motive dargethan, die Natur „eines öffentlichen Amts". Diesem Charakter des geistlichen Amts wie dem übereinstimmenden Interesse des Staats und der Kirche entspricht es, in denjenigen Fällen, für welche das Reichs-Strafgesetzbuch den Verlust öffentlicher Aemter ausspricht (§§ 31, 33 und 35), auch den Verlust des geistlichen Amts eintreten zu lassen. Die Statthaftigkeit einer solchen Vorschrift kann im Hinblick auf die Bestimmung im § 5 des Einführungs-Gesetzes zum Reichs-Strafgesetzbuch keinem Zweifel unterliegen. Für das Großherzogthum Baden ist bereits eine gleiche Vorschrift durch Art. 14 Nr. VII. des Gesetzes vom 23. Dezember 1871, betreffend den Vollzug der Einführung des Deutschen Reichsstrafgesetzbuchs in dem Großherzogthum Baden, getroffen worden". Die in Bezug genommene frühere Stelle vgl. oben S. 102 Anm. 2. Für die Auffassung der Regierung kommen weiter in Betracht die Motive zu dem § 5 des Entwurfs des Straf- und Zuchtmittelgesetzes (s. oben S. 29 Anm. * in den S. 4 § 1 Anm. * citirten Drucksachen S. 12): „Daß Kirchen-Aemter unter den Begriff der „öffentlichen Aemter" gestellt werden, kann einem gegründeten Bedenken nicht füglich unterliegen. Das Reichsstrafgesetz hat eine Definition des letzteren Begriffes nirgends gegeben, wohl aber im Gegensatz zu den im § 359 aufgestellten Kriterien eines unmittelbaren oder mittelbaren Staatsbeamten auch die Advokatur, die Anwaltschaft und das Notariat, sowie den Geschworenen- und Schöffendienst als öffentliche Aemter deklarirt (§ 31). Da die nähere Bestimmung des Begriffs somit dem Landesrecht zufällt, so rechtfertigt sich die Vorschrift des § 5 Al. 2, welche die betreffende Strafe zur Beseitigung jeden Zweifels auf die Kirchenämter ausdehnt. Von den gleichen Prämissen ist übrigens bereits das badische Gesetz v. 23. Dezember 1871 .... ausgegangen, indem es im Art. 14 Nr. VII. bestimmt: „Die Verurtheilung zur Zuchthausstrafe hat die dauernde Unfähigkeit zur Bekleidung eines Kirchenamts von Rechtswegen zur Folge. — Die Aberkennung der bürgerlichen Ehrenrechte oder der Fähigkeit zur Bekleidung öffentlicher Aemter bewirkt den dauernden Verlust des bekleideten Kirchenamts und die Unfähigkeit, während der im Urtheil bestimmten Zeit ein Kirchenamt zu erlangen. — Die Strafe des Verlustes der bekleideten öffentlichen Aemter erstreckt sich auch auf die Kirchenämter und kann auch gegen Angeklagte erkannt werden, welche nur ein Kirchenamt bekleiden."

Wenngleich die Kirchen-Aemter nicht öffentliche Aemter im Sinne des Reichs-Str.-G.-B. sind (S. 88 Anm. 5), so sind sie es doch nach preußischem Recht. Mit Rücksicht auf die im Art. 15 der Verfassungs-Urkunde den Kirchen gewährte Selbstständigkeit können die Geistlichen allerdings nicht mehr als Staatsbeamte angesehen werden. Denn sie üben keine dem Staate zustehende Thätigkeit aus und sind keine Organe für die Verwirklichung der von demselben zu erfüllenden Zwecke. Die §§ 19 u. 96 Tit. 11 Th. II A. L. R. (s. S. 30 Anm. 1), welche übrigens auch nicht einmal die Geistlichen geradezu für Staatsbeamte erklären (s. Laspeyres, Gesch. u. heut. Verf. der kath. Kirche Bd. 1 S. 505; Meier K. R. S. 13), kommen der Verf.-Urk. gegenüber jedenfalls nicht mehr in Betracht (s. auch Oppenhoff, Kommentar zu § 31 des Reichs-Str.-G.-B. Nr. 15). Andererseits sind aber die Geistlichen noch jetzt Beamte einer öffentlichen Korporation (vgl. Sohm in Doves Ztschr. f. K. R. Bd. 11 S. 167), d. h. einer Korporation, welche durch ihr inneres Leben und durch ihre Zwecke den Staat der Art interessirt, daß er einerseits dieser Korporation seine Macht für gewisse Fälle zur Verfügung stellt und sie daher mit besonderen Privilegien ausstattet, andererseits aber einen bestimmten Einfluß auf das Leben der Korporation in Anspruch nimmt und in Folge desselben weiter gehende Rechte gegen dieselbe als gegen anderere Korporationen ausübt (s. S. 5 Anm. 2 u. die vorhin mitgetheilte Stelle der Motive). Ihr Amt ist demnach als ein öffentliches Amt anzusehen. Nach § 5 des Einführungsges. zum Reichs-Str.-G.-B. kann die preußische Gesetzgebung landesgesetzliche Vorschriften über „Materien, welche nicht Gegenstand des Strafgesetzbuches sind" erlassen. Die Bestimmung, welche Aemter öffentliche Aemter sind, steht unzweifelhaft der Landesgesetzgebung zu. Ferner hat das Reichs-Str.-G.-B. über die Entziehung solcher öffentlichen Aemter, welche es selbst nicht zu denselben rechnet — und dahin gehört das geistliche Amt, s. S. 88 Anm. 5 — keine Bestimmung getroffen. Deshalb kann auch

IV. Strafbestimmungen. [1])

§. 22.*)

Ein geistlicher Oberer,[1]) welcher den §§ 1 bis 3 zuwider[2]) ein geistliches Amt überträgt oder die Uebertragung genehmigt,[3]) wird mit Geldstrafe von 200 bis zu 1000 Thalern bestraft.[4])

Dieselbe Strafe trifft denjenigen, welcher der Vorschrift des § 19 Absatz 1[5]) zuwiderhandelt.

---

die Entziehung solcher als Folge an die Verurtheilung zur Zuchthausstrafe u. s. w. geknüpft werden. Es läßt sich dagegen nicht einwenden (so der Abg. Simon v. Zastrow stenogr. Ber. des Abgeordn. S. 1618), daß es sich hier um Folgen handele, welche eintreten sollen für ein unter die allgemeinen Strafgesetze fallendes Verbrechen. Das ist freilich richtig. Aber das Reichs-Str.-G.-B. hat eben die Regelung des Erwerbes und des Verlustes der öffentlichen Aemter über die erwähnten Grenzen hinaus offen gelassen und offen lassen müssen, um nicht in die Ausübung der auf das Reich nicht übergegangenen Hoheitsrechte der einzelnen Staaten, z. B. der Kirchenhoheit, einzugreifen. Daher steht auch die fragliche Vorschrift nicht mit ihm in Widerspruch.

[4]) **die Erledigung der Stelle, die Unfähigkeit zur Ausübung des geistlichen Amtes und den Verlust des Amtseinkommens zur Folge.** In dem Disciplinargesetz § 24 Abs. 2 sind diese Folgen mit dem Ausdruck: „Entlassung aus dem Amte" bezeichnet, und damit klar gestellt, daß auch das geistliche Amt für den Staat als verloren gilt. Wenn die Kommission hier (s. Anm. *) das Wort: „Verlust des Amtes" aus der Regierungs-Vorlage ausgemerzt hat, weil der Staat eine Beendigung des kirchlichen Amtes nicht festsetzen könne, so widerspricht es dieser Auffassung, daß die Unfähigkeit zur Ausübung des geistlichen Amtes in jeder Beziehung, nicht blos derjenigen Befugnisse, welche staatliche Wirkungen haben, und die Erledigung der Stelle, d. h. doch des Amtes, dessen Pfründe ohne das Amt nicht vakant werden kann, von der Kommission selbst ausgesprochen ist. Demnach war es auch nicht richtig, wenn der Berichterstatter Dr. Gneist bei den Verhandlungen im Abgeordnetenhause (stenogr. Ber. S. 1620) die hier ausgesprochenen Folgen als „Entziehung des Exequatur" bezeichnete. Die rechtlichen Folgen eines solchen Verlustes des Amtes sind dieselben, wie wenn der Geistliche dem § 17 zuwider angestellt ist, s. S. 135 Anm. 4.

[1]) Die Reg.-Motive S. 22 bemerken hierzu: „Die Delikte, welche hier unter Strafe gestellt werden, sind ihrer rechtlichen Natur nach den Vergehen wider die öffentliche Ordnung gleich zu behandeln. Danach ist das Strafmaß zu bestimmen, dabei aber zugleich zu berücksichtigen, daß die Strafandrohung sich gegen Personen richtet, welche vermöge ihrer hervorragenden Stellung und ihrer Bildung besonders berufen und verpflichtet erscheinen, den Gesetzen des Staates volle Achtung zu zollen. Während daher principaliter nur Geldstrafen angedroht sind, haben diese doch, wenn sie ihren Zweck nicht vollständig verfehlen sollen, nicht zu niedrig gegriffen werden dürfen."

§ **22** *) Unverändert nach der Reg.-Vorlage. Das Abgeordnetenhaus hat das Amendement Holtz-Sack, die Worte: „von 200", sowie den Abs. 2 zu streichen (stenogr. Ber. S. 1623) und das Herrenhaus einen dem ersteren gleichen Antrag des Grf. v. Krassow verworfen (stenogr. Ber. S. 521).

[1]) **geistlicher Oberer.** Handelt es sich um ein Kollegium, so können nur die Mitglieder, die für die Maßregel gestimmt haben, bestraft werden.

[2]) **den §§ 1 bis 3 zuwider,** vgl. S. 135 Anm. 1 und 2 und S. 105 Anm. 4. Vgl. ferner unten Anm. 2 zu § 23. — Auf die S. 129 Anm. 1 Abs. 3 u. 4 gedachten Fälle trifft die Strafbestimmung nicht zu. Der Bischof stellt weder den Weihbischof noch die erwähnten Stellvertreter und Hülfsgeistlichen an, noch genehmigt er deren Bestellung; auch ist der Dechant oder Pfarrer, der eine solche vornimmt, nicht geistlicher Oberer im Sinne des Gesetzes. Außer der Nichtigkeit der Anstellung (§ 17) und der kraft derselben vorgenommenen Amtshandlungen, ferner der Bestrafung des Angestellten nach § 23 tritt aber die weitere Folge ein, daß der Bischof, welcher dem Weihbischof die Vornahme von Amtshandlungen, der Dechant oder Pfarrer, der die Stellvertretung

§. 23.*)

Wer geistliche Amtshandlungen[1]) in einem Amte vornimmt, welches ihm den Vorschriften der §§ 1 bis 3 zuwider übertragen worden ist,[2]) wird mit Geldstrafe bis zu 100 Thalern bestraft.[3])

Dieselbe Strafe trifft denjenigen, der geistliche Amtshandlungen in einem von ihm nicht dauernd verwalteten Pfarramte vornimmt, nachdem er von dem Oberpräsidenten benachrichtigt worden ist, daß das Zwangsverfahren behufs Wiederbesetzung der Stelle in Gemäßheit der Vorschrift in § 18 Absatz 2 eingeleitet sei.[4])

---

oder Hülfsleistung aufgetragen hat, als Anstifter zu dem im § 23 vorgesehenen Vergehen nach § 48 Reichs-Str.-G.-B. bestraft werden kann.

[3]) **Uebertragung genehmigt,** s. S. 139 Anm. 2 u. S. 142 Anm. 16.

[4]) **von 200 bis zu 1000 Thalern bestraft.** Mit Rücksicht auf diese Strafandrohung sind die S. 33 unter d erwähnten Gerichte, und zwar ebenfalls in den neuen Provinzen, kompetent. Daß in diesen Landestheilen die Polizeigerichte für Vergehen gegen § 22 keine Kompetenz, abweichend vom Falle des § 31 des Disciplinargesetzes, haben, erklärt sich daraus, daß das dort zugelassene regelmäßige Maximum 100 Thlr. beträgt und das im Wiederholungsfall gestattete von 1000 Thrn. für die Kompetenzbestimmung nicht in Betracht kommt (vgl. § 11 der Strafproceß-Ordnung von 1867: „Vor die Polizeigerichte gehört die Hauptverhandlung und Entscheidung aller Uebertretungen und derjenigen Vergehen, deren gesetzliche Strafe nur in Freiheitsstrafe von höchstens sechs Monaten oder Geldbuße von höchstens fünfhundert Thalern, allein oder in Verbindung mit einander besteht. Es macht dabei keinen Unterschied, ob das Maaß der Strafe wegen Rückfalls überschritten werden kann.").

[5]) **Vorschrift des § 19 Abs. 1,** d. h. ein Seelsorge-Amt, deren Inhaber unbedingt abberufen werden kann, ohne Genehmigung des Ministers der geistlichen Angelegenheiten errichtet. Vollendet ist die Errichtung mit der Bekanntmachung der betreffenden Verfügung, des sg. Erektions-Dekretes, mag diese öffentlich oder nur an die Betheiligten geschehen sein, wenngleich auch die Verfügung noch nicht völlig ausgeführt ist, z. B. die Ernennung des Geistlichen oder die Uebergabe der nöthigen Vermögensstücke, noch nicht stattgefunden hat. Die nachträglich eingeholte Genehmigung beseitigt demnach die Straffälligkeit nicht.

§ 23. *) Unverändert nach der Reg.-Vorlage. Im Herrenhause ist das Amendement des Grf. Yorck v. Wartenberg, im § 23 und zwar in beiden Absätzen desselben hinter die Worte: „Amtshandlungen" einzuschieben die Worte: „mit bürgerlicher Wirkung", verworfen worden (stenogr. Ber. S. 521).

[1]) **geistliche Amtshandlungen,** nicht blos solche, welche bürgerliche Wirkungen haben, sondern auch alle anderen, die er allein kraft des Amtes vorzunehmen befugt war, s. S. 136. Diese Auffassung wird durch die Verwerfung des Amendements Grf. Yorck (Anm. *) bestätigt, welche mit Rücksicht auf nachstehende Erklärung des Kultusministers (stenogr. Ber. des Herrenhauses S. 521) erfolgt ist: „Aber der Grund, weshalb die Staatsregierung so sehr Bedacht darauf nehmen muß, dieses Gesetz angenommen zu sehen . . ., beruht nicht darin, daß die einzelnen Akte der Geistlichen mit civilrechtlichen Folgen versehen werden, sondern darin, daß . . . die Geistlichen im eminentesten Sinne Lehrer des Volkes sind, und das nicht wegen dieser bürgerlichen Wirkung ihrer Amtshandlungen, sondern vermöge ihrer seelsorgerischen Thätigkeit. Diese aber würde in der gefährlichsten Weise von solchen Persönlichkeiten weiter geführt werden können, wenn das Amendement . . . angenommen würde; der Geistliche, welcher von der Staatsregierung als gefährlich anerkannt worden ist, würde im Amte bleiben."

[2]) **den Vorschriften der §§ 1 bis 3 zuwider übertragen worden ist,** s. S. 135 Anm. 1 u. 2. Ein neuerdings ergangenes Erkenntniß des Kreisgerichts zu Tarnowitz hat angenommen, daß der Geistliche wegen Vornahme von geistlichen Amtshandlungen dann nicht strafbar ist, wenn derselbe ohne Benennung seitens des geistlichen Oberen (§ 15) angestellt ist, und trotz unterlassener

Benennung der Ober=Präsident keinen Einspruch erhoben habe. Diese Entscheidung wird damit begründet, daß eine solche Anstellung nicht dem § 1 zuwider erfolgt sei. Der § 1 statuire nicht die Benennungspflicht. Diese fordere nur der § 15, und nach § 17 werde ausdrücklich zwischen einer Anstellung, die dem § 1 zuwider sei und einer solchen, welche vor Ablauf der Einspruchsfrist erfolge, unterschieden. Das Gesetz selbst betrachte demnach die vor Ablauf der Frist stattgehabte Amtsübertragung und damit zugleich die Unterlassung der für den Lauf jener Frist nothwendigen Anzeige nicht als der Vorschrift des § 1 zuwider, da sonst die zweite Alternative des § 17 a. a. O. überflüssig wäre, was ohne zwingende Momente nicht anzunehmen sei. Unter dem Citat der §§. 1—3 könne nicht der § 15 mit subsumirt werden, weil Strafgesetze nicht extensiv zu interpretiren seien. Ferner ergebe sich aus den Motiven des Gesetzes, und aus den in der General=Debatte ausgesprochenen Ansichten, insbesondere der Rede des Abgeordneten v. Bennigsen, daß es die Absicht des Gesetzgebers gewesen, nur denjenigen zu bestrafen, welcher trotz des von der Staatsregierung erhobenen Einspruchs ein geistliches Amt übertrage oder annehme. Dieser Absicht entsprechend stelle der § 1 als drittes Erforderniß für die Uebertragung eines geistlichen Amtes nur auf, daß gegen dieselbe kein Einspruch erhoben sei, während er es ganz dahin gestellt sein lasse, ob die Staatsregierung in der Lage war, diesen geltend zu machen. Selbst aber wenn man annehmen wollte, daß das dritte Erforderniß nicht als vorhanden gelte, wenn die Möglichkeit zum Einspruche fehle, so könne davon nicht die Rede sein, wenn der Ober=Präsident (thatsächlich und außeramtlich) von der beabsichtigten Anstellung Kenntniß erhalten habe. — Diese Ausführungen sind unhaltbar. Denn 1) ergiebt sich aus den S. 135 Anm. 2 u. 3 gemachten Anführungen, daß die zweite Alternative nur „zum vollständigen Ausdruck des Gemeinten" nicht aber, um einen Gegensatz zwischen einer Anstellung zuwider dem § 1 und einer Anstellung zuwider § 15 Abs. 1 in das Gesetz hinein zu korrigiren, gemacht ist. 2) Ist es thatsächlich unrichtig, daß die Motive zum Gesetze irgend eine Stelle enthalten, welche die Behauptung des Erkenntnisses rechtfertigen. Im Gegentheil heißt es in denselben (S. 22) vor den S. 149 Anm. 1 zu IV mitgetheilten Worten: „Die Nothwendigkeit, die Beobachtung der von dem Gesetze festgestellten Normen auf einem Gebiete, wie dem vorliegenden, unter den Schutz des von den Gerichten des Landes anzuwendenden Strafgesetzes zu stellen, sowie die Statthaftigkeit im Wege der Landesgesetzgebung Strafbestimmungen über diese Materie, welche nicht Gegenstand des Reichs=Strafgesetzbuches ist, zu erlassen, ist in den Motiven zu dem Gesetz=Entwurf, betreffend die Grenzen des Rechtes zum Gebrauch kirchlicher Straf= und Zuchtmittel, ausführlich erörtert", woraus sich ergiebt, daß das Gesetz gerade jedes Zuwiderhandeln, also auch die Anstellung ohne Benennung und das Amtiren auf Grund einer solchen gesetzwidrigen Anstellung hat unter Strafe stellen wollen. Ebensowenig hat sich irgend ein Redner und namentlich auch nicht der Abgeordnete v. Bennigsen (s. stenogr. Ber. S. 597 ff) speciell über die in Rede stehende Frage ausgelassen, wie denn auch das Erkenntniß keine bestimmte Stelle dafür citirt. Auch aus den Motiven des Kommissions=Berichtes (S. 34, 35) erhellt nicht das Mindeste, was auf die vom Kreisgericht beliebte Restriktion schließen ließe. 3) Verpflichtet das Gesetz den Ober=Präsidenten nicht Einspruch zu erheben, auf Grund bloßer außeramtlicher Kenntniß, allein deshalb weil er die Möglichkeit hat, sondern nur dann, wenn ihm die amtliche Benennung gemacht worden ist.

Demnach bleibt blos in Frage, wie der § 1 zu interpretiren ist. Wenn dieser in positiver Form sagt, daß ein geistliches Amt nur an Jemand verliehen werden kann, gegen dessen Anstellung kein Einspruch von der Staatsregierung erhoben worden ist, so kann die Negative namentlich mit Rücksicht darauf, daß die in dem § 1 aufgestellten Erfordernisse in den weiteren §§ des Gesetzes spezialisirt werden, nur bedeuten, daß jede Uebertragung, welche nicht den Vorschriften desselben gemäß ist, ausgeschlossen sein soll, d. h. also daß die Uebertragung eines Amtes, bei welcher ein Einspruch nach den Vorschriften des Gesetzes nicht stattgefunden hat oder dem letzteren zuwider nicht seitens der geistlichen Oberen ermöglicht worden ist, verboten wird. Mit andern Worten: der § 1 nimmt alle Vorschriften des Gesetzes über den Einspruch, also namentlich auch den § 15, naturgemäß in Bezug, und durch das Citat § 1 bis 3 im § 23 sind diese ebenfalls mit einbegriffen. Das ergiebt sowohl der Bau des Gesetzes als auch die Absicht des Gesetzgebers, namentlich wenn man bedenkt, daß kein vernünftiger Grund vorlag, einen solchen Unterschied, wie ihn das Kreisgericht heraus interpretirt, in dem Gesetze zu machen, daß es vielmehr unbegreiflich

§. 24.*)

Wer geistliche Amtshandlungen vornimmt, nachdem er in Folge gerichtlichen Strafurtheils [1]) die Fähigkeit zur Ausübung des geistlichen Amtes verloren hat (§ 21), wird mit Geldstrafe bis zu 100 Thalern bestraft. [2])

V. Uebergangs- und Schlußbestimmungen.

§. 25.*)

Ausländer, [1]) welchen vor Verkündung dieses Gesetzes ein geistliches Amt [2]) (§ 2) oder eines der im § 10 erwähnten Aemter [3]) an kirchlichen Anstalten übertragen worden ist, haben bei Vermeidung der Folgen des § 21 [4]) innerhalb sechs Monaten [5]) die Reichsangehörigkeit zu erwerben. [6])

Der Minister der geistlichen Angelegenheiten kann mit Rücksicht auf die besonderen Bedürfnisse des einzelnen Falles diesen Zeitraum verlängern.

---

sein würde, hätte der Gesetzgeber die Anstellung zuwider dem thatsächlich erhobenen Einspruch bestrafen, aber eine Anstellung, welche ohne Ermöglichung desselben erfolgt wäre, straflos lassen wollen. Endlich, da es sich gar nicht um die Interpretation des § 23, sondern nur des § 1 handelt, ist auch der Grund, daß Strafgesetze nicht extensiv zu interpretiren seien, hinfällig.

Mit Rücksicht darauf, daß § 2 die Anordnung einer Stellvertretung oder einer Hülfsleistung bei Gefahr im Verzuge ohne vorgängige Anzeige und ohne Abwartung der Einspruchsfrist gestattet (s. S. 105 Anm. 4), wird auch der betreffende Geistliche, welcher unter diesen Voraussetzungen funktionirt, nicht straffällig sein. Eine Straffälligkeit kann vielmehr erst eintreten, wenn der vorbehaltene Einspruch vom Ober-Präsidenten erhoben worden und zur Kenntniß des Geistlichen gebracht ist. Vorher ist die Ausübung seiner Amtshandlungen keine widerrechtliche, um so weniger als er sich nicht in der Lage befindet, den Bischof zur Auskunft darüber zu zwingen, ob ein Einspruch nachträglich erhoben worden ist. Bei der Uebertragung eines Amtes selbst wird dagegen die Straffälligkeit dadurch nicht ausgeschlossen, daß dem Geistlichen nichts von dem Einspruch bekannt geworden ist. Die Innehaltung der betreffenden Vorschriften ist hier Bedingung der Gültigkeit seiner Anstellung und um diese sich zu bekümmern, ist er verpflichtet. Uebrigens ist bisher die Praxis beobachtet worden, in jedem Falle bei widerrechtlicher Anstellung eines Geistlichen, diesem und den sonstigen Betheiligten amtlich Kenntniß davon zu geben, daß dieselbe nichtig ist.

[3]) **bis zu 100 Thalern bestraft.** Wegen der Kompetenz s. S. 33 unter d, nur sind für diesen Fall in den neuen Provinzen die Polizeigerichte zuständig (s. S. 150 Anm. 4). — Ueber das Verhältniß des § zu § 132 Reichs-Str.-B. vgl. S. 88 Anm. 5 a. E. u. S. 148 Anm. 3.

[4]) **eingeleitet sei.** Dieser Absatz hat die Fälle im Auge, wo eine anfänglich interimistische Verwaltung von Pfarr-Aemtern dadurch zu einer ungesetzlichen wird, daß die § 18 Abs. 1 dafür gestatteten Fristen abgelaufen sind. Ferner bezieht er sich auch auf die Vornahme von Amtshandlungen durch Sukkursal-Pfarrer, welche über die § 19 Abs. 2 gedachte Frist hinaus, obwohl sie nicht dauernd angestellt sind, ihr Amt weiter versehen, denn auch deren Aemter sind Pfarr-Aemter, welche von jener Zeit ab dauernd verwaltet werden sollen. Bedingung der Strafbarkeit ist in diesen Fällen die Benachrichtigung des Ober-Präsidenten, daß er dem geistlichen Oberen die dauernde Besetzung unter Androhung einer Geldstrafe aufgegeben habe. Damit, nicht mit einer bloßen Aufforderung ohne Präjudiz, beginnt das Zwangsverfahren.

§ 24. *) Stimmt mit der Regierungs-Vorlage bis auf die von der Kommission in Gemäßheit des Beschlusses zu § 21 (s. S. 147 Anm. *) vorgeschlagene Aenderung der Worte: „das geistliche Amt“ in: „die Fähigkeit zur Ausübung des geistlichen Amtes“ überein.

[1]) **gerichtlichen Strafurtheils,** selbstverständlich muß dasselbe rechtskräftig, und sofern die Rechtskraft mit dem Urtheil eintritt, dem betreffenden publicirt, bez. insinuirt sein.

[2]) **bis zu 100 Thalern bestraft,** s. Anm. 3 zu § 23.

§ 25. *) Der Abs. 2 ist von der Kommission angefügt. Im Abs. 1 hat diese die jetzigen

§. 26.*)

Die Vorschriften dieses Gesetzes über den Nachweis wissenschaftlicher Vorbildung und Befähigung[1]) finden keine Anwendung auf Personen, welche vor Verkündung dieses Gesetzes[2]) im geistlichen Amte angestellt[3]) sind oder die Fähigkeit zur Anstellung im geistlichen Amte erlangt[4]) haben.

Außerdem ist der Minister der geistlichen Angelegenheiten ermächtigt, denjenigen Personen, welche vor Verkündung dieses Gesetzes in ihrer Vorbildung zum geistlichen Amte vorgeschritten waren,[5]) den in diesem Gesetze vorgeschriebenen Nachweis der Vorbildung ganz oder theilweise[6]) zu erlassen.

Der Minister der geistlichen Angelegenheiten ist auch ermächtigt, Ausländer[7]) von den Erfordernissen des § 4 dieses Gesetzes zu dispensiren.

Schlußworte von: „Vermeidung" ab statt der Worte der Regierungs-Vorlage: „Verlust desselben innerhalb sechs Monaten die Reichsangehörigkeit zu erwerben" vorgeschlagen.

[1]) **Ausländer,** d. h. nicht Deutsche, s. S. 103 Anm. 3.

[2]) **geistliches Amt** (§ 2). Das Citat ergiebt, daß unter Amt auch die Versehung einer Stellvertretung oder Hülfsleistung gemeint ist.

[3]) **der im § 10 erwähnten Aemter,** d. h. das Amt eines Lehrers oder Erziehers an kirchlichen, der Vorbildung der Geistlichen dienenden Anstalten.

[4]) **der Folgen des § 21,** d. h. der Erledigung der Stelle, der Unfähigkeit zur Ausübung des betreffenden Amtes und des Verlustes des Amtseinkommens. Die Vornahme von geistlichen Amtshandlungen nachdem diese Wirkungen eingetreten sind, ist nicht unter Strafe gestellt, da der aus den §§ 23 u. 24 zu entnehmende Thatbestand diesen Fall nicht umfaßt. Dagegen können solche Geistliche, wie alle andern Ausländer, ausgewiesen werden. Dasselbe gilt auch von den Lehrern und Erziehern, deren Beibehaltung nach Ablauf der Frist seitens der geistlichen Behörden nicht zu den im § 13 festgesetzten Maßregeln berechtigt.

[5]) **sechs Monaten,** angerechnet von dem Inkrafttreten des Gesetzes.

[6]) **Reichsangehörigkeit zu erwerben.** Die Reichsangehörigkeit (s. S. 103 Anm. 3) muß also binnen des vorgeschriebenen Zeitraums nicht blos nachgesucht, sondern auch erworben sein, sonst treten die erwähnten Folgen (s. Anm. 4), sofern nicht etwa vom Minister der geistlichen Angelegenheiten eine weitere Frist bewilligt ist (s. Abs. 2), ohne Weiteres ein.

§ 26. *) Nach den Vorschlägen der Kommission, welche nur dadurch von der Fassung des Gesetzes abwichen, daß zwischen den Worten: „welche" und „vor Verkündung" ein: „bereits" stand, und zwischen den Worten: „oder" und „die Fähigkeit zur Anstellung" sich die Einschaltung: „vor dem ersten Januar 1873" befand. Diese beiden Einschaltungen sind im Herrenhause zu Folge der Annahme des dahin gehenden Amendements Gobbin gefallen, (stenogr. Ber. S. 522, 525), und das Abgeordnetenhaus hat in seiner Sitzung vom 9. Mai 1873 diese Aenderung angenommen (stenogr. Ber. S. 1862). Die Regierungs-Vorlage lautete: „Die Vorschriften dieses Gesetzes über den Nachweis wissenschaftlicher Vorbildung und Befähigung finden keine Anwendung, wenn vor Verkündung dieses Gesetzes angestellte Personen in ein Amt gleicher Art versetzt oder zu dieser Zeit widerruflich verwaltete Aemter an ihre Inhaber dauernd übertragen werden sollen. In anderen Fällen ist der Minister der geistlichen Angelegenheiten ermächtigt, denjenigen Personen, welche vor Verkündung dieses Gesetzes in ein Amt getreten sind, oder in ihrer Vorbildung zum geistlichen Amte vorgeschritten waren, den in diesem Gesetze vorgeschriebenen Nachweis der Vorbildung ganz oder theilweise zu erlassen." — Abgelehnt ist vom Abgeordnetenhause der Antrag Dr. Brüel in Abs. 1 statt der Worte: „die Fähigkeit zur Anstellung im geistlichen Amt erlangt haben" zu setzen: „nach zurückgelegtem theologischem Studium eine theologische Prüfung bestanden haben" (stenogr. Ber. S. 1635); im Herrenhause das Amendement Grf. v. Krassow statt der Worte: „vor dem 1. Januar 1873 u. s. w." zu setzen: „eine theologische Prüfung bestanden haben" (stenogr. Ber. S. 522, 525).

§. 27.*)

Die in den §§ 4 und 8 dieses Gesetzes vorgeschriebene Staatsprüfung kann mit der theologischen Prüfung verbunden werden,[1]) insofern die Einrichtung dieser letzteren Prüfung und die Bildung der Prüfungscommissionen Behörden zusteht, deren Mitglieder sämmtlich oder theilweise vom Könige[2]) ernannt werden.

---

[1]) **wissenschaftlicher Vorbildung und Befähigung**, s. §§ 4—12, 14.

[2]) **vor der Verkündigung dieses Gesetzes**, s. S. 146 Anm. 4.

[3]) **im geistlichen Amte angestellt**, vgl. Kommiss.-Ber. S. 36: „Es werde sich empfehlen, noch etwas weiter zu gehen nach folgenden Principien: 1) der definitiv angestellte Geistliche bedarf auch zu seinem Aufrücken in höhere Aemter nicht des Nachweises der erst in diesem Gesetz vorgeschriebenen Vorbildung. 2) Der interimistisch angestellte Geistliche kann auch ohne jenen Nachweis definitiv angestellt werden. 3) Auch in anderen Fällen kann Denen, welche in ihrer Vorbildung schon weiter vorgeschritten sind, eine Dispensation von den Erfordernissen des gegenwärtigen Gesetzes ertheilt werden" (s. dazu Abs. 2 des §).

[4]) **Fähigkeit zur Anstellung im geistlichen Amte erlangt**, d. h. die zu diesem Behufe nöthigen Examina abgelegt haben. Demnach muß da, wo für die evangelischen Theologen 2 Examina (examen pro licentia concionandi und pro ministerio) bestehen, wie z. B. in Altpreußen, in Hannover, im Konsistorial-Bezirk Wiesbaden, in Kurhessen, das letzte, in Schleswig-Holstein das sg. Amtsexamen abgelegt sein; die Nachweisungen s. S. 109 Anm. 6. Was die katholischen Geistlichen betrifft, so müssen diese die bis dahin für die Erlangung des Pfarramtes erforderliche Prüfung, die Pfarr-Konkurs- oder Pfarrbefähigungs-Prüfung, welche von Zeit zu Zeit in den einzelnen Diöcesen abgehalten wird (für Breslau s. Sauer, pfarramtl. Geschäftsverwaltung 2. Aufl. Breslau 1868. S. 34; für Paderborn, Gerlach, Paderborner Diöcesanrecht. 2. Aufl. S. 19) absolvirt haben. Die Ablegung der Examina pro approbatione, d. h. derjenigen, kraft welcher nur die Befugniß erlangt wird, auf bestimmte Zeit die Approbation zur Seelsorge zu erhalten und Aushülfe in derselben zu leisten, genügt nicht.

[5]) **in ihrer Vorbildung zum geistlichen Amte vorgeschritten waren.** Die in der vorigen Anm. erörterte Vorschrift kann für diejenigen, welche bei Erlaß des Gesetzes noch nicht die letzte Prüfung absolvirt haben, Härten herbeizuführen, z. B. für evangelische Kandibaten, welche die erste Prüfung bestanden, für katholische Geistliche, welche das Examen pro approbatione gemacht, aber deshalb weil die vorgeschriebene Wartezeit bis zum Pfarrbefähigungs-Examen — z. B. in der Diöcese Paderborn der erforderliche fünfjährige Zeitraum — noch nicht abgelaufen ist, das letztere nicht haben absolviren können. Deshalb ist dem Minister der geistlichen Angelegenheiten die Dispensations-Befugniß eingeräumt, jedoch nur mit der Beschränkung, daß sie allein hinsichtlich solcher ausgeübt werden darf, welche in ihrer Vorbildung zum geistlichen Amte vorgeschritten waren, d. h. also nicht hinsichtlich derjenigen, welche dieselbe erst begonnen haben. Mindestens muß also das theologische Studium zurückgelegt sein.

[6]) **theilweise**; es kann demnach die Ablegung der wissenschaftlichen Prüfung (§ 8), die Nothwendigkeit des 3jährigen Studiums auf einer deutschen Staatsuniversität u. s. w. allein erlassen werden.

[7]) **Ausländer**. Diese Vorschrift ist deshalb aufgenommen, weil die in der Denkschrift des Ober-Kirchenraths erwähnten Ausländer (s. S. 111 Anm. 3), „welche als Pfarrer in reformirte Gemeinden berufen werden, auch in Zukunft oft außer Stande sein werden, die Erfordernisse einer preußischen Gymnasialbildung und eines deutschen Universitätsstudiums zu erfüllen" (Kommissions-Bericht S. 37). Die Bestimmung hat im Gegensatz zu denen in Abs. 1 und 2 eine dauernde Bedeutung.

Die Dispensationsbefugniß erstreckt sich aber nur auf die Erfordernisse der Vorbildung (§ 4), nicht auf die von der Nothwendigkeit des Erwerbes der Reichsangehörigkeit (§ 1). Von letzterem Requisite giebt es nach dem Gesetz keine Dispensation; die Qualität als Ausländer ist nur ein

§. 28.*)

Die Vorschriften dieses Gesetzes über das Einspruchsrecht des Staates [1]) (§§ 1, 3, 10, 12, 15 und 16) finden in den Fällen keine Anwendung, in welchen die Anstellung durch Behörden erfolgt,[2]) deren Mitglieder sämmtlich vom Könige ernannt werden.[3])

Grund für die Beseitigung der aus der Anwendung des § 4 auf Ausländer sich etwa ergebenden Inkonvenienzen.

§ 27. *) Unverändert nach der Reg.-Vorlage.

[1]) **verbunden werden**, also gleichzeitig abgehalten, aber nicht dadurch ersetzt werden. Die mit der theologischen Prüfung kombinirte Staatsprüfung muß also immer als eine selbstständige erscheinen. Es ist mithin ein besonderes Zeugniß darüber auszustellen. Sind bestimmte Mitglieder der theologischen Prüfungs-Kommissionen auch zu Examinatoren für die Staatsprüfung ernannt, so haben sie diese letztere allein vorzunehmen und auch allein über den Ausfall abzustimmen.

[2]) **sämmtlich oder theilweise vom Könige ernannt**. Das ist wenigstens für die Regel der Fall mit den Prüfungs-Kommiss. für die evangel. Theologen. Diese bestehen mindestens zum Theil aus Mitgliedern der Konsistorien oder Professoren der Universitäten (vgl. die Nachweisungen S. 109 Anm. 6), welche durch den König ernannt werden. Das „theilweise“ erklärt sich daraus, daß sowohl nach der rhein. westfäl. Kirchenordnung v. 1835 § 49, als auch nach d. Kirchengemeinde- u. Synodal-Ordnung für die älteren 6 östlichen Provinzen v. 10. September 1873 § 65 Nr. 9 (G.-S. S. 440) Mitglieder der Provinzialsynoden, welche von denselben gewählt werden, den theologischen Prüfungen der evangelischen Kandidaten mit vollem Stimmrecht beizuwohnen befugt sind.

Vereinzelte Ausnahmen kommen allerdings vor, so legen z. B. die in dem Berliner Séminaire de théologie befindlichen reformirten theologischen Studenten nach Beendigung ihrer Studienzeit ein die sonstige erste theologische Prüfung ersetzendes Examen pro candidatura ab. Wenngleich die Abhaltung desselben dem Provinzial-Konsistorium angezeigt wird und dieses auch die Censuren bestätigt, so wird doch die Staatsprüfung mit diesem Examen nicht verbunden werden dürfen, weil die sämmtlichen französisch-reformirten Geistlichen der Stadt Berlin dabei als Examinatoren fungiren, und diese nicht vom König ernannt werden.

In Betreff des von den regelmäßigen Prüfungsbehörden abzuhaltenden Examens steht eine solche Kombination, wenngleich noch keine Anordnungen darüber ergangen sind, zu erwarten, welche um so leichter ausführbar sein wird, als bei dem theologischen Examen die Kandidaten schon bisher in Philosophie und Geschichte geprüft worden sind (s. die Nachweisungen S. 109 Anm. 6).

§ 28. *) Unverändert wie die Regierungs-Vorlage bis auf das von der Kommission hinzugefügte Citat: 3. Das Amendement Dr. Brüel, nach der Klammer einzuschalten: „und über dauernde Stellenbesetzung (§§ 18 u. 19)“ ist vom Abgeordnetenhause (stenogr. Ber. S. 1637), im Herrenhause sind 1) der fallen gelassene, vom Grf. Udo zu Stolberg wieder aufgenommene Antrag Grf. York v. Wartenberg, dem § 28 folgende Fassung zu geben: „Die Vorschriften dieses Gesetzes über das Einspruchsrecht des Staates finden auf diejenigen Kirchen keine Anwendung, deren Aemter und Würden ohne Ausnahme, wie alle übrigen, so auch das oberste Amt, resp. die höchste Würde mit Angehörigen des Preußischen Staats besetzt sind“, und 2) das Amendement Grf. v. Krassow, hinter: „ernannt“ einzuschalten: „oder bestätigt“ abgelehnt worden (stenogr. Bericht S. 526, 527).

[1]) **Einspruchsrecht des Staates** hinsichtlich der Anstellung von Geistlichen, sowie von Lehrern und Erziehern an den geistlichen Bildungs-Anstalten.

[2]) **Anstellung durch Behörden erfolgt**, gleichviel ob durch freie Uebertragung des geistlichen Amtes oder nur durch Bestätigung der von anderen Personen vorgenommenen Designation, Präsentation, Wahl u. s. w. (vgl. auch Kommiss.-Ber. S. 37: „wurde von der Regierung zunächst die Erläuterung gegeben, daß die Fälle, in denen der Patron vozirt, aber das Konsistorium bestätigt, in dieser Bestimmung mit inbegriffen seien“).

[3]) **sämmtlich vom Könige ernannt werden.** Die Voraussetzung des Fortfalls des Ein-

§. 29.*)

Soweit die Mitwirkung des Staats[1]) bei Besetzung geistlicher Aemter[2]) auf Grund des Patronats[3]) oder besonderer Rechtstitel[4]) anderweit geregelt ist, behält es dabei sein Bewenden.[5])

Desgleichen werden die bestehenden Rechte des Staats bezüglich der Anstellung von Geistlichen beim Militair[6]) und an öffentlichen Anstalten[7]) durch das vorliegende Gesetz nicht berührt.[8])

---

spruchsrechts ist 1) die Ernennung, nicht blos die Bestätigung der Mitglieder (z. B. etwa später von den protestantischen Synoden in Vorschlag zu bringender Konsistorial-Mitglieder) durch den König, und 2) Ernennungsrecht hinsichtlich aller Mitglieder. Das Gesetz eximirt nach seiner Fassung keine bestimmte Kirche. Da aber für die evangelischen Landeskirchen der einzelnen Provinzen diese Voraussetzungen, abgesehen von bestimmten singulären Fällen, vorliegen (s. S. 129 Anm. 1), so unterliegt die Verleihung der evangelischen geistlichen Aemter für die Regel nicht dem Einspruchsrecht. Die Motive zur Reg.-Vorlage S. 24 bemerken hierzu: „Die Bestimmungen des Gesetz-Entwurfs setzen in vielfachen Beziehungen voraus, daß das Regiment in der Kirche unabhängig von der Staatsgewalt durch kirchliche Organe geübt werde, und beabsichtigen eben deshalb das Verhältniß von Staat und Kirche für diejenigen Gegenstände, welche der Entwurf behandelt, gesetzlich zu ordnen. Diese Voraussetzung trifft indessen nur vollständig bei der katholischen Kirche zu, während die Verfassung der evangelischen Kirche, wie oben hervorgehoben worden, noch in vielen und wichtigen Dingen sich an den Staat anlehnt. Es muß daher die Möglichkeit offen gehalten werden, die auf diesem Verhältniß beruhenden Einrichtungen der evangelischen Kirche, welche dem Staate für die Sicherung seiner Interessen die volle und in vielen Beziehungen eine über die in dem vorliegenden Entwurf angestrebten Schutzmittel hinausgehende Garantie darbieten, zu erhalten, bis in organischer Fortentwickelung der Verfassung dieser Kirche eine Umbildung erreicht ist, welche die uneingeschränkte Anwendung des zu erlassenden Gesetzes auf sie möglich und damit zugleich erforderlich macht. Während daher im Uebrigen die Bestimmungen des Gesetz-Entwurfs auch auf die evangelische Kirche ohne Weiteres Anwendung werden finden können, soweit sich dieselbe nicht in Folge des Mangels gleicher thatsächlicher Voraussetzung von selbst ausschließt, erscheint es nothwendig, nach zwei Richtungen hin besondere Fürsorge zu treffen.“ (Und nachdem die im § 27 gemachte Ausnahme besprochen ist, heißt es weiter): „Sodann ist es ohne jedes Bedenken, das dem Staate zustehende Einspruchsrecht bei Anstellung der Geistlichen der evangelischen Kirche gegenüber so lange ruhen zu lassen, als die Anstellung durch Königliche Behörden erfolgt. Im entgegengesetzten Fall würde ein Dualismus erzeugt werden, der theoretisch seine Begründung haben kann, aber praktisch nur zu nutzlosen Weiterungen führen würde.“

§ 29. *) Unverändert nach der Reg.-Vorlage.

[1]) **Mitwirkung des Staats**, d. h. soweit es sich um Befugnisse desselben handelt, welche über das bloße negative, durch Einspruch geltend zu machende Recht der Abwehr hinausgehen oder wenigstens ein umfassenderes Einspruchsrecht als das Gesetz gewähren. Mit dieser Vorschrift hat der Art. 18 der Verf.-Urk. aufrechterhalten werden sollen.

[2]) **geistlicher Aemter**, s. S. 100 Anm. 1.

[3]) **Patronats**. Das dem Patrone zustehende Recht der Präsentation und Vokation, welches die Befugniß zur Auswahl des Kandidaten gewährt, macht das Einspruchsrecht selbstverständlich überflüssig.

[4]) **Rechtstitel**. Solche bestehen:

I. für die Besetzung der katholischen Bischofsstühle, vergl. O. Mejer, das Veto deutsch-protestantischer Staats-Regierungen gegen katholische Bischofswahlen. Rostock 1866; Schulte, d. Rechtsfrage des Einflusses d. Regierung. bei den Bischofswahlen in Preußen. Gießen 1869; E. Herrmann, d. staatliche Veto bei Bischofswahlen nach d. R. d. oberrhein. Kirchenprovinz. Heidelberg 1869; E. Friedberg, d. Veto d. Regierungen b. Bischofswahlen. Halle 1869; F. v. Sybel, d. R. d. Staates bei Bischofswahlen in Preußen. Bonn 1873. Gegen die Ausführungen dieser Schriften richten sich ultramontanerseits: Le gouvernement Badois et le chapitre de Fribourg. Liège 1868, deutsch Mainz 1868; v. Ketteler (Bischof v. Mainz), d. R. d. Domkapitel u. d. Veto d. Regierungen b. Bischofswahlen. Mainz 1868; Das Veto d. Regierungen der oberrhein. Kirchenprovinz in Moy, Archiv f. kath. K. R. Bd. 20, S. 265; H. Brück, d. Erzbischofswahl v. Freiburg u. die badische Regierung. Mainz 1869; O. v. Wänker, d. R. in Bezug auf Bischofswahlen in d. oberrh. Kirchenprovinz. Freiburg 1869; Die Erzbischofswahl in Freiburg von einem prakt. Juristen. Mainz 1869 (Abdruck aus Moy, Arch. f. K. R. Bd. 21, S. 177); Die Verhandlungen d. Regierungen d. oberrh. Kirchenprovinz m. d. h. Stuhle über die Bischofswahlen. Mainz 1869; J. Hirschel, d. R. d. Regierungen bez. d. Bischofswahlen in Preußen u. d. oberrh. Kirchenprovinz 1870.

a. Für die altpreußischen Bisthümer haben die Domkapitel unter Zuziehung der Ehrendomherrn (s. mein Kirchenrecht Bd. 2 S. 83) nach der Bulle: De salute animarum vom 16. Juli 1821 die Bischöfe zu wählen. Die Bulle hat allerdings hinsichtlich der Kapitel von Ermland, Culm und Gnesen-Posen den bis dahin bestandenen Modus, aufrecht erhalten. Dieser war in Ermland eine Scheinwahl, weil der Landesherr dem Kapitel den zukünftigen Bischof bezeichnete, Mejer, a. a. O. S. 37 u. Laspeyres, Gesch. d. kathol. Kirchenverfassung in Preußen Bd. 1 S. 369, in Culm und Gnesen-Posen aber die landesherrliche Ernennung (Nomination), welche mit Rücksicht darauf, daß das Kapitel den Ernannten durch einen feierlichen als Wahl bezeichneten Akt annahm, und nur das Protokoll über diesen letzteren nach Rom einsandte, vom päpstlichen Stuhle niemals beanstandet worden war, Mejer a. a. O.; Friedberg a. a. O. S. 1, 5, Eichhorn, d. Ausführung der Bulle: De salute animarum S. 78, 106. Diese Abweichungen von dem allgemein in der Bulle vorgeschriebenen Verfahren sind indessen durch eine Vereinbaruug zwischen der Kurie und d. preuß. Regierung v. J. 1841 beseitigt worden, Friedberg S. 15, 76. In der Bulle ist nichts über einen staatlichen Einfluß auf die Besetzung der Bisthümer bestimmt. Schon vor Erlaß derselben hatte aber die preußische Regierung darüber eingehende Verhandlungen mit der Kurie geführt, und man einigte sich schließlich dahin, daß der Papst die Kapitel durch ein besonderes Breve anweisen sollte, sich vor der formellen Wahl darüber zu vergewissern, daß die Kandidaten dem Könige nicht mißfällig seien, Friedberg S. 84. Demgemäß ist das Breve: Quod de fidelium unter gleichem Datum wie die Bulle, welches also einen integirenden Theil der Uebereinkunft bildet, erlassen und in verschiedenen Ausfertigungen den einzelnen Kapiteln zugestellt worden, a. a. O S. 12 bis 14. Die entscheidende Stelle desselben (abgedruckt bei Friedberg S. 81) lautet: „vestrarum partium erit eos adciscere, quos praeter qualitates caeteras ecclesiastico jure praefinitas, prudentiae insuper laude commendari nec Serenissimo Regi minus gratos esse noveritis, de quibus antequam solemnem electionis actum ex canonum regulis rite celebretis, ut vobis constet curabitis.“ Die Wähler haben sich demnach vor der eigentlichen Wahl objektive Gewißheit darüber zu verschaffen, daß die von ihnen für diese durch Vorberathung und Vorwahl festgestellten Kandidaten dem Könige nicht mißfällig sind. Daraus folgt, daß der letzte das Recht hat, jede ihm mißliebige Person von der Wahl, bez. Erlangung des Bischofs-Amtes, auszuschließen. Die Mißliebigkeit, welche an und für sich nicht etwas nach objektiven Gründen zu bemessendes ist, kann nur durch die Erklärung des Königs festgestellt werden. Eine Motivirung ist nicht erforderlich, und jede Prüfung der Gründe durch die geistlichen Behörden ausgeschlossen. Ueber den Modus, wie das Kapitel sich mit dem Landesherrn zu verständigen habe, ist bei der Uebereinkunft nichts festgesetzt worden. Bis zum Jahre 1842 war es Praxis, daß die Regierung selbstständig zur Auswahl eines geeigneten Kandidaten die Initiative ergriff und die von ihr ausersehenen Personen den Mitgliedern der Kapitel vertraulich kundmachen ließ, v. Sybel S. 23. Erst seit 1842 ist das heute übliche Verfahren der Einreichung einer Liste der in Aussicht genommenen Kandidaten an den König, welcher die nicht genehmen Persönlichkeiten auf dieser streicht, üblich geworden, v. Sybel S. 27. In dieser Zulassung der Liste liegt nur eine Konnivenz der Regierung. Dieselbe kann daher jeden Augenblick wieder einen anderen Modus einführen. Es dürfen ferner auch, so lange es bei dem Listenverfahren bewendet, alle auf der Liste stehenden Kandidaten gestrichen und die Einreichung einer neuen verlangt werden, s. Schulte S. 55 ff.; Friedberg S. 17 ff., namentlich kann davon gar keine Rede sein, daß, wie es seitens der Kurie hinsichtlich der

Besetzung des Kölner Bischofsstuhles im Jahre 1865 verlangt wurde, 3 Kandidaten auf der Liste stehen bleiben müßten, s. Schulte S. 60 u. v. Sybel S. 33.

b. In der oberrheinischen Kirchenprovinz, zu der die jetzt preußischen Bisthümer Limburg und Fulda gehören, erfolgt die Wahl ebenfalls durch die Domkapitel. Zur Sicherung des staatlichen Interesses ist hier der sog. irische Wahlmodus (Mejer S. 18, Schulte S. 15) eingeführt, d. h. die Vorlegung einer Liste der vom Kapitel in Aussicht genommenen Kandidaten an den Landesherrn, welcher unter diesen soviel streichen kann, daß noch eine genügende Anzahl (numerus sufficiens) für die Vornahme der Wahl übrig bleibt. Da zwischen zwei Kandidaten eine solche nach kanonischem Recht immer noch möglich ist, Schulte S. 10, so reicht diese Anzahl aus, während freilich die Kurie jetzt im Widerspruch mit der älteren kanonistischen Doktrin verlangt, daß mindestens drei Namen auf der Liste stehen bleiben, vgl. Schulte 16, 25, 75; Mejer S. 31, 34, 50; Friedberg S. 37 ff. Neuerdings ist eine lebhafte Kontroverse darüber entstanden, ob der Landesherr auch alle Kandidaten bis auf einen oder gar sämmtliche zu streichen und eine Ergänzung der Liste zu fordern, berechtigt ist. Während dies von ultramontaner Seite verneint wird, erklären alle anderen Schriftsteller und zwar mit Recht den Landesherrn auch dazu befugt. Der Kernpunkt des Streites liegt in dem Verhältniß der Bulle: Ad dominici gregis custodiam vom 11. April 1827 („Si forte vero aliquis ex candidatis ipsis summo territorii principi minus gratus extiterit, capitulum e catalogo eum delebit, reliquo tamen manente sufficienti candidatorum numero, ex quo novus antistes eligi valeat") zu den zu derselben ergangenen Breven v. 1827: Re sacra („vestrarum erit partium eos adciscere, quos ante solemnem electionis actum noveritis praeter qualitates ceteras ecclesiastico jure praefinitas, prudentiae insuper laude commendari nec serenessimo principi minus gratos esse", Friedberg S. 81). Die ultramontanen Schriftsteller stellen das Verhältniß so dar, als ob die Breven den Regierungen keine Rechte über die Bulle hinaus einräumen und nur eine bloße Ermahnung an die Kapitel enthalten, keine persona minus grata zu wählen. Diese Auffassung entstellt aber die Entstehungsgeschichte der Breven (s. Herrmann S. 24, 49). Die Regierungen der nachmaligen oberrheinischen Kirchenprovinz hielten ihre Interessen durch die Fassung der Bulle nicht genügend gewahrt, weil, wie ausdrücklich in ihrer Note vom 4/7. September 1826 hervorgehoben wurde, die Bulle die Möglichkeit nicht ausschließe, daß personae minus gratae zu den Bischofsstühlen gelangen könnten. Um diese zu beseitigen, verlangten sie nach dem Vorbilde des für die altpreußischen Bisthümer ergangenen Breves (s. zu a) den Erlaß eines solchen an die Kapitel, wonach sich diese hätten: á s'entendre avec les gouvernements respectifs avant l'élection aux sièges épiscopaux et aux places des doyens et autres vacantes dans les chapitres afinque le choix ne tombe que sur des personnes qui aient l'agrément des gouverments" (Herrmann S. 58). Diese Forderung ist von der Kurie zugestanden worden, indem sie allerdings, wie schon früher, die Interessen der Regierungen dadurch für gesichert erklärte, daß Kandidaten, welche die vorgeschriebenen Eigenschaften hätten, auch stets dem Landesherrn angenehm sein würden (Herrmann S. 63 ff.). In Folge dessen sind die Breven als integrirende Bestandtheile der von den Regierungen gebilligten Organisations-Einrichtungen der oberrheinischen Kirchenprovinz ergangen. Jedes der an die einzelnen Kapitel gleichlautend ergangenen Breven hat demnach die Bedeutung, die Vorschriften der Bulle zu erläutern, und zwar in dem Sinne, daß die Wahl einer persona minus grata ausgeschlossen sein solle. Das Listenverfahren der Bulle ist somit „der Modus, wie die Abwesenheit eines minus gratus konstatirt wird," (Schulte S. 76) und „das Breve selbst tritt als Prinzip auf, welches das ganze Verfahren des Kapitels zu regeln hat" (Friedberg S. 58). Seine Verletzung braucht also die Regierung nicht zu dulden, vielmehr ist sie berechtigt, eine solche Liste, welche nur die Möglichkeit der Wahl einer persona minus grata offen läßt, dem Kapitel zur Ergänzung und zur Erneuerung zurückzugeben; vgl. ferner Herrmann S. 80; v. Sybel S. 42.

c. Hinsichtlich der hannoverschen Bisthümer ist durch die Bulle: Impensa Romanorum pontificum vom 26. März 1824 gleichfalls der irische Wahlmodus festgesetzt. Der Landesherr hat demnach die Befugniß, alle auf der Liste stehenden Kandidaten bis auf 2 auszuschließen (s. zu b), sofern nicht etwa das Kapitel absichtlich nur personae minus gratae bezeichnet oder überhaupt so wenig Kandidaten auf die Liste setzt, daß die Ausübung des Exklusionsrechtes unmöglich wird. Was die erst hervorgehobene Beschränkung betrifft, so hat zwar Hannover ein besonderes Interpretativ-Breve neben der Bulle weder gefordert noch erhalten. Die Vorschrift der Bulle hat indessen den Zweck, die Regierung gegen die Aufdrängung mißfälliger Personen zu schützen. Daher darf das Recht des Kapitels nicht in einer Weise ausgeübt werden, welche die Exklusive der Regierung von vornherein vereitelt. Diese Auffassung steht vollkommen im Einklang mit der für den Abschluß der Bulle entscheidenden Note Consalvis vom 27. Mai 1820, in der hervorgehoben war, daß in Folge der zu fordernden Qualifikation der Kandidaten andere als bei einer früheren Anstellung schon einmal als regi gratae genehmigte Persönlichkeiten überhaupt nicht auf die hannoverschen Kandidatenlisten kommen würden, Mejer S. 21. Hinsichtlich des zweiten Punktes ist zu bemerken, daß, wenn die Regierung mindestens zwei als die zur Wahl erforderliche Anzahl auf der Liste stehen lassen muß, sie andererseits berechtigt sein wird, ihrerseits auch zwei zu streichen und demnach jedenfalls eine Liste mit 4 Kandidaten zu verlangen, da bei drei die Ausübung der Exklusive so gut wie illusorisch ist, Friedberg S. 21.

Das Einspruchsrecht gegen die Bischofswahlen unterscheidet sich von dem durch das Gesetz gegebenen Einspruchsrecht dadurch: 1) daß es durch die Person des Königs selbst ausgeübt wird, 2) daß es nicht auf bestimmte Gründe beschränkt ist, 3) keine Thatsachen, worauf es sich stützt, angegeben zu werden brauchen, 4) folgeweise auch keine Berufung dagegen denkbar ist und 5) daß die Ausübung nicht an eine gewisse Frist geknüpft ist, das Recht also auch durch Versäumung einer solchen nicht verloren gehen kann.

II. für die Besetzung der Kanonikate in den katholischen Kapiteln.

a. Nach der Bulle: De salute animarum soll die Propstei in den altpreußischen Domkapiteln und in dem Kollegiatstift zu Aachen, ferner alle in den (sog. päpstlichen) Monaten Januar, März, Mai, Juli, September und November zur Erledigung kommenden Kanonikate nach dem bisher in Betreff des Breslauer Kapitels üblichen Modus besetzt werden. Dieser bestand aber seit den Zeiten Friedrichs des Großen darin, daß die Bezeichnung der Person vom Verleihungsrecht abgetrennt und in Form der Nomination auf den Landesherrn übergegangen war (Laspeyres a. a. O. S. 369). Mit Rücksicht darauf ernennt der König für diese Stellen, der Papst dagegen ertheilt auf Grund eines bischöflichen Tauglichkeitszeugnisses die sog. Proviste, die Verleihungs-Urkunde, in welcher der landesherrlichen Ernennung nicht gedacht wird. Die Fortdauer dieses Ernennungsrechtes, welches nach dem Jahre 1848 von einzelnen Bischöfen mit Rücksicht auf die Verfassungs-Urkunde in Frage gestellt worden ist, hat die Kurie bei den deshalb mit ihr im J. 1850 geführten Verhandlungen ausdrücklich anerkannt. Der Dekanat und die übrigen Kanonikate in den gedachten Kapiteln werden durch den Bischof verliehen, sie unterliegen also den Bestimmungen dieses Gesetzes, s. S. 102 Anm. 1.

b. In Hannover und in der oberrheinischen Kirchenprovinz alterniren der Bischof und das Kapitel bei der Besetzung des Dekanates, der Kanonikate und der Domvikariate, sie haben aber vor der Besetzung der Stelle der Regierung 4 Kandidaten vorzuschlagen, von denen diejenigen, welche ihr invisi oder suspecti (s. die Bulle: Impensa Romanorum pontificum), resp. dem Landesherrn minus grati (Bulle: Ad dominici gregis custodiam) sind, gestrichen werden können. Hinsichtlich des Umfanges der Ausübung dieses Rechtes gilt für die oberrheinische Kirchenprovinz ganz dasselbe, wie bei den Bischofswahlen, weil hinsichtlich der hier in Rede stehenden Stellen dieselben Garantien von den Regierungen verlangt worden (s. unter I b.) und auch desfalsige Breven an die Bischöfe erlassen worden sind (s. Herrmann S. 71 und Moy, Arch. f. kath. K. R. Bd. 2 S. 278). Für Hannover wird aus dem unter I c. gedachten Grunde daran festzuhalten zu sein, daß eine absichtlich, nur aus personae minus gratae zusammengestellte Liste gleichfalls von der Regierung verworfen werden kann.

III. für die Besetzung der Domvikariate in den hannoverschen Kapiteln und den Kapiteln von Limburg und Fulda, s. II b.

Was die Anstellung von Coadjutores cum jure succedendi für die Bischöfe (vgl. mein Kirchenrecht Bd. 2 S. 253) betrifft, so erlangen diese durch ihre Anstellung ein Recht, nach dem Tode des Bischofs, welchem sie schon bei Lebzeiten bestellt sind, auf dessen Stuhl zu succediren. Demgemäß hat die Staatsregierung, weil durch die Bestellung eines solchen Koadjutors die zukünftige

Vergebung des Bischofsamtes schon anticipirt wird, hier ganz dasselbe Recht, wie bei der ordnungsmäßigen Besetzung des bischöflichen Stuhles, d. h. sie kann personae minus gratae ebenso gut von dieser Würde ausschließen, wie von der bischöflichen.

Wenn der Kapitular-Vikar durch Ertheilung besonderer Vollmachten seitens des Papstes und durch Ernennung zum Weihbischof behufs künstlicher Offenhaltung der Vakanz, z. B. in einem Falle, wo die Kurie die Rechte der Regierungen bei der Bischofswahl in Frage stellt, thatsächlich in die Lage gebracht wird, die Diöcese ebenso wie ein Bischof zu verwalten, so wird er zwar nicht Diöcesan-Bischof und ebensowenig erhält er ein Anrecht auf den Bischofsitz, welches die zukünftige Besetzung ausschließt. Immerhin versieht er aber nunmehr im Sinne des Gesetzes ein geistliches Amt. Daher müssen auf einen solchen Fall alle Vorschriften des Gesetzes Anwendung finden. Ohne vorige Benennung des Kapitular-Vikar als desjenigen, welcher mit einer solchen erweiterten Machtbefugniß ausgestattet werden soll, ist z. B. diese Stellung dem Staate gegenüber nichtig; kann der Vikar wegen Ausübung derselben nach § 23 bestraft werden u. s. w.

Nicht anders würde sich die Sache dadurch gestalten, daß der Kapitular-Vikar etwa schon bei Lebzeiten des verstorbenen Bischofs dessen Weih-Bischof gewesen wäre. Denn wenn er von seinen weihbischöflichen Befugnissen nach Eintritt der Vakanz Gebrauch macht, so übt er dieses Amt, das ein geistliches Amt ist, in Fällen aus, für welche er es jedenfalls dem Staate gegenüber nicht erhalten hat, weil er früher in dieser Beziehung immer von dem Bischof, welchem er zur Seite stand, in der Ausübung seiner Befugnisse abhängig war. Dem Staate gegenüber muß er daher so betrachtet werden, als wenn er ein neues Amt übertragen erhalten hätte, namentlich mit Rücksicht darauf, daß der Kapitular-Vikar als solcher nur jurisdiktionelle Befugnisse, nicht aber die aus der weihbischöflichen Würde hervorgehenden Rechte besitzt, die Stellung als Weihbischof aber dadurch, daß ihm nun auch als Kapitular-Vikar gleichzeitig die Jurisdiktion zusteht, wesentlich geändert ist. Will er demnach neben seiner Stellung als Kapitular-Vikar zugleich die weihbischöflichen Rechte ausüben, so unterliegt er gleichfalls den Vorschriften des Gesetzes.

Dasselbe findet endlich auch Anwendung, wenn seitens des Papstes unter Enthebung des Kapitular-Vikars von seinen Funktionen, zur interimistischen Verwaltung der Diöcese ein apostolischer Vikar mit bischöflicher Weihe bestellt wird. Dieser hat ebenfalls nicht nur jurisdiktionelle Befugnisse, sondern auch rein geistliche Funktionen auszuüben, verwaltet mithin ein geistliches Amt im Sinne des Gesetzes.

[5]) **dabei sein Bewenden.** In dem Kommentar dieser Gesetze von einem Mitgliede des Hauses der Abgeordneten S. 17 wird behauptet, daß das ganze Gesetz sich hiernach nicht auf die Wahl und die Ernennung der katholischen Bischöfe und der Mitglieder der Domkapitel beziehe. Es ist das unrichtig. Nur soweit die Vorschriften des Gesetzes mit der anderweit geregelten Mitwirkung des Staates nicht vereinbar sind, ist seine Anwendung ausgeschlossen. Die Bestimmungen desselben über die Nothwendigkeit der Reichsangehörigkeit und vorgeschriebenen wissenschaftlichen Bildung finden auch auf die hier in Rede stehenden Aemter Anwendung. Die Bischöfe und Domherren müssen also z. B. Deutsche sein. Dadurch ist den Bullen gegenüber, von denen die Bulle de salute animarum die Wahl eines Preußen, die beiden andern die eines Mitgliedes des Diöcesanklerus für den erledigten Bischofsstuhl fordern, eine allerdings schon längst praktisch gehandhabte Erweiterung — auch das Breve: Quod de fidelium S. 157 gestattete schon mit Konsens des Königs die Wahl eines nicht preußischen deutschen Geistlichen — herbeigeführt.

[6]) **Geistlichen beim Militair,** in Betreff der evangelischen Militärgeistlichen vgl. §§ 7—20 der Militärkirchenordnung v. 12. Februar 1832 (G.-S. S. 69) u. Allerhöchster Erlaß v. 12. Dezember 1867 (G.-S. von 1868 S. 47), vgl. ferner Verordn. betr. d. evangel. militair-kirchlichen Angelegenheiten im XI. Armeekorps v. 12. Oktober 1867 (G.-S. S. 1849) u. Verordn. betr. d. evangel. militair-kirchlichen Angelegenheiten im IX. Armeekorps v. 25. November 1868 (G.-S. von 1869 S. 77). — Nachdem durch die Kab.-Order v. 15. März 1873 die durch das päpstliche Breve v. 22. Mai 1868 (Moy, Archiv f. kath. K. R. Bd. 20, S. 432 u. Lünnemann, Handbuch der kathol. Militärseelsorge Preußens. Köln 1870. S. 86) kreirte Stelle eines katholischen Feldpropstes der Armee aufgehoben worden ist, hat man von einer anderweitigen besonderen Organisation der katholischen Militärseelsorge abgesehen, vielmehr werden gemäß eines Erlasses des Kriegs-

§. 30.

Der Minister der geistlichen Angelegenheiten ist mit der Ausführung dieses Gesetzes beauftragt.

Urkundlich unter Unserer Höchsteigenhändigen Unterschrift und beigedrucktem Königlichen Insiegel.

Gegeben Berlin, den 11. Mai 1873.

(L. S.) **Wilhelm.**

Gr. v. Roon. Fürst v. Bismarck. Gr. v. Itzenplitz. Gr. zu Eulenburg. Leonhardt. Camphausen. Falk. v. Kameke. Gr. v. Königsmarck.

Ministers v. 11. Juni 1873 nöthigenfalls geeignete Civil-Geistliche, welche sich die erforderlichen geistlichen Vollmachten beschaffen, zu stellvertretenden Militärgeistlichen durch den Kriegsminister im Einverständniß mit dem Kultusminister ernannt.

[7]) **an öffentlichen Anstalten**; hier kommt der Staatsregierung vielfach ein direktes Ernennungsrecht zu.

[8]) **nicht berührt**; s. S. 160 Anm. 5.

§ 30. *) In der Reg.-Vorlage hieß es statt: „dieses Gesetzes" mit Rücksicht darauf, daß dem jetzigen Satze ein erstes Alinea: „dieses Gesetz tritt mit dem Tage seiner Verkündigung in Kraft" voranging, „desselben". Die jetzige Fassung rührt von der Kommission des Abgeordnetenhauses her. Bei den Verhandlungen des Plenums ist der Antrag Dr. Virchow, Phillips und Dr. Gneist, den § 30 dahin zu fassen: „Das Gesetz tritt mit dem Tage seiner Publikation in Kraft, jedoch nicht bevor die nachstehende Abänderung der Verfassungs-Urkunde Gesetzeskraft erlangt haben wird: Die Artikel 15 rc." (wie in dem nachmals beschlossenen und publicirten Verfassungs-Aenderungsgesetz v. 5. April 1873) abgelehnt, dagegen das Amendement Kanngießer-Klotz, einen § 29a dahin einzuschieben: „Das gegenwärtige Gesetz tritt nicht vor dem Gesetz betr. die Abänderung der Art. 15 u. 18 der Verfassungs-Urkunde v. 31. Januar 1850, in Kraft" angenommen (stenogr. Ber. S. 1644), dieser Zusatz-§ ist aber im Herrenhause in der Sitzung v. 28. April 1873 aus dem S. 93 Anm. * gedachten Grunde gestrichen (stenogr. Ber. S. 529), womit sich das Abgeordnetenhaus in der Sitzung vom 9. Mai 1873 einverstanden erklärt hat. Dagegen ist im Herrenhause ein Antrag des Baron v. Senfft, einen neuen § 29a in folgender Fassung anzunehmen: „Das gegenwärtige Gesetz findet auf diejenigen Theile der evangelischen Kirche keine Anwendung, in welchen dem Könige gleichzeitig das oberste Kirchenregiment zusteht", abgelehnt worden (stenogr. Ber. S. 529).

Anlagen.

1. Zu S. 103 § 1 Anm. 2.

Erlaß des Kriegsministers

an die Königl. General-Commandos des I. bis XI. Armee-Korps, betreffend die Militärpflicht der Studirenden der Theologie vom 7. Juli 1873.

In Gemäßheit des in Nr. 14 der Gesetzsammlung für den königlich preußischen Staat publicirten Gesetzes über die Vorbildung und Anstellung der Geistlichen vom 11. Mai 1873 ist zur Bekleidung eines geistlichen Amtes die Ablegung der Entlassungsprüfung auf einem deutschen Gymnasium, die Zurücklegung eines dreijährigen theologischen Studiums auf einer deutschen Universität, so wie die Ablegung einer wissenschaftlichen Staatsprüfung erforderlich. Dem entsprechend darf die Zurückstellung der Theologen vom Militärdienst nunmehr nur noch auf Grund des § 159 der Militärersatzinstruktion*) erfolgen. Um indessen Härten bezüglich der bisher auf Grund des § 44, 1 a. a. O.**) zurückgestellten Aspiranten für den Kirchendienst zu vermeiden, darf denselben — behufs Regelung ihres Militärverhältnisses — ohne Rücksicht auf das Lebensalter nachträglich die Berechtigung zum einjährig-freiwilligen Dienste verliehen werden, insofern sie die hierzu erforderliche wissenschaftliche Qualifikation beim Ablauf des ihnen bewilligten Ausstandes nachzuweisen vermögen. Laut § 15 des Eingangs citirten Gesetzes sind die geistlichen Oberen verpflichtet, denjenigen Kandidaten, dem ein geistliches Amt übertragen werden soll, dem Oberpräsidenten unter Bezeichnung des Amtes zu benennen. Innerhalb dreißig Tagen nach der Benennung kann gegen die Anstellung seitens des Oberpräsidenten Einspruch erhoben werden. Hat die Anstellung keinen Einspruch erfahren, so wird hiermit genehmigt, daß der betreffende Geistliche ohne Weiteres nach Maßgabe seines Lebensalters der Ersatzreserve überwiesen werden darf. Bei einer eventuellen Zutheilung zur ersten Klasse der Ersatzreserve ist der Betreffende unter der Rubrik „Krankenwärter" in den Listen und Rapporten zu führen. Weitergehende Berücksichtigungen sind nur in der Ministerialinstanz zulässig. Im Uebrigen wolle das königliche Generalkommando — in Gemeinschaft mit dem königlichen Oberpräsidenten, welcher gleichfalls mit bezüglicher Benachrichtigung versehen ist — in beregter Hinsicht selbstständig befinden. Die diesseitige Verfügung vom 11. Januar 1870 Nr. 364 12. A. 1. a. tritt nunmehr außer Kraft. In den nach Schema 23 der Militärersatzinstruktion aufzustellenden Uebersichten der Resultate des Ersatzgeschäfts sind die als berechtigt zum einjährig-freiwilligen Dienst anerkannten Theologen aus der Rubrik Nr. 12 in die unter Nr. 11 überzuführen. Bei Gelegenheit der Vorlage der qu. Uebersichten ist die Zahl der im Vorjahre auf diese Weise übergeführten hierher zu vermelden.

2. Zu S. 117 § 8 Anmerkung 7.

Instruktion
für die
durch das Gesetz vom 11. Mai 1873 (Ges.-Samml. S. 191)
angeordnete
wissenschaftliche Staats-Prüfung der Candidaten des geistlichen Amts.

§ 1.

Der Zweck der Prüfung ist, zu erforschen, ob der Candidat sich die für das geistliche Amt erforderliche allgemeine wissenschaftliche Bildung erworben hat.

---

*) 1. Während der gewöhnlichen Friedensverhältnisse darf der zum einjährig-freiwilligen Dienst Berechtigte seinen Dienstantritt bis zum 1. Oktober des Kalenderjahres, in welchem er das dreiundzwanzigste Lebensjahr vollendet, aussetzen.

2. Ein Ausstand zum Dienstantritt über jenen Termin hinaus darf nur aus besonderen, dringenden Ursachen ausnahmsweise bewilligt werden. In solchen Fällen hat sich der Betreffende bei Zeiten an die Ersatzbehörden dritter Instanz seines Domizils zu wenden, welche einen weiteren Ausstand auf ein bis drei Jahre, das ist bis zum 1. Oktober des Jahres, in welchem der Freiwillige das sechsundzwanzigste Lebensjahr vollendet, ertheilen können. Derartige Ausstandsbewilligungen sind seitens der Ersatzbehörden dritter Instanz unter entsprechender Benachrichtigung der heimathlichen Ersatzbehörden des Freiwilligen auf den Berechtigungsscheinen desselben auszufertigen und gelten für den ganzen Umfang des Bundesgebietes.

3. Wenn in vereinzelten dringenden Fällen eine Ausstandsbewilligung über den ad 2 angegebenen Termin hinaus den Verhältnissen nach für gerechtfertigt erachtet wird, so kann solche nur in der Ministerial-Instanz ertheilt werden.

**) 1. Außer den im § 43 gedachten Fällen können Gründe zur Zurückstellung aus den gewerblichen oder Lehrverhältnissen der Militärpflichtigen entstehen, und es ist deshalb gestattet:

a) Militärpflichtige, welche sich durch amtliche Zeugnisse oder vorschriftsmäßig abgefaßte Lehrkontrakte u. s. w. darüber ausweisen, daß sie in der Vorbereitung zu einem späteren Lebensberuf oder in der Erlernung einer Kunst oder eines Gewerbes begriffen sind, welche nicht ohne bedeutenden Nachtheil für sie unterbrochen werden kann . . . . auf 1 beziehungsweise 2 Jahre zurückzustellen.

§ 2.

Die Gegenstände der Prüfung sind: Philosophie, Geschichte und deutsche Literatur.

§ 3.

Der Ort und die Termine der Prüfung werden in öffentlichen Blättern der verschiedenen Provinzen zu Anfang jedes Jahres bekannt gemacht.

§ 4.

Die Mitglieder der Prüfungs-Kommission und der Vorsitzende unter ihnen werden von dem Minister der geistlichen rc. Angelegenheiten auf die Dauer eines Jahres ernannt. Jedes der drei Fächer ist in der Commission durch einen besonderen Examinator vertreten.

§ 5.

Die Meldung zur Prüfung geschieht bei dem Vorsitzenden der Commission.

Vorzulegen sind bei der Meldung:

a) eine kurze Darstellung der bisherigen Lebensverhältnisse und des Bildungsganges des Candidaten in deutscher Sprache. Es muß daraus unter anderem auch zu ersehen sein, wann und wo derselbe geboren, welches Standes sein Vater ist, und welcher Confession er selbst angehört;
b) das Zeugniß über die Ablegung der Entlassungs-Prüfung auf einem deutschen Gymnasium;
c) die Zeugnisse über die Zurücklegung eines dreijährigen theologischen Studiums auf einer deutschen Staats-Universität oder auf einem kirchlichen Seminar, in Betreff dessen der Minister der geistlichen Angelegenheiten nach § 6 des Gesetzes vom 11. Mai d. J. anerkannt hat, daß das Studium auf demselben das Universitäts-Studium zu ersetzen geeignet sei, sofern der Candidat dem Sprengel angehört, für den das Seminar errichtet ist.

Ist ein Candidat in der Lage, eine von ihm herausgegebene Druckschrift oder eine andere freie Ausarbeitung mit vorlegen zu können, so ist ihm dies gestattet, und die Commission wird dergleichen Leistungen bei der Prüfung und bei der Beurtheilung des Candidaten nach Befinden berücksichtigen.

§ 6.

Die Prüfung ist öffentlich und nur mündlich.

Der Vorsitzende bestimmt die Zahl der gleichzeitig zu prüfenden Candidaten.

§ 7.

Ziele der Prüfung und leitende Gesichtspunkte für dieselbe:

Es kommt bei allen drei Gegenständen § 2 nicht sowohl darauf an, daß eine Menge einzelner geschichtlicher Notizen in das Gedächtniß aufgenommen, als vielmehr darauf, daß der innere Zusammenhang der Hauptmomente der Entwickelung eines jeden derselben mit wissenschaftlichem Sinn erfaßt sei und klar dargelegt werden könne. Dabei wird die Commission dem Nachweise specieller frei gewählter Studien auf einem der drei Prüfungsgebiete gebührende Beachtung schenken.

A. Philosophie.

Der Candidat muß von dem Begriff der Philosophie und ihren verschiedenen Disciplinen eine deutliche Erkenntniß haben, und mit der Geschichte der Philosophie so weit bekannt sein, daß er das Charakteristische der epochemachenden Systeme sowie ihr gegenseitiges Verhältniß in ihrer Aufeinanderfolge anzugeben im Stande ist. Er muß ferner eine nähere Bekanntschaft mit den Grundlehren der Psychologie und der Logik, sowie mit denjenigen Systemen wissenschaftlicher Pädagogik nachzuweisen vermögen, welche in den letzten zwei Jahrhunderten einen nachhaltigen Einfluß auf Erziehung und Unterricht gehabt haben.

B. Geschichte.

Die Anforderung auf diesem Gebiet ist, daß der Candidat einen sicheren Ueberblick über die allgemeine Entwickelung der Weltgeschichte besitze, und mit der Geschichte der drei letzten Jahrhunderte, vornehmlich aber mit der vaterländischen Geschichte, im weiteren und engeren Sinne des Wortes genauer bekannt sei. Ein besonderes Augenmerk ist darauf zu richten, ob der

Candidat von den die verschiedenen Zeiträume bewegenden und beherrschenden Ideen, sowohl nach der politischen Seite wie nach der der Culturentwickelung, eine klare Vorstellung hat. Der künftige Beruf des Candidaten legt es nahe, dabei auch das Gebiet der Kirchengeschichte zu betreten, und den Einfluß zur Sprache zu bringen, welchen die Religion und die Kirche sowohl auf das Staatsleben wie auf die Cultur der Völker gehabt hat.

C. Deutsche Literatur.

Auch bei diesem Gegenstande ist die Prüfung hauptsächlich darauf zu richten, ob den Candidaten der innere Entwickelungsgang und diejenigen geschichtlichen Momente bekannt sind, welche auf denselben fördernd oder hemmend eingewirkt haben. Auf Jahreszahlen und dergleichen ist dabei wie bei allen geschichtlichen Theilen der Prüfung kein unverhältnißmäßiger Werth zu legen.

Die hervorragenden Schriftsteller der deutschen National-Literatur, vornehmlich aus den beiden letzten Jahrhunderten, dürfen keinem Candidaten unbekannt sein, und die eingehendere Beschäftigung mit einigen der bedeutendsten klassischen Werke muß von jedem nachgewiesen werden können. Die Prüfung hat den Candidaten Gelegenheit zu geben, sich in dieser Beziehung über die nach freier Wahl getriebenen Studien auszusprechen.

§ 8.

Ueber den Gang der Prüfung wird wechselnd von den Mitgliedern der Commission, welche während der ganzen Prüfung anwesend bleiben, ein Protokoll aufgenommen. Dasselbe wird von allen Mitgliedern unterzeichnet.

§ 9.

Die Dauer der Prüfung richtet sich nach dem Zweck derselben. Bei zweifelhaftem Ergebniß kann der Vorsitzende eine Fortsetzung der Prüfung in dem betreffenden Gegenstande anordnen. Ebenso ist derselbe befugt, auch in den von ihm nicht vertretenen Fächern seinerseits ergänzende Fragen zu stellen.

§ 10.

Die Entscheidung über den Ausfall der Prüfung wird von der Commission kollegialisch getroffen und den Candidaten alsbald mitgetheilt. Die Annahme einer Compensation unter den drei Gegenständen ist dabei nur soweit zulässig, daß ein Mangel an Detailkenntniß in der deutschen Literatur-Geschichte durch desto gründlichere Kenntnisse im Gebiet der allgemeinen Geschichte und der Philosophie ausgeglichen werden kann.

§ 11.

Das über das Ergebniß der Prüfung auszustellende Zeugniß lautet auf „bestanden" oder „nicht bestanden", nachdem zuvor bei den einzelnen Gegenständen Dasjenige angegeben ist, was für die Beschaffenheit der Kenntnisse und der allgemeinen geistigen Bildung des betreffenden Candidaten bezeichnend ist.

§ 12.

Wiederholung der Prüfung. Diejenigen Candidaten, welche die Prüfung nicht bestanden haben, können zu derselben nicht vor Ablauf eines halben Jahres wieder zugelassen werden. Sie haben sich wegen der Wiederholungsprüfung an dieselbe Commission zu wenden, von welcher sie das erste Mal geprüft worden sind. Die Zulassung bei einer andern Commission bedarf der Genehmigung des Ministers der geistlichen Angelegenheiten.

§ 13.

Eine Prüfungs-Gebühr wird von den Candidaten nicht erhoben.

§ 14.

Am Ende jedes Jahres wird von jeder Commission dem Minister der geistlichen Angelegenheiten ein Verzeichniß der im Laufe desselben von ihr geprüften Candidaten mit Angabe der Prüfungsergebnisse eingereicht.

§ 15.

Die vorstehenden Bestimmungen finden auch Anwendung, wenn die Staatsprüfung mit der theologischen Prüfung verbunden wird. Die durch diese Verbindung bedingten Abänderungen und Ergänzungen bleiben besonderer Verfügung vorbehalten.

Berlin, den 26. Juli 1873.

Der Minister der geistlichen, Unterrichts- und Medizinal-Angelegenheiten. Dr. Falk.

3. Zu S. 133 § 16 Anmerkung 8.

Allgemeine Verfügung

vom 12. Juni 1873, betr. die in Untersuchungssachen gegen Geistliche und Kandidaten des geistlichen Amtes zu machenden Mittheilungen.

(Justiz-Ministerialblatt v. 1873 Nr. 25 S. 182.)

Nach den bestehenden Bestimmungen ist von jeder gegen einen Geistlichen wegen Verbrechens oder Vergehens eingeleiteten Untersuchung den geistlichen Oberen Mittheilung zu machen.

Ist das Verbrechen oder Vergehen mit Zuchthaus, mit dem Verluste der Ehrenrechte oder der öffentlichen Aemter oder mit Unfähigkeit zur Bekleidung öffentlicher Aemter bedroht, so haben die Beamten der Staatsanwaltschaft — wie hierdurch ergänzend bestimmt wird — auch dem Ober-Präsidenten der Provinz die Einleitung der Untersuchung ohne Verzug mitzutheilen, denselben auch die ergehenden Entscheidungen alsbald nach deren Verkündung in Abschrift zu übersenden.

In Untersuchungssachen, welche gegen Kandidaten des geistlichen Amtes wegen eines Verbrechens oder eines Vergehens der bezeichneten Art eingeleitet werden, sind dem Ober-Präsidenten ebendieselben Mittheilungen zu machen.

Berlin, den 12. Juli 1872. Der Justiz-Minister.

An sämmtliche Beamte der Staatsanwaltschaft. Leonhardt.

4. Zu S. 136 § 17 Anmerkung 4

Allgemeine Verfügung

vom 13. Oktober 1873, — betreffend die Führung der Kirchenbücher in solchen Parochien, bei welchen in Folge gesetzwidriger Besetzung des geistlichen Amts ein zur Führung des Kirchenbuchs berechtigter Geistlicher nicht vorhanden ist.

(Justiz-Ministerialblatt Nr. 39 S. 275.)

In Betreff der Führung der Kirchenbücher in solchen Parochien, für welche in Folge gesetzwidriger Besetzung des geistlichen Amts ein zur Führung des Kirchenbuchs berechtigter Geistlicher nicht vorhanden ist, hat der Herr Minister der geistlichen, Unterrichts- und Medicinalangelegenheiten unter dem 19. September d. J. an den Herrn Oberpräsidenten der Provinz Posen eine Verfügung erlassen und dieselbe sämmtlichen übrigen Herren Oberpräsidenten der Monarchie, sowie der Regierung in Sigmaringen, zur gleichmäßigen Beachtung mitgetheilt.

Der Inhalt dieser Verfügung wird durch den nachstehenden Abdruck zur Kenntniß der Gerichte und Beamten der Staatsanwaltschaft gebracht. Die Behörden, an welche jene Verfügung ergangen ist, sind zugleich angewiesen worden, in jedem einzelnen Falle, in welchem zur Beschlagnahme der Kirchenbücher und Ablieferung derselben an die Bezirksregierungen geschritten wird, hiervon den betreffenden Appellationsgerichten Nachricht zu geben. Die Letzteren haben hiervon die ihnen untergegebenen Gerichte unverzüglich in Kenntniß zu setzen.

Berlin, den 13. Oktober 1873.

Der Justiz-Minister.
Leonhardt.

An sämmtliche Gerichte und Beamte der Staatsanwaltschaft.

Auszug aus der Verfügung

des Herrn Ministers der geistlichen, Unterrichts- und Medicinal-Angelegenheiten vom 19. September 1873.

Berlin den 19. September 1873.

Der gesetzwidrig angestellte Geistliche ist zur Führung der Kirchenbücher nicht berechtigt, und Eintragungen, die er vornimmt, und Auszüge, die er daraus ertheilt, entbehren des öffentlichen

Glaubens. Um zu vermeiden, daß die Kirchenbücher durch ungiltige Eintragungen in Verwirrung gerathen, und zugleich, um den Gemeindemitgliedern die Möglichkeit zu sichern, ordnungsmäßige Kirchenbuchszeugnisse zu erlangen, ist daher fortan in allen Fällen, wo ein geistliches Amt, mit dem die Führung von Kirchenbüchern verbunden ist, gegen die Vorschriften des Gesetzes besetzt wird oder bereits jetzt besetzt ist, sofort das Kirchenbuch und zur Vermeidung des Mißbrauchs zugleich auch das Kirchensiegel mit Beschlag zu belegen, und es ist Beides an die betreffende königliche Regierung, als die für Sachen der Kirchenbuchführung dem Geistlichen vorgesetzte Behörde, abzugeben, welche alsdann auch auf den Antrag der Interessenten die Kirchenzeugnisse aus dem Kirchenbuch zu ertheilen hat.

Den Herrn Justizminister habe ich ersucht, die königlichen Gerichte von dieser Anordnung, die ich allgemein für den ganzen Umfang der Monarchie habe ergehen lassen, in Kenntniß zu setzen, Ew. Hochwohlgeboren aber ersuche ich ergebenst, danach die betheiligten Verwaltungs-Behörden der dortigen Provinz schleunigst mit Anweisung zu versehen, auch in den einzelnen Fällen die Gemeinden gefälligst von der getroffenen Anordnung in Kenntniß zu setzen.

(gez.) Falk.

An den königlichen Ober-Präsidenten Herrn Günther in Posen.

5. Zu S. 135 § 17 Anmerkung 4.

Verfügung
des Ministers der geistlichen rc. Angelegenheiten
vom 7. November 1873.

Die Bestimmung unter Nr. 3 der Bekanntmachung des vormaligen hannoverschen Kultus-Ministeriums zum Gesetz über die Kirchen- und Schulvorstände, de dato Hannover den 21. Oktbr. 1864*) wird auf Grund des § 29 des gedachten Gesetzes** dahin ergänzt:

Ohne Mitwirkung eines geistlichen Mitgliedes darf der Kirchenvorstand auch dann thätig werden, wenn in der betreffenden Parochie ein gesetzmäßig angestellter Pfarrgeistlicher oder ein in gesetzmäßiger Weise bestellter Vertreter des Pfarrers nicht vorhanden ist.

---

*) Hannov. Ges.-S. Abth. I. S. 448: „. . . . Ohne Mitwirkung eines geistlichen Mitgliedes darf der Kirchenvorstand nicht thätig werden, außer in den Fällen, in welchen die Mitwirkung des Geistlichen durch persönliche Betheiligung gehindert ist oder Gefahr im Verzuge liegt."

**) v. 14. Oktbr. 1848 (citirte Ges.-S. Abth. I. S. 301): „Das Ministerium der geistlichen und Unterrichts-Angelegenheiten wird zur Ausführung dieses Gesetzes ermächtigt". Das letztere bestimmt über die Bildung des Kirchenvorstandes § 2: „Die Kirchenvorstände sollen aus den Pfarrgeistlichen (Pfarrern, Pfarrverwesern rc.) der Kirchengemeinde und wenigstens vier von letzterer gewählten Vorstehern bestehen".

IV.

Gesetz,

betreffend den Austritt aus der Kirche.

Vom 14. Mai 1873.

(Gesetz-Sammlung 1873. Nr. 8127. S. 207 ff.)

IV.

Gesetz,

betreffend den Austritt aus der Kirche.

Vom 14. Mai 1873.[1])

(Gesetz-Sammlung 1873. Nr. 8127. S. 207 ff.)

Wir Wilhelm, von Gottes Gnaden König von Preußen ꝛc. verordnen mit Zustimmung beider Häuser des Landtages, für den Umfang der Monarchie, einschließlich des Jadegebietes, was folgt:

---

[1]) **Gegenstand des Gesetzes.** Das Gesetz regelt den Austritt aus den privilegirten Kirchen und den mit Korporationsrechten ausgestatteten Religionsgesellschaften (§§ 1 u. 8), sowohl hinsichtlich der Form (§§ 1, 2, 7) als auch hinsichtlich der Wirkungen desselben, theils um in dieser Hinsicht ein einheitliches Recht in der Monarchie zu schaffen, theils aber um einen zwischen dem obersten Gerichtshofe und den obersten Verwaltungs-Instanzen hervorgetretenen Zwiespalt der Ansichten über die Frage nach der ferneren Haftung der aus den privilegirten Kirchen ausgetretenen Dissidenten für die Lasten des von ihnen verlassenen Kirchensystemes (vgl. unten § 3 Anm. 2 Abs. 2) zu beseitigen, und damit den vielfach in dieser Beziehung hervorgetretenen Beschwerden Abhülfe zu verschaffen. In Bezug auf die Wirkungen des Austritts sucht es den Grundsatz, daß Niemand, welcher einer bestimmten Religionsgesellschaft angehört, Beiträge zu Gunsten einer andern zu leisten hat, im Allgemeinen durchzuführen (§§ 3, 4), läßt aber vereinzelte Ausnahmen davon bestehen, 1) insofern als es die Verpflichtung der Ausgetretenen aufrecht erhält, zu den dinglichen Lasten des früheren Verbandes und zu solchen, welche nicht auf der persönlichen Zugehörigkeit zu einer bestimmten Religionsgesellschaft beruhen, beizutragen (§ 3 Abs. 3), und 2) in sofern als es überhaupt eine allgemeine Regelung der Stellung der verschiedenen Religionsgesellschaften, welche nicht zu den Kirchen im gesetzlichen Sinne gehören, nicht in das Auge gefaßt hat, und daher abgesehen von den Ausnahmen der §§ 5 u. 9 im Allgemeinen die Verpflichtung derselben zur Beitragsleistung für christliche Kirchensysteme, wo diese auf den Koncessionen der betreffenden Religionsgesellschaften beruht, nicht aufhebt.

Endlich schließt es von seiner Regelung die Fälle aus, wo mit dem Austritt aus einer der zu Anfang gedachten Religionsgesellschaften zugleich der Eintritt in eine andere desselben Charakters verbunden ist, ohne daß der Austretende die Befreiung von den vermögenswerthen Leistungen der früheren Gemeinschaft erlangen will (§ 1 Abs. 2 u. 3), und läßt es in dieser Hinsicht bei dem bestehenden Recht bewenden.

§. 1.*)

Der Austritt aus einer Kirche [1]) mit bürgerlicher Wirkung [2]) erfolgt durch Erklärung des Austretenden [3]) in Person [4]) vor dem Richter [5]) seines Wohnortes. [6])

Rücksichtlich des Uebertrittes von einer Kirche [7]) zur anderen verbleibt es bei dem bestehenden Recht. [8])

Will jedoch der Uebertretende von den Lasten seines bisherigen Verbandes befreit werden, [9]) so ist die in diesem Gesetz vorgeschriebene Form [10]) zu beobachten. [11])

---

§ 1. *) Die Regierungs-Vorlage (Drucksachen des Abgeordnetenh. 11. Legislatur-Periode, III. Session 1872—1873 Nr. 94) lautete: „Wer mit bürgerlicher Wirkung aus der Kirche, welcher er bisher angehörte, austreten will, hat dies in Person vor dem Richter seines Wohnorts zu erklären. — Dieselbe Form ist von Denjenigen zu beobachten, welche bei ihrem Uebertritt zu einer andern Kirche von den Lasten ihres bisherigen Verbandes befreit werden wollen." — Die Fassung des § entspricht den Vorschlägen der Kommission (s. 5. Bericht der XIV. Kommission Nr. 247 der angeführten Drucksachen).

[1]) **Austritt aus einer Kirche.** Darunter versteht das Gesetz das Aufgeben der Mitgliedschaft in einer der privilegirten christlichen Kirchen (s. oben S. 5 Anm. 2, S. 41 Abs. 3 u. S. 102 Anm. 2). Das ergiebt sich aus dem Sprachgebrauch der preußischen Gesetze und ferner aus dem der Vorschrift des § 8 dieses Gesetzes.

Der Austritt aus der Kirche wird gegenübergesetzt dem Austritt, welcher zugleich mit dem Uebertritt zu einer andern der erwähnten christlichen Kirchen, also mit der Erlangung der Mitgliedschaft in einer solchen, verbunden ist. Diese Unterscheidung ist eine rein künstliche, welche aus den S. 172 Anm. 8 angegebenen Motiven gemacht ist, während naturgemäß jeder Austritt, mag er zugleich mit einem Uebertritt oder ohne einen solchen erfolgen, die bisherige Zugehörigkeit zu der frühern Kirche aufhebt. Deshalb können die beiden Begriffe nur nach Maßgabe der Bestimmungen des Gesetzes geschieden werden, und da der Uebertritt im Sinne des letzteren stets die gleichzeitig mit dem Austritt erfolgende Erwerbung der Mitgliedschaft in einer andern christlichen Kirche voraussetzt, so bedeutet Austritt die Aufgabe der Mitgliedschaft in einer solchen, gleichviel ob der Betreffende in Verbindung damit gar keiner Religionsgesellschaft oder einer Gemeinschaft, welche keine Korporationsrechte besitzt, beitritt. Wegen des Uebertritts zu einer mit den letzteren ausgestatteten Religionsgesellschaft vgl. § 8 Anm. 2.

Die bestehenden Vorschriften über den bloßen Wechsel der Parochie berührt das Gesetz nicht. Diesen Fall hat es nicht zum Gegenstand seiner Regelung gemacht.

[2]) **mit bürgerlicher Wirkung**, vgl. dazu die Motive der Reg.-Vorlage S. 5: „Die Zugehörigkeit zur Kirche äußert ihre Wirkungen nach der Seite des bürgerlichen Rechts vornehmlich in zwei Richtungen, sie bestimmt, abgesehen von dem Bezirke des Appellations-Gerichtshofes zu Köln und dem Gebiete der ehemals freien Stadt Frankfurt a. M., in denen die bürgerliche Eheschließung unbedingt gilt und bürgerliche Civilstands-Buchführung besteht, einerseits die Form für die Eingehung der Ehe sowie für die Beglaubigung der Geburts-, Heiraths- und Sterbefälle und ist auch zum Theil auf die Vorbedingungen einer gerichtlichen Ehescheidung von Einfluß, anderseits bildet sie die hauptsächlichste rechtliche Unterlage für die Verpflichtung zu kirchlichen Beiträgen. Diese wichtigen rechtlichen Beziehungen müssen Aenderungen erfahren, wenn durch den Austritt aus der Kirche ihre Voraussetzung wegfällt. Sollte in Beziehung auf die Eheschließung und die Beurkundung des Personenstands auch außerhalb der beiden vorhererwähnten Gebietstheile eine generelle gesetzliche Regelung erfolgen, so würde allerdings in dieser Richtung der Austritt aus der Kirche seine Bedeutung verlieren können. Zur Zeit ist indeß diese Regelung nicht erfolgt, und da außerdem von derselben die angedeuteten vermögensrechtlichen Wirkungen nicht würden berührt werden, so läßt sich nicht verkennen, daß die Ordnung der Frage nach der Form und Wirkung des Austritts aus der Kirche eine wichtige Aufgabe der Gesetzgebung ist."

Anordnungen der einzelnen Kirchen, welche diesem Gesetze widersprechen, haben für das staatliche Gebiet keine Gültigkeit.

[5]) des Austretenden. Hinsichtlich der Befugniß zum Austritt bestimmt das Gesetz nichts. Es ist daher in dieser Beziehung bei dem bestehenden Recht verblieben. In den Landestheilen, in welchen das A. L. R. gilt, genügt das vollendete 14. Lebensjahr, auch für Kinder, welche noch in väterlicher Gewalt stehen, s. Th. II, Tit. 2, §§ 74, 84 u. Tit. 11 § 40. Dasselbe gilt in Hannover nach der allgemeinen Landesverordnung v. 31. Juli 1826 §§ 7 u. 9 (hannov. Ges.=S. v. 1826 Abth. 1 S. 174 u. auch bei (v. Kamptz), Sammlung einiger Landesgesetze über gemischte Ehen. Berlin 1838 S. 27) u. Nassau nach der Verordn. v. 22./26. März 1808 (bei v. Kamptz a. a. O. S. 80). In Kurhessen ist das zurückgelegte 18. Lebensjahr das sg. Diskretionsjahr, Ges. vom 23. Oktober 1848 § 4 (Kurh. Ges.=S. S. 133), s. auch Büff, a. a. O. S. 142. Für die bairischen Gebietstheile fällt nach dem sg. Religions=Edikt v. 26. Mai 1818 § 6 das Unterscheidungsalter mit der Volljährigkeit (21 Jahr) zusammen. In Schleswig=Holstein besteht eine bestimmte gesetzlich festgesetzte Gränze nicht, jedoch wird hier als solche das Konfirmations=Alter angesehen (s. Falck, Handbuch des schleswig=holstein. Privatrechts Bd. 4 S. 164), d. h. das zurückgelegte 16. für Knaben, das zurückgelegte 15. Lebensjahr für Mädchen, s. Callisen a. a. O. S. 116.

Der Austritt der Eltern hat für die Kinder, welche jene Altersgränze erreicht haben, keine Wirkung. Die letzteren sind in Betreff des Konfessionswechsels vollkommen selbstständig, und müssen daher, falls sie die Zugehörigkeit zu der bisherigen Religionsgemeinschaft lösen wollen, ihrerseits eine dahingehende Erklärung abgeben.

Hinsichtlich derjenigen Kinder, welche noch innerhalb des erwähnten Alters stehen, hat der Vater kraft seiner väterlichen Gewalt die Bestimmung zu treffen. Es ist allerdings denkbar, daß der Vater, selbst wenn er die Konfession wechselt, die Kinder in der früheren Religion forterziehen läßt. Das Natürliche ist dies aber nicht, vielmehr wird mangels einer besonderen Erklärung des Vaters anzunehmen sein, daß die nicht diskretionsfähigen Kinder, welche seiner Gewalt noch unterstehen, der neuen Religionsgesellschaft angehören sollen (vgl. die Motive zu § 6 der Reg.-Vorlage, jetzt § 4, S. 9: „Der § 6 findet selbstverständlich auch auf diejenigen Anwendung, welche zur Zeit, da ihre Väter ihren Austritt aus der Kirche erklärten, noch kirchlich unselbstständig waren", s. auch Boche, der preußische legale Pfarrer, S. 97). Allerdings haben die bei Koch, Kommentar z. A. L. R. Th. II. Tit. 1 § 136 Zusatz 10 Anm. 2a (4. Aufl. Th. II. Bd. 1 Abthl. 1 S. 40) abgedruckten Normativbestimmungen des Ressortministers erklärt, daß das in den Formen der Verordn. v. 30. März 1847 bewirkte Ausscheiden der Eltern aus der Landeskirche das Ausscheiden der unter 14 Jahre alten Kinder nicht in so weit zur Folge hat, daß der Tod der letzteren, selbst wenn sie noch vor dem Austritte der Eltern geboren, resp. in der Landeskirche getauft sind, in die Civilstandsregister einzutragen ist. Diese Ansicht ist aber auf die durchaus irrige Auffassung gestützt, daß die christliche Kirche durch die Taufe ein Anrecht auf das Kind und das Kind dadurch als Angehöriger einer privilegirten Gemeinschaft Rechte persönlicher Art erlangt. Vielmehr „ist die Taufe", wie Büff a. a. O. S. 141 treffend bemerkt, ... „rechtlich doch nicht als der Erwerbsakt aller aus der Kirchengemeinschaft herrührender Rechte aufzufassen, für diese vielmehr nur als Bedingung, gewissermaßen als Erwerb der Rechtsfähigkeit, anzusehen. Die wirkliche, volle Mitgliedschaft setzt, da die Kirche durch die Lehre und Gemeinschaft der Sakramente bedingt ist, insbesondere auch Belehrtsein und Zulassung zu dem zweiten Sakrament, dem heiligen Abendmahl, voraus, so daß ohne eigenes Bekenntniß und eigene Willenserklärung Niemand wirkliches, aktives Glied der Kirche wird. Bis dahin finden zwar zwischen der Kirche und dem Vater, resp. den sonstigen betreffenden Angehörigen des Kindes hinsichtlich desselben Rechtsbeziehungen statt, nicht aber unmittelbar zu dem Kinde selbst" (vgl. auch Richter=Dove, K. R. 6. Auflage § 238). Uebrigens ist die hier vertretene Meinung auch anerkannt für Hannover in der citirten Landesverordnung v. 1826 § 4 u. für Kurhessen in der Verordn. v. 13. April 1853 § 4 (Kurheff. G.=S. S. 33). Von dieser Regel muß aber dann eine Ausnahme eintreten, wenn das Kind selbst mit dem Willen der Eltern bereits vor Erreichung des Diskretionsjahres — was da praktisch wird, wo dasselbe hoch angesetzt ist — durch die Konfirmation, erste Kommunion oder einen diesen Handlungen an Wirksamkeit gleichstehenden Akt zu einer Religionsgesellschaft in direkte Beziehung getreten und dadurch die Mitgliedschaft erworben hat, wie dies auch das bairische Religions=Edikt § 18 festsetzt,

(„Wenn ein das Religionsverhältniß der Kinder bestimmender Ehevertrag vorhanden ist, so bewirkt der Uebergang der Eltern zu einem andern Glaubensbekenntnisse darin in so lange keine Veränderung, als die Ehe noch gemischt bleibt, geht aber ein Ehegatte zur Religion des andern über, und die Ehe hört dadurch auf gemischt zu sein, so folgen die Kinder der nun gleichen Religion ihrer Eltern, ausgenommen sie waren — dem bestehenden Ehevertrage gemäß — durch die Konfirmation oder Kommunion bereits in die Kirche einer andern Konfession aufgenommen, in welchem Falle sie bis zum erlangten Unterscheidungsjahre darin zu belassen sind").

[4]) **Person.** Ist dieselbe verhindert, sich an die Gerichtsstelle zu begeben, so muß der Richter die Erklärung, ebenso wie bei Testamenten, in der Behausung entgegennehmen.

[5]) **Richter,** vgl. unten § 7.

[6]) **Wohnortes,** d. h. des nach Maßgabe der in den einzelnen Landestheilen geltenden Vorschriften bestimmten Domicils.

[7]) **Uebertrittes von einer Kirche,** s. S. 170 Anm. 1.

[8]) **bei dem bestehenden Recht.** Vgl. Motive der Reg.-Vorlage S. 7: „bei der Aufstellung des Entwurfs, welcher den Zweck verfolgt, unter Beseitigung der aus der Praxis des höchsten Gerichtshofes (s. § 3 Anm. 2 Abs. 2) hervorgehenden Beschwerden eine das ganze Staatsgebiet umfassende Regelung der Form und der bürgerlichen Wirkungen des Austritts aus der Kirche herbeizuführen, ist davon ausgegangen worden, daß es für den Austritt aus der Kirche, im Gegensatz zu dem Uebertritt zu einer andern Kirche einer allgemeinen, den § 17 der Verordnung vom 30. März 1847 (s. S. 175 Anm. *) vollständig ersetzenden Vorschrift bedarf, während im Falle des Uebertritts zu einer andern Kirche eine Vorschrift über die Form nur in so weit nöthig erscheint, als es sich um die vermögensrechtlichen Folgen dieses Schrittes handelt." Diese Unterscheidung zwischen Austritt aus der Kirche und Uebertritt zu einer andern, welche in der Kommission lebhaft bekämpft und bei der ersten Lesung in derselben durch ein Amendement beseitigt wurde, ist schließlich beibehalten, und nur eine deutlichere Fassung des § 1 beliebt worden. Die Gründe, welche dafür bestimmend gewesen sind, ergiebt der Kommissions-Bericht. Vgl. S. 1. „Der Berichterstatter (Dr. Gneist) führte . . . . Folgendes aus: Für den Uebertritt von der katholischen zur evangelischen, von der lutherischen zur reformirten Kirche und umgekehrt, besteht seit Menschenaltern, ja seit Jahrhunderten der gewohnheitsmäßige Grundsatz, daß die Theilnahme an den Sakramenten als genügender Ausdruck des Ueberganges gilt — in einer oft absichtlich gewählten formlosen, Aufsehen vermeidenden Weise. Es handle sich dabei um eine Sitte, deren Sinn den betheiligten Kirchen beiderseits wohl verständlich ist, und die man beachten müsse in einem Lande, in welchem nahezu 99 % der Bevölkerung einer der beiden großen Kirchen angehören. Wolle man an die Stelle des eingewurzelten Gebrauches einen formellen Civilakt setzen, so würde dies als ein Eingriff in ein gegenseitiges Kartell-Verhältniß tief empfunden werden, am meisten in den Landestheilen mit einer konfessionell gemischten Bevölkerung und insbesondere in mannigfaltigen Beziehungen gemischter Ehen. Die Meinung, daß man den Muth haben müsse, einen Religionswechsel offen zu bekennen, reiche zur Entscheidung der Frage nicht aus; denn es handle sich bei solchen Uebertritten sehr oft um Pietätsrücksichten, um die innersten Familienverhältnisse, deren schonende Behandlung auf den achtbarsten Beweggründen beruhe. Ein wesentliches ungleiches Recht in den verschiedenen Landestheilen, ein dringendes praktisches Bedürfniß zur Aenderung der kirchlichen Sitte sei nicht vorhanden, und es empfehle sich für Gesetze dieser Art nicht, über das Bedürfniß hinauszugehen. Man möge sich nicht darüber täuschen, daß trotz einer Gesetzesvorschrift, welche einen Civilakt fordert, die alte kirchliche Weise des Uebertritts fortdauern werde, wenn nicht der Gesetzgeber den Uebertritt ohne Civilakt für strafbar erkläre; ebenso wie dies bei Einführung der Civilehe geschehe. Es würde damit ein Widerspruch zwischen Sitte und Gesetz zum Vorschein kommen. Tausende von Personen würden im kirchlichen Sinne zur einen, im rechtlichen Sinne zur anderen Kirche gerechnet werden müssen, und für eine Reihe älterer Fälle würde es thatsächlich streitig werden, ob der Uebertritt vor oder nach der Publikation dieses Gesetzes erfolgt sei. Erscheine eine so tiefgreifende Aenderung wirklich nöthig, so möge man sie mit der Einführung eines neuen Civilstandsregisterwesens verbinden, aber nicht in dieses Gesetz einschieben, welches nur den Zweck habe, bestimmten Mängeln des bisherigen Rechtszustandes

abzuhelfen. Im Sinne der Regierungsvorlage seien also drei Fälle zu unterscheiden: 1) der Civilakt sei nothwendig, wo der Austritt aus der Kirche ein Dissidenten-Verhältniß begründet (und umgekehrt); diese Nothwendigkeit sei schon im Gesetz von 1847 anerkannt und unbestreitbar; 2) der Civilakt sei nicht nothwendig bei dem Uebertritt von einer anerkannten Kirche zur anderen, so weit es sich nur um die Verhältnisse des Civilstandes handelt; es könne hier bei dem alten Herkommen verbleiben; 3) der Civilakt des Austritts sei rathsam und könne ohne Unbilligkeit gefordert werden, wenn der Austretende einen vermögensrechtlichen Vortheil seines Austritts, die Befreiung von den Parochiallasten beansprucht, denn dann komme es nicht auf schonende Rücksichten an." Der Kommissarius des Justizministers erklärte (a. a. O. S. 3): „Die Staats-Regierung habe grundsätzlich in das bestehende Recht möglichst wenig eingreifen wollen. Deshalb habe man es für den Uebertritt von einer Kirche zur andern bei den althergebrachten Formen bewenden lassen, und nur von dem eine bestimmte Form verlangt, welcher als Folge seines Uebertritts vermögensrechtliche Befreiungen geltend mache. Aus einer Abweichung von den gewohnten Verhältnissen würden sehr zahlreiche juristische Verwicklungen sich ergeben, da die Sitte sich der neuen Gesetzes-Vorschrift nicht accommodiren würde. Sei beispielsweise ein Vater durch Theilnahme an den Sakramenten notorisch zu einer andern Kirche übergetreten, ohne die richterliche Erklärung abzugeben, so müßten nach seinem Tode die bevormundeten Kinder in der früheren Konfession des Vaters erzogen werden, obwohl derselbe notorisch einer andern Kirche habe angehören wollen. Es werde auf diesem Wege ein Widerspruch zwischen Sitte und Recht entstehen, welchen man nur verhindern könnte, wenn man der Kirche bei ernster Strafe verböte, neue Mitglieder aufzunehmen, bevor solche ihren Austritt aus der früheren Kirche in gerichtlichen Formen nachweisen"; (und ferner S. 4 a. a. O.): „Die in erster Lesung angenommene Fassung wolle die Form des Uebertritts erschöpfend und abweichend von dem bestehenden Recht regeln. Damit betrete man das dem vorliegenden Entwurf fernliegende interkonfessionelle Gebiet und erschwere damit das Zustandekommen dieser Vorlage in der gegenwärtigen Session, auf welches die Regierung großen Werth lege. Auch sei sachlich nicht anzuerkennen, daß der Uebertritt von einer Kirche zur andern auf gleicher Linie stehe mit dem in der Loslösung von jeder anerkannten Religions-Gemeinschaft beruhenden Austritt aus der Kirche. Dem bestehenden Recht sei eine bürgerliche Form für den Uebertritt — wenigstens als obligatorische — unbekannt. Vielmehr werde der Uebertretende durch seine Seitens der neuen Kirche erfolgte Zulassung zu unterscheidenden Religions-Handlungen, deren Mitglied auch in bürgerlicher Beziehung. Man könne nun doch die bürgerliche Form nicht so unvermittelt neben die kirchliche Form stellen, wie dies in dem angenommenen Amendement geschehe. Man würde vielmehr noch einen Schritt weiter gehen und die kirchliche Zulassung des Uebertretenden von der Beobachtung der bürgerlichen Form abhängig machen müssen. Andernfalls würde man, da ein anderweites genügendes Compelle zur Beobachtung der bürgerlichen Formen fehle, dahin gelangen, daß Personen, welche schon längst aus ihrer früheren Kirche ausgeschieden und zu einer andern Konfession übergetreten seien, vom Staate noch als Mitglieder ihrer früheren Religionsgemeinschaft anzusehen wären. Ein solches Auseinanderfallen des kirchlichen und des bürgerlichen Status werde für die Kirche wie für den Staat Unzuträglichkeiten erzeugen, für den letzteren namentlich in Ehescheidungssachen und bei der vormundschaftlichen Erziehung hinterlassener Kinder."

Das bestehende Recht, welches für den Fall des Uebertrittes im Sinne des Gesetzes aufrecht erhalten wird, ist in den Theilen, wo das A. L. R. gilt, Folgendes: Nach §§ 41, 42 Tit. 11, Th. I „geschieht der Uebergang von einer Religionspartei zur andern in der Regel durch ausdrückliche Erklärung", und es hat ferner „die Theilnehmung an solchen Religionshandlungen, wodurch eine Partei sich von der andern wesentlich unterscheidet, die Kraft einer ausdrücklichen Erklärung, wenn nicht das Gegentheil aus den Umständen erhellet". Was die erstere Art des Uebertrittes betrifft, so hat das Ober-Tribunal (Erkenntn. v. 19. April 1861, Striethorst, Archiv für Rechtsfälle Bd. 41 S. 201 u. Altmann, Praxis d. preuß. Gerichte in Kirchen- zc. Sachen S. 768) diese Vorschrift dahin interpretirt, daß jede Willenserklärung des Uebertretenden genügt, wenn sie auch nicht dem Vorsteher der Kirchengesellschaft, aus welcher der Austritt erfolgen soll (vgl. A. L. R. Th. II Tit. 6 § 182 ff.) kund gethan ist, ja daß sogar der bloße Uebertritt ohne damit konkurrirende

Austrittserklärung ausreicht. Die zweite Art, die Theilnahme an den erwähnten Handlungen, sofern sie unter solchen Umständen geschieht, daß eine Lossagung von der bisherigen Kirche angenommen werden muß, z. B. sonntägliches Anwohnen der Pfarr-Messe und des Gottesdienstes in der katholischen Kirche seitens eines Protestanten während eines längeren Zeitraums, ferner Theilnahme an der Abendmahlsfeier einer anderen christlichen Konfession enthält den Uebertritt ohne Weiteres in sich. Hinsichtlich der Abendmahlsfeier ist aber zu beachten, daß diese nicht die Bedeutung des Uebertrittes haben kann, wenn das Abendmahl seitens eines Mitgliedes der einen protestantischen Konfession gastweise in der Kirche der andern mit Rücksicht auf § 39 Tit. 11 Th. II A. L. R. genommen wird. Ferner ist der Zutritt zur Union an und für sich nicht Konfessionswechsel, s. Cirkular-Reskript v. 5. Mai 1830 (v. Kamptz, Annalen Bd. 14 S. 324 und Vogt, preuß. Kirchen-R. Bd. 1 S. 85), wiewohl freilich ein solcher immerhin dabei nicht absolut ausgeschlossen ist (Erkenntn. des Ober-Tribunals v. 9. Juli 1860 in den Entscheidungen Bd. 43 S. 287 u. bei Altmann, a. a. O. S. 324, vgl. überhaupt Jacobson, K. R. S. 492, 493). Für Kurhessen bestimmt das S. 171 erwähnte Gesetz v. 1848 § 4: „Die Wirksamkeit der Aenderung des Glaubensbekenntnisses ist jedoch von einer Anzeige über den Austritt bei dem Pfarrer oder sonstigen geistlichen Beamten, welcher für den Ausscheidenden nach dessen bisherigem Bekenntnisse zuständig war, abhängig“ und § 5: „Der Uebertritt zu einer andern Kirche oder Religionsgesellschaft hebt alle Rechte und Verbindlichkeiten auf, welche der verlassenen Kirche oder Religionsgesellschaft gegenüber vermöge der persönlichen Abhängigkeit zustanden oder oblagen. Durch den Uebertritt aus einer Kirche oder Religionsgesellschaft zu einer andern hört die Beitragspflicht zu kirchlichen Bauten nur dann auf, wenn dieselbe blos auf der Mitgliedschaft und nicht auf anderen besonderen Verpflichtungsgründen beruht“, s. auch Büff, a. a. O. S. 143, 145, für die ehemals bairischen Gebietstheile schreibt endlich der § 10 des sg. Religions-Ediktes v. 26. Mai 1818 vor, daß „der Uebergang von einer Kirche zu einer andern allzeit bei dem einschlägigen Pfarrer oder geistlichen Vorstande der neugewählten als der verlassenen Kirche persönlich erklärt werden muß.“ Für die übrigen Landestheile bestehen, so weit ich habe ermitteln können, s. auch die Reg.-Motive S. 6, keine besonderen gesetzlichen Vorschriften, es wird hier also im Allgemeinen die Erklärung bei dem Geistlichen oder Vorstande der Gemeinde des Austretenden genügen (vgl. für Hannover Lohmann, a. a. O. S. 252; Kirchner über den Austritt aus einer Kirchengemeinschaft in der Zeitschr. für hannoversches Recht Bd. 2 (1870) S. 150, 161), da auch in diesen Landestheilen besondere Bestimmungen für den Austritt aus Korporationen im Allgemeinen, worauf die Regierungs-Motive a. a. O. verweisen, schwerlich überall vorhanden sein werden.

[9]) **von den Lasten seines bisherigen Verbandes befreit werden**, d. h. von allen vermögenswerthen Leistungen, welche ihm als Mitglied einer Kirche kraft der Zugehörigkeit zu derselben und zu einer Parochie der letzteren obliegen (vgl. auch § 3). Es gehören also hierher namentlich die Kirchensteuern, Beiträge zu Bauten, die für dieselben zu leistenden Hand- und Spanndienste (s. z. B. A. L. R. Th. II Tit. 11 § 714; ostpreuß. Provinzial-Recht Zus. § 196), Kirchstuhlgelder, bestimmte regelmäßig an den Geistlichen zu entrichtende Abgaben (z. B. die Kalende, Vitaltag, Quartalgeld, Personaldezem vgl. § 59 des westpreuß. Provinzialrechts). Wegen der Stolgebühren s. unten zu § 5.

Die sonstigen Folgen der Zugehörigkeit zu der früheren Kirche, die Anwendung des für diese konfessionell geregelten Eherechtes, wo ein solches, wie z. B. in der Provinz Hannover (s. Bartels, Ehe u. Verlöbniß nach gem. u. partikul. Recht in Hannover. Hannover 1871. S. 66) in Geltung steht, die Führung der Kirchenbücher durch den Geistlichen der früheren Konfession, die Nothwendigkeit, bestimmte geistliche Handlungen (z. B. die Trauung) bei einem solchen Geistlichen nachzusuchen, die maßgebende Bedeutung der verlassenen Kirche für die religiöse Erziehung der Kinder (vgl. z. B. A. L. R. Th. II. Tit. 2 § 80 ff. in Verbindung mit der Deklaration v. 21. Novbr. 1803, N. C. S. Bd. 11 S. 1931 u. der Kab.-Order v. 17. August 1825, G.-S. S. 221; hannoversche Landesverordnung v. 21. Juli 1826 § 3, s. S. 171 Anm. 3; kurhess. Verordn. v. 13. April 1853 § 4, s. auch Büff, a. a. O. S. 133; holstein. Gesetz v. 4. Juli 1863, betr. die Religionsübung der Reformirten 2c. § 10, Dove Zeitschr. f. K. R. Bd. 4 S. 265) werden schon durch einen nach Abs. 2 bewirkten Uebertritt zu einer andern Kirche beseitigt, und ein solcher berechtigt auch den

§. 2.*)

Der Aufnahme der Austrittserklärung muß ein hierauf gerichteter Antrag[1]) vorangehen. Derselbe ist durch den Richter dem Vorstande der Kirchengemeinde,[2]) welcher der Antragsteller angehört,[3]) ohne Verzug[4]) bekannt zu machen.[5])

Die Aufnahme der Austrittserklärung findet nicht vor Ablauf von vier Wochen, und spätestens innerhalb sechs Wochen[6]) nach Eingang des Antrages[7]) zu gerichtlichem Protokoll[8]) statt. Abschrift des Protokolls ist dem Vorstande der Kirchengemeinde[9]) zuzustellen.

Eine Bescheinigung des Austritts[10]) ist dem Ausgetretenen auf Verlangen zu ertheilen.

Betreffenden, an den in den Kirchen- und Synodal-Ordnungen der letzteren gewährten Rechten (s. oben S. 11) Theil zu nehmen, nur kann er in die Lage kommen, wenn diese jene Befugnisse von der Erfüllung der kirchlichen Gemeinde-Lasten abhängig machen (s. Kirchengemeinde- und Synodal-Ordnung für die 6 älteren östlichen Provinzen v. 10. September 1873 § 34, G.-S. S. 418; die S. 11 citirten Ordnungen für Rheinland-Westfalen, Hannover und Schleswig-Holstein beziehentlich § 21; § 10 u. § 8), sowohl für die Bedürfnisse seiner früheren, wie auch die seiner neuen Konfessions-Gemeinde beitragen zu müssen.

10) **Form**, vgl. § 2.

11) **zu beobachten.** Wegen der Einwirkung dieses § auf die bisher bestehenden Vorschriften, vgl. unten zu § 10.

§ 2. *) In der Regierungsvorlage folgte hier als § 2 der jetzige § 7 des Gesetzes, welchem seine nunmehrige Stellung von der Kommission (Ber. S. 5) mit Rücksicht darauf angewiesen worden ist, „daß es nicht zweckmäßig erscheine, diese Spezialbestimmung gerade hier einzuschieben und dadurch das in § 1 ausgesprochene Prinzip von der in § 3 (der Regierungsvorlage) folgenden Form der Ausführung zu trennen."

Der dem jetzigen § 2 korrespondirende § 3 der Regierungsvorlage lautete: „Der Richter hat über die Austrittserklärung ein Protokoll aufzunehmen und, sofern es beantragt wird, eine Bescheinigung auszufertigen. — Abschrift des Protokolls ist dem Vorstande derjenigen Kirchengemeinde, welcher der Erklärende bisher angehört hat, zuzustellen."

Für die von der Kommission angenommene Substituirung der Fassung des Gesetzes sind folgende Erwägungen maßgebend gewesen, s. Kommiss.-Ber. S. 5: „Die Form der Austrittserklärung war bisher in dem Gesetz" (richtig: Verordnung, betr. die Geburten, Heirathen, Sterbefälle, deren bürgerliche Beglaubigung durch die Ortsrichter erfolgen muß, G. S. S. 125), vom 30. März 1847 § 17 dahin bestimmt: „„Der Austritt aus der Kirche kann nur durch eine vor dem Richter des Orts persönlich zum Protokoll abzugebende Erklärung erfolgen. Diese Erklärung hat nur dann rechtliche Wirkung, wenn die Absicht, aus der Kirche auszutreten, mindestens vier Wochen vorher dem Richter des Ortes in gleicher Weise erklärt worden ist. Der Richter hat von der zuerst bei ihm abgegebenen Erklärung dem kompetenten Geistlichen sofort Mittheilung zu machen."" — Gegen diese Form der Austrittserklärung ist seit einer Reihe von Jahren in Petitionen von Dissidenten die Beschwerde erhoben worden, daß 1) die Mittheilung des Protokolls an den kompetenten Geistlichen eine direkte Aufforderung zur Einwirkung im Wege der Seelsorge enthalte; 2) daß die zweimalige Abgabe ein und derselben Erklärung vor Gericht eine Präsumtion der Uebereilung enthalte, welche für gesetzte Personen etwas Verletzendes haben müsse. — In einer der Kommission mitgetheilten Denkschrift des evangelischen Oberkirchenrathes (s. dieselbe bei v. Oesfeld a. a. O. S. 139) wird dagegen ein Werth auf die Beibehaltung der bisher gesetzlichen Form gelegt, weil die Provokation einer Einwirkung des Seelsorgers, die vierwöchentliche Frist und die zweimalige Erklärung in der That dem Ernst und der Tragweite des Aktes entspreche.

„Von dem Referenten wurde zur Einleitung der Frage ausgeführt, daß man die Tendenz der Staatsregierung, die bisher erhobenen Beschwerden durch eine Vereinfachung der Form zu beseitigen, nur billigen könne. Auch entspreche es wohl der Stellung der Staatsgewalt, wenn die Mittheilung der Aufforderung nicht an den kompetenten Geistlichen, sondern an den Vorstand der Kirche erfolge. Allein es folge daraus noch nicht, daß eine einfache Erklärung des Austritts zu Protokoll sofort und unwiderruflich die Wirkungen des Austrittes herbeiführen müßte. Vom Standpunkte der bestehenden Kirchen- und Pfarrsysteme führe der hier eingeschlagene Weg der Aufkündigung überhaupt zu einer Erschütterung aller Parochialverhältnisse, und es werde sich schon von diesem Gesichtspunkte aus empfehlen, eine gewisse Deliberationsfrist beizubehalten. Andererseits entspreche aber auch von Seiten des Austretenden die Beibehaltung einer solchen Frist durchaus dem Ernst der Lage. Der Gesetzgeber habe für viel minder bedeutende und weittragende Erklärungen im Gebiete des Privatrechtes eine Deliberationsfrist für angemessen erachtet: es gezieme sich wohl, wenn derselbe Gesetzgeber eine Deliberationsfrist für einen der schwerstwiegenden Akte des menschlichen Lebens anerkenne. Die sonst wünschenswerthe Einfachheit des Styls entspreche in diesem Falle nicht der wirklichen Lage der Sache. Es bedürfe nicht der in den eingereichten Petitionen hervorgehobenen Beispiele eines leichtsinnig und völlig unüberlegten Austrittes bei Gelegenheit von Streitigkeiten mit dem Pfarrgeistlichen, aus Rechthaberei, zur Beseitigung kirchlicher Lasten ꝛc.: es sei leider auch in weiteren Kreisen bekannt, daß die Austritts-Erklärungen aus sehr mannigfaltigen und nicht selten leichtfertigen Gründen erfolgen. Die Beibehaltung einer Deliberationsfrist empfehle sich auch, um die Möglichkeit von Aufklärung von Mißverständnissen zu geben. Es sei angemessen, auch dem andern bei dem gegenseitigen Rechtsverhältniß Betheiligten, nämlich dem Kirchen-Vorstande, einen Zeitraum zur Abgabe einer Gegenerklärung zu lassen, beispielsweise in dem Fall, wenn der Austretende aus Mißverständniß oder absichtlich den Austritt aus einer Religions-Gemeinschaft erkläre, welcher er notorisch niemals angehört hat. Ferner in dem Fall, in welchem trotz der Austrittserklärung eine Pflicht zur ferneren Tragung der Reallasten fortdauere, oder wo der Austretende schon übernommene Verpflichtungen einer Baulast durch einfache Absage beseitigen wolle. In solchem Falle werde eine Gegenerklärung des Kirchenvorstandes binnen vier Wochen oft den Austretenden veranlassen, seine Erklärung zurückzunehmen, während andernfalls nur durch Rücktritt zu der früheren Kirchen-Gemeinschaft geholfen werden könne, welcher immerhin etwas Mißliches habe.

„Noch bedenklicher aber erscheine die einfache Austrittserklärung, wenn man an den Einfluß der Agitation und an die erregten Stimmungen denke, die bei Streitigkeiten mit den Geistlichen, bei Neubestellung eines unbeliebten Geistlichen, bei Gesangbuchsfragen, bei beschlossenen Neubauten und dergleichen zu entstehen pflegen. Unter dem Einfluß einer wohlgeleiteten Agitation könne binnen 24 Stunden ein Massenaustritt zur Auflösung ganzer Kirchen- und Pfarrsysteme führen. Durch die einfache Austrittserklärung werde in der That das moderne System der Arbeitseinstellung nun auch auf die Parochialverhältnisse sich ausdehnen.

„Die Deliberationsfrist könne so gestaltet werden, um die bisherigen Beschwerden der Dissidenten zu beseitigen, die volle Freiheit eines ernsten Entschlusses und der religiösen Ueberzeugung zu wahren, und doch die Gefahren der Uebereilung für den Einzelnen wie für die Pfarrsysteme um ein Bedeutendes zu vermindern"; und S. 8: „Von einem andern Mitgliede wurde der Grundsatz der Deliberationsfrist ebenfalls als angemessen und wünschenswerth vertreten. Man werde aber besser thun, sich den im Gesetz von 1847 angenommenen Formen näher anzuschließen, die erste Erklärung als bloße Anmeldung zu behandeln, nach Ablauf einer gewissen Frist dann die förmliche Erklärung zu Protokoll aufzunehmen und das Datum dieses Protokolles als Tag des Austritts anzusehen. Man entgehe dadurch manchen Verwicklungen, die entstehen, wenn man die Deliberations-Frist als suspensive oder resolutive Bedingung des Austritts hinstelle."

¹) **Antrag.** Dieser kann schriftlich eingereicht oder zu Protokoll erklärt werden, s. auch Nr. 2 der Instruktion vom 13. Juni 1873 in der Anlage.

²) **Vorstande der Kirchengemeinde**, also nicht dem Geistlichen als solchem. Es hat damit der Schein vermieden werden sollen, als ob die Anzeige behufs Herbeiführung einer seelsorgerischen Einwirkung auf die betreffende Person erfordert werde. Praktisch besteht für die Regel kein Unterschied. Gewöhnlich führt sowohl in katholischen wie auch in protestantischen Gemeinden der Pfarrer den Vorsitz im Kirchenvorstande (s. z. B. A. L. R. Th. II. Tit. 11 §§ 156, 694; hannoversches Gesetz

über Kirchen- und Schulvorstände v. 14. Oktober 1848 § 2 und Ausführungs-Verordn. dazu von dems. Datum Art. 17, s. Allg. Kirchen-Blatt Jahrg. 1852 S. 66, 92; die S. 174 Anm. 9 angeführten Kirchengemeinde-Ordnungen beziehentlich § 8; § 6; § 25 und § 30; Gemeinde-Ordn. f. d. Konsist.-Bezirk Wiesbaden § 5), es gelangt also die an den Kirchenvorstand adressirte Anzeige des Gerichtes doch gewöhnlich zuerst in seine Hände.

Unter Kirchenvorstand ist jedes Organ zu verstehen, dem die Leitung der Gemeinde überhaupt oder auch nur der Vermögens-Angelegenheiten zukommt. Kirchenvorstände im Sinne des Gesetzes sind also auch die Fabrikräthe, bez. die Kirchmeisterstuben in der Rheinprovinz, welche auf Grund des Fabrik-Dekretes vom 30. Dezember 1809 (s. S. 45) organisirt sind. Gleichviel ob man den Kirchenfabriken eine rein kirchliche oder mit der Praxis des Ober-Tribunals eine wesentlich kommunale Stellung beilegt (vgl. darüber u. A. das Urtheil v. 19. Mai 1863 in Moy, Arch. f. K. R. Bd. 10 S. 268 und dagegen die Abhandlung a. a. O. Bd. 11 S. 1), immerhin sind die Verwalter der Fabrik die einzige Behörde, welche unter dem Kirchenvorstande im weiteren Sinne begriffen werden kann und das um so mehr, als sie ihrer Funktion nach ein Interesse besitzen, von den Aenderungen in dem Personalbestande der Kirchengemeinde und der beitragspflichtigen Mitglieder derselben unterrichtet zu werden.

In einzelnen katholischen Gemeinden (z. B. im Regierungsbezirk Königsberg) verwaltet der Pfarrer allein das Kirchenvermögen, in anderen der Patron (dies kommt in den Regierungs-Bezirken Münster und Minden vor); mitunter (im Münsterschen) werden auch die sämmtlichen Mittel für die Unterhaltung des Kirchensystems von reichen Grundbesitzern gewährt. Alle diese Gemeinden besitzen keinen Kirchenvorstand im gewöhnlichen Sinne des Wortes. Der einzige Leiter der Gemeinde ist hier der Pfarrer, und es bleibt daher nichts weiteres übrig, als diesem den Antrag zuzustellen.

[3]) **der Antragsteller angehört,** d. h. sein Domicil hat, resp. der Vater sein Domicil gehabt hat. Bei doppeltem Wohnsitz ist demnach der Antrag den Kirchenvorständen beider Parochien mitzutheilen. Vgl. über die Parochial-Zugehörigkeit A. L. R. Th. II. Tit. 11 §§ 260ff.; Jacobson, a. a. O. S. 233ff.; Büff, a. a. O. S. 253, 273; Schlegel, a. a. O. Bd. 2 S. 264; Callisen, a. a. O. S. 54ff.; Richter-Dove K. R. §§ 142, 159; mein Kirchenrecht Bd. 2 S. 296, 316.

[4]) **ohne Verzug,** d. h. sofort nach dem Eingange, resp. der Aufnahme der protokollarischen Erklärung im Wege der gewöhnlichen Dekretur.

[5]) **bekannt zu machen,** durch Zustellung einer Abschrift, s. Instruktion Nr. 2. Eine bestimmte Folge der Verabsäumung der Anzeige seitens des Richters an den Kirchenvorstand setzt das Gesetz nicht fest. Demgemäß ist der Richter auch nicht berechtigt, wenn er die Anzeige unterlassen hat, die Aufnahme der Austrittserklärung (s. Abs. 2) zu verweigern.

[6]) **Wochen,** also zwischen dem 29. und 42. Tage abgerechnet von dem Tage, wo der schriftliche Antrag beim Gericht präsentirt oder die mündliche Erklärung aufgenommen worden ist.

[7]) **Eingang des Antrages.** Da ein besonderer Termin nach Eingang des Antrages nicht angesetzt wird, so ist dem Antragsteller, wenn er diesen schriftlich dem Gerichte eingereicht hat, Mittheilung über den Tag des Präsentatums zu machen. Vgl. auch Instruktion Nr. 2. Die Unterlassung dieser Benachrichtigung hat aber keine Wirkung auf den Lauf der Frist. Das Gesetz berechnet diese schlechthin vom Eingang des Antrages ab, und überläßt es dem Antragsteller sich über diesen Zeitpunkt nöthigenfalls durch Nachfrage Kenntniß zu verschaffen. Wenn die Instruktion die erwähnte Benachrichtigung vorschreibt, so ist dies ein bloßes Entgegenkommen, welches freilich den Geschäftsgang erleichtert, aber durch das Gesetz nicht bedingt ist. Das Nichtbeachten der instruktionellen Vorschrift kann daher an der positiven Vorschrift des Gesetzes nichts ändern.

[8]) **gerichtlichem Protokoll.** Dies kann vom Richter allein aufgenommen werden, da das Gesetz (s. § 1) nur den Richter als thätig voraussetzt. Auch die Instruktion (s. Nr. 2) verlangt die Zuziehung eines Protokollführers nicht.

[9]) **Vorstand der Kirchengemeinde,** s. Anm. 2.

[10]) **Bescheinigung des Austritts,** das Formular dafür theilt die Instruktion mit.

§. 3.*)

Die Austrittserklärung [1]) bewirkt, daß der Ausgetretene zu Leistungen, welche auf der persönlichen Kirchen- oder Kirchengemeinde-Angehörigkeit beruhen,[2]) nicht mehr verpflichtet wird.[3])

Diese Wirkung tritt mit dem Schlusse des auf die Austrittserklärung folgenden Kalenderjahres[4]) ein. Zu den Kosten eines außerordentlichen Baues,[5]) dessen Nothwendigkeit vor Ablauf des Kalenderjahres, in welchem der Austritt aus der Kirche erklärt wird, festgestellt ist,[6]) hat der Austretende bis zum Ablauf des zweiten auf die Austrittserklärung folgenden Kalenderjahres ebenso beizutragen,[7]) als wenn er seinen Austritt aus der Kirche nicht erklärt hätte.[8])

Leistungen, welche nicht auf der persönlichen Kirchen- oder Kirchengemeinde-Angehörigkeit beruhen,[9]) insbesondere Leistungen, welche entweder kraft besonderen Rechtstitels auf bestimmten Grundstücken haften [10]), oder von allen Grundstücken des Bezirks oder doch von allen Grundstücken einer gewissen Klasse in dem Bezirk ohne Unterschied des Besitzers [11]) zu entrichten sind, werden durch die Austrittserklärung nicht berührt.

---

§ 3. *) Nach den Vorschlägen der Kommission. Die entsprechenden §§ der Regierungsvorlage lauteten (§ 4): „Die Austrittserklärung befreit von den auf dem Parochial-Verbande beruhenden persönlichen Verpflichtungen zu Abgaben und Leistungen an die bisherige Kirchengemeinde oder an deren Diener und Beamte. — Leistungen, welche nicht auf dem Parochial-Verbande beruhen, insbesondere Abgaben und Leistungen, welche entweder kraft besondern Rechtstitels auf bestimmten Grundstücken haften, oder von allen Grundstücken eines gewissen Bezirks ohne Unterschied des Besitzers an bestimmte Kirchen, Pfarreien oder andere kirchliche Stellen zu entrichten sind, werden durch die Austrittserklärung nicht berührt.“ (§ 5): „Wird die Austrittserklärung im ersten Halbjahre des Kalenderjahres abgegeben, so erlöschen die im ersten Absatz des § 4 bezeichneten Verpflichtungen mit dem Jahresschluß. Wird sie im zweiten Halbjahre des Kalenderjahres abgegeben, so erlöschen diese Verpflichtungen mit dem 30. Juni des folgenden Jahres.“

Das Amendement v. Saucken-Tarputschen, den Abs. 2 der Kommissions-Beschlüsse zu streichen, ist vom Abgeordnetenhause (stenogr. Berichte S. 1747), der Antrag Grf v. Krassow, dem Abs. 2 folgende Fassung zu geben: „Diese Wirkung tritt mit dem Schlusse des auf die Austrittserklärung folgenden Kalenderjahres ein. Zu den Kosten eines Baues oder zu anderen außergewöhnlichen Aufbringungen, welche vor Abgabe der Austrittserklärung beantragt sind, hat der Austretende noch drei Jahre lang nach definitiver Feststellung derselben ebenso beizutragen, als wenn er seinen Austritt aus der Kirche nicht erklärt hätte“, vom Herrenhause abgelehnt (stenogr. Ber. S. 576).

Die Gründe, welche dazu geführt haben, das in der Regierungsvorlage zum Ausdruck gebrachte Prinzip zu modificiren, ergeben sich aus nachstehenden Stellen des Kommissionsberichtes S. 10: „Von dem Referenten wurde zur Einleitung Folgendes ausgeführt: Der einfache Grundsatz, daß mit der Austrittserklärung jeder persönliche Beitrag zu den Lasten der Kirche und Pfarrsysteme aufhöre, entspreche einer Behandlung der Frage von dem Privatrecht und dem Interesse des Einzelnen aus. Man habe in der Behandlung kirchlicher Verhältnisse aber nicht bloß das Interesse des Einzelnen zu wahren, sondern auch die verfassungsmäßigen Grundeinrichtungen der anerkannten Kirchen, an deren Fortbestand nahezu 99 Prozent der Bevölkerung des Staates betheiligt seien. Es komme nicht bloß die Frage in Betracht, daß der Einzelne sein Austrittsrecht ohne jede Beschränkung der individuellen Freiheit zu üben habe, sondern auch der Gesichtspunkt, daß die bestehenden Kirchen und Pfarrsysteme als juristische Personen (Korporationen im privatrechtlichen Sinne) fortzubestehen, im Stande bleiben. Die Frage, unter welchen Lebens-Bedingungen der Staat ein „fingirtes Rechtssubjekt“ anerkennen dürfe, sei nicht privatrechtlicher, sondern überwiegend öffentlich-rechtlicher Natur. Der Staat könne und dürfe die Rechte einer juristischen Person nicht ertheilen oder anerkennen, ohne gewisse Vorbedingungen der Lebensfähigkeit." .... (S. 11): „Durch die gegenwärtige Gesetzesvorlage entstehe aber die Gefahr, juristische Personen zu schaffen, die weder auf einer limitirten noch illimitirten Haftung ihrer Mitglieder stehen, sondern ohne jede Haftung in die Luft gestellt werden, sofern durch eine einfache Austrittserklärung sammt und sonders binnen 24 Stunden die zahlungsfähigen Mitglieder der Korporation auf einmal verschwinden. Wolle man solche Wege einschlagen, so müsse man zugleich ein Liquidationsverfahren einführen für die Tilgung der unerfüllbar gewordenen Verbindlichkeiten und für die Versteigerung der Kirchen-, Pfarr- und Küster-Grundstücke im Wege eines Konkursverfahrens. Das bisherige Recht habe ein solches Verfahren nicht gekannt aus dem Grunde, weil die Kirchspiele auf einer dauernden Fundation beruhen, welche die Fortdauer des Subjekts der Rechte und Verbindlichkeiten garantiren. Jetzt wolle man von einem privatrechtlichen Standpunkt aus die Fundation der Kirchensysteme auflösen, während doch die evangelische Kirche außer der fundirten Einzelgemeinde wenig oder gar kein gemeinsames Kirchenvermögen besitze." . . .

„Allerdings sei durch die moderne Freizügigkeit der Bestand der einzelnen Parochien gelockert. Man könne nicht verhindern, daß nach dem Gemeindeprinzip der aus dem Parochial-Verband Wegziehende von den persönlichen Lasten befreit werde. Etwas anderes als der Wegzug sei aber die einfache Aufkündigung durch einfachen Protest. Ein Gemeindemitglied werde nicht leicht seinen Wohnort wechseln, aus dem einzigen Grunde der Befreiung von kirchlichen Lasten; eine einfache Lossagung durch einen kostenfreien Akt, der eben so leicht in Massen, wie von Einzelnen abgegeben werden kann, untergrabe in der That alle Rechts-Grundlagen der Inkorporirung unserer Pfarrsysteme. Zur Aufrechterhaltung der vermögensrechtlichen Lebensfähigkeit der Einzel-Gemeinden werde daher allermindestens eine Fortdauer der persönlichen Verpflichtung auf einen Zeitraum von ein bis zwei Jahren erforderlich sein, und es werde zweckmäßig sein, den Endtermin in Uebereinstimmung mit dem Verwaltungsjahre auf den 31. Dezember zu stellen. — Nicht genügend sei aber auch diese Kautel für die Baulast der Kirchen, Pfarr- und Küsterwohnungen. In diesen Gebäuden verkörpere sich die dauernde „Fundation" unserer Einzelgemeinden. Nach dem älteren Recht sei die Fundation als Realrecht durchgängig festgelegt. Der Antheil des Patrons sei an die Grundstücke als Reallast geheftet worden. Der Austritt aus dem Gemeindeverband sei (als Apostasie) verboten gewesen. Durch das jus reformandi und das Normaljahr sei in den einzelnen Territorien der Bestand der kirchlichen Systeme für den einen oder anderen Religionstheil gesichert gewesen. In umfangreichen Landestheilen, wie in der Mark, sei die Kirchenbaulast nach einer in weiten Kreisen anerkannten Rechtsansicht an die politischen Gemeinden geheftet und damit perpetuirt worden. Vor Allem habe die feste Ansässigkeit der Bevölkerung auch den Pfarrsystemen einen dauernden Bestand von verpflichteten Subjekten gewahrt. Von allen diesen Grundlagen sei nur noch die Patronatslast übrig, welche in vielen Gemeinden fehle und durch die neuere Kirchenverfassung nicht unwahrscheinlich einer Auflösung entgegengehe. Das Vorhandensein einer observanzmäßigen realen Verpflichtung für die Baulast sei nur noch sporadisch vorhanden. Alle rechtlichen Unterlagen der kirchlichen Baulast gehen damit der Auflösung entgegen. Durch einfache Austrittserklärung solle sich jeder Theilnehmer auch von solchen Baulasten lossagen, die er vielleicht persönlich mitbeschlossen hat, in einer Weise, welche nicht einmal der im Privatrecht anerkannten bona fides entspreche. Für alle Kirchen- und Pfarrbauten verschwinde damit jede Garantie der Erfüllung ihrer Verpflichtungen. Kein Bau-Unternehmer könne fortan einen Vertrag mit einem Kirchenvorstande abschließen, da trotz der feierlichsten Abschließung und Bestätigung durch die oberen Kirchenbehörden das verpflichtete Subjekt binnen wenigen Stunden verschwinden könne. Die Motive der Regierungsvorlage haben sich auch das Bedenkliche dieses Verhältnisses keineswegs verhehlt, und gehen nur von der Voraussetzung aus, daß eine strengere Haftung leicht umgangen werden könne durch eine Austrittserklärung kurz vor einem beschlossenen Neubau. Allein diese Umgehung sei dadurch wesentlich zu erschweren, daß man nicht den Tag des verbindlichen Beschlusses über den Bau, sondern das Kalenderjahr als Maßstab der fortdauernden Haftung annehme." S. 15, 16: „Für die evangelische Kirche, die in ihrer Gesammtheit nahezu vermögenslos sei, erzeuge die Mobilisirung der Kirchen- und Pfarrbaulast einen völlig neuen Zustand. Eine so gestellte Pfarrgemeinde könne vom rechtlichen Standpunkt aus nicht als „lebensfähige" Korporation angesehen werden. An dieser Stelle von der Macht des Glaubens zu reden, welche allein die Kirchen aufrecht erhalte, sei nicht der rechte Ort. Eine „Kirche" bedürfe zur Erfüllung ihres dauernden Berufes zu lehren einer perpetuirlichen Fundation. Es sei auch nicht richtig, wenn man sich damit beruhige, daß dergleichen Fälle selten eintreten würden. Die Korporationsverfassung und das Bewußtsein einer dauernden Fundation gehe mit einer solchen Gesetzgebung, die nur an das Interesse des Einzelnen denke, in der Kirche wie im Staat verloren. Konsequent bedürfe es dagegen der unbedingten Fortdauer der Baulast, soweit sie zur Zeit des Austrittes begründet war. Erscheine diese Haftung zu langdauernd, erscheine auch die fünfjährige Frist des evangelischen Ober-Kirchenrathes (vgl. die Denkschrift desselben bei v. Oesfeld, a. a. O. S. 140) zu lang, so sei das Wenigste, um den bestehenden Rechtszustand bis zum Erlaß einer anderen Gesetzgebung zu konserviren, eine Frist von mehreren (2 bis 3) Jahren, wie solche auch dem Vernehmen nach in dem ursprünglichen Entwurf der Regierungsvorlage angenommen worden sei."

[1]) **Austrittserklärung**, welche den Vorschriften der §§. 1 u. 2 entspricht. Eine ohne vorgängigen Antrag, nicht innerhalb der Frist des § 2 Abs. 2, nicht persönlich, nicht vor dem kompetenten Richter abgegebene Erklärung entbehrt der im Gesetze vorgeschriebenen Wirkungen.

[2]) **Leistungen, welche auf der persönlichen Kirchen- oder Kirchengemeinde-Angehörigkeit beruhen.** Dahin gehören principiell alle kirchlichen Abgaben und Leistungen, denn Niemand hat die Verbindlichkeit für die Bedürfnisse einer Gemeinschaft beizutragen, der er nicht angehört. Der Grundsatz findet im Allgemeinen auch in Preußen Anwendung. Für die älteren Provinzen vgl. A. L. R. Th. II Tit. 11 § 261: „Doch soll Niemand bei einer Parochialkirche von einer andern, als derjenigen Religionspartei, zu welcher er selbst sich bekennt, zu Lasten und Abgaben, welche aus der Parochialverbindung fließen, angehalten werden; wenn er gleich in dem Pfarrbezirke wohnt oder Grundstücke darin besitzt"; ferner K. O. v. 30. Oktober 1809 wegen der Befreiung der französischen Kolonisten (Rabe, Samml. preuß. Gesetze Bd. 10 S. 169); K. O. vom 3. Juni 1806 betr. die Befreiung der Evangelischen vom katholischen Pfarrzwange (Rabe, a. a. O. Bd. 8 S. 604), K. O. v. 24. Mai 1809 für die Katholiken gegenüber den Evangelischen, publicirt den 31. März 1819, v. Kamptz, Annalen Bd. 3 S. 99, welche nach ministerieller Anordnung (a. a. O. Bd. 18 S. 78) auch in Westfalen zur Anwendung kommt; K. O. v. 4. September 1825 (G.-S. S. 226) u. K. O. v. 15. Septbr. 1826 (G.-S. S. 106) wegen Aufhebung des Pfarrzwanges in der Ober- bez. in der Niederlausitz; Ges. v. 9. Mai 1854 betr. die Aufhebung des Pfarrzwanges evangelischen Pfarreien gegen Katholiken und kath. Pfarreien gegen Evangelische in Ostpreußen (G.-S. S. 317), wodurch die entgegenstehende Vorschrift des Zusatzes 176 § 3 und 213 § 5 des ostpreuß. Provinzial-Gesetzes aufgehoben worden ist. (Diese Vorschriften auch abgedruckt bei Vogt, preuß. Kirchenrecht Bd. 1 S. 268 ff u. v. Rönne, Ergänzungen des allgem. Landrechts 5. Ausg. Bd. 2 S. 720.) Der im § 261 a. a. O. ausgesprochene Grundsatz kommt auch in Alt- Vor- und Hinterpommern zur Anwendung (vgl. Präj. des Ob.-Tribun. Nr. 2444, Plenar-Beschluß v. 4. April 1853, Entscheidungen Bd. 25 S. 199). Vgl. übrigens auch unten Anm. 11 Abs. 1 a. E. Für Hannover ist durch die Verordnung v. 28. September 1824 (hannov. Ges.-S. v. 1824 Abth. 3 S. 287) jede Art des Pfarrzwanges unter den christlichen Konfessionen aufgehoben und ferner bestimmt worden, daß jeder Geistliche nur von den Pfarrkindern seiner Konfession die sg. Stolgebühren oder andere nur den Eingepfarrten als solchen obliegende oder Parochiallasten zu fordern habe, daß dagegen alle „solche, den Kirchen, Pfarren und Schulen gebührende Leistungen, welche auf Höfen, Häusern und sonstigen Grundstücken eines Pfarrbezirks ohne Rücksicht auf des Besitzers persönlicher Eigenschaft als Glaubensgenosse und Eingepfarrter haften und die mithin dingliche Lasten sind, auch von jedem Besitzer, selbst wenn er sich zu einer andern Religionspartei bekennt, als wozu die Parochie des Orts gehört, . . . nach wie vor entrichtet werden müssen" (vgl. auch Spangenberg a. a. O., Hft. 2 S. 51; Brüel, zur Lehre v. d. Kirchen- und Schullasten im Königr. Hannover. Hannover 1855 S. 14 ff). Auch in Kurhessen (s. Ges. v. 29. Oktober 1848 § 5, Büff, a. a. O. S. 747) in Nassau (vgl. Otto a. a. O. S. 13) und in Holstein (Ges. v. 4. Juli 1863 § 2: „Wer einer der genannten Religionsgesellschaften (Reformirten, Katholiken, Mennoniten, Anglikanern oder Baptisten) angehört, ist von persönlichen Beiträgen und Leistungen für die Landeskirche befreit,

ist jedoch verpflichtet die auf seinem Grundbesitz haftenden Lasten zum Besten der Landeskirche abzuhalten") gilt es als Regel, daß der Angehörige einer bestimmten Konfession keinen Leistungen zu Gunsten einer andern unterworfen ist.

Von diesem allgemeinen Grundsatze bestehen aber Ausnahmen nach zwei Richtungen hin. Einmal sind die kirchlichen Abgaben zum Theil wesentlich mit Rücksicht darauf, daß sie in älterer Zeit auf das hauptsächlichste in Frage kommende Vermögen, den Grundbesitz, repartirt wurden, dinglich geworden. Zweitens aber hatte früher in Deutschland die eine oder andere der drei Reichskonfessionen (die evangelisch-lutherische, evangelisch-reformirte oder die katholische Kirche) fast ausnahmslos die Stellung der ecclesia dominans, und es waren ihr daher die Angehörigen der andern, wenn sie auch geduldet wurden, vielfach in Bezug auf den Pfarrzwang unterworfen. So haben die kirchlichen Abgaben nicht nur theils eine dingliche Natur angenommen, sondern sie haben auch theils ohne Rücksicht auf die Zugehörigkeit zu der bestimmten Konfession entrichtet werden müssen. Hinsichtlich der Anhänger der privilegirten christlichen Kirchen sind Verhältnisse der letzteren Art jetzt in Preußen im Allgemeinen beseitigt (vgl. die vorhergehenden Nachweisungen) und es haben sich solche nur noch sehr vereinzelt erhalten (s. S. 193). — Dagegen ist eine derartige Verpflichtung für die Unterhaltung der privilegirten christlichen Kirchen beizutragen, viel länger für die Mitglieder der nicht privilegirten Religionsgesellschaften bestehen geblieben und hat in Preußen noch zum Theil bis zur Einführung des Gesetzes fortgedauert. Beseitigt war eine solche Verpflichtung allerdings schon in Kurhessen durch das citirte Gesetz v. 29. Oktober 1848 § 5, in Hannover zufolge der sich an die angeführte Verordn. v. 28. September 1824 anschließenden Praxis (Lohmann, a. a. O. S. 256), ferner auch in Holstein durch das Gesetz v. 4. Juli 1863 § 2 für die Angehörigen der dort genannten Religionsgesellschaften. Für die älteren Provinzen war aber die Frage bestritten, ob der Austritt aus einer der privilegirten christlichen Kirchen ohne Uebertritt zu einer andern von der Beitragspflicht für die Zwecke der ersteren befreie. Die Minister der geistlichen Angelegenheiten und des Innern haben in der Circularverfügung vom 19. November 1850 (Aktenstücke des evangel. Ob. Kirchenrathes Bd. 1 Hft. 1 S. 71 und Altmann, Praxis der preuß. Gerichte zc. S. 316) und der Ober-Kirchenrath in den Erlassen v. 17. Dezember 1850 u. 10. Mai 1853 (Aktenstücke Bd. 1 Hft. 1 S. 71; Hft. 6 S. 92) sich für die Bejahung der Frage entschieden. Dagegen hat das Ober-Tribunal in dem Erkenntnisse v. 8. Februar 1854 (Entscheidungen Bd. 27 S. 375; Striethorst, Archiv f. Rechtsfälle Bd. 12 S. 110; Altmann a. a. O. S. 313) den Rechtssatz ausgesprochen: Der förmlich erklärte Austritt aus der Kirche befreit den Austretenden von den bisher getragenen Parochiallasten noch nicht, sondern erst dann, wenn er einer andern vom Staate anerkannten Religionsgesellschaft sich angeschlossen hat. Nachdem der Minister der geistlichen Angelegenheiten und der evangelische Ober-Kirchenrath in Folge dieses Ausspruches des höchsten Gerichtshofes in den Verfügungen v. 31. März u. 7. Mai 1858 (Aktenstücke Bd. 2 S. 312) von ihrer früheren Ansicht zurückgetreten waren, wurde aber in Folge der vielfach ergangenen Beschwerden nach nochmaliger Prüfung der Sache von dem ersteren im Einverständnisse mit dem Staatsministerium die Circular-Verfügung vom 15. Mai 1861 (Minist.-Blatt f. d. innere Verwaltung S. 114; Aktenstücke Bd. 5 S. 160; Dove, Zeitschr. f. K. R. Bd. 1 S. 43; Altmann, a. a. O. S. 315) erlassen, worin zu der ursprünglichen Auffassung vom Jahre 1850 zurückgekehrt wurde. Da das Ober-Tribunal indessen bei seiner früheren Ansicht stehen geblieben ist (s. Erkenntn. v. 5. Juli 1867, Entscheidungen Bd. 58 S. 351), trotzdem daß dieselbe wegen der Ignorirung des Einflusses der Verfassungs-Urkunde auf die Vorschriften des Landrechtes über die Stellung der Religionsgesellschaften, unhaltbar war, und sich die Doktrin übereinstimmend gegen den Ausspruch des Ober-Tribunals erklärt hat (vgl. Jacobson in Dove's Zeitschr. für K. R. Bd. 1 S. 430; Dove, a.a.O. S. 491; Altmann, a.a.O. S.320 Note; Wettich in Gruchots Beiträgen zur Erläuterung d. preuß. Rechts Jahrg. 8 S. 528; meine Recension in der Zeitschr. f. Gesetzgebung u. Rechtspfl. in Preußen Bd. 2 S. 196), so bestand in der erwähnten, wichtigen Frage eine bis jetzt ungelöste Differenz zwischen der Verwaltungs- und Gerichts-Praxis. Diese ist durch die Bestimmung des Abs. 1 des § 3 beseitigt und zwar zu Gunsten der sowohl principiell wie auch nach dem früheren preußischen Recht begründeten Meinung.

3) **nicht mehr verpflichtet wird.** Wird eine solche Verpflichtung mit Rücksicht auf den in

Gemäßheit der Vorschriften dieses Gesetzes erfolgten Austritt aus der Kirche abgelehnt, so ist über diese Frage der Rechtsweg zulässig. Einmal handelt es sich hier um Abgaben, von denen die Freiheit aus einem besonderen Grunde behauptet wird (vgl. § 79 Tit. 14 Th. II A. L. R., Gesetz vom 24. Mai 1861 betr. die Erweiterung des Rechtsweges G.=S. S. 241, Verordn. v. 16. September 1867, für die neuen Provinzen G.=S. S. 1515, und Erkenntniß des Ober=Tribunals vom 8. Februar 1854 bei Striethorst, Archiv f. Rechtsfälle Bd. 12 S. 110); ferner aber ist was die Baulast betrifft, der Rechtsweg hinsichtlich der Verbindlichkeit zur Leistung der Beiträge nach § 707 bis 709 Tit. 2 Th. II A. L. R. unbedingt zulässig (Erkenntn. des Kompetenzgerichtshofes v. 30. Januar 1858, Minist.=Bl. f. die innere Verwaltung S. 178 und Erkenntn. des Ober=Tribunals vom 20. Februar 1865, Entscheidungen Bd. 54 S. 305). Demgemäß erscheint es nicht haltbar, wenn das Erkenntniß des Kompetenzgerichtshofes v. 7. Oktober 1854 (Justiz=Minist.=Bl. S. 443) erklärt hat, daß die Behauptung, daß man aus dem Parochialverbande ausgetreten sei, die Zulassung des Rechtsweges nicht begründe.

Vgl. ferner unten Anm. 8.

[4]) **des auf die Austrittserklärung folgenden Kalenderjahres.** Zufolge dieser Vorschrift (die Motive derselben s. S. 178) hat das austretende Mitglied noch für alle Lasten zu haften, welche in die Zeit bis zum 31. Dezember (einschließlich) des auf die Austritts=Erklärung folgenden Jahres fallen.

[5]) **Kosten eines außerordentlichen Baues.** Diese Bestimmung hat den Zweck, einen Austritt, namentlich einen Massen=Austritt aus rein pekuniären Motiven zu erschweren, wenn erhöhte Anforderungen an die Gemeinde=Mitglieder zur Deckung von Baukosten gemacht werden müssen, und dadurch die Auflösung der rechtlichen Unterlagen der kirchlichen Baulast zu verhüten. Unter einem außerordentlichen Bau kann nur ein solcher verstanden werden, welcher nach den besonderen Verhältnissen der einzelnen Gemeinden im Hinblick auf die bauliche Verwaltung der Kirchengebäude und vom baulichen Standpunkt aus als ein ungewöhnlicher, nicht regelmäßig vorkommender erscheint. Es gehören also hierher Erweiterungs=Bauten, welche durch das Anwachsen der Gemeinde erforderlich geworden sind. Ferner alle Neubauten, denn wenn solche auch selbst ohne den Eintritt außergewöhnlicher Ereignisse, wie z. B. Feuersbrünste, Erdbeben, dem Laufe der Dinge gemäß in einem gegebenen Zeitpunkt nothwendig werden, so bleibt ein solcher Bau doch gerade für die betreffende Generation immer etwas Außergewöhnliches, in sofern als ihr in einem solchen Fall außerordentliche Lasten aufgebürdet werden. Endlich gehören hierher auch größere und umfangreichere Reparaturbauten, weil hinsichtlich dieser dieselben Verhältnisse obwalten. Unzulässig muß es erscheinen den Begriff des außerordentlichen Baues lediglich danach zu bemessen, ob er im Vergleich zu dem regelmäßigen Budget der Gemeinde eine Mehrbelastung oder selbst eine erheblichere Mehrbelastung herbeiführt. Das erstere wird mit jedem Baue der Fall sein, und was das letztere betrifft, so fehlt es hier einmal an jedem festen und bestimmten Kriterium, ferner aber würde dies auch dem Wortlaut der Vorschrift widersprechen, da diese dem Austretenden nicht die Haftung für Bauten, welche erhebliche oder außerordentliche Kosten verursachen, sondern für die Kosten außerordentlicher Bauten auferlegt. Thatsächlich wird sich freilich die Sache fast immer so stellen, daß diese letzteren auch außerordentliche Lasten bedingen.

[6]) **dessen Nothwendigkeit . . . festgestellt ist.** Die Nothwendigkeit muß von den kompetenten Organen der betreffenden Kirche ausgesprochen sein. Sowohl für die evangelische Kirche, wie für die katholische Kirche sind dies fast in allen Landestheilen die königlichen Regierungen, s. § 707 Tit. 11 Th. II A. L. R.; Instruktion zur Geschäftsführung der Regierungen vom 23. Oktober 1817 § 18 (Ges.=S. S. 248), Verordn. betr. die Ressortverhältnisse der Provinzialbehörden 2c. vom 27. Juni 1845 § 3 Nr. 1 (G.=S. S. 440) — wegen der katholischen Kirche vgl. Verordn. betr. die Ressortverhältnisse der Prov.=Behörden in kath.=kirchl. Angelegenheiten v. 27. Juni 1845 § 3 (Ges.=S. S. 443), die Regulative v. 25. Mai und 19. November 1850 (Min.=Bl. f. die innere Verwaltung v. 1851 S. 32) und Reskript vom 8. Mai 1852 (Beiträge z. preuß. K. R. Hft. 2 S. 7) — in Kurhessen für die evangelische Kirche das Konsistorium (Büff, a. a. O. S. 738), in Hannover für die letztere gleichfalls in der Regel die Provinzial=Konsistorien (wegen der Mitwirkung der Landdrosteien und der Kompetenz der Kirchenkommissarien vgl. die bei Lohmann a. a. O. S. 189, 195,

206, 215 abgedruckten Verordnungen). Was dagegen die katholische Kirche in Hannover betrifft, so kommt das ministeriell genehmigte Ober-Präsidial-Regulativ vom 12. Juni 1871 in Betracht. Nach § 2 desselben haben die bischöflichen Behörden die Nothwendigkeit oder Nützlichkeit der Bauten zu prüfen und darüber zu entscheiden, nach § 4 aber für den Fall, daß Differenzen entstehen, namentlich das Baubedürfniß, die Verpflichtung zur Beitragsleistung oder der anzuwendende Vertheilungsfuß streitig sind, die Entscheidung der Landdrostei zu überlassen, welche indessen wenn sie den Anträgen der geistlichen Behörden nicht deferiren zu können glaubt, und die Meinungsverschiedenheit nicht durch Kommunikation mit letzteren beheben kann, die Entscheidung des Kultusministers einzuholen hat. Der **Zeitpunkt** der Feststellung ist nicht der Tag, an welchem die betreffende Behörde den Bau beschließt, sondern derjenige, an welchem der Beschluß ordnungsgemäß bekannt gemacht wird. Erst von diesem Moment ab existirt derselbe für die Betheiligten. Ferner entspricht diese Auslegung auch allein der Absicht des Gesetzes, weil ein blos zur Abwälzung der Baulast stattfindender Austritt verhindert werden soll, ein solcher aber in manchen Fällen erst dann erfolgen wird, wenn sich die Höhe der Last übersehen läßt. Ist also der Austritt am 15. Februar 1874 erklärt und der Bau am 30. Dezember 1873 beschlossen, aber dieser Beschluß erst am 3. Januar 1874 veröffentlicht worden ist, so handelt es sich um einen in dem Kalenderjahre des Austrittes festgestellten Bau, für dessen Kosten der Austretende bis zum Ablauf des 31. Dezember 1876 haftet, während er bei entgegengesetzter Auslegung der betreffenden Vorschrift, d. h. wenn man den Tag des Beschlusses, den 31. Dezember 1873 als Feststellungstermin ansehen wollte, nur nach Maßgabe des ersten Satzes des Alinea 2 des §, also bis zum 31. Dezember 1875, verpflichtet sein würde.

Wo für den Fall des Streites über die Nothwendigkeit des Baues der Rekurs an eine höhere Behörde ergriffen werden kann (vgl. Reskript v. 23. August 1828 bei v. **Kamptz** Annalen Bd. 12 S. 683 u. **Vogt**, preuß. K. R. Bd. 1 S. 494, nach welchem in solchen Fällen die Regierungen ein Resolut zu erlassen und den Interessenten bei der Publikation eine angemessene in der Regel und mindestens 4wöchentliche Frist für die etwaigen Rekursbeschwerden an das Ministerium der geistlichen Angelegenheiten zu gewähren haben), ist der Tag der Feststellung des Baues erst derjenige, an welchem die Rekursfrist verstrichen oder die Entscheidung der betreffenden höheren Behörde publicirt worden ist, denn bis dahin ist es stets ungewiß, ob es bei dem beschlossenen Baue bleibt, und das Gesetz kann nur die definitive Anordnung derselben gemeint haben. Was insbesondere die nach dem eben angeführten Reskript von der Regierung vorzunehmende Festsetzung betrifft, so ist dieselbe, wie schon die Bezeichnung: Regulirung des Interimistikums ergiebt, s. auch Cirkular-Reskr. v. 12. Dezember 1843 (Ministerial-Bl. f. d. innere Verwaltung S. 324 u. **Vogt**, a. a. O.) immer nur eine provisorische.

⁷) **ebenso beizutragen**, d. h. er haftet für alle Beiträge, welche während der betreffenden zweijährigen Frist repartirt und ausgeschrieben werden, dagegen aber nicht für spätere, welche etwa deshalb noch nöthig werden, weil der Bau in der gedachten Zeit nicht vollendet worden ist.

⁸) **als wenn er seinen Austritt nicht aus der Kirche erklärt hätte**; der Austretende gilt also in Bezug auf die betreffende Angelegenheit noch als Mitglied der Kirche, welche er verlassen hat, und kann also alle Rechtsmittel gegen die Prägravation geltend machen, welche den Zugehörigen der betreffenden Kirchengemeinschaft zustehen, vgl. z. B. **Meier** K. R. S. 309 XI. u. die Erkenntnisse des Ober-Tribunals v. 24. Oktober 1862 (Minist.-Bl. f. d. innere Verwaltung S. 65) u. v. 20. Februar 1865 (Entscheidungen Bd. 54 S. 305).

⁹) **nicht auf der persönlichen Kirchen- oder Kirchengemeinde-Angehörigkeit beruhen**, d. h. diejenigen, bei welchen die Angehörigkeit zur bestimmten Kirche nicht das allein entscheidende Moment ist, so die Baulast des Patrons bei einem persönlichen Patronat, ein anderes Beispiel dafür in Anm. 1 zu § 10 lit. b. Nr. 2. Die Baulast der sog. **Forensen**, d. h. derjenigen, welche zwar keinen Wohnsitz in der Parochie, aber doch Grundstücke in derselben haben, eine Verpflichtung, welche allerdings nach gemeinem (**Richter-Dove** K. R. § 319) und nach preußischen Recht (Erkenntnisse des Ober-Tribunals v. 23. Januar 1837; 20. September 1854 u. 5. April 1861, Central-Blatt f. preuß. Juristen, Jahrg. 1837 S. 585; Entscheidungen Bd. 28 S. 355 u. Bd. 45 S. 269) im allgemeinen nicht besteht, aber durch Observanz hergebracht sein kann, fällt nicht unter diese

§. 4.*)

Personen, welche vor dem Inkrafttreten des gegenwärtigen Gesetzes[1]) ihren Austritt aus der Kirche nach den Vorschriften der bisherigen Gesetze[2]) erklärt haben,[3]) sollen vom Tage der Gesetzeskraft dieses Gesetzes[4]) ab, zu anderen, als den im dritten Absatz des §. 3. bezeichneten Leistungen[5]) nicht ferner herangezogen werden.

Vorschrift des Gesetzes, vielmehr unter den Abs. 1 des §. Forense kann allein derjenige sein, welcher derselben Konfession angehört; nur bestimmt sich bei ihm die Zugehörigkeit zur Parochie nicht, wie gewöhnlich durch das Domicil, sondern durch die Lage der ihm gehörigen Grundstücke.

Wegen der Zehntverpflichtung s. Anm. 11.

[10]) **kraft besonderen Rechtstitels auf bestimmten Grundstücken haften.** Hierher gehört die Baulast des Patrons, sofern das Patronatrecht — was nach A. L. R. Th. II. Tit. 11 § 579 die Regel — auf einem Grundstück haftet, also dinglich ist (§ 583 a. a. O.), ferner ein Zehntrecht, welches kraft eines besonderen Entstehungsgrundes, z. B. der Ersitzung gegen ein bestimmtes Grundstück erworben ist, unter der Voraussetzung, daß, wie dies im Großherzogthum Posen der Fall ist, die Grundbesitzer des evangelischen Bekenntnisses an und für sich frei sind (vgl. Präjudiz des Ober-Tribunals Nr. 2679 v. 22. Dezember 1856, Entscheidungen Bd. 35 S. 149).

[11]) **von allen Grundstücken einer gewissen Klasse in dem Bezirk ohne Unterschied des Besitzers.** Hierunter sind alle Abgaben begriffen, welche eine dingliche Natur angenommen haben, also Reallasten sind. Es gehören hierher z. B. die Baulasten im ehemaligen Herzogthum Magdeburg und in der Mark Brandenburg, die Parochiallasten in den ehemals königl. sächsischen Landestheilen (s. die Nachweisungen bei Meier, preuß. K. R. S. 163), die im großen und kleinen Marienburgschen Werder in Preußen zum Unterhalt der evangelischen Grundbesitzer und Kirchendiener zu entrichtenden Abgaben und Leistungen (Verordn. v. 30. Januar 1846, G. S. S. 87); der Sackzehnte, die große und kleine Kalende in Ostpreußen (ostpreuß. Provinzialrecht Zus. 213 § 4.) Der Zehnte dagegen nicht allgemein, denn wenn er auch Reallast-Natur hat, so ist die Verpflichtung dazu doch vielfach (so nach A. L. R. a. a. O. § 872, ferner in der Ober-Lausitz, Erkenntniß des Ober-Tribunals v. 21. Dezember 1857, Striethorst, Arch. für Rechtsfälle Bd. 27 S. 227) durch die persönliche Zugehörigkeit zur Parochie, also die Zugehörigkeit zur betreffenden Konfession, bedingt.

Die Worte: „Grundstücke einer bestimmten Klasse" hat das Gesetz deshalb gebraucht, weil nicht immer sämmtliche Grundstücke da, wo die Dinglichkeit der Kirchenlasten besteht, sondern nur bestimmte Kategorien derselben verhaftet sind.

§ 4. *) Entspricht dem § 6 der Regierungsvorlage, nur mit der Abweichung, daß die Verweisung der durch die Kommission veränderten Paragraphen-Zählung entspricht.

[1]) **vor dem Inkrafttreten des gegenwärtigen Gesetzes.** Da dasselbe keinen allgemeinen desfalsigen Termin selbst angeordnet hat, so bestimmt sich dieser nach Maßgabe des Gesetzes vom 3. April 1846, betr. die Publikation der Gesetze § 2 (G. S. S. 151) des Gesetzes v. 14. Mai 1855 (wegen des Jade-Gebietes G. S. S. 306) u. der Verordn. v. 29. Januar 1867 (wegen der neuen Provinzen, G. S. S. 139).

[2]) **nach den Vorschriften der bisherigen Gesetze,** s. § 17 der Verordn. v. 30. März 1847 (S. 175) und ferner die Ausführungen oben S. 173.

[3]) **erklärt haben.** Durch diese Bestimmungen sollen auch diejenigen, welche bisher auf Grund der oben erwähnten, nicht haltbaren Praxis des Ober-Tribunals (s. S. 181) zu Beiträgen herangezogen worden sind, von diesen für die Zukunft befreit werden, und das muß selbst da gelten, wo eine rechtskräftige Verurtheilung mit Rücksicht auf jene irrthümliche Rechtsansicht erfolgt ist. Auch in diesen Fällen sind die Voraussetzungen des § vorhanden. Daß das Gesetz, welches an und für sich auch die Folgen rechtskräftiger Erkenntnisse beseitigen kann, gerade die Verpflichtungen der bereits verurtheilten Dissidenten hat bestehen lassen wollen, läßt sich annehmen, um so mehr, als diese nicht in der Lage sind, den Austritt, welchen sie nach dem früheren Recht gültig

§. 5.*)

Ein Anspruch auf Stolgebühren[1]) und andere bei Gelegenheit bestimmter Amtshandlungen zu entrichtende Leistungen[2]) kann gegen Personen, welche der betreffenden Kirche nicht angehören,[3]) nur dann geltend gemacht werden, wenn die Amtshandlung auf ihr Verlangen wirklich verrichtet worden ist.

§. 6.*)

Als Kosten des Verfahrens werden nur Abschriftsgebühren und baare Auslagen[1]) in Ansatz gebracht.

---

vorgenommen haben, unter der Herrschaft des gegenwärtigen Gesetzes nochmals zu wiederholen, mithin gar kein Mittel besitzen, sich der ihnen zu Unrecht aufgebürdeten Lasten zu entziehen.

[4]) **der Gesetzeskraft dieses Gesetzes ab,** s. Anm. 1. Demgemäß haben die in der gedachten Weise ausgetretenen Personen nur die in die Zeit bis zu dem erwähnten Tage fallenden Leistungen tragen. Das gilt auch von denjenigen, welche nur die Form des Abs. 2 § 1, nicht die des Abs. 3 erfüllt haben.

[5]) **des § 3 bezeichneten Leistungen,** s. Anm. 9—11 daselbst.

§ 5. *) Unverändert wie § 7 der Regierungsvorlage.

[1]) **Stolgebühren,** d. h. die für die Vornahme bestimmter Amtshandlungen, namentlich Taufen, Trauungen ꝛc. an den Geistlichen zu zahlenden Gebühren. Solange die Angehörigen anderer Konfessionen oder die aus der Kirche ausgetretenen Personen noch dem Pfarrzwange einer anderen Kirche unterworfen waren, wurden sie konsequenterweise auch hinsichtlich der Pflicht zur Zahlung von Stolgebühren den wirklichen Parochianen gleichgestellt. Wie diese, falls sie eine dem Pfarrzwange unterworfene Handlung von einem andern als ihrem kompetenten Pfarrer vornehmen ließen, an diesen die Stolgebühren zu zahlen hatten (vgl. z. B. §§ 422ff., 458ff., Tit. 11 Th. II. A. L. R.), so mußten die letzteren auch von den erwähnten Personen, welche sich des Geistlichen oder Religionsdieners ihrer Konfession bedienten, an den Geistlichen der fremden Religionsgesellschaft entrichtet werden, dessen Parochialzwang sie unterworfen waren. Auch diese aus der Stellung bestimmter Kirchen als ecclesiae dominantes und aus der nicht vollen Gleichberechtigung der Dissidenten herfließende Konsequenz ist nunmehr für die ganze Monarchie beseitigt (vgl. aber S. 192).

[2]) **bei Gelegenheit bestimmter Amtshandlungen zu entrichtende Leistungen,** z. B. Zuschläge zu den Stolgebühren, welche nicht für den Geistlichen, sondern für andere Personen, wie die Kirchspielsarmen, oder zu bestimmten besonderen Zwecken, — so die in den Bisthümern Münster, Paderborn, Trier, Gnesen=Posen und Ermland bei jedem Trauungs=, Sterbe= und Tauffalle als Zuschläge zu erhebende Kathedralsteuer von einigen Silbergroschen zur Erhaltung der Domkirchen (Kab.=Ordres vom 13. April und 24. Mai 1825, G. S. S. 71 u. 225) — gezahlt werden müssen.

[3]) **der betreffenden Kirche nicht angehören,** gleichviel also, ob sie niemals Mitglieder derselben gewesen oder erst ausgetreten sind. Tritt Jemand in Gemäßheit des § 1 Abs. 2 zu einer andern Kirche über, so genügt schon die Beobachtung der dort für statthaft erklärten Form, und es bedarf nicht erst noch der Form des Abs. 3 a. a. O. Das folgt aus der allgemein lautenden Vorschrift des § 5. Ferner aber daraus, daß der Uebertritt nach § 1 Abs. 2 die Zugehörigkeit in den rein kirchlichen Beziehungen löst (S. 174) und das Recht des Pfarrers auf Vornahme von kirchlichen Amtshandlungen in erster Linie zu diesen gehört, nicht aber zu der Kategorie der aus dem Parochialverbande hervorgehenden vermögenwerthen Lasten, da der Anspruch auf Stolgebühren nur ein Accessorium seines Rechtes auf die Amtshandlung ist.

§ 6. *) Nach den Vorschlägen der Kommission. Der entsprechende § 8 der Regierungs=Vorlage lautete: „Für die Bescheinigung des Austritts aus der Kirche (§§ 1 bis 3) ist eine Schreibgebühr von fünf Silbergroschen zu erheben. Daneben ist die tarifmäßige Stempelabgabe für Atteste zu entrichten. Alle übrigen auf Grund dieses Gesetzes bei den Gerichten ergehenden Verhandlungen und Verfügungen sind kosten= und stempelfrei." — Die Abänderung ist in der Erwägung erfolgt,

§. 7.*)

Die in diesem Gesetze dem Richter beigelegten Verrichtungen werden im Bezirke des Appellationsgerichtshofes zu Cöln durch den Friedensrichter, im Gebiete der ehemals freien Stadt Frankfurt a. M. durch die zweite Abtheilung des Stadtgerichts daselbst wahrgenommen.[1])

§. 8.*)

Was in den §§. 1 bis 6 von den Kirchen bestimmt ist, findet auf alle Religionsgemeinschaften, welchen Korporationsrechte gewährt sind,[1]) Anwendung.[2])

---

daß es „sich empfiehlt, einerseits den Austritt nicht nur durch besondere Sporteln zu erschweren, andererseits ihm auch nicht das Privilegium der Stempel- und Kostenfreiheit zu gewähren", nachdem mit Bezug auf die Regierungs-Vorlage erklärt war: „Hier findet die Bestimmung eines Kosten-Ansatzes von 5 Sgr. von allen Seiten Widerspruch. Es wird dagegen von einer Seite vorgeschlagen, die Verhandlungen überhaupt für kosten- und stempelfrei zu erklären. Von einer andern Seite wird es für angemessen erachtet, wie in dem Gesetz (Verordnung) von 1847 dem Justiz-Minister die Regelung eines Kosten-Tarifs vorzubehalten. Gegen die letztere Bestimmung wird ein Bedenken aus der Verfassungs-Urkunde geltend gemacht, nach welcher Gebühren nicht ohne Gesetz erhoben werden sollen. Gegen ersteren Vorschlag erklärt sich auch der Kommissar des H. Justiz-Ministers, sofern die Kosten- und Stempelfreiheit gegen die Grundsätze der Finanz-Verwaltung verstoße" (Kommissions-Ber. S. 17).

[1]) **Abschriftsgebühren und baare Auslagen**, s. die allgemeine Verfügung (Anlage) Nr. 5. Nach derselben ist für die Bescheinigung des Austrittes (s. § 2 Abs. 3) ein Stempel von 5 Sgr. zu erheben.

§ 7. *) Vgl. S. 175 Anm. *).

[1]) **wahrgenommen.** In den übrigen Landestheilen, für welche das Gesetz nichts bestimmt, sind die betreffenden Geschäfte von den zur Verwaltung der freiwilligen Gerichtsbarkeit bestimmten richterlichen Beamten, mithin in den älteren Provinzen durch das betreffende Mitglied der zweiten Abtheilung des Kreisgerichts, bez. den Einzelrichter der Kreisgerichts-Kommission (§§ 20—22 der Verordn. v. 2. Januar 1849 über die Aufhebung der Privatgerichtsbarkeit rc., Ges.-S. von 1849 S. 1 u. v. 1851 S. 180) und in den neuen durch die Amtsrichter (s. die verschiedenen die Justiz-Verwaltung betreffenden Verordnungen vom 26. Juni 1867, G.-S. S. 1073 ff.) wahrzunehmen. S. auch die Allgemeine Verfügung in der Anlage Nr. 1.

§ 8. *) Nach den Vorschlägen der Kommission. Die Regierungs-Vorlage (§ 9) lautete: „Was in den §§ 1 bis 8 für den Austritt aus der Kirche bestimmt ist, findet auch auf den Austritt aus solchen Religionsgemeinschaften, welchen Korporationsrechte gewährt sind, Anwendung."

[1]) **Religionsgesellschaften, welchen Korporationsrechte gewährt sind.** Hierher gehören namentlich in den älteren Provinzen die Herrenhuter oder evangelischen Brüdergemeinden (vgl. Reskript vom 16. Dezember 1849): „daß die evangelischen Brüdergemeinden allzeit als corporative Gemeinde-Verbände anerkannt und ihnen die völlige freie und selbstständige Verwaltung ihrer Angelegenheiten, sowie insbesondere ihres Vermögens gestattet worden sei", Boche, d. preuß. legale evangelische Pfarrer S. 69 Anm. 10; Jacobson, K. R. S. 124 und in Doves Zeitschrift für K. R. Bd. 1 S. 394); die von der Gemeinschaft der evangelischen Landeskirche sich getrennt haltenden Lutheraner (sg. Altlutheraner) nach der General-Koncession vom 23. Juli 1845 Nr. 2 und 3 (Ges.-S. S. 516), die Kohlbrüggianer oder Niederländisch-Reformirten zu Elberfeld, welche nach der K. O. v. 24. November 1849 (Jacobson bei Dove a. a. O. Bd. 3 S. 359) Korporationsrechte behufs Erwerbung von Grundstücken und Kapitalien erhalten haben, in der Provinz Hannover die Herrenhuter-Gemeinde zu Norden, nachdem dieser durch Erlaß vom 29. Juni 1868 derselbe Schutz, wie denen des Altlandes zugesichert worden ist, und die Mennoniten-Gemeinden in Ostfriesland, welche als „vom Staate ausdrücklich aufgenommene Kirchengesellschaften" im Sinne des § 17 Tit. 11 Th. II A. L. R. gelten und demnach auch, vgl. § 193 a. a. O.,

Korporationsrechte haben (auch im Reskript des früheren hannov. Kultusministeriums v. 18. September 1863 anerkannt), in Schleswig-Holstein die jansenistisch-katholische Gemeinde auf Nordstrand (vgl. die Privilegien derselben bei Matthiä, Beschreibung der Kirchenverfassung in den Herzogthümern Schleswig und Holstein. Flensburg 1778. S. 331 ff), ferner die auf Grund des holsteinischen Gesetzes v. 4. Juli 1863 §§ 2, 13 genehmigten Gemeinden der Mennoniten, Reformirten, Anglikaner und Baptisten, sofern die Regulative für die Verwaltung ihrer ökonomischen Angelegenheiten durch die Regierung genehmigt sind, und nicht einzelne der schon früher gebildeten Gemeinden besondere dahingehende Privilegien hatten (s. Matthiä a. a. O. S. 292, 336 und System. Sammlung der für die Herzogthümer Schleswig und Holstein erlassenen Verordnungen, Bd. 3 S. 569 ff).

[2]) **Anwendung.** Für den Austritt aus den Gemeinden der in der vorigen Anm. gedachten Religionsgesellschaften bedarf es also auch der Erklärung in Gemäßheit des § 1 Abs. 1 und § 2. Eine solche befreit den Austretenden von den auf der persönlichen Zugehörigkeit zur Gemeinschaft beruhenden Leistungen nach Maßgabe des § 3 Abs. 2, während er für die sonstigen Lasten (a. a. O. Abs. 3) verhaftet bleibt.

Der Absatz 2 des § 1, welcher für den Uebertritt im Gegensatz zum Austritt aus der Kirche (S. 173) das bestehende Recht aufrecht erhält, soweit es sich nicht um die Befreiung von den Lasten des bisherigen Verbandes handelt, kommt hier gleichfalls zur Geltung. Die §§ 41, 42 Tit. 11 Th. II A. L. R. beziehen sich nämlich nicht allein auf einen Uebergang von der einen ausdrücklich privilegirten Kirche zur andern, sondern auch auf einen solchen zu einer ausdrücklich staatlich anerkannten christlichen Kirchengesellschaft, wie es die Altlutheraner und Herrenhuter sind, vgl. Erkenntniß des Ober-Tribunals v. 11. November 1859 u. v. 29. April 1861, Striethorst, Archiv f. Rechtsfälle Bd. 34 S. 353 und Bd. 41 S. 201; Altmann, Praxis rc. S. 768; Jacobson, K. R. S. 492 Anm. 10; Boche, der preuß. legale Pfarrer S. 70, 71, also auf den Wechsel innerhalb aller staatlich anerkannter Religionsgesellschaften im früheren Sinne. Demnach unterliegt sowohl der Uebertritt aus einer privilegirten christlichen Kirche zu den Herrenhutern und Altlutheranern, von einer dieser Gemeinschaften zur andern, wie auch aus einer solchen zu einer der christlichen Kirchen dem § 1 Abs. 2 u. 3. Für diejenigen Religionsgesellschaften, welche nach Erlaß der Verfassungs-Urkunde Korporationsrechte erhalten haben und erhalten, sind aber §§ 41 42 Tit. 11 Th. II A. L. R. deshalb bedeutungslos und unanwendbar, weil die Verfassungsurkunde Art. 12—15 außer den privilegirten Kirchen nur Religionsgesellschaften mit Korporationsrechten und ohne dieselben kennt, also die landrechtlichen früheren Kategorien, öffentlich aufgenommene privilegirte, aufgenommene und koncessionirte und geduldete Religionsgesellschaften (s. Jacobson und Doves Zeitschr. Bd. 1 S. 394 ff, Boche, a. a. O S. 47 ff) für die Zukunft gegenstandslos geworden sind.

Auch die Vorschriften des oben S. 174 citirten kurhessischen Gesetzes und des bairischen Religions-Ediktes finden für den Fall des bloßen Uebertrittes im Sinne des Gesetzes, wenn es sich um Religionsgesellschaften des hier in Rede stehenden Charakters handelt, Anwendung. Denn diese gesetzlichen Bestimmungen beziehen sich nicht blos auf den Austritt aus den privilegirten christlichen Kirchen, vgl. auch bairisches Religions-Edikt § 11: „Durch die Religionsänderung gehen alle kirchlichen Gesellschaftsrechte der verlassenen Kirche verloren, dieselbe hat aber keinen Einfluß auf die allgemein staatsbürgerlichen Rechte, Ehren und Würden; ausgenommen es geschehe der Uebertritt zu einer Religionspartei, welcher nur beschränkte Theilnahme an dem Staatsbürgerrecht gestattet ist." Desgleichen ist in Hannover (s. S. 174) ein durch die Art der zu verlassenden Religionsgesellschaft bedingter Unterschied in der Form des Austrittes nicht hergebracht.

Was speziell die Juden betrifft, deren Verhältnisse in den einzelnen Theilen der Monarchie verschieden geregelt sind (Makower, über die Gemeinde-Verhältnisse der Juden in Preußen. Berlin 1873 S. 5), so besitzen die Gemeinden derselben, sofern sie unter Mitwirkung der Staatsbehörde umschrieben sind, überall Korporationsrechte, s. Ges. üb. d. Verhältnisse der Juden § 37, (G. S. S. 263); hannoversches Ges. üb. die Rechtsverhältnisse der Juden v. 30. Sept. 1842 § 25 (hannov. Ges.-S. Abth. I. S. 211); kurhessische Verordn. v. 30. Dezbr. 1823 §§ 38 ff.; Nassauische Verordn. v. 7. Januar 1852; Ges. betr. d. Verhältnisse d. Juden i. Herzogth. Holstein v. 14. Juli

1863, §§ 10, 15; Regulativ für Frankfurt a. M. v. 8. März 1839 (alle diese Anordnungen auch abgedruckt bei Makower a. a. O. S. 37 ff.).

Mit Rücksicht darauf, daß alle Juden nach den angeführten Bestimmungen zu einer der unter staatliche Autorität gebildeten Synagogen-Gemeinden gehören müssen, und demnach ein bloßer Austritt aus der Gemeinde sie nicht von den mit der Mitgliedschaft verbundenen Pflichten befreien kann (s. Erkenntnisse des Ober-Tribunals v. 17. September 1852, Entscheidungen Bd. 24 S. 301; v. 6. Oktbr. 1854 u. 15. Januar 1855; Striethorst, Arch. f. Rechtsfälle Bd. 13 S. 299 u. Bd. 16 S. 165) bemerken die Regierungs-Motive (S. 9): „daß wie das Gesetz sich nur auf den Austritt aus der Kirche, nicht auf den Austritt aus der Parochie bezieht, so auch seine analoge Anwendung auf die Juden nur im Falle des Austritts aus dem Judenthum, nicht aber im Falle des Austritts aus einer einzelnen Synagogen-Gemeinde zulässig ist." Schon in der Kommission wurde diese Auffassung bekämpft, aber ohne Erfolg, vgl. Kommissionsbericht S. 18: „So wenig wie das Christenthum mit einer bestimmten Kirche, sei das Judenthum identisch mit der Religionsgemeinschaft, welche in Preußen als Gesammtinbegriff der staatlich geschaffenen Synagogengemeinschaft Ausdruck und Anerkennung finden. So wenig der Staat bestimmen wolle, daß eine oder mehrere Kirchen allein das Christenthum darstellen: eben so wenig dürfe das Gesetz den Inbegriff der Preußischen Synagogen-Gemeinden für „das Judenthum" erklären, und auf Grund dieser willkührlichen Fiktion fordern, daß der Preußische Jude entweder aus dem Judenthum trete oder einer bestimmten Synagogen-Gemeinde angehöre. Der Austritt aus der Parochie bietet keine Rechtsanalogie zum Austritt aus der dem Synagogalsystem unterworfenen Religionsgemeinschaft der Juden. Niemand könne innerhalb dieses Systems verbleiben und der Mitgliedschaft der Gemeinde sich entziehen; dies sei der Sinn des Parochialzwanges. Aber es müsse auch dem Juden die Möglichkeit gegeben sein, dem staatlich anerkannten Begriff der jüdischen Religionsgemeinschaft sich zu entziehen, und doch innerhalb des Judenthums auszuharren. Damit werde der Weg zur freien Sektenbildung gebahnt, insofern als auch ohne Zustimmung des Staates unabhängige jüdische Religionsgruppen sich bilden können. Für die Befreiung des Einzelnen bedürfe es solcher Sektenbildung gar nicht nach dem Geiste des gegenwärtigen Gesetzes. — Die Definition des bestimmten Inbegriffs der staatlich anerkannten Religionsgemeinschaft der Juden als eines Parochialverbandes laufe hinaus auf eine Verdunkelung der Unterschiede zwischen dieser Gesammtheit und der einzelnen Synagogen-Gemeinde. Es kommt demgemäß darauf an, klarzustellen, daß den Juden gleiche Freiheit des Austritts aus einer historisch gestalteten Art des Judenthums zugewährt werden solle, die Identität dieser Art mit dem „Judenthum" aber nicht gesetzlich anzuerkennen. Diese Ausführungen fanden in der Kommission mehrseitige Unterstützung. Es wurde hervorgehoben, daß die konfessionellen Unterschiede auch innerhalb des Judenthums in analoger Weise berücksichtigt werden müßten, wie innerhalb der christlichen Konfession. Die Wirksamkeit der Synagogen-Gemeinden sei zum großen Theil auf Wohlthätigkeitsanstalten gerichtet und man übe durch die bisherige Handhabung des Gesetzes von 1847 gegen Widerwillige einen Zwang, zu einer ihnen nicht genehmen Wohlthätigkeit mitzuwirken. — Von anderer Seite wurde erwidert: das Gesetz von 1847 sei keineswegs allein maßgebend, da in den neuen Provinzen wesentlich verschiedene gesetzliche Bestimmungen noch in Wirksamkeit stehen. Im Allgemeinen herrsche zwar auch dort der Grundsatz, geographische Synagogen-Gemeinden mit Korporationsrechten einzurichten. Solche Gemeinden stehen jedoch nicht auf einer Linie mit den Kirchen- und Religionsgesellschaften christlichen Bekenntnisses, sondern mit den einzelnen Parochien in der christlichen Kirche. Dies Gesetz betreffe aber nicht den Austritt aus der Einzelgemeinde, sondern den Austritt aus der Kirche im Ganzen. Es werde durch Einschiebung eines fremdartigen Verhältnisses in das Gesetz nur Verwirrung entstehen. Die Meinungen über die Wirksamkeit des Gesetzes von 1847 seien überdies im Judenthum selbst sehr getheilte. Von sehr achtbarer Seite werde dessen Aufrechterhaltung gewünscht, da der vermögensrechtliche Bestand der Synagogen-Gemeinden durch unbeschränkte Befugnisse zum Austritt tief erschüttert, stark verschuldete Gemeinden völlig aufgelöst werden würden. — Zur Abhülfe der erhobenen Beschwerden wurden folgende Amendements gestellt: Amendement A. Hinter den Worten „gewährt sind" einzuschieben: „insbesondere auch, wenn Juden aus den durch das Gesetz vom 23. Juli 1847 eingeführten Synagogen-Gemeinden austreten." — Amendement B. „insbesondere für den Austritt aus der mit Korporationsrecht versehenen Religionsgemeinschaft der Juden." — Amendement C. Statt „Religionsgemeinschaften" zu sagen „Religionsgemeinden." — Gegen diese Amendements wurde indessen hervorgehoben: das Judenthum als solches sei einmal keine große einheitliche Korporation: sondern nur geographisch abgegrenzten und konstituirten einzelnen Synagogen-Gemeinden habe man Korporationsrechte gegeben. Eine Synagogen-Gemeinde entspreche durchaus nicht dem Begriff der Religionsgemeinschaft, von dem dies ganze Gesetz allein handle. Die einzelne Synagogen-Gemeinde entspreche nur der Parochie, das „Judenthum" als Ganzes sei die „Religionsgemeinschaft" im Sinne dieses Gesetzes. Die Gefahren der beantragten Aenderungen liegen wirthschaftlich darin, daß die wohlhabenderen Gemeindemitglieder sehr häufig austreten und neue Gemeinden bilden würden, in denen sie der Beaufsichtigung der Obrigkeit nach Maßgabe des Gesetzes von 1847 nicht mehr unterliegen. In Hannover werde sich die Wirkung einer solchen gesetzlichen Aenderung sofort gegen die unbeliebten Landrabinate richten. In Hessen sei es den Juden gestattet, entweder die Kommunalschule zu beschicken oder eigene Schulen zu begründen: wie solle sich dies Verhältniß gestalten bei einem rein fakultiven Austritt aus der Synagogen-Gemeinde. Ueberhaupt gebe es keine jüdischen Konfessionen im Sinne der christlichen Kirche, sondern höchstens Sekten. Die Ausführung der gestellten Anträge setze jedenfalls eine umfassende Revision des ganzen Gesetzes von 1847 voraus. Von anderer Seite wurde noch darauf aufmerksam gemacht, daß die Annahme des Amendements B. folgerichtig auch für die christliche Kirche den Erfolg haben müßte, daß Jedermann, ohne seine Kirche zu verlassen, seine Parochiallasten einfach kündigen könnte; ein Urtheil über die Stellung der einzelnen Sekten des Judenthums sei übrigens an dieser Stelle nicht zu begründen. — Im Laufe der Diskussion wurde im Allgemeinen anerkannt, daß die Fassung der Motive der Regierungsvorlage zu Bedenken Veranlassung gebe, daß aber die Fassung des Gesetzentwurfs selbst eine Aenderung nicht wohl gestatte, ohne den Rahmen dieses Gesetzes völlig zu ändern. Man werde die Erfüllung der ausgesprochenen Wünsche nur in Verbindung mit einer umfassenderen Revision des Gesetzes von 1847 erreichen können."

Auch bei den Verhandlungen des Gesetzes im Plenum des Abgeordnetenhauses (stenogr. Ber. S. 1750 ff.) wurden die schon in der Kommission hervorgehobenen verschiedenen Gesichtspunkte nochmals ausführlich erörtert. Zu einer Aenderung des § hat die Berathung nicht geführt, nur wurde der Antrag Lasker angenommen, „die Königl. Staatsregierung aufzuforbern, dem Landtage baldigst eine Vorlage zu machen, durch welche auch den Juden in allen Theilen der Monarchie der Austritt aus einer Religionsgemeinschaft aus konfessionellen Bedenken ohne gleichzeitigen Austritt aus dem Judenthum ermöglicht wird und die in einzelnen Landestheilen etwa entgegenstehenden gesetzlichen Bestimmungen aufgehoben werden." Uebrigens ist sowohl in der Kommission wie auch in beiden Plenar-Verhandlungen des Abgeordnetenhauses (a. a. O. S. 1757) seitens der Staatsregierung die Erklärung abgegeben worden, daß eine anderweite gesetzliche Regelung der Verhältnisse der Juden für die ganze Monarchie in naher Aussicht stehe.

Demnach ist § 8 dahin auszulegen, daß der Austritt aus einer jüdischen Gemeinde ohne gleichzeitigen Austritt aus dem Judenthum nicht von der Beitragspflicht zu den Lasten der ersteren befreit, m. a. W. daß das Gesetz auf einen solchen Austritt keine Anwendung findet.

Da die Juden eine staatlich anerkannte Religionsgemeinschaft bilden, so sind die Vorschriften des bisher geltenden Rechtes für ihren Uebertritt zu einer der christlichen Kirchen oder einer andern derartigen Religionsgesellschaft in dem § 1 Abs. 2 und 3 angegebenen Umfange gleichfalls maßgebend (s. auch Boche, d. preuß. legale Pfarrer S. 117).

Auf die nicht mit Korporationsrechten ausgestatteten Religionsgemeinschaften, — dahin gehören in den älteren Provinzen z. B. die Mennoniten, die Anglikaner, Baptisten, freien Gemeinden, diejenigen Lutheraner, welche sich von den sg. Altlutheranern abgezweigt haben (vgl. Boche a. a. O. S. 47, 53, 60 ff), bezieht sich das Gesetz nicht. Für den Austritt derselben aus ihrer Gemeinschaft kommen lediglich die besonderen, bei ihnen bestehenden Normen, dann die etwaigen für den Austritt aus allen Religionsgesellschaften geltenden Bestimmungen oder Rechtssätze (vgl. S. 187 Abs. 3 dies. Anm.), eventuell die allgemeinen Regeln über den Austritt aus gewöhnlichen Gesellschaften zur Anwendung, vgl. auch Reg.-Motive S. 9: „daß aber die Ausdehnung" (der Vorschriften des Gesetzes)

§. 9.*)

Die Verpflichtung jüdischer Grundbesitzer, zur Erhaltung christlicher Kirchensysteme beizutragen, wird mit dem Eintritt der Gesetzeskraft [1]) dieses Gesetzes auf den Umfang derjenigen Leistungen beschränkt,[2]) welche nach dem dritten Absatz des §. 3. des gegenwärtigen Gesetzes den aus der Kirche ausgetretenen Personen zur Last bleiben.

---

nicht auf alle Religions-Gesellschaften überhaupt erstreckt ist, erklärt sich daraus, daß Religions-Gemeinschaften ohne gesellschaftliche Rechte, wie sie in den Korporationsrechten gegeben sind, nur Vereinigungen ihrer Mitglieder darstellen, deren Rechte unter einander sich lediglich nach privatrechtlichen Gesichtspunkten bestimmen."

§ 9. *) Nach den Vorschlägen der Kommission. In der Regierungs-Vorlage lautete der entsprechende § 10: „Die nach § 3 des Gesetzes über die Verhältnisse der Juden vom 23. Juli 1847 — G.-S. S. 263 — den jüdischen Grundbesitzern obliegende Verpflichtung, zur Erhaltung christlicher Kirchensysteme beizutragen, wird mit dem Eintritt der Gesetzeskraft dieses Gesetzes auf den Umfang derjenigen Leistungen beschränkt, welche nach dem zweiten Absatz des § 4 des gegenwärtigen Gesetzes den aus der Kirche ausgetretenen Personen zur Last bleiben."

[1]) **Gesetzeskraft** s. S. 1 Anm. 184.

[2]) **auf den Umfang derjenigen Leistungen beschränkt.** Das Anm. * citirte Gesetz bestimmt § 3 Abs. 4: „Wo das Patronat einer Gemeinde zusteht, können deren jüdische Mitglieder an der Ausübung desselben nicht Theil nehmen, sie müssen aber die damit verbundenen Reallasten von ihren Besitzungen tragen. Außerdem bleiben die jüdischen Mitglieder einer Stadt oder Dorfgemeinde verpflichtet, die nach Maaßgabe des Grundbesitzes zu entrichtenden Beiträge zur Erhaltung der Kirchensysteme zu tragen; auch sind alle jüdischen Grundbesitzer zur Leistung der auf ihren Grundstücken haftenden kirchlichen Abgaben verbunden." Es ist demnach beseitigt, die Beitragspflicht, soweit diese eine persönliche war, aber nach Maßgabe des Werthes des Grundbesitzes repartirt wurde, also nur die zweite Vorschrift des mitgetheilten Absatzes des § 3. Die beiden andern Bestimmungen desselben sind dagegen bestehen geblieben. Denn diese betreffen Reallasten, d. h. solche, deren Tragung nach Absatz 3 des § 3 dieses Gesetzes durch den Austritt aus der Kirche nicht beseitigt wird.

In Kraft geblieben sind ferner im Allgemeinen die einschlägigen §§ des hannoverschen Gesetzes vom 30. September 1842, welche lauten: „§ 29. Die Juden sind zu Beiträgen für das christliche Kirchen-, Schul- und Armenwesen nicht verbunden, vorbehältlich der folgenden Bestimmungen: — § 30. 1) Sind Lasten dieser Art bisher nicht besonders aufgebracht, sondern aus einer Gemeindekasse bestritten, zu welcher alle Einwohner der Gemeinde beizutragen verpflichtet sind, so tritt in Ansehung der Juden keine Ausnahme ein. — § 31. 2) Letztere haben von ihrem etwaigen Grundbesitze zu allen denjenigen Lasten beizutragen, welche ganz oder theilweise bisher von den Grundeigenthümern der Gemeinde getragen sind, oder in Zukunft von denselben etwa zu tragen sein werden. — § 32. 3) Eigentliche Reallasten, welche in Bezug auf das christliche Kirchen-, Schul- und Armenwesen Statt finden, bleiben bestehen. — § 33. 4) Etwa bestehende Beitragspflichten der Juden für die Mitbenutzung der mit dem christlichen Kirchenwesen in Verbindung stehenden Einrichtungen, als Thurmuhren rc. bleiben in Kraft." Was den § 31 betrifft, so ist dieser allerdings in soweit beseitigt, als etwa mit Bezug auf denselben die jüdischen Grundbesitzer ebenso wie die christlichen für die Erhaltung des christlichen Kirchensystemes beizutragen haben, nicht aber in soweit es sich um Abgaben zur Gemeindekasse handelt, aus welcher Beiträge für die Erhaltung der christlichen Kirchen gewährt werden, d. h. in sofern der § 30 nur dadurch modificirt, daß die Lasten nach dem Grundbesitz zu tragen sind, zur Anwendung kommt. Derartige Lasten bilden keine Ausnahme-Bestimmungen zu Ungunsten der Juden, sie treffen alle Andersgläubigen in der Gemeinde gleichfalls und diese hat das Gesetz, in welches der § 9 seiner Oekonomie auch an und für sich nicht hineingehört, nicht treffen wollen, vgl. Motive S. 9: „Der § 10 (jetzt 9) beseitigt einen Ueberrest der früheren, den Juden ungünstigen Bestimmungen, für dessen fernere Beibehal-

§. 10.*)

Alle dem gegenwärtigen Gesetze entgegenstehenden Bestimmungen ¹) werden hierdurch aufgehoben.

---

tung das Interesse für die möglichst vortheilhafte Stellung der christlichen Kirchensysteme in Ermangelung eines inneren Rechtsgrundes nicht hinreicht. Das Bedenken, daß auch diese Vorschrift eigentlich in die allgemeine gesetzliche Regelung der Verhältnisse der Juden fällt, hat die Staats-Regierung nicht abgehalten, die Aufhebung dieser Abnormität in dem vorliegenden Gesetz-Entwurf vorzuschlagen, weil es sich dabei nicht um Verhältnisse der Juden unter sich, sondern um ihre Beziehungen zu den christlichen Kirchensystemen handelt."

Nach dem kurhessischen Gesetz vom 5. Oktober 1848 § 5 (vgl. auch Büff, a. a. O. S. 780, 862) und ebenso nach dem holsteinischen Gesetz vom 14. Juli 1863 § 10 Abs. 1 waren die Juden schon von allen persönlichen Beiträgen für das christliche Kirchenwesen befreit.

§ 10. *) Ebenso wie § 11 der Regierungs-Vorlage.

¹) **entgegenstehenden Bestimmungen.** Für die Beurtheilung der Frage, welche älteren Vorschriften für aufgehoben zu erachten sind, ist zu berücksichtigen, daß das Gesetz nur die Form des Austrittes aus der Kirche und den mit Korporationsrechten ausgestatteten Religions-Gesellschaften sowie die bürgerlichen Folgen eines solchen regeln will, und daß dasselbe außerdem soweit ein bloßer Uebertritt in dem oben S. 170 gedachten Sinne erfolgt, welcher nicht die Loslösung von den vermögenswerthen Lasten bezweckt, es bei dem bestehenden Recht (s. S. 173 Anm. 8, S. 187 Anm. 2, S. 190 Anm. 2) bewenden läßt.

Demgemäß ist, was die Form betrifft, aufgehoben allgemein der § 17 der Verordnung vom 30. März 1847 (S. 175); ferner die übrigen S. 173 erwähnten Vorschriften, soweit es sich um einen Austritt ohne Anschluß an eine andere Religions-Gesellschaft, mit Anschluß an eine solche ohne Korporationsrechte oder mit gleichzeitigem Eintritt in eine Kirche oder eine mit Korporationsrechten bewidmete Religions-Gesellschaft handelt, falls damit auch die Freiheit von den Lasten derselben herbeigeführt werden soll.

Hinsichtlich des § 8 der Verordnung über bürgerliche Eheschließung im Gebiete des ehem. Königr. Hannover v. 29. September 1867 (G. S. S. 1685): „Zur Beseitigung etwaiger Zweifel darüber, ob ein Theil einer Religions-Gesellschaft, deren Geistliche zur Trennung mit bürgerlicher Wirksamkeit ermächtigt sind, nicht angehört, genügt, daß derselbe dem Richter persönlich seinen Willen solcher Religionsgesellschaft nicht (ferner) angehören zu wollen, erklärt", kommt in Betracht, daß die betreffende Verordnung sich nur auf die Mitglieder einer Religions-Gesellschaft bezieht, deren Geistliche zur Trauung mit bürgerlicher Wirksamkeit nicht ermächtigt sind, also mit Rücksicht darauf, daß in Hannover sowohl die Mennoniten in Ostfriesland (s. S. 186 Anm. 1 zu § 8) als auch die Juden (§ 12 der citirten Verordnung) nicht unter die Bestimmungen derselben fallen, die im § 8 gedachte Erklärung nur dann vorkommen kann, wenn Jemand aus einer Kirche oder einer mit Korporationsrechten ausgestatteten Religions-Gesellschaft austreten und entweder gar keiner oder einer nicht korporirten Gesellschaft beitreten will. Da eine solche Erklärung zweifellos eine Austrittserklärung im Sinne des gegenwärtigen Gesetzes ist, der § 8 aber eine andere Form für diese vorgeschrieben hat, so muß derselbe als aufgehoben gelten. Diese Auffassung bestätigen auch die Motive des Gesetzes S. 5 u. 6, welche das Bedürfniß nach einheitlicher Regelung des Gegenstandes hervorheben und gerade den § 8 der erwähnten Verordnung unter den verschiedenen in Preußen hinsichtlich des letzteren geltenden Bestimmungen hervorheben. Andernfalls würde man auch zu dem widersinnigen Resultat kommen müssen, daß es nunmehr in Hannover eine besondere Form des Austritts für die Ermöglichung der Civilehe, eine andere Form für die Beseitigung aller sonstigen aus der bisherigen kirchlichen Gemeinschaft herrührenden Verpflichtungen gäbe.

Das Gesetz regelt, wie mehrfach hervorgehoben, nur die Form des Austrittes aus der Kirche, resp. den korporirten Religionsgesellschaften. Deshalb ist die sonstige, freilich sehr verschiedenartige Gesetzgebung in Betreff der Stellung, der Rechte und Pflichten der nicht zu den privilegirten christlichen Kirchen gehörigen religiösen Gesellschaften in Kraft geblieben. Nur hinsichtlich zweier Punkte tritt eine Aenderung ein:

a. Nach § 5 des Gesetzes ist jeder Anspruch auf Stolgebühren gegen die Angehörigen einer andern religiösen Gemeinschaft, sofern die betreffenden Handlungen nicht auf ihr Verlangen verrichtet sind, aufgehoben (S. 185 Anm. 3). Das Edikt v. 30. Juli 1789, betr. die künftige Einrichtung des Mennonistenwesens, exkl. Schlesien (Rabe, Samml. preuß. Gesetze Bd. 1 Abth. 7 S. 780, auch bei Vogt, preuß. K. R. Bd. 2 S. 238) bestimmt dagegen § 3: „Ebenso sollen alle und jede in Ost-, Westpreußen und Litthauen wohnhafte Mennonisten, sie mögen angesessen sein oder nicht, in allen Fällen, wo ein protestantischer Einwohner bei Geburten, Verheirathungen oder Sterbefällen, Stolgebühren zu entrichten hat, eben diese Gebühren, nach Verhältniß des Standes, Gewerbes und nach den in den vorgeschriebenen Tax-Ordnungen bestimmten Sätzen der Kirche und Geistlichkeit desjenigen Orts oder Bezirks, in welchem ein jeder wohnhaft ist, zu entrichten schuldig sein" (vgl. auch § 5 ebendas.). Den Predigern (Aeltesten, Lehrern oder Vorstehern) der Mennoniten steht nicht das Recht zu, Kirchenbücher zu führen und auf Grund derselben Atteste mit öffentlichem Glauben auszustellen, vielmehr müssen die Geburten, Trauungen und Sterbefälle bei dem Pfarrer der Parochie der Evangelischen ihres Wohnortes zur Eintragung in die Kirchenbücher angezeigt werden (§ 498 Tit. 11 Th. II A. L. R., Publikandum der königl. Regierung zu Danzig v. 11. Mai 1821, v. Kamptz, Annalen Bd. 5 S. 352 und bei Vogt, a. a. O. S. 243, vgl. auch Boche, der preuß. legale Pfarrer S. 85, 86; Jacobson in Doves Zeitschr. Bd. 1 S. 403). Die Mennoniten sind also gezwungen, die betreffenden Eintragungen, sowie nach der praktisch in Geltung stehenden Ansicht auch das Aufgebot (s. Boche, a. a. O. S. 86), nicht die Trauung, durch den protestantischen Geistlichen vollziehen zu lassen. Trotz des § 5 des vorliegenden Gesetzes ist die allgemeine Verbindlichkeit der Mennoniten Stolgebühren zu zahlen, nicht beseitigt. So weit sie verpflichtet sind, sich des evangelischen Pfarrers für die gedachten Akte zu bedienen, aber auch nur in soweit werden diese allerdings nicht auf ihr freiwilliges Verlangen vorgenommen, aber andererseits ist der evangelische Geistliche der vom Staat für sie bestellte Beamte, der allein die in Rede stehenden Handlungen mit bürgerlicher Wirksamkeit vollziehen kann. Es liegt also in der Natur der Sache, daß für diese Funktionen die Gebühren fortgezahlt werden müssen. Die Last hängt mit der Stellung, welche die bisherigen Ordnungen den Mennoniten zuweisen, zusammen. Diese hat das Gesetz nicht aufheben wollen, vielmehr hat dasselbe nur solche Verhältnisse im Auge, wo ohne daß dafür irgend welche Leistung erfolgt, an eine Kirche, lediglich mit Rücksicht darauf, daß diese früher als ecclesia dominans galt, von Andersgläubigen Stolgebühren gezahlt werden müssen.

Aus diesem letzteren Grunde ist dagegen durch § 5 der § 34 des hannoverschen Gesetzes über die Rechtsverhältnisse der Juden v. 30. September 1842 beseitigt, dahin lautend: „An den Orten, wo gegenwärtig eine Verpflichtung der Juden zu Stolgebühren beizutragen, besteht, wird solche beibehalten, so lange nicht die berechtigten Stellen dafür entschädigt sind. Es bleibt jedoch der Regierung überlassen, sofern sie es für angemessen erachtet, diese Verpflichtung auch ohne Entschädigung aufzuheben."

b) Der § 9 des Gesetzes hebt die Verpflichtung der jüdischen Grundbesitzer zur Erhaltung christlicher Kirchensysteme beizutragen, auf. Die Motive zum Gesetze (S. 190 Anm. 2) erkennen ausdrücklich an, daß es sich dabei um eine eigentlich nicht in dasselbe gehörige Bestimmung handelt. Demnach kann aus derselben nicht geschlossen werden, daß die Lasten, welche den Angehörigen anderer Religions-Gesellschaften zu Gunsten der christlichen Kirchen nach den bestehendem Rechte obliegen, beseitigt sind. Da das Gesetz diese Verhältnisse an und für sich nicht in den Bereich seiner Regelung gezogen hat, so ist es in dieser Beziehung bei dem bisherigen Zustande verblieben. Es sind also z. B. nicht beseitigt:

1) Die den Mennoniten obliegenden Verpflichtungen (s. das citirte Edikt vom 30. Juli 1789) § 3: „Auch soll in Ansehung der Kalende, wo solche üblich, eine gleiche Verbindlichkeit zu deren Entrichtung wie bei den protestantischen Einwohnern desselben Orts oder Bezirks und von eben der Klasse auch in Ansehung solcher Mennonisten stattfinden"; § 2: „so sollen alle in unsern Landen mit Grundstücken angesessene oder sich in Zukunft ansässig machende Mennonisten

§. 11.*)

Der Justizminister und der Minister der geistlichen Angelegenheiten sind mit der Ausführung dieses Gesetzes[1]) beauftragt.

Urkundlich unter Unserer Höchsteigenhändigen Unterschrift und beigedrucktem Königlichen Insiegel.

Gegeben Berlin, den 14. Mai 1873.

(L. S.) **Wilhelm.**

Gr. v. Roon. Fürst v. Bismarck. Gr. zu Eulenburg. Leonhardt. Camphausen. Falk. v. Kameke. Gr. v. Königsmarck. Achenbach.

---

und besonders diejenigen, welche sich in den Marienburgschen Werdern niedergelassen haben, zur Unterhaltung der protestantischen Kirchen, Prediger und Pfarr-Gebäude eben dasjenige beitragen, was ein protestantisches Mitglied von seinen Besitzungen zu leisten verbunden ist";

2) Die Verpflichtung der protestantischen, resp. katholischen Einwohner einer Civilgemeinde nach Maßgabe des Gesetzes vom 14. März 1845 (betr. die Verpflichtung zur Aufbringung der Kosten für die kirchlichen Bedürfnisse der Pfarrgemeinden in den Landestheilen des linken Rheinufers) zu den kirchlichen Bedürfnissen der katholischen, bez. protestantischen Kirche und zur Unterhaltung der Pfarrhäuser beizutragen, sofern die betreffende Pflicht der Civilgemeinde obliegt;

3) Die Verbindlichkeit der Angehörigen der einen protestantischen Konfession in Kurhessen zu den Baulasten der andern beizutragen, sofern sie kein eignes Kirchengebäude oder keinen eigenen Gottesdienst innerhalb der Parochie haben und auch nicht zu einer andern Kirche ihrer Konfession eingepfarrt sind (kurhess. Gesetz vom 29. Oktober 1848 § 5 . . . „Die bisher nach ausdrücklichem Gesetz oder Gewohnheitsrecht an manchen Orten bestandene Verpflichtung zur Unterhaltung der geistlichen Gebäude an andere Glaubensgenossen beizutragen, ist mit der Einschränkung aufgehoben, daß die in dieser Beziehung bestehenden Verhältnisse der protestantischen Konfessionen zu einander unverändert bleiben", vgl. auch Büff a. a. O. S. 747, 749 Anm. 3).

§ 11. *) Zusatz-§ der Kommission.

[1]) **Ausführung dieses Gesetzes,** s. die gleichfolgende Anlage.

Anlagen.

Allgemeine Verfügung des Justizministers

vom 13. Juni 1873, betreffend die Ausführung des Gesetzes über den Austritt aus der Kirche.

(Justiz-Ministerialblatt 1873 Nr. 25 S. 183.)

Zur Ausführung des Gesetzes über den Austritt aus der Kirche vom 14. Mai 1873 (Ges.-Samml. S. 207) wird, im Einverständnisse mit dem Herrn Minister der geistlichen, Unterrichts- und Medizinalangelegenheiten, Folgendes bestimmt:

1) Die in dem bezeichneten Gesetze den Gerichten zugewiesenen Geschäfte werden durch die für die Aufnahme von Handlungen der freiwilligen Gerichtsbarkeit bestimmten richterlichen Beamten versehen. Insofern für die Führung der Register über die Geburten, Trauungen und Sterbefälle

der Dissidenten und Juden ein besonderer Kommissarius bestimmt ist, hat derselbe auch jene Geschäfte wahrzunehmen.

Für den Bezirk des Appellationsgerichtshofes zu Köln und für das Gebiet der ehemals freien Stadt Frankfurt a. M. sind die zuständigen Beamten in dem Gesetze selbst (§ 7) bestimmt.

2) Der Antrag auf Aufnahme der Austrittserklärung (§ 2 des Gesetzes) kann mündlich zu Protokoll oder schriftlich erfolgen. Wird der Antrag als vollständig befunden, so ist derselbe unverzüglich dem Vorstande der Kirchengemeinde, welcher der Antragsteller angehört, in Abschrift nachrichtlich zuzustellen. Dem Antragsteller ist hiervon unter Bezeichnung des Tages, an welchem sein Antrag eingegangen ist, Kenntniß zu geben.

Die Anberaumung eines Termins zur Aufnahme der Austrittserklärung findet nicht statt. Es steht vielmehr dem Antragsteller frei, sich an dem Geschäftstage, welcher in die von dem Gesetze (§ 2 Abs. 2) bestimmte vierzehntägige Frist fällt, zur Abgabe der Austrittserklärung an der Gerichtsstelle zu melden. Erfolgt die Meldung rechtzeitig, so hat der Richter die Austritts-Erklärung zu Protokoll zu nehmen und die Zustellung einer beglaubigten Abschrift des Protokolls an den Vorstand der Kirchengemeinde zu veranlassen.

Ueber die beiden Zustellungen an den Vorstand der Kirchengemeinde sind Bescheinigungen zu den Akten zu bringen.

3) Verlangt der Antragsteller eine Bescheinigung über den von ihm erklärten Austritt, so ist ihm dieselbe nach dem beigefügten Formular zu ertheilen, und, daß dies geschehen, unter dem Protokoll zu vermerken.

4) Die auf Austrittserklärungen bezüglichen Verhandlungen sind nach der Reihenfolge zu einem besonderen Aktenstücke zu bringen. Dasselbe ist mit einem alphabetischen Register zu versehen, in welches die Namen der aus der Kirche ausgetretenen Personen fortlaufend nachzutragen sind.

5) An Kosten des Verfahrens werden außer den baaren Auslagen (Porto, Gebühren der Gerichtsvogte oder Gerichtsvollzieher) nur Abschriftsgebühren erhoben. Der Satz der letzteren wird für den Geltungsbereich des Gesetzes über den Ansatz und die Erhebung der Gerichtskosten vom 10. Mai 1851 auf 10 Sgr. bestimmt. Haben die Verhandlungen nicht zur Aufnahme der Austrittserklärung geführt, so wird nur die Hälfte dieses Satzes erhoben.

Für die Bescheinigung des Austritts (Nr. 3) ist eine Stempelgebühr von 5 Sgr. zu erheben.

Schließlich werden die Gerichte darauf aufmerksam gemacht, daß diejenigen Vorschriften noch ferner maßgebend bleiben, welche die Beurkundung der Geburten, Heirathen und Sterbefälle solcher Personen betreffen, welche einer Religionsgesellschaft, deren Geistliche zu Amtshandlungen mit bürgerlicher Wirkung ermächtigt sind, nicht angehören. Insbesondere ist die Verordnung vom 30. März 1847 (Ges.-Samml. S. 125) mit der Maßgabe in Kraft verblieben, daß an Stelle ihres § 17 die Vorschriften des Gesetzes vom 14. Mai d. J. über die Form des Austritts aus der Kirche treten, und daß ihre Bestimmungen, gemäß der im § 8 des Gesetzes erhaltenen Erweiterung, fortan auch auf solche Personen Anwendung finden, welche nicht aus einer der christlichen Kirchen, sondern aus einer andern mit Korporationsrechten versehenen Religionsgemeinschaft ausgetreten sind.

Berlin, den 13. Juni 1873.

Der Justiz-Minister.
Leonhardt.

An sämmtliche Gerichtsbehörden.

Formular.

D .... hat laut Protokolls von .... seinen Austritt aus der Religionsgemeinschaft der .. (seinen Uebertritt von der Religionsgemeinschaft der ... zu der Religionsgemeinschaft der ...) unter Beobachtung der durch das Gesetz vom 14. Mai 1873 vorgeschriebenen Form erklärt.

Zum Beweise dessen ist die vorliegende Bescheinigung ausgefertigt worden.

(Datum, Siegel und Unterschrift des Gerichts.)

Zu S. 91 § 33 Anm. 4.

Regulativ

betreffend die Geschäftsordnung des Königlichen Gerichtshofes für kirchliche Angelegenheiten vom 31. Oktober, bez. 13. November 1873.

(Deutscher Reichsanzeiger v. 6. Dezbr. 1873 Nr. 288.)

Nachstehendes Regulativ, betreffend die Geschäftsordnung des Königlichen Gerichtshofes für kirchliche Angelegenheiten:

§ 1.

Geschäftsgang im Allgemeinen.

Der Präsident öffnet die unter der Adresse des Gerichtshofes eingehenden Sendungen, versieht dieselben mit dem Tage des Einganges und vertheilt die Geschäfte unter die Mitglieder.

Der einmal ernannte Dezernent oder Referent bearbeitet die ihm zugetheilte Sache bis zu deren vollständiger Erledigung.

§ 2.

Der Präsident wird im Fall seiner Behinderung durch das älteste richterliche Mitglied vertreten.

§ 3.

Die Urtheile des Gerichtshofes werden im Namen des Königs ausgefertigt. Prozeßleitende Verfügungen, Mittheilungen, Bescheide u. s. w. ergehen unter der Unterschrift:

„Königlicher Gerichtshof für kirchliche Angelegenheiten."

§ 4.

Sitzungen.

Der Präsident führt in allen Sitzungen den Vorsitz.

Die beisitzenden Mitglieder des Gerichtshofes werden, wenn es auf Fassung eines Plenarbeschlusses ankommt, vollzählig einberufen. Im Uebrigen richtet sich ihre Theilnahme an den Sitzungen nach dem folgenden Paragraphen.

§ 5.

Zu den für die mündliche Verhandlung und Entscheidung in den einzelnen Sachen bestimmten Sitzungen beruft der Präsident die erforderliche Zahl der Mitglieder nach der Reihenfolge, welche sich aus dem Dienstalter der Mitglieder ergiebt, wechselnd ein.

Jedoch sollen

a. die in der einzelnen Sache ernannten Referenten beziehungsweise Dezernenten stets an der Verhandlung und Entscheidung der Sache Theil nehmen,

b. in den Sachen, in welchen bereits auf mündliche Verhandlung Beschluß gefaßt ist, nach Möglichkeit dieselben Mitglieder bei der ferneren mündlichen Verhandlung und Entscheidnng mitwirken.

Das Dienstalter der durch den Allerhöchsten Erlaß vom 23. Juli 1873 ernannten Mitglieder bestimmt sich nach der Reihenfolge, in welcher dieselben in dem genannten Erlaß aufgeführt sind.

§ 6.

Der Präsident beraumt die erforderlichen Sitzungen nach Bedürfniß an und beruft die Mitglieder zu denselben nach den vorstehenden Bestimmungen ein.

Die in der Sitzung mündlich zu verhandelnden Sachen werden durch einen Aushang an der Gerichtsstelle 3 Tage vorher öffentlich bekannt gemacht.

§ 7.

Zur Vorbereitung der mündlichen Verhandlung hat der Referent eine Darstellung der Sache schriftlich anzufertigen. Er läßt dieselbe dem Präsidenten zugehen, welcher hiernächst den Termin zur mündlichen Verhandlung ansetzt.

§ 8.

Der Vorsitzende leitet die mündliche Verhandlung und hat nach Maßgabe der Verordnung vom 24. Oktober 1838 (Ges.-Samml. S. 504) die zur Aufrechterhaltung der Ruhe und Ordnung in den öffentlichen Sitzungen erforderlichen Anordnungen zu treffen.

§ 9.

Die Berathung des Gerichtshofes beginnt mit dem Vortrage des Referenten und des etwa ernannten Korreferenten. Bei der hiernächst von dem Vorsitzenden zu eröffnenden Diskussion darf kein Mitglied das Wort nehmen, bevor er dasselbe von dem Vorsitzenden erhalten hat. Bei Ertheilung des Wortes hat sich der Vorsitzende in der Regel nach der Reihenfolge der Meldungen zu richten.

§ 10.

Der Vorsitzende leitet die Berathung, stellt die Fragen und sammelt die Stimmen. Im Falle einer Meinungsverschiedenheit über die Stellung der Fragen oder über das Ergebniß der Abstimmung entscheidet der Gerichtshof.

§ 11.

Die Abstimmungen erfolgen in der nachstehenden Reihenfolge.

Zuerst stimmt der Referent, beziehungsweise Dezernent, nach demselben der etwa ernannte Korreferent ab; im Uebrigen bestimmt sich die Reihenfolge der Abstimmung nach dem Dienstalter, so zwar, daß das jüngste Mitglied zuerst stimmt. Der Vorsitzende giebt seine Stimme zuletzt ab.

Bei Abgabe der Stimme ist eine Begründung derselben nicht statthaft.

§ 12.

Der Verkündung des Urtheils braucht eine schriftliche Abfassung der Entscheidungsgründe nicht vorherzugehen. Es genügt, wenn der Vorsitzende bei der Verkündung den wesentlichen Inhalt derselben mittheilt.

§ 13.

Wird das Urtheil nicht im Termine zur mündlichen Verhandlung, sondern in einer späteren Sitzung verkündet (§ 21 des Gesetzes vom 12. Mai 1873), so wird die Anberaumung der letzteren den Erschienenen nur mündlich bekannt gemacht; eine Benachrichtigung der Ausgebliebenen findet nicht statt.

§ 14.

In jedem Urtheil sind die Mitglieder namentlich aufzuführen, welche an der Entscheidung Theil genommen haben. Die Urschrift des Urtheils ist von diesen Mitgliedern zu unterschreiben.

§ 15.

Prozeßleitende Verfügungen.

Prozeßleitende und ähnliche Verfügungen können, sofern nicht über den Widerspruch einer Partei zu entscheiden ist, oder ein besonderes Bedenken obwaltet, oder der Präsident den Vortrag angeordnet hat, von dem Dezernenten unter Zustimmung des Präsidenten ohne Vortrag erlassen werden.

Der Vortrag, wenn er erforderlich ist, wird von dem Dezernenten in der nächsten Sitzung des Gerichtshofes mündlich erstattet. Der gefaßte Beschluß ist von dem Dezernenten und von dem Vorsitzenden zu vollziehen.

§ 16.

Wenn bei Einreichung eines zur Mittheilung an den Gegner bestimmten Schriftsatzes an den Gerichtshof ein Duplikat nicht beigefügt worden ist, so kann die Nachbringung binnen einer bestimmten Frist unter der Warnung erfordert werden, daß andernfalls der Betrag der durch die amtliche Fertigung der Abschrift entstehenden Kosten von dem Säumigen wird eingezogen werden.

§ 17.

Die von Seiten des Gerichtshofes zu bewirkenden Zustellungen erfolgen in der Regel durch die Post. Soweit ein Termin oder eine Frist in Frage steht, ist ein Behändigungsschein zu den Akten zu bringen.

§ 18.

Befugnisse des Präsidenten.

Der Präsident sorgt für eine prompte und regelmäßige Erledigung der Geschäfte, überwacht das Subaltern- und Unterbeamten-Personal und bestimmt die zu führenden Geschäftskontrolen.

§ 19.

Schlußbestimmung.

Die Ergänzung des vorstehenden Regulativs nach Maßgabe der künftig sich herausstellenden Bedürfnisse und der zu machenden Erfahrungen bleibt vorbehalten.

Berlin, den 29. Oktober 1873.

wird hiermit unter Siegel und Unterschrift des Königlichen Gerichtshofes für kirchliche Angelegenheiten ausgefertigt.

Berlin, den 31. Oktober 1873.

(L. S.) (gez.) Heineccius.

Das vorstehende Regulativ wird hierdurch bestätigt.

Berlin, den 13. November 1873.

(L. S.)

Das Staats-Ministerium.

Fürst von Bismarck. Camphausen. Graf zu Eulenburg. Dr. Leonhardt. Falk. v. Kameke. Dr. Achenbach.

Zu S. 133 § 16 Anmerkung 8 u. S. 165 Nr. 3.

Allgemeine Verfügung

vom 5. December 1873, betreffend die in Untersuchungssachen gegen Geistliche und Kandidaten des geistlichen Amtes zu machenden Mittheilungen.

Nach der allgemeinen Verfügung vom 12. Juni d. J. haben die Beamten der Staatsanwaltschaft von allen gegen Geistliche und Kandidaten des geistlichen Amts wegen Verbrechen oder Vergehen eingeleiteten Untersuchungen, wenn das Verbrechen oder Vergehen mit Zuchthaus, mit dem Verluste der Ehrenrechte oder der öffentlichen Aemter oder mit Unfähigkeit zur Bekleidung öffentlicher Aemter bedroht ist, dem Ober-Präsidenten der Provinz Mittheilung zu machen.

Es erscheint angemessen, diese Benachrichtigung auch auf alle in dem betreffenden Bezirk gegen Geistliche und Kandidaten des geistlichen Amts auf Grund der Gesetze vom 11., 12. und 13. Mai d. J. (Gesetz-Samml. S. 191, 198, 205) erfolgenden Verurtheilungen auszudehnen, und haben die Beamten der Staatsanwaltschaft hiernach zu verfahren.

Berlin, den 5. Dezember 1873.

Der Justizminister. Leonhardt.

An sämmtliche Beamte der Staatsanwaltschaft.

Nachträge und Berichtigungen.

Zu S. 6 ist Z. 11 v. o. a. Schl. hinzuzufügen: Wegen der Stellung der Reformirten der Konförderation in Niedersachsen vgl. S. 103 Abs. 1.

Zu S. 8 ist Z. 26 v. o. hinzuzusetzen a. Schl.: und der Papst in seinem Briefe vom 7. August 1873 (s. Einleitung S. XLV) erklärt hat, daß ihm der König von Preußen gleichfalls in gewisser Hinsicht unterworfen sei.

S. 9 Z. 15 v. o. statt: kirchlichen, zu lesen: kirchlichem.

S. 11 Z. 11 u. 10 v. u. ist zu streichen: Grundzüge u. s. w. bis Gesetz-Sammlung S. 90 und statt dessen zu setzen: Kirchengemeinde- und Synodal-Ordnung für die Provinzen Preußen, Brandenburg, Pommern, Posen, Schlesien und Sachsen v. 10. September 1873 §§ 34, 35, 50, 61 (Ges.-Samml. S. 418).

S. 14 Z. 10 v. u. statt: Diöcesenblatt, zu lesen: Diöcesanblatt.

S. 22 Z. 11 v. u. statt: politische „Wahl- und Stimmrechte", zu lesen: „politische Wahl- und Stimmrechte".

S. 40 Z. 20 v. u. statt: soweit es um, zu lesen: so weit es sich um.

S. 44 Z. 2 und 1 v. u. ist zu streichen: Grundzüge u. s. w. bis 1860 Nr. 5 und dafür zu setzen: Kirchengemeinde- und Synodal-Ordnung für die Provinzen Preußen, Brandenburg u. s. w. v. 10. September 1873 §§ 13 ff., Ges.-Samml. S. 418.

S. 45 Z. 22 v. u. ist einzuschieben hinter Westfalens: der sechs älteren östlichen Provinzen.
Z. 17 v. u. hinter entsprechenden Zusätzen: Kirchengemeinde- und Synodal-Ordnung vom 10. September 1873 §§ 27 ff.

S. 47 Z. 27 v. o. hinter § 231 Nr. 11 einzuschalten: wegen des Konsistoriums zu Kassel s. insbesondere den Allerhöchsten Erlaß v. 27. September 1873 Ges.-Samml. S. 454.

S. 56 Z. 7 v. o. ist statt: 1872, zu lesen: 1826.
Z. 12 v. o. a. Schl. hinzuzusetzen: In den Hohenzollernschen Fürstenthümern werden die Geschäfte des Ober-Präsidenten durch die Regierung zu Sigmaringen wahrgenommen, vgl. Verordn. v. 7. Januar 1852 § 5 (Ges.-Samml. S. 35).

S. 78 Z. 2 v. o. ist statt: Gerichtshofs, zu lesen: Gerichtshofes.

S. 91 Z. 13 v. o. ist die Anmerkung hinter Regulativ zu streichen und dafür zu setzen: Vgl. das S. 195 abgedruckte Regulativ vom 31. Oktober, bez. 13. November 1873.

S. 92 Z. 2 v. u. ist zu streichen: darf.

S. 104 Anm. 4 ist am Schlusse hinzuzufügen:
Ob der Geistliche, der in Preußen Verwendung im geistlichen Amte finden soll, ein Weltgeistlicher oder ein Mönch (Ordensgeistlicher) ist, erscheint gleichgültig. Keine Bestimmung des Gesetzes gewährt einen Anhalt dafür, daß die Anwendung desselben auf die Mitglieder der geistlichen Orden und ordensähnlichen Kongregationen ausgeschlossen ist.

S. 109 Z. 3 v. o. ist statt: Universitäts-Anstalt, zu lesen: Lehr-Anstalt.
Z. 16 v. u. hinter 1873 S. 30 hinzuzusetzen: wegen der Akademie zu Münster vgl. Verordnung v. 12. November 1832 § 6 und stenogr. Berichte des Abgeordnetenhauses S. 169.

S. 110 Z. 14 v. u. ist statt: Zusatz, zu lesen: Zustand.

S. 121 Z. 8 v. u. ist statt: Predigamtskandidaten, zu lesen: Predigtamtskandidaten.

Zu S. 130 Anm. 5 a. Schl. ist folgendes hinzuzufügen:
Ein Erkenntniß des Amtsgericht zu Fulda vom 3. Dezember 1873 (s. „Germania" Nr. 288 v. 13. dess. M.) hat irriger Weise angenommen, daß es genügt, wenn die definitive Anstellung des Geistlichen dem Ober-Präsidenten angezeigt worden ist, und daß der geistliche Obere keine Verpflichtung hat, vor der Anstellung den in Aussicht genommenen Kandidaten zu benennen.

Den entscheidenden Grundsatz enthält der § 15 Abs. 1. Dieser fordert, indem er die Benennung des Kandidaten verlangt, welchem ein Amt übertragen werden soll, unzweideutig, daß der Akt der Benennung der Anstellung vorhergehen muß.

Wenn sich das Gericht für seine Auslegung auf den § 2 beruft, welcher eine Stellvertretung bei Gefahr im Verzuge vorbehaltlich des Einspruches gestattet, so ist das vollkommen verfehlt, weil gerade dieser § eine Ausnahme macht und daher die Regel bestätigt. Weiter preßt das Gericht das Wort: „Anstellung" im § 1 und § 15 Abs. 3 und führt aus: „Für die Ansicht des Gerichtes spricht ferner der § 1 in seinen Schlußworten, wonach ein geistliches Amt nur demjenigen übertragen werden darf, gegen dessen Anstellung kein Einspruch erhoben worden ist, sowie der dritte Absatz des § 15 in den Worten: Innerhalb 30 Tagen nach der Benennung kann Einspruch gegen die Anstellung erhoben werden. Hier ist doch unzweifelhaft (!) von einer seitens des kirchlichen Oberen vorgenommenen Anstellung die Rede." Ganz unzweifelhaft ist aber gerade das Umgekehrte der Fall. Der Abs. 3, welcher durch das Wort: Benennung auf Abs. 1 Bezug nimmt, giebt klar zu erkennen, daß er die beabsichtigte Anstellung meint. Ganz dasselbe gilt von dem § 1. Auch dieser läßt wegen seiner Struktur, sowie wegen seines ersten Satzes nur die Deutung zu: Ein geistliches Amt darf nur dem übertragen werden, gegen dessen in Aussicht genommene Anstellung kein Einspruch erhoben worden ist. Eine Interpretation dahin: Ein geistliches Amt darf nur dem übertragen werden, gegen dessen erfolgte Anstellung kein Einspruch stattgefunden hat, trägt geradezu in den § einen logischen Widerspruch hinein. Ueberdies steht der Zweck des Gesetzes (s. S. 100), der Begriff des Einspruchrechtes (S. 130 Anm. 9), sowie der § 16, welcher wiederholt von dem „Anzustellenden" spricht, — Alles dies ist unberücksichtigt geblieben — der Ansicht des Amtsgerichtes entgegen.

S. 131 Z. 6 v. o. ist hinter: dem, einzuschalten: Verluste.

S. 135 Z. 13 v. u. ist statt: 6, zu lesen: 5.

S. 137 Z. 21 v. o. hinzuzusetzen a. Schl.: und S. 150 Anm. 2.
ferner:

Wie weit die Interpretationskunst sich an den Kirchengesetzen versucht, ergiebt außer dem zu S. 130 nachgetragenen Erkenntniß der angeblich von einem protestantischen preußischen Richter herrührende Aufsatz: „Die Lücken in den Maigesetzen" in der Germania vom 18. November 1873 Nr. 267. Hier werden folgende Behauptungen aufgestellt:

„I. Alle auf bürgerliche Rechtsverhältnisse sich beziehenden kirchenamtlichen Verrichtungen eines wider das neue Kirchengesetz in einem geistlichen Amte angestellten katholischen Priesters sind dennoch vollkommen giltig und von civilrechtlicher Wirkung, mögen sie von diesem Priester in dem geistlichen Amte selbst vorgenommen sein, oder nur kraft seines kirchlichen Amtes gleich einem Weltgeistlichen ohne bestimmtes geistliches Amt."

„II. Ein gesetzwidrig in einem geistlichen Amte angestellter katholischer Priester unterfällt keiner Strafe, insbesondere nicht aus § 23 des Gesetzes über die Vorbildung und Anstellung der Geistlichen, sofern er die in Rede stehenden kirchenamtlichen Verrichtungen thatsächlich und nachweislich nicht sowohl im geistlichen Amte, als vielmehr lediglich kraft seines kirchlichen Amtes gleich einem Weltgeistlichen ohne bestimmtes geistliches Amt vorgenommen hat."

Der erste Satz wird damit begründet, daß das Gesetz nur die Seelsorge-Aemter zum Gegenstand habe, das „kirchliche Amt des katholischen Priesters", welches derselbe durch seine Ordination erlange, und seine Eigenschaft als Weltgeistlicher ohne bestimmtes Amt bei einer Gemeinde in Folge der Ordination ad titulum mensae, aber gar nicht berührt werde. Das A. L. R. Th. II Tit. 10 § 78 bestimme nun, daß wenn Jemand eigenmächtig sich die Verwaltung eines Amtes anmaße und vermöge eines solchen Amtes Handlungen vornehme, ohne daß es ihm aber an den erforderlichrn Eigenschaften zu

Handlungen dieser Art überhaupt mangele, seine Handlungen in der Regel und wo nicht besondere Gesetze ein Anderes bestimmen, nicht für ungültig angesehen werden könnten. Der § 63 Tit. 11 Th. II erkenne an, daß durch die Ordination die Befugniß zur Ausübung aller geistlichen Amtsverrichtungen verliehen werde und es bestehe kein besonderes Gesetz, welches hinsichtlich der katholischen Priester eine Ausnahme von der Regel des § 78 a. a. O. mache.

Diese Deduktion ist aber deshalb hinfällig, weil abgesehen davon, daß das Gesetz sich nicht allein auf Seelsorge-Aemter bezieht, s. S. 100, die Ordination nach kanonischem Recht an sich nicht die Berechtigung zur Ausübung der priesterlichen Funktionen giebt, s. S. 136, und das Landrecht unter der: „Befugniß" im § 63 a. a. O. nur die allgemeine Befugniß, also ebenfalls die Befähigung, versteht. Die Berechtigung für den besonderen Fall wird erst durch die Anstellung in einem besonderen Amte oder durch einen besonderen Auftrag erworben, und wenn die Anstellung oder der Auftrag nichtig ist, so werden die aus der Ordination herrührenden Befugnisse eben unrechtmäßig vorgenommen. Was nun die bürgerliche Gültigkeit solcher Handlungen betrifft, so ist übersehen, daß dabei, s. S. 135, allein Handlungen, welche eine pfarramtliche Natur haben, oder Rechte, welche nur dem Pfarrer oder gültig angestellten Geistlichen, wie z. B. das Recht auf das Benefizium zustehen, in Frage kommen, also die etwa aus der Ordination herrührenden Befugnisse ganz gleichgültig sind, es vielmehr darauf ankommt, ob der betreffende Geistliche die Pfarr-Qualität besitzt oder wenn dies nicht der Fall ist, sie kraft gültigen Auftrages für eine bestimmte Handlung übertragen erhalten hat.

Der Satz 2 wird wesentlich darauf gestützt, daß der katholische Priester durch die Ordination ein kirchliches Amt erhält und ihm dieses das Gesetz nicht aberkennt. Letzteres ist allerdings richtig, aber das Gesetz hat dies nicht gethan, weil der katholische Priester, s. S. 136, zufolge der Weihe weder nach Landrecht noch nach kanonischem Recht irgend welches Amt erlangt. Die betreffende Behauptung zeugt von einer solchen Ignoranz des kanonischen Rechtes, daß es nur Verwunderung erregen kann, daß das ultramontane Blatt, welches seine Korrektheit in dieser Beziehung sonst so gern mit Selbstgefälligkeit hervorhebt, dergleichen Ausführungen seine Spalten geöffnet hat.

S. 142 Z. 4 v. o. ist hinter: beziehen sich, einzuschalten: auch.

S. 149 u. 152. Erlaß des Kultusministers an die Ober-Präsidenten v. 24. Oktober 1873: „Die gesetzwidrigen Anstellungen katholischer Geistlichen mehren sich fortgesetzt derartig, daß es dringend geboten ist, mit der vollen Strenge des Gesetzes dagegen einzuschreiten. Soweit es hierbei auf eine strafrechtliche Verfolgung der geistlichen Oberen ankommt, darf ich vertrauen, daß kein Fall einer gesetzwidrigen Anstellung vorkommen wird, ohne daß die Einleitung der Untersuchung herbeigeführt würde. In Betreff der Geistlichen hingegen, denen ein geistliches Amt gegen die Vorschriften der Gesetze übertragen ist, und welche gleichwohl nach erfolgter gerichtlicher Bestrafung fortfahren, in diesem Amte zu fungiren, ist ein schärferes Vorgehen, als bisher beobachtet zu sein scheint, nothwendig. In dieser Beziehung ist es zu beachten, daß jede einzelne Amtshandlung, und zwar ohne Unterschied, ob sie mit bürgerlichen Folgen verknüpft ist oder nicht, den Thatbestand des im § 23 des Gesetzes vom 11. Mai d. J. vorgesehenen Vergehens bildet. Um daher jene gesetzwidrig angestellten Geistlichen zu zwingen, ihre Funktionen einzustellen, ist es unerläßlich, daß jede einzelne Amtshandlung derselben, sobald sie zur Kenntniß der Behörden gelangt, sofort zum Gegenstande einer strafrechtlichen Untersuchung gemacht und die Geistlichen auf diese Weise unausgesetzt mit immer neuen Strafanträgen verfolgt werden, bis sie dem Gesetze sich fügen. Würde dies alsbald dahin führen, daß jene Geistlichen, weil sie die sich vermehrenden Geldstrafen nicht zu erlegen vermögen, zur Haft gebracht würden, so ist dies eine Eventualität, vor welcher bei dem Ernste der Sache und den schweren Folgen, welche sich an das Funktioniren der gesetzwidrig angestellten Geistlichen knüpfen, in keiner Weise zurückzuschrecken ist. Vielmehr ist es zur Aufrechterhaltung der gesetzlichen Ordnung durchaus erforderlich, jene Geistlichen die volle Strenge des Gesetzes empfinden zu lassen. Ew. ꝛc. ersuche ich demgemäß ergebenst, die Landräthe resp. Amtshauptmänner und die Ortspolizeibehörden mit Anweisung gefälligst zu versehen, daß sie jede einzelne Amtshandlung, welche ein gesetzwidrig angestellter Geistlicher vornimmt, sofort und direkt bei der königlichen Staatsanwaltschaft zur Anzeige bringen, Ihnen aber gleichzeitig Mittheilung davon machen. Von den einzelnen Bestrafungen wollen Ew. ꝛc. mir alsdann gefälligst Anzeige erstatten."

S. 157 Z. 10 v. o. a. Schl. hinzuzufügen: Rosner, noch einmal über die Bischofswahlen bei Moy, Arch. f. kath. Kirchenrecht, Bd. 30, S. 425.

Verzeichniß der abgekürzt angeführten Werke.

Allgemeines Kirchenblatt für das evangel. Deutschland, herausg. v. Moser, später v. Stälin. Stuttgart u. Tübingen seit 1852.

Altmann, A. Praxis d. preußischen Gerichte in Kirchen-, Schul- u. Ehesachen. Leipzig 1861.

Bluhme, Codex d. rheinischen evang. Kirchenrechts. Elberfeld 1870.

Boche, d. preuß. legale evangel. Pfarrer. 4. Aufl. v. A. Altmann. Braunschweig 1869.

Bramesfeld, Kirchen-Ordnung f. d. evang. Gemeinden d. Provinz Westphalen u. Rheinprovinz. Gütersloh 1865.

Büff, Kurhessisches Kirchenrecht. Cassel 1861.

Callisen, Abriß des Wissenswürdigsten aus den d. Prediger u. s. Amt i. Schleswig u. Holstein betr. Verordnungen. 3. Aufl. Altona 1843.

R. Dove (später auch E. Friedberg), Zeitschrift für Kirchenrecht. Tübingen von 1861 ab.

Eichhorn, Grundsätze d. Kirchenrechts d. kath. u. d. evangel. Religionspartei i. Deutschland. Göttingen 1831 ff.

Friedberg, d. evangel. u. kathol. Kirche d. neueinverleibten Länder. Halle 1867.

Friedberg, d. Gränzen zwischen Staat u. Kirche u. die Garantien gegen deren Verletzung. Tübingen 1872.

Hagens, Kirchen-Ordnung f. d. evangel. Gemeinden der Provinz Westphalen und Rheinprovinz. Bielefeld 1856.

Hermens, Handbuch der gesammten Staatsgesetzgebung üb. d. christlichen Kultus ꝛc. i. d. königl. preuß. Provinzen a. linken Rheinufer. Aachen u. Leipzig 1833 ff.

P. Hinschius, d. Kirchenrecht der Katholiken u. Protestanten. Bd. 1. Bd. 2. Abth. 1. Berlin 1869 ff.

Hübler, d. Constanzer Reformation und die Concordate v. 1418. Leipzig 1867.

H. F. Jacobson, d. evangel. Kirchenrecht des preuß. Staates. Halle 1864 ff.

Johannsen, Versuch d. canon. Recht, insofern es für Protestanten brauchbar ist . . . f. Schleswig u. Holstein zu belegen. Friedrichsstadt 1804.

v. Kamptz, Annalen d. preußischen inneren Staatsverwaltung. Berlin 1818 ff.

Lippert, Annalen d. kathol. ꝛc. Kirchenrechts. Frankfurt 1831—1833.

Lohmann, Kirchengesetze d. evangel.-luther. Kirche d. vormal. Königr. Hannover. Hannover 1871. Th. 1.

Th. Meier, d. preuß. gemeine u. provinzielle Kirchenrecht. Berlin 1868.

v. Moy de Sons, später H. Vering, Archiv für katholisches Kirchenrecht. Innsbruck, dann Mainz von 1857 ab.

Otto, Handbuch d. beſ. Kirchenrechts d. evang.-chriſtl. Kirche in Naſſau. Nürnberg 1828.
Phillips, Lehrbuch des Kirchenrechts. 2. Aufl. Regensburg 1871.
v. Rabe, Sammlung preußiſcher Geſetze u. Verordnungen. Halle u. Berlin 1816 ff.
A. L. Richter, Beiträge z. preußiſchen Kirchenrecht, herausgeg. v. P. Hinſchius. Leipzig 1865.
A. L. Richter, Lehrbuch des kathol. u. evangel. Kirchenrechts. 7. Aufl. v. R. Dove. Leipzig 1871 ff.
A. L. Richter, d. evangeliſchen Kirchen-Ordnungen des 16. Jahrhunderts. Weimar 1846.
Ruperti, Kirchen- und Schul-Geſetzgebung d. Herzogthümer Bremen u. Verden. Verden 1844.
Schlegel, churhannöver'ſches Kirchenrecht. Hannover 1801 ff.
Schulte, Lehrbuch des kathol. Kirchenrechts. 2. Aufl. Gießen 1868. (Die 3. Aufl. Gießen 1873 konnte noch nicht benutzt werden).
Schulte, d. katholiſche Kirchenrecht, Bd. 2: Syſtem d. katholiſch. Kirchenrechts. Gießen 1856.
Vogt, Kirchen- u. Eherecht der Katholiken und Proteſtanten. Breslau 1852.

Sachregister.

(Die Zahlen bedeuten die Seitenzahlen.)

A.

F.

G.

L.

M.

N.

T.

U.

V.

W.

Z.